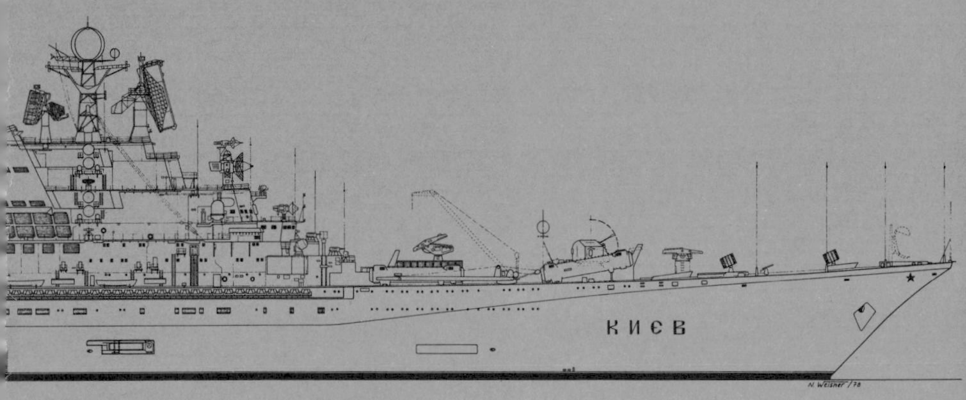

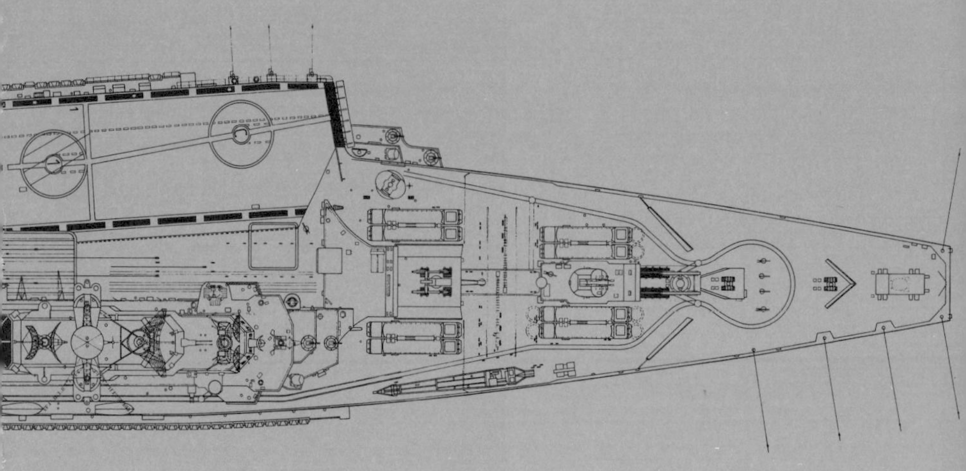

Flugzeugträger der »Kiew«-Klasse

Flottenadmiral
Sergej G. Gorschkow

Seemacht Sowjetunion

Deutsche Ausgabe herausgegeben
von Eckardt Opitz

Hoffmann und Campe

Titel der Originalausgabe: Морская мощь государства
(Morskaja mosc' gosudarstva).
Erschienen im Militärverlag des Verteidigungsministeriums der UdSSR, Moskau

Aus dem Russischen übersetzt im Bundessprachenamt;
Gesamtredaktion: Margarete Weise

Abbildungsnachweis: Abb. 1 und Abb. 11 bis 31: Archiv U. Schulz-Torge; Abb. 2 bis 6: Bildarchiv Preuß. Kulturbesitz; Abb. 7 bis 10: Archiv H.J. Witthöft.
Typskizzen (Vorsatz): N. Weisner; Copyright: U. Schulz-Torge.

CIP-Kurztitelaufnahme der Deutschen Bibliothek

Gorskov, Sergej G.:
Seemacht Sowjetunion/Sergej G. Gorschkow.
Dt. Ausg. hrsg. von Eckardt Opitz. —
1.—7. Tsd. — Hamburg: Hoffmann und Campe, 1978.
ISBN 3-455-08911-9

Gesetzt aus der Korpus Times-Antiqua
Satzherstellung: Hess Fotosatz GmbH, Hamburg
Druck- und Bindearbeiten Bercker, Graphische Betriebe, Kevelaer
Printed in Germany

Inhalt

Editorische Vorbemerkung zur deutschen Ausgabe

Der deutschen Ausgabe von »Morskaja mosc' gosudarstva« liegt eine von Flottenadmiral Gorschkow überarbeitete und in einigen Passagen korrigierte oder aktualisierte Fassung zugrunde, die für alle Auslandsausgaben verbindlich war.[1]
Die Zitate der russischen Ausgabe wurden für die deutsche Fassung umgesetzt, d.h., wo immer deutsche, französische oder englische Versionen der im Text und in den Anmerkungen genannten Werke vorlagen, wurde aus diesen zitiert. Das gilt selbstverständlich besonders für alle Fälle, in denen russische Übersetzungen von Texten aus den genannten Sprachen zugrunde lagen. Die Werke von Marx, Engels und Lenin wurden nach den in Deutschland üblichen großen Ausgaben zitiert.[2]
Diese Maßnahme hielt der Herausgeber deshalb für angebracht, weil sich andersartige Verfahren, wie sie z.B. bei der Edition der (west-)deutschen Ausgabe von Sokolowskis »Militär-Strategie«[3] gewählt worden sind, als wenig glücklich erwiesen haben. Bei diesem Vorgehen ergab sich auch die Möglichkeit, eine große Zahl der Zitate zu überprüfen. Fehlerhafte Angaben wurden — wo möglich — korrigiert, ohne dies besonders anzumerken, vorausgesetzt allerdings, daß damit keine Veränderung der Aussage verbunden war. Einige der Lenin- und Engels-Zitate konnten in den deutschen Ausgaben nicht aufgefunden werden; in diesen Fällen wurde die jeweilige Quellenangabe der russischen Ausgabe übernommen.
Hinzugefügt wurde lediglich ein spezifiziertes Register, das die Benutzung des Buches erleichtern und eine Hilfe für die kritische Auseinandersetzung mit Sergej G. Gorschkows Aussagen darstellen soll.
Die Anmerkungen der Übersetzer und des Herausgebers beschränken sich auf reine Wort- und Sacherklärungen. Auf eine Kommentierung

1 Siehe den Hinweis im Vorwort, S. 8.
2 Karl Marx und Friedrich Engels, Werke (MEW), 39 Bde. u. Erg.-Bde., Berlin 1956 ff. — W.I. Lenin, Werke, 40 Bde., Berlin 1958 ff.
3 W.D. Sokolowski (Hrsg.), Militär-Strategie, Köln 1969.

oder eine kritische Würdigung[4] mußte verzichtet werden. Der Leser hat somit die Möglichkeit, sich mit der unverfälschten Sicht des sowjetischen Flottenchefs vertraut zu machen.
An einigen Stellen wurden bei der Übersetzung militärfachlicher Termini die in der NVA üblichen Begriffe gewählt, weil sie der russischen Bedeutung eher entsprechen als die bei der Bundeswehr und in der NATO üblichen. Dies gilt besonders für den Terminus »Operation« und seine Ableitungen (»operativ« etc.), für die es im NATO-Sprachgebrauch keine Entsprechung gibt.
Im Text wurde die dem deutschen Leser vertraute Duden-Transkription gewählt. Für die Literaturangaben mußten aber sinnvollerweise die bibliothekarischen Transliterationsverfahren übernommen werden, um das Auffinden und ggf. Bestellen der zitierten Werke zu erleichtern.
Die Übersetzung des Werkes hat das Bundessprachenamt übernommen. Herausgeber und Verlag danken dem ehemaligen Leiter der Sozialabteilung im Bundesministerium der Verteidigung, Herrn Ministerialdirektor Herbert Laabs, und dem Präsidenten des Bundessprachenamtes, Herrn Hanns Maur, sowie Herrn Ltd. Regierungsdirektor Friedrich Krollmann für ihr Entgegenkommen. Außer Frau Regierungsdirektor Margarete Weise, bei der auch die redaktionelle Betreuung der Übersetzung lag, haben folgende Mitarbeiter des Bundessprachenamtes an der Entstehung des deutschen Textes mitgewirkt: als Überprüfer die Herren Eduard Birnbaum und Willem Staudt und als Übersetzer die Herren Horst Küsters, Roger Nolting und Klaus Pohler.
Herr Klaus Fennert hat die Neugestaltung der Graphiken übernommen. Die Mitarbeiter der Bibliothek, der Zeichenstelle und der Photostelle an der Hochschule der Bundeswehr Hamburg leisteten zahlreiche wertvolle Hilfen, die im einzelnen aufzuzählen hier nicht möglich ist.
Herr Ulrich Schulz-Torge, Bonn, und Herr Hans Jürgen Witthöft, Hamburg, sowie das Bildarchiv der Stiftung Preußischer Kulturbesitz, Berlin, halfen bei der Zusammenstellung des Bildteils, indem sie bereitwillig Dokumente aus ihren Sammlungen zur Verfügung stellten.
Herr Dr. Bernd F. Schulte war behilflich bei der Überprüfung der Zitate, bei der Sichtung der Literatur und beim Erstellen des Registers.
Ihnen allen möchte der Herausgeber für ihre Mühe und ihr Engagement beim Zustandekommen der deutschen Ausgabe seinen herzlichen Dank aussprechen.

Eckardt Opitz

4 Hierzu vgl. Eckardt Opitz, Sergej G. Gorschkow und die sowjetische Flottenpolitik (mit einer Bibliographie). Zugleich ein Prospekt zu Flottenadmiral Gorschkows Buch »Seemacht Sowjetunion«. Hoffmann und Campe Verlag, Hamburg 1978.

Vorwort

Neben vielen anderen Faktoren, die einen Einfluß auf die Entwicklung der menschlichen Gesellschaft ausüben, untersucht der Marxismus auch die geographischen Gegebenheiten, zu denen als sehr wichtiges Element die Weltmeere gehören. Die Weltmeere bedecken fast drei Viertel der Oberfläche unseres Planeten und bergen ungeheure biologische Schätze, Energiequellen und Vorräte an Mineralien.

Infolge der jahrhundertelangen Nutzung der Weltmeere durch den Menschen entstanden Handels- und Fischereiflotten. Das führte zu einer Ausweitung des Handels und zur Schaffung zahlreicher Stützpunkte und Häfen. Mit der Weiterentwicklung der Wissenschaft von den Weltmeeren wurden auch die Forschungsschiffe immer zahlreicher. Die Küstenlage vieler Länder brachte es mit sich, daß in ihnen spezifische Industriezweige entstanden, die einen günstigen Einfluß auf die wirtschaftliche Entwicklung dieser Staaten hatten. Die Meere und Ozeane waren jedoch seit jeher auch eine spezifische Arena des Konkurrenzkampfes und des bewaffneten Kampfes, was zur Folge hatte, daß besondere Waffensysteme und Waffengattungen geschaffen wurden, die zusammengenommen den Begriff »Seestreitkräfte« bilden.

Man kann davon ausgehen, daß die Gesamtheit der Mittel zur Erschließung der Weltmeere und der Mittel zum Schutz staatlicher Interessen bei einer rationellen Kombination aller dieser Mittel die Seemacht eines Staates darstellt, die die Fähigkeit dieses Staates bestimmt, die militärischen und wirtschaftlichen Möglichkeiten der Weltmeere zu eigenen Zwecken zu nutzen.

Die Seemacht eines Staates kann man mit Recht als ein System betrachten, für das nicht nur das Vorhandensein von Bindungen zwischen seinen einzelnen Komponenten (Kriegsflotte, Handelsflotte, Fischereiflotte, Flotte der Forschungsschiffe usw.) charakteristisch ist, sondern auch die untrennbare Verbindung mit dem Milieu - dem Ozean, wobei die Unteilbarkeit des Systems in den Wechselbeziehungen zwischen dem System und dem Milieu zum Ausdruck kommt.

Die Bedeutung der einzelnen Komponenten, die die Seemacht bilden, ist nicht konstant. Sie wird durch die jeweiligen historischen Verhältnisse bestimmt; die dominierende Bedeutung der Seestreitkräfte bleibt jedoch immer bestehen.

Deshalb ist die Untersuchung des militärischen Aspekts der Seemacht sehr wichtig, wenn man die Bedeutung berücksichtigt, die den Seestreitkräften in den größten imperialistischen Staaten beigemessen wird.

Die technischen Möglichkeiten zur Führung von Kampfhandlungen auf den Weltmeeren sind gegenwärtig, in einer Epoche, in der große wissenschaftliche Entdeckungen gemacht wurden und diese zu militärischen Zwecken genutzt werden, erheblich größer geworden.

Den Seestreitkräften, die in der Rangfolge der vielfältigen modernen Kampfmittel auf einen der vordersten Plätze vorgerückt sind, wird sowohl bei der Vorbereitung eines Weltkrieges durch das Monopolkapital als auch in lokalen Kriegen, die im letzten Vierteljahrhundert zu einem festen Bestandteil der Politik der imperialistischen Staaten geworden sind, eine wichtige Rolle zugewiesen. So halten die führenden Männer des Pentagons die Seestreitkräfte der USA für einen sehr wichtigen Teil der strategischen nuklearen Kräfte, die in der Lage sind, innerhalb kurzer Zeit vernichtende Schläge gegen Landziele in erheblicher Entfernung von der Küste zu führen, und so die Lage auf jedem Kriegsschauplatz entscheidend beeinflussen zu können. Zugleich hoffen sie, durch Konzentration der Atomwaffen auf den Einsatzbereich der Flotte Atomschläge von ihrem eigenen Territorium abzuwenden.

Das imperialistische Lager, das sich von solchen Ansichten über die Rolle der Seestreitkräfte in einem Weltkrieg leiten läßt, benutzt als Grundkonzeption seiner Militärdoktrin die ozeanische Strategie. Diese Strategie geht davon aus, daß praktisch alle Landziele von See aus erreichbar sind und daß die atomaren Einsatzkräfte der Flotte, die sich durch sehr große Beweglichkeit auszeichnen, im Schutze der großen Wassermassen operieren und sich in den riesigen Weiten der Weltmeere verstecken können, nur schwer verwundbar sind. Deshalb haben die Imperialisten bereits jetzt große Gebiete der Weltmeere zu Startpositionen für strategische Langstreckenraketen gemacht, die unter Wasser von schnellen, schwer auszumachenden und ständig einsatzbereiten U-Booten gestartet werden.

Die Raketen der nuklearen Einsatzkräfte der US-Marine sind, wie allgemein bekannt ist, von verschiedenen Seiten aus gegen unser Land gerichtet. Außerdem wurden an den Seegrenzen des sowjetischen Staates zahlreiche Flotten- und Luftwaffenstützpunkte der USA und der aggressiven antisowjetischen Blöcke NATO, CENTO u. a. angelegt. Die Mitgliedstaaten dieser Blöcke, die die Stützpunkte benutzen, haben die Möglichkeit, ihre land- und bordgestützten Flugzeuge in einer Entfernung zu stationieren, aus der wichtige Objekte auf dem Territorium der Sowjetunion und der Länder der sozialistischen Gemeinschaft gut zu erreichen sind.

Dies alles stellt eine ständige Bedrohung der Sicherheit unseres Landes dar und schafft für den Fall, daß die Imperialisten einen Krieg entfesseln sollten, Bedingungen, die sich grundlegend von den Bedingungen unterscheiden, die während des Großen Vaterländischen Krieges bestanden. Der vergangene Krieg war ein kontinentaler Krieg. Der Kampf auf den Meeren und Ozeanen war ein Kampf auf sekundären Kriegsschauplätzen. Er hatte zwar eine wesentliche, aber nicht entscheidende Bedeutung für den Verlauf des Krieges insgesamt. Heute werden wir von einer Koalition von Seemächten bedroht, die neben Land- und Luftstreitkräften und Raketentruppen über starke und modern ausgerüstete Seestreitkräfte verfügen.

Deshalb ist unser Land trotz der von der Kommunistischen Partei der Sowjetunion und dem Sowjetstaat verfolgten Politik der internationalen Entspannung und der konsequenten Verwirklichung des auf dem XXIV. Parteitag der KPdSU angenommenen und in den Beschlüssen des XXV. Parteitags weiterentwickelten Friedensprogramms gezwungen, der Verbesserung der Verteidigungsfähigkeit des Sowjetstaates die nötige Beachtung zu schenken. Einen wichtigen Platz in diesem System der Verteidigungsanstrengungen nimmt die Schaffung von Mitteln für den Schutz unseres Landes von See her ein.

Die Bedeutung der Kämpfe auf den Seekriegsschauplätzen ist im Rahmen der gesamten Anstrengungen der Streitkräfte erheblich gewachsen. Diese Kriegsschauplätze können unter bestimmten Bedingungen zu Hauptkriegsschauplätzen werden. Die Seestreitkräfte sind heute in der Lage, mit ihren Schlägen von See aus den Verlauf und den Ausgang des bewaffneten Kampfes selbst auf Landkriegsschauplätzen zu beeinflussen.

Die Ausstattung der Seestreitkräfte mit Atomraketen, die viel Neues in die Taktik und die operative Kunst einbrachte, zwang dazu, die Konstruktion der Kriegsschiffe zu ändern und neue Arten von Waffen und Gerät zu entwickeln.

Zusätzlich zu ihren bisherigen Aufgaben, unter denen die Vernichtung gegnerischer Kriegsschiffe eine der wichtigsten und die umfassendste überhaupt war, erhielten die Seestreitkräfte eine neuartige Aufgabe:
die Vernichtung des militärischen und wirtschaftlichen Potentials des Gegners durch direkte Einwirkung auf seine lebenswichtigen Zentren von See aus. Die Kampfhandlungen auf See unterliegen ebenso wie die Kampfhandlungen an Land allgemeinen, ständig geltenden Gesetzen und können somit nicht isoliert von den Zielen der Politik geführt wer-

den, deren Fortsetzung der Krieg war. W. I. Lenin wies darauf hin, daß »die Politik der Geist und der Krieg nur das Mittel ist und nicht umgekehrt. Folglich kann nur der militärische Standpunkt dem politischen Standpunkt untergeordnet werden.«[1] Deshalb ist es auch unter den gegenwärtigen Bedingungen nicht uninteressant, den dialektischen Zusammenhang zwischen der Entwicklung der Seestreitkräfte und den Zielen der Politik der Staaten, der sie dienen sollen, vom historischen Standpunkt aus zu untersuchen.

Das einzige Mittel zur Führung des bewaffneten Kampfes waren seit jeher die Land- und die Seestreitkräfte, die auch in Friedenszeiten als Instrument oder Mittel der Politik der Staaten dienten. An Hand vieler Beispiele aus der Geschichte läßt sich nachweisen, daß sowohl zur Zeit des Feudalismus als auch beim Kapitalismus die Probleme der Außenpolitik immer auf der Basis der militärischen Stärke der »vertragschließenden« Parteien gelöst wurden und daß das militärische Machtpotential eines Staates, das entsprechend seinen wirtschaftlichen Möglichkeiten und unter Berücksichtigung der politischen Orientierung entstanden war, es diesem oft ermöglichte, zum Nachteil anderer Staaten, die nicht über eine entsprechende militärische Macht verfügten, politische Vorteile zu erlangen.

Die Entwicklung der Streitkräfte steht ganz unmittelbar in Zusammenhang mit der Geschichte der ökonomischen Gesellschaftsformationen und der ihnen eigenen Methoden der materiellen Produktion. Die Stärke und die Schwäche der Streitkräfte werden durch den Entwicklungs- bzw. den Zerfallsprozeß einer Formation bestimmt. In Perioden, in denen eine ökonomische Gesellschaftsformation durch eine andere, progressivere Formation ersetzt wurde, beschleunigte sich auch der Fortschritt auf militärischem Gebiet erheblich.

Einen revolutionierenden Einfluß auf die Entwicklung der Streitkräfte und die Kunst ihres Einsatzes haben immer technische Erfindungen gehabt. Hierin kommt die Gesetzmäßigkeit der Auswirkung der wirtschaftlichen Entwicklung einer Gesellschaft und des Wachstums ihrer Produktivkräfte auf den militärischen Bereich zum Ausdruck. W. I. Lenin schrieb hierzu: »Die militärische Taktik hängt von dem Niveau der militärischen Technik ab (. . .)«[2]

Wir wollen hier nicht so weit gehen, die strukturellen Veränderungen der Streitkräfte der einzelnen Staaten im Verlauf der Geschichte eingehend zu untersuchen, sondern nur feststellen, daß gewöhnlich alle Kü-

1 Leninski sbornik (Lenin-Sammelband), XII, 2. Ausg., 1931, S. 437.

2 W. I. Lenin, Werke, Bd. 11, S. 162.

stenstaaten, und zwar ohne Ausnahme, sowohl Land- als auch Seestreitkräfte hatten oder bestrebt waren, solche zu besitzen. Sehr bildlich hat das Peter I. ausgedrückt: »Jeder Potentat, der nur über ein Landheer verfügt, hat nur einen Arm, ein Potentat aber, der sowohl über ein Landheer als auch über eine Flotte verfügt, hat beide Arme.«[3]
Die Bedeutung der Land- und Seestreitkräfte wurde, wenn entsprechende technische und wirtschaftliche Möglichkeiten vorhanden waren, immer von der politisch-strategischen Lage, der Lage der Staaten zueinander oder der Art der Koalitionen bestimmt. Es gab in der Geschichte Epochen, in denen die Landstreitkräfte die Hauptrolle spielten, und dann wiederum Epochen, in denen diese den Seestreitkräften zufiel. Stellung und Aufgabe jeder Teilstreitkraft eines Landes konnten sich sowohl in Friedens- als auch in Kriegszeiten ändern: infolge von Veränderungen in der Technik, in Abhängigkeit vom Gegner, von den geographischen Bedingungen usw.
Wie sich in der Geschichte gezeigt hat, leistet jede Teilstreitkraft ihren ganz bestimmten und immer gewichtigen Beitrag zum Sieg. Reine Landkriege und reine Seekriege hat es fast nicht gegeben. Ein Grundsatz bleibt bei all dem unverändert bestehen: Die Ergebnisse eines siegreichen Feldzuges oder eines Sieges im Kriege insgesamt können nur die Landstreitkräfte konsolidieren, die durch ihre tatsächliche Anwesenheit in der Lage sind, die Realität dieses Sieges zu bestätigen.
Die Voraussetzungen zur Erringung eines Sieges können nur dann geschaffen werden, wenn alle Teilstreitkräfte entsprechend organisiert, ausgerüstet und ausgebildet sind. Jede Teilstreitkraft hat ihre eigenen spezifischen Einsatzmethoden, ihre eigene Einsatzsphäre und ihre eigenen Bedingungen für das Zusammenwirken. Die geschickte oder, im Gegenteil, ungeschickte Nutzung dieser spezifischen Faktoren bestimmt oft den Erfolg bzw. Mißerfolg einer Operation, eines Feldzuges und sogar des gesamten Krieges. Deshalb ist das Prinzip des Zusammenwirkens aller Teilstreitkräfte der wichtigste Grundsatz der sowjetischen Militärwissenschaft. Ein Sieg läßt sich nur durch den koordinierten Einsatz aller Teilstreitkräfte erreichen. Das schrieb bereits 1921 M. W. Frunse in seinen Werken über den Aufbau der Roten Armee. In seiner Schrift »Die einheitliche Militärdoktrin und die Rote Armee«[4] kommt der Gedanke, daß gemeinsame Handlungen von Land- und Seestreitkräften auf allen Ebenen des bewaffneten Kampfes von entscheidender Bedeutung sind, klar zum Ausdruck.

3 Morskoi ustav (Marinedienstvorschrift), Sankt Petersburg 1720, S. 2.
4 Michail W. Frunse, Die einheitliche Militärdoktrin und die Rote Armee, in: Ausgewählte Schriften, Berlin 1956, S. 138—160.

Das Problem der harmonischen Kombination von rationell ausbalancierten Teilstreitkräften und ihres koordinierten Einsatzes hat für uns auch heute eine außerordentlich große Bedeutung. Bekanntlich sind die Kräfte der Aggression und des Militarismus zwar zurückgedrängt, aber bei weitem nicht unschädlich gemacht. Sie haben in der Nachkriegszeit über 30 Kriege und bewaffnete Konflikte verschiedensten Ausmaßes entfacht und drohen mit der Entfesselung eines neuen Weltkrieges. Unter diesen Umständen gewinnt die Verteidigungskraft unseres Staates eine außerordentlich große Bedeutung für die Sicherung der friedlichen Entwicklung der Sowjetunion und der Länder der sozialistischen Gemeinschaft.

In dem Rechenschaftsbericht des Zentralkomitees der Kommunistischen Partei der Sowjetunion, den L. I. Breschnew dem XXV. Parteitag vorlegte, sagte er:

»Es soll auch niemand daran zweifeln, daß unsere Partei alles unternehmen wird, damit die ruhmreichen Streitkräfte der Sowjetunion auch in Zukunft über alle notwendigen Mittel verfügen werden, um ihrer verantwortungsvollen Aufgabe — über die friedliche Arbeit des Sowjetvolkes zu wachen und Bastion des Weltfriedens zu sein — gerecht zu werden.«[5]

Um die Tendenzen und Gesetzmäßigkeiten in der Änderung der Bedeutung und Stellung der Teilstreitkräfte in Kriegs- und Friedenszeiten begründen zu können, ist es sehr wichtig, daß wir die Fragen des Einsatzes der verschiedenen Teilstreitkräfte vom historischen und gegenwärtigen Standpunkt aus sowie im Blick auf die Zukunft untersuchen.

Der Verfasser hat auf dieser Grundlage einige Gedanken über Rolle und Stellung der Seestreitkräfte in den verschiedenen Geschichtsepochen und den verschiedenen Entwicklungsstadien der Militärtechnik und der Kriegskunst dargelegt.

Wenn man von den spezifischen Besonderheiten der Seestreitkräfte als eines militärischen Faktors, der auch in Friedenszeiten zur Demonstration der wirtschaftlichen und militärischen Macht des Staates außerhalb seiner Grenzen benutzt wurde, sowie davon ausgeht, daß die Seestreitkräfte von allen Teilstreitkräften am besten dafür geeignet sind, die Interessen des Staates außerhalb seiner Grenzen wirksam zu vertreten, dann muß man unserer Meinung nach die Fragen untersuchen, die mit diesen Besonderheiten in Zusammenhang stehen.

Im vorliegenden Werk wird die Rolle dargestellt, die die Seestreitkräfte

5 L. I. Breschnew, Rechenschaftsbericht des Zentralkomitees der KPdSU und die nächsten Aufgaben der Partei in der Innen- und Außenpolitik (XXV. Parteitag der KPdSU), Berlin 1976, S. 102.

in den Kriegen der Vergangenheit und bei der Entstehung und Entwicklung der Staaten gespielt haben. Der Verfasser hat sich jedoch nicht das Ziel gesetzt, ein allumfassendes Bild der Entwicklung der Seestreitkräfte und ihrer Einsatzmethoden zu liefern. Dies geschieht nur so weit, wie es erforderlich ist, um die wachsende Bedeutung der Seestreitkräfte zu zeigen und die Entwicklung von Gesetzmäßigkeiten zu bestätigen, die sich in der Vergangenheit herausgebildet haben. Der Verfasser hat sich bemüht, an Hand einer Analyse der gegenwärtigen Gruppierung der Kräfte in der Welt und einer Bewertung des Kräfteverhältnisses — angesichts der Gefahr der Entfesselung eines Atomkrieges durch die Imperialisten — die Notwendigkeit starker Seestreitkräfte im Rahmen der sowjetischen Streitkräfte aufzuzeigen, d. h. von Seestreitkräften, die in der Lage sind, der Gefahr zu begegnen, die der Sowjetunion seitens der imperialistischen Staaten von den Meeren und Ozeanen aus droht.
Besonderes Gewicht wird in diesem Werk auf die Entwicklung der Seestreitkräfte in der Nachkriegszeit und die neuen Konzeptionen für ihren Einsatz gelegt sowie auf die Bestimmung der Rolle und der Aufgaben, die sie heute und in naher Zukunft zu erfüllen haben.
In dem Buch wird darauf hingewiesen, daß in der Nachkriegszeit in der Entwicklung der Seestreitkräfte vieler Länder die allseitige Modernisierung der U-Bootkräfte einen besonderen Platz einnimmt. In dieser heute sehr mannigfaltigen Gattung der Seestreitkräfte kommt den strategischen Atomraketen, die vom getauchten U-Boot abgeschossen werden können, die größte Bedeutung zu. Zugleich wächst auch die Bedeutung der Mehrzweck-Atomunterseeboote, die als universelle Kraft der Flotte zur Lösung mannigfacher Aufgaben im Kampf auf See bestimmt sind. Da sich aus der wachsenden Bedeutung der U-Bootkräfte die Notwendigkeit einer intensiven Entwicklung der U-Jagdkräfte der Flotten ergibt, werden hier auch die Tendenzen der Entwicklung dieser Kräfte untersucht.
In dem Werk wird auch die Bedeutung der Überwasserschiffe im Rahmen der modernen Seestreitkräfte dargelegt, wobei man von der These ausging, daß die Errungenschaften auf dem Gebiet der Wissenschaft und Technik die Ansichten über ihre Bedeutung und ihren Gefechtswert wesentlich beeinflußt haben. Neben der Modernisierung einzelner Schiffsgattungen, die es schon früher gab, z. B. Flugzeugträger und Landungsschiffe, kam es auch zu Neuentwicklungen: U-Jagdschiffen, darunter Hubschrauberträger und FK-Schiffe, sowie Schiffen mit dynamischem Auftriebsprinzip — Luftkissenfahrzeuge und Tragflächenboote.
Viel Beachtung wurde auch den Marinefliegern geschenkt, die ein wichtiges Element der Kampfkraft jeder modernen Marine bilden. Im Zu-

sammenhang mit der Entwicklung von Kurz- oder Senkrechtstartern wird die Tendenz zur weitgehenden Einführung von Flugzeugen auf Überwasserschiffen verschiedener Gattungen aufgezeigt.
Nicht vergessen wird auch das immer stärker werdende Interesse an den Problemen der Weltmeere, das heute bei verschiedenen gesellschaftlichen Kreisen der Welt deutlich zu erkennen ist. Die Probleme der Weltmeere werden von verschiedenen Standpunkten aus untersucht: vom wirtschaftlichen, vom politischen und vom militärischen Standpunkt, und zwar in ihrem dialektischen Zusammenhang und Wechselverhältnis.
Der ganz besondere Dank des Verfassers für wertvolle Ratschläge und erwiesene Hilfe gilt Admiral W. N. Alexejew, Admiral W. S. Sysojew, Konteradmiral K. A. Stalbo, Konteradmiral W. N. Usenko, Kapitän zur See N. P. Wjunenko und Professor W. G. Bakaew sowie allen, die bei der Erarbeitung des Werkes mitgeholfen haben.
Nach dem Erscheinen des Buches in russischer Sprache hat der Verfasser aus Leserkreisen eine Reihe von Hinweisen und Änderungswünschen erhalten. Er ist für diese Hinweise und Änderungswünsche dankbar und hat bei der Vorbereitung des Werkes für die Herausgabe im Ausland am ursprünglichen Text einige Korrekturen vorgenommen. Ein Teil der Korrekturen wurde auch deshalb angebracht, weil sich in der letzten Zeit auf internationaler Ebene einige Veränderungen vollzogen haben.

Kapitel I

Die Weltmeere und die Seemacht des Staates

Die Weltmeere haben von alters her durch ihre geheimnisvolle und unbändige Gewalt eine anziehende Kraft auf den Menschen ausgeübt und ihm nicht nur Mittel für seine Existenz, sondern auch den Weg zu unentdeckten Ländern verheißen. Sie versprachen unermeßliche Reichtümer, bargen jedoch auch große Gefahren in sich. Deshalb sind mit der Erschließung der Weltmeere und dem Eindringen in ihre Geheimnisse einige der bedeutsamsten Abschnitte in der Geschichte der Menschheit verbunden.

Die Bedeutung der Meere für die Entwicklung der Produktivkräfte und die Anhäufung von Reichtümern durch die Staaten läßt sich nicht hoch genug einschätzen. Die Entstehung und Entwicklung von Zivilisationen fand in der Regel an den Küsten der Meere und Ozeane statt. Staaten mit einer seefahrenden Bevölkerung haben es früher als andere zu wirtschaftlicher Macht gebracht. In einer bestimmten Phase der Geschichte der Menschheit wurde es dann dringend notwendig, die großen Weiten der Meere und ihre Reichtümer zu nutzen. Je größer die Möglichkeiten zur Nutzung dieser Reichtümer wurden, desto deutlicher traten die Voraussetzungen für die Entstehung und Entwicklung der Kategorie »Seemacht des Staates« zutage, die in einem bestimmten Maße die wirtschaftliche und militärische Macht des Staates und folglich auch seine Rolle in der Welt charakterisiert.

Unterschiedliche Ansichten über die Seemacht des Staates

Das Wesen der Seemacht eines Staates besteht unserer Meinung nach darin, inwieweit die Möglichkeit besteht, die Weltmeere oder die Hydrosphäre, wie man mitunter sagt, im Interesse des Staates insgesamt möglichst wirksam zu nutzen.

In den Begriff der Seemacht eines Staates werden von uns folgende Hauptkomponenten einbezogen: die Möglichkeiten des Staates, die Weltmeere zu erforschen und ihre Schätze zu erschließen, die Beschaffenheit der Handels- und der Fischereiflotte und ihre Fähigkeit, die Bedürfnisse des Staates zu befriedigen, sowie auch, da es auf der Welt antagonistische Gesellschaftssysteme gibt, das Vorhandensein von Seestreitkräften, die den Interessen dieses Staates entsprechen. Daß die Art der Nutzung der Weltmeere und der Entwicklungsstand der obengenannten Komponenten im Endeffekt durch das erreichte Niveau der wirtschaftlichen und sozialen Entwicklung des Staates und seine Politik bestimmt werden, versteht sich von selbst.

Für die Sowjetunion, die in ihrer Politik als Hauptziel den Aufbau des Kommunismus und eine ständige Erhöhung des Lebensstandards seiner Erbauer anstrebt, ist die Seemacht einer der wichtigsten Faktoren zur Stärkung ihrer Wirtschaft, zur Beschleunigung der wissenschaftlichen und technischen Entwicklung und zur Festigung der wirtschaftlichen, politischen, kulturellen und wissenschaftlichen Beziehungen des sowjetischen Volkes zu befreundeten Völkern und Ländern.

Der materielle Ausdruck dieses Aspekts der Seemacht eines Staates, der mit der Wirtschaft des Landes im Zusammenhang steht, sind die Handelsflotte, die Fischereiflotte und die Flotte der Forschungsschiffe, die Ozeanologie, die der Erforschung und der Nutzung der Meeresschätze dient, verschiedene Industriezweige, die die Schätze der Weltmeere gewinnen und verarbeiten, sowie die Wissenschaftler, Konstrukteure, Ingenieure und Techniker und die ruhmreiche Armee der Seeleute mit ihren mannigfaltigen, schwierigen und ehrenvollen Berufsrichtungen. Die Seemacht schließt aber natürlich neben anderen Komponenten auch die Fähigkeit unserer Streitkräfte ein, der Gefahr eines Überfalls auf unser Land von See her zu begegnen. Dieser Aspekt der Seemacht gewinnt eine um so größere Bedeutung, je größer die militärische Bedrohung für uns wird.

Diese Seite der Seemacht, die die tatsächliche Fähigkeit unseres Landes charakterisiert, eine Aggression von See her abzuwehren, kommt materiell in den sowjetischen Seestreitkräften zum Ausdruck, die ständig weiter ausgebaut und modernisiert werden und die als Teil unserer ruhmreichen Streitkräfte dazu aufgerufen sind, den Aufbau des Kommunismus zu gewährleisten, indem sie jeden Versuch eines Aggressors, sich an den Errungenschaften der Werktätigen zu vergreifen, entschlossen unterbinden.

Das bedeutet keinesfalls, daß die Seemacht eines Staates nur von der tatsächlichen Kampfkraft der Seestreitkräfte abhängig ist. Die Seemacht muß vor allem als die Fähigkeit des Staates betrachtet werden, alle Schätze der Weltmeere und alle Möglichkeiten, die die Weltmeere bieten, dem Menschen dienstbar zu machen und in vollem Umfang zur Entwicklung der Wirtschaft zu nutzen; durch den Stand der Wirtschaft werden nämlich letztlich alle Lebensbereiche unseres Landes bestimmt, auch die Verteidigungsfähigkeit. Der Begriff Seemacht läßt sich in dieser Hinsicht bis zu einem gewissen Grade mit dem Begriff der wirtschaftlichen Macht des Staates gleichsetzen. So gesehen kann die Seemacht als ein Bestandteil der wirtschaftlichen Macht betrachtet werden. Ebenso wie letztere für die militärische Macht bestimmend ist, besitzt auch die Seemacht, die von der Wirtschaft des Staates abhängig ist und ihrerseits einen Einfluß auf sie ausübt, eine wirtschaftliche und eine militärische Grundlage.

Die Umstände, die uns dazu zwingen, in den Begriff Seemacht eines Staates Prämissen militärischer Art einzubeziehen, sind durch die internationale Lage bedingt, vor allem durch die Existenz des Imperialismus, der seine Eroberungsbestrebungen auch auf die Hydrosphäre ausgedehnt hat. Deshalb ist die Einbeziehung der militärischen Komponente in den Begriff der Seemacht des Staates so lange unbedingt notwendig, wie es den Imperialismus gibt. Unter diesen Verhältnissen muß man die Seestreitkräfte als eine der wichtigsten Komponenten der Seemacht betrachten, die die Sicherheit unseres Staates gewährleistet und ein wichtiges Mittel zu Wahrung seiner Interessen auf See ist.

Die imperialistischen Staaten benutzen ihre Seemacht vor allem als Instrument einer aggressiven Politik zur Unterjochung und Versklavung von Ländern und Völkern sowie als Mittel zur Verschärfung der internationalen Lage und zur Entfesselung von Kriegen und militärischen Konflikten in verschiedenen Teilen der Welt. Die Militärtheoretiker und Ideologen des Imperialismus, beispielsweise in den USA, sehen in der Seemacht nicht nur ein äußerst wichtiges Mittel zur Bedrohung des Sozialismus, sondern auch eine Kraft, mit deren Hilfe die USA ihre Verbündeten in den aggressiven Militärblöcken an der Kandare halten, ihre dominierende Stellung innerhalb dieser Blöcke absichern und den beherrschenden Einfluß der amerikanischen Monopole gewährleisten können. Somit ergibt sich zwischen der Sowjetunion und den imperialistischen Mächten aus den Klassenverhältnissen in diesen Staaten ein grundlegender Unterschied in der Auffassung des Begriffes Seemacht. Dieser Unterschied bestimmt auch die Ziele, die Aufgaben und die Methoden des Einsatzes der verschiedenen Komponenten der Seemacht, vor allem der Seestreitkräfte, denen in den imperialistischen Ländern die Rolle eines der wichtigsten Instrumente zur Erringung der Weltherrschaft zufällt. Darauf ist auch die Tatsache zurückzuführen, daß in der Konzeption der Seemacht der imperialistischen Staaten die militärischen Aspekte ein immer größeres Übergewicht erlangen und daß alle anderen Aspekte der Seemacht den militärischen Aspekten untergeordnet werden und ihnen dienen.

Der Begriff Seemacht des Staates wird von ihnen in der Tat mit einer Kategorie wie militärische Stärke zur See oder Seestreitkräfte gleichgesetzt. Mehr noch, sie wenden diesen Begriff oft auch im Sinne des Begriffs militärische Macht an, womit sie ihre Absicht unterstreichen, die Konzentration ihrer wichtigsten strategischen Kräfte, vor allem der mit Raketen- und Kernwaffen ausgerüsteten, im Einsatzbereich ihrer Flotten fortzusetzen. Die westlichen Strategen messen der Seemacht oft eine übertrieben große Bedeutung bei. Sie versuchen, mit der Beschaffenheit der Seemacht und durch einen Kräftevergleich mit anderen Ländern auf diesem Gebiet nicht nur viele Ereignisse in der Welt, sondern auch die historische Entwicklung ganzer Völker und Länder zu erklären, wie das seinerzeit die amerikanischen Marinetheoretiker taten. Ihre heutigen Anhänger, die sich bemühen, die äußerst komplizierten Ereignisse und Prozesse, die gegenwärtig in der Welt stattfinden, vom Standpunkt der »Seemacht«, der »Stärke zur See« und der »Stärke der Seestreitkräfte« zu erklären, kommen unweigerlich zu der konstruierten Schlußfolgerung, daß eine weitere Forcierung der Seerüstung notwendig sei.
Die Imperialisten sehen in der Stärkung der Seestreitkräfte eine Möglichkeit zur weiteren Unterjochung der Völker und zur Ausfüllung des sogenannten Machtvakuums in bestimmten Teilen der Welt. Ein solches Vakuum bildete sich durch den Zerfall des gesamten Kolonialsystems und die Entstehung — aus den Trümmern dieses Systems — einer immer größer werdenden Zahl unabhängiger Staaten, die den Weg der selbständigen Entwicklung eingeschlagen haben. Diese Staaten werden von den Ideologen der Seemacht des Imperialismus als gute Beute für ihre aggressiven Bestrebungen betrachtet, derer man, wie sie zynisch behaupten, nur mit Hilfe der Seestreitkräfte »habhaft« werden könne. Solche »ideologischen« Begründungen werden weitgehend durch Waffengewalt untermauert. Ein Beweis dafür sind die über 30 Kriege und Konflikte, die von den imperialistischen Kreisen verschiedener Länder nach dem Zweiten Weltkrieg entfesselt wurden und an denen Seestreitkräfte beteiligt waren. Diese spielten immer die Rolle des »langen Knüppels«, mit dessen Hilfe die nationale Befreiungsbewegung in den Ländern, die von den Imperialisten als Opfer ihrer Aggression ausgewählt wurden, gnadenlos bekämpft wurde.
Die imperialistischen Staaten begründen die Notwendigkeit der Stärkung der Seestreitkräfte auch mit ihren zahlreichen Verpflichtungen zum »Schutz der Demokratien und der antikommunistischen Regime« in den verschiedenen Teilen der Welt. Die imperialistischen Mächte, die sich alter Methoden der Kolonialpolitik bedienen — des Terrors und der Erpressung, der Intervention sowie des wirtschaftlichen und politischen Diktats —, wenden immer öfter neue Formen der kolonialen Expansion

an, die sie als sogenannte Hilfe und Unterstützung tarnen. Dem Leser ist die Art, wie die berüchtigte »Hilfe« und »Unterstützung« praktiziert wurden, an den Beispielen Koreas und Vietnams, Griechenlands und Panamas sowie zahlreicher anderer Länder zur Genüge bekannt.

Zu den Argumenten, mit denen man die Stärkung der militärischen Komponente der Seemacht zu rechtfertigen versucht, gehören auch der riesige Umfang des amerikanischen Big Business, das an der Wirtschaft der überseeischen Länder beteiligt ist, und der starke Zuwachs des amerikanischen Überseehandels, dessen jährliches Volumen über 400 Mio. t beträgt. Hierbei wird den Seestreitkräften die Rolle des Garanten der wirtschaftlichen Expansion der US-Monopole und die Rolle des Helfershelfers bei der Ausplünderung der Völker vieler Länder zugewiesen, die wirtschaftlich, politisch und militärisch von den USA abhängig geworden sind.

Die neuen Verfechter der Stärke auf See, die alle Prozesse der sozialen Entwicklung in der Welt ganz offensichtlich auf den Kopf stellen, gehen so weit, daß sie die Seemacht als einen dominierenden Faktor bei der Schaffung einer neuen Art des »Regionalismus« betrachten, d.h. bei der Schaffung wirtschaftlicher Gruppierungen von Ländern, in deren Wirtschaft der Einsatz von Superschiffen im Überseehandel angeblich eine entscheidende Rolle spielt. Hierbei werden auch »Argumente« dafür angeführt, daß es notwendig sei, die Transporte auf diesen Schiffen durch die Seestreitkräfte zu schützen. Solche »Begründungen« des Wesens und des Inhalts der Seemacht gibt es viele, und allein schon ihre Aufzählung würde den Leser ermüden.

Wir haben nur einige wenige Konzeptionen der Seemacht aufgezeigt, die die größte Verbreitung gefunden haben und die auf eine ganz bestimmte Weise mit Fragen der Politik und der Wirtschaft in Zusammenhang stehen. Sie dienen hauptsächlich Propagandazwecken und sind dazu bestimmt, das Wesen der aggressiven Bestrebungen des Imperialismus zu verbergen. Um die häßlichen Seiten ihrer aggressiven Politik zu tarnen, und zwar die Seiten, die sie der Betrachtung durch Außenstehende lieber entziehen, bedienen sich die Ideologen des Imperialismus mit der Absicht einer verschleiernden Phraseologie.

Neben diesen Konzeptionen gibt es auch eindeutig militaristische Konzeptionen, die mit zynischer Offenheit alles das enthüllen, was die anderen verbergen. Sie bringen die Meinung der Hauptmanager des militärisch-industriellen Komplexes zum Ausdruck. Der ganze Sinn ihres Daseins besteht darin, eine Kriegshysterie hervorzurufen und immer wieder neue Mittel zur Intensivierung des Rüstungswettlaufs herauszupressen, der ihr wichtigster Einnahme- und Profitposten ist. Die Seemacht bleibt — so behaupten sie — nicht mehr auf die großen Weiten der Weltmeere beschränkt, sondern erstreckt sich jetzt auch über die Landmassen der Kontinente, wobei sie die Militärmacht ergänzt und sogar ersetzt, deren Stand vor allem durch die Fähigkeit bestimmt wird, mit Atomschlägen Landziele zu bekämpfen, die sich in der Tiefe des gegnerischen Territoriums befinden, und zwar in jedem Teil der Erde. Dementsprechend wird die Seemacht in immer stärkerem Maße zu einem Stimulans für häufige »durchgreifende« Überprüfungen der strategischen Konzeptionen zur Führung eines Krieges.

Zur Zeit findet eine erneute Umorientierung der US-Streitkräfte dahingehend statt, daß in einem Krieg die Hauptaufgaben auf jeden Fall durch die Führung starker Schläge von See her gelöst werden sollen, und zwar mit Hilfe der drei Grundelemente der Seestreitkräfte: der ballistischen Raketen der Atom-U-Boote, der bordgestützten Fliegerkräfte und der Kräfte der Marineinfanterie. Hierbei wird die Zerstörungskraft der Atomschläge als eine neue zusätzliche Dimension der Seemacht betrachtet, die von den Seestreitkräften gegen die Küste eingesetzt wird. Dazu trägt der weitgehende Einsatz von U-Booten mit Atomantrieb bei. Der Atomantrieb verringert die traditionelle Abhängigkeit der Flotten von der Lage der strategischen Positionen auf den Meeren und Seekriegsschauplätzen und von der geographischen Lage ihrer Stützpunkte; gleichzeitig bietet er die Möglichkeit, die Sphäre der aggressiven Bestrebungen auf neue Gebiete der Weltmeere auszudehnen.

Aber nicht nur das zieht die Blicke der Ideologen des militärisch-industriellen Komplexes auf die Stärke der Flotte. »Das Territorium der USA«, schrieb einer von ihnen — Admiral C. Rickets —, »wäre außerordentlich gefährdet, wenn es die einzige Basis für den Einsatz moderner Waffen wäre. Der Gegner würde in diesem Fall die gesamte geballte Kraft seiner Waffen gegen das Territorium der USA richten. Die Seestreitkräfte schaffen wirklich hervorragende Alternativmöglichkeiten. Sie ermöglichen es uns, die Weltmeere als Stützpunkte für Waffensysteme zu nutzen, wobei das Territorium des Gegners im Wirkungsbereich dieser Systeme bleibt. Die Vorteile der Marinewaffensysteme wird nur das Land nutzen können, das die hervorragenden Eigenschaften der Meere und Ozeane erkennt und das lernt, diese zu nutzen.«[6]

Hier wird die Seemacht, wie wir sehen, als ein Mittel dargestellt, das geeignet ist, drohende Vergeltungsschläge in eine andere Richtung, irgendwohin auf die Ozeane zu lenken, d.h. weit weg von denen, die eine nukleare Aggression gegen die Menschheit vorbereiten.

Zu den Faktoren, die zu einer Stärkung der Seemacht beitragen, gehören auch andere Errungenschaften des wissenschaftlichen und techni-

6 U.S. Naval Institute Proceedings (USNIP), Vol. 89, 1963, H. 1, S. 33—39; Zitat S. 39.

schen Fortschritts wie z.B. die Satelliten, die von den imperialistischen Militärs schon heute zu Aufklärungs-, Fernmelde- und Navigationszwecken verwendet werden. Man betrachtet diese und zahlreiche andere Errungenschaften der Wissenschaft und Technik, wenn sie in den Dienst des Imperialismus gestellt worden sind, nur noch aus dem Blickwinkel ihrer Nutzung zu militärischen Zwecken, insbesondere zur Stärkung der Schlagkraft der Flotten.

Eine kurze Untersuchung der im Ausland gebräuchlichen Konzeptionen der Seemacht läßt die Schlußfolgerung zu, daß sie einseitig und utilitaristisch ausgerichtet sind und der Vorbereitung des Krieges dienen. Die Seemacht wird nach diesen Konzeptionen durch folgendes bestimmt: die neuen Dimensionen der Zerstörungskraft der Marinewaffen, die zunehmende Verbilligung der militärischen Ferntransporte, das Einbeziehen der Landmassive der Kontinente in den Wirkungsbereich der Marinewaffen, die umfangreichen internationalen Verpflichtungen und die aggressiven Bündnisse der Seemächte sowie die Kontrolle der Meere in bestimmten Räumen, in denen überlegene Kräfte praktisch jederzeit eingesetzt werden können.

In der letzten Zeit ist in allen Staaten der Welt weiterhin ein wachsendes Interesse an der Nutzung der unermeßlichen Reichtümer der Weltmeere zu wirtschaftlichen Zwecken zu beobachten. Würde man die außerordentlich vielfältigen Schätze der Weltmeere im Interesse der Menschheit nutzen, dann könnten zahlreiche große Probleme auf dem Gebiet der Energiewirtschaft, der Lebensmittelversorgung und der Gewinnung von Bodenschätzen sowie der Entwicklung von wirtschaftlichen, kulturellen, wissenschaftlichen und Transportbeziehungen zwischen den Ländern der verschiedenen Teile der Welt gelöst werden. Die Tätigkeit auf diesem Gebiet wird jedoch von den führenden Seemächten des imperialistischen Lagers häufig aus dem Blickwinkel der militärischen Vorbereitungen gesehen.

»Wenn man alle Aspekte der Seemacht zu den eigenen Interessen der USA in Beziehung setzt (. . .)«, sagte der Marineminister der USA, P. Ignatus, »dann muß man hervorheben, daß zur Unterstützung militärischer Operationen mit dem Ziel, die Flexibilität beim selbständigen Einsatz zu gewährleisten, eine große, unter amerikanischer Flagge fahrende moderne Handelsflotte erforderlich ist. Ohne eine starke Handelsflotte könnte eine Reihe selbständiger Varianten von militärischen Entscheidungen versäumt werden. Die USA müssen aufgrund ihrer Überlegenheit auf dem Gebiet der technischen Errungenschaften für die Nutzung der Weltmeere neue Möglichkeiten zur Ausdehnung des amerikanischen Einflusses in internationalem Maßstab schaffen. Diese führende Rolle bei der Erforschung der Weltmeere könnte sich für die künftige Entwicklung der Seemacht der USA, die mit der nationalen Wirtschaft eng verknüpft ist, als sehr wichtig erweisen. Ebenso wird die Überlegenheit in Fragen der Ozeanographie es den USA ermöglichen, ihre führende Rolle in der wissenschaftlichen Welt zu behaupten und außerdem einen praktischen Nutzen aus den Nebenergebnissen zu erzielen, die sehr oft nicht vorausgesagt werden können. Internationales Prestige ist nicht nur für die Käufer amerikanischer Produkte im Ausland wichtig, sondern auch für die internationalen Beziehungen der Vereinigten Staaten, die sich auf ihre Seemacht stützen.«[7]

Ähnliche Beispiele, die das aggressive Wesen der Seemacht der imperialistischen Staaten und ihren reaktionären Inhalt zeigen, könnte man auch in bezug auf die anderen Aspekte ihrer Außenpolitik anführen, die sich in ihrem Kern an der berüchtigten »Politik der Stärke« orientiert. Aber auch die oben angeführten Beispiele reichen schon aus, um die wirkliche Funktion der Seemacht der imperialistischen Staaten zu erkennen. Diese Seemacht wird von ihnen in Friedenszeiten vor allem als Hauptattribut der »Kanonenbootdiplomatie« und in Kriegszeiten als wichtigstes Mittel der höheren Strategie eingesetzt, deren Hauptinhalt in zunehmenden Maße die ozeanische Strategie bildet.

Wir betrachten die Seemacht, wie bereits oben erwähnt wurde, als einen vielgestaltigen Komplex, dessen verschiedenartige Bestandteile zum Bereich der Wirtschaft der Sowjetunion und der Politik der Kommunistischen Partei, zum Bereich ihrer Verteidigungsbereitschaft, ihrer Wissenschaften und ihrer Personalausbildung sowie zum Bereich der praktischen Realisierung aller der Möglichkeiten gehören, die die Nutzung der Meere und Ozeane beim Aufbau des Kommunismus bietet.

Die Weltmeere und ihre Bedeutung

Die Weltmeere, mit denen die Entstehung des gesamten Lebens auf unserem Planeten verbunden ist, haben für das Leben des Menschen eine außerordentlich große Bedeutung. Die heutigen Vertreter der Flora und Fauna sind aus Organismen entstanden, die einst in den Gewässern der Weltmeere lebten, welche nach wie vor eine Quelle des Lebens sind.

Der Einfluß des Meeres auf die Wirtschaft eines Landes ist sehr groß und vielseitig. Die Meere und Ozeane bergen riesige Rohstoffreserven für die Industrie und gewaltige Energievorräte in sich. Über die Meere und Ozeane verlaufen sehr wichtige und zugleich die wirtschaftlichsten Verbindungswege zwischen den Ländern. Die Menge des im Meer ent-

7 USNIP, Vol. 96, 1970, H. 4, S. 28—30.

stehenden Lebens übersteigt das gesamte an Land entstehende um ein Vielfaches. Deshalb kann man in den Weltmeeren eine der wichtigsten Quellen sehen, mit deren Hilfe das Problem der Versorgung der ständig wachsenden Bevölkerung der Welt mit Nahrung gelöst werden kann. Gegenwärtig betragen die auf der ganzen Welt erzielten Fischfangerträge 60 Mio. t, und zwar von einer Fläche, die etwa 10% der gesamten Meeresoberfläche ausmacht; bis 1985 könnten diese Erträge jedoch auf 100 bis 120 Mio. t gebracht werden. In Zukunft könnte auch das pflanzliche und tierische Plankton, von dem es in den Weltmeeren riesige Vorräte gibt, weitgehend als Eiweißquelle genutzt werden. Die ersten Schritte in dieser Richtung sind bereits unternommen worden.

Die Vorräte der Weltmeere an chemischen Stoffen und Mineralien sind praktisch unerschöpflich. Man hat errechnet, daß die Salzschicht auf dem Meeresboden 57 m dick wäre, wenn man das gesamte Salz der Weltmeere auf dem Meeresboden ablagern könnte. In dem vom Meer bedeckten Teil der Erde befinden sich etwa 90 Mrd. t Jod, 5 Mrd. t Uran, rund 3 Mrd. t Mangan, Vanadium und Nickel, 10 Mio t Gold, 270 Mrd. t schweres Wasser, Milliarden Tonnen Magnesium, Kalium, Brom und Kalzium sowie Millionen Tonnen Silber, Thorium und andere seltene Elemente. In 1 m^3 Meerwasser sind im Durchschnitt 30 kg Natriumchlorid, 1,3 kg Magnesium und 66 g Brom enthalten. 99% der Bromvorräte unseres Planeten befinden sich in den Weltmeeren.

Nur wenige im Meerwasser gelöste Stoffe konnten bisher gewerblich genutzt werden. Mit Erfolg gelöst ist in wirtschaftlicher und technischer Hinsicht das Problem der Gewinnung von Kochsalz, Magnesium, Brom, Kalium, Jod und einigen anderen Stoffen aus Meerwasser. So wird bei einer jährlichen Kochsalzgewinnung von 22 Mio. t in der gesamten Welt ein Drittel durch Verdampfung aus Meerwasser gewonnen. Die jährlich aus dem Meerwasser geförderte Menge beträgt bei Magnesium 300 000 t und bei Brom 100 000 t. Es wurden auch Mittel und Wege zur Gewinnung von Uran, Gold und anderen wertvollen Elementen aus dem Meerwasser gefunden. Der Umfang und die Intensität der Arbeiten zur Gewinnung von seltenen und in geringen Konzentrationen vorkommenden Elementen aus dem Wasser sind so groß, daß dadurch in naher Zukunft große Veränderungen in der Weltwirtschaft ausgelöst werden können.

Auf dem Meeresboden sind außerordentlich große Vorkommen von Manganknollen[8] gefunden worden, die bis zu 30 chemische Elemente enthalten, von denen Mangan (25%), Eisen (14%) sowie Kobalt, Nickel, Kupfer, Titan und Vanadium die wichtigsten sind. Diese Gebilde enthal-

8 Ablagerungen von Sedimentgestein.

ten weit mehr wertvolle Metalle als die Erze, die sich in den Vorkommen an Land befinden.

Wenn die Gewinnung von Erzen aus großer Tiefe auch etwas Neues ist, so sind doch bereits jetzt relativ billige Methoden zur Gewinnung dieser Erze vom Meeresboden entwickelt worden. In einigen Ländern hat man bereits mit dem Abbau von Manganknollen begonnen.

Unter dem Meeresboden befinden sich riesige Energiequellen. So wurden im Persischen Golf und im Golf von Mexiko, im westlichen Teil des Karibischen Meeres, in der Nordsee, an der Pazifikküste der USA, an der Küste Westafrikas, im Ostchinesischen Meer, im Südchinesischen Meer und in anderen Teilen der Welt große Erdöl- und Erdgasvorkommen gefunden. Die in Tiefen bis 300 m ausgemachten geologischen Erdölvorräte werden auf 420 Mrd. t geschätzt. Man nimmt darüber hinaus an, daß die wichtigsten Erdöl- und Erdgasvorkommen sich nicht auf dem Land, sondern im Meer befinden; denn zwei Drittel der bekannten erdöl- und erdgasführenden Gebiete an Land liegen an den Meeresküsten. Obwohl die Menschheit erst in Zukunft in der Lage sein wird, diese Schätze in vollem Umfang zu nutzen, nimmt die Bedeutung ihrer Erschließung bereits jetzt schnell zu. Fast in allen Gebieten des Festlandssockels wird nach Erdöl und Erdgas gesucht. Heute wird ein Viertel des insgesamt in der Welt geförderten Erdöls vom Grunde der Meere und Ozeane gewonnen. Man glaubt, daß im Laufe der nächsten zehn Jahre die jährliche Menge des im Meer geförderten Erdöls etwa ein Drittel der gesamten Weltfördermenge erreichen wird.

Der Meeresboden ist auch an anderen Bodenschätzen sehr reich. So wurden an der Westküste der USA sowie an den Küsten Chiles und Australiens Kohlenflöze entdeckt. Bei Neufundland werden Eisenerz und Kupfererz gefördert. Die Eisenerzvorkommen in diesem Gebiet werden auf mehr als 3 Mrd. t geschätzt. Im Golf von Mexiko wird von Stahlpfahlinseln aus vom Meeresboden Schwefel gewonnen. Außerdem werden aus dem Meer Zinn, Thorium- und Titanerze sowie Diamanten, Perlen, Sand, Kies und Muschelkalk gewonnen.

Das Interesse an den Weltmeeren verstärkt sich auch im Zusammenhang mit den sich eröffnenden Möglichkeiten zur Nutzung der thermischen, mechanischen und chemischen Energie des Wassers der Weltmeere.

Nach Schätzungen von Wissenschaftlern ist die Energie der Gezeiten mehr als 2 000 mal so groß wie die gesamte Jahresenergiereserve aller Flüsse der Erde. Schon die Erschließung eines kleinen Teils dieser Energie wäre ein gewichtiger Beitrag zur Energieversorgung der Menschheit.

Die Ingenieure und Techniker konzentrieren sich z.Z. auf Experimente zur Nutzung der Spiegelschwankungen des Meeres und der Temperaturdifferenz zwischen den oberen (25 bis 30°C) und den unteren (5 bis

10°C) Wasserschichten. Im Jahre 1959 wurde in Frankreich der erste Generatorsatz mit einer Leistung von 9 000 kW des zu Versuchszwecken gebauten ersten Gezeitenkraftwerks der Welt mit einer projektierten Leistung von 320 000 kW in Betrieb genommen. In der UdSSR wurde vor kurzem das Versuchs-Gezeitenkraftwerk bei Kislogubsk fertiggestellt. In der Entwicklung befinden sich außerdem die Projekte der Gezeitenkraftwerke bei Lumbovka und in der Bucht von Mesen. Kleine Gezeitenkraftwerke sind in China in Betrieb. In einigen Ländern werden bereits hydrothermische Kraftwerke gebaut. Wenn alle technischen Schwierigkeiten überwunden sind und die Kraftwerke ihren Betrieb aufnehmen, wird eine neue praktisch unerschöpfliche Energiequelle aus den Weltmeeren zur Verfügung stehen.

Sehr groß ist auch die Bedeutung der Weltmeere für den Transport. Über die Ozeane und Meere verlaufen die wichtigsten Handelswege der Welt, die die Kontinente, die Länder und die Völker miteinander verbinden. Wenn man die Wege der Schiffe im Verlaufe eines Jahres auf eine Karte eintragen würde, dann könnte man feststellen, daß die Weltmeere mit einem ganzen Netz solcher Wege überzogen sind, wobei die Verkehrsdichte auf diesen Wegen allerdings unterschiedlich ist. Die unterschiedliche Verkehrsdichte hängt vor allem vom Stand der wirtschaftlichen Entwicklung der Länder ab, die Anlieger der Ozeane und Meere sind, von ihren Rohstoffquellen und dem unmittelbar damit zusammenhängenden Außenhandelsbedarf, von den natürlichen Schiffahrtsbedingungen, der wirtschaftlichen Zweckmäßigkeit der Beförderung von Gütern auf dem Seewege sowie den politischen Beziehungen, die sich zwischen den einzelnen Ländern in den verschiedenen Teilen der Welt herausgebildet haben. Besonders charakteristisch und nachhaltig wirksam sind hier die Faktoren, die mit der aus natürlichen oder historischen Gegebenheiten resultierenden Verteilung der Naturschätze und der Produktionskapazitäten in Zusammenhang stehen.

So läßt sich der Strom der internationalen Erdöltransporte aus den Ländern des Nahen und Mittleren Ostens in den Westen — nach Europa und in die USA — und nach Osten — nach Japan und in die Länder Südostasiens —, der Getreidetransporte aus den USA, aus Kanada und Australien in die Länder des europäischen Kontinents sowie der Transporte von Maschinen und Industrieerzeugnissen aus den industriell hochentwickelten Ländern Europas und Amerikas in die weniger entwickelten Länder Afrikas und des asiatischen Kontinents genau verfolgen.

Die Wirtschaft der hochentwickelten kapitalistischen Länder ist von den Seetransporten, besonders von der Einfuhr von Rohstoffen und Lebensmitteln verschiedener Art, in starkem Maße abhängig. Dies wird dadurch bestätigt, daß etwa 90% des gesamten Volumens der Außenhandelsseetransporte auf die Beförderung von Rohstoffen und Lebensmitteln entfallen. In den letzten Jahren ist das Volumen der Erdöltransporte und der Transporte von Erdölprodukten sehr stark gestiegen (etwa um 10% jährlich). Das Transportvolumen verteilt sich in etwa wie folgt auf die einzelnen Güterarten: Erdöl und Erdölprodukte 55% , Eisenerz 10%, Getreide und Kohle je 5%, Kunstdünger 3%, Holz, Zucker und Bauxit je 1,5% bis 2%; etwa 25% des Transportvolumens entfällt auf Stückgut und andere Frachtarten (Bild 1 bis 4). Das Übergewicht der Rohstoffe und der Lebensmittel bei den zu befördernden Gütern bestimmt nicht nur den Charakter der internationalen Seetransporte, sondern auch das gesamte System der internationalen Wirtschaftsbeziehungen — den Umfang, die Warenstruktur und die Richtung der internationalen Güterbewegungen.

Die Rolle der Seetransporte und ihr Platz in der Wirtschaft vieler Staaten haben seinerzeit auch die Bedeutung der Weltmeere bestimmt, die über einen langen Zeitraum praktisch unverändert geblieben ist.

Der Atlantische Ozean ist für die Seeschiffahrt und den internationalen Handelsverkehr von erstrangiger Bedeutung. Im Einzugsgebiet des Atlantischen Ozeans befinden sich die industriell am höchsten entwickelten Regionen, in denen etwa 800 Mio. Menschen leben.

Die Fläche des Atlantischen Ozeans beträgt mehr als 93 Mio. km^2, was fast 26% der gesamten Fläche der Weltmeere ausmacht. So beträgt die Entfernung von Kopenhagen nach New York über 7 000 km und von Kopenhagen zum Panamakanal 10 000 km. An den Küsten dieses Ozeans befinden sich drei Viertel aller Seehäfen der Welt, die über 70% der auf den Weltmeeren beförderten Güter umschlagen.

Im Atlantischen Ozean sind in bezug auf Bedeutung und Verkehrsdichte die Seewege besonders hervorzuheben, die im Nordteil des Ozeans verlaufen. Hier verkehren täglich (im Durchschnitt) etwa 4 000 Handelsschiffe, von denen sich ein großer Teil auf der Überfahrt zwischen Häfen befindet. Über den Nordatlantik verlaufen mehr als 100 feste Routen der UdSSR, der USA, Großbritanniens, Frankreichs, Italiens, der Niederlande, der Bundesrepublik Deutschland und anderer Länder.

Die wichtigsten Überseehandelswege verlaufen im Nordatlantik in Richtungen, die die Häfen folgender Gebiete miteinander verbinden: Westeuropa mit Nordamerika (über 21% des Frachtverkehrs), Nordamerika mit Südwesteuropa sowie Nordafrika und dem Nahen Osten über die Enge von Gibraltar (etwa 12% des Frachtverkehrs), ferner Westeuropa mit Mittel- und Südamerika sowie den Ländern des Stillen Ozeans über den Panamakanal (über 10% des Frachtverkehrs). Nach der Schließung des Suezkanals im Jahre 1967 infolge der israelischen Aggression stieg

die Bedeutung der Seewege, die von den Häfen Europas, Nordamerikas und Südamerikas aus um Afrika verlaufen. Da in der Welthandelsschiffahrt in letzter Zeit die großen Schiffe — die sogenannten Supertanker und andere, die einen großen Tiefgang haben — eine immer größere Rolle spielen, wird die Bedeutung dieser Seewege trotz der Wiederöffnung des Suezkanals zweifellos weiterhin zunehmen.
Die Rolle der Seewege im Atlantik erhält durch die außerordentlich große militärische Bedeutung dieses Gebiets ein noch größeres Gewicht. Die NATO, der wichtigste aggressive Block des Imperialismus, hat ihre bewaffneten Kräfte hier disloziert, und so können die Unterseeboote und die bordgestützten Flugzeuge der imperialistischen Flotten von hier aus sehr starke Atomschläge gegen Objekte in den Ländern der sozialistischen Gemeinschaft führen. Im Atlantischen Ozean (einschließlich des Mittelmeeres) sind die stärksten Flottenkräfte der wichtigsten imperialistischen Mächte konzentriert. Hier befinden sich ständig 70 bis 80% aller Kriegsschiffe der USA und Großbritanniens, darunter 5 der 6 Raketen-Atom-U-Bootgeschwader und 4 der 6 Trägereinsatzverbände der USA.
Über den Atlantik führen die wichtigsten Verbindungswege der NATO, die die zu diesem Block gehörende Gruppe der europäischen Staaten mit ihrem Hauptarsenal — den Vereinigten Staaten von Amerika — verbinden. Diese Verbindungswege haben eine sehr große militärische Bedeutung. So wurden beispielsweise während des Zweiten Weltkrieges rund 2 200 große Konvois über den Atlantik gebracht, zu denen über 75 000 Schiffe gehörten. In der gleichen Zeit wurden auf küstennahen Verbindungswegen etwa 7 700 Konvois geleitet, zu denen über 170 000 Transportschiffe gehörten.[9]
Von den Meeren im Bereich des Atlantischen Ozeans kommt dem Mittelmeer, an dessen Küsten 18 europäische, asiatische und afrikanische Staaten mit unterschiedlicher politischer Orientierung liegen, die größte Bedeutung zu. In diesen Staaten leben über 300 Mio. Menschen. Ein Teil dieser Staaten gehört den aggressiven Militärblöcken NATO und CENTO an, andere wiederum gehören zur Gruppe der sogenannten blockfreien Staaten oder führen einen erbitterten Kampf um ihre Unabhängigkeit.
In der Wirtschaft vieler Mittelmerstaaten spielt die Gewinnung strategisch wichtiger Bodenschätze wie Erdöl und Chrom eine Rolle. Der Kampf um einen dominierenden Einfluß im Bereich der Förderung dieser Bodenschätze stellt einen wichtigen Teil der Politik zahlreicher kapi-

9 Belli, W. A. u.a., Blokada i kontrblokada (Blockade und Gegenblockade), Moskau 1967, S. 398.

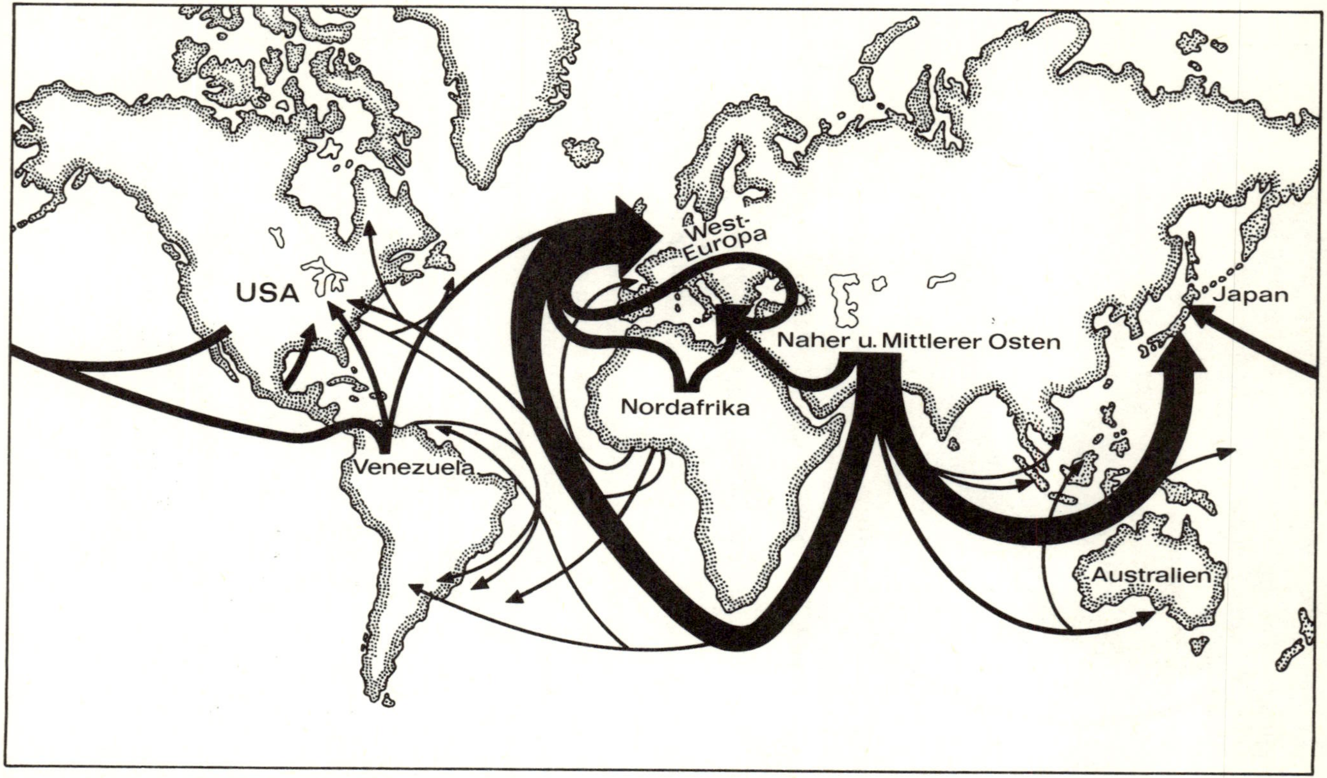

Bild 1 Schematische Darstellung der internationalen Erdöltransporte

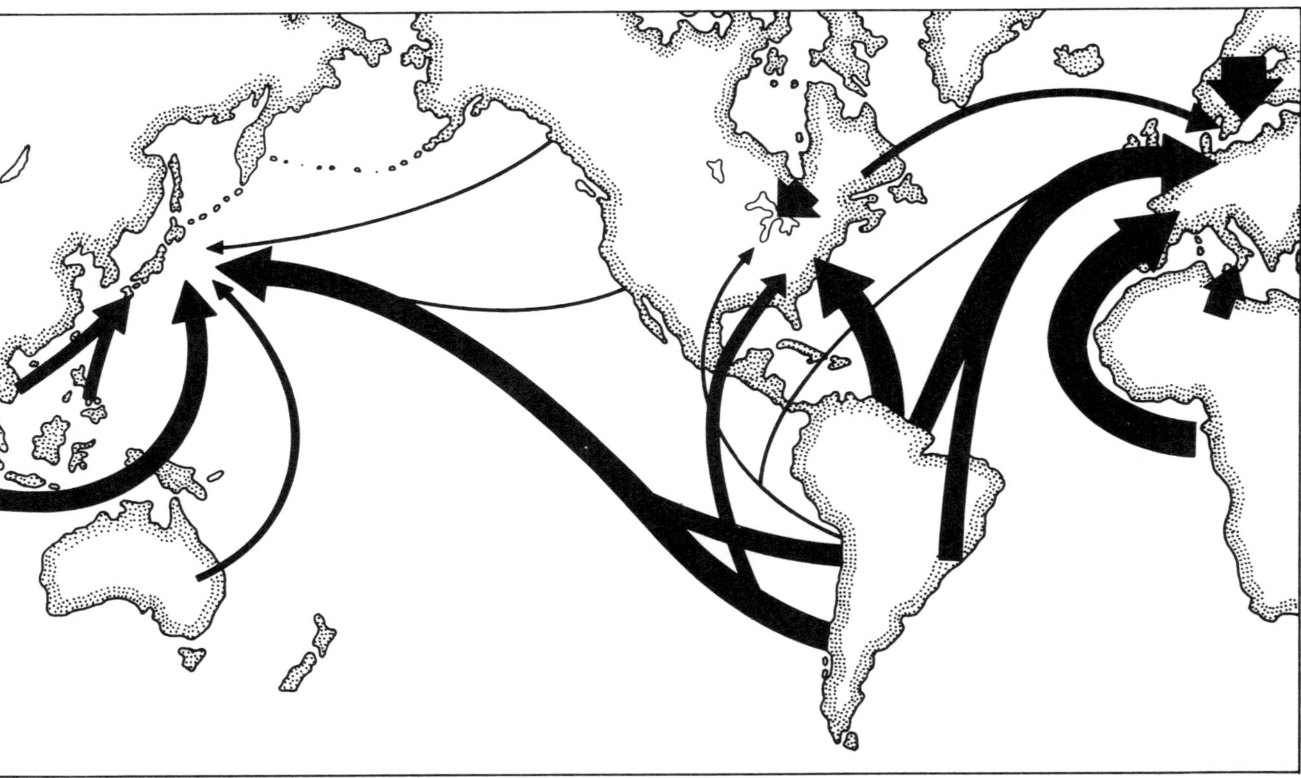

Bild 2 Schematische Darstellung der internationalen Eisenerztransporte zur See

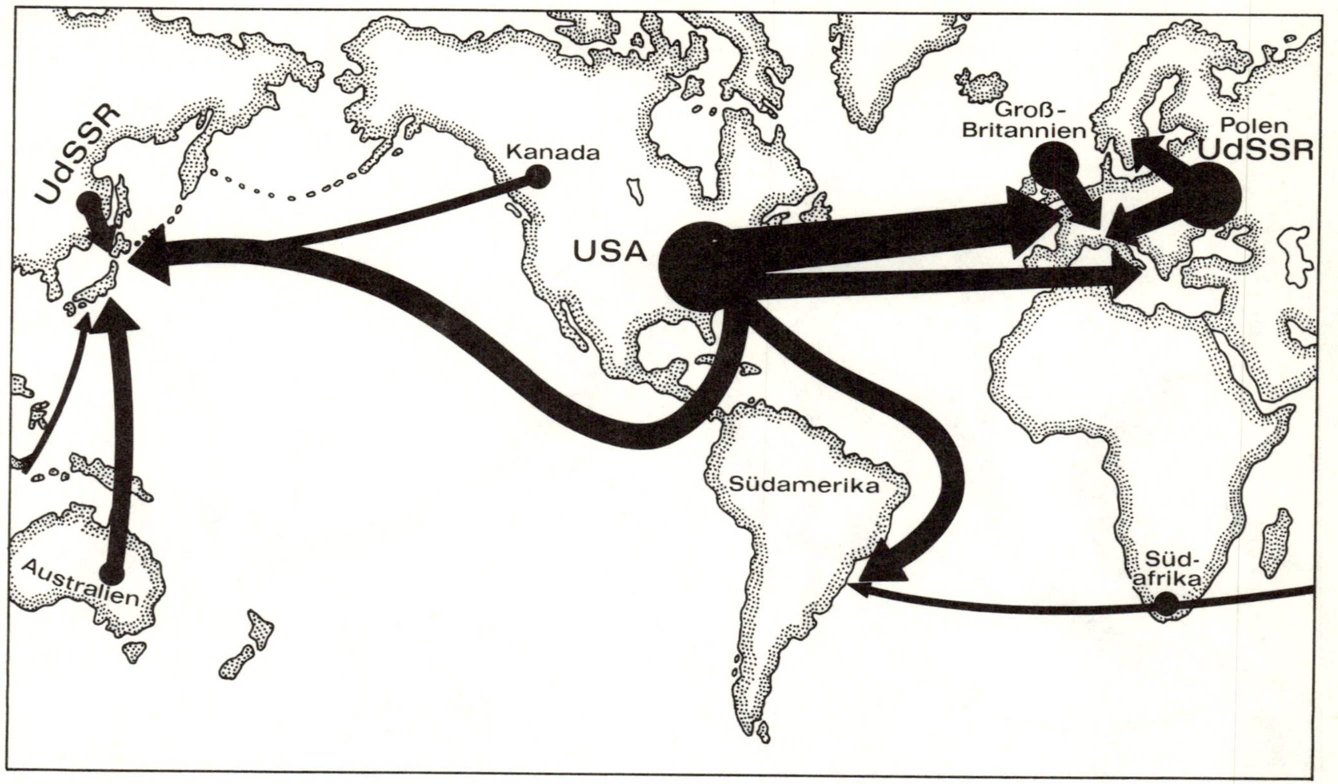

Bild 3 Schematische Darstellung der internationalen Kohletransporte zur See

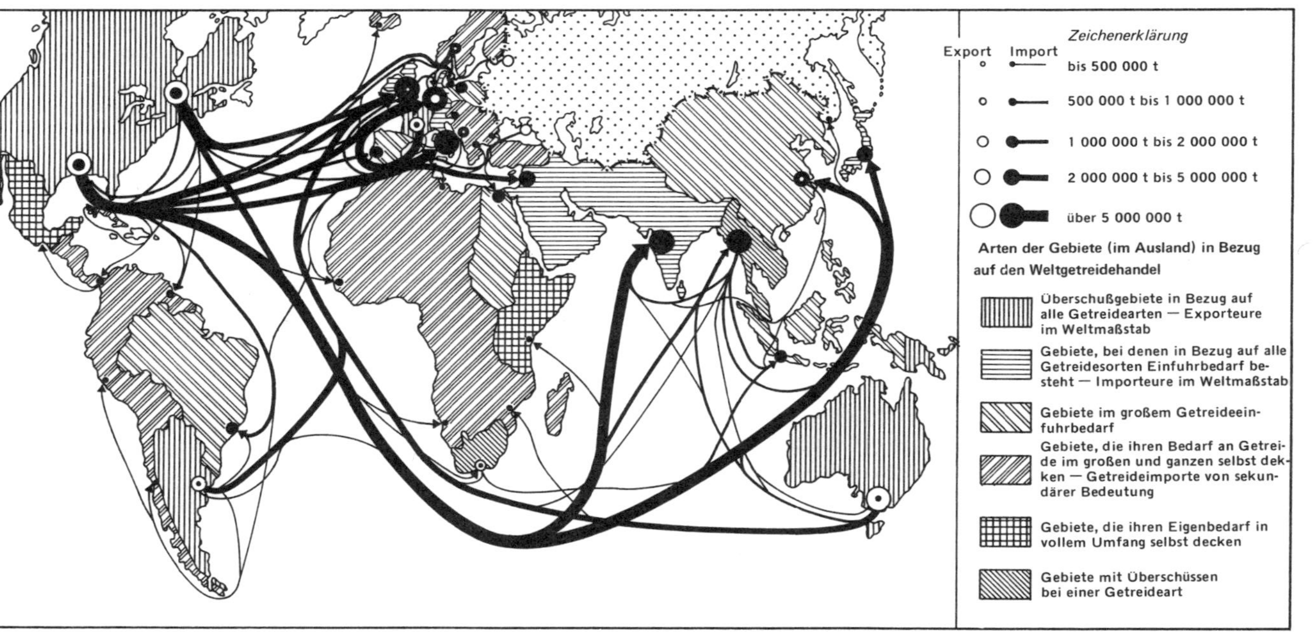

Bild 4 Schematische Darstellung der internationalen Getreidetransporte zur See

talistischer Länder dar. Durch das Mittelmeer verlaufen sehr wichtige Verbindungswege, auf denen Kraftstoffe in die Länder Europas und in die USA transportiert werden. Während des Zweiten Weltkrieges wurde das Mittelmeer von Schiffen mit einem Raumgehalt von insgesamt mehr als 154 Mio. RT durchquert, die von afrikanischen und südeuropäischen Ländern nach Großbritannien und umgekehrt fuhren. So haben die Schiffe der Achsenmächte im Laufe eines einzigen Jahres (1940) allein nach Nordafrika über 5 Mio. t Güter befördert.[10]

Im Atlantischen Ozean verlaufen also die wichtigsten Verkehrsadern der westlichen Länder, deren Wirtschaft zum großen Teil vom störungsfreien Funktionieren dieser Verkehrsadern abhängig ist. Deshalb betrachten die Militärideologen der NATO den Atlantischen Ozean und seine Meere als den wichtigsten Seekriegsschauplatz und konzentrieren hier die Hauptmasse ihrer Seestreitkräfte.

Der Stille Ozean ist der größte Ozean und hat eine erhebliche Bedeutung für die Seeschiffahrt und den internationalen Handel. In den Ländern im Bereich dieses Ozeans leben über 1 Mrd. Menschen. Die Fläche des Stillen Ozeans beträgt fast 180 Mio. km^2, was der Hälfte der Gesamtfläche der Weltmeere oder einem Drittel der Erdoberfläche entspricht. Die Staaten an den einander gegenüberliegenden Küsten des Ozeans sind durch riesige Entfernungen voneinander getrennt. So sind es von Wladiwostok nach San Francisco über 8 400 km, von Petropawlowsk auf Kamtschatka zum Panamakanal 14 800 km und von San Francisco nach Manila 11 500 km.

Auf den Stillen Ozean entfallen etwa 20 % der Weltseeschiffahrt, wobei die größte Verkehrsdichte in den Richtungen Amerika — Asien, Amerika — Australien und Asien — Australien herrscht.

Eine große Bedeutung haben in der letzten Zeit die Seewege erlangt, auf denen Erdöl aus den Häfen des Persischen Golfs nach Japan transportiert wird. Am stärksten ist der Schiffsverkehr auf den Seewegen von Amerika nach Asien, die die Häfen Nordamerikas und den Panamakanal mit den Häfen Japans, der Koreanischen Volksrepublik und der Philippinen sowie mit der Straße von Singapur verbinden. Die wirtschaftliche Bedeutung des Pazifik wird zum großen Teil durch die Abhängigkeit der Anliegerstaaten von den Seeverbindungswegen bestimmt, mit deren Hilfe die Bedürfnisse der Wirtschaft und der Streitkräfte befriedigt werden können.

An der Pazifikküste der USA befinden sich zahlreiche Zentren der Atom-, Raketen-, Luftfahrt- und Schiffbauindustrie sowie Industriezentren, in denen synthetischer Kautschuk, Aluminium u.a.m. herge-

10 ibid., S. 669f.

stellt werden. Diese Küste stellt heute eine mächtige Basis des amerikanischen Imperialismus dar, die nicht nur die Streitkräfte der USA, sondern auch die Streitkräfte anderer kapitalistischer Staaten Amerikas, Asiens und Australiens mit Waffen und Gerät versorgt.
Die imperialistischen Anliegerstaaten des Stillen Ozeans sind unter der Schirmherrschaft der USA zu Militärblöcken zusammengeschlossen. Es wurde auch eine Reihe bilateraler Verträge zwischen den USA und Japan, Südkorea, Thailand, dem Regime auf Taiwan und den Regierungen anderer Staaten abgeschlossen. Die USA haben im Ausland Stützpunkte errichtet, entsenden ihre Militärberater dorthin und unterhalten starke Kontingente ihrer Land-, Luft- und Seestreitkräfte in diesen Ländern. In den Gewässern des Stillen Ozeans patrouillieren ständig amerikanische Raketen-Atom-Unterseeboote. Der wichtigste Angriffsverband der USA im Fernen Osten ist die 7. US-Flotte.
Von großer Bedeutung für die Vereinigten Staaten sind die Militärtransporte im Stillen Ozean zur Versorgung der Streitkräfte. Der Schwerpunkt dieser Transporte liegt dabei trotz der starken Zunahme des Luftverkehrs beim Seeverkehr. So wurden während der drei Kriegsjahre in Korea über 1 Mio. Mann und 370 000 t Fracht auf dem Luftwege aus den USA nach Korea und Japan und zurück befördert. Im gleichen Zeitraum wurden auf Handels- und Kriegsschiffen der USA und ihrer Verbündeten rund 5 Mio. Mann und 74 Mio. t Güter verschiedener Art befördert. Somit entfielen auf 1 t Fracht, die auf dem Luftwege nach Sien befördert wurde, über 200 t Fracht, die auf dem Seewege transportiert wurden. Von je sechs Mann der Besatzungstruppen wurden fünf auf dem Seewege befördert. Im Jahre 1967 haben die USA im Zusammenhang mit dem Krieg in Vietnam 2,5 Mio. t Güter über den Ozean nach Südostasien transportiert.[11]
Der Indische Ozean spielt in der Wirtschaft der Entwicklungsländer Südasiens und Ostafrikas eine immer größere Rolle. Im Bereich des Indischen Ozeans leben etwa 1 Mrd. Menschen. Er ist mit einer Fläche von fast 75 Mio. km^2 (über 20% der Fläche der Weltmeere) der drittgrößte Ozean. Die größten Entfernungen betragen: zwischen den Südspitzen Afrikas und Australiens (Nagelkap und Südkap) 10 750 km, auf dem Äquator 6 300 km und auf dem 60. Längengrad etwa 10 600 km.
Auf den Indischen Ozean entfällt etwa ein Zehntel des Weltschiffsverkehrs. Die wirtschaftliche Bedeutung des Indischen Ozeans besteht vor allem darin, daß auf ihm internationale Handelswege verlaufen, die

11 Istorija voenno-morskogo iskusstva (Geschichte der Seekriegskunst), Moskau 1969, S. 551 u. 558.

Europa und Amerika mit Südasien, Ostafrika, Australien und den Erdölgebieten des Nahen und Mittleren Ostens verbinden. Auf dem Indischen Ozean verlaufen auch die Wege von den Schwarzmeer- und Ostseehäfen der UdSSR zu den Häfen des Fernen Ostens sowie nach Indien, Pakistan, Bangladesch, Indonesien, Burma und andere Länder. Die Lage in vielen Ländern im Bereich des Indischen Ozeans wird einerseits durch das Bestreben des Imperialismus, seine ehemalige Herrschaft in neuer Form aufrechtzuerhalten, und andererseits durch den hartnäckigen Kampf der Völker dieser Staaten für volle politische und wirtschaftliche Unabhängigkeit, gegen ausländische Stützpunkte auf ihrem Territorium und gegen jegliche Form des Neokolonialismus bestimmt.

Das Nordpolarmeer, das kleinste aller Weltmeere, nimmt eine Fläche von nur etwas mehr als 13 Mio. km^2 ein; ein großer Teil dieser Fläche, etwa 8 Mio. km^2, entfällt auf die Barentssee, das Karische Meer, das Ostsibirische Meer, das Tschuktschen-Meer, die Laptew-See u.a.

Auf das Nordpolarmeer entfällt nur ein Hundertstel der Weltseeschiffahrt. Über dem Nordpolarmeer und den arktischen Meeren, die die Nordküsten der Sowjetunion, Norwegens, der USA, Kanadas und Grönlands umspülen, verlaufen die kürzesten Luftwege zwischen Eurasien und dem amerikanischen Kontinent.

Die Bedeutung dieses Weltmeeres wird durch das große wirtschaftliche Gewicht der an dieses Meer angrenzenden Territorien der UdSSR bestimmt. Der entlang der sowjetischen Küste verlaufende Nördliche Seeweg hat trotz der außerordentlich großen Schwierigkeiten, mit denen die Seeschiffahrt hier zu kämpfen hat, für die Sowjetunion eine große volkswirtschaftliche Bedeutung. Die Schiffahrtssaison in der Arktis dauert von Ende Juni bis September und beträgt 90 bis 120 Tage.

Eine Seeverbindung mit den Inseln und der Nordküste Kanadas ist nur während eines Zeitraums von 3 bis 4 Monaten im Jahr möglich, und das auch nur unter schwierigen Eisverhältnissen.

Die Erforschung der Weltmeere

Obwohl die Meere und Ozeane in der Geschichte der Menschheit immer eine wesentliche Rolle gespielt haben und der Mensch bei seiner Suche nach neuen Wirkungsbereichen sich zuerst den Weltmeeren und dann erst dem die Erde umgebenden Luftraum — und danach auch dem Weltraum — zuwandte, ist auf dem Gebiet der Erschließung der Hydrosphäre der Erde noch vieles unerforscht geblieben. Hier gibt es auch noch viele »weiße Flecken«, die von den Menschen im Laufe ihrer Ge-

schichte noch niemals angetastet wurden. Deshalb sind die Meere auch heute wohl noch der am wenigsten erforschte Teil der Erde.
Um die Weltmeere erschließen und ihre Rohstoffquellen nutzen zu können, muß man detaillierte und umfassende Kenntnisse über die Hydrosphäre der Erde besitzen, die in ihr stattfindenden Prozesse verstehen, ihren Einfluß auf das Festland, die Atmosphäre und die Entstehung des Wetters kennen und zuverlässige Angaben über die in der Hydrosphäre vorhandenen Naturschätze sowie die möglichen Verfahren zu ihrer Nutzung haben.
Notwendig sind ferner auch Kenntnisse, die die Sicherheit des Schiffsverkehrs auf den Ozeanen und Meeren sowie des Flugverkehrs über diesen Gewässern gewährleisten. Der Mensch treibt die Erforschung und Erschließung der Weltmeere immer intensiver voran, dringt immer tiefer in ihre Geheimnisse ein. Die Weltmeere sind Eigentum der gesamten Menschheit. Nur durch gemeinsame Anstrengungen aller Völker und Länder kann gewährleistet werden, daß sie in vollem Umfang dem Menschen dienen.
Die an der Oberfläche und im Innern der Wassermassen stattfindenden Prozesse haben bekanntlich einen großen Einfluß auf die gesamte Natur der Erde; trotzdem ist vieles von dem, was man beobachtet, bis heute unklar und unerklärlich geblieben. Die Hauptschwierigkeit bei der Enträtselung der Geheimnisse der Tiefen besteht in der spezifischen Beschaffenheit des Ozeans selbst sowie darin, daß er für die Erforschung mit Hilfe moderner technischer Mittel relativ unzugänglich ist.
Die wissenschaftliche Erforschung der Weltmeere begann praktisch vor etwa 200 Jahren. Aber erst Mitte des 20. Jahrhunderts entstand eine komplexe Wissenschaft von den Weltmeeren.
Heute ist es das Hauptziel der ozeanographischen Forschungen, allgemeine wissenschaftliche Erkenntnisse über die Weltmeere zu sammeln und ein zuverlässiges Bild der Strömungsverteilung, des Seegangs, der Temperaturen, des Salzgehaltes, des Unterwasserreliefs, des Magnetfeldes und anderer geophysikalischer Felder zu erhalten. An Hand der Foschungsergebnisse werden zuverlässige Methoden zur Vorhersage der Prozesse entwickelt, die in den Wassermassen der Ozeane und Meere sowie in den bodennahen Schichten der Atmosphäre stattfinden. Dies alles wird zur Ausarbeitung von Empfehlungen für die Projektierung von Schiffen sowie zur Erarbeitung von Maßnahmen verwendet, die die Sicherheit des Schiffs- und des Flugverkehrs gewährleisten.
Eine wichtige selbständige Forschungsrichtung ist die Erkundung von Vorräten an organischen und mineralischen Rohstoffen in den Weltmeeren, die Erarbeitung von Methoden für eine rationelle Gewinnung und Verwertung dieser Naturschätze und die Ausarbeitung von Empfeh-

lungen zum Schutz der Weltmeere vor Verschmutzung.

Die hochentwickelten kapitalistischen Länder (in erster Linie die USA, Großbritannien, Frankreich, Japan, die Bundesrepublik Deutschland und Kanada) messen der Erforschung und Erschließung der Weltmeere eine außerordentlich große Bedeutung bei und treffen eine Reihe von Maßnahmen zur Ausweitung und Intensivierung der Arbeiten auf diesem Gebiet. Zu den wichtigsten Maßnahmen gehören die Ausarbeitung von Plänen zur Erforschung und Erschließung der Weltmeere unter gleichzeitiger beträchtlicher Erhöhung der für die Durchführung dieser Arbeiten vorgesehenen Haushaltsmittel und die Schaffung spezieller Organe, die die Tätigkeit der verschiedenen Organisationen, zentralen wissenschaftlichen Einrichtungen, privaten Gesellschaften, Firmen und Hochschulen koordinieren.

Seit 1966 besteht beim Präsidenten der USA der Nationale Rat für Meeresschätze und technische Entwicklung, der die Arbeiten auf diesem Gebiet koordiniert. An der Spitze dieses Rates steht der Vizepräsident.

Auch in den anderen kapitalistischen Ländern wird der Koordinierung der ozeanographischen Forschung besondere Bedeutung beigemessen. So wurden u. a. in Japan der Koordinierungsausschuß für Meereskunde und Meerestechnik, in Frankreich das Nationale Zentrum für Meeresforschung*, in der Bundesrepublik Deutschland der Technische Ausschuß** usw. gegründet.

Auch das ständige Anwachsen der für diese Zwecke veranschlagten Haushaltsmittel in einer Reihe großer kapitalistischer Länder ist ein Beweis für die vermehrte Bedeutung, die der ozeanographischen Forschung beigemessen wird. Der größte Teil dieser Mittel wird jedoch, wie aus Tabelle 1 zu ersehen ist, für militärische Zwecke genutzt.

So waren in der Gesamtsumme der im Rahmen des nationalen ozeanographischen Programms der USA für das Haushaltsjahr 1972/73 bewilligten Mittel (667 Mio. $) diejenigen Ausgabepositionen am größten, die direkt oder indirekt militärische Vorhaben betrafen (über 409 Mio. $).

Im Januar 1969 wurde in den Vereinigten Staaten von Amerika der Bericht eines Kongreßausschusses mit dem Titel »Unser Land und die See« veröffentlicht. Dieser Bericht enthielt die Empfehlung, die Tätigkeit der Regierung auf dem Gebiet der Erforschung der Weltmeere und der Erschließung ihrer Schätze erheblich auszuweiten und die für diese Zwecke vorgesehenen Haushaltsmittel im Laufe der nächsten 10 Jahre (1971 bis 1980) allmählich um etwa 7 bis 10% jährlich zu erhöhen.

* Gemeint ist das Centre national d'exploitation des océans (Anm. d. Übers.).

** Nach Auskunft des BMFT gibt es mehrere Ausschüsse in diesem Bereich, aber es ist kein Ausschuß mit dieser Bezeichnung bekannt (Anm. d. Übers.).

Tabelle 1: Umfang der Haushaltsmittel zur Erforschung der Weltmeere und ihre Verteilung auf die einzelnen Ressorts in den USA (in Mio. $)

Verwendungszweck der Haushaltsmittel	1970/71	1971/72	1972/73
Verteidigungsministerium	224,9	238,0	252,0
Handelsministerium	140,9	161,0	195,0
Innenministerium	30,3	35,0	41,0
Nationaler Wissenschaftlicher Fonds	48,9	67,0	69,0
Transportministerium	27,3	56,0	53,0
Ministerium für Gesundheit, Erziehung und Soziales	6,7	6,0	5,0
Außenministerium	8,3	9,0	10,0
NASA	2,1	4,0	6,0
Amt für Umweltschutz	17,0	18,0	26,0
Andere Behörden	11,0	11,0	10,0
Insgesamt	517,4	605,0	667,0

In diesem Bericht wurden auf Empfehlung des Kongresses die geschätzten Kosten der Verwirklichung des erweiterten Programms zur Erforschung der Weltmeere und zur Erschließung ihrer Schätze im Zeitraum von 1971 bis 1980 angeführt. Zur Durchführung des gesamten Programms wird man diesen Angaben zufolge im Laufe von 10 Jahren rund 10 Mrd. $ aufwenden müssen. Die für diese Zwecke veranschlagten Haushaltsmittel sollen allmählich erhöht werden und bis 1980 einen Betrag von 2 Mrd. $ im Jahr erreichen.
Die Zunahme der Aufwendungen zur Erforschung und Erschließung der Weltmeere in einigen anderen kapitalistischen Ländern wird durch die Angaben in Tabelle 2 verdeutlicht.

Tabelle 2: Anstieg der für die Erforschung und Erschließung der Weltmeere vorgesehenen Haushaltsmittel (in Mio. $)

Land	1970	1971	1972
Frankreich	13,7	17,6	21,5
Bundesrepublik Deutschland	38,8	47,5	53,5
Japan	13,9	20,0	26,7

Die führenden Länder der Welt betreiben die Meeresforschung mit Hilfe von ozeanographischen Forschungsschiffen, Forschungs-U-Booten und Tiefseetauchgeräten, Flugzeugen und Hubschraubern mit Spezialausrüstung, Satelliten, stationären Plattformen und Systemen, die auf dem Meeresboden aufgestellt werden, sowie Meßstationen in verankerten oder treibenden Bojen. In Zukunft wird auch der Einsatz von autonomen Vorrichtungen möglich sein, die sich auf dem Meeresboden frei

fortbewegen können. Heute ist das Überwasserforschungsschiff das wichtigste Mittel zur Durchführung der verschiedensten ozeanographischen Forschungsarbeiten auf den großen Weiten der Weltmeere.
Jetzt ist eine Methodik der Meeresforschung ausgearbeitet worden, die folgende Verfahren umfaßt: synchrone ozeanographische und meteorologische Messungen, Bestimmung der Parameter der hydrologischen Standardschnitte, Aufnahme des Bodenreliefs und Bestimmung der Komponenten des Magnetfeldes und des Schwerefeldes der Erde.
In den letzten Jahren hat sich die Methode der ozeanographischen Testgebiete durchgesetzt, mit deren Hilfe die Gesetzmäßigkeiten der räumlichen und zeitlichen Veränderungen in großen Teilgebieten der Ozeane für große Zeiträume festgestellt werden können. Die Initiative zur Entwicklung dieser Methode ging von sowjetischen Meeresforschern aus.
Die beste Forschungsmethode wird in Zukunft zweifellos die Methode sein, die auf einem globalen System autonomer — verankerter oder treibender — ozeanographischer Stationen basiert, die durch Untersuchungen mit Hilfe von Schiffen und Satelliten ergänzt wird. Die letzteren werden außerdem die Aufgaben haben, die Daten von den ozeanographischen Stationen zu empfangen und an Sammelstellen an Land zu übermitteln, die diese Daten verarbeiten.
Einen besonderen Platz in der Erforschung der Weltmeere nehmen die ozeanographischen Forschungsfahrten ein, die bereits seit mehr als 150 Jahren durchgeführt werden. Die ersten ozeanographischen Forschungsarbeiten auf hoher See führten zu Beginn des 19. Jahrhunderts die russischen Seefahrer I. F. Krusenstern und J. F. Lisjanskij während ihrer Forschungsreise um die Welt auf den Schiffen »Nadeschda« und »Newa« durch.
Im Jahre 1820 entdeckte die russische Expedition unter der Leitung von F.F. Bellingshausen und M.P. Lasarew, die mit den Schiffen »Wostok« und »Mirny« unternommen wurde, einen neuen Kontinent — die Anarktis.
Umfangreiche ozeanographische Forschungsarbeiten führten die russischen Seefahrer F. P. Wrangel im Nördlichen Eismeer (1820 bis 1824) und im Stillen Ozean (1825 bis 1827) und F. P. Litke im Stillen Ozean (1826 bis 1829) durch.
Von 1872 bis 1876 untersuchte eine britische Expedition bei einer Fahrt um die Welt auf dem Schiff »Challenger« das Relief des Meeresbodens sowie die physikalischen und chemischen Eigenschaften des Oberflächenwassers und des Tiefenwassers der Ozeane.
Kennzeichnend für das Ende des 19. und den Beginn des 20. Jahrhunderts ist eine erhebliche Ausweitung des geographischen Bereichs der Forschungsarbeiten. Größtes Interesse finden bei den Forschern der ver-

schiedenen Länder die rauhen und schwer zugänglichen polaren Gebiete der Weltmeere. So passierte das Schiff »Vega« unter dem Kommando des bekannten schwedischen Polarforschers N. Nordenskjöld* in den Jahren 1878 bis 1879 als erstes Schiff den Nördlichen Seeweg.
Einen besonders großen Beitrag zur Erforschung der Arktis haben die bekannten norwegischen Polarforscher F. Nansen (1893 bis 1896) und R. Amundsen (1918 bis 1924) geleistet.
Russische Forschungsreisende haben von alters her die Arktis erforscht. Im 18. Jahrhundert wurde diese Tätigkeit in staatlichem Auftrag ausgeübt. In dieser Zeit haben große Expeditionen unter der Führung von Bering, Tschirikow, der Brüder Laptew und anderer hervorragender Seefahrer fast die gesamte Nordküste Asiens kartographisch erfaßt. Im Jahre 1898 wurde nach den Ideen des hervorragenden russischen Flottenchefs und Wissenschaftlers S. O. Makarow der damals größte Eisbrecher »Jermak« gebaut, mit dessen Hilfe man in der Erforschung und insbesondere in der Erschließung der Arktis einen großen Schritt vorankam.
Zu Beginn des 20. Jahrhunderts fand eine Reihe arktischer Expeditionen statt, von denen wegen der dabei erzielten wissenschaftlichen Ergebnisse diejenigen am wichtigsten waren, die in den Jahren 1911 bis 1915 unter der Leitung von B. A. Wilkizki auf den Eisbrechern »Taimyr« und »Waigatsch« durchgeführt wurden.
Nach dem Sieg der Großen Sozialistischen Oktoberrevolution begann der junge sozialistische Staat mit der systematischen, planmäßigen Erforschung des arktischen Beckens. Im März 1921 wurde durch ein Dekret der Sowjetmacht das Schwimmende Meeresforschungsinstitut (PLAWMORNIN) gegründet.
In den Jahren 1932 bis 1933 fanden im Rahmen des Zweiten Internationalen Polarjahres umfangreiche internationale Forschungsarbeiten in der Arktis statt. Die Sowjetunion rüstete in diesem Zeitraum 15 ozeanographische Expeditionen aus, die die Aufgabe hatten, die Geophysik der arktischen Gebiete sowie die Schiffahrtsbedingungen auf dem Nördlichen Seeweg eingehend zu untersuchen. Von 1937 an begann die Erforschung der Arktis von den driftenden Forschungsstationen »Nordpol« aus. Seit 1954 sind im Nördlichen Eismeer ständig zwei solche Stationen in Betrieb. Von diesen Stationen aus werden ozeanographische, meteorologische, aerologische, aktinometrische, astronomische und hydrographische Forschungsarbeiten sowie Untersuchungen des Magnetfeldes, der Ionosphäre und des Eises durchgeführt, die für die Schiffahrt auf dem Nördlichen Seeweg von sehr großer Bedeutung sind.

* Gemeint ist Adolf Erik Frhr. v. Nordenskiöld (1832 bis 1902; Anm. d. Hrsg.).

Seit 1948 wird die Arktis außerdem von unbemannten automatischen Funk-Wetterstationen erforscht. Gegenwärtig werden auf dem Eis des Nördlichen Eismeeres jährlich etwa 25 bis 30 solche Stationen aufgestellt. Von hier aus werden über Funk Daten über Windrichtung und Windgeschwindigkeit, Lufttemperatur und Luftdruck sowie über die Eistrift an Küstenstationen übermittelt.

Obwohl mit der Erforschung der südlichen Polargebiete fast zur gleichen Zeit begonnen wurde wie mit der Erforschung der Arktis, waren diese Arbeiten bis zur zweiten Hälfte der 50er Jahre episodenhaft. Erst dann begann eine umfassende internationale Erforschung der Antarktis, und zwar sowohl durch regelmäßige Expeditionen verschiedener Staaten als auch mit Hilfe von Forschungsstationen und Observatorien, die hier eingerichtet wurden.

Die ersten sowjetischen Observatorien in der Antarktis wurden im Rahmen des Programms des Internationalen Geophysikalischen Jahres und des Jahres der Internationalen Geophysikalischen Zusammenarbeit (1957 bis 1959) eingerichtet. Heute wird die Antarktis von 12 Staaten gemeinsam erforscht. Diese Arbeiten werden vom Internationalen Komitee zur Erforschung der Antarktis (ICAI) koordiniert.

In den gemäßigten und niedrigen Breiten wurden die Weltmeere bis zu den 30er Jahren unseres Jahrhunderts nur episodenhaft von Forschungsexpeditionen untersucht, und diese Untersuchungen erfaßten nur kleine Gebiete. Die größte Bedeutung kam dabei den Forschungsreisen zu, die S. O. Makarow auf der Korvette »Witjas« in der Zeit von 1886 bis 1889 im Stillen und im Atlantischen Ozean unternahm und die zu einer eingehenden Beschreibung der Wasserverhältnisse im Stillen Ozean führten, ferner den umfassenden Forschungsarbeiten, die eine deutsche Expedition auf dem Schiff »Meteor« in der Zeit von 1925 bis 1938 durchführte und die praktisch den gesamten Atlantischen Ozean umfaßten, sowie den ozeanographischen und geophysikalischen Untersuchungen, die Wissenschaftler der USA in den Jahren 1928 und 1929 im Stillen Ozean auf dem Schiff »Cornet« durchführten. Die Bedeutung dieser ersten umfassenden Forschungen läßt sich nicht hoch genug einschätzen.

Besonders stark ist das Interesse an der Meeresforschung nach dem Zweiten Weltkrieg gestiegen. Aufschlußreich ist in dieser Hinsicht Tabelle 3.

Am intensivsten wurde die Meeresforschung in der Zeit von 1957 bis 1972 betrieben. In diesen 15 Jahren wurden 75,5 % aller Expeditionen durchgeführt, die seit 1849 stattfanden.

Den größten Beitrag hierzu hat, wie dem Diagramm in Bild 5 zu entnehmen ist, unser Land geleistet.

Tabelle 3: Anzahl der ozeanographischen Forschungsexpeditionen im Bereich der einzelnen Weltmeere[1]

Zeiträume	Atlantischer Ozean und seine Meere		Stiller Ozean und seine Meere		Indischer Ozean und seine Meere		Nördliches Eismeer und seine Meere		Weltmeere	
	Anzahl	%	Anzahl	%	Anzahl	%	Anzahl	%	Anzahl	%
1849—1956	1485	10	1193	8	81	0,5	905	6	3664	24,5
1957—1960	1218	8	699	5	64	0,5	405	3	2386	16,5
1961—1964	1831	12	947	6	180	1,0	435	3	3393	22
1965—1972	2589	17	2065	14	263	2,0	640	4	5557	37
Insgesamt	7123	47	4904	33	588	4,0	2385	16	15000	100

1 Nach Angaben in der »Kartei des Standes der Meeresforschung« des Forschungszentrums für Ozeanographie beim Verteidigungsministerium.

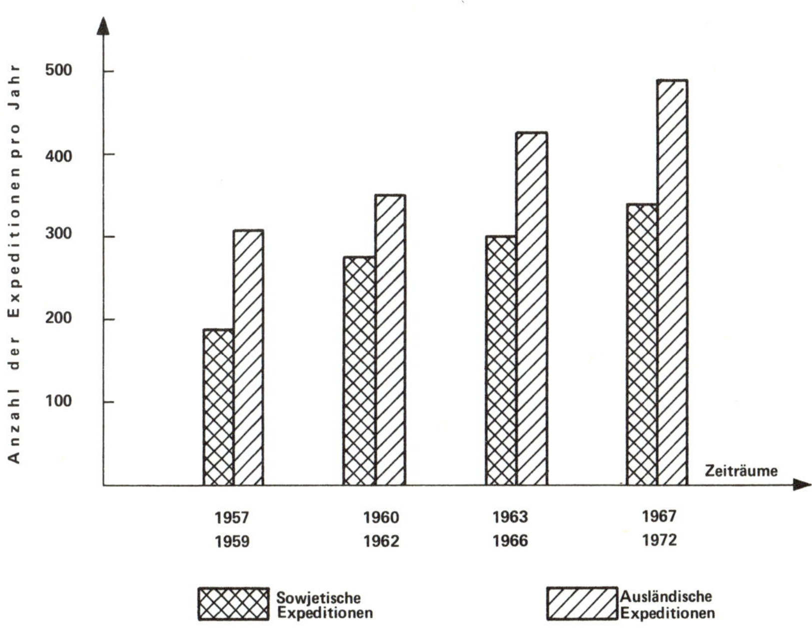

Bild 5 **Durschnittliche Anzahl der jährlichen Forschungsexpeditionen auf den Weltmeeren in den verschiedenen Zeiträumen**

Durch die wachsenden Bedürfnisse der Volkswirtschaft wurde es notwendig, die Weltmeere noch eingehender zu erforschen. Heute tritt die Lösung regionaler Aufgaben allmählich in den Hintergrund und macht der globalen Erforschung der drei zusammenwirkenden Medien — der Weltmeere, der Atmosphäre und der Lithosphäre — Platz. Dementsprechend zeichnet sich eine Tendenz zur Kooperation der verschiedenen Staaten auf dem Gebiet der Erforschung und Erschließung der Weltmeere ab.

So wurden in der Zeit von 1957 bis 1959 im Rahmen des Internationalen Geophysikalischen Jahres und des Jahres der Internationalen Geophysikalischen Zusammenarbeit die bereits erwähnten Forschungsarbeiten durchgeführt, an denen sich mehr als 70 Forschungsschiffe aus 17 Ländern beteiligten. Während dieser Untersuchungen wurden zahlreiche außerordentlich wertvolle Erkenntnisse über die Meere und Ozeane gewonnen, so z. B. über die Physik des Meeres, die Geschichte der Erde, die Erscheinungen, die das Wetter und das Klima beeinflussen, und über das Leben in den Weltmeeren. In der Zeit von 1959 bis 1965 wurde eine internationale Expedition in den Indischen Ozean organisiert. Zu den wichtigsten Forschungsaufgaben gehörten: Untersuchung der physikalischen Prozesse, die in der Atmosphäre und im Ozean stattfinden, Festlegung der Zonen der ozeanologischen Fronten, Bestimmung des Wärmehaushalts und des Wasserumsatzes des Ozeans, Untersuchung der geologischen Struktur des Meeresbodens und Erkundung neuer Fischfanggebiete.

Eine große Bedeutung für die Entwicklung der internationalen Zusammenarbeit auf dem Gebiet der Meeresforschung erlangte die 1961 bei der UNESCO gebildete International Oceanographic Commission (IOC), unter deren Leitung internationale Expeditionen zur Erforschung des tropischen Teils des Atlantischen Ozeans (1963 und 1964) und zur Untersuchung des Kuroshiostroms (von 1969 an) sowie gemeinsame Untersuchungen des Mittelmeeres (von 1969 an) und des Karibischen Meeres mit den angrenzenden Gebieten (von 1970 an) durchgeführt wurden.

Zum Forschungsprogramm dieser Expeditionen gehörten auch die Untersuchung der geophysikalischen und dynamischen Felder des Meeres sowie die Klärung der Probleme der Wechselbeziehungen zwischen Meer und Atmosphäre.

Im Jahre 1972 führte die UdSSR, um sich auf die für das Jahr 1974 geplanten internationalen Arbeiten im Rahmen des Programms zur Erforschung globaler atmosphärischer Prozesse vorzubereiten, Untersuchungen im Rahmen des »nationalen Tropischen Experiments« im Atlantischen Ozean durch. Während dieses Experiments wurden zum ersten Mal in der Geschichte der Erforschung der Weltmeere und der Atmo-

sphäre von den Forschungsschiffen aus gleichzeitig umfangreiche meteorologische und ozeanographische Beobachtungen durchgeführt.
Für die Zukunft ist geplant, die Anstrengungen einiger Länder bei der Erforschung der Weltmeere in noch stärkerem Maße zusammenzufassen. Diese Forschungen werden das außerordentlich wertvolle Material liefern, das die Menschheit benötigt, um die Riesenschätze, die die Hydrosphäre birgt, weitgehend nutzen zu können.
Der Atlantische Ozean ist von allen Weltmeeren am besten erforscht.

Tabelle 4: Beitrag der verschiedenen Staaten zur Erforschung des Atlantischen Ozeans in der Zeit von 1849 bis 1972

Land	Anzahl der Expeditionen im Atlantischen Ozean	Anteil an der Gesamtzahl der Expeditionen in %
Rußland und UdSSR	2137	30
USA	1567	22
Großbritannien	997	14
Frankreich	498	7
Kanada	427	6
Dänemark	285	4
Argentinien	214	3
Norwegen	214	3
Spanien	71	1
Island	71	1
andere Staaten	641	9
Insgesamt	7122	100

Wie aus Tabelle 4 zu ersehen ist, haben die Sowjetunion, die USA und Großbritannien den größten Beitrag zur Erforschung des Atlantischen Ozeans geleistet. Zweifellos hat die Sowjetunion nicht die Absicht, ihre führende Rolle auf dem Gebiet der Ozeanographie aufzugeben. Die erfolgreiche Lösung des Problems der Erforschung der Weltmeere ist in unserem Land vor allem von der Verbesserung der Forschungsschiffe und der technischen Forschungsgeräte sowie von der Erhöhung der Zahl dieser Schiffe und Geräte abhängig.
Das wichtigste und wirtschaftlichste Mittel für die Durchführung von Forschungsarbeiten und anderen Arbeiten zur Erschließung der Weltmeere sind Überwasserschiffe, die nach Spezialprojekten gebaut und mit entsprechenden Einrichtungen und Geräten ausgestattet werden.
Die Sowjetunion besitzt z. Z. etwa 150 Forschungsschiffe mit einer Wasserverdrängung von über 500 t (Tabelle 5).
Beim größten Teil der sowjetischen Forschungsschiffe handelt es sich

Tabelle 5: Die wichtigsten technischen Daten einiger Typen von sowjetischen Forschungsschiffen

Schiffstyp	Verwendungszweck	Wasserverdrängung in t	Wirtschaftliche Geschw. in kn	Fahrbereich in sm	Besatzung	Wissenschaftliches Personal	Anzahl der Laboratorien
»Akademik Kurtschatow«	umfassende ozeanographische Untersuchungen	6700	16	20 000	86	81	28
»Nikolaj Subow«	umfangreiche ozeanographische Untersuchungen	3000	14	11 000	68	40	14
»Passat«	Wetterbeobachtungsschiff	3700	13	15 000	60	52	5
»Arktika«	hydrographische Untersuchungen	1500	14	8 000	41	14	3
»Aelita«	Fischereiforschungsschiff	900	11	7 000	28	4	3

hinsichtlich der technischen Daten und der Ausrüstung um sehr moderne Schiffe.

Die sowjetischen Forschungsschiffe werden nach wie vor weiterentwickelt und vervollkommnet. Dabei ist man bemüht, Hochseeschiffe für verschiedene Verwendungszwecke zu entwickeln und sie mit komplexen Gerätesystemen auszustatten, mit deren Hilfe möglichst umfassende Untersuchungen in allen Höhen- und Tiefenbereichen durchgeführt werden können, was natürlich zur Folge hat, daß die Wasserverdrängung solcher Schiffe zunimmt.

Um in allen Meeren und Ozeanen angewandte und Grundlagenforschung betreiben zu können, sind die sowjetischen Forschungsschiffe mit modernen Navigations- und Forschungsgeräten ausgestattet. Mit Hilfe der Schiffselektronenrechner können bereits während der Forschungsarbeiten alle Informationen über das Relief und den Meeresgrund, die physikalischen Felder der Erde im Meer sowie die hydrologischen und die meteorologischen Prozesse im Wasser und in der Atmosphäre über dem Wasser analysiert und verarbeitet werden. Mit Hilfe moderner Geräte lassen sich Tiefen bis zu 11 000 m sehr genau messen, und zwar bei jeder Neigung des Meeresbodens, und die hydrophysikalischen Felder in allen Tiefen der Weltmeere untersuchen. Bei den Forschungsarbeiten werden weitgehend autonome Tiefsee-Bojenstationen verwendet, die von Forschungsschiffen ausgebracht werden. Auf einzelnen Forschungsschiffen werden mittels Höhenforschungsraketen umfangreiche Untersuchungen der oberen Atmosphärenschichten über den

Weltmeeren durchgeführt.
Eine ganze Reihe von Untersuchungen auf hoher See kann nur mit Hilfe von Forschungs-Unterseebooten und Tiefseetauchgeräten durchgeführt werden. Außerdem haben die beim Einsatz von Tiefseetauchgeräten gesammelten Erfahrungen gezeigt, daß diese gegenüber Sonden, Netzen, Bojen und anderem Gerät, das bei Untersuchungen von Überwasserschiffen aus eingesetzt wird, einige wesentliche Vorteile besitzen. Tiefseetauchgeräte machen es den Wissenschaftlern möglich, Objekte in der freien Natur und Meereslebewesen unter natürlichen Bedingungen umfassend und über einen längeren Zeitraum zu untersuchen.
Die Tiefseetauchgeräte sind ihren technischen Daten nach sehr verschieden. Sie können je nach Verwendungszweck und Aufgabenstellung eine Wasserverdrängung von 2—3 bis zu mehreren 100 t, eine Einsatzzeit von 10—15 Stunden bis zu mehreren Tagen und einen Fahrbereich von 30—40 bis zu mehreren 1 000 sm bei einer Fahrgeschwindigkeit von 2—3 bis 25 kn haben.
Während die Sowjetunion auf dem Gebiet des Baus von Überwasserforschungsschiffen in der ozeanographischen Forschung der Welt einen der führenden Plätze einnimmt, ist sie beim Bau von Tiefseetauchgeräten gegenüber den führenden westlichen Staaten etwas im Rückstand. Dort werden in größerem Umfang Bathyskaphen, Bathysphären und andere Tiefseetauchgeräte eingesetzt. Diese Tatsache stellt die sowjetischen Forschungs- und Industrieorganisationen vor die Aufgabe, den Rückstand in der Erforschung der Unterwasserwelt der Meere aufzuholen.
Die sowjetischen Wissenschaftler haben bei der Lösung der gegenwärtigen Probleme auf dem Gebiet der Ozeanographie große Erfolge erzielt. In den letzten Jahren haben die sowjetischen Forschungsreisen auf den Weltmeeren eine Reihe fundamentaler Entdeckungen gebracht.
So haben die Expeditionen auf den Forschungsschiffen »M. Lomonossow« (1959) und »Akademik Kurtschatow« (1969) im Äquatorial- und im Nordwestteil des Atlantischen Ozeans in Tiefen von 100 — 500 m starke Gegenströmungen entdeckt und untersucht, die die Bezeichnung Lomonossow-Strömung und Antillen-Guyana-Gegenströmung erhielten. Unsere Wissenschaftler haben den Lomonossow-, den Mendelejew- und den Gakkelrücken im Nördlichen Eismeer sowie eine Reihe von Tiefseegräben im Stillen Ozean entdeckt und untersucht.
Einen bedeutenden Beitrag hat die sowjetische Meeresforschung auch zu den experimentellen und theoretischen Untersuchungen geleistet, die der Erforschung des physikalischen Systems »Ozean — Atmosphäre« und der räumlichen und zeitlichen Veränderlichkeit der hydrophysikalischen Felder sowie der Ausarbeitung von Methoden für die hydrometeorologische und die Eisvorhersage auf hoher See dienen.

So gewinnen die sowjetischen Meeresforscher nach und nach Informationen, die dem wissenschaftlichen Fortschritt und der Erhöhung der Effektivität der sowjetischen Volkswirtschaft dienen. An allen großen internationalen Expeditionen ist die Sowjetunion in der Regel wesentlich beteiligt. Wir dürfen auch in Zukunft unseren Anteil an den weltweiten Anstrengungen zur Erforschung der Weltmeere nicht verringern. Wir müssen die Flotte der Forschungsschiffe weiter ausbauen, die Industrie, die moderne Geräte für die Meeresforschung herstellt, weiterentwickeln, die Arbeit der Dienststellen und Behörden, die auf diesem wichtigen Gebiet der Erforschung unseres Planeten tätig sind, besser koordinieren und die Ausbildung von wissenschaftlichem Personal — Ozeanologen, Hydrographen und anderen für diese Wissenschaft wichtigen Spezialisten — verbessern.
Hier sollte hervorgehoben werden, daß die Versorgung mit Geräten für die Meeresforschung verbessert werden muß. Der Bedarf an immer vielfältigeren Informationen über das Meer und den Meeresboden und die Notwendigkeit, die in den Meeren stattfindenden Veränderungen zu beobachten und die große Masse der Informationen laufend und schnell zu verarbeiten, machen eine weitgehende Einführung moderner elektronischer Meßsysteme und Maschinen erforderlich. Die Forschungseinrichtungen und Industriebetriebe der Sowjetunion sollten ihre Anstrengungen zur Organisierung der Meeresforschung erheblich intensivieren, damit die Sowjetunion den führenden Platz in der Meereskunde, den sie heute mit Recht einnimmt, auch weiterhin behält.

Die Bekämpfung der Meeresverschmutzung

Die stürmische Entwicklung der Industrie und der Landwirtschaft sowie die intensive Nutzung der Meeresschätze haben zu einer starken Verschmutzung der Gewässer geführt und gefährden sowohl die Süßwassertierwelt in den Binnengewässern als auch die Tierwelt in den Meeren und Ozeanen.
Es ist vollkommen logisch, daß in dem Maße, wie die Menschheit die große Bedeutung der Weltmeere als Quelle lebenswichtiger Rohstoffe erkennt und die Notwendigkeit einer umfassenden Erforschung der Weltmeere zunimmt, auch das Problem der Erhaltung und Entwicklung dieser Ressourcen und damit auch das Problem der Bekämpfung der Meeresverschmutzung entsteht, die unmittelbar und auf eine sehr gefährliche Weise die Reichtümer des Meeres bedroht.
In der letzten Zeit hat die Bekämpfung der Meeresverschmutzung aufgehört, ein rein wissenschaftliches Problem zu sein, und beschäftigt in

starkem Maße sowohl die Regierungen vieler Länder als auch internationale Organisationen. Auf einer Konferenz, die im Oktober 1973 in London stattfand, wurde Einigung über eine internationale Konvention zur Verhütung der Verschmutzung der Gewässer durch Schiffe erzielt, die das z. Z. geltende internatioale Übereinkommen zur Verhütung einer Verschmutzung der Meere durch Erdölprodukte ersetzen soll. Das neue Übereinkommen verschärft die Forderungen hinsichtlich der Maßnahmen zur Verhütung einer solchen Verschmutzung.

In der Sowjetunion wird der Schutz der Gewässer vor Verschmutzung als eine gesamtstaatliche Aufgabe betrachtet. Bereits 1960, auf der 3. Tagung des Obersten Sowjets der RSFSR in der 5. Legislaturperiode, wurde das Gesetz über »den Schutz der Natur in der RSFSR« verabschiedet. Im Dezember 1972 wurde eine Verordnung des Zentralkomitees der KPdSU und des Ministerrates der UdSSR über »den verstärkten Schutz der Natur und die verbesserte Nutzung der Naturschätze« erlassen.

Im Januarheft 1973 der Zeitschrift der UNESCO »Kurier« werden die zehn Hauptverschmutzer unseres Planeten angeführt:

1. Radioaktive Strahlung. Sie entsteht bei Atomwaffenversuchen, beim Betrieb von Kriegs- und Handelsschiffen, die Kernbrennstoffe verwenden, bei der Herstellung von Kernbrennstoffen und bei der Herstellung von Nuklearwaffen. Die Überschreitung der zulässigen Dosen kann zur Bildung von bösartigen Geschwülsten und zu genetischen Mutationen führen.

2. Erdöl. Die Verschmutzung erfolgt beim Transport von Erdöl auf See, bei Schiffskatastrophen sowie bei der Förderung und der Reinigung von Erdöl, was verhängnisvolle ökologische Folgen hat: Verschmutzung der Küste und Sterben von Planktonorganismen, Fischen, Seevögeln und Säugetieren.

3. DDT und andere Pestizide. Sie sind selbst in außerordentlich geringen Konzentrationen für Krebstiere sehr giftig. Wenn sie in die Gewässer gelangen, töten sie die Fische und vergiften die den Fischen als Nahrung dienenden Organismen sowie die Nahrungsmittel des Menschen.

4. Quecksilber. Es ist in den Verbrennungsprodukten des Mineralöls sowie in den Rückständen der Farbenindustrie enthalten und wird bei der Erzaufbereitung ausgeschieden. Quecksilber ist einer der gefährlichsten Schadstoffe in Lebensmitteln, besonders in solchen, die aus dem Meer stammen; es wird im Organismus gespeichert und schädigt das Nervensystem.

5. Phosphate. Sie sind in Abwässern enthalten. Die Hauptquellen sind: chemische Waschmittel, Kunstdünger, der aus dem Erdreich herausgespült wird, und die Abfälle großer Tierzuchtbetriebe. Phosphate bilden

den Hauptteil der Schadstoffe in Flüssen und Seen.
6. Blei. Es ist in Abgasen enthalten. Andere Quellen sind: Betriebe, die Bleierz verarbeiten, die chemische Industrie und die Pestizide. Blei ist ein giftiges Element, das im Organismus gespeichert wird. Es wirkt auf die Enzymsysteme und den Zellstoffwechsel. Blei sammelt sich in Meeresablagerungen und in Süßwasser an.
7. Kohlendioxid. Kohlendioxid entsteht bei der Verbrennung der verschiedenen kohlenstoffhaltigen Verbindungen (Energiewirtschaft, Industrie und Heizung). Eine weitere Zunahme dieses Gases in der Atmosphäre kann zu einer gefährlichen Erhöhung der Temperaturen auf der Erdoberfläche führen, was verhängnisvolle geochemische und ökologische Folgen haben könnte.
8. Kohlenmonoxid ist ein sehr giftiges Gas, das die Wärmebilanz der oberen Atmosphäre stören kann. Die Hauptquellen sind: Verbrennungsmotoren, die Hüttenindustrie und Erdölraffinerien.
9. Schwefeldioxid. Es ist in Abgasen sowie im Rauch der Energie- und Industriebetriebe und der Heizöfen der Haushalte enthalten. Die Verschmutzung der Luft durch dieses Gas verschärft das Krankheitsbild bei Erkrankungen der Atmungsorgane, schädigt Pflanzen und greift Kalksteinbauten sowie manche synthetischen Gewebe und Materialien an.
10. Stickstoffmonoxide. Sie erzeugen einen Smog, der ein übermäßiges Wachstum der Wasserflora begünstigt, was zu einer Erschöpfung der Sauerstoffvorräte im Wasser, zum Fischsterben und zur Verschlechterung der Wasserqualität führt. Die Hauptquellen sind: Verbrennungsmotoren, Strahltriebwerke der Flugzeuge, Hochöfen, Betriebe der chemischen Industrie, Waldbrände und die übermäßige Verwendung von chemischen Düngemitteln.
Die größte Gefahr für die Naturschätze der Weltmeere und für die Menschheit insgesamt stellen die radioaktive Kontamination und die Erdölpest dar. Die natürliche Radioaktivität der Weltmeere wird hauptsächlich durch Kalium-40 erzeugt und die künstliche Radioaktivität vorwiegend durch Strontium-90 und Zäsium-137.
Alle Meeresorganismen zeichnen sich durch die Fähigkeit aus, radioaktive Stoffe zu speichern, wobei diese Stoffe in ihnen in großen Mengen angereichert werden. Algen und das Phytoplankton speichern eine Menge an radioaktiver Isotopen, die in der Größenordnung des Zehntausendfachen der normalen Konzentration im Wasser liegt. Sehr aktiv nehmen auch die im Wasser lebenden Tiere radioaktive Isotope auf. So verseuchen kontaminierte Fische auf ihren Wanderungen andere Tiere. Für Meeresorganismen sind Zerium, Zäsium und Yttrium und für den Menschen Strontium-90 am gefährlichsten.

Die Hauptquelle der radioaktiven Verschmutzung der Umwelt sind die Atomdetonationen, bei denen sich radioaktive Stoffe bilden. Dabei gerät ein großer Teil der langwirkenden radioaktiven Detonationsprodukte unter den Einfluß klimatischer und meteorologischer Faktoren in die Gewässer der Weltmeere.

Ohne Rücksicht auf den Vertrag über das Verbot von Kernwaffenversuchen unter Wasser, in der Atmosphäre und im Weltraum, der 1963 in Moskau unterzeichnet wurde, setzen Frankreich und China, die dieses internationale Dokument nicht unterzeichnet haben, ihre Kernwaffenversuche fort. Frankreich hat in der Zeit von 1960 bis 1973 51 Kernwaffenversuche durchgeführt. In China haben zwischen 1964 und 1973 15 Kernwaffenversuche stattgefunden. Alle diese Detonationen haben die Gesamtzahl der Radionukliden, die in den Bereich der Biogenese gelangten, erheblich vergrößert.

Mit der Entwicklung der Atomenergiewirtschaft ist auch das dringende Problem der Lagerung radioaktiver Abfälle entstanden, denn die Menge dieser Abfälle wird von Jahr zu Jahr gößer. Es ist allgemein üblich geworden, die radioaktiven Abfälle auf hoher See zu versenken. Die Europäische Atomgemeinschaft »EURATOM« hat allein im Jahr 1969 in der Nähe der spanischen Atlantikküste etwa 11 000 t radioaktive Abfälle versenkt.

Die Versenkung radioaktiver Abfälle führt trotz reglementierender Maßnahmen zu einer Kontamination der Fauna und Flora des Meeres. Berücksichtigt man auch das in den USA offiziell sanktionierte Verfahren der Versenkung der radioaktiven Abfälle von Atomunterseebooten, dann kann man davon ausgehen, daß große Mengen radioaktiver Isotope nicht nur in die Küstengewässer, sondern auch in Teile der hohen See gelangen werden.

Zu einem weltweiten Problem ist die Verschmutzung der Meere und Küsten durch Erdölprodukte geworden. Der Erdölfilm auf der Oberfläche der Ozeane und Meere verschlechtert ganz erheblich die Durchlüftung des Meerwassers, was zur Bildung schwefelwasserstoffreicher Stillwasserzonen, zu einer verstärkten Verschmutzung des Meeresbodens und zur Vernichtung des Benthos führt. Daß durch die Erdölverschmutzung Badestrände gefährdet und Brände hervorgerufen werden, ist allgemein bekannt.

25% der Tonnage der Welthandelsflotte entfallen heute auf Tanker und etwa 50% auf Motorschiffe. Beim Auspumpen der Ballasttanks und beim Auswaschen der Öltanks gelangen jährlich etwa 1/2 Mio. t Erdölprodukte ins Meer. Sie werden dann von den Strömungen zu den Küsten getragen und an Land gespült. Einen großen Anteil an der Meeresverschmutzung haben die Erdölraffinerien und Erdölförderbetriebe.

Oben wurde bereits darauf hingewiesen, daß immer mehr Erdöl aus Untersee-Lagerstätten gefördert wird. Selbst wenn wir davon ausgehen, daß unter den Förderbedingungen auf See weniger als 5% Verluste entstehen, dann sind es auch in diesem Fall Dutzende von Millionen Tonnen, die in die offene See gelangen. Hieraus ist zu ersehen, wie wichtig der Kampf gegen die Verschmutzung der Weltmeere durch Erdöl und Erdölprodukte geworden ist.
Mit der Gefahr der Verschmutzung der Weltmeere durch Erdöl haben sich mehrere internationale Konferenzen befaßt, u. a. in den Jahren 1954 und 1962.
Auch die Abwässer der Industriebetriebe und kommunalen Einrichtungen, die sich an Meeresküsten sowie an in die Meere und Ozeane mündenden Flüssen befinden, tragen zur Verschmutzung der Weltmeere bei. Die Menge der Abwässer, die tagtäglich in die Flüsse und Meere geleitet werden, hat riesige Ausmaße angenommen. Dem Bau von Abwasserreinigungsanlagen wird indessen wenig Bedeutung beigemessen. In vielen Ländern gibt es keine entsprechenden Auflagen für Industriebetriebe, die das Wasser mit Produktionsrückständen verschmutzen.
Eine besonders große Gefahr für die Naturschätze des Meeres stellen die Abwässer der chemischen Industrie dar. Die Abwässer, die die Küstengewässer mit giftigen Stoffen verschmutzen, wirken sich vernichtend auf die Fauna und Flora des Meere aus. Wenn man ungeklärte Abwässer ins Meer leitet, hat das nicht nur eine Verschmutzung des Wassers zur Folge, sondern auch eine Verseuchung der Strände mit Krankheitserregern, die eine Gefahr für die Gesundheit der Bevölkerung darstellen.
Angesichts der oben geschilderten Verhältnisse kann man behaupten, daß die Weltmeere sich trotz ihrer ungeheuren Ausdehnung in Gefahr befinden. Diese Gefahr läßt sich nur durch Anstrengungen der gesamten Menschheit bannen.
In diesem Zusammenhang ist es angebracht, an die Worte des großen Karl Marx zu erinnern: »Selbst eine ganze Gesellschaft, eine Nation, ja alle gleichzeitigen Gesellschaften zusammengenommen, sind nicht Eigentümer der Erde. Sie sind nur ihre Besitzer, ihre Nutznießer, und haben sie als boni patres familias den nachfolgenden Generationen verbessert zu hinterlassen.«[12]

12 MEW, Bd. 25, S. 784.

Die Handels- und die Fischereiflotte als Bestandteile der Seemacht eines Staates

Eine wichtige Komponente der Seemacht eines Staates ist die Handelsflotte, die von alters her einen der ersten Plätze unter den Verkehrsträgern einnimmt. Auf die Handelsschiffahrt entfallen heute 75—80 % des gesamten internationalen Frachtverkehrs. Die Handelsflotte ist der wirtschaftlichste Verkehrsträger, was auf die große Tragfähigkeit der Schiffe, die relativ geringen Kapitalinvestitionen für die Ausstattung der Seewege und den geringsten spezifischen Leistungsaufwand bei gleicher Beförderungsgeschwindigkeit zurückzuführen ist. Deshalb sind die Transportselbstkosten bei der Seeschiffahrt um 40—45 % niedriger als bei der Eisenbahn und betragen nur knapp ein Zwanzigstel der Transportselbstkosten im Straßengüterverkehr.[13]

In dem Maße, wie die Weltproduktion zunimmt, wächst auch der Transportbedarf zur Beförderung der Erzeugnisse sowohl innerhalb der eigenen Staatsgrenzen als auch zwischen den verschiedenen Ländern. Ganz natürlich ist das Bestreben jedes Staates, diesen Güterverkehr mit eigenen Mitteln zu bewältigen. Hieraus ergibt sich die Notwendigkeit, eine eigene Handelsflotte zu besitzen, die die wirtschaftliche und politische Unabhängigkeit des Außenhandels gewährleistet. Mit Hilfe einer eigenen Handelsflotte kann man nicht nur Devisen für die Schiffsfrachten sparen, sondern unter bestimmten Umständen auch erhebliche Deviseneinnahmen für den Staatshaushalt erwirtschaften. Für viele sogenannte Küstenstaaten mit einer starken Handelsflotte sind die Deviseneinnahmen aus der Seeschiffahrt eine wichtige Quelle zur Deckung des Defizits in der Devisenbilanz. W. G. Bakajew, der lange Zeit an der Spitze der sowjetischen Handelsflotte stand, schreibt in seinem Werk »Die UdSSR auf den Schiffahrtswegen der Welt«: »(. . .) ein großes kapitalistisches Land wie Großbritannien, das ständig eine passive Handelsbilanz hat, deckt einen erheblichen Teil seines Defizits dadurch, daß es etwa die Hälfte seiner Handelsflotte ausländischen Befrachtern zur Verfügung stellt.

Eine ebenso wesentliche Rolle in der Devisenbilanz spielen die Einnahmen aus der Seeschiffahrt auch in Norwegen, Dänemark, Griechenland, Schweden und einigen anderen Ländern. So beträgt der Reinerlös, den die norwegische Handelsflotte jährlich erzielt, mehr als 700 Mio. $. In der Devisenbilanz Schwedens betragen die Einnahmen aus der Seeschiffahrt 17—19 % (. . .)«[14]

13 Vodnyj transport (Seetransport), 1971, Ausg. vom 28. Januar.

14 Bakaev, V. G., SSSR na mirowych morskich putjach (Die UdSSR auf den Schiffahrtswegen der Welt), Moskau 1969, S. 7f.

Der Seegüterverkehr in der Welt nimmt einen immer größeren Umfang an. Während die Seeschiffe der ganzen Welt zu Beginn der fünfziger Jahre etwa 600 Mio. t Fracht jährlich zwischen den Ländern und Kontinenten beförderten, waren es 1970 bereits 2,4 Mrd. t.
Wenn man außerdem bedenkt, daß die Seeschiffahrt praktisch als einziger Verkehrsträger in der Lage ist, den Massengüterverkehr zwischen den Kontinenten durchzuführen, und die Einnahmen aus der Handelsschiffahrt in der Devisenbilanz vieler Staaten eine wichtige Rolle spielen, dann wird die enorme wirtschaftliche und politische Bedeutung der Handelsflotte verständlich.
Außerdem wird die Handelsflotte von vielen Staaten nicht nur als ein wichtiges Mittel der Wirtschaft, sondern auch als eine wichtige Reserve der Kriegsflotte für den Fall eines Krieges betrachtet. Die Führung der US-Marine betrachtet beispielsweise die Handelsflotte in Kriegszeiten als einen Bestandteil der Streitkräfte. Deshalb spielen beim Aufbau und bei der Entwicklung der US-Handelsflotte nicht nur wirtschaftliche Faktoren eine Rolle, sondern auch die Notwendigkeit der Lösung rein militärischer Aufgaben, die der Handelsflotte in Kriegszeiten unvermeidlich gestellt werden: das Rüstungspotential des Landes durch Gewährleistung störungsfreier Transporte von strategisch wichtigen Rohstoffen und Fertigerzeugnissen auf dem erforderlichen Niveau zu halten, die auf dem Territorium anderer Länder befindlichen Militärstützpunkte mit allen erforderlichen Nachschubgütern zu versorgen und Überseetransporte von Truppen und Material durchzuführen.
Der britische Journalist David Fairhall schreibt in seinem Buch »Rußland drängt zum Meer«* sehr offen, daß beim Bau neuer Frachtschiffe »(. . .) die amerikanische Regierung die Kosten für die Erfüllung ›besonderer Auflagen‹ übernimmt, die es ermöglichen, das Schiff in kurzer Zeit für den Einsatz als Hilfsschiff der US-Marine herzurichten.
Die US-Regierung hat den Schiffseignern in der Nachkriegszeit jährlich im Durchschnitt fast 80 Mio. $ an Subventionen gezahlt. Bis 1960 wurde die Hälfte, oder etwa die Hälfte, der 500 Schiffe der USA, die im Außenhandel eingesetzt waren, subventioniert(. . .)« Er schreibt weiter: »(. . .) Wenn der Bau eines Handelsschiffes von der Regierung subventioniert wird, hat der Marineminister nach einem Gesetz von 1936 das Recht zu verlangen, daß das Schiff konstruktive Merkmale aufweist, die gewährleisten, daß es für den Einsatz als Hilfsschiff der Seestreitkräfte geeignet ist.« »Die amerikanischen Kommentatoren der sowjetischen Seemacht«, sagt dieser britische Journalist, »heben gern hervor, daß die

* David Fairhall, Russia Looks at the Sea. A Study of the Expansion of Soviet Maritime Power, London 1971; Zitate S. 88f. (Anm. d. Hrsg.).

neuen sowjetischen Handelsschiffe in Kriegszeiten auch für militärische Zwecke eingesetzt werden können. Diese Kommentatoren vergessen jedoch, ihre Leser daran zu erinnern, daß ihre eigenen Regierungen in dieser Beziehung Maßnahmen ganz eindeutiger Art treffen.«

Er geht auch näher auf diese Maßnahmen ein: »(. . .) Unter den konstruktiven Merkmalen, die ein Handelsschiff aufweisen muß, ist zu verstehen, daß das Schiff über Hebevorrichtungen für große Lasten, Vorrichtungen, über die Fahrzeuge unmittelbar an Bord und von Bord auf die Pier fahren können, zusätzliche Entsalzungsanlagen zur Versorgung von Truppen mit Wasser und ein doppeltes Rudersystem verfügen muß, das weniger störanfällig ist. Wenn der »Planungsausschuß für die Schiffahrt« zu der Schlußfolgerung kommt, daß eine solche Ausrüstung vom wirtschaftlichen Standpunkt aus nicht erforderlich ist, muß die Regierung dafür aufkommen. Wenn beispielsweise die Baukosten eines Handelsschiffes rund 13 Mio. $ betragen, dann können in dieser Summe 90 000 $ für eine militärische Zusatzausrüstung enthalten sein.«

In der Presse wurde beispielsweise berichtet, daß das Passagierschiff »United States«, das 2 000 Fahrgästen Platz bietet, in kurzer Zeit für den Transport einer 14 000 Mann starken Division umgerüstet werden kann.

Wie amerikanische Wehrexperten behaupten, muß man bei der Planung der Beförderung von Landungstruppen davon ausgehen, daß bei modernen mechanisierten Truppen für jeden einzelnen Mann mit vollständigem Sturmgepäck 4 t Wasserverdrängung und für seine Versorgung pro Monat noch einmal 2 t Wasserverdrängung erforderlich sind.

Handelsschiffe werden bekanntlich auch weitgehend zur Versorgung von Kriegsschiffen auf See eingesetzt. Dementsprechend wird in der letzten Zeit bei den Seestreitkräften und den Handelsmarinen vieler Länder großes Gewicht darauf gelegt, daß Mittel für die Übergabe von Gütern auf See sowie die Übernahme von Kraftstoffen durch Kriegs- und Hilfsschiffe in Fahrt geschaffen werden und daß diese Art der Übergabe und Übernahme geübt wird. Die Presse berichtete, daß in den USA projektierte (kernkraftgetriebene) Tanker mit einer Wasserverdrängung von 31 400 t in der Lage sein sollen, einem anderen Schiff in See 2 380 m^3 Kraftstoff pro Stunde bei einer Fahrgeschwindigkeit von 15 kn zu übergeben.

Die Handelsflotten der kapitalistischen Länder werden also unter Berücksichtigung der Kriegsbedürfnisse als wichtiges Mittel zur Versorgung der Seestreitkräfte und zur Beförderung großer Truppenkontingente, ihrer Ausrüstung und ihrer Versorgungsgüter entwickelt.

Angesichts dieser Tatsache muß die Handelsflotte als eine universelle Komponente der Seemacht eines Staates angesehen werden, der sowohl in Friedens- als auch in Kriegszeiten eine außerordentlich große Bedeutung zukommt.

Dementsprechend befinden sich die Entwicklung und der Einsatz der Handelsflotten der verschiedenen Länder in Friedenszeiten stets im Bereich des wirtschaftlichen und politischen Kampfes in der internationalen Arena, der nach wie vor eine ständige Begleiterscheinung der antagonistischen sozialen Systeme ist. Der Kampf auf diesem Gebiet, den man als den Kampf um den Einfluß auf den internationalen Seewegen charakterisieren kann, wird jetzt immer intensiver geführt, je mehr die Weltproduktion steigt und die Handels- und Wirtschaftsbeziehungen zwischen den Staaten ausgebaut werden. Allumfassend und immer dringlicher werden auch die Probleme der nationalen und internationalen Seeschiffahrt.

Dies alles führte zu einem schnellen Anwachsen der Handelsflotten.[15] Während 1950 30 852 Schiffe zur Welthandelsflotte zählten, waren am 1. Juli 1973 bereits 59 606 Schiffe registriert. Der Gesamtbruttoraumgehalt der Flotte hat sich innerhalb von 20 Jahren fast verdreifacht und 289 927 000 RT erreicht.

Gegenwärtig verfügen nach Angaben von Lloyd's 110 Staaten über eine Handelsmarine. Am 1. Juli 1973 betrug die Bruttotonnage aller Handelsschiffe der kapitalistischen Länder zusammen 264,2 Mio. RT — gegenüber 224 Mio. RT am 1. Juli 1971, d.h. sie hatte sich innerhalb von zwei Jahren um fast 18% vergrößert.

Tabelle 6 zeigt die Konzentration der Schiffstonnage auf einige wenige Länder. So entfallen auf sechs kapitalistische Seemächte (Liberia, dessen Flotte zu einem großen Teil amerikanischen und griechischen Reedern gehört, Japan, Großbritannien, Norwegen, Griechenland und die USA) etwa 55% des Gesamtbruttoraumgehalts der Schiffe.

Nach dem Zweiten Weltkrieg und insbesondere in den letzen 10 — 15 Jahren war die Entwicklung der Welthandelsflotte durch eine Erhöhung der Fahrgeschwindigkeit, eine Vergrößerung der Abmessungen und der Tragfähigkeit und eine Spezialisierung der Schiffe gekennzeichnet. Die Abmessungen und der Bruttoraumgehalt der Handelsschiffe nehmen ständig zu. Gab es 1968 nur 12 Superschiffe (vor allem Supertanker) mit einem Bruttoraumgehalt von 100 000 RT und mehr, so waren es 1973 bereits 293. Bemerkenswert ist auch die Tatsache, daß der Gesamtbruttoraumgehalt der Gruppe von Schiffen mit einem Bruttoraumgehalt bis 4 000 RT, die hauptsächlich für den Einsatz in begrenzten Gebieten be-

15 Hier und im folgenden stammen die statistischen Angaben über die Welthandelsflotte aus Lloyd's Register, in dem unter dem Begriff »Handelsmarine« sowohl die Handels- als auch die Fischereiflotte verstanden wird.

Tabelle 6: Anzahl und Bruttoraumgehalt der Schiffe der Welthandelsflotte im Jahre 1974 nach Ländern[1]

Land	Anzahl der Schiffe	Bruttoraumgehalt, RT
Liberia	2 332	55 321 641
Japan	9 974	38 707 659
Großbritannien	3 603	31 566 298
Norwegen	2 689	24 852 917
Griechenland	2 651	21 759 449
USA	4 086	14 429 076
Panama	1 962	11 003 227
Italien	1 710	9 322 015
Frankreich	1 341	8 834 519
Bundesrepublik Deutschland	2 088	7 980 453
Schweden	785	6 226 659
Niederlande	1 358	5 500 932
Spanien	2 520	4 949 146
Dänemark	1 349	4 460 219
Indien	451	3 484 751
Zypern	722	3 394 880
Singapur	511	2 878 327
Kanada	1 231	2 459 998
Brasilien	471	2 428 972
Somalia	276	1 916 273
Insgesamt	61 194	311 322 626

1 In Tabelle 6 sind die Angaben für eine Reihe von Ländern nicht angeführt. Diese Angaben sind in der Gesamtsumme berücksichtigt.

stimmt sind und die zahlenmäßig mehr als 65% der gesamten Welthandelsflotte ausmachen, nur 13% der Welthandelstonnage ausmacht.
Neben der Vergrößerung der durchschnittlichen Abmessungen der Schiffe findet auch eine schnelle Verjüngung der Flotte statt, was zu einer erheblichen Verbesserung ihres qualitativen Zustandes führt. Der Prozeß der Verjüngung der Flotte läßt sich gut anhand der Tabelle 7 verfolgen.
1973 entfielen also über 62% des Bruttoraumgehalts auf Schiffe, die noch keine 10 Jahre alt waren. Den größten Anteil an der Welthandelsflotte haben heute der Zahl und dem Bruttoraumgehalt nach Schiffe, die vor nicht mehr als vier Jahren in Dienst gestellt wurden.
Zu den wichtigsten qualitativen Veränderungen bei den Schiffen der Handelsflotte gehört auch die Erhöhung der Fahrgeschwindigkeit (s. Tabelle 8). Während im Zweiten Weltkrieg die Geschwindigkeit der meisten Handelsschiffe nicht mehr als 8—10 kn betrug, ist sie heute auf

Tabelle 7: Änderung in der Verteilung des Bruttoraumgehalts bei der Welthandelsflotte auf die einzelnen Altersgruppen der Schiffe

Alter der Schiffe	1951		1957		1963		1971		1973	
	in 1000 RT	%	in 1000 RT	%	in 1000 RT	%	in 1000 RT	%	in 1000 RT	%
unter 5 Jahre	12 427	15,3	23 080	22,1	60 806	31,3	91 750	37,1	111 628	38,2
5— 9 Jahre	40 667	49,4	16 130	15,4	44 035	22,7	55 074	22,3	70 280	24,3
10—14 Jahre	6 141	7,5	36 668	35,1	33 949	17.7	43 292	17,5	43 997	15,3
15—19 Jahre	2 569	3,2	10 380	10,0	17 952	9,2	24 653	10,0	32 600	11,2
20—24 Jahre	5 446	6,4	3 124	3,0	19 096	9,8	11 120	4,5	13 660	4,7
über25 Jahre	14 500	17,9	15 075	14,4	18 314	9,3	21 313	8,6	17 762	6,3
Insgesamt	81 750	100,0	104 457	100,0	194 152	100,0	247 202	100,0	289 927	100,0

14—16 kn gestiegen, und zahlreiche Containerschiffe fahren heute bereits mit einer Geschwindigkeit von 22—24 kn.
Im Durchschnitt erhöhte sich in den letzten 30—35 Jahren die Geschwindigkeit des »statistischen Durchschnittsschiffes« der Welthandelsflotte um 60—70%; allerdings kommt die Tendenz zur Erhöhung der Geschwindigkeit bei den verschiedenen Schiffsarten nicht gleich stark zum Ausdruck. Die Geschwindigkeit der Tanker erhöht sich relativ langsam. In der Vorkriegszeit wurden Erdöl und Erdölprodukte auf dem Seewege mit einer Durchschnittsgeschwindigkeit von 11 kn befördert. Moderne Tanker befördern ihre Fracht mit einer Durchschnittsgeschwindigkeit von 16 kn, und nur einige wenige schnelle Tanker haben eine Geschwindigkeit von rund 19 kn.

Tabelle 8: Geschwindigkeit der verschiedenen Schiffsarten in Knoten

Schiffe	In der Vorkriegszeit	In den fünfziger Jahren	In den sechziger Jahren
Mehrzweckschiffe	10 — 11	12 — 15	18 — 20
Containerschiffe	13 — 15	14 — 20	20 — 26
Tanker	10 — 11	14 — 15	15 — 17
Fischereifahrzeuge	8 — 10	12 — 14	15 — 17

Am deutlichsten ist die Tendenz zur Steigerung der Geschwindigkeit in der Linienschiffahrt zu beobachten. Vor noch nicht allzu langer Zeit betrug die Geschwindigkeit dieser Schiffe nicht mehr als 16—18 kn. Aber bereits 1970 zählte die Welthandelsflotte etwa 230 Trockenfrachter, die mit einer Geschwindigkeit von mehr als 20 kn fuhren. Heute werden für den Linienverkehr Frachtschiffe, die 20 bis 24 kn, und Containerschiffe, die 22—27 kn laufen, in Auftrag gegeben. Die Durchschnittsgeschwindigkeit der zur Zeit in Bau befindlichen Containerschiffe ist um 35% höher als die der in Bau befindlichen herkömmlichen Schiffe, die für Stückguttransporte bestimmt sind. Im Auftrag einer amerikanischen Containergesellschaft werden acht Containerschiffe gebaut, die eine Geschwindigkeit von 33 kn haben werden.

Das in der Seeschiffahrt am meisten verwendete Antriebsaggregat ist der Dieselmotor. Die Leistung der Schiffsdieselmotoren wird ständig gesteigert. Vor nur 15 Jahren war eine Leistung von 10 000 PS die äußerste Grenze für ein einzelnes Aggregat. Heute beträgt die Leistung eines Aggregats bereits mehr als 40 000 PS; der spezifische Kraftstoffverbrauch verringerte sich in diesem Zeitraum um 20%, und der Wirkungsgrad des Dieselmotors erreichte 42%. In naher Zukunft werden alle Schiffsantriebsanlagen mit einer Leistung bis 25 000 PS zweifellos Dieselmotoren sein.

Eine relativ neue Art Hauptantriebsanlage in der Seeschiffahrt ist die Gasturbine. Bei den wenigen Gasturbinenschiffen, die sich heute im Einsatz befinden, handelt es sich eigentlich um Versuchsschiffe. Da Antriebsanlagen dieser Art jedoch sehr wirtschaftlich sind und die Möglichkeit besteht, kompakte Aggregate mit großer Leistung zu bauen, sind die Zukunftsaussichten für die Gasturbine in der Seeschiffahrt sehr vielversprechend.

Die wachsenden Abmessungen und die zunehmenden Geschwindigkeiten der Schiffe machen die Entwicklung von Antriebsanlagen mit immer größerer Leistung erforderlich. Im Leistungsbereich von 60 000 — 150 000 PS wird man wahrscheinlich Atomantriebsanlagen verwenden. Gegenwärtig befinden sich atomgetriebene Schiffe bereits in der UdSSR, in den USA und in der Bundesrepublik Deutschland im Einsatz.

Eine führende Stellung im Bau von Atomantriebsanlagen nehmen unter den kapitalistischen Ländern die USA ein. Allerdings befinden sich die Arbeiten auf dem Gebiet des Baus von atomgetriebenen Schiffen vorläufig noch im Versuchsstadium.

Wie man sieht, macht sich auf dem Gebiet des Handelsschiffbaus immer stärker der Einfluß des wissenschaftlichen und technischen Fortschritts bemerkbar, den zu nutzen nur die hochentwickelten Länder in der Lage sind, die über eine leistungsfähige Schiffbauindustrie und ein großes Industriepotential verfügen. Im Weltschiffbau sind durch diesen Einfluß und infolge des ständig wachsenden Transportbedarfs vieler Länder neue, auch vom rüstungswirtschaftlichen Standpunkt aus außerordentlich interessante Arten von Transportschiffen aufgekommen.

Hierbei handelt es sich vor allem um Schiffe, die ganz oder teilweise zur

Beförderung von Containern bestimmt sind. Es gibt Vollcontainerschiffe, bei denen sämtliche Laderäume aus Vorrichtungen zur Beförderung und Befestigung von Containern bestehen, Halbcontainerschiffe, bei denen ein Teil der Laderäume oder nur ein Laderaum mit solchen Vorrichtungen ausgestattet ist (sie können erforderlichenfalls sowohl als Containerschiffe als auch als Mehrzweckschiffe eingesetzt werden), und schließlich kombinierte Schiffe — Roll-on/roll-off-Containerschiffe und Leichterträgerschiffe.

Im Jahr 1970 erreichte der Umfang der Transporte in Containern in den USA 14,3 Mio.t, in Großbritannien 9,7 Mio. t, in Japan 4,8 Mio. t, in den Niederlanden 3,2 Mio. t, in Belgien 2,9 Mio. t und in der Bundesrepublik Deutschland 2,1 Mio. t.

Am 1. Juli 1973 befanden sich in der ganzen Welt 394 moderne Containerschiffe mit einem Gesamtbruttoraumgehalt von 5 899 000 RT im Betrieb, wobei die USA mit 104, Großbritannien mit 92, Japan mit 37 und die Bundesrepublik Deutschland mit 48 Einheiten über die größte Anzahl Containerschiffe verfügten.

Etwa 60% aller Containerschiffe werden in den beiden folgenden Haupttransportrichtungen eingesetzt: Europa—Nordamerika und USA—Ferner Osten und Südostasien. Der übrige Teil der Containerschiffe verkehrt auf den Seewegen von Europa nach Australien, von Nordamerika ins Mittelmeer, von den USA nach Australien und einigen anderen.

Es muß hervorgehoben werden, daß das meiste Wehrmaterial ebenfalls in Containern befördert werden kann, was durch die Erfahrungen, die die USA bei der Versorgung ihrer Truppen in Vietnam gesammelt haben, bestätigt wird.

Eine bemerkenswerte Entwicklung haben die Schiffe mit Horizontalumschlag (Roll-on/roll-off-Schiffe) durchgemacht. Anfang 1971 zählte die Welthandelsflotte über 130 solche Schiffe, von denen etwa 80% in vier Jahren gebaut worden waren. Sie haben eine Tragfähigkeit von 14 000 bis 23 000 t und eine Geschwindigkeit von 20 bis 25 kn. Diese Schiffe sind in der Regel mit Heckpforten ausgestattet. Außerdem sind in manchen Fällen zur Beschleunigung des Lade- und Löschvorgangs Bug- und Seitenpforten vorgesehen. Besondere Merkmale dieser Schiffe sind Bug- und Heckstrahlruder (bei großen Schiffen), hochziehbare Hängedecks für Kraftfahrzeuge (car decks), das Fehlen des für herkömmliche Frachtschiffe typischen Ladegeschirrs und eine weitgehende Automatisierung.

Da auf Schiffen mit Horizontalumschlag Waffen und Gerät sowie Container befördert werden können, eignen sich diese Schiffe besonders gut als Militärtransporter. Die Intensität des Lade- und Löschvorgangs auf

diesen Schiffen ist größer als auf Containerschiffen; denn hier können die auf dem Deck untergebrachten Container gleichzeitig mit den Waffen und dem Gerät entladen werden, die mit eigener Kraft das Schiff verlassen. Der große Nachteil der Ro/Ro-Containerschiffe, der darin besteht, daß diese Schiffe mit dem Heck anlegen müssen, wurde bei den Ro/Ro-Containerschiffen vom Typ »Paralla« beseitigt. Die Rampe dieser Schiffe ist im Winkel zur Mittschiffsebene angebracht, so daß das Schiff an einer herkömmlichen Anlegestelle längsseits festmachen kann. Die Bedeutung dieser Schiffe für Militärtransporte ist aus diesem Grunde noch größer geworden.
Immer häufiger werden auch solche Spezialschiffe wie Leichterträgerschiffe gebaut, die ebenfalls weitgehend für militärische Zwecke eingesetzt werden können.
Die ersten Leichterträgerschiffe kamen Ende der sechziger Jahre in den USA auf, und zwar mit dem Bau der LASH-Schiffe. Sie sind für den Transport flachgehender Leichter mit einer Masse von 500 bis 1 000 t bestimmt. Am 1. Juli 1973 befanden sich 20 Leichterträgerschiffe verschiedener Art mit einem Gesamtbruttoraumgehalt von 565 000 RT im Einsatz; davon gehörten 16 den USA, zwei Norwegen und je einer den Niederlanden und der Bundesrepublik Deutschland.
Jedes Leichterträgerschiff ist ein Mehrzwecktrockenfrachter. Es kann nicht nur Leichter, sondern auch Container, Radfahrzeuge, Hubschrauber, zu Ladeeinheiten zusammengestellte Frachten und palettiertes Gut sowie Schüttgut befördern.
Das moderne amerikanische Leichterträgerschiff vom Typ »Sea Bee« kann eine ganze mot. Infanteriebrigade befördern (früher waren dazu fünf Transporter vom Typ »C-3« erforderlich). Die Landung der Truppen kann an behelfsmäßig ausgebauten Küsten erfolgen.
Zur Abfertigung von Leichterträgerschiffen werden in verschiedenen Häfen der Welt (in den USA Los Angeles, San Francisco, Houston und Galveston, in Europa Rotterdam, Bremerhaven und Barcelona) Spezialbecken und besondere Umschlaganlagen gebaut.
Durch den Einsatz von Leichterträgerschiffen läßt sich nach Ansicht der Fachleute die Produktivität der Umschlagarbeiten im Vergleich mit herkömmlichen Frachtschiffen auf das Fünf- bis Zehnfache erhöhen, die Liegezeiten der Schiffe und die Anzahl der Mittel, die für den Transport eingesetzt werden, können verringert und die Investitionen für den Bau neuer Hafenanlagen sowie die Ausgaben für die Umschlagarbeiten insgesamt reduziert werden.
Sehr interessant sind auch die Veränderungen, die bei der Tankerflotte stattfinden. Die Tanker spielen eine sehr wichtige Rolle in der Versorgung der Länder mit Rohstoffen und Energievorräten sowie in der Be-

triebsstoffversorgung der Streitkräfte. Von 1965 bis 1971 betrug die durchschnittliche jährliche Zuwachsrate der Welttankerflotte 10,4%. Im Jahr 1970 sind die internationalen Transporte von flüssigen Brenn- und Kraftstoffen auf 1 370 Mio. t gestiegen.
1973 betrug der Bruttoraumgehalt der Schiffe der Welttankerflotte 115 365 000 RT; das sind 39,8% des Bruttoraumgehalts der gesamten Welthandelsflotte. Folgende Länder verfügen über die größte Anzahl von Tankern: Liberia (29,4 Mio. RT), Japan (14,2 Mio. RT), Großbritannien (14,1 Mio. RT) und Norwegen (11,2 Mio. RT).
Über 60% der Tragfähigkeit der Welttankerflotte entfallen auf Tanker von 50 000 — 372 000 t. In der Entwicklung der Tankerflotte zeichnet sich deutlich die Tendenz zur wachsenden Bedeutung der großen Tanker von 100 000 bis 300 000 t ab.
Die Höchstmaße der Tanker haben sich in den letzten 20 Jahren auf das 17fache vergrößert. Dies ist darauf zurückzuführen, daß sich der Betrieb von großen Schiffen als wirtschaftlicher erwiesen hat. So machen die Kosten für die Beförderung von Erdöl über eine Entfernung von 10 000 sm auf einem Tanker mit einer Tragfähigkeit von 100 000 t nur 31% der Transportkosten aus, die bei der Beförderung über die gleiche Entfernung mit einem 10 000-tdw-Tanker entsehen. Es ist deshalb kein Zufall, daß die Anzahl der in Auftrag gegebenen Tanker mit einer Tragfähigkeit von 250 000—300 000 t stark gestiegen ist, obwohl ihr Anteil an der Gesamtzahl der im Einsatz befindlichen Tanker vorläufig noch gering ist (insgesamt 1,3%).
Es gibt gewichtige Gründe, die den Bau von Supertankern in Grenzen halten. Hierzu gehört vor allem die Tatsache, daß die Häfen wegen zu geringer Tiefe von diesen Schiffen nicht angelaufen werden können und daß im Falle einer Havarie oder des Untergangs eines Supertankers die Gefahr einer starken Verschmutzung der Häfen besteht.
Supertanker, die eine große Masse und ein großes Beharrungsvermögen haben, sind selbst bei einer Geschwindigkeit von 14—16 kn und trotz vorhandener Hilfsstrahlruder nur schwer zu steuern. Um die Fahrt aus dem Schiff zu nehmen, sind in Japan sogar Spezialfallschirme entwickelt worden, die den Stoppweg des Schiffes nach dem Stoppen der Hauptantriebsanlage verkürzen.
Eine große Bedeutung in der Handelsflotte haben Flüssiggastanker erlangt, mit denen verflüssigtes Erdgas und Erdölgas transportiert wird. Am 1. Juli 1973 befanden sich 374 Gastanker mit einem Bruttoraumgehalt von 2 276 000 RT im Einsatz.
Die größten Schiffe dieser Klasse haben einen Rauminhalt von rund 71 000 m^3. Ihr durchschnittlicher Rauminhalt beträgt etwa 6 500 m^3. Gegenwärtig werden Schiffe mit einem Rauminhalt von 95 000 m^3 für

Erdölgas und 125 000 m^3 für Erdgas gebaut. Die wichtigsten Seewege, auf denen verflüssigte Gase transportiert werden, sind: Algerien—Frankreich, Großbritannen, USA, Italien, Spanien; Libyen—Italien, Spanien und Alaska—Japan, USA.

Wir wollen nun kurz die Daten untersuchen, die für die Handelsflotten einiger kapitalistischer Seemächte charakteristisch sind.

Die japanische Handelsflotte nimmt dem Bruttoraumgehalt der Schiffe nach den zweiten Platz in der Welt ein, wobei 86% der Tonnage der japanischen Handelsflotte auf Schiffe mit einem Dienstalter bis zu zehn Jahren entfallen. Der intensive Ausbau der japanischen Handelsflotte in den letzten Jahren wurde dank der Subventionen erreicht, die der Staat an die Werften und Reedereien zahlt.

Seit 1956 nimmt die japanische Schiffbauindustrie dem Bruttoraumgehalt der in Bau befindlichen Handelsschiffe nach den ersten Platz in der Welt ein. Bei voller Ausnutzung der Produktionkapazitäten könnte Japan nach näherungsweisen Berechnungen innerhalb eines Jahres Handelsschiffe mit einem Bruttoraumgehalt von über 9 Mio. RT bauen.

Japanische Fachleute versichern, daß diese Schiffbauindustrie im Falle einer starken Zunahme des Bedarfs an Kriegsschiffen in der Lage wäre, Kriegsschiffe aller Gattungen mit einer Gesamtwasserverdrängung von rund 300 000 t und gleichzeitig Handelsschiffe mit einer Tonnage von 4—4,5 Mio. RT jährlich zu bauen.

Obwohl Großbritannien nach wie vor eine der führenden Seemächte ist, verringert sich sein Anteil an der Handelsschiffahrt ständig. In der Zeit von 1968 bis 1972 stieg die Tonnage der Handelsflotte um mehr als 5 Mio. RT, ihr Anteil an der Welthandelsflotte verringerte sich jedoch von 11,6 auf 10,6%. Heute nimmt die Handelsflotte Großbritanniens dem Bruttoraumgehalt nach hinter den Handelsflotten Liberias und Japans den dritten Platz in der Welt ein. Das Alter der Schiffe der britischen Handelsflotte entspricht dem Weltdurchschnitt, d. h. 60% der Schiffe sind nicht älter als zehn Jahre.

In der letzten Zeit ist die Tankerflotte Großbritanniens, auf die 40% der Tonnage der britischen Handelsflotte entfallen, beträchtlich ausgebaut worden. Die Tankerflotte zählt insgesamt 600 Schiffe; davon sind 50 Supertanker, von denen der größte, die »Universe Ireland«, eine Tragfähigkeit von 326 000 t hat.

Großbritannien verfügt über eine gut entwickelte Schiffbauindustrie, die auf dem Sektor des Handelsschiffbaus eine Jahresproduktionskapazität von rund 3 Mio. RT hat und die außerdem in der Lage ist, eine große Anzahl von Kriegsschiffen jeder Gattung zu bauen.

Die norwegische Handelsflotte steht in der Weltrangliste an vierter Stelle. Sie ist für die Wirtschaft des Landes von erstrangiger Bedeutung:

90% ihrer Tonnage werden für Transporte zwischen den Häfen verschiedener Staaten, 8% für Transporte zwischen den Häfen Norwegens und ausländischen Häfen und 2% für Transporte zwischen norwegischen Häfen eingesetzt.
Rund 80% der Tonnage der norwegischen Flotte entfallen auf Schiffe, die bis zu zehn Jahre alt sind. Die Handelsflotte besteht vorwiegend aus großen Schiffen, und es besteht kein Zweifel darüber, daß der Raumgehalt der Schiffe auch in Zukunft weiter wachsen wird, vor allem deswegen, weil Norwegen über eine hochentwickelte Schiffbauindustrie verfügt.
Die Schiffbauindustrie Norwegens zählt etwa 150 Unternehmen, die Schiffe mit einer Tonnage von rund 500 000 RT jährlich bauen.
Am 1. Juli 1971 gehörten zur Handelsflotte Griechenlands 2 241 Schiffe mit einer Tonnage von 15 329 000 RT (5,8% der Welthandelsflotte), darunter 304 Tanker (5 205 000 RT). Außerdem gehören etwa 1 250 Schiffe (18 Mio. RT), die unter der Flagge anderer Länder fahren, griechischen Reedern.
Nach dem Stand vom 1. Juli 1973 nahm die griechische Handelsflotte den fünften Platz unter den Handelsflotten der Welt ein; sie hatte sich innerhalb von zwei Jahren um 4 166 000 RT vergrößert.
Die Schiffbauindustrie Griechenlands ist nur schwach entwickelt. Neue Schiffe für die griechische Handelsflotte werden vorwiegend auf ausländischen Werften gebaut.
Die Vereinigten Staaten von Amerika verfügen über eine Handelsflotte, die unter den Handelsflotten der Welt den siebenten Platz einnimmt. Nach dem Gesetz über die Handelsflotte, das 1936 vom Kongreß verabschiedet wurde, dürfen sich die USA nicht in Abhängigkeit von ausländischen Reedern und Werften begeben und müssen über eine Handelsflotte verfügen, deren Schiffe in den USA gebaut wurden, US-Bürgern gehören und mit US-Bürgern bemannt sind. Diese Schiffe müssen alle Küstenschiffahrts- und einen erheblichen Teil der Außenhandelstransporte durchführen. Sie können in Kriegszeiten von den Streitkräften als Hilfsschiffe eingesetzt werden.
Die USA haben während des Zweiten Weltkrieges eine sehr große Handelsflotte aufgebaut. 1945 machte die Tonnage dieser Flotte etwa 59% der Tonnage der Handelsflotten aller kapitalistischen Länder aus; diese Flotte war jedoch in ihrer Zusammensetzung nicht ausgewogen, und die Schiffe wiesen schlechte Betriebseigenschaften auf. Deshalb begann man 1946, sie zum Teil zu verkaufen, einzumotten und zu verschrotten. Mit einem neuen Gesetz über die Handelsflotte und einem Schiffbauprogramm, die beide 1970 verabschiedet wurden, soll die frühere starke Position der USA auf dem Weltfrachtenmarkt wiederhergestellt

werden. Am 1. Juli 1973 verfügte die Handelsflotte der USA über Schiffe mit einem Bruttoraumgehalt von 14 312 000 RT; davon entfielen 5 Mio. RT auf die Reserveflotte. Es muß hervorgehoben werden, daß der Hauptteil der Handelsflotte Liberias und Panamas amerikanischen Reedern gehört. Sie machen sich die »günstigen« Flaggen dieser Länder zunutze, um durch minimale Steuersätze und das Anheuern schlecht bezahlter Besatzungen, deren Lohnniveau nicht der Kontrolle durch die Gewerkschaften in den USA unterliegt, höhere Gewinne zu erzielen.
Etwa 60% der Tonnage der Handelsflotte der USA entfallen auf Schiffe, die älter als 20 Jahre sind. Die Regierung der USA hat ein Zehnjahresprogramm zur Erneuerung der Flotte verabschiedet, das den Bau von 300 Schiffen vorsieht. Bei der Entwicklung der neuen Schiffe soll auch die Möglichkeit ihrer Verwendung für militärische Zwecke berücksichtigt werden, wobei man die Erfahrungen zugrunde legen wird, die während des Vietnamkrieges gesammelt wurden, in dem die Schiffe der Handelsflotte einen großen Teil der Militärtransporte bewältigten. Vorgesehen ist in erster Linie der Bau von Tankern, Leichterträgerschiffen und Mehrzweckschiffen.
Die USA verfügen über eine hochentwickelte Schiffbauindustrie, die im Ernstfall in der Lage ist, jährlich Kriegsschiffe aller Gattungen mit einer Gesamtwasserverdrängung von rund 1,7 Mio. t und Handelsschiffe mit einer Tonnage von rund 16 Mio. t zu bauen.
Die Handelsflotte der Bundesrepublik Deutschland nimmt den 11. Platz in der Welt ein. Die meisten Schiffe (80%) haben ein Alter bis zu zehn Jahren. Der Anteil der Schiffe, die bereits mehr als 25 Jahre in Betrieb sind, ist gering. Die Bundesrepublik Deutschland hat in der Nachkriegszeit ihre Schiffbauindustrie ziemlich schnell wieder aufgebaut. Hier gibt es heute über 50 Werften, auf denen Seeschiffe gebaut werden. In der Schiffbauindustrie sind etwa 80 000 Menschen beschäftigt. Gebaut werden Containerschiffe und Supertanker, auch ein atomgetriebener Frachter wurde gebaut. Die Schiffbauindustrie der Bundesrepublik Deutschland zeichnet sich durch eine Konzentration der Werften aus — allein in Hamburg, Bremen-Bremerhaven, Kiel und Emden sind 88% der Produktionskapazitäten konzentriert.
Die Howaldtswerke-Deutsche Werft AG bauen sehr große Containerschiffe. Schnelle Containerschiffe (bis zu 33 kn) werden auf den Werften Weser AG und Rheinstahl-Nordseewerke gebaut.
Aufgrund einer Analyse der in der ausländischen Presse veröffentlichten Angaben lassen sich für die nahe Zukunft folgende Tendenzen in der Entwicklung der Welthandelsflotte erkennen.
Die Trockenfrachterflotte wird weiterhin einen starken Zugang von großen schnellen Containerschiffen ohne eigenes Ladegeschirr für den Ein-

satz auf Routen mit konstanten Güterströmen sowie von kleineren und langsameren Containerschiffen mit bordeigenem Ladegeschirr haben, mit denen Container in Häfen befördert werden, die nicht über eigene Umschlageinrichtungen verfügen. Containerschiffe der dritten Generation, die eine Tragfähigkeit von rund 40 000 t haben und 2 000 und mehr 20-Ft-Container fassen, werden sich weitgehend durchsetzen. Die weitere Zunahme der Größe der Containerschiffe wird weniger durch die technischen Möglichkeiten als vielmehr durch konjunkturelle Erwägungen und die Größe der Kanäle und Schleusen begrenzt.

Für den Einsatz auf kurzen Linien, die Gebiete mit einem gut ausgebauten Straßennetz verbinden, werden Trailerschiffe mit Horizontalumschlag gebaut werden (sogenannte Roll-on/roll-off-Schiffe).

Zur Durchführung umschlagfreier Transporte zwischen See- und Binnenhäfen werden Leichterträgerschiffe gebaut werden. Bei reinen Seetransporten werden diese Schiffe sicherlich weitgehend zur Verkürzung der Hafenliegezeiten verwendet werden. Eine »Optimalvariante« solcher Schiffe könnten zusammengesetzte Einheiten mit einem abkoppelbaren Frachtteil sein.

Es werden weniger Mehrzwecktrockenfrachter und mehr spezialisierte Frachter gebaut werden, die zur Beförderung einer ganz bestimmten Güterart bestimmt sind. Steigen wird auch die Zahl der Handelsschiffe mit Eisverstärkung und der Eisbrecher.

Zunehmen wird der Bau von schnellen Passagierschiffen sowie von relativ langsamen Schiffen für lange Kreuzfahrten.

Es ist anzunehmen, daß die neuen Handelsschiffe folgende charakteristische Merkmale aufweisen werden.

Die Geschwindigkeit der Schiffe einiger Kategorien wird sich wesentlich erhöhen. Zunehmen — und wahrscheinlich in naher Zukunft den Wert von 30 kn überschreiten — wird in erster Linie die Geschwindigkeit der großen Container- und Ro/Ro-Schiffe, der Leichterträgerschiffe sowie sonstiger Schiffe mit verkürzter Lade- und Löschzeit. Die Erhöhung der Geschwindigkeit soll hauptsächlich durch eine Steigerung der Leistung der Antriebsanlagen erreicht werden.

Die Anwendung des Prinzips der Fortbewegung auf Unterwassertragflügeln mit einer Geschwindigkeit von 40 — 50 kn wird sich auf Passagierschiffe mit einer Wasserverdrängung von nicht mehr als 1 000 t beschränken; denn eine weitere Erhöhung der Wasserverdrängung solcher Schiffe ist vom wirtschaftlichen Standpunkt aus unzweckmäßig und technisch schwer zu lösen.

Bessere Perspektiven für den Bau großer und schneller Handelsschiffe bietet anscheinend das Prinzip der Fortbewegung auf einem Luftkissen, dessen Wirksamkeit sich mit wachsender Größe des Schiffes erhöht. Die

Wasserverdrängung der Luftkissenfahrzeuge wird von den Möglichkeiten der Entwicklung sehr leistungsfähiger Antriebsanlagen abhängen.
Die Abmessungen der Massengutfrachter werden ständig wachsen, und der Raumgehalt der Schiffe zur Beförderung von Schüttgut wird mehr als 250 000 RT betragen.
Im Zusammenhang mit der zunehmenden Fahrgeschwindigkeit und Größe der Schiffe, und folglich auch der zunehmenden Antriebsleistung, werden vorwiegend Gas- und Dampfturbinenanlagen und später auch die wirtschaftlichen Atomantriebsanlagen Verwendung finden. Auf Schiffen mit geringerer Leistung der Hauptantriebsanlage wird man weitgehend leichte Dieselmotoren und Dieselgetriebeanlagen verwenden.
Weitgehend durchsetzen wird sich auch die komplexe Automatisierung der Schiffsanlagen, durch die es möglich sein wird, die Besatzungsstärke stark zu reduzieren und die Wirtschaftlichkeit der Einrichtungen zu erhöhen.
Die Welttankerflotte wird angesichts des ständig zunehmenden Umfangs der Transporte von Erdöl und Erdölprodukten (1976 wird das Transportvolumen möglicherweise 2 400 Mio. t überschreiten) weiter wachsen. Eine der Haupttendenzen in der Entwicklung der Tankerflotte geht dahin, daß die Tanker immer größer werden. Der Raumgehalt der größten Tanker beträgt bereits 500 000 RT (z. Z. wird geprüft, ob ein Tanker mit einer Tragfähigkeit von 1 Mio. t gebaut werden kann).
Nach Prognosen der japanischen Gesellschaft »Japan Steel and Tube« wird im Jahr 1981 die durchschnittliche Tragfähigkeit der in Auftrag gegebenen Tanker 190 000 t betragen, und ein Drittel der in Betrieb befindlichen Tanker wird eine Tragfähigkeit von mehr als 100 000 t haben. Dem weiteren Anwachsen der Tankergröße sind durch die Tiefe und die Fahrbedingungen in den Kanälen und Meerengen Grenzen gesetzt. Die Zahl der Häfen, die in der Lage sind, Supertanker abzufertigen, wird indessen von Jahr zu Jahr größer.
Eine außerordentlich wichtige Komponente der Seeschiffahrt waren immer die Häfen, die die Endpunkte der Seewege darstellen. In den kapitalistischen Ländern gibt es heute etwa 420 große Seehäfen, die einen Güterumschlag von mehr als 1 Mio. t haben. Es versteht sich von selbst, daß ein solch bedeutender Vorgang wie das Aufkommen von Superschiffen verschiedenster Art, u. a. von Schiffen, die Massentransporte von Gütern in Containern im »Haus-Haus-Verkehr« durchführen können, sich auf die Entwicklung dieser Häfen ausgewirkt hat. Aus dem Betrieb der neuesten Schiffe, deren technische Daten in der unten angeführten Tabelle 9 enthalten sind, ergeben sich die Abmessungen der Fahrrinnen zu den Häfen und der Fahrwasser in den Meerengen, die

Tabelle 9: Die wichtigsten technischen Daten der neuesten Schiffstypen

Schiffstyp	Gesamt-tragfähigkeit in 1000 t	Länge in m	Breite in m	Tiefgang in m
Tanker	500	380	67	26,5
Tanker	200	340	50	17,5
Erzfrachter	150	305	48	16,5
Erzfrachter	80	260	35	14,5
Trockenfrachter	30	210	26	11,5
Trockenfrachter	20	175	23	10,5

Abmessungen und die Tiefe der Anlegestellen und die übrigen Kenndaten der Häfen.

Zur Abfertigung von Supertankern werden z. Z. vor allem Löschbrücken verschiedener Bauart und Ölhäfen gebaut, und bei den vorhandenen Anlegestellen wird eine Vertiefung des Hafenbeckens vorgenommen. Einer der ersten Ölumschlaghäfen war der Hafen Bantry, der im Süden Irlands in der Bantry-Bucht errichtet wurde. In diesem Hafen können Supertanker mit einem Tiefgang bis 25 m abgefertigt werden. Die Umschlaganlage des Hafens Bantry besteht aus einer Löschbrücke mit einer Wassertiefe von 30 m. Diese Löschbrücke ist über eine Zufahrtsbrücke, auf der zwei Rohrleitungen für das Rohöl verlegt sind, mit dem Land verbunden. Die landseitigen Anlagen bestehen aus zwölf Behältern mit einem Fassungsvermögen von 95 400 m^3 Rohöl, zwei Ballasttanks, Tanklagern und den Hilfseinrichtungen.

Die Supertanker bringen Öl aus den Häfen des Persischen Golfs hierher; dann wird es auf Tankern mit einer Tragfähigkeit bis zu 100 000 t in die Häfen des europäischen Kontinents transportiert.

Die Erdölraffinerien, die im Innern des europäischen Kontinents liegen, erhalten das Rohöl über Pipelines von den folgenden sechs wichtigsten Häfen: Rotterdam (Niederlande), Fos und Le Havre (Frankreich), Triest und Genua (Italien) und Wilhelmshaven (Bundesrepublik Deutschland).

Die Häfen Rotterdam, Fos und Le Havre können Supertanker mit einer Tragfähigkeit bis zu 250 000 t abfertigen; Genua kann von 220 000-tdw-Tankern, Wilhelmshaven von 210 000-tdw-Tankern (nicht voll beladen) und Triest von 200 000-tdw-Tankern angelaufen werden. Japan verfügt über Häfen, die Supertanker mit einer Tragfähigkeit von 200 000 bis 300 000 t abfertigen können (Jokohama, Tschiba und einige andere).

Insgesamt gibt es jedoch nicht mehr als 20 Häfen in der Welt, die von Schiffen mit einem Tiefgang von 15 m und mehr angelaufen werden können. Selbst die USA, die bis 1985 die Einfuhren von Erdöl und Erd-

gas auf die Hälfte des Bedarfs des Landes bringen wollen, verfügen nicht über solche Häfen. Die täglichen Einfuhren von Erdöl und Erdölprodukten werden in den USA einen Umfang von 2 Mio. t erreichen, und zu ihrer Beförderung werden 2 600 Tanker mit einer Tragfähigkeit von je 47 000 t oder 500 Tanker mit einer Tragfähigkeit von je 250 000 t erforderlich sein. Zum Löschen der Supertanker sollen drei Tiefwasserhäfen gebaut werden — einer an der Ostküste, einer an der Westküste der USA und der dritte im Golf von Mexiko.
Die traditionellen Funktionen des Hafens als Sammel- und Verteilungszentrum und als Endpunkt für verschiedene Verkehrsträger treten durch die Entwicklung des Containerverkehrs in den Hintergrund. Zugleich wächst die Bedeutung des Hafens als Transitumschlagknotenpunkt innerhalb des Transportverbundsystems. Die Häfen müssen viel mehr Gewicht als früher auf die Verkürzung der Liegezeiten der Containerschiffe legen, die nach einem festen Fahrplan verkehren, und zwar nicht nur durch eine Verkürzung des Lade- und Löschvorgangs, sondern auch durch eine Senkung der Zahl der Hilfsarbeitsvorgänge. Die Güter dürfen nur eine minimale Zeit im Hafen liegen. Deshalb ist die Verbesserung der Fahrwasser, des Lotsendienstes, des Einsatzes der Hafenfahrzeuge, der Eisenbahnanschlußgleise und der Zufahrtsstraßen, der Parkplätze usw. von großer Bedeutung.
In allen großen Häfen der hochentwickelten kapitalistischen Länder hat man spezielle Kaiflächen und Anlegestellen für den Containerverkehr geschaffen oder ist dabei, solche einzurichten. In den letzten Jahren ist unter den europäischen Häfen Rotterdam zum größten Umschlagplatz für Container geworden. 1971 sind in diesem Hafen rund 320 000 Container umgeschlagen worden. Rotterdam ist auch in bezug auf den Güterumschlag der größte Hafen der Welt: 1971 betrug der Güterumschlag 231,7 Mio. t ; davon entfielen auf Einfuhren 169,8 Mio. t und auf Ausfuhren 61,9 Mio. t.
In naher Zukunft wird sich auch das Aufkommen von Luftkissenfahrzeugen und Tragflächenbooten auf den Charakter der Hafenanlagen auswirken. Die Bedeutung dieser Fahrzeuge für die Beförderung von Gütern und Passagieren über geringe Entfernungen wird wahrscheinlich zunehmen.
In der Entwicklung der wichtigsten Häfen der Welt besteht also die Tendenz zur Vertiefung der Hafenbecken, zum Bau neuer Tiefwasseranlegestellen, zur Einrichtung spezieller Kaiflächen und Anlegestellen für den Containerverkehr und zur Spezialisierung der Häfen.
Wie in jedem anderen Staat ist auch in der UdSSR die Handelsflotte ein Bestandteil der Seemacht des Staates. Die während der Sowjetherrschaft erfolgte Umwandlung unseres Landes in einen hochentwickelten Indu-

striestaat, das stabile Wachstum des Wirtschaftspotentials der UdSSR und der ständige Ausbau ihrer Außenhandelsbeziehungen haben zu einer stürmischen Entwicklung der sowjetischen Seeschiffahrt geführt.
Die Seeschiffahrt der UdSSR ist zu einem führenden, technisch gut ausgestatteten und außerordentlich rentablen Zweig der Volkswirtschaft geworden, der den wirtschaftlichen Bedarf des Landes in vollem Umfang deckt.
Die Handelsflotte der UdSSR nimmt heute dem Güterumschlag nach unter den Verkehrsträgern des Landes den zweiten Platz ein. Eine besonders große Bedeutung hat die Seeschiffahrt für das Leben im Fernen Osten und im hohen Norden, wo die Handelsflotte praktisch der einzige Verkehrsträger ist, der die Beförderung der verschiedenartigsten Güter zu zahlreichen Punkten an der Küste gewährleistet.
Eine besonders große Bedeutung für die Sowjetunion hat der Teil der Handelsflotte, der im Außenhandel eingesetzt ist. Die Tätigkeit der Handelsflotte auf diesem Sektor macht etwa 90% ihres gesamten Transportvolumens aus.
Erfolgreich entwickelt sich der Einsatz der sowjetischen Handelsflotte im Rahmen der sozialistischen wirtschaftlichen Integration, der viele Bereiche ihrer Tätigkeit umfaßt. Die Bedeutung der sowjetischen Handelsflotte ist durch den Transportraumbedarf der Länder, die um ihre Freiheit und Unabhängigkeit kämpfen, sowie der Entwicklungsländer, die wirtschaftlich unabhängig werden wollen, in der Regel jedoch nicht über eine eigene Handelsflotte verfügen, noch erheblich gewachsen.
Die Sowjetunion ist auf dem Gebiet des Außenhandels nicht vom kapitalistischen Frachtenmarkt abhängig. Sie ist in der Lage, ihre Handelsbeziehungen zu jedem beliebigen Küstenstaat mit Hilfe ihrer eigenen Handelsflotte aufrechtzuerhalten und weiter auszubauen.
Durch die erfolgreiche Erfüllung der Nachkriegsentwicklungspläne ist die Seeschiffahrt in der Lage, den Transportraumbedarf der Volkswirtschaft in vollem Umfang zu decken und dafür zu sorgen, daß die Stabilität der Außenhandelsbeziehungen unseres Landes nicht durch unvorhergesehene Ereignisse wie beispielsweise die Kuba-Blockade oder die Schließung des Suezkanals beeinträchtigt werden kann.
Die sowjetische Handelsflotte erlangt in der Seeschiffahrt der Welt durch die Ausweitung ihrer Transporte für ausländische Befrachter eine immer größere Bedeutung. Sie erfüllt damit auf dem Gebiet des Exports von Transportdienstleistungen eine wichtige Aufgabe für den Staat und leistet alljährlich einen bedeutenden positiven Beitrag zur Devisenbilanz des Staates.
Ein sehr wichtiger Abschnitt in der Geschichte der Entwicklung der sowjetischen Handelsflotte und der sowjetischen Volkswirtschaft insge-

samt war der Große Vaterländische Krieg von 1941 bis 1945. Die Handelsflotte hatte während des Krieges Schulter an Schulter mit den Seestreitkräften eine außerordentlich wichtige Aufgabe zu erfüllen: die Durchführung der notwendigen militärischen und volkswirtschaftlichen Transporte für die Fronten und die Wirtschaft des Landes. Die Seeverbindungswege waren oft die wichtigsten und mitunter sogar die einzigen Wege für den Nachschub von Versorgungsgütern. Die Schiffe der sowjetischen Handelsflotte, die auf fast allen Meeren und Ozeanen fuhren und die Handelsverbindungen zu den Verbündeten aufrechterhielten, wurden oft von feindlichen Flugzeugen und U-Booten angegriffen.
Die sowjetische Handelsflotte, die 1941 800 Schiffe mit einer Gesamttragfähigkeit von über 2 Mio. t zählte, verlor bei ihren heldenhaften Einsätzen während des Großen Vaterländischen Krieges 363 Schiffe mit einer Gesamttragfähigkeit von rund 700 000 t.
Bereits 1950 konnte der Seegüterverkehr dank der enormen Anstrengungen des sowjetischen Volkes beim Wiederaufbau der Volkswirtschaft wieder auf den Stand von 1940 gebracht werden, und 1965 betrug die Tragfähigkeit der sowjetischen Handelsflotte bereits mehr als 8,5 Mio. t. Die stürmische Entwicklung der sowjetischen Seeschiffahrt dauerte auch in den folgenden Jahren an. Während sich die Beförderungsleistung der sowjetischen Handelsflotte innerhalb von 12 Jahren (1946 — 1958) von 15,9 auf 57,4 Mrd. Tonnenmeilen, d. h. auf das 3,6fache, erhöhte, waren danach für ein Wachstum im gleichen Umfang nur sieben Jahre erforderlich.
Im Jahr 1973 erreichte die Tonnage unserer Flotte (Handelsschiffe, Fischereischiffe und Forschungsschiffe) 17,4 Mio. RT. Die Sowjetunion rückte vom 12. Platz, den sie der Tonnage der Handelsflotte nach bis 1960 eingenommen hatte, auf den 6. Platz in der Welt vor. Damit war der Bedarf des Außenhandels der UdSSR, dessen Umsatz sich von 2,9 Mrd. Rubel im Jahr 1950 auf 31,3 Mrd. Rubel im Jahr 1973 erhöht hatte, in vollem Umfang gedeckt. 1973 zählte die sowjetische Handelsflotte 1 602 Schiffe mit einer Gesamttragfähigkeit von rund 14 Mio. t. Die Flotte hat jährlich eine große Zahl von Neuzugängen der verschiedenartigsten Typen und Kategorien zu verzeichnen. 1973 erhielt sie mehr als 80 Schiffe mit einer Gesamttragfähigkeit von über 700 000 t, und 1974 vergrößerte sich der Bestand noch einmal um fast 90 Schiffe mit einer Gesamttragfähigkeit von rund 900 000 t.
Infolgedessen ist die sowjetische Handelsflotte ihrer altersmäßigen Zusammensetzung nach jünger als die Welthandelsflotte insgesamt. So machen die Schiffe, die sich weniger als 10 Jahre im Einsatz befinden, bei der sowjetischen Flotte 64,4% der Tonnage aus und bei der Welthandelsflotte 62,7%.

Die sowjetische Handelsflotte verfügt über Schiffe verschiedenster Art, von Fahrzeugen der Küstenschiffahrt bis zu solchen Superschiffen wie dem Tanker »Krim«, der eine Tragfähigkeit von 150 000 t hat und in der Lage ist, überall auf den Weltmeeren Transportaufträge auszuführen. Zu ihr gehören Trockenfrachter und Tankschiffe, Holz-, Kohle- und Erzfrachter, Eisbrecher und Schiffe mit Eisverstärkung, Containerschiffe, Schiffe für den kombinierten See- und Binnenschiffsverkehr u. a. Die Tragfähigkeit der sowjetischen Tankerflotte erreichte 1973 fast 5 Mio. t.

Die Sowjetunion verfügt auch über eine große Flotte von Passagierschiffen, die auf 17 internationalen Schiffahrtslinien und zahlreichen Küstenschiffahrtslinien verkehren.

Zur Handelsflotte unseres Landes gehören jedoch nicht nur Schiffe. In der Sowjetunion gibt es über 70 Häfen, von denen jeder einen jährlichen Güterumschlag von mindestens 1 Mio. t aufzuweisen hat. Die meisten dieser Häfen verfügen über Tiefwasseranlegestellen mit den erforderlichen Umschlageinrichtungen, eine gute Lagerwirtschaft und ein gut ausgebautes Territorium mit Zufahrtswegen.

Im Fernen Osten und am Schwarzen Meer entstehen neue große Häfen, die in bezug auf ihre technische Ausrüstung und Leistungsfähigkeit noch bedeutend moderner und größer sein werden als die z. Z. größten sowjetischen Häfen. Der Mechanisierungsgrad der Be- und Entladearbeiten wird von Jahr zu Jahr höher. Dies alles ermöglichte es, die Umschlagkapazität der Häfen der UdSSR beträchtlich zu steigern. Die sowjetische Handelsflotte wird von über 30 Schiffsinstandsetzungswerften betreut, die zusammen mit den Schiffsbesatzungen dafür sorgen, daß sich die Schiffe stets in einem guten technischen Zustand befinden.

Die gesamte Tätigkeit der sowjetischen Handelsmarine wird von 17 Reedereien geleitet, die organisatorisch zu folgenden drei Vereinigungen zusammengefaßt sind: Sewsapflot (Nordwestflotte), Juschflot (Südflotte) und Dalflot (Fernostflotte). Diesen sind die bei ihnen registrierten Schiffe, die Häfen, die Schiffsinstandsetzungenswerften, die Bergungs- und Rettungsgesellschaften sowie die Organisationen unterstellt, die unmittelbar mit dem Betrieb, der Versorgung und der Betreuung der Flotte zu tun haben. Bei der Flotte wird intensiv an einer Verbesserung der Arbeit der Verwaltung auf allen Ebenen gearbeitet, und zwar angefangen beim einzelnen Schiff bis zum Wirtschaftszweig als solchem. Zu diesem Zweck werden automatische Planungs- und Führungssysteme entwickelt und eingeführt.

Partei und Regierung sind um den weiteren Ausbau der sowjetischen Handelsmarine bemüht. Geplant sind eine Steigerung des Güterumschlags, der Bau neuer sehr wirtschaftlicher Mehrzweck- und Spezial-

schiffe, eine Erhöhung der Leistungsfähigkeit der Seehäfen und eine Vergößerung der Kapazitäten der Schiffsinstandsetzungswerften.
Auch in Zukunft sollen also alle Komponenten weiterentwickelt werden, die zusammen den Gesamtkomplex Handelsflotte als Zweig der Volkswirtschaft und als Bestandteil der Seemacht der Sowjetunion bilden.
Die Fischereiflotte ist ein BestandteDl der Handelsmarine und eine wichtige Komponente der Seemacht eines Staates. Die Fortschritte in der Erschließung der Weltmeere durch den Menschen und die verstärkte Nutzung der Meereserzeugnisse tierischer und pflanzlicher Herkunft als Nahrungsmittel und zu industriellen Zwecken haben dazu geführt, daß die Bedeutung dieser Flotte stark gestiegen ist. Eine außerordentlich wichtige Aufgabe der Fischereiflotte ist es mitzuhelfen, das dringende Problem der Versorgung der Menschheit mit Nahrungsmitteln zu lösen. Nach offiziellen Angaben der FAO[16] ist die Ernährung der Weltbevölkerung vor allem in bezug auf tierisches Eiweiß unzureichend; davon sind etwa 2 Mrd. Menschen betroffen, d. h. die Hälfte der gesamten Weltbevölkerung. Die anormale Lage verschlechtert sich noch durch die kapitalistischen Verhältnisse in den meisten Ländern, und zwar in dem Maße, wie die Weltbevölkerung weiter zunimmt. Deshalb wendet die Menschheit ihr Interesse immer mehr den potentiellen biologischen Schätzen der Weltmeere zu.
Die Menschen gehen dem Fischfang und der Jagd nach Meerestieren schon von alters her nach; die Entwicklung einer Fischereiflotte auf industrieller Basis begann jedoch erst in der zweiten Hälfte des 19. Jahrhunderts im Zusammenhang mit dem stark zunehmenden Bedarf an Eiweiß und den technischen Verbesserungen in der Seeschiffahrt.
Anfangs ging dieser Prozeß nur sehr langsam vonstatten. So nahm sich im Zeitraum von 1850 bis 1900 die durchschnittliche jährliche Zuwachsrate der Fischereierträge in der ganzen Welt nach heutigen Maßstäben sehr bescheiden aus — sie betrug etwa 40 000 t. In der Zeit zwischen den beiden Weltkriegen erreichte die Zuwachsrate bereits die stattliche Größe von 1,3 Mio. t, und in der Nachkriegszeit stieg sie auf einen Durchschnittswert von 2,3 Mio. t.
Die größte Bedeutung kommt heute in der Hochseefischerei dem Fischfang zu (89%), dann folgen die Weichtiere (5%), die Krebstiere (2,3%) und andere Meerestiere (1,8%) sowie die Wasserflora (1%)[17] u.a.
Von 1948 bis 1967 erhöhten sich die in der ganzen Welt beim Fang von Fischen und anderen Meerestieren erzielten Ergebnisse fast auf das Drei-

16 Organisation für Ernährung und Landwirtschaft der Vereinten Nationen.
17 Promyslovy flot kapitalističeskich stran (Die Fischereiflotten der kapitalistischen Länder), Moskau 1971, S. 10f.

fache — von 22 Mio. auf 62 Mio. t. Nach 1967 haben sich jedoch die Zuwachsraten der Fischereierträge trotz einer erheblichen Verbesserung der technischen Ausrüstung der Fischereiflotten merklich verringert. Einer der Gründe hierfür ist die Ausfischung der Fischschwärme, die infolge einer planlosen Intensivierung des Fischfangs in den gut erschlossenen traditionellen Fanggebieten eingetreten ist. Deshalb ist es notwendig, für einige Fischarten und Seetiere Fangquoten festzulegen und insgesamt gesehen ein wissenschaftlich fundiertes System für das Betreiben der Hochseefischerei zu entwickeln.

Gegenwärtig machen die biologischen Meeresschätze etwa drei Viertel aller Erzeugnisse aus, die die Menschheit aus den Weltmeeren gewinnt. In der ganzen Welt sind über 7 Mio. Menschen auf dem Gebiet des industriellen Fischfangs tätig. In der Welt werden jährlich 70 Mio. t Fisch gefangen und andere Meeresprodukte gewonnen. Diese Zahl liegt relativ nahe beim zulässigen Höchstwert, der unter Berücksichtigung der realen natürlichen jährlichen Regeneration der biologischen Masse der Meeresprodukte und der Bedingungen für ihre Ausbreitung in den Weltmeeren festgelegt worden ist.

Der Fang von Fischen und anderen Meerestieren wird in der Welt mit Hunderttausenden von Ruderbooten sowie mit Segel- und Motorschiffen betrieben. Den Kern einer modernen Fischereiflotte bilden jedoch große Schiffe mit eigenem Antrieb, die für den Fang von Fischen und anderen Meerestieren in fernen Gebieten der Weltmeere, für die Verarbeitung und Lagerung des Fangguts sowie dessen Transport zu den Fischereihäfen bestimmt sind.

In Lloyd's Schiffsregister werden die modernen Fischereifahrzeuge der Welt nach ihrem Verwendungszweck in folgende zwei Hauptgruppen unterteilt: Trawler und andere Fischereifahrzeuge bzw. Boote für den Fang von Meeressäugern mit einem Bruttoraumgehalt von 100 bis 4 000 RT und mehr; Fischtransportschiffe und Fischfabrikschiffe (nach unserer Terminologie: Kühltransportschiffe und Fischverarbeitungs-Mutteschiffe) mit einem Bruttoraumgehalt von 100 bis 10 000 RT und mehr.

Moderne Fischereifahrzeuge sind sehr seetüchig und verfügen über einen großen Fahrbereich und eine große Seeausdauer. Sie sind in der Regel mit den modernsten Navigations-, Schallortungs- und funkelektronischen Geräten sowie den neuesten Fang- und Verarbeitungsanlagen ausgestattet.

Von entscheidender Bedeutung für die Entwicklung der Weltfischereiflotte in der Nachkriegszeit waren:

— die Forschungsarbeiten auf dem Gebiet der Biologie der Fische und der Vorhersage der Fischwanderwege, die in verschiedenen Ländern und vor allem in der Sowjetunion durchgeführt wurden;

— die auf dieser Basis erfolgte Entwicklung neuer Methoden zur Erkundung von Fischgründen und der erforderlichen technischen Mittel zur Ortung von Fischschwärmen;
— die Entwicklung neuer, besserer Mittel für den Fang, die Verarbeitung, die Lagerung und die Auslieferung der Erzeugnisse an den Verbraucher.

Die wachsenden Fischereierträge spielen eine wichtige Rolle bei der Nahrungsmittelherstellung und der Produktion von Rohstoffen für zahlreiche Industriezweige. Deshalb betreiben heute fast 80 Länder der Welt den Fischfang auf industrieller Basis. Nach der Höhe der Fischereierträge nimmt die Sowjetunion hinter Peru und Japan den dritten Platz in der Welt ein.

1974 zählte die Hochseefischereiflotte der Welt 17 955 Schiffe (100 RT und mehr) mit einer Tonnage von rund 10,7 Mio. RT.[18] In dieser Zahl sind 17 262 Fangschiffe (Trawler, Seiner, Schoner für den Fang von Meeressäugern u. a.) mit einer Tonnage von 7,33 Mio. RT und 693 Fischfabrikschiffe und Fischtransporter mit einer Tonnage von rund 3,45 Mio. RT enthalten.

Der Anzahl und dem Bruttoraumgehalt der Schiffe der Fischereiflotte nach nimmt Japan unter den kapitalistischen Staaten den ersten Platz in der Welt ein; nach den Fangerträgen rangiert es jedoch an zweiter Stelle hinter Peru.

Die japanische Fischereiflotte zählte 1974 3 198 Schiffe mit einer Tonnage von rund 1,26 Mio. RT. Im Fischereigewerbe sind in diesem Lande etwa 3 Mio. Menschen beschäftigt. Die jährliche Anlandung beträgt mehr als 8,6 Mio. t Fische und andere Meeresprodukte. Fisch ist eines der Hauptnahrungsmittel und ein wichtiger Exportartikel.

Die Republik Peru, deren Fischereiflotte der Anzahl der Schiffe und der Tonnage nach nur den elften Platz in der Welt einnimmt (604 Schiffe mit etwa 125 000 RT), erzielt dank der unmittelbaren Nähe (30—50 sm) der außerordentlich reichen pazifischen Fanggründe die höchsten Fischereierträge in der Welt — mehr als 9 Mio. t jährlich.

Große Fischereinationen sind die Vereinigten Staaten (1 577 große Schiffe mit einer Tonnage von etwa 358 000 RT), Norwegen (606 Schiffe mit 204 000 RT) und die Südafrikanische Republik (143 Schiffe mit 75 000 RT). Die Anlandungen jedes dieser Länder betragen jährlich 2 bis 3 Mio. t Fisch und andere Meeresprodukte. Unter den übrigen kapitalistischen Fischereinationen nehmen Großbritannien, Kanada, Spanien, Dänemark, Chile u. a. mit Jahreserträgen von mehr als 1 Mio. t einen wichtigen Platz ein.

18 Lloyd's Register of Shipping, London 1974, S. 12.

Kennzeichnend ist, daß auf Peru und Japan etwa ein Drittel und auf die 15 führenden Fischereinationen etwa vier Fünftel des Fischereiertrags der Welt entfallen[19] (diese Länder sind: Peru, Japan, UdSSR, Volksrepublik China, Norwegen, USA, Südafrikanische Republik, Indien, Spanien, Kanada, Dänemark, Chile, Indonesien, Thailand und Großbritannien).

Bis 1957 wurde der größte Teil des Fischereiertrags im Atlantischen Ozean erzielt, insbesondere in seinem nördlichen Teil. Danach verlagerte sich der Schwerpunkt in den Stillen Ozean. 1970 entfielen etwa 55 % der Weltfangerträge auf diesen Ozean, davon mehr als die Hälfte auf seinen nördlichen Teil. Zu dieser Zeit wurden im Atlantischen Ozean 41% der Weltfangerträge erzielt, davon zwei Drittel im nördlichen Teil des Ozeans.

Auf den Indischen Ozean entfielen insgesamt nur 5% der Weltfangerträge.

Die in den beiden Weltkriegen gesammelten Erfahrungen haben gezeigt, daß Fischereifahrzeuge auch weitgehend zur Lösung von Hilfsaufgaben und Kampfaufträgen im Rahmen der Seestreitkräfte eingesetzt werden können, und zwar vorwiegend im Bereich der Verteidigung und des Schutzes von Häfen und Stationierungsräumen der Seestreitkräfte.

Unser Land verfügt über eine große Fischereiflotte, die die Grundlage unserer Fischereiindustrie bildet. Der Grundstein zur Schaffung einer sowjetischen Fischereiflotte wurde am 9. Dezember 1918 gelegt, als auf Beschluß des Obersten Volkswirtschaftsrates die »Hauptverwaltung Fischfang und Fischereiindustrie« (»Glawryba«) gebildet wurde.

In den folgenden Jahren hat unser Staat beträchtliche Mittel investiert, um die technische Basis der Hochseefischerei auszubauen und vor allem Schiffe zu erwerben und zu bauen.

Der Krieg hat die Entwicklung der sowjetischen Fischereiwirtschaft und Fischereiflotte wesentlich verzögert. Die größten Verluste erlitt die Fischerei im Bereich des Asowschen und des Schwarzen Meeres, in der Ostsee und im Nördlichen Eismeer. Die Betriebe der Fischereiindustrie an der Küste, die Häfen und die Schiffbauwerften wurden zerstört, und etwa 5 000 Fahrzeuge gingen verloren. Die Fischanlandungen gingen stark zurück.

Nach dem Krieg wurde mit neuer Kraft an den Aufbau und die Weiterentwicklung der sowjetischen Fischereiflotte herangegangen. Heute kann man selbst in den entferntesten Gebieten der Weltmeere Fischereifahrzeuge antreffen, die die Flagge unseres Vaterlandes führen.

Im neunten Fünfjahresplan begann für unsere Fischereiflotte ein Ab-

19 Osokin, S. D., Mirovoi okean (Die Weltmeere), Moskau 1972, S. 75f.

schnitt grundlegender technischer Umrüstung, die es ihr ermöglichen wird, ihre Einsatzbereiche erheblich zu erweitern.
Heute werden 87% der gesamten sowjetischen Fangerträge in den Fanggründen der Ozeane erzielt. Die Intensität der Fischerei ist auf das Dreifache gestiegen, und zwar obwohl zahlreiche kapitalistische Länder ihr Küstenmeer ausgedehnt und 200 sm breite Fischereischutzzonen errichtet haben, so daß rund 40% der Fläche der fischreichen Schelfgewässer mit möglichen Fangerträgen von 10 Mio. t jährlich für die Fischereiflotten anderer Länder nicht mehr zugänglich sind.
Die Reduzierung der Fanggründe hat neben der Vergrößerung des Fahrbereichs der Schiffe auf den Weltmeeren den Anstoß dazu gegeben, den Fischfang auch in großen Tiefen zu betreiben. Während vor dem Zweiten Weltkrieg die Schleppnetzfischerei nur bis zu Tiefen von 200—400 m betrieben werden konnte, ist diese Art der Fischerei heute bereits in Tiefen bis 1 000 m möglich. Die Sowjetunion nimmt in der Erschließung von Tiefseebereichen für die Fischerei eine führende Stellung unter den Ländern der Welt ein. Entsprechende Untersuchungen zur Erschließung der Tiefsee für die Schleppnetzfischerei werden auch in der Bundesrepublik Deutschland, in Spanien, Frankreich und Großbritannien durchgeführt. In diesen Ländern sind Schiffe einzelner Typen in der Lage, die Schleppnetzfischerei in Tiefen von 600 bis 1 000 m durchzuführen.
Die sowjetische Fischereiflotte nimmt heute hinsichtlich des zahlenmäßigen Bestands an Schiffen verschiedener Art den ersten Platz unter den großen Fischereiflotten der Welt ein. Sie verfügt über Fangschiffe, Fabrikschiffe und Transportschiffe sowie über die erforderlichen Mittel zur Versorgung dieser Schiffe.
Die Schiffe der sowjetischen Fischereiflotte sind vielseitig verwendbar, d. h. sie verfügen über Fangvorrichtungen verschiedener Art. Deshalb ist ihr Einsatz nicht auf bestimmte Fischarten beschränkt und damit saisongebunden, und sie sind in der Lage, den Fang in vollem Umfang zu verarbeiten. Sie zeichnen sich auch durch hohe Wirtschaftlichkeit aus.
Die weitere Entwicklung der Fischereiflotte wird dadurch beeinflußt werden, daß die Fanggründe auch in Zukunft immer weiter von den Häfen entfernt liegen werden. Die Art des Einsatzes der Fischereischiffe wird sich ändern, und dementsprechend wird es auch Veränderungen in der Struktur der Fischereiflotte geben. Bei den Fischereifangschiffen werden Supertrawler aufkommen, deren Aufgabe es sein wird, in fernen Gebieten unter schwierigen Wetterbedingungen selbständige Fangeinsätze durchzuführen. Zunehmen wird die Zahl der mittleren Mehrzweckfangschiffe, die für den Einsatz im Rahmen von Fangflotten sowie für selbständige Einsätze in näher gelegenen Fanggründen bestimmt

sind, wo die Verwendung großer Fangschiffe unwirtschaftlich ist. Auch die Zahl der Spezialfangschiffe und der Versorgungsschiffe wird steigen.
Angesichts der in der Schiffbautechnik erzielten Fortschritte ist anzunehmen, daß die neuen Fischereifahrzeuge in naher Zukunft über erheblich stärkere Antriebsanlagen verfügen werden, so daß es möglich sein wird, nicht nur die Produktivität beträchtlich zu steigern — durch Verwendung größerer Schleppnetze, Erhöhung der Geschwindigkeit bei den Fangeinsätzen und Ausdehnung der Fischerei auf größere Tiefen —, sondern auch die Beweglichkeit der Fischereiflotte insgesamt zu erhöhen. Außerdem werden die neuen Antriebsanlagen eine bessere Verarbeitung des Fangguts und eine erhebliche Verbesserung der Arbeits- und Unterbringungsbedingungen für die Besatzungen ermöglichen und die Sicherheit der Seeschiffahrt erhöhen.
Die Weiterentwicklung der Fischereiflotte wird in erheblichem Umfang zur Versorgung des sowjetischen Volkes mit Nahrungsmitteln beitragen. Die Ausweitung der Fahrtgebiete der Fischereiflotte wird gleichzeitig zur Folge haben, daß unser Wissen über die Weltmeere aufgrund umfangreicher ozeanographischer, meteorologischer und anderer Untersuchungen, die neben dem Fischfang durchgeführt werden, ergänzt wird.
Tausende von Seeleuten der Handels- und der Fischereiflotte demonstrieren durch ihre monatelangen Seetörns der ganzen Welt die Verbundenheit unseres Volkes mit der Seefahrt und die Liebe zu diesem schwierigen, aber ehrenvollen Beruf, dem unsere Ahnen schon vor vielen Jahrhunderten nachgegangen sind, und zerstören damit das Märchen von der »Landgebundenheit« der russischen Nation und aller sowjetischen Menschen.
Die Seemacht des sowjetischen Staates beruht vor allem auf den hervorragenden Kadern der Seeleute, die ihr Leben dem interessanten und sehr schweren Seemannsberuf verschrieben haben.

Die völkerrechtlichen Probleme der Weltmeere

Die Ausdehnung der Weltmeere ist riesengroß. Aber so gewaltig diese Räume auch sein mögen, das Interesse aller Länder der Welt an der Nutzung der Hydrosphäre und ihrer Schätze ist so stark, daß zur Gewährleistung der Freiheit der Meere, der Fischerei und der wissenschaftlichen Forschung eine internationale Regelung erforderlich wurde, die ein Bestandteil der friedlichen Zusammenarbeit aller Länder ist.
Diese Regelung fand im internationalen Seerecht ihren Niederschlag, das den Rechtsstatus der Gebiete der Weltmeere festlegt und die Tätig-

keit der Staaten im Bereich der Seeschiffahrt und der Nutzung der Hydrosphäre in Friedens- und Kriegszeiten regelt.

Im internationalen Seerecht, das ein Bestandteil des Völkerrechts ist, gelten alle Prinzipien dieses Rechts, so zum Beispiel das Prinzip der friedlichen Koexistenz, das Prinzip der Achtung der staatlichen Souveränität, das Prinzip der friedlichen Beilegung internationaler Streitfälle usw. Gleichzeitig hat das Seerecht als Teilgebiet des Völkerrechts, das unmittelbar mit der Nutzung der Meere und Ozeane verknüpft ist, aber auch eigene, nur für es selbst charakteristische Prinzipien wie das Prinzip der Freiheit der Hohen See, das Prinzip der Immunität von Kriegsschiffen usw.

Das internationale Seerecht legt die Rechtsgrundsätze für die Tätigkeit unabhängiger Staaten sowie die Regeln für die Beziehungen zwischen ihnen und ihren Organen auf den Meeren und Ozeanen fest. Das Besondere am modernen internationalen Seerecht ist die Tatsache, daß seine Normen aufgrund von Vereinbarungen und Abkommen zwischen unabhängigen souveränen Staaten ausgearbeitet worden sind, und zwar auch zwischen Staaten mit unterschiedlichem Gesellschaftssystem.

Das moderne internationale Seerecht umfaßt einen großen Kreis von Problemen. Zu diesen gehören beispielsweise die Regelung der Gebiete der Hohen See, der Küstenmeere und der Binnengewässer, der Anschlußzonen, der Meerengen und der Kanäle, der demilitarisierten und neutralisierten Meereszonen und Territorien, des Meeresbodens und des Festlandsockels, die Freiheit der Durchführung von wissenschaftlichen Untersuchungen auf der Hohen See sowie die Freiheit der Fischerei und der Jagd auf Meerestiere, die Bekämpfung der Meeresverschmutzung, die Rechtsstellung der Kriegsschiffe, die rechtliche Regelung der militärischen Schiffahrt und andere nicht weniger wichtige Probleme.

Zum internationalen Seerecht gehören auch Normen und Regeln, die in jahrhundertelangen Bemühungen von den Seemächten ausgearbeitet wurden und die der Sicherheit der Seeschiffahrt und der Hilfeleistung in Seenotfällen dienen. Auf diesem Gebiet ist auf der Basis einer umfassenden internationalen Zusammenarbeit eine Reihe von völkerrechtlichen Verträgen geschlossen worden, die sich in der Praxis bewähren.

Solange der Imperialismus existiert, ist auch die Gefahr der Entstehung neuer Kriege noch nicht beseitigt. Dementsprechend behalten die völkerrechtlichen Regeln der Kriegführung einschließlich der Regeln der Seekriegführung ihre Bedeutung. In den Bereich des internationalen Seerechts fallen die Beziehungen zwischen den kriegführenden Staaten auf See sowie zwischen den kriegführenden und den neutralen Staaten, die Rechtsstellung der Kombattanten und der Schiffe der Kriegführenden, die Frage der Bewaffnung von Handelsschiffen, die juristische Begründung der Rechtmäßigkeit einer Seeblockade und die Festlegung des Blockadegebietes sowie andere Probleme.

Das internationale Seerecht ist somit ein wichtiges Instrument zur Gewährleistung der Rechte und Pflichten der souveränen Staaten, deren Interessen sich in den verschiedenen Bereichen der Nutzung der Weltmeere durch den Menschen berühren. Es ist ein integrierender Bestandteil der praktischen Tätigkeit der Seestreitkräfte, die einer völkerrechtlichen Absicherung ihrer täglichen Arbeit bedürfen, d. h. möglichst günstige Bedingungen brauchen, um die ihnen gestellten Aufgaben auf der Basis einer strikten Einhaltung der Normen und Prinzipien des internationalen Seerechts lösen zu können.

Die wachsenden operativen und strategischen Möglichkeiten der modernen Seestreitkräfte, die Tatsache, daß die Staaten sie weitgehend einsetzen, um ihre politischen Ziele zu erreichen, und die außerordentlich großen Fortschritte auf dem Gebiet des Kriegsschiffbaus haben dazu beigetragen, daß starke Flottenverbände sich ständig fernab von ihren Hauptstützpunkten in See befinden können. Eine der Besonderheiten des Einsatzes von Seestreitkräften in der zweiten Hälfte des 20. Jahrhunderts — im Vergleich zur jüngsten Vergangenheit — ist die starke Intensivierung der Einsatzfahrten von Verbänden und einzelnen Kriegsschiffen in den verschiedensten Teilen der Weltmeere. Dieser Umstand hat zusammen mit der kolossalen Vergrößerung der Handels- und Fischereiflotten zu einer steigenden Zahl von Kontakten zwischen Kriegsschiffen der verschiedenen Staaten, zwischen Kriegs- und Handelsschiffen auf See sowie zwischen den örtlichen Behörden und den Kriegsschiffen beim Anlaufen von Häfen fremder Staaten geführt. Kontakte dieser Art sind in Friedenszeiten nur für eine Teilstreitkraft in besonders hohem Maße charakteristisch — für die Seestreitkräfte.

Ein auf Fahrt befindliches Kriegsschiff kann sich auf der Hohen See, in einem Küstenmeer bzw. in inneren Gewässern befinden oder Meerengen und andere Teile der Weltmeere durchfahren, deren rechtliche Regelung Besonderheiten aufweist, die sich in bestimmter Weise auf die Seeschiffahrt auswirken. Andererseits reglementiert auch die Rechtsstellung des Kriegsschiffes selbst seine Handlungen in Gebieten, in denen die Möglichkeiten der Begegnung mit fremden Kriegsschiffen, Handelsschiffen und Behörden besteht.

Die Rechtsstellung eines Kriegsschiffes auf der Hohen See, in einem Küstenmeer oder in fremden Häfen wird heute durch seine Immunität bestimmt, die auf dem Prinzip der Souveränität des Staates beruht. Diesem Prinzip liegt der allgemein anerkannte Grundsatz der Gleichheit der Staaten in den internationalen Beziehungen zugrunde. Jedes Kriegsschiff wird als ein spezifisches Organ eines Staates betrachtet, das im

Auftrag seiner Behörden handelt, wobei es gleichzeitig Vertreter der Steitkräfte ist. Deshalb können sich im Rahmen der Tätigkeit jedes Kriegsschiffes, das sich auf Fahrt befindet, Aufgaben militärisch-diplomatischer Art ergeben. Der Kommandant eines Kriegsschiffes, das sich bei der Ausführung des ihm erteilten Auftrags außerhalb der eigenen inneren und Küstengewässer befindet, muß alle von seinem Staat geschlossenen Verträge und Übereinkommen strikt einhalten und die Besonderheiten der nationalen Gesetzgebung der fremden Küstenstaaten berücksichtigen. Deshalb wird das internationale Seerecht an allen Lehranstalten gelehrt, die Seeoffiziere ausbilden. Es ist Pflicht eines jeden sowjetischen Marineoffiziers, die wichtigsten Normen des internationalen Seerechts zu kennen und sie im Dienst ordnungsgemäß anzuwenden; dies dient auch als Gradmesser seines fachlichen Wissens und seines seemännischen Könnens.

Die Menschheit macht sich die Weltmeere schon seit uralten Zeiten zunutze. In dem Maße, wie sich die erste Klassengesellschaft in der Geschichte — die Sklavenhaltergesellschaft — festigte, entwickelte sich auch die Seeschiffahrt, die damals eines der wichtigsten Mittel zur Entwicklung des Sklavenhandels und des Warenaustausches war. Die Entstehung mancher ungeschriebener Rechtsgebräuche zur See, deren Einhaltung als obligatorisch galt und die später in Schriftstücken, die Vertragscharakter hatten, fixiert und damit zur internationalen Norm wurden, geht auf diese Zeit zurück. So kam im 3. und 2. Jahrhundert vor unserer Zeitrechnung der Rhodische Kodex auf, der von den Griechen und Römern anerkannt wurde. Die Normen dieses Kodexes haben später die Bezeichnung Rhodisches Seerecht erhalten. Im 7. Jahrhundert entstand der Seekodex des byzantinischen Rechts (»Basiliken«)*, der den Handel der Länder der Levante regelte. Später wurden auch noch andere Sammlungen maritimer Normen und Gebräuche bekannt. Sie dienten alle dem Schutz der Handelsinteressen der mächtigsten Sklavenhalterstaaten jener Zeit und basierten auf der Konzeption des »Rechts des Stärkeren«. Aber schon damals wurde die Idee der Freiheit der Hohen See zum Ausdruck gebracht. So ging man nach klassischem römischem Recht davon aus, daß die Luft, das fließende Wasser und das Meer kraft des Naturrechts zur allgemeinen Nutzung durch alle Völker bestimmt sind.

Mit dem Übergang zur feudalen Produktionsweise zerfielen die riesigen Sklavenhalterstaaten in zahlreiche kleine selbständige Fürstentümer. Die Feudalherren hielten sich nicht nur für unumschränkte Herrscher in ihren Besitzungen, sondern betrachteten sich auch als Eigentümer der

* Gemeint ist: . . . enthalten in den Basiliken (Anm. d. Übers.).

durch ihre Besitzungen fließenden Flüsse sowie der Meere und Ozeane. Das Bestreben der Oberlehnsherren, sich zu bereichern, löste zahlreiche Fehden aus, deren alleiniges Ziel territoriale Neuerwerbungen waren. Dies wurde in nicht unerheblichem Maße durch den im Vergleich zur Sklavenhaltergesellschaft höheren Entwicklungsstand der Produktivkräfte und der Technik begünstigt. Es wurde jetzt auch möglich, mit Hilfe einer ziemlich hochentwickelten Segelschiffflotte auf die Suche nach neuen Ländern zu gehen, um ihre Reichtümer in Besitz zu nehmen.

Die Epoche der großen geographischen Entdeckungen gab den Anstoß zur Entwicklung der Seefahrt und zugleich auch zum Aufkommen der Piraterie, des Sklavenhandels und der Eroberungszüge. In dieser Zeit erlangte das »Recht des Stärkeren« eine noch größere Bedeutung, was sich auch im Seerecht niederschlug.

Die Eroberung der neuentdeckten Länder durch die Seemächte führte auch zur Inbesitznahme bestimmter Seegebiete. So grenzten Spanien und Portugal 1494 und 1529 ihre Einflußsphären auf den Weltmeeren vertraglich ab: Spanien verkündete sein alleiniges Recht auf die Schiffahrt im Westatlantik, im Golf von Mexiko und im Stillen Ozean, und Portugal beanspruchte dieses Recht für den Ostatlantik und den Indischen Ozean. Diese Seemächte maßten sich das Recht an, alle fremden Schiffe, die in den von ihnen kontrollierten Gewässern auftauchten, zu verfolgen und als Prise zu nehmen, von diesen Schiffen Zollgebühren zu erheben und die Besatzungen nach spanischem bzw. portugiesischem Recht zu richten.

Im Mittelalter machten auch andere Staaten Ansprüche auf den Besitz von Meeren geltend: Dänemark auf die zwischen Norwegen, Island und Grönland liegenden nördlichen Meere, Genua auf das Ligurische Meer und den Golf von Lyon und Großbritannien auf alle Meere und Ozeane, die seine Besitzungen umgaben; Venedig erklärte das Adriatische Meer zu seinem Besitz[20].

Die aufkommende Bourgeoisie und ihre Ideologen, die sich gegen solche Ansprüche auf die Hohe See wandten, stellten die Forderung nach der Freiheit der Seeschiffahrt und der Freiheit der wirtschaftlichen Beziehungen auf. So führte im Jahre 1609 der niederländische Jurist Hugo Grotius in seinem Buch »Mare liberum« (»Freies Meer«) überzeugende Gründe für die Freiheit der Meere an, die sich gegen die Herrschaft Großbritanniens auf den Meeren richteten.

20 Molodcov, S.V., Meždunarodno-pravovoi režim otkrytogo morja i kontinentalnogo šel'fa (Die völkerrechtliche Regelung der Hohen See und des Festlandsockels), hrsg. v.d. Akademie der Wissenschaften der UdSSR, Moskau 1960, S. 11.

In dieser Zeit der Entstehung kapitalistischer Beziehungen begann somit ein aktiver Kampf gegen das reaktionäre Prinzip des feudalen Rechts der Herrschaft über die Meere und damit ein Kampf um die Freiheit der Meere. Dieser wichtige progressive Schritt auf dem Gebiet des internationalen Seerechts trug auch zur Entstehung anderer positiver Normen des Seerechts bei. In dem Maße, wie sich die Gesellschaft auf wirtschaftlichem und sozialem Gebiet weiterentwickelte, wuchs auch ständig die Bedeutung des Prinzips der Freiheit der Hohen See; heute kommt diesem Prinzip eine besondere Bedeutung zu.
Die Freiheit der Seeschiffahrt, von der alle in gleichem Maße Gebrauch machen konnten, war vor allem aufgrund der wirtschaftlichen Bedürfnisse der Staaten notwendig; denn die Entwicklung der Produktivkräfte führte zur Bildung eines Weltmarktes und damit auch zur Bildung eines Weltfrachtenmarktes. Der internationale Handel konnte nicht ohne einen Verkehrsträger existieren, und dieser Verkehrsträger konnte nur die Seeschiffahrt sein[21].
Für die Freiheit der Meere trat auch die wichtigste revolutionäre Klasse ein, das Proletariat, das ein eigenes Rechtsbewußtsein entwickelte, und mit ihm seine Ideologen. Karl Marx schrieb 1861: »Die Natur des Seekrieges verwischt diese Schranken, da das Meer, als gemeinsame Hochstraße der Nationen, der Souveränität keiner neutralen Macht anheimfallen kann«.[22]
Eine bestimmte Rolle in der Entwicklung des Seerechts haben die internationalen Kongresse gespielt, die in Wien (1815) und in Paris (1856) stattfanden. Auf diesen Kongressen wurden — so reaktionär sie auch sein mochten — u. a. solche fortschrittlichen Beschlüsse gefaßt wie der Beschluß über die Freiheit der Schiffahrt auf einigen internationalen Flüssen und der Beschluß über die Verurteilung des Sklavenhandels, das Verbot der Kaperei und die Einschränkung des Prisenrechts.
Obwohl das Prinzip der Freiheit der Hohen See von der zweiten Hälfte des 18. Jahrhunderts an als allgemein anerkannter Grundsatz sanktioniert war, haben die Feudalstaaten und die bürgerlichen Staaten in ihrem Kampf um die Herrschaft auf den Meeren und die Eroberung fremder Länder dieses Prinzip ständig verletzt.
Im 19. und im 20. Jahrhundert waren die USA, Großbritannien, Deutschland, Frankreich und andere kapitalistische Länder bemüht, die Politik der Beherrschung der Meere fortzusetzen, was ein grober Verstoß gegen das Prinzip der Freiheit der Meere war. So haben die Ver-

21 Chlestov, O., Meždunarodno-pravovoye problemy Mirowogo okeana, in: Meždunarodnaja žizn', 1973, Nr. 2, S. 48.
22 MEW, Bd. 15, S. 427.

einigten Staaten noch nach dem Ende des Zweiten Weltkrieges unter dem Vorwand der »Verteidigung« der Freiheit der Seeschiffahrt versucht, ihre alte Politik des Diktats auf Hoher See wieder zum Leben zu erwecken, z. B. dadurch, daß sie das Überfliegen von Handelsschiffen mit Militärflugzeugen praktizierten, was ungesetzlich war und eindeutig der Einschüchterung diente.

Im Zeitalter des Kapitalismus wurde das Völkerrecht ebenso wie bei allen vorangegangenen ökonomischen Gesellschaftsformationen, die auf dem Privateigentum und auf der Ausbeutung des Menschen durch den Menschen basierten, vorwiegend im Interesse der herrschenden Klassen angewandt, und sein Geltungsbereich beschränkte sich auf die sogenannten zivilisierten Staaten. Die nichtzivilisierten Völker, d. h. die Kolonialvölker, konnten den Schutz des Völkerrechts nicht für sich in Anspruch nehmen.

So blieben das Völkerrecht im allgemeinen und das Seerecht im besonderen in den einzelnen Stadien der Entwicklung der Gesellschaft nicht unverändert; in jedem Abschnitt der Geschichte gab es ein entsprechendes Völkerrecht.

Das moderne Völkerrecht, das für die Epoche des Übergangs vom Kapitalismus zum Sozialismus charakteristisch ist, entstand bereits nach der Großen Sozialistischen Oktoberrevolution unter dem außerordentlich starken Einfluß neuer Prinzipien in den internationalen Beziehungen, die man in keiner der vorangegangenen Epochen gekannt hatte. Dieses Recht soll die Beziehungen zwischen Staaten mit unterschiedlichem Gesellschaftssystem auf der Grundlage der Pinzipien der souveränen Gleichheit aller Staaten, der gegenseitigen Achtung und der friedlichen Koexistenz regeln. Es enthält progressive Normen, die in unseren Tagen unter der sehr aktiven und direkten Mitwirkung der Sowjetunion und der anderen sozialistischen Staaten entstanden sind, sowie positive Normen und Prinzipien aus vergangenen Epochen.

Die heute geltenden Bestimmungen des internationalen Seerechts sind in zahlreichen Konventionen und Verträgen kodifiziert, u. a. in den Genfer Übereinkommen von 1958. Diese stellen eine erste Sammlung von Normen und Prinzipien des internationalen Seerechts dar, die sich in jahrelanger Praxis bewährt haben.

Das moderne internationale Seerecht ist jedoch keine Sammlung erstarrter, unumstößlicher Regeln. Seine einzelnen Bestimmungen werden ständig weiterentwickelt und verbessert. Dieser Prozeß wird in erster Linie durch politische Faktoren bestimmt: den weitaus stärkeren Einfluß, den die Gemeinschaft der sozialistischen Staaten heute auf die Entwicklung der internationalen Beziehungen ausübt, die erhöhte politische Aktivität der Entwicklungsländer in der internationalen Arena, darunter

auch der Länder, die sich erst vor kurzem aus der kolonialen Abhängigkeit befreit haben, sowie die weitere Vertiefung der allgemeinen Krise des Kapitalismus. Auch die Möglichkeit zur Erschließung der ungeheuer reichen Naturschätze der Weltmeere, die durch den wissenschaftlichen und technischen Fortschritt größer geworden sind, wirken sich in erheblichem Maße auf die Entwicklung des modernen Völkerrechts aus.
Unter den gegenwärtigen Verhältnissen wird die rechtliche Regelung der Tätigkeit der Staaten auf den Weltmeeren durch eine Reihe von Umständen erschwert. Die wichtigsten von ihnen sind:

— gegensätzliche politische und wirtschaftliche Interessen der Staaten mit unterschiedlichem Gesellschaftssystem, aus denen sich eine unterschiedliche Einstellung zur Lösung völkerrechtlicher Probleme ergibt;
— Forderung der gewinnsüchtigen Bestrebungen des Monopolkapitals, riesige Gebiete des Meeresbodens außerhalb des Festlandsockels zum Zwecke der Prospektion und des industriellen Abbaus von Bodenschätzen in Besitz zu nehmen, von seiten der imperialistischen Staaten, wodurch den übrigen Staaten der Welt Schaden zugefügt wird;
— gewisse parasitäre Tendenzen bei den herrschenden Klassen mancher Staaten, die von Bestrebungen begleitet sind, den anderen Staaten die Bedingungen für die Nutzung der Weltmeere zu diktieren, um ohne Einsatz von Mitteln zur Entwicklung der eigenen Wirtschaft materielle Vorteile zu erlangen.

Diese und andere Umstände haben dazu beigetragen, daß sich eine Tendenz zur Überprüfung der wichtigsten Grundsätze und praktisch aller Bestimmungen des modernen internationalen Seerechts, die in den Genfer Konventionen von 1958 und anderen völkerrechtlichen Übereinkommen kodifiziert worden waren, herausbildete.
Einer dieser Grundsätze ist das Prinzip der Freiheit der Hohen See. Die imperialistischen Staaten treten ständig mit Worten für die Einhaltung dieses Prinzips ein, in Wirklichkeit sind sie es jedoch, die den Versuch unternehmen, die Freiheit der Hohen See für ihre eigenen militärischen, politischen und wirtschaftlichen Zwecke zu nutzen, indem sie eine Politik des »Zurückdrängens des Kommunismus«, der Aggression und der Unterdrückung der nationalen Befreiungsbewegungen betreiben.
So haben ihre Schiffe, um die sowjetischen Seestreitkräfte bei ihrer Tätigkeit auf den Weltmeeren zu stören, unsere Kriegsschiffe bei ihren Einsätzen auf hoher See überall behindert, sich ihnen bis auf geringe Entfernung genähert und in ihrer unmittelbaren Nähe manövriert, wobei sie den Einsatz von Waffen simulierten, u.dgl.m. Ihre Flugzeuge haben sowjetische Kriegsschiffe auf hoher See nicht nur ständig beschattet, son-

dern sie auch in unzulässiger und gefährlicher Weise in geringer Höhe und mit geringem Abstand überflogen. Da der rohen Gewalt ein hervorragender Ausbildungsstand der sowjetischen Kommandanten, ihre Entschlossenheit und Beharrlichkeit, eine hohe Disziplin und ein vorbildliches seemännisches Können der Besatzungen der sowjetischen Kriegsschiffe sowie eine genaue Kenntnis und die strikte Einhaltung der Normen des internationalen Seerechts entgegengestellt wurden, brachten diese Methoden nicht die gewünschten Ergebnisse.

Nach mehreren Zusammenkünften von Militärdelegationen beider Länder wurde von der Regierung der Union der Sozialistischen Sowjetrepubliken und der Regierung der Vereinigten Staaten von Amerika ein Übereinkommen zur Verhütung von Inzidenten auf Hoher See und im Luftraum über der Hohen See vorbereitet, das im Mai 1972 unterzeichnet wurde. Das Übereinkommen, in dem die Pflichten beider Seiten festgelegt wurden, bestätigte die Grundsätze, die im Völkerrecht und insbesondere in der Genfer Konvention über die Hohe See von 1958 enthalten sind.

Obwohl es sich hierbei um ein bilaterales Abkommen handelt, könnten ihm auch andere interessierte Staaten beitreten. Durch die Anwendung dieses Abkommens hat sich die Lage auf Hoher See merklich gebessert. Die Angriffe der imperialistischen Staaten gegen die Prinzipien des internationalen Seerechts wurden jedoch fortgesetzt. Bis zu einem gewissen Grade wurden diese Angriffe durch den — unrealistischen — Entwurf eines Vertrags über den Seeraum begünstigt, der im August 1971 von Malta vorgelegt wurde und in dem eine grundlegende Änderung aller modernen Prinzipien des internationalen Seerechts, u. a. auch des Prinzips der Freiheit der Hohen See, vorgeschlagen wurde.

Der Entwurf sah insbesondere die Aufteilung der Weltmeere in Seeräume zweier rechtlicher Kategorien vor: einen nationalen Seeraum, der eine Breite von 200 sm und eine Regelung haben sollte, die sich praktisch nicht von der Regelung der Küstenmeere unterscheiden würde, und einen internationalen Seeraum, der das sogenannte gemeinsame Erbe der Menschheit darstellen sollte. Während im nationalen Seeraum der Küstenstaat alle Machtbefugnisse besitzen sollte, sollte der internationale Seeraum nach der Idee der Verfasser im Namen der Völkergemeinschaft von einer besonderen internationalen Organisation verwaltet werden, die über umfassende supranationale Vollmachten verfügt.

Beim Zustandekommen dieses maltesischen Entwurfs spielte auch der Umstand mit, daß einige Entwicklungsländer unter den Küstenstaaten bestrebt sind, neue Rohstoffquellen für ihre wirtschaftliche Entwicklung zu erschließen. Eine solche Quelle könnten ihrer Meinung nach die Weltmeere und der Meeresboden werden, insbesondere diejenigen Teile, die vom Standpunkt der wirtschaftlichen Nutzung die besten Aussichten bieten. Deshalb sind sie bemüht, Hoheitsrechte über sie zu erlangen, um sie danach als eine Profitquelle zu nutzen, die keinerlei Kosten verursacht.

Als Gründe für eine notwendige Überprüfung des internationalen Seerechts werden auch die Unvollkommenheit der Genfer Übereinkommen von 1958, die angeblich von den Seemächten allein vom Standpunkt des »Rechts des Stärkeren« und ohne Berücksichtigung der Interessen der Entwicklungsländer ausgearbeitet wurden, und das Fehlen genauer Normen in diesen Übereinkommen genannt, die die Grenzen des Küstenmeeres und des Festlandsockels bestimmen. Bekanntlich wurden die Konventionen von 1958 jedoch keineswegs ohne Beteiligung der Entwicklungsländer ausgearbeitet und gebilligt. Von den 86 Teilnehmern der Seerechtskonferenz von 1958 waren 49 Vertreter von Entwicklungsländern (20 lateinamerikanischen und 19 asiatischen). Was jedoch das Fehlen von Bestimmungen über die genauen Grenzen des Küstenmeeres und des Festlandsockels anbelangt, so erfordert die Lösung dieser Fragen zweifellos keine Revision der rechtlichen Regelung der Seeräume selbst.

Bei dem Versuch, ihre Ansprüche auf riesige Gebiete der Hohen See zu begründen, hat eine bestimmte Gruppe von Staaten eine These aufgestellt, nach der das Fehlen einer formell festgelegten Norm jedem Staat angeblich das Recht gibt, die Breite seines Küstenmeeres nach eigenem Ermessen festzulegen, und zwar unabhängig vom Standpunkt und von den Interessen der übrigen Staaten.

Andere Staaten wiederum sind im Gegensatz hierzu mit vollem Recht der Ansicht, daß nach dem modernen Völkerrecht eine einseitige und unbegrenzte Ausdehnung des Küstenmeeres nicht zulässig ist. Da dieses Problem immer internationalen Charakter hat, darf seine Lösung trotz der Tatsache, daß die Ausdehnung des Küstenmeeres in allen Fällen eine einseitige Handlung darstellt, nicht allein vom Willen des Küstenstaates abhängen.

Eine der Hauptursachen für die Versuche einiger Staaten, der Weltgemeinschaft eine grundlegende Überprüfung des z. Z. geltenden internationalen Seerechts und insbesondere eine Überprüfung des Prinzips der Freiheit der Hohen See aufzuzwingen, ist somit vor allem in der Konfrontation der wirtschaftlichen und politischen Interessen der verschiedenen Staatengruppen zu suchen.

Die überwiegende Mehrzahl der Staaten ist unter Berufung auf die Normen des internationalen Seerechts und die allgemein anerkannte Praxis aus guten Gründen der Ansicht, daß zur Wahrung der Belange, um die es bei der Festlegung der Küstenmeere geht, eine einheitliche Breite des

Küstenmeeres eingeführt werden muß, die höchstens 12 sm betragen darf. Unter diesen Staaten gibt es allerdings auch eine Gruppe, die zwar mit der Festlegung einer solchen einheitlichen Norm einverstanden ist, jedoch zusätzlich zum Küstenmeer noch die Einführung einer breiteren Wirtschaftszone für erforderlich hält, auf deren Schätze sich die Jurisdiktion des Küstenstaates erstreckt.

Mit dem Problem der Breite des Küstenmeeres ist das Problem der freien Durchfahrt durch internationale Meerengen und der Freiheit, diese Meerengen zu überfliegen, eng verknüpft. Die Meerengen lassen sich nach ihrer Bedeutung für die Schiffahrt in mehrere Kategorien unterteilen. Eine dieser Kategorien bilden Meerengen, die abseits von internationalen Seewegen liegen. Solche Meerengen sind im großen und ganzen nur für die Anliegerstaaten von Bedeutung; deshalb muß die Regelung der Seeschiffahrt in solchen Meerengen nach wie vor ein Vorrecht der nationalen Behörden bleiben.

Zu einer ganz anderen Kategorie gehören diejenigen Meerengen, die einzelne Meere und Ozeane miteinander verbinden und auf denen ein intensiver internationaler Seeverkehr herrscht (beispielsweise Ärmelkanal, Straße von Dover, Straße von Gibraltar, Singapur-Straße, Kytherastraße und zahlreiche andere). In solchen Meerengen hat kraft der geschichtlich entstandenen Normen des Gewohnheitsrechts in der Seefahrt schon immer das Prinzip der freien Durchfahrt von Schiffen und des freien Überflugs durch Flugzeuge nach dem Grundsatz der Gleichheit aller Flaggen gegolten und muß auch weiterhin gelten, denn alle Staaten der Welt sind an einem normalen Funktionieren der internationalen Seewege interessiert.

Manche Staaten, die Anlieger von internationalen Meerengen sind, verstoßen jedoch unter dem Vorwand der Verteidigung ihrer Souveränität und der Gewährleistung ihrer Sicherheit gegen das Prinzip der freien Durchfahrt, indem sie versuchen, die gesamte internationale Seeschiffahrt ihrer Kontrolle zu unterstellen und in manchen Fällen sogar die legitimen lebenswichtigen Interessen einzelner Staaten zu schmälern.

Die Sowjetunion tritt dafür ein, daß in den Meerengen, die von der internationalen Seeschiffahrt benutzt werden, die Freiheit der Durchfahrt von Schiffen und des Überfliegens durch Flugzeuge aller Länder unter Einhaltung der Sicherheitsgarantien für die Küstenstaaten gewährleistet wird. Ohne die Gewährleistung dieser Freiheit ist die Verwirklichung des allgemein anerkannten Prinzips der Freiheit der Hohen See, das zur normalen Entwicklung der Beziehungen zwischen den Staaten beiträgt, undenkbar und praktisch unmöglich.

Ein weiterer Kreis von Problemen des internationalen Seerechts ergibt sich unmittelbar aus den vermehrten Möglichkeiten zur industriellen Erschließung der Schätze des Meeresbodens außerhalb des Küstenmeeres, die praktisch bereits begonnen hat. Obwohl die allgemeinen Prinzipien der rechtlichen Regelung einer solchen Tätigkeit auf dem Festlandsockel in den Genfer Übereinkommen von 1958 über den Festlandsockel festgelegt wurden, blieb die Frage der äußeren Grenze des Festlandsockels offen, da diese in den Genfer Übereinkommen an der Linie festgelegt wurde, bis zu der die Wassertiefe noch eine Ausbeutung der Naturschätze zuläßt.

Die Tatsache, daß das Problem der äußeren Grenze des Festlandsockels noch nicht gelöst und die industrielle Ausbeutung der Naturschätze des Festlandsockels in erheblichen Tiefen eine Realität ist, führte zu Bestrebungen, die Weltmeere in zwei Teile aufzugliedern: in einen Teil, der der nationalen Jurisdiktion der Küstenstaaten untersteht, und in einen Teil, der das sogenannte internationale Gebiet darstellt. Die Ausbeutung der Naturschätze dieses Gebietes soll unter der Kontrolle eines zu diesem Zweck gebildeten internationalen Organs erfolgen, das mit weitreichenden Vollmachten zur Regelung der Tätigkeit der Staaten, die die lebenden Schätze und die Mineralvorkommen dieses Gebiets erkunden und ausbeuten, zur Erteilung von Lizenzen oder Erhebung von Gebühren für die Nutzung von Teilen des Meeresbodens und zur Verteilung der eingehenden Mittel an die Vertragsstaaten unter Berücksichtigung der besonderen Interessen der Entwicklungsländer ausgestattet werden soll.

Die Tendenz zur Aufteilung des Meeresgrundes steht in engem Zusammenhang mit den Bestrebungen zur Errichtung von 200 sm breiten Wirtschaftszonen oder Zonen des Patrimonialmeeres (vererbten Meeres); denn gerade in der 200-sm-Zone, die die Kontinente umgibt, ist der größte Teil der biologischen Arten angesiedelt, die für die Fischerei von Bedeutung sind. Außerdem decken diese Zonen praktisch fast den gesamten geologischen Festlandsockel ab, auf dem allein bis jetzt eine rentable Gewinnung von Bodenschätzen möglich ist.

Die meisten Entwicklungsländer und einige hochentwickelte kapitalistische Länder gehen bei der Frage der Regelung der Wirtschaftszone oder des Patrimonialmeeres davon aus, daß die Küstenstaaten in diesen Zonen das uneingeschränkte Recht zur Nutzung der lebenden Schätze und sonstigen Vorkommen haben müssen. Außerdem sollen die Durchführung von wissenschaftlichen Untersuchungen durch andere Staaten und die Meeresverschmutzung ihrer Kontrolle unterliegen. Diese Konzeption wird von einer bestimmten Gruppe von Staaten unterstützt, weil diese die Konzeption der 200-sm-Küstenmeere, die keine breite Unterstützung findet, durch sie ersetzen wollen.

Was die Meeresforschung betrifft, so war die Menschheit immer an einer gründlichen Erforschung derjenigen Meere und Ozeane interessiert,

die nicht nur in wirtschaftlicher Hinsicht für den Menschen von außerordentlicher Bedeutung sind, sondern sich auch unmittelbar auf die Existenzbedingungen der Menschheit auf unserer Erde auswirken.
Die vielen Probleme, die in dieser Hinsicht noch ungelöst sind, die Notwendigkeit enormer Kapitalinvestitionen und das Interesse der meisten Länder an den Ergebnissen — dies alles schafft die Voraussetzungen für eine breitangelegte internationale Zusammenarbeit bei der Erforschung der Weltmeere.
Eine solche Aktivität muß von allen Mitgliedern der internationalen Gemeinschaft nach Kräften unterstützt werden, und die verschiedenen Organe der UNO und andere internationale Organisationen fordern in zahlreichen Resolutionen hierzu auf. Trotzdem versuchen manche Staaten, die diese Resolutionen falsch auslegen und sich auf das formelle Fehlen einer Vertragsnorm, die die Freiheit der wissenschaftlichen Forschung auf der Hohen See regelt, berufen, diese Forschungstätigkeit mit allen Mitteln einzuschränken und sie mit Hilfe des bereits erwähnten internationalen Mechanismus ihrer Kontrolle zu unterstellen.
Nach unserer Auffassung ist jegliche Einschränkung der wissenschaftlichen Forschungstätigkeit in einem so riesengroßen Gebiet wie der Hohen See unzulässig. Die Sowjetunion und die anderen sozialistischen Bruderländer treten energisch für eine vertragliche Verankerung der Freiheit der Erforschung der Hohen See in Form einer Norm des internationalen Seerechts sowie auch für die Beibehaltung der übrigen, bereits früher kodifizierten Freiheiten der Hohen See ein.
Das Problem der Verhütung der Umweltverschmutzung einschließlich der Verschmutzung der Weltmeere ist heute angesichts der Weiterentwicklung der Industrie und der Schiffahrt, der Gewinnung von Erdöl und Erdgas aus dem Meeresgrund, der Intensivierung der Forschungstätigkeit auf dem Meeresgrund und im Meeresuntergrund usw. ebenfalls von sehr aktueller Bedeutung. Eine Lösung dieses Problems ist nur möglich, wenn die internationalen Abkommen und die nationale Gesetzgebung der Staaten in vernünftiger Weise aufeinander abgestimmt werden. Große Bedeutung erlangt hierbei jedoch die weitgehende Erhaltung des allgemein anerkannten Rechtsgrundsatzes der Freiheit der Schiffahrt auf der Hohen See — einer Freiheit, die keiner fremden Kontrolle unterstellt werden darf.
In der Sowjetunion wird diesem Problem viel Beachtung geschenkt. Davon zeugen insbesondere die Gesetze und administrativen Verordnungen, die allein in den letzten Jahren in unserem Land erlassen worden sind. Hierzu gehört die Verordnung des Präsidiums des Obersten Sowjets der UdSSR vom 26. Februar 1974 »Erweiterung der Strafbestimmungen und der Haftung bei Verschmutzung des Meeres durch Stoffe,

die für die Gesundheit des Menschen oder die lebenden Schätze des Meeres schädlich sind«. Davon zeugt auch die Teilnahme der Sowjetunion an vielen internationalen Abkommen, die eine Verschmutzung der Meere durch Erdöl und andere schädliche Stoffe verhindern sollen.
Durch den wissenschaftlich-technischen Fortschritt und die Erweiterung der vielseitigen Aktivitäten der Staaten auf und in den Weltmeeren ist es erforderlich geworden, daß auf den Meeren und auf dem Meeresboden zahlreiche Kunstbauten für industrielle und wissenschaftliche Zwecke errichtet werden. Vom Umfang dieser Tätigkeit zeugt beispielsweise die Tatsache, daß in verschiedenen Gebieten des Festlandsockels allein zur Förderung von Erdöl bereits Hunderte von Bohrtürmen errichtet wurden, wobei heute nicht nur auf dem Festlandsockel und in den über ihm befindlichen Gewässern, sondern auch weit außerhalb des Festlandsockels Kunstbauten errichtet werden können.
Das Problem der Rechtsnormen, die die Tätigkeit der Staaten bei der Errichtung und beim Betrieb von Kunstbauten bei der Gewährleistung der Sicherheit sowohl der Schiffahrt als auch der Anlagen selbst sowie beim Schutz der Umwelt vor Verschmutzung regeln, ist vom gegenwärtigen Völkerrecht jedoch noch nicht gelöst worden. Vorerst gibt es lediglich Normen, die für den Festlandsockel die Errichtung von Kunstbauten in allgemein gehaltener Form regeln, und zwar der Anlagen, die nur für die industrielle Erforschung und Ausbeutung der Naturschätze des Meeresgrundes und des Meeresuntergrundes bestimmt sind. Über den Bau und die Rechtsstellung von Kunstbauten, die anderen Zwecken dienen oder die außerhalb des Festlandsockels errichtet wurden, gibt es bis heute keine völkerrechtlichen Verträge. Durch diese Lage könnten sich bereits in den nächsten zehn Jahren Hindernisse sowohl für den Bau solcher Anlagen als auch für die Seeschiffahrt und andere legale Tätigkeiten ergeben, die auf der Basis des Prinzips der Freiheit der Hohen See ausgeübt werden, das in internationalen Abkommen verankert ist.
Die Sowjetunion setzt sich für eine vernünftige Lösung dieses Problems unter Berücksichtigung der Interessen der Gemeinschaft aller Staaten ein, auch derer, die keinen Zugang zum Meer haben, und fordert die unverzügliche Schließung dieser Lücke im modernen Völkerrecht.
Die Frage des Status der Kunstbauten auf dem Meeresgrund außerhalb der Zwölfmeilenzone ist eng mit dem Problem eines Verbots der Nutzung des Meeresgrundes außerhalb dieser Zone zu militärischen Zwecken verknüpft, das ein Teilproblem bei der Beendigung des Wettrüstens, der nachfolgenden Rüstungsbeschränkung und danach auch der Abrüstung ist. Auf diesem Gebiet sind bereits gewisse Erfolge erzielt worden. Dank den Bemühungen der Sowjetunion und anderer friedliebender Staaten ist ein internationaler Vertrag unterzeichnet wor-

den und in Kraft getreten, der die Lagerung von Atomwaffen und anderen Massenvernichtungswaffen auf dem Meeresgrund und im Meeresuntergrund außerhalb der Zwölfmeilenzone der Küstenstaaten verbietet. Gegenwärtig sind Bestrebungen im Gange, den Meeresgrund außerhalb der genannten Zone vollständig zu demilitarisieren.
Einige Staaten verknüpfen die Frage der Demilitarisierung des Meeresgrundes unberechtigterweise mit der Frage des Fahrverbots für Atom-Unterseeboote außerhalb des eigenen Küstenmeeres, d.h. praktisch auf dem gesamten Weltmeer. Damit ignorieren sie das Prinzip der Gewährleistung gleicher Sicherheit für Staaten mit unterschiedlicher sozialökonomischer Struktur. Diese Frage kann nur im Zusammenhang mit anderen Fragen wie z.B. dem Verbot der Errichtung von Militärstützpunkten auf fremden Territorien, dem Verbot des Überfliegens von fremdem Territorium für Flugzeuge, die Nuklearwaffen an Bord haben, usw. gelöst werden.
Die Sowjetunion setzt sich nach wie vor für die Beendigung des Rüstungswettlaufs und eine Reduzierung des Bereichs der militärischen Tätigkeit der Staaten ein, allerdings nicht einseitig, sondern nach dem Prinzip der Gewährleistung gleicher Sicherheit für die beteiligten Staaten.
Die Frage, wie weitere Fortschritte auf dem Gebiet der völkerrechtlichen Regelung der Nutzung der Weltmeere und des Meeresgrundes zu erzielen sind, ist für die Sowjetunion — als große Seemacht — von erheblicher Bedeutung. Die Staaten der Welt stehen heute vor der Wahl: entweder ein radikaler Umbruch und eine vollständige Überprüfung der geltenden Normen des internationalen Seerechts oder eine Weiterentwicklung und Vervollkommnung dieser Normen auf der Grundlage der vorhandenen internationalen Übereinkommen, in denen die Grundsätze und Normen des Seerechts, die im Laufe von Jahrhunderten entstanden sind und sich in der Praxis bewährt haben, vertraglich verankert sind. Angesichts der entstandenen Lage ist es für die UdSSR, und objektiv gesehen auch für alle anderen Staaten der Welt, von außerordentlich großer Bedeutung, daß der Grundsatz der Freiheit der Hohen See als wichtigste Voraussetzung für eine weitere fortschrittliche Entwicklung des internationalen Seerechts verteidigt wird. Dabei muß auch die Freiheit der Durchführung von wissenschaftlichen Untersuchungen verteidigt werden, da sonst vielen Ländern bei ihren Anstrengungen zur weiteren Erforschung der Weltmeere unüberwindliche Hindernisse in den Weg gelegt werden. Durch die Versuche, die Durchführung von wissenschaftlichen Untersuchungen auf und in den Weltmeeren der Kontrolle der Küstenstaaten oder eines internationalen Organs zu unterstellen, könnte die künftige Tätigkeit der Menschheit in diesem noch wenig erforschten

Bereich in nicht wiedergutzumachender Weise beeinträchtigt werden.
Von großer Bedeutung ist der Ausgang des Ringens um ein einheitliches 12 sm breites Küstenmeer bei gleichzeitiger Aufrechterhaltung des Rechts auf freie Durchfahrt durch internationale Meerengen. Eine positive Lösung dieser Frage auf internationaler Ebene, bei der den Sicherheitsinteressen der Küstenstaaten und dem Umweltschutz Rechnung getragen wird, könnte wesentliche Hindernisse für die internationale Schiffahrt in den Meerengen beseitigen und dazu beitragen, daß sich zum Vorteil aller Seiten in der Praxis ein gutes Verhältnis zwischen den Staaten herausbildet.
Erhebliche Bedeutung für die Ausarbeitung einer internationalen Regelung des Meeresgrundes und die Beseitigung der Gefahr der Ausdehnung des Wettrüstens auf diesen Bereich hat der Vorschlag der UdSSR über das Verbot der Nutzung des Meeresgrundes und Meeresuntergrundes zu militärischen Zwecken. Eine positive Lösung diese Problems wird sich günstig auf die internationale Sicherheit auswirken und zu weiteren koordinierten Anstrengungen bei der Erkundung und Ausbeutung der Meeresschätze beitragen.
Vom 20. Juni bis 29. August 1974 fand in der Hauptstadt Venezuelas, Caracas, die zweite Tagung der III. Seerechtskonferenz der Vereinten Nationen statt. Auf dieser Konferenz waren 138 Staaten vertreten.
Auf der Tagesordung standen mehr als 100 Punkte. Sie umfaßten praktisch alle völkerrechtlichen Probleme, die vorher im Ausschuß der Vereinten Nationen für Meeresgrund behandelt worden waren. Zu den wichtigsten Problemen gehörten u.a. die Festlegung eines 12 sm breiten Küstenmeeres, die Einführung einer 200-sm-Wirtschaftszone und die Festlegung ihres Status, die Verankerung des Rechts der freien Durchfahrt durch Meerengen, die von der internationalen Schiffahrt benutzt werden, die Regelung der Hohen See, die Freiheit der wissenschaftlichen Forschung, die nicht mit der Erkundung und Ausbeutung von Meeresschätzen in Zusammenhang steht, die Festlegung der Außengrenze des Festlandsockels, die Regelung des Meeresgrundes außerhalb des Festlandsockels sowie die Gewährleistung des maritimen Umweltschutzes.
Alle aufgeführten Probleme lösten eine sehr lebhafte Diskussion aus. Um eine Annäherung der Standpunkte der verschiedenen Staaten zu erreichen und eine schnellere Lösung der Grundsatzfragen zu ermöglichen, erklärte sich die sowjetische Delegation, die davon ausging, daß zwischen allen Fragen des Seerechts ein Zusammenhang besteht und sie deshalb in einem »Paket« gelöst werden müssen, bereit, der 200 sm breiten Wirtschaftszone zuzustimmen, wenn es auch in den anderen Hauptproblemen des Seerechts zu positiven Lösungen kommen würde (Festlegung der Breite des Küstenmeeres auf 12 sm, Gewährlei-

stung des Rechts der freien Durchfahrt durch internationale Meerengen, der Freiheit der Schiffahrt und der Freiheit der wissenschaftlichen Forschung, Festlegung der Außengrenze des Festlandsockels, Festlegung des Rechtsstatus des Meeresgrundes, Gewährleistung des maritimen Umweltschutzes und Erteilung der Erlaubnis an Fischer anderer Staaten, in der Wirtschaftszone einen Teil der Fangquote zu nutzen, wenn der Küstenstaat die jährliche Fangquote nicht zu 100 % ausnutzen kann). Dieser Vorschlag der Sowjetunion wurde von einem großen Teil der Delegierten anderer Staaten unterstützt.
Auf der zweiten Tagung der III. Seerechtskonferenz der Vereinten Nation gelang es lediglich, die ersten Schritte auf dem Wege zur Ausarbeitung eines neuen Übereinkommens zu tun: man einigte sich auf das Verfahren zur Beschlußfassung auf der Konferenz, erreichte eine gewisse Präzisierung des Inhalts der Fragen sowie eine Annäherung der Standpunkte der Staaten bezüglich dieser Fragen und erarbeitete die praktischen Grundlagen für Beschlüsse über einige wichtige Probleme des Seerechts, die in den folgenden Arbeitsphasen gefaßt werden sollten.
Auf der dritten Tagung der genannten Konferenz, die vom 17. März bis 9. Mai 1975 in Genf stattfand, wurden ebenfalls keinerlei Beschlüsse zum Kern der erörterten Fragen gefaßt, weil es nicht gelang, schwerwiegende Meinungsverschiedenheiten in den Grundfragen des Seerechts zu überwinden. Während der Genfer Tagung wurde jedoch der inoffizielle Entwurf eines einheitlichen Textes für ein neues Übereinkommen vorbereitet, der bei den folgenden Tagungen der Konferenz als Diskussionsgrundlage dienen sollte.
Die Entwicklung der Produktivkräfte der Gesellschaft ist heute in erheblichem Maße von der Erschließung der Meeresschätze und der Nutzung der Energiequellen der Weltmeere abhängig. Auf dieses Problem konzentriert sich z. Z. das Augenmerk der gesamten Menschheit. Es ist — nachdem es lange Jahre hindurch ein nationales Problem war — heute zu einem internationalen Problem geworden, d. h., es hat die Grenzen der nationalen Politik der Länder überschritten und internationale Bedeutung erlangt. Jetzt müssen die Staaten gemeinsame Anstrengungen zur Lösung dieses Problems unternehmen, was auch im Abschluß zahlreicher internationaler Abkommen sowie darin seinen Niederschlag findet, daß viele Länder bestimmte Verpflichtungen übernehmen. Hierzu gehören die gemeinsamen Verpflichtungen der Länder des Rates für gegenseitige Wirtschaftshilfe sowie das Abkommen zwischen der Regierung der UdSSR und der Regierung der USA über die Zusammenarbeit auf dem Gebiet der Erforschung der Weltmeere, das am 19. Juni 1973 in Washington unterzeichnet wurde.
Die Sowjetunion, die über eine große Handels- und Fischereiflotte sowie

eine große Flotte von Forschungsschiffen verfügt, stellt auf dem Gebiet der Nutzung der Meeresschätze und der Erforschung der Weltmeere enge internationale Kontakte her. Die Sowjetunion ist dank diesen Kontakten und ihrem wachsenden Ansehen zu einem unentbehrlichen Vertragspartner bei allen wichtigen Übereinkünften geworden, die die gegenwärtigen, durch die Normen des internationalen Seerechts geregelten Beziehungen der Staaten untereinander definieren.
Die friedliebende Politik der KPdSU und der sowjetischen Regierung, die große Achtung vor den nationalen Besonderheiten, Traditionen und Interessen anderer Staaten sowie die strikte Einhaltung der Leninschen Prinzipien des Internationalismus sind maßgebend für den Beitrag der Sowjetunion zur Lösung der Probleme des internationalen Seerechts, der der Regelung der Beziehungen der souveränen Staaten untereinander bei der Nutzung der Weltmeere dient. Dabei wird der Beitrag der Sowjetunion zur allgemeinen Praxis des internationalen Seerechts in vernünftiger Weise mit dem Kampf um die Wahrung der Interessen der Sowjetunion und der Länder der sozialistischen Gemeinschaft in Einklang gebracht.

Aus der Untersuchung der wichtigsten Aspekte der Seemacht des sowjetischen Staates ergibt sich eindeutig der Schluß, daß die Sowjetunion, da sie über eine große Seemacht verfügt und diese ständig weiter ausbaut, immer neue Möglichkeiten zur Weiterentwicklung der Wirtschaft und der Wissenschaft, zur Hebung des Lebensstandards des sowjetischen Volkes und zur Stärkung ihrer Verteidigungsfähigkeit schafft. Die ständig wachsende Seemacht der Sowjetunion gewährleistet eine immer intensivere Nutzung der Meeresschätze in den verschiedenen Zweigen der Volkswirtschaft. Sie eröffnet neue Perspektiven für die Weiterentwicklung der Wissenschaft sowie die schnelle und wirksame Nutzung der theoretischen Ergebnisse der ozeanographischen Forschung für die wirtschaftliche Entwicklung unseres Landes und macht es der Sowjetunion möglich, ihre führende Position in der Welt auf dem Gebiet der Meeresforschung zu behaupten. Die Nutzung der Schätze der Weltmeere eröffnet in Verbindung mit der Weiterentwicklung der Wissenschaft auf diesem Gebiet neue Wege zur wirtschaftlichen und politischen Integration der sozialistischen Länder, erweitert den Bereich ihrer internationalen Zusammenarbeit und erhöht das Ansehen des sowjetischen Staates in der Welt.
Die wachsende Seemacht der Sowjetunion gewährleistet eine erfolgreiche Durchführung ihrer Außenpolitik, ermöglicht es, die Handels-, die Verkehrs-, die wissenschaftlichen und die kulturellen Beziehungen mit anderen Ländern ständig zu erweitern und die konstruktive Zusammen-

arbeit von Staaten mit unterschiedlichem Gesellschaftssystem zu intensivieren, und gibt dem sowjetischen Volk ein äußerst wichtiges Mittel zur Erfüllung seiner geschichtlichen Mission — der ständigen Ausweitung der Wirtschaftshilfe für alle Länder, die den Weg der unabhängigen Entwicklung eingeschlagen haben — in die Hand.

Wir haben die mit der Politik, der Wirtschaft, dem Völkerrecht und der Wissenschaft zusammenhängenden Aspekte der Seemacht der Sowjetunion nur in allgemeinen Zügen beleuchtet. Wir sind der Ansicht, daß die Seemacht ein wichtiger Faktor zur Stärkung der Verteidigungsfähigkeit der Sowjetunion ist, ein Faktor, der sie in die Lage versetzt, einer Aggression von See her zu begegnen, d. h. aus den Richtungen, aus denen die Sowjetunion und die Länder der sozialistischen Gemeinschaft in der Nachkriegszeit stärker bedroht sind als früher. Wir wollen in den nachfolgenden Kapiteln die militärische Seite der Seemacht genauer untersuchen und aufzeigen, warum unser Land starke und gut organisierte Seestreitkräfte braucht.

Kapitel II

Die Geschichte der Kriegsflotten

Wie bereits gesagt wurde, stellen die Seestreitkräfte mit ihrer vielfältigen und verzweigten Organisation die grundlegende Komponente der Seemacht eines Staates dar. Sie umfassen die Kriegsschiffe, die Marineluftwaffe und andere Kräfte, die Kommandobehörden sowie die Führungs- und Fernmeldeorgane, die Logistik und das Stützpunktsystem sowie die wissenschaftlichen Forschungseinrichtungen mit ihren Schiffen und Erprobungsstellen.
Jeder Staat baut den komplizierten Organismus der Seestreitkräfte nach seinen Auffassungen und Erfahrungen auf; er geht dabei von den Aufgaben, die der Flotte von der politischen Führung gestellt werden, und den wirtschaftlichen Möglichkeiten des Landes aus.
Man darf keine Flotte aufbauen, indem man ihre Zusammensetzung und Organisation nach irgendeinem Beispiel kopiert, selbst wenn es sich bei dem Beispiel um die Flotte der größten Macht der Welt handelt. Es gibt jedoch auch viele Gemeinsamkeiten, die es ermöglichen, die Stärke der Flotten zu vergleichen und ihre Möglichkeiten zur Führung von Gefechten und Operationen sowie ihren technischen Stand zu beurteilen.
Diese Gemeinsamkeit ergibt sich vor allem aus der Tatsache, daß die Flotten in demselben Medium, d. h. auf den Weltmeeren, handeln müssen und es auf dem Gebiet des Schiffbaus und der anderen Wissenschaften einheitliche Prinzipien gibt, nach denen die Seetüchtigkeit, die Festigkeit, der Kampfwert und die anderen Eigenschaften der Kriegsschiffe beurteilt werden. Allgemeingut sind ferner die großen Möglichkeiten zur Nutzung der Weltmeere als Verkehrs- und Handelswege zwischen den Kontinenten.
Die Menschen haben schon im Altertum bei der Lösung der Probleme des Handels, der zuverlässigen Verkehrswege, der Beziehungen zwischen den Völkern, der Fischerei und des Seegewerbes einzelne Bereiche der Küsten der Meere und Ozeane erschlossen. Die Küstenlage vieler Länder begünstigte die Entwicklung besonderer Industriezweige, was sich natürlich auch auf die Entwicklung der Streitkräfte der Staaten auswirkte, die in mehr oder weniger starkem Maße Kriegsflotten aufbauten und diese in Kriegen einsetzten.

Die Seestreitkräfte haben in der Stärkung der Selbständigkeit und in der wirtschaftlichen und kulturellen Entwicklung der Staaten, die Anlieger von Meeren und Ozeanen sind, schon immer eine große Rolle gespielt. Die Stärke der Flotte war einer der Faktoren, die einzelnen Staaten dazu verhalfen, Großmächte zu werden. Mehr noch, die Geschichte zeigt, daß Staaten, die nicht über Seestreitkräfte verfügten, auch nicht in der Lage waren, ihre Stellung als Großmacht über einen längeren Zeitraum zu behaupten.

Anders konnte es auch gar nicht sein, denn der Wirkungsbereich der Flotten sind die Meere und Ozeane. Bei den Kontinenten handelt es sich im Grunde genommen um riesige Inseln, deren Gesamtfläche kaum größer als 150 Mio. km^2 ist. Sie sind von den Weltmeeren — diese haben eine Fläche von 350 Mio. km^2 — umgeben, die sie miteinander verbinden und von denen sie in vielerlei Hinsicht ständig abhängig sind (u. a. hinsichtlich des Klimas).

Die Meere und Ozeane sind, wie bereits oben dargelegt wurde, eine unerschöpfliche Quelle verschiedenartiger Nahrungsmittel, Industrierohstoffe und Energiestoffe. Auf den Meeren und Ozeanen verlaufen die wichtigsten und wirtschaftlichsten Verkehrswege zwischen den Ländern, die zur Herstellung von Handels- und sonstigen Beziehungen zwischen den Völkern dienen. Dies alles bewirkt, daß die Meere und Ozeane in der Wirtschaft der Staaten eine besondere Rolle spielen.

Auf das Wachstum der Wirtschaft der Küstenländer und das Wachstumstempo wirkte sich auch die Tatsache aus, daß in diesen Ländern Industrie- und Wirtschaftszweige geschaffen wurden, die vom Meer abhängig waren, was wiederum einen höheren industriellen Entwicklungsstand zur Folge hatte. Deshalb war es kein Zufall, daß Länder, deren Bevölkerung mit der Seefahrt verbunden war, früher als andere in wirtschaftlicher und militärischer Hinsicht erstarkten. Zu diesen Ländern kann man in den verschiedenen Epochen der Geschichte Spanien, England, die Niederlande, Frankreich, Portugal, die Türkei und die USA zählen. Alle heutigen Großmächte sind Seemächte.

Sowohl die militärische Notwendigkeit als auch die mit dem Meer in Zusammenhang stehende wirtschaftliche Entwicklung und der politische Kampf haben also immer und in ständig steigendem Maße die Staaten dazu veranlaßt, Seestreitkräfte aufzubauen und auf dem Stand ihrer Zeit zu halten.

In dem Maße, wie der Mensch die Meere kennenlernte und erschloß, wuchs auch ihre Bedeutung für militärische Zwecke — zur Verteidigung des eigenen Landes und zur Eroberung fremder Besitzungen. Heute, in einer Zeit grandioser wissenschaftlicher Entdeckungen und ihrer Nutzung zu militärischen Zwecken, sind die Möglichkeiten zur Führung von

Kampfhandlungen auf den Weltmeeren ungeheuer gestiegen. Die Seekriegsschauplätze sind gegenüber früher — als sie nur eine Arena für Auseinandersetzungen der Seestreitkräfte feindlicher Parteien im Kampf auf den ozeanischen Verbindungswegen oder bei Landungsoperationen waren — zu riesigen Startgebieten für ballistische Raketen, die von U-Booten aus gestartet werden, und Einsatzgebieten für Flugzeuge geworden, die von Angriffsflugzeugträgern aus starten.
Um die Möglichkeit der heutigen Seestreitkräfte besser erkennen und sich ihre künftige Entwicklung vorstellen zu können, ist es sehr nützlich, sich zu vergegenwärtigen, welche Entwicklungsprozesse die Seestreitkräfte in der Vergangenheit durchlaufen und welche Rolle sie im System der Streitkräfte der Staaten sowie bei der Festigung der Unabhängigkeit der Staaten gespielt haben.
Während früher die Meere vor allem die Gefahr eines Überfalls vom Wasser her in sich bargen, dessen Möglichkeit durch das Kräfteverhältnis der Seestreitkräfte und der Landtruppen bestimmt wurde, besteht heute, nach der Schaffung der strategischen Marinewaffensysteme, außerdem die Gefahr, daß von den Meeren aus verheerende Schläge gegen Gebiete auf dem Territorium des Gegners geführt werden.
Aus diesem Grunde sind heute die Kampfhandlungen auf den Seekriegsschauplätzen ein wichtiger Teil des bewaffneten Kampfes insgesamt. Schließlich haben die Ozeane auch ihre ursprüngliche Bedeutung als Schutzbarrieren verloren, die während der beiden Weltkriege die Länder der westlichen Hemisphäre sicher von dem vernichtenden Feuersturm und den Zerstörungen auf dem Gebiet der europäischen Länder trennten.
Dementsprechend haben sich Rolle und Bedeutung der ozeanischen Kriegsschauplätze unter den heutigen Verhältnissen geändert. Die sehr viel größeren Angriffsmöglichkeiten der Seestreitkräfte und das Bestreben der führenden Militärs der imperialistischen Staaten, sich mit ihrer Hilfe eine beherrschende Position bei der Lösung strategischer Aufgaben zu verschaffen, sind das wichtigste Kriterium, das Rolle und Bedeutung der Seekriegsschauplätze vom militärischen Standpunkt aus bestimmt.
Hierbei ist auch hervorzuheben, daß die großen Weiten der Ozeane und der an diese angrenzenden Meere nicht nur riesige strategische Zonen für die Dislozierung starker Seestreitkräfte und die Stationierung der Unterwasserraketenträger sind, sondern auch Gewässer, in denen sich in verschiedenen Richtungen und für die westlichen Länder sehr günstigen Gebieten zahlreiche Inseln befinden, die sich zur Einrichtung von Stützpunkten und Widerstandslinien sowie zur Errichtung von Flotten- und Luftwaffenbasen eignen. Dieser Umstand hat die imperialistischen Staaten, die Mitglieder aggressiver Blöcke sind, in die Lage versetzt, die So-

wjetunion und die Länder der sozialistischen Gemeinschaft durch starke Gruppierungen von Land-, See- und Luftstreitkräften sowie Raketenstellungen einzukreisen, die an Land und auf See stationiert sind. Der Einsatz aller dieser Kräfte ist nur in Verbindung mit starken Flotten möglich, die unmittelbar zur Führung von Kampfhandlungen oder zur allseitigen Sicherung anderer Gruppierungen bestimmt sind. Da das ozeanische Stützpunktsystem eine sehr breite Front hat und sehr tief gestaffelt ist, können die Imperialisten mit minimalem Aufwand die Kräfte ihrer Flotten staffeln, sie je nach Bedarf in den einzelnen Richtungen einsetzen und so in relativ kurzer Zeit in bestimmten Gebieten der Weltmeere starke Gruppierungen bilden, die Atomschläge gegen das Territorium der UdSSR führen können.
Amerika, das durch die großen Weiten des Atlantischen Ozeans von Europa getrennt ist, war jahrhundertelang in Sicherheit und nicht den Schrecken des Krieges ausgesetzt. Es verfügte über eine starke Flotte und gewöhnte sich daran, ungefährdet und ungestraft alles tun und lassen zu können, was es wollte. Heute hat sich die Lage jedoch geändert; die Küsten sind gegenwärtig die am wenigsten gesicherten Stellen im Verteidigungssystem der USA. Anders als in den vergangenen Kriegen kann das Territorium der USA heute — wenn die Imperialisten der USA einen Krieg gegen die Länder der sozialistischen Gemeinschaft entfesseln sollten — zum Kriegsschauplatz werden, und die Weltmeere werden zur Arena eines erbitterten Kampfes der Flotten werden, bei dem es um die Möglichkeit geht, die Seemacht maximal zur Lösung wichtiger strategischer Aufgaben einzusetzen.

Die Flotten der westlichen Länder in der Zeit vom 16. bis 19. Jahrhundert

Jede ökonomische Gesellschaftsformation hat Seestreitkräfte geschaffen, die ihren wirtschaftlichen und technischen Möglichkeiten entsprachen. In der Sklavenhaltergesellschaft bildeten beispielsweise die flachen und wenig seetüchtigen Ruderschiffe die Basis der Flotten. Zu dieser Zeit gab es noch keinen Kompaß, und deshalb fuhr man nur in der Nähe der Küsten. Bei den Kämpfen auf See wurden als Waffen Bogen, Speere und Steinschleudern eingesetzt; deshalb bestand die Taktik des Seegefechts darin, die feindlichen Schiffe zu rammen und in der Regel im Nahkampf zu entern.
Im Zeitalter des Feudalismus wurden die Schiffe mit Segeln und mit einem Kiel ausgestattet, was sie seetüchtiger machte; sie blieben jedoch weiterhin klein. In dieser Zeit begann man auf den Kriegsschiffen Kano-

nen einzusetzen, was zu erheblichen Veränderungen in der Taktik des Seegefechts führte, obwohl das Rammen und Entern noch lange Zeit ihre Bedeutung behielten.
Mit dem Anbruch des kapitalistischen Zeitalters änderte sich die materielle und technische Basis des bewaffneten Kampfes grundlegend: Man entwickelte Kampfschiffe und schuf eine leistungsfähige Artillerie und eine schwere Panzerung. Der Wettkampf zwischen der Artillerie und der Panzerung bestimmte lange Zeit hindurch die neue Richtung in der Entwicklung des Kriegschiffbaus und der Seekriegskunst; es mußten Einsatzverfahren für die Seestreitkräfte ausgearbeitet werden, die den neuen Mitteln zur Führung des bewaffneten Kampfes auf See entsprachen. Zu erheblichen Änderungen in der Entwicklung der Flotten führte der Bau von Unterseebooten sowie von Flugzeugen, die auf See eingesetzt werden können. In letzter Zeit fanden schließich noch tiefgreifendere, ja sogar revolutionäre Veränderungen in der Entwicklung der Flotten statt — im Zusammenhang mit dem Bau von Atomschiffen, die mit Nuklearraketen bewaffnet sind.
Bei diesen Entwicklungsstufen handelte es sich nicht nur um Etappen der technischen Vervollkommnung der Kriegsschiffe. Gleichzeitig mit der Weiterentwicklung der materiellen und technischen Basis der Flotten änderte sich auch ihr Hauptverwendungszweck, erhöhte sich ihre Bedeutung in der Politik der Staaten in Friedenszeiten, änderte sich die Rangstellung der Flotten im System der Streitkräfte und stieg die Bedeutung der Kampfhandlungen auf See.
In der Sklavenhaltergesellschaft und im Zeitalter des Feudalismus nahmen die Flotten neben den Landstreitkräften an zahlreichen Kriegen teil und dienten bereits damals als sehr wichtiges und oft auch einziges Mittel zum Transport der Truppen beim Eindringen in feindliches Territorium. Sie wurden auch zum Schutz der eigenen Seehandelswege und zur Störung des gegnerischen Seehandels eingesetzt.
Im 16. und 17. Jahrhundert trat ein Wendepunkt in der Geschichte der Menschheit ein — es begann das Zeitalter der großen geographischen Entdeckungen, das Zeitalter der ursprünglichen Kapitalakkumulation und der Entstehung des Kapitalismus.
»Die Ära der kolonialen Unternehmungen, die jetzt für alle seefahrenden Nationen anbrach, erlebte ebenfalls die Bildung großer Kriegsflotten, um die neugegründeten Kolonien samt dem Handel zu schützen; es folgte eine Periode, die an Seekämpfen reicher und für die Entwicklung der Schiffssanierung fruchtbarer war als irgendeine vorangegangene.«[1]
In dieser Epoche haben viele Länder Westeuropas aus ihren Flotten ein

1 Fr. Engels, Flotte: MEW, Bd. 14, S. 369f.

Instrument zur ursprünglichen Kapitalakkumulation, zur Eroberung von Kolonien sowie zur Versklavung der Völker ganzer Kontinente und zu ihrer Ausplünderung gemacht. Die Flotten wurden zum Mittel eines erbitterten Kampfes zwischen den Konkurrenten bei kolonialen Raubzügen, d. h. bei den Kämpfen um die Herrschaft in den Kolonien und auf den Seewegen.

Da die Hauptgebiete der potentiellen kolonialen Besitzungen der europäischen Staaten nur über die Meere und Ozeane zu erreichen waren, spielten die Seestreitkräfte bei der Inbesitznahme der Kolonien und der damit verbundenen Aufteilung der Welt eine sehr wichtige Rolle — sie waren das Instrument, mit dem diese Aufteilung vorgenommen wurde. »Die Entdeckung der Gold- und Silberländer in Amerika, die Ausrottung, Versklavung und Vergrabung der eingeborenen Bevölkerung in die Bergwerke, die beginnende Eroberung und Ausplünderung von Ostasien, die Abwandlung von Afrika in ein Geheg zur Handelsjagd auf Schwarzhäute bezeichnen die Morgenröte der kapitalistischen Produktionsära!«[2]

Diese »Morgenröte« wurde von erbitterten Kämpfen um die Inbesitznahme von Kolonien und die Herrschaft auf den Verbindungswegen mit ihren Schlüsselpositionen — Gibraltar, Singapur, Malta und viele andere — begleitet. Die Hauptwaffe in diesem Kampf waren die Kriegsflotten der europäischen Mächte.

Die Spanier und die Portugiesen waren die ersten, die sich auf die Suche nach neuen Ländern begaben und mit deren Kolonialisierung begannen. Bei den von Kolumbus, Vespucci, Magellan, Vasco da Gama und anderen Seefahrern durchgeführten Expeditionen wurden nicht nur der amerikanische Kontinent entdeckt, der Seeweg um Afrika nach Indien und China gefunden und zahlreiche Inseln im Stillen Ozean erforscht, sondern auch der Grundstein zur Kolonialisierung dieser Gebiete und Länder gelegt. Der Einsatz der Flotten bei der Entdeckung und Kolonialisierung neuer Länder war derart erfolgreich und bot derart verlockende und vielversprechende Perspektiven, daß er es den beiden ersten großen Räubern — Spanien und Portugal — ermöglichte, durch einen Vertrag die Welt unter sich aufzuteilen, um die eroberten Besitzungen nicht wieder zu verlieren und »Drittländern« keine Möglichkeit zu geben, sich an den Kolonialraubzügen zu beteiligen. Eine solche Teilungslinie wurde 1494 im Atlantischen Ozean und 1529 im Stillen Ozean festgelegt.

Nach den Spaniern und Portugiesen begaben sich auch die Engländer, die Franzosen und die Niederländer auf die Suche nach neuen Ländern.

2 K. Marx, Das Kapital: MEW, Bd. 23, S. 779.

Da Rußland zu dieser Zeit noch keinen Zugang zu den Ozeanen hatte und auch nicht über eine eigene Flotte verfügte, konnte es sich nicht an der Aufteilung der Welt beteiligen.
Im 16. Jahrhundert gelang es Spanien, das seine Stellung als Großmacht gefestigt hatte und riesige Kolonien besaß, nicht, die in den Kolonien zusammengeraubten Schätze zum Aufbau einer Industrie und einer Flotte zu nutzen. Die spanische Flotte hielt nicht mehr mit der Zeit Schritt, und der Schiffbau entwickelte sich nicht weiter. Nach der Vernichtung der »unbesiegbaren Armada« durch die modernere englische Flotte büßte Spanien seinen bisherigen Platz unter den Großmächten der Welt ein. Da es nicht in der Lage war, seine überseeischen Besitzungen zu verteidigen, verlor es diese allmählich und wurde zu einem drittrangigen Staat. Dies war zu einem erheblichen Teil auf den Verlust seiner Seemacht zurückzuführen.
In der Mitte des 17. Jahrhunderts gelang es den Niederlanden, die über die stärkste Flotte der Welt verfügten, ihr Kolonialsystem zur vollen Entfaltung zu bringen und dadurch den Gipfel ihrer Macht zu erreichen. Bald darauf wurde England, das sich schnell entwickelte und den Niederlanden wirtschaftlich überlegen war, deren Hauptkonkurrent. Der Kampf zwischen diesen beiden Ländern erreichte seinen Höhepunkt in den Kriegen, die als die Englisch-Holländischen Seekriege in die Geschichte eingegangen sind. Schauplatz der wichtigsten Schlachten in diesen Kriegen war die Nordsee. Nachdem die Engländer mehrere Seegefechte für sich entscheiden konnten, mußten die Niederlande ihre Niederlage eingestehen. Von dieser Zeit an waren sie eine zweitrangige Kolonialmacht. Ihr Schicksal wurde durch den Sieg des Industriekapitals Englands über das Handelskapital der Niederlande besiegelt, was auf militärischem Gebiet in der Überlegenheit der englischen Flotte (oder im Endeffekt der Seemacht Großbritanniens) zum Ausdruck kam.
Karl Marx schrieb darüber folgendes: »Auch die Handelsherrschaft ist jetzt geknüpft an das größere oder geringere Vorwiegen der Bedingungen der großen Industrie. Man vergleiche z. B. England und Holland. Die Geschichte des Unterganges Hollands als herrschender Handelsnation ist die Geschichte der Unterordnung des Handelskapitals unter das industrielle Kapital.«[3]
England setzte seine Flotte oft ein, um sein Land unmittelbar zu bereichern. Man braucht nur daran zu erinnern, daß zahlreiche englische Kriegs- und Handelsschiffe, die im Dienst des Königs standen, Piratenschiffe waren: Sie raubten Handelsschiffe anderer Länder aus, nahmen sie in Besitz, brachten sie in englische Häfen und schädigten damit die

3 K. Marx, Das Kapital: MEW, Bd. 25, S. 346.

Wirtschaft der Konkurrenten. So wurde die Flotte von einem Verbraucher zu einer Quelle der Bereicherung des Staates.
Angelpunkt der Politik Englands war immer das Bestreben, »Beherrscherin der Meere« zu werden und die politische Weltmacht zu verkörpern. Um dieses Ziel zu erreichen, drückte es seine Konkurrenten zur See mit allen nur erdenklichen Mitteln auf einen Stand hinunter, der es diesen unmöglich machte, sich der englischen Flotte entgegenzustellen.
Zu Beginn des 18. Jahrhunderts begann in Frankreich die Entwicklung zum Kapitalismus. Es war durch die Versklavung von Ländern in Übersee mit Hilfe seiner Flotte ebenfalls zu einem riesigen Kolonialimperium geworden, das Kanada, große Gebiete im Tal des Mississippi, eine Reihe westindischer Inseln, einen Teil von Indien und große Gebiete in Afrika beherrschte.
Zu dieser Zeit wurde der in der internationalen Arena geführte Kampf um die wirtschaftliche Hegemonie, die kolonialen Besitzungen und die Herrschaft im Welthandel zu einem Konkurrenzkampf zwischen Großbritannien und Frankreich. Den Höhepunkt dieses Kampfes stellte der Siebenjährige Krieg von 1756 bis 1763 dar, in den alle Länder Europas, darunter auch Rußland, hineingezogen wurden. »(. . .) England und Frankreich haben im 7jährigen Krieg um Kolonien gekämpft, d.h. einen imperialistischen Krieg geführt (. . .)«[4]
Die wichtigsten Ereignisse dieses Krieges fanden auf See statt, so daß im Kampf der beiden Hauptgegner ihre Seestreitkräfte die Hauptrolle spielten. Die politischen Ziele dieses Krieges wurden in den Schlachten erreicht, die sich die britische und die französische Flotte lieferten. Frankreich verlor infolge dieser Schlachten jegliche Hoffnung, die Seeherrschaft oder zumindest eine gewisse Überlegenheit auf See zu erringen, und war gezwungen, seine Besitzungen in Nordamerika und Indien an Großbritannien abzutreten.
Um die Mitte des 18. Jahrhunderts hatte Großbritannien seine Stellung als größte Seemacht der Welt gefestigt, da es sich auf die stärkste Flotte der Welt stützen konnte. Es konnte diese führende Stellung in der kapitalistischen Welt fast zwei Jahrhunderte lang behaupten.
Das Verhalten der britischen Kolonisatoren, das darauf abzielte, mit allen Mitteln die Entwicklung einer Industrie in den Kolonien zu erschweren, und ihr Bestreben, den Kolonien nur die Rolle von Rohstofflieferanten und Käufern britischer Erzeugnisse zuzubilligen, führten in den am besten entwickelten nordamerikanischen Kolonien zu einem Unabhängigkeitskrieg. Die Amerikaner wurden von den Flotten der alten Konkurrenten Großbritanniens — Frankreich, Niederlande und Spanien —

4 Lenin, Werke, Bd. 22, S. 316.

unterstützt. Günstig wirkte sich für die Amerikaner auch die Haltung Rußlands aus, das die sogenannte bewaffnete Neutralität verkündete, die sich auf die russische Flotte stützte und Großbritannien daran hinderte, Amerika zu blockieren. Die Engländer mußten den Krieg unter ungünstigen Bedingungen führen; denn ihre Flotte war erheblich schwächer als die vereinigte Flotte der Gegner. Das ungünstige Kräfteverhältnis auf See und die Tatsache, daß den englischen Truppen vom Mutterland aus nicht ungestört Verstärkung zugeführt werden konnten, zwangen die Engländer nach mehreren verlorenen Schlachten auf dem Festland, die Unabhängigkeit der Vereinigten Staaten von Nordamerika anzuerkennen.

Dieser Krieg hatte erneut den wachsenden Einfluß der Seestreitkräfte auf Verlauf und Ausgang des bewaffneten Kampfes bewiesen. In diesem Krieg verlagerten sich die Kampfhandlungen der Flotten von den europäischen Meeren in ferne ozeanische Gebiete, was zur Folge hatte, daß die Bedeutung der ozeanischen Verbindungswege stark zunahm.

Die neuen Bedingungen, unter denen die Flotten ihre Kampfhandlungen führten, stellten höhere Anforderungen an die Seetüchtigkeit und die Standfestigkeit der Kriegsschiffe. Dies hatte zur Folge, daß die Kriegsschiffe immer größer wurden, ihre Konstruktion sich änderte, ihre Bewaffnung immer stärker wurde und sie eine Panzerung erhielten. Die wesentlich größeren Möglichkeiten der sich schnell entwickelnden kapitalistischen Industrie begünstigten eine schnelle Entwicklung der Flotten und ihrer Bewaffnung.

Besonders stark stieg die Bedeutung der Seestreitkräfte im politischen Kampf in den Kriegen während der französischen bürgerlichen Revolution Ende des 18. und Anfang des 19. Jahrhunderts.

Hauptorganisator dieser Kriege war die britische Bourgeoisie, die bestrebt war, auch die Frankreich noch verbliebenen Kolonien in ihren Besitz zu bringen. Großbritannien verlagerte dabei die Hauptlast der Kämpfe auf dem Kontinent auf seine europäischen Verbündeten und beschränkte seine Teilnahme an den Kriegen vor allem auf den Einsatz zur See. Die konterrevolutionäre Großbourgeoisie, die in Frankreich nach dem Thermidor-Umsturz an die Macht gekommen war, hatte sich indessen die Zerstörung der kolonialen Macht Großbritanniens zum Hauptziel gesetzt. Napoleon unternahm aus diesem Grunde einen Feldzug nach Ägypten, um von dort aus Indien zu erobern. Die französischen Truppen, die von der britischen Flotte unbemerkt auf dem Seewege nach Ägypten gebracht worden waren, begannen dort sofort mit Erfolg zu operieren.

Es muß vermerkt werden, daß die Expedition Napoleons im Falle eines Zusammentreffens mit der britischen Flotte unter Nelson in großer Gefahr gewesen wäre. Eine ganze Kette von Fehlern Nelsons und mehrere Zufälle retteten damals die französische Expedition. Erst nach zweieinhalb Monaten erreichte die britische Flotte die französischen Kriegsschiffe in der Bucht von Abukir und schlug sie dort vernichtend.

Die Niederlage der französischen Flotte wirkte sich vor allem auf den Kampfwert des Teils der Armee aus, der sich in Ägypten befand. Napoleon war dadurch gezwungen, auf den Feldzug nach Indien zu verzichten und sich im wesentlichen auf Operationen auf ägyptischem Territorium zu beschränken.

Somit wurde die Schwäche der französischen Flotte — obwohl Frankreich über sehr starke Landstreitkräfte verfügte — zu einer der Hauptursachen für das Scheitern einer sehr bedeutenden politischen Aktion der französischen Regierung — der Zerstörung der kolonialen Macht Großbritanniens durch die Eroberung Ägyptens und Indiens.

Napoleon, der den Kampf fortsetzte, entschloß sich, starke Truppen unmittelbar auf den britischen Inseln anzulanden, wozu 2 600 Transportschiffe verschiedener Art vorbereitet wurden. Großbritannien war in tödlicher Gefahr. Und wieder spielte die Schwäche der französischen Flotte für Frankreich eine verhängnisvolle Rolle. Die Vorbereitungen zur Invasion verzögerten sich. Der Vormarsch der russischen Truppen unter Kutusow zwang dann Napoleon, ganz auf die Landung auf den britischen Inseln zu verzichten.

Am 21. Oktober 1805 fand im Atlantischen Ozean in der Nähe der spanischen Küste die berühmte Schlacht von Trafalgar statt, in der die britische Flotte unter Nelson der französisch-spanischen Flotte eine vernichtende Niederlage beibrachte. Die Bedeutung dieser Schlacht sowie die Rolle der britischen Flotte im Kampf gegen das napoleonische Frankreich wurden von den anglo-amerikanischen Ideologen außerordentlich übertrieben dargestellt. So wurde beispielsweise in »Fyffe's History of Modern Europe« behauptet: »Die Schlacht von Trafalgar war nicht nur der größte Seesieg, nein, sie war der gewaltigste und bedeutendste Sieg überhaupt, der während des ganzen Revolutionskrieges zu Wasser oder zu Lande erfochten wurde. Kein Sieg und keine Reihe von Siegen Napoleons hatten die gleiche Wirkung auf Europa.«[5]

Wir sind da anderer Ansicht. Der Kampf gegen Napoleon dauerte bekanntlich noch viele Jahre, wobei Rußland, das im Vaterländischen Krieg von 1812 die französische Armee vernichtend schlug, die Hauprolle spielte. Es war der Sieg Rußlands, der einen entscheidenden Einfluß auf die politische Lage in Europa hatte. Bei der Schlacht von Tra-

5 Zitiert nach: Mahan, Alfred Th., Der Einfluß der Seemacht auf die französische Revolution und das Kaiserreich, Bd. 2, Berlin 1899, S. 513.

falgar handelte es sich hinsichtlich der politischen Folgen natürlich nicht um einen gewöhnlichen bewaffneten Zusammenstoß von Seestreitkräften. Die endgültige Vernichtung der französischen Flotte bei Trafalgar nach einer Reihe von Niederlagen zeigte, daß Frankreich vollkommen unfähig war, den Kampf auf See gegen die modernere britische Flotte zu führen, die über bessere Schiffe mit besser ausgebildeten Besatzungen verfügte und die eine für die damalige Zeit neue Taktik anwandte. Großbritannien und seine Kolonien waren jetzt praktisch von See aus unverwundbar. Die britische Bourgeoisie hatte damit freie Hand, um neue Bündnisse zur Fortsetzung des Kampfes gegen das napoleonische Frankreich zu organisieren und zu finanzieren. Frankreich war dadurch gezwungen, endgültig auf seine Pläne für den Kampf auf See zu verzichten und nach neuen Möglichkeiten zur Führung des Krieges gegen seinen Hauptfeind zu suchen.

Die russische Flotte in der Zeit vom 17. bis 19. Jahrhundert

Die Entwicklung der Flotte Rußlands — des größten Kontinentalstaates der Welt — verlief aufgrund einiger politischer Umstände und der geschichtlichen Verhältnisse sehr ungewöhnlich. Die russische Flotte stieß auf die großen Weiten der Meere vor, als dort bereits die Flotten der großen Seemächte des Westens herrschten. Der Gerechtigkeit halber muß erwähnt werden, daß auch die Politik des russischen Zarismus absolut nicht frei war von expansionistischen Bestrebungen, die für die großen Staaten dieser Zeit charakteristisch waren.
Die Geschichte hat ganz eindeutig bestätigt, daß Rußland ohne eine starke Flotte nicht zu den Großmächten gehört hätte. Zar Peter I., der mit Recht als Begründer der regulären russischen Flotte angesehen wird, wußte dies sehr genau. Der schwere, jahrhundertelange Kampf des russischen Volkes um die Rückgewinnung der Ostseezugänge konnte nur mit Hilfe dieser Flotte so erfolgreich abgeschlossen werden. Aus diesem Kampf gegen die fremden Eroberer wurden von den russischen Herrschern jedoch nicht immer die richtigen Lehren gezogen. Diese unterschätzten mitunter die Möglichkeiten, die in der Stärke der Flotten steckten, was sich für Rußland oft nachteilig auswirkte. Dazu trug auch die ständige jahrhundertelange Propaganda der Rußland gegenüber feindlich eingestellten Staaten mit Großbritannien an der Spitze bei, die behaupteten, daß es für eine große Kontinentalmacht nutzlos sei, Interessen auf den Meeren zu verfolgen. Um diese Propaganda glaubhaft zu machen, stellte man die verleumderische Behauptung auf, daß die Russen keine Seenation, sondern eine landgebundene Nation seien, daß das Meer

ihnen fremd sei und daß sie sich nicht für die Seefahrt eigneten.
Diese psychologische und mitunter auch physische Einflußnahme verstärkte sich noch, als die Flotte Peters I. in der Stärke mit der englischen Flotte gleichzuziehen begann, worin die englische Bourgeoisie einen Anschlag auf das von England beanspruchte Recht sah, »Beherrscherin der Meere« zu sein.
In der Tat hatten unsere Vorfahren vom 3. Jahrhundert an Kriege im Schwarzen Meer, im Mittelmeer und im Kaspischen Meer geführt. Es ist geschichtlich erwiesen, daß die alten slawischen Stämme bereits zu dieser Zeit große Seefahrten unternahmen, die den Schluß zulassen, daß die Seefahrt bei den Vorfahren der Slawen der nördlichen Schwarzmeerküste, des Dnjeprlandes und anderer Gebiete Osteuropas bereits in noch früheren Zeiten entwickelt war. Die Tatsache, daß diese Stämme im Jahre 269 mit einer großen Flotte auf Fahrt gingen, dabei Athen, Korinth und Sparta zerstörten und danach Kreta und Zypern erreichten, beweist ganz eindeutig, daß für die alten slawischen Stämme, die die südlichen Gebiete unseres Landes bewohnten, die Seefahrt und die Kenntnis der Seewege im Schwarzen Meer, im Marmarameer, im Ägäischen Meer und im Mittelmeer durchaus nichts Neues waren.
Die Seefahrt der alten Slawen hatte eigenständigen Charakter und entstand durch die Erfordernisse der wirtschaftlichen Entwicklung. Unsere Flüsse, die eine relativ ruhige Strömung haben, waren von alters her nicht nur bedeutende Verkehrswege und Zugänge zu den Meeren, sondern auch Ausgangsräume für die Seefahrt. Diese Eigenart der slawischen Seeschiffahrt kam in den Besonderheiten des Schiffbaus und in den taktischen Methoden zum Ausdruck, die bei Kampfhandlungen auf See angewandt wurden.
Die Feldzüge der Slawen und ihr Vordringen auf das Gebiet des Byzantinischen Reiches mit seiner Sklavenhaltergesellschaft hatten einen großen Einfluß auf die Veränderung der politischen Lage auf der Balkanhalbinsel sowie in den angrenzenden Gebieten des Europas jener Zeit. Die slawischen Eroberungen haben den Untergang der durch innere Kämpfe geschwächten Sklavenhalterordnung in Byzanz beschleunigt und die Entstehung des Feudalismus in diesem Staate begünstigt.
Außer von den erwähnten Seekriegszügen im 3. Jahrhundert berichtet die Geschichte vom Vordringen der Slawen auf die Balkanhalbinsel, von mehrmaligen Feldzügen gegen Konstantinopel, von Kämpfen der Slawen in Thrakien und Hellas sowie von einem Feldzug der Ostslawen nach Italien und auf die Insel Kreta im 6. und 7. Jahrhundert. Die Seefahrer der Staaten Kiew und Nowgorod verfügten über hervorragende seemännische Kenntnisse. Ein überzeugender Beweis hierfür sind die zahlreichen Eroberungsfahrten zur See in der Zeit vom 9. bis 12. Jahr-

hundert, von denen die Kriegszüge des Kiewer Fürsten Oleg am bekanntesten sind, besonders der Kriegszug von 907, der zur Kapitulation Konstantinopels und zum Abschluß des ersten schriftlichen Handelsvertrages (911) führte, durch den russischen Schiffen Bewegungsfreiheit im Schwarzen Meer und im Mittelmeer zugesichert wurde.
Karl Marx schrieb in seiner »Geschichte der Geheimdiplomatie des 18. Jahrhunderts« unter Hinweis auf den Aufstieg des Kiewer Reiches im 9. bis 11. Jahrhundert: »Alte Landkarten werden vor uns ausgebreitet, die eine noch größere europäische Ausdehnung offenbaren, als derer es sich heute rühmen kann: auf seine ständige Ausdehnung vom 9. bis zum 11. Jahrhundert wird ängstlich hingewiesen; man schildert uns, wie Oleg 88 000 Mann gegen Byzanz aufbot (. . .) und dem Oströmischen Reich einen schimpflichen Frieden diktierte; wie Igor es tributpflichtig machte; (. . .) wie Vladimir die Krim (. . .) eroberte (. . .) «[6]
Die Seefahrten der Russen wurden in der historischen und schöngeistigen Literatur unseres Landes eingehend behandelt. Über russische Seefahrer dieser Zeit haben auch zahlreiche ausländische Wissenschaftler geschrieben. So schrieb beispielsweise der englische Forscher F. Jane über die russische Flotte, daß sie für sich in Anspruch nehmen kann, in noch früherer Zeit entstanden zu sein als die britische Flotte. Schon Jahrhunderte bevor britische Schiffe gebaut wurden, hatten russische Schiffe bereits erbitterte Seegefechte geführt, und vor nicht weniger als 1 000 Jahren galten die Russen als die besten Seefahrer der damaligen Zeit. Bereits im 12. Jahrhundert gingen die Russen dem Seegewerbe und dem Handel im Weißen Meer nach, drangen zum Petschora-Gebiet vor und unternahmen Fahrten zur Insel Nowaja Semlja und ins Karische Meer. Vom 12. Jahrhundert an dehnten die Russen ihre Seefahrten auch auf die Ostsee aus. Im 13. Jahrhundert eroberte sich Nowgorod in einem langen und schweren Kampf gegen die Schweden und den Livländischen Orden, dessen wichtigste Meilensteine die Siege Alexander Newskis über die Schweden an der Newa im Jahre 1240 und über die deutschen »Hundsritter«* am Peipussee im Jahre 1242 waren, einen wichtigen Platz im Ostseehandel und wurde daraufhin in den Bund der Seehandelsstädte, die Hanse, aufgenommen.
Der Überfall der Tataren zerstörte die russische Seemacht auf den Meeren im Süden und trennte Rußland vom Schwarzen Meer und vom Kaspischen Meer. Rußland verblieb nur die Küste des Weißen Meeres und

6 Karl Marx, Die Geschichte der Geheimdiplomatie des 18. Jahrhunderts. Über den asiatischen Ursprung der russischen Despotie, hrsg. v. Ulf Wolter Berlin 1977, S. 79.
* Gemeint ist das kleine Heer des Deutschen Ritterordens, das im wesentlichen aus Angehörigen des ehemaligen Livländischen Schwertordens bestand. Das Gefecht fand am 5. 4. 1242 auf dem Eis des Peipussees statt (Anm. d. Hrsg.).

ein kleiner Teil der Küste des Finnischen Meerbusens an den Mündungen der Newa und der Narwa, wo sich Nowgorod gegen seine Feinde behauptete, die sich hartnäckig bemühten, ihm den Zugang zur Ostsee völlig abzuschneiden.

Das tatarische Joch und die nachfolgenden Interventionen Polens und Schwedens verzögerten die Entwicklung Rußlands auf lange Zeit hinaus. Diese schwere Zeit, die sich nahezu über fünf Jahrhunderte erstreckte, wirkte sich auch auf die Entwicklung der Flotte aus. Rußland büßte während dieser Zeit seinen Seehandel vollständig ein. Die westlichen Länder dagegen, die solchen Schicksalsschlägen nicht ausgesetzt und durch die Slawen vor dem Tatarenüberfall geschützt gewesen waren, entwickelten sich schnell und bauten starke Flotten auf, die sie weitgehend zur Eroberung von Kolonien und zur Entwicklung des Seehandels einsetzten.

Nach jahrhundertelangen, aber erfolglosen Kämpfen um den Zugang zur Ostsee wurde Rußland durch den Friedensvertrag von Stolbowo (1616) vollständig von der Ostseeküste verdrängt. Der schwedische König Gustav Adolf nannte diesen Frieden eine der »größten Wohltaten Gottes« und erklärte, daß es für das russische Volk schwer sein werde, die errichteten Hindernisse zu überwinden.

Das Streben der Russen zum Meer, das an den südlichen Meeren und an der Ostsee gestoppt wurde, richtete sich jedoch von da an nach Norden, wo sie die gesamte Küste von der Petschora bis zum Ochotskischen Meer erforschten und die ersten Erkenntnisse über Sachalin und die Schantar-Inseln gewannen. Im Süden unternahmen die Don- und die Saporoger-Kosaken trotz des Widerstandes starker Gegner vom Dnjepr und Don aus Vorstöße aufs Meer und führten kühne Überfälle an der Schwarzmeerküste durch.

Man muß zugeben, daß die langanhaltende, gegen Rußland gerichtete feindliche Propaganda Unterstützung bei einflußreichen Beamten des russischen Zarismus fand, die auf jede nur erdenkliche Weise den Aufbau einer Flotte behinderten und eine Kürzung der Mittel durchsetzten, die zur Aufrechterhaltung der Einsatzbereitschaft der Flotte erforderlich waren.

Die Engstirnigkeit der hochgestellten unterwürfigen Zarendiener hinterließ ihre Spuren. Ihre reaktionäre Ansicht, daß man die Frage Flotte oder Armee zu einer Alternativfrage machen müsse, und ihr mangelndes Verständnis dafür, daß die Stärke der Streitkräfte eines Landes von einer ausgewogenen Entwicklung beider Komponenten des Gesamtorganismus abhängig ist, fügten der Verteidigungsfähigkeit des Landes lange Zeit beträchtlichen Schaden zu. Ein gutes Beispiel hierfür ist das Verhalten des Kriegsministers Kuropatkin. Vor dem Russisch-Japanischen

Krieg notierte er in seinem Tagebuch: »Gestern haben Witte und ich (. . .) gemeinsam versucht, den Zaren davon zu überzeugen, daß die Aufwendungen für die Flotte und den Fernen Osten gestoppt werden müssen.«[7] Dies zeugt, wenn schon nicht von Verrat, so doch zumindest von einem groben Mangel an Verständnis für die Staatsinteressen.
Die feindliche Propaganda hatte ständig behauptet, daß Rußland keine seefahrende Nation sei, sondern nur ein kontinentaler Staat und daß es deshalb nur eine Flotte zur Lösung begrenzter Aufgaben bei der Küstenverteidigung brauche.
Rußland, das ein Sechstel des gesamten Festlandes der Erde beherrscht, war ohne Zweifel die größte Kontinentalmacht der Welt. Es war jedoch zugleich auch immer eine große Seemacht. Die Seegrenzen Rußlands waren fast doppelt so lang wie die Seegrenzen der Vereinigten Staaten und fast 15mal so lang wie die Seegrenzen Frankreichs. Der Anteil der Seegrenzen ist in Rußland, den USA und Frankreich etwa der gleiche: Etwa zwei Drittel ihrer Staatsgrenzen entfallen auf die Küsten von Meeren und Ozeanen. Die Seegrenzen Deutschlands (bis zum Zweiten Weltkrieg) machten insgesamt nur ein Drittel aller seiner Grenzen aus. Trotzdem machte niemand Deutschland einen Vorwurf daraus, daß es, obwohl es ein kontinentaler Staat war, bestrebt war, eine starke Flotte zu besitzen.
Ebenso häufig haben die Feinde Rußlands auch die Methode der Fälschung der russischen Kriegsgeschichte angewandt, indem sie zu beweisen suchten, daß alle Siege Rußlands durch Landheere errungen worden seien, daß Rußland entweder nur eine Armee oder nur eine Flotte habe unterhalten können und daß die russische Armee nur deshalb so stark geworden sei, weil man auf eine starke Flotte verzichtet habe. So berichtete Kuropatkin dem Zaren im Jahre 1900: »Die Geschichte lehrt uns, den gleichen Weg zu gehen, den unsere Vorfahren gegangen sind, und die Hauptkraft Rußlands in seinen Landstreitkräften zu sehen (...)«[8]
In Wirklichkeit hatte die Flotte nur an zwei der 33 Kriege, die Rußland in den letzten 200 Jahren vor dem Ersten Weltkrieg führte, nicht teilgenommen (Ungarnfeldzug im Jahre 1849 und Achaltekische Expedition von 1877—1879).[9]
In diesem Zusammhang muß erwähnt werden, daß im Russisch-

7 Sorokin, A. I., Russko-japonskaja voina 1904—1905 (Der Russisch-Japanische Krieg), Moskau 1956, S. 19.
8 Itogi voiny. Otuet general-ad'jutanta Kuropatkina (Ergebnisse des Krieges. Rechenschaftsbericht des General-Adjutanten Aleksej N. Kuropatkin), Bd. 4, Warschau 1906, S. 68.
9 Sacillo, K. F., Russkij imperializm i razvitie flota (Der russische Imperialismus und die Entwicklung der Flotte), Moskau 1968, S. 12.

Japanischen Krieg nach Ansicht von W. I. Lenin die Frage der Überlegenheit auf See die Hauptrolle spielte. In dem Aufsatz »Der Fall von Port Arthur« schrieb W. I. Lenin: »Der militärische Schlag ist nicht wiedergutzumachen. Die Frage der Vorherrschaft auf dem Meer — die Haupt- und Grundfrage des gegenwärtigen Krieges — ist entschieden. (. . .) Auch bisher haben die Japaner nach jeder großen Schlacht ihre militärischen Kräfte schneller und reichlicher als die Russen verstärkt. Jetzt aber, da sie die völlige Herrschaft zur See errungen und die völlige Vernichtung einer russischen Armee erreicht haben, werden sie im Stande sein, doppelt soviel Verstärkungen zu schicken wie die Russen.«[10]

Auch heute führt die Bourgeoisie unter der Leitung der Ideologen der USA eine breitangelegte Propagandakampagne durch, die sich gegen die Notwendigkeit der Unterhaltung starker Seestreitkräfte durch den sowjetischen Staat richtet.

Vor relativ kurzer Zeit, am 4. August 1970, erklärte R. Nixon, der damalige Präsident der USA: »Das, was die Sowjetunion im Sinne einer militärischen Vorbereitung braucht, unterscheidet sich von dem, was wir benötigen. Die UdSSR ist eine Kontinentalmacht (. . .) Wir sind in erster Linie eine Seemacht, und deshalb sind unsere Bedürfnisse anderer Art.«[11] Hier erübrigt sich der Hinweis darauf, daß die Erklärung Nixons — eine moderne Variante der alten Versuche englischer Politiker und von Vertretern der britischen Admiralität, zu beweisen, daß die Sowjetunion keine starken Seestreitkräfte braucht — in keinem Verhältnis zur wirklichen Lage der Dinge steht und dem gesamten Verlauf der Entwicklung unserer Flotte in der Vergangenheit sowie den Interessen unseres Staates in der Gegenwart widerspricht.

Die russische Flotte hat sich aus vielerlei Gründen keineswegs gleichmässig entwickelt. Einzelne Phasen des Aufstiegs Rußlands zur Seemacht wurden durch lange Perioden des Verfalls und der Schwäche abgelöst, und jedesmal rief der Niedergang der militärischen Seemacht neue Schwierigkeiten auf dem geschichtlichen Wege Rußlands hervor und hatte schwerwiegende Folgen, die trotz großer Anstrengungen gewöhnlich nicht wiedergutzumachen waren. So war es auch im Krimkrieg 1853 bis 1856, dessen Ausgang wegen der Überlegenheit der britisch-französischen Flotte bereits im voraus feststand. Die Tatsache, daß die zaristische Regierung der Flotte eine zu geringe Bedeutung beigemessen hatte, führte dazu, daß es Rußland durch den Friedensvertrag von 1856 untersagt wurde, eine Flotte auf dem Schwarzen Meer zu unterhalten.[12]

10 Lenin, Werke, Bd. 8, S. 37.

11 »Washington Post«, 1970, 5. August.

12 Im Jahre 1871 erreichte Rußland die Aufhebung dieses erniedrigenden Verbots.

Die in diesem Krieg gewonnenen Erfahrungen wurden von der zaristischen Autokratie auch im Krieg gegen die Türkei 1877 — 1878 nicht genutzt, als die russische Armee, die bereits vor den Mauern Konstantinopels stand, durch das Auftauchen der britischen Flotte in den Meerengen gezwungen war, sich zurückzuziehen, ohne ihr Hauptziel — die Erkämpfung des freien Zugangs zum Mittelmeer — erreicht zu haben.

Ebenso war es im Russisch-Japanischen Krieg 1904 — 1905. Die Untätigkeit der russischen Flotte zu Beginn des Krieges infolge der Unfähigkeit und des offenen Verrats der militärischen Führung und danach auch die Zerschlagung der Flotte mußten sich nach dem Urteil von W. I. Lenin in entscheidender Weise auf den für Rußland folgenschweren Ausgang auch dieses Krieges auswirken.

In den Zeiten des Niedergangs verlor die Flotte ihre Aktivität, wurde zu einer reinen Verteidigungswaffe und büßte ihre Eigenschaft als wichtiges Instrument der Politik des Staates ein. Dabei wurde die russische Flotte, insbesondere nach den industriellen Umwälzungen in den führenden kapitalistischen Ländern, als die allgemeine Rückständigkeit Rußlands besonders deutlich wurde, im Verhältnis immer schwächer.

Dies zeigte, daß das zaristische Rußland seine Stellung als eine Großmacht, die eine selbständige und unabhängige Politik verfolgt, eingebüßt hatte und zu einem Kanonenfutterlieferanten für die imperialistischen Räuber bei ihrem Kampf für Interessen geworden war, die dem russischen Volk fremd waren.

Erhebliche Schwierigkeiten ergaben sich für Rußland auch aus seiner geographischen Lage, da es auf jedem der weit voneinander getrennten Seekriegsschauplätze eine Flotte unterhalten mußte, die imstande war, die ihr gestellten Aufgaben zu erfüllen.

Aber trotz aller dieser Schwierigkeiten hat sich die Flotte oft durch ihre Heldentaten mit goldenen Lettern in das Buch der Geschichte des Vaterlandes eingetragen und in der Geschichte der Entwicklung Rußlands eine wichtige Rolle gespielt.

Die Geschichte der regulären russischen Flotte läßt man gewöhnlich mit der Zeit Peters I. beginnen. Karl Marx weist bei der Beschreibung dieser Zeit darauf hin, daß man sich keine große Nation vorstellen könne, die derart vom Meer abgeschnitten sei, wie es Rußland bis zur Zeit Peters I. war. »Man hat gesagt, daß in einer solchen Binnenlage, wie das ursprüngliche Reich Peters des Großen sie besaß, kein großes Reich jemals existiert habe noch hätte existieren können; daß daher kein Reich sich jemals damit hätte abfinden können, seine Küsten und Flußmündungen seinem Zugriff entrissen zu sehen; daß Rußland die Mündung der Neva, des natürlichen Ausgangs für die Erzeugnisse Nordrußlands (nicht) in den Händen der Schweden habe lassen können.«[13]

Rußland konnte sich nicht damit abfinden, vom Meer getrennt zu sein, und es führte deshalb einen ständigen Kampf um die Zugänge zu den Küsten.

Der Kampf Rußlands um die Zugänge zum Meer erforderte dringend den Aufbau einer Kriegsflotte, ohne die dieses Ziel nicht erreicht werden konnte. Der Aufbau der Flotte unter Peter I. war die logische Fortsetzung der Entwicklung des russischen Staates und bedeutete praktisch die Wiedergeburt der für das russische Volk als Seefahrernation charakteristischen Eigenschaften unter neuen Voraussetzungen.

Das russische Volk mußte außerordentlich große Schwierigkeiten überwinden, um diese Aufgaben in dem rückständigen Land innerhalb der kurzen Zeit, die ihm die Geschichte dazu ließ, zu lösen.

Es wurde beschlossen, den Durchbruch zum Meer mit der Eroberung Asows zu beginnen, was Rußland vor der türkisch-tatarischen Gefahr schützen würde. Die damalige internationale Lage sowie das System der militärpolitischen Bündnisse dieser Zeit (Rußland, Polen, Österreich und Venedig gegen die Türkei) bestätigten die Richtigkeit der Wahl dieser Richtung.

Doch der erste Feldzug gegen Asow (1695) zeigte, daß die Landstreitkräfte ohne die Unterstützung durch eine Flotte nicht in der Lage waren, Asow zu nehmen, das auf dem Seewege ständig Verstärkung erhielt. Durch eine intensive Flottenbautätigkeit war es möglich, bereits im Frühjahr 1696 Schiffe zur Belagerung heranzuziehen und durch gemeinsame Anstrengungen der Land- und Seestreitkräfte Asow zu erobern. Dieser gelungene Versuch eines exakten Zusammenwirkens der Land- und Seestreitkräfte bei der Eroberung einer Küstenfestung unterscheidet sich positiv von einem ähnlichen, jedoch erfolglosen Vorgehen der Engländer bei dem Versuch, Quebec (1691) und Saint Pierre (1693) zu erobern.

Mit der Eroberung Asows war allerdings die Frage der Rückgewinnung der Zugänge zum Meer für einen freien Seehandel keinesfalls gelöst. Es war auch noch das Problem der Eroberung der Küsten an der Staße von Kertsch zu lösen, die von der Türkei beherrscht wurden. Außerdem stand ein schwerer und hartnäckige Kampf gegen eine der stärksten Mächte jener Zeit — Schweden — bevor, das bereits rund 150 Jahre in Nordeuropa herrschte und sich den Versuchen der Russen, zur Ostseeküste vorzustoßen und die Ostsee für ihre Schiffahrt zu nutzen, mit besonderer Hartnäckigkeit widersetzte. Rußland mußte seine Wirtschaft umstellen, ein modernes Heer schaffen und gleichzeitig beschleunigt ei-

13 K. Marx, Die Geschichte der Geheimdiplomatie des 18. Jahrhunderts, a.a.O., S. 93.

ne Flotte aufbauen, ohne die eine erfolgreiche Aktivität im Bereich der Ostsee nicht möglich war.
Das Auftauchen der russischen Flotte in der Ostsee machte sich sofort bei den Kämpfen um den Zugang zur Newamündung und um die Insel Kotlin sowie bei der Verteidigung der neuen Hauptstadt St. Petersburg, die am Ufer der Newa gebaut wurde, bemerkbar. Im Jahre 1708, als die Schweden einen kombinierten Angriff mit großen Land- und Seestreitkräften gegen Petersburg unternahmen, stellte die russische Flotte bereits eine beachtliche Streitkraft dar. Sie verfügte über 12 Linienschiffe und mehrere hundert kleinere Schiffe, hauptsächlich Ruderschiffe. Dieser Angriff scheiterte schmachvoll unter den Schlägen des russischen Heeres und der russischen Flotte.
Am 27. Juni 1709 fand die siegreiche Schlacht bei Poltawa statt — ein Wendepunkt in der Geschichte, der das Ende Schwedens als Großmacht bedeutete. Die Ziele des Krieges wurden dabei jedoch nicht erreicht; hierfür waren noch 12 lange Jahre hartnäckigen Kampfes erforderlich.
Zur Säuberung des Finnischen Meerbusens von der feindlichen Flotte mußte in erster Linie Wyborg erobert werden. Dies beseitigte die unmittelbare Bedrohung Petersburgs und öffnete der Flotte den Weg in die finnischen Schären. Der Versuch, diese Aufgabe allein mit den Landstreitkräften zu lösen, führte nicht zum Fall der Festung. Wyborg wurde später von eng zusammenwirkenden Land- und Seestreitkräften genommen. Danach wurden Riga, Pärnu, Arensburg, die Moonsund-Inseln und Reval erobert. Bei allen diesen Kämpfen spielte die Flotte eine immer größere Rolle. Sie wurde allmählich zu einem sehr wichtigen Faktor in dem andauernden hartnäckigen Kampf. Dank dem Zusammenwirken zwischen den Ruderschiffen und den von ihnen angelandeten Truppen wurden im Sommer 1713 Helsingfors und Åbo erobert, so daß die Küste Schwedens und dessen Hauptstadt unmittelbar bedroht waren. Die Schweden hielten sich dessenungeachtet durchaus nicht für besiegt und waren überzeugt, daß ihre Linienschiffe in der Lage sein würden, die russische Flotte zu vernichten und ein Marschmanöver russischer Landungstruppen durch den Bottnischen Meerbusen zu verhindern.
Großbritannien und Frankreich, und später auch andere Staaten, die ein Erstarken Rußlands und eine völlige Zerschlagung Schwedens befürchteten, spannen endlose Intrigen gegen Rußland und setzten es unter Druck. Peter I. bestand jedoch darauf, daß die eroberte Ostseeküste endgültig in russischem Besitz verblieb. Diese Sicherheit gab ihm die junge russische Flotte, die im Jahre 1714 bei Hanko einen glänzenden Sieg über die schwedische Flotte errungen hatte und zu einem achtunggebietenden Machtfaktor geworden war, der eine selbständige russische Politik im Ostseeraum gewährleistete.

Es blieb nicht bei Intrigen und beim diplomatischen Druck fremder Staaten. Im Sommer 1719 entschloß sich Großbritannien, eigene Streitkräfte einzusetzen. Die britische Flotte lief in die Ostsee ein. Dieser diplomatische Schritt veranlaßte die Schweden, mit ihren Schiffen in See zu stechen. In der Schlacht bei der Insel Ösel vernichteten die russischen Linienschiffe unter der Führung von N. A. Senjawin das schwedische Geschwader vollständig, wobei ihnen ein Teil der schwedischen Schiffe in die Hände fiel. Danach setzten die russischen Ruderschiffe unter dem Schutz der Linienschiffe starke Landungstruppen in der Nähe von Stockholm an Land.

Ende 1719 schloß Großbritannien mit Schweden ein Militärbündnis gegen Rußland, was die Schweden veranlaßte, den Krieg fortzusetzen. Die russische Ostseeflotte wurde indessen immer stärker. Nach allgemeiner Ansicht gab es zu jener Zeit nur zwei starke Flotten in der Welt, die britische und die russische. Die Flotten der anderen Seemächte waren erheblich schwächer.

Im Jahre 1720 lief wiederum ein starker britischer Flottenverband in die Ostsee ein. Die russische Flotte setzte jedoch ihre Truppenanlandungen an der schwedischen Küste fort und errang in der Schlacht bei der Insel Grengam einen Sieg über die Linienschiffe des Gegners. Im Jahre 1721 zwangen die russischen Streitkräfte die Schweden trotz der Anwesenheit der Briten in der Ostsee, die Waffen zu strecken und am 30. August 1721 einen Friedensvertrag zu unterzeichnen, in dem die Schweden für immer auf die von russischen Streitkräften besetzten Küstengebiete der Ostsee verzichteten. Der Vertrag war ein klarer Beweis für die große Bedeutung, die der Flotte und der Unterstützung der Landstreitkräfte durch die Flotte beim Durchsetzen der Kriegsziele zukommt.

Die Flotte verhinderte trotz der Einmischung Großbritanniens und anderer Mächte, daß die Ergebnisse des Sieges von Poltawa zunichte wurden, und machte Rußland zu einer der größten Seemächte der Welt.

Auf der Medaille, die aus Anlaß des Sieges über Schweden herausgegeben wurde, heißt es: »Dieser Friedensschluß konnte nur mit Hilfe der Flotte erreicht werden, denn zu Lande wäre dies unter keinen Umständen möglich gewesen.« Dies ist ein Beispiel, an dem der Anteil der Flotte an den großen internationalen Erfolgen Rußlands besonders deutlich wird.

Gleichzeitig mit dem Kampf um die Wiedergewinnung der Zugänge zur Ostsee ging auch der Kampf um die Ausdehnung des russischen Staates nach Osten bis hin zum Stillen Ozean weiter.

Im 17. Jahrhundert erforschten die Russen in unerhört kurzer Zeit riesige Gebiete Sibiriens und des Fernen Ostens. Die Ergebnisse dieser Forschungsexpeditionen gehören zu den geographischen Entdeckungen von

weltweiter Bedeutung.
Im Jahre 1632 wurde Jakutsk gegründet, der Ausgangspunkt für das Vordringen zum Stillen Ozean. Von hier aus erforschten die Expeditionen von I. Moskwitin, M. Staduchin, S. Deschnew, E. Chabarow u. a. das Gebiet des Fernen Ostens und seine Küste. 1649 wurde Ochotsk gegründet, der erste russische Hafen am Stillen Ozean. Zu Beginn des 18. Jahrhunderts erforschte W. Atlassow Kamtschatka, wo 1740 der Hafen Petropawlowsk-Kamtschatski angelegt wurde. Um die Mitte des 18. Jahrhunderts begannen russische Industrielle unter der Führung von G. Schelechow, die eine »Russisch-Amerikanische Handelsgesellschaft« gegründet hatten, den Nordwesten Amerikas und die Aleuten zu erschließen.
Um das Jahr 1800 gehörten Rußland bereits Alaska, die Aleuten, Sachalin sowie viele Inseln im Stillen Ozean. Rußland drang zur Küste des Stillen Ozeans vor; seine Lage blieb hier jedoch labil — wegen der Schwäche der russischen Flotte in diesem Bereich und der Aggressivität anderer Staaten, die bestrebt waren, die russischen Besitzungen in den nördlichen Gebieten des Stillen Ozeans an sich zu reißen.
Nach dem Tode Peters I. im Jahre 1725 begannen sich in der russischen Flotte allmählich Zerfallserscheinungen bemerkbar zu machen. Veraltete Schiffe wurden nicht rechtzeitig durch neue ersetzt, die Instandhaltung der Schiffe wurde immer schwieriger, und der Schiffbau ging stark zurück.
Der neue Schwedisch-Russische Krieg von 1741 — 1743 löste zwar vorübergehend eine Belebung der Tätigkeit der Flotte aus, brachte jedoch zugleich auch deutlich ernsthafte Mängel zum Vorschein, die darauf zurückzuführen waren, daß die regierenden Kreise Rußlands dem Bau und der Weiterentwicklung der Flotte weniger Bedeutung beimaßen. Die russische Flotte spielte jedoch auch in diesem Krieg bei der Verteidigung der Ostseeküsten und Petersburgs eine sehr wichtige Rolle. Trotzdem setzte sich der Prozeß des Verfalls der russischen Flotte auch nach dem Kriege fort, so daß Rußland allmählich seine Bedeutung als große Seemacht einbüßte. Indessen wurde die Aufgabe der Wiedergewinnung der Zugänge zu den Küsten — diesmal der südlichen Meere — immer vordringlicher. Dies hätte zwangsläufig einen erneuten Aufschwung der Flotte und eine Stärkung ihrer Bedeutung im System der Streitkräfte zur Folge haben müssen, was dann später auch der Fall war.
Im Jahre 1769 wurde der Flottenbau auf den alten, von Peter I. errichteten Werften wiederaufgenommen. Und bereits während des Russisch-Türkischen Krieges von 1768 — 1774 leistete die Donau-Flottille, die starke türkische Flottenkräfte vernichtete, den an der Westküste des Schwarzen Meeres gegen die Türken kämpfenden Landstreitkräften

große Hilfe. Die Asow-Schwarzmeerflotte unter der Führung von A. N. Senjawin öffnete den Russen den Weg vom Asowschen Meer ins Schwarze Meer. Damit war die Aufgabe erfüllt, mit deren Lösung man bereits im Jahre 1696 durch die Eroberung Asows begonnen hatte. Die junge Schwarzmeerflotte errang eine Reihe großer Siege über die zahlenmäßig überlegenen Flottenverbände der Türken, vereitelte eine Landung des Gegners auf der Krim und trug so dazu bei, daß Rußland sich an der Küste des Schwarzen Meeres behaupten konnte.
Während der langjährigen Kämpfe um die Zugänge zu den Meeren gelang es Rußland, starke Seestreitkräfte und eine Schiffbauindustrie zu schaffen, die über große Leistungsreserven verfügte. Die Fähigkeiten der russischen Offiziere und Admiräle kamen in einer hohen Seekriegskunst und einer fortschrittlichen Schiffbautechnik zum Ausdruck. Die sowjetischen Marinesoldaten pflegen und mehren die ruhmreichen Traditionen der russischen Marineschule, die der Welt und dem Vaterland solche hervorragenden Flottenführer wie Spiridow, Uschakow, Senjawin, Lasarew, Nachimow und Makarow sowie solche bedeutenden Schiffbauer wie Skljajew, Wereschtschagin, Kurotschkin, Jerschow, Titow, Bubnow und Krylow schenkte.

Die Russen im Mittelmeer

Das Mittelmeer wird als die Wiege der Macht der großen Flotten bezeichnet. Auch russische Seeleute haben hier große Taten vollbracht.
Die neueste Geschichtsforschung hat ergeben, daß die Völker der Schwarzmeerküste, der Balkanhalbinsel, der Ägäischen Inseln und Kleinasiens bereits in ältester Zeit viele Jahrhunderte lang Seewege benutzten, um miteinander zu verkehren. Die Seeschiffahrt dieser Zeit, die den Handelsaustausch gewährleistete, wirkte sich günstig auf die wirtschaftliche Entwicklung der Völker in diesen Gebieten aus. Die Volksstämme, die die riesigen Steppen und Waldsteppen Osteuropas und die gesamte Schwarzmeerküste bewohnten, gerieten dank den Seeverbindungswegen in kulturelle, politische, militärische und Handelsbeziehungen mit den hochentwickelten antiken Staaten des Mittelmeerraumes. Diese Beziehungen waren von großer Bedeutung für die Entwicklung der Wirtschaft und des Handwerks der Schwarzmeervölker und wirkten sich positiv auf die Entwicklung ihres sozialen und politischen Lebens aus.
Der russische Staat übte eine günstigen Einfluß auf die Entwicklung der Handelsschiffahrt im Mittelmeerraum und in der Ostsee aus. Die militärischen Erfolge Rußlands im Kampf gegen seine Feinde gewährleisteten

die Sicherheit des an der Wende zum 9. Jahrhundert entstandenen berühmten Wasserweges »Von den Warägern zu den Griechen« und trugen damit zur Entwicklung des Handels zwischen zahlreichen Ländern Europas, Asiens und Afrikas bei.
Die Kaufleute von Nowgorod führten vom 11. Jahrhundert an Handelsreisen in die Mittelmeerländer durch, und zwar nicht nur auf den Flüssen, sondern auch auf dem Seewege rings um Europa bis nach Konstantinopel. Der russische Staat traf eine Reihe von Maßnahmen, um die Sicherheit der Seehandelswege zu gewährleisten. Dazu gehörte auch der gemeinsam mit Byzanz geführte Kampf gegen die Seeräuber im Ägäischen Meer.
Von der zweiten Hälfte des 11. Jahrhunderts an bis zum Einfall der Tataren trug der russische Handel im Mittelmeer zur Entwicklung feudaler Verhältnisse in Rußland bei. Mit der Zersplitterung des russischen Staates wurden Kriegszüge zur See nur noch von einzelnen Fürstentümern unternommen. Die Karawanen russischer Handelsschiffe führten in überseeische Länder, bis Rußland durch den Tatareneinfall von den Meeren im Süden abgeschnitten wurde.
Den tatarischen und mongolischen Eroberern gelang es jedoch nicht, den Russen den ihnen angeborenen Drang zum Meer zu nehmen. Die Seefahrer Rußlands unternahmen, meist auf Schiffen ausländischer Kaufleute, im Mittelmeer weiterhin Handelsfahrten, diplomatische Reisen und häufig auch Pilgerfahrten. Fortgesetzt wurden die Traditionen der russischen Seefahrt in diesen schweren Zeiten auch von ehemaligen russischen Leibeigenen, die an den Unterlauf des Dnjepr und des Don geflüchtet waren und sich dort angesiedelt hatten. Die kühnen Kriegszüge der Donkosaken und der Saporoger Kosaken zur See mehrten den Ruhm, den die slawischen Seefahrer in der Vergangenheit auf den Südmeeren erlangt hatten. Besonders aktiv wurden die Kosaken bei ihren Kriegszügen zur See im 16. Jahrhundert, als ihnen der vereinte russische Zentralstaat zu Hilfe kam, der nicht nur die Kosaken in ihrem Kampf unterstützte, sondern oft auch der Organisator dieser Kämpfe war.
Der Kampf gegen die Türkei und das von ihr abhängige Krimhanat war langwierig und schwer. Das Osmanische Reich war der Bevölkerung, der Fläche und den kriegswirtschaftlichen Hilfsquellen nach einer der mächtigsten Staaten jener Zeit. Das türkische Heer und die türkische Flotte zählten zu den stärksten der Welt. Deshalb waren die Erfolge der schlecht ausgerüsteten Kosaken in diesem Kampf von großer Bedeutung für den Schutz der südlichen Gebiete des russischen Staates und gaben den Völkern des Mittelmeerraumes, die sich gegen die türkischen Unterdrücker erhoben, ein anfeuerndes Beispiel. Die Donkosaken und die Saporoger Kosaken, die standhafte und gewandte Kämpfer waren, mach-

ten im 16. und 17. Jahrhundert die Gewässer und die Küsten des Schwarzen und des Asowschen Meeres zu einer Arena erbitterter Kämpfe gegen das türkische Heer und die türkische Flotte. Eine erwähnenswerte Episode aus diesem Kampf war die Eroberung der türkischen Festung Asow durch die Kosaken (1637), die von ihnen fünf Jahre lang gehalten wurde. Im Jahre 1641 entsandten die Türken Truppen in Stärke von 200 000 Mann und etwa 300 Kriegsschiffe gegen die von den Kosaken besetzte Festung. Nach einer dreieinhalb Monate dauernden Belagerung mußten die Türken, die große Verluste erlitten hatten und denen es nicht gelungen war, den Widerstand der Kosaken zu brechen, die Belagerung aufheben und die ihnen verbliebenen Truppen zurückziehen. Erst ein Jahr später (1642) gaben die Kosaken, nachdem sie die Befestigungsanlagen zerstört hatten, die Festung freiwillig auf. Sie trafen diese Entscheidung in Übereinstimmung mit der russischen Regierung, die bestrebt war, einen großen Krieg gegen die Türkei zu vermeiden.

Der Sieg der regulären russischen Land- und Seestreitkräfte, der 1696 unter Peter I. bei der Eroberung Asows errungen wurde, war das glänzende Ergebnis des 200 Jahre währenden Kampfes der Russen um das Schiffahrtsrecht in den südlichen Meeren. Außer der Tatsache, daß Rußland infolge dieses Sieges wieder Zugang zum Asowschen Meer hatte, sah der Vertrag mit der Türkei das Recht auf freie Schiffahrt im Mittelmeer für die Russen vor.

Ein Ruhmesblatt der Geschichte war die Erste Archipelexpedition der russischen Ostseeflotte ins Mittelmeer (1770 — 1774), die von Admiral G. A. Spiridow befehligt wurde und zur Durchführung umfangreicher militärpolitischer Aktionen gegen die Türkei, u. a. auch zur Unterstützung des Aufstandes der von den Türken unterdrückten Balkanvölker, unternommen wurde. Das Ostseegeschwader, das sich aus 10 Linienschiffen und einer Reihe anderer Schiffe zusammensetzte, wurde nach Überwindung ungeheurer Schwierigkeiten im Mittelmeer zusammengezogen. Ihm wurden Aufgaben gestellt, die als völlig unlösbar galten. Doch das Geschwader erfüllte sie glänzend. In der entscheidenden Schlacht bei Tscheschme (24. — 26. Juni 1770)[14] vernichtete es die türkische Flotte, was der Befehlshaber des Geschwaders, Admiral G. A. Spiridow, wie folgt meldete: »Ehre der Gesamtrussischen Flotte! (. . .) Haben die feindliche Kriegsflotte angegriffen, zerschlagen, verbrannt, in die Luft gejagt, versenkt und in Asche verwandelt (. . .) und beherrschen jetzt selbst (. . .) den gesamten Archipel.«[15]

14 In der Schlacht von Tscheschme verloren die Türken alle ihre Schiffe: 15 Linienschiffe, 6 Fregatten, 50 andere Schiffe und 10 000 Mann.

15 Boevaja letopis' russkogo flota (Kampfchronik der russischen Flotte), Moskau 1948, S. 97.

Das russische Geschwader führte mehrere Jahre lang Kampfhandlungen fern von seinen Heimatgewässern. Es vernichtete die türkische Flotte in den Schlachten bei Chios und Tscheschme, blockierte die Dardanellen, störte die türkischen Seeverbindungen und unternahm zahlreiche Landungsunternehmen, um den Feind vom wichtigsten Kriegsschauplatz, dem Norden des Schwarzen Meeres, abzulenken. Das Geschwader eroberte 20 Inseln in der Ägäis und eine Reihe von Küstenstädten, darunter auch an der syrischen Küste. Für die Türken bestand ständig die Gefahr eines Angriffs der russischen Flotte auf Konstantinopel von Süden her.
Der Einsatz des russischen Geschwaders, das seine Kampffähigkeit mehrere Jahre hindurch mit eigenen Kräften aufrechterhielt, im Mittelmeer und die von ihm errungenen glänzenden Siege über die zahlenmäßig überlegene Flotte des Gegners waren ein hervorragendes Beispiel für die längere Tätigkeit eines großen Flottenverbandes in völliger Loslösung von seinen Heimatstützpunkten. Der Einsatz dieses Verbandes der russischen Flotte hob das internationale Ansehen Rußlands und nahm alle Völker des Mittelmeeres für Rußland ein.
Der erfolgreiche Einsatz der russischen Land- und Seestreitkräfte zwang die Türken zum Abschluß eines Friedensvertrages, nach dem die Gebiete zwischen Bug und Dnjepr Rußland zufielen, das Asowsche Meer und die Zugänge zum Schwarzen Meer endgültig in seinen Besitz übergingen und seinen Handelsschiffen außerdem das Recht zum Befahren des Schwarzen Meeres mit freier Durchfahrt zum Mittelmeer eingeräumt wurde. Die Krim wurde als ein von der Türkei unabhängiger Staat anerkannt.
Im Jahre 1783 hatte Rußland sich unter Ausnutzung der Stärke seiner Flotte ohne Krieg endgültig die Krim einverleibt, wo der wichtigste Stützpunkt der Schwarzmeerflotte — Sewastopol — errichtet wurde. Der Kampf auf den südlichen Meeren war damit jedoch noch nicht beendet.
Der schnelle politische Aufstieg Rußlands veranlaßte die Staaten, die ihm gegenüber feindlich eingestellt waren, die Türkei bei ihren Versuchen zu unterstützten, Rußland mit Gewalt zu einem Verzicht auf seine Erwerbungen an der Schwarzmeerküste zu zwingen. In den Krieg gegen Rußland wurde auch Schweden hineingezogen, das immer noch die Hoffnung hegte, die russischen Gebiete an der Ostseeküste wiederzugewinnen.
Im August 1787 begann die Türkei den Krieg und zog damit die russschen Kräfte an die Südgrenzen des Staates. Schweden machte sich die Tatsache zunutze, daß im Raum Petersburg außer der Ostseeflotte fast keine Streitkräfte vorhanden waren, und erklärte Rußland im Sommer 1788 den Krieg. Es verlegte seine Flotte in den Ostteil des Finnischen Meerbusens und brachte damit die Hauptstadt Rußlands in eine kritische

Lage. Die Hauptlast des Krieges gegen Schweden trug die Ostseeflotte, die die russische Küste mit Erfolg verteidigte, nach einer Reihe von Siegen die schwedische Flotte zerschlug und vertrieb und einen entscheidenden Einfluß auf den Ausgang der Kämpfe auf dem Territorium Finnlands hatte. Wenn es hier die russische Flotte nicht gegeben hätte, wären die Landstreitkräfte wegen ihrer unzureichenden Stärke wahrscheinlich nicht so schnell mit den Schweden fertig geworden.

Die fremden Mächte, die die Türkei und Schweden in diesem Krieg unterstützten, gingen vom diplomatischen Druck zu Drohungen über. Großbritannien entsandte Flottenverbände ins Schwarze Meer und in die Ostsee, und Preußen zog seine Truppen an der russischen Grenze zusammen. Doch der Krieg im Süden nahm einen für Rußland günstigen Verlauf. Ein starker türkischer Flottenverband, der vor Otschakow eintraf, um die türkischen Landstreitkräfte zu unterstützen, wurde von der Liman-Flottille vernichtet, wodurch es den russischen Truppen gelang, Otschakow zu nehmen. Die Flotte der türkischen Linienschiffe wurde von der Schwarzmeerflotte bei Kertsch geschlagen und danach beim Kap Kaliakra endgültig vernichtet. Dank dem geschickten Einsatz der Schwarzmeerflotte unter der Führung des hervorragenden Flottenchefs Admiral F. F. Uschakow wurde die türkische Flotte aus dem Schwarzen Meer verdrängt, und die türkische Armee, die keine Unterstützung von See mehr erhielt, gab Ende 1791 ihren Widerstand auf. Im Jahre 1792 wurde in Jassy ein Friedensvertrag geschlossen, aufgrund dessen die Schwarzmeerküste vom Dnjepr bis Noworossijsk in russischen Besitz überging.

Ende des 18. und Anfang des 19. Jahrhunderts war die internationale Lage außerordentlich kompliziert. Frankreich führte nach der bürgerlichen Revolution einen erbitterten Kampf gegen das bereits seit langem kapitalistisch gewordene Großbritannien, das die wichtigsten Kolonialgebiete der Welt in Besitz genommen hatte. Ein politischer Kampf fand zwischen Frankreich und Rußland statt, die beide bestrebt waren, das Erbe des auseinandergefallenen Deutschen Reiches anzutreten. Zu dieser Zeit ging es lediglich darum, ob die deutschen Kleinstaaten einen französischen oder einen russischen Rheinbund bilden würden. Diese komplizierte Lage führte mehrmals zu einem plötzlichen Umschwung in der Politik der europäischen Großmächte und zu Richtungsänderungen in ihren militärischen Hauptanstrengungen.

In der Zeit von 1798 — 1800 führte Rußland im Bündnis mit Großbritannien, Österreich und der Türkei Krieg gegen Frankreich. Teile der russischen Armee unter der Führung des hervorragenden Feldherrn A.W. Suworow vollbrachten Wunder an Heldenmut in der fernen Schweiz und in Norditalien. Das russische Geschwader im Mittelmeer, das von F. F. Uschakow befehligt wurde, befreite die Ionischen Inseln von der französischen Herrschaft und nahm, gestützt auf diese Inseln, aktiv an der Vertreibung der Franzosen aus Italien teil. Eine der glänzendsten Taten der Flotte war die Eroberung der starken Festung Korfu, die sich nach dreimonatiger Belagerung ergeben mußte. Geschichtlich überliefert sind die begeisterten Worte Suworows, der, als er davon erfuhr, erklärte: »Unser großer Peter lebt! Das, was er nach der Zerschlagung der schwedischen Flotte im Jahre 1714 (. . .) sagte, nämlich: Die Natur hat nur ein Rußland geschaffen, und dieses Rußland hat keine Konkurrenten, — das sehen auch wir jetzt. Ein Hurra der russischen Flotte! (. . .) Ich sage jetzt zu mir selbst: Warum war ich nicht wenigstens als Unterleutnant bei Korfu dabei?«[16]

Zum Vergleich wollen wir daran erinnern, daß zur gleichen Zeit die von Admiral Nelson geführte britische Flotte bereits das zweite Jahr die schwächere Festung La Valletta auf Malta belagerte und nicht erobern konnte.

Die Siege der russischen Flotte im Mittelmeer hatten ganz erhebliche politische Folgen. Napoleon maß den Ionischen Inseln große Bedeutung bei. Sie waren seiner Meinung nach eine außerordentlich wichtige Ausgangsposition für Kampfhandlungen gegen Ägypten, den Balkan, Konstantinopel und Südrußland. Deshalb hatte die Vertreibung der Franzosen von den Ionischen Inseln durch das Geschwader Uschakows die Lage im Mittelmeer grundlegend verändert. Die russische Flotte erwies sich als ein außerordentlich starkes Instrument der Außenpolitik. Durch ihren Einsatz wurden Italien, Sardinien und sogar Tunesien in den Einflußbereich Rußlands hineingezogen. Im Zusammenwirken mit den Landstreitkräften trug die Flotte in entscheidender Weise zur Befreiung Neapels und Roms bei.

Die Blüte der Seekriegskunst in Rußland in der zweiten Hälfte des 18. Jahrhunderts fiel mit einer stürmischen Entwicklung der gesamten russischen Kriegskunst zusammen. Die russische Armee hatte dank Suworow ihre ruhmreichen Kampftraditionen erheblich gemehrt. Bei der Flotte erwarb sich F. F. Uschakow die gleichen Verdienste.

Aber erst in sowjetischer Zeit wurden die Verdienste Uschakows entsprechend gewürdigt, und er gelangte zu hohem Ansehen. Die westeuropäischen und amerikanischen Historiker ignorieren Uschakow auch heute noch ebenso leichtfertig wie der Amerikaner Mahan. Sie sind der Ansicht, daß Uschakow nur ein gewissenhafter Schüler Nelsons war und deshalb Erfolge erzielte. Aber allein schon ein Vergleich der Daten der

16 Istorija russkoj armii i flota (Geschichte der russischen Armee und der Flotte), Bd. 9, Moskau 1913, S. 57.

größten Schlachten, die unter der Leitung dieser beiden berühmten Admiräle stattfanden, zeigt uns, daß Uschakow seine wichtigsten Seesiege erheblich früher errang, d. h., bevor Nelson sein Talent als Flottenführer unter Beweis stellen konnte.[17]

Nach dem Abzug derLHauptkräfte des Geschwaders von Uschakow wurde ein Teil der Flottenkräfte und der Marineinfanterie zum Schutz der Sicherheit der Ionischen Inseln im Mittelmeer zurückgelassen. Erst einige Jahre später begann Rußland, um sich den Besitzansprüchen der Franzosen auf dem Balkan entgegenzustellen und den Schutz der Ionischen Inseln als der Basis der russischen Flotte im Mittelmeer zu gewährleisten, hier wieder Flottenkräfte unter der Führung von Admiral D. N. Senjawin zu konzentrieren (Zweite Archipelexpedition), der eine sehr komplizierte und sich schnell ändernde militärpolitische Lage vorfand. Ende 1806 erklärte die Türkei, die von Napoleon dazu aufgestachelt worden war, Rußland den Krieg, wodurch sich die Aufgaben des russischen Flottenverbandes im Mittelmeer grundlegend änderten; sein Hauptziel war es jetzt, Konstantinopel durch einen Angriff von Süden her zu erobern. Diese Aufgabe sollte gemeinsam mit der verbündeten britischen Flotte gelöst werden. Die wahren Absichten Großbritanniens bestanden jedoch darin, die Eroberung der Meerengen des Schwarzen Meeres durch die Russen zu verhindern und die eigene Herrschaft im Mittelmeer zu festigen. D. N. Senjawin war angesichts der provokatorischen Haltung der Briten gezwungen, sich auf die Blockade der Dardanellen zu beschränken. Trotzdem konnte er in einem Gefecht bei den Dardanellen und in der Schlacht bei der Halbinsel Athos die türkische Flotte vernichtend schlagen.

Zu der Zeit, als die russische Flotte glänzende Siege im Ägäischen Meer errang, fanden an der Memel Friedensgespräche zwischen Napoleon und Alexander I. statt. Eine Woche nach der Schlacht von Athos wurde der Friede von Tilsit (25. Juni 1807) unterzeichnet, durch den sich die Außenpolitik der zaristischen Regierung, die ein Bündnis mit Napoleon schloß, grundlegend veränderte. Rußland gewann durch diesen Frieden vor dem Einfall der Franzosen eine kurze Atempause, die außerordentlich teuer erkauft wurde. Es erkannte alle territorialen Eroberungen Napoleons in Westeuropa an und verpflichtete sich, sich an der Kontinentalsperre zu beteiligen, gegen Großbritannien in den Krieg einzutreten, Frankreich und der Türkei alle strategischen Positionen im Mittelmeer,

17 Admiral Uschakow errang seine wichtigsten Siege: bei der Insel Fidonisi (Serpilor) 1788, an der Straße von Kertsch und bei Tendra 1790, bei Kap Kaliakra 1791, Eroberung Korfus 1799. Die Siege Admiral Nelsons gehören einem späteren Zeitraum an: bei Saint Vincent 1797, in der Bucht von Abukir 1798 und bei Trafalgar 1805.

die von der russischen Flotte erkämpft worden waren, zu überlassen, alle russischen Kräfte aus dem Mittelmeerraum abzuziehen und sein Mittelmeergeschwader Frankreich voll zur Verfügung zu stellen.
Dieser plötzliche Umschwung in der Außenpolitik Rußlands erwies sich für das russische Mittelmeergeschwader als außerordentlich schwerer Schlag. Erst im August 1809 kehrte ein Teil der Besatzungen des Geschwaders nach Rußland zurück.
Erst 20 Jahre später, 1827, kehrte das russische Geschwader wieder ins Mittelmeer zurück, erneut in der edlen Absicht, Hilfe zu leisten, und zwar diesmal dem griechischen Volk. Das russische Geschwader unter Admiral Gaiden hatte die Aufgabe, gemeinsam mit einem britischen und einem französischen Geschwader die türkischen Besatzungskräfte in Griechenland zu zwingen, den Vernichtungskampf gegen die griechische Bevölkerung, die um ihre nationale Unabhängigkeit kämpfte, einzustellen. Die gemeinsamen Kampfhandlungen der verbündeten Flotten fanden in der berühmten Seeschlacht von Navarino ihren Abschluß (Oktober 1827), in der die zahlenmäßig überlegene türkische Flotte vollständig zerschlagen wurde.
Nach der Schlacht von Navarino blieb im Mittelmeer ein russisches Geschwader unter der Führung von Admiral Rikord zurück, das im Russisch-Türkischen Krieg von 1828 — 1829 mit Erfolg eine vollständige Blockade der Dardanellen und der türkischen Küste durchführte. Danach nahm die russische Flotte nicht mehr an Kampfhandlungen im Mittelmeer teil, doch ihre Schiffe und ganze Geschwader unternahmen regelmäßig Fahrten in dieses Gebiet.
Das Mittelmeer hatte also von alters her für Rußland eine große wirtschaftliche und strategische Bedeutung. Über das Mittelmeer wurden kulturelle und Handelsbeziehungen mit den Ländern des Mittelmeerraumes und anderen Ländern der Welt aufgenommen. Hier verlief lange Zeit hindurch eine äußerst wichtige Verteidigungslinie, die Rußland vor dem Angriff der Feinde aus dem Süden schützte.
Eine noch größere Bedeutung für die Verteidigung unseres Vaterlandes hat das Mittelmeer unter den heutigen Verhältnissen erlangt, da die Möglichkeiten der imperialistischen Aggressoren, die Sowjetunion unmittelbar aus diesem Bereich zu überfallen, dadurch bedeutend größer geworden sind, daß hier ständig die 6. US-Flotte mit ihren trägergestützten Flugzeugen sowie Raketen-Atom-U-Boote stationiert sind.

Gegen Ende der napoleonischen Kriege begann für die russische Flotte eine schwierige Phase. Es war einer der dunkelsten Abschnitte in ihrer Geschichte. Entstanden war diese Situation dadurch, daß die Zaren die Bedeutung der Flotte für das Schicksal Rußlands nicht erkannten. An die Spitze der Flotte wurden unfähige Führer wie der Admiral Tschitschagow gestellt, die die Flotte für eine Belastung und einen unnötigen Luxus hielten. Seine Nachfolger — der reaktionäre französische Emigrant Marquis de Traverse und der Deutsche von Moller — setzten dieses Zerstörungswerk fort. Der Dekabrist Schteingel charakterisierte den damaligen Zustand der Flotte so:» (...) Marquis de Traverse vernichtete dieses großartige Werk Peters I. vollkommen.«[18]
Die Schiffe liefen fast nie aus, und die Matrosen wurden für Hilfsarbeiten eingesetzt. Die russischen Admirale wurden durch Ausländer ersetzt. Überall waren Unterschlagungen an der Tagesordnung. Der bekannte russische Admiral W. M. Golownin schrieb: »(...)wenn morsche, schlecht und armselig ausgerüstete Schiffe, betagte kränkliche Flottenführer, denen es an Einsicht und an Geistesgegenwart auf See fehlt, unerfahrene Kommandanten und Offiziere sowie Bauern, die unter der Bezeichnung Matrosen zu Schiffsbesatzungen zusammengestellt werden, eine Flotte bilden können, dann haben wir eine.«[19]
Vor dem Hintergrund des allgemeinen Verfalls der Seemacht Rußlands wurden um so deutlicher positive Erscheinungen in der Tätigkeit der Flotte sichtbar wie die Weltumsegelungen, die auf Initiative fortschrittlicher Marineoffiziere durchgeführt wurden, unter anderem von einer ganzen Gruppe von Marineoffizieren, die am Dezemberaufstand 1825 teilgenommen hatten. Die Besatzungen der an diesen Expeditionen teilnehmenden Schiffe setzten die besten Traditionen der russischen Flotte fort. Aus ihrer Mitte gingen die berühmten Flottenführer M. P. Lasarew, P. S. Nachimow, W. A. Kornilow u. a. hervor.
Von großer Bedeutung für die Wahrung der Marinetraditionen war auch die Tätigkeit der Seefahrer und Industriellen auf den Aleuten, auf den Kurilen und an der Westküste Nordamerikas. Kriegsschiffe unter der gemeinsamen Führung der Industriellen Schelechow, Baranow u. a. erschlossen die Küste Nordamerikas und die Inseln von Alaska bis zum Kap Saint Elias. Doch das weitere Schicksal dieser Gebiete war schon im

18 Iz pisem i pokazanij dekabristov (Aus den Briefen und Aussagen der Dekabristen), hrsg. v. A. K. Borazdin, St. Petersburg 1906, S. 61.

19 Pavlov, G. E., Dekabrist Nikolaj Bestužev i ego »Opyt istorii Rossijskogo flota« (Der Dekabrist Nikolai Bestuschew und seine »Lehren aus der Geschichte der Russischen Flotte«), zitiert nach: Bestuzev, N. A., Opyt istorii Rossijskogo flota, Moskau 1961, S. 9.

voraus entschieden. Die zaristische Regierung maß den neu erworbenen Besitzungen, die ohne die Schaffung starker Seestreitkräfte im nördlichen Teil des Stillen Ozeans nicht zu halten waren, nicht die nötige Bedeutung bei.
Die Strafe dafür, daß die Zaren die Bedeutung der Flotte für die Entwicklung des Landes nicht erkannt und sie als Instrument der Politik sowie als Streitmacht unterschätzt hatten, kam mit dem Krimkrieg von 1853 — 1856. Großbritannien und Frankreich setzten ihre Politik der Verdrängung Rußlands aus dem Mittelmeer fort und waren bestrebt, die Wirtschaft und die Finanzen der Türkei in ihre Hand zu bekommen. Die Türkei selbst gab sich der Hoffnung hin, wieder die Herrschaft an der Nordküste des Schwarzen Meeres zu erlangen.
Da die Hauptgegner in diesem Kriege (die Briten und die Franzosen auf der einen Seite und die Russen auf der anderen Seite) durch weite Räume voneinander getrennt waren, die nur mit Hilfe von Flotten überwunden werden konnten, sollten die Flotten in diesem Kriege eine wichtige Rolle spielen.
Der Krieg fand im Zeitalter der industriellen Revolution statt, die zuerst in den kapitalistischen Ländern Westeuropas begann, wo eine stürmische Entwicklung der Großindustrie zu verzeichnen war, die eine technische Revolution im Wehrwesen hervorrief. Für die Kriegsflotten war dies die Phase des Übergangs vom Segelschiff zum Dampfschiff mit einem gepanzerten Schiffsrumpf, Propellerantrieb und einer starken Artillerie.
Die Briten und die Franzosen verfügten über mehr als doppelt soviel Linienschiffe und Fregatten und mehr als zehnmal soviel Dampfschiffe wie die russische Flotte. Hinzu kam noch, daß es sich bei den russischen Dampfschiffen ausschließlich um Raddampfer handelte. Die technische Rückständigkeit der russischen Flotte führte dazu, daß sie mehr zu Verteidigungszwecken eingesetzt wurde und nicht aktiv kämpfte, was dem Wesen der beweglichsten Teilstreitkraft widersprach, die dazu bestimmt ist, den Gegner auf See zu suchen und ihn zu vernichten.
Das Schwarze Meer wurde zum wichtigsten Kriegsschauplatz, und das zentrale Ereignis des gesamten Krieges war die elfmonatige heldenhafte Verteidigung Sewastopols. Der Krieg begann mit einem Gefecht bei Sinope, in dem die türkische Flotte vernichtet wurde. Dieses Ereignis ist mit goldenen Lettern im Ruhmesbuch der russischen Flotte verzeichnet. Nachdem jedoch die britisch-französische Flotte ins Schwarze Meer eingelaufen war, war es der technisch rückständigen und schwachen russischen Schwarzmeerflotte nicht mehr möglich, den Kampf auf See fortzusetzen. Das russische Oberkommando entschloß sich, die Waffen und das Personal der Flotte zur unmittelbaren Verteidigung Sewastopols an

Land einzusetzen.
Der Gegner, dem überlegene Seestreitkräfte zur Verfügung standen, war bemüht, den Krieg geographisch auszudehnen. So liefen vereinigte britisch-französische Geschwader in den Finnischen Meerbusen ein, wo sie auf hartnäckigen Widerstand der schwächeren russischen Seestreitkräfte stießen, denen es gelang, einen Angriff auf Petersburg zu vereiteln.

Im Weißen Meer taten sich die Briten und die Franzosen »mit liederlichen Attacken auf russische und lappische Dörfer und der Zerstörung der kleinen Habe dürftiger Fischer« hervor, womit sie natürlich nichts Wesentliches ausrichteten.[20] Im August 1854 tauchte ein britisch-französisches Geschwader vor Petropawlowsk-Kamtschatski auf, das nur von zwei Schiffen und einer kleinen Garnison verteidigt wurde. Da die Russen in diesem ungleichen Kampf sehr viel Standhaftigkeit bewiesen, konnten sie den Kampf für sich entscheiden, und das Geschwader mußte ruhmlos abziehen.

Das rückständige zaristische Rußland erlitt in diesem Krieg trotz des Heldenmuts, den die Russen bewiesen, eine schwere Niederlage. Der Krimkrieg, der die kämpfenden Parteien »ungezählte Schätze und über eine Million Menschenleben kostete«[21], wurde durch einen Friedensvertrag beendet, der am 30. März 1856 in Paris geschlossen wurde. Rußland mußte die Donaumündung und einen Teil Südbessarabiens abtreten und auf das Protektorat über die Donaufürstentümer verzichten. Die härteste Bedingung des Vertrages war die, die Rußland die Unterhaltung einer Kriegsflotte im Schwarzen Meer untersagte. Dieser Umstand hob erneut die besondere Bedeutung hervor, die den Seestreitkräften in den internationalen Beziehungen beigemessen wurde. Rußland war damit vom sehnlichsten Ziel seiner Politik — dem ungehinderten Zugang zum Mittelmeer — noch weiter entfernt als zuvor.

Der Krimkrieg war ein außerordentlich wichtiger Abschnitt in der Geschichte, dem grundlegende Veränderungen im sozialen und ökonomischen Leben Rußlands folgten. Rußland schlug jetzt den Weg der Entwicklung zum Kapitalimus ein und heilte die Wunden, die der Krieg geschlagen hatte.

Im Jahre 1871 sagte sich Rußland von der Verpflichtung los, im Schwarzen Meer keine Flotte zu unterhalten. Nachdem dieses Ziel erreicht worden war, änderte der Zarismus jedoch seine Einstellung zur Flotte nicht, er erkannte nicht, daß eine Flotte notwendig ist, und ergriff keine entschlossenen Maßnahmen zur Wiederherstellung der Seemacht Ruß-

20 MEW, Bd. 11, S. 494.
21 MEW, Bd. 22, S. 36.

lands. Inzwischen bot sich infolge des Französisch-Preußischen Krieges 1870 - 1871 eine günstige Gelegenheit, die strittigen Fragen mit der Türkei militärisch zu lösen. 1877 erklärte Rußland unter Ausnutzung der entstandenen Lage der Türkei den Krieg.
Zu Beginn dieses Krieges sah die Schwarzmeerflotte ziemlich kläglich aus. Sie verfügte, abgesehen von zwei schwachen und schwerfälligen Panzerkreuzern, den sogenannten »Popovkas«*, nur über einige kleine veralterte Schiffe. Man sah sich gezwungen, die relativ schnellen Dampfschiffe der Handelsflotte sowie Dampfboote und Kutter für militärische Zwecke einzusetzen. Den russischen Marinesoldaten, die unter der Führung junger und energischer Kommandanten auf diesen Schiffen eingesetzt waren, gelang es, die Aktivität der türkischen Panzerschiffe zu paralysieren.
Eine schwere Belastungsprobe hatte die russische Armee zu bestehen. Nach einer Reihe heldenhafter Siege war sie vor Konstantinopel angelangt. Es bedurfte nur noch weniger Anstrengungen, und der lange Kampf um den Zugang zum Mittelmeer wäre mit Erfolg abgeschlossen gewesen. Als die russischen Truppen vor den Mauern Konstantinopels standen, tauchte jedoch in den Meerengen ein britisches Geschwader auf. Sein Auftauchen übte eine geradezu magische Wirkung aus. Die Selbständigkeit der Politik des russischen Zarismus brach unter dem Einfluß der Drohungen Großbritanniens und Österreichs, die dieses Geschwader zum Ausdruck brachte, zusammen. Rußland, dem zum Schutz der Schwarzmeerküste und der Schwarzmeergebiete im Grunde genommen keine Flotte zur Verfügung stand, war gezwungen, sich zurückzuziehen. Es wurde wieder einmal dafür bestraft, daß die zaristischen Politiker, die die Bedeutung der Flotte für die internationalen Beziehungen und im Krieg zu gering einschätzten, sich hartnäckig weigerten, die Seemacht Rußlands zu stärken.
Über den Friedensvertrag wurde auf dem Berliner Kongreß (1878) verhandelt. Der auf dem Kongreß ausgearbeitete Vertrag hielt wiederum Rußland von den Zugängen zum Mittelmeer fern und wirkte sich sehr negativ auf die Lage der slawischen Völker der Balkanhalbinsel aus. Das Territorium Bulgariens wurde auf weniger als die Hälfte beschnitten, und das Territorium Montenegros verringerte sich erheblich. Österreich-Ungarn dagegen, das nicht am Krieg teilgenommen hatte, wurde Bosnien und die Herzegowina zugesprochen, und Großbritannien erhielt Zypern.
Die strategische Lage Rußlands hatte sich zwar infolge diese Krieges etwas verbessert, aber die Vorteile, die ihm aufgrund dieses Friedensver-

* Sie waren nach Plänen von Vizeadmiral Popow gebaut worden (Anm. d. Übers.).

trages zugestanden wurden, standen in keinem Verhältnis zu den Anstrengungen, die dafür aufgewendet worden waren. Und dies geschah nur, weil Rußland keine starke Flotte zur Verfügung stand.

Der Berliner Kongreß wurde gleichzeitig zum Ausgangspunkt neuer Machtverhältnisse in Europa. Er legte den Grundstein für die Aufspaltung der Großmächte in zwei feindliche Gruppierungen: Rußland und Frankreich gegen Deutschland und Österreich-Ungarn. Die Schiedsrichterrolle spielten Großbritannien und die USA. Für Rußland wurde das Problem der Erkämpfung des Rechts auf ungehinderten Zugang zum Mittelmeer erheblich komplizierter, seine Lösung wurde auf unbestimmte Zeit verschoben und konnte jetzt erst im Rahmen eines Weltkrieges erfolgen.

Das Streben nach einem freien Zugang zum Mittelmeer war über 100 Jahre lang das wichtigste politische Ziel Rußlands im Süden. Dieses Ziel verhieß nicht nur große wirtschaftliche und handelspolitische Vorteile, sondern auch eine Verstärkung des Einflusses auf dem Balkan und in Kleinasien. Obwohl die Meerengen des Schwarzen Meeres sich im Besitz der schon seit langem geschwächten Türkei befanden, konnte diese Aufgabe nur dann von Rußland gelöst werden, wenn sich keine anderen Mächte in diesen Kampf einmischten. Deshalb wandte sich Rußland jedesmal, wenn die europäischen Großmächte an anderer Stelle gebunden waren, wieder dem Hauptziel seiner Politik im Süden zu, um das Recht auf freien Handel und freie Schiffahrt im Mittelmeer zu erlangen.

Die Kriege, die hier geführt wurden, hatten insgesamt etwa 30 Jahre gedauert und Millionen von Menschen das Leben gekostet, doch Rußland war es nur gelungen, sich an der Nord- und der Ostküste des Schwarzen Meeres festzusetzen. Weiter war es trotz der Siege seiner Truppen nicht an sein Ziel herangekommen.

Im Kampf um die Zugänge zu den südlichen Meeren zeigte der russische Zarismus oft in den Endphasen des Krieges Schwächen, d. h. in den Phasen, in denen eine Stärke zur See erforderlich gewesen wäre, auf die sich eine unabhängige Politik hätte stützen können, um den Gegner und die ihn unterstützenden Staaten zur Annahme von für Rußland vorteilhaften Friedensbedingungen zu zwingen. Rußland blieb eine der stärksten Landmächte der Welt und verfügte im Süden über eine Flotte, die stark genug war, um den Zweikampf mit der türkischen Flotte aufzunehmen. Sobald sich jedoch andere Mächte in den Krieg einschalteten, die Rußland mit dem Einsatz ihrer Seestreitkräfte drohten, mußte es sich zurückziehen. Mitunter erlitt Rußland auch Niederlagen, mußte auf eine selbständige Politik verzichten und unterwarf sich dem Diktat der westeuropäischen Mächte.

In diesem Zusammenhang muß betont werden, daß es Peter I. sicher

nicht gelungen wäre, seine Politik der Gewinnung der Ostseeküste für Rußland derart beharrlich durchzusetzen, ohne den durch Machtdemonstrationen zur See unterstrichenen Forderungen und Drohungen anderer Mächte nachzugeben, wenn er zu dieser Zeit nicht bereits eine Flotte zur Verfügung gehabt hätte, die die zweitstärkste der Welt war.
Die relative Schwäche der russischen Flotte war somit eine der Hauptursachen dafür, daß im Verlauf des mehr als 100 Jahre währenden Kampfes um die Zugänge zu den südlichen Meeren dieses Ziel doch nicht erreicht wurde.
Aus der kurzen Untersuchung der Rolle, die die Flotte in der Geschichte Rußlands, in seinem Werdegang und in seiner wirtschaftlichen Entwicklung gespielt hat, ergibt sich als Hauptschlußfolgerung: Rußland brauchte in allen Epochen seiner Geschichte als Bestandteil seiner Streitkräfte eine starke, den Interessen einer Weltmacht entsprechende Kriegsflotte.

Die Seestreitkräfte in den Kriegen Ende des 19. und zu Beginn des 20. Jahrhunderts

»Der Imperialismus als höchstes Stadium des Kapitalismus Amerikas und Europas und in der Folge danach auch Asiens hat sich in den Jahren der Zeit von 1898 — 1914 voll herausgebildet. Der Spanisch-Amerikanische Krieg (1898), der Burenkrieg (1899 — 1902), der Russisch-Japanische Krieg (1904 — 05) und die Wirtschaftskrise in Europa im Jahre 1900 — das sind die wichtigsten Meilensteine der neuen Epoche der Weltgeschichte.«[22]
Bis zu dieser Zeit hatten die wichtigsten kapitalistischen Länder hauptsächlich mit Hilfe ihrer Flotten fast das gesamte Territorium der Welt unter sich aufgeteilt, wobei diejenigen Länder, die als erste den Weg der kapitalistischen Entwicklung beschritten hatten und über die stärksten Flotten verfügten, den Löwenanteil dieser Territorien in Besitz nehmen konnten. So war es beispielsweise Großbritannien, das bereits im Jahre 1583 mit den kolonialen Eroberungen begonnen (Insel Neufundland) und sich im Verlauf von 300 Jahren in Kriegs- und Friedenszeiten geschickt der Macht seiner Seestreitkräfte bedient hatte, mit den verschiedensten Mitteln und Methoden gelungen, bis zum Ende des 19. Jahrhunderts Kolonien in seinen Besitz zu bringen, die der Fläche nach mehr als 90mal so groß waren wie das Mutterland.
Das Zentrum des Kampfes um die Aufteilung und Neuaufteilung der Welt verlagerte sich in den Stillen Ozean, an dessen Küste das noch nicht

22 Lenin, Werke, Bd. 23, S. 103.

aufgeteilte und schwache China lag. Hierher wurden Flottenverbände entsandt, um die Expansionsbestrebungen der wichtigsten imperialistischen Mächte zu verwirklichen. Als erste begannen die britischen und die französischen Imperialisten mit der Ausplünderung des chinesischen Volkes; ihnen folgten die jüngeren Räuber: die USA, Deutschland und Japan. Der russische Zarismus, ein militärisch-feudaler Imperialismus mit allen seinen charakteristischen Eigenschaften — Barbarei, Despotismus, Gewalt, grenzenlose Ausbeutung der zahlreichen Völker des Landes und Eroberungspolitik gegenüber den Nachbarstaaten — schaltete sich ebenfalls in diesen Kampf ein.
Die unüberbrückbaren Gegensätze zwischen den Kolonisatoren führte zu einer Reihe von Konflikten und Kriegen im Fernen Osten, in denen die Seestreitkräfte für die imperialistischen Staaten nach wie vor das wichtigste Mittel zur Erreichung politischer Ziele waren.

Der Japanisch-Chinesische Krieg

Die industrielle Entwicklung nach der bürgerlichen Revolution von 1863 ermöglichte es Japan, schnell eine Kriegsflotte aufzubauen. Diese gab dem japanischen Imperialismus die Möglichkeit, seine aggressiven Bestrebungen auf die Eroberung der Territorien Chinas zu richten, das ein wirtschaftlich rückständiger Staat war und nur über eine sehr schwache Flotte verfügte.
Im Jahre 1894 überfiel Japan, das von den USA und Großbritannien unterstützt wurde, China ohne Kriegserklärung. Schon die Tatsache, daß die Gegner durch das Meer getrennt waren, trug wesentlich zur Bedeutung der Kriegsflotten in diesem Krieg bei.
Japan, dem es mit Hilfe seiner Flotte gelungen war, China bei der Zusammenziehung von auf dem Seewege herangebrachten Truppen in Korea zuvorzukommen, drang in die Südmandschurei vor. Danach eroberte eine Armee, die wiederum mit Hilfe der Flotte an der Küste des Gelben Meeres im Raum Piziwo und Talienwan angelandet worden war, im Zusammenwirken mit der Flotte die Halbinsel Liautung mit dem wichtigsten chinesischen Flottenstützpunkt Port Arthur.
Japan drang von den Inseln aus auf das asiatische Festland vor. Die Großmächte sahen darin eine potentielle Gefahr für ihre Expansion. Rußland, Deutschland und Frankreich, die über Seestreitkräfte verfügten, mit denen sie den japanischen Inselstaat bedrohen konnten, protestierten gegen den im April 1895 zwischen Japan und China geschlossenen Friedensvertrag. Japan mußte auf die Halbinsel Liautung und auf Port Arthur verzichten.

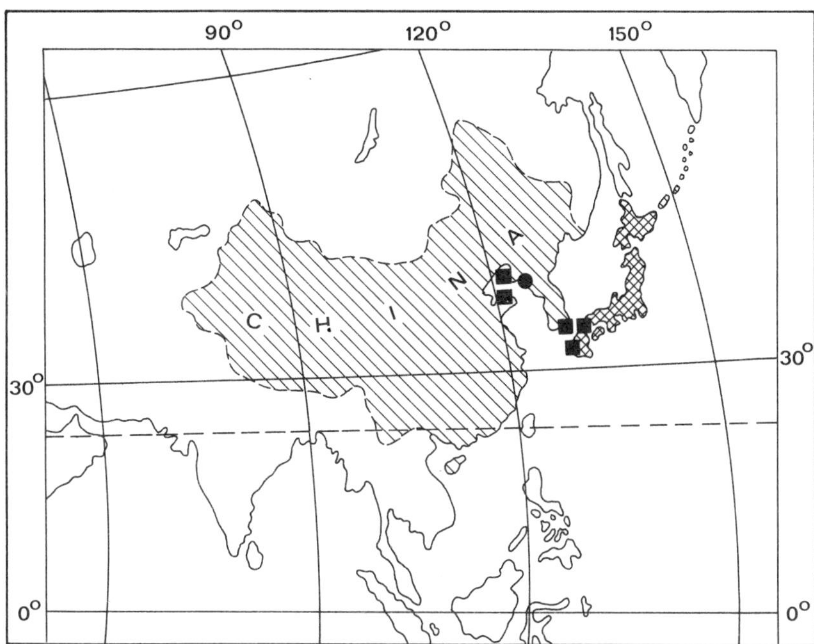

Zeichenerklärung

● Gefecht an der Jalu – Mündung am 17.09.1894

■ Stützpunkte der Flotten, die an den Kampfhandlungen teilnahmen (China: Weiheiwei und Port Arthur: Japan: Sasebo, Schimonoseki und Takeshiki)

Territorien der kriegführenden Staaten

Stärke der Flotten beider Seiten zu Beginn des Krieges

Länder	Panzer-schiffe	Panzer-kreuzer	Kreuzer	Kanonen-boote	Torpedo-boote
Japan	–	7	3	9	45
China	2	8	4	6	17

Für China wurde die Stärke des Nordgeschwaders angegeben; denn die Flottenverbände Schanghais, Kantons und Futschous nahmen nicht am Krieg teil.

Bild 6 Der Japanisch – Chinesische Krieg 1894 – 1895

Die Probleme des neuen fernöstlichen Knotenpunkts der Interessengegensätze innerhalb des Imperialismus rückten damit in den Vordergrund der Weltpolitik. Der Japanisch-Chinesische Krieg demonstrierte gleichzeitig, welch außerordentlich große Bedeutung den Flotten in dem komplizierter gewordenen Kampf um die Aufteilung der Welt bei der Durchsetzung der politischen Ziele der Staaten zukam.

Der Spanisch-Amerikanische Krieg

Gegen Ende des 19. Jahrhunderts hatten sich in der Politik der USA alle Merkmale herausgebildet, die für eine imperialistische Macht bezeichnend sind. Amerika suchte sich das erste große Opfer aus. Als besonders nahe und günstige Objekte für seine aggressiven Bestrebungen erwiesen sich die im Karibischen Meer gelegenen spanischen Kolonien sowie die Philippinen und die Insel Guam. Diese Inseln sollten die weitere Expansion der USA nach Asien gewährleisten. Die Amerikaner nahmen die erste sich bietende Gelegenheit wahr, um im Jahre 1898 einen Krieg zu entfesseln. Die wichtigste Rolle in diesem Kriege wurde der Flotte zugewiesen, deren Kräfte entscheidende Schläge vor allem gegen die spanische Flotte führen sollten, um dem Gegner die Möglichkeit zu nehmen, auf dem Seewege vom Mutterland aus Verstärkungen heranzubringen. Deshalb hatten sie bei der Vorbereitung des Krieges eine Kriegsflotte aufgebaut, die der Flotte des rückständigen Königreichs Spanien überlegen war. Kriegsschauplätze waren das Karibische Meer und der Westteil des Stillen Ozeans.

Die Amerikaner nutzten ihre Überlegenheit zur See aus und landeten Truppen auf Kuba. Das spanische Westindiengeschwader wurde bei dem Versuch, von Santiago aus zum Ozean durchzubrechen, von den moderneren amerikanischen Kriegsschiffen vernichtet. Die spanische Garnison von Santiago, die nicht mehr von See her unterstützt wurde, mußte bald kapitulieren. Der Kampf im Karibischen Meer war damit praktisch beendet.

Einen leichten Sieg errangen die Amerikaner auch bei den Philippinen. Das schwache Asiengeschwader der Spanier wurde in der Bucht von Manila vernichtet. Die Marineinfanterie der USA besetzte kampflos Manila, die Hauptstadt der Philippinen. Die wahren Sieger — die philippinischen Aufständischen, die die Inseln vorher von den spanischen Truppen gesäubert hatten —, ließen sie nicht in die Hauptstadt.

Kuba, Puerto Rico, Guam und die Philippinen wurden nach dem Friedensvertrag amerikanische Kolonien. Die USA nahmen damit eine beherrschende Stellung im Karibischen Meer ein, sie hatten ihre Position

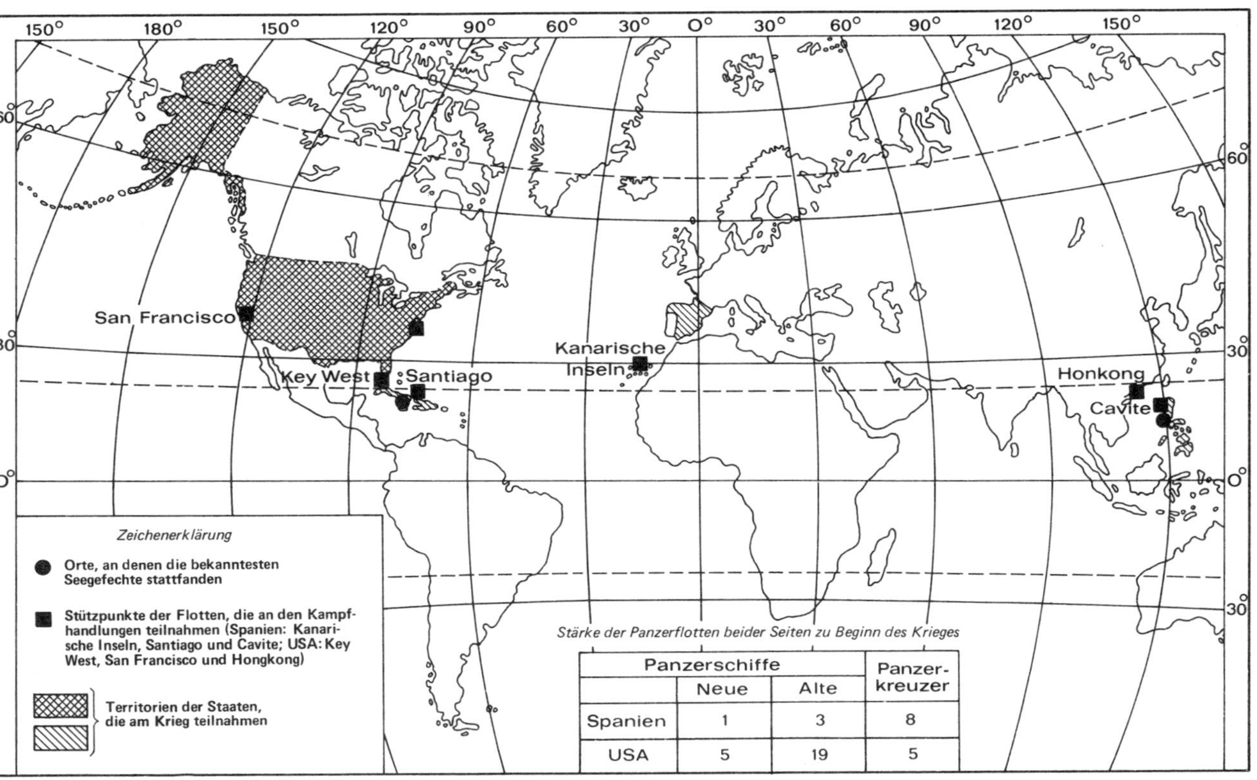

	Panzerschiffe		Panzerkreuzer
	Neue	Alte	
Spanien	1	3	8
USA	5	19	5

Bild 7 Der Spanisch – Amerikanische Krieg von 1898

in der westlichen Hemisphäre gefestigt und im Stillen Ozean günstige Positionen an den Zugängen nach China gewonnen.
Der Sieg der USA über das rückständige Spanien war ein unmittelbares Ergebnis der Überlegenheit der Amerikaner zur See. Die Flotte spielte in diesem Krieg eine außerordentlich wichtige und entscheidende Rolle. Nach dem Spanisch-Amerikanischen Krieg begann in den USA eine lange Periode ungehemmter Marinerüstung. Die Kriegsflotte und die Marineinfanterie rückten im System der Streitkräfte der USA auf den ersten Platz vor.

Die Rolle der Flotten im Russisch-Japanischen Krieg

Die Gegensätze im Fernen Osten bargen die Gefahr neuer Kriege in sich. Ein Japanisch-Russischer Krieg rückte immer näher. Die Tatsache, daß Rußland sich gemeinsam mit Frankreich und Deutschland gegen die Bedingungen des Japanisch-Chinesischen Friedensvertrages wandte, gab den Anstoß zu einem offenen politischen Kampf zwischen Rußland und Japan. Nach der Eroberung der Provinz Kuantung 1897 durch die russischen See- und Landstreitkräfte und der Errichtung eines Flottenstützpunktes für die russische Pazifikflotte in Port Arthur verschärfte sich die Lage noch mehr.
Im Jahre 1900 entsandten im Zusammenhang mit dem sogenannten Boxeraufstand alle großen imperialistischen Konkurrenten — Großbritannien, Japan, USA, Deutschland, Frankreich und Rußland — Truppen nach China. Von dieser Zeit an verschärften sich die Gegensätze zwischen diesen imperialistischen Staaten noch mehr.
Nach der Besetzung der Mandschurei durch Rußland wurde für Großbritannien, Japan und die USA die Frage der Verdrängung Rußlands aus den eroberten Gebieten und der Eingliederung dieser Gebiete in die eigenen Besitzungen zur wichtigsten Frage ihrer Fernostpolitik. Japan, das von Großbritannien und den USA aufgestachelt wurde, war ganz offen darauf aus, einen Krieg gegen Rußland zu entfesseln, und bereitete sich intensiv darauf vor. Im Jahre 1902 schlossen Japan und Großbritannien einen Vertrag, der sich gegen Rußland richtete. Die Verbündeten verpflichteten sich aufgrund dieses Vertrages insbesondere, in den fernöstlichen Gewässern eine Flotte zu unterhalten, die der russischen Flotte überlegen war. Das zeugte offensichtlich davon, daß die Gegner Rußlands die Absicht hatten, den Seestreitkräften in dem bevorstehenden bewaffneten Konflikt eine erstrangige Bedeutung zuzuweisen.
Die USA waren ebenfalls bestrebt, einen Krieg zwischen Japan und Rußland herbeizuführen. Sie hofften auf eine Schwächung beider

Seiten, vor allem ihrer Flotten, in diesem Krieg, was die Amerikaner in die Lage versetzen würde, Schlüsselpositionen im Stillen Ozean und in China zu gewinnen. Der Präsident der USA wies die Regierungen Frankreichs und Deutschlands darauf hin, daß Amerika an der Seite Japans in den Krieg eintreten würde, wenn sie Rußland in irgendeiner Weise Hilfe erweisen sollten. So war Rußland auf sich allein gestellt im Kampf gegen eine starke Inselmacht, deren strategische Stärke auf ihrer Flotte beruhte, eine Macht, die sich auf das Bündnis und die Hilfe von mindestens zwei der größten Seemächte der Welt — Großbritannien und die USA — stützen konnte, deren Prinzipien des Einsatzes ihrer Seestreitkräfte zur Lösung militärischer und politischer Aufgaben allgemein bekannt waren. Diese Umstände hätten für die gegnerischen Parteien bei der Vorbereitung zum möglichen Krieg bestimmend sein müssen. In der unterschiedlichen Art und Weise, in der die Streitkräfte beider Seiten vorbereitet wurden, kam deutlich der Weitblick der führenden Politiker Japans und das Fehlen dieser Eigenschaft bei den Politikern des zaristischen Rußland zum Ausdruck.

Die japanische Regierung legte großes Gewicht auf den Aufbau einer starken Flotte, wozu der Hauptteil des Staatshaushalts und der Kontributionen bereitgestellt wurde, die man von China nach dem Japanisch-Chinesischen Krieg erhielt. Die USA und Großbritannien gewährten Japan umfangreiche Subsidien und waren praktisch das Arsenal Japans. Fast alle Schiffe der japanischen Panzerflotte, die über die — für die damalige Zeit — besten technischen Eigenschaften und Waffen verfügten, waren auf britischen Werften gebaut worden. Außerdem schuf Japan mit Hilfe deutscher Instrukteure eine starke Armee für das Vordringen auf das Festland. Die Offiziere der Land- und Seestreikräfte besaßen Erfahrungen aus dem Krieg in China und waren mit den Besonderheiten des Kriegsschauplatzes gut vertraut.

Ganz anders sah dagegen die Vorbereitung des zaristischen Rußland auf den bevorstehenden Krieg aus. Die regierenden Kreise Rußlands waren sich zwar bewußt, daß ihre Bestrebungen im Fernen Osten nur durch einen Krieg zu realisieren waren, unternahmen jedoch nicht die erforderlichen energischen und vorsorglichen Maßnahmen. Der negative Einfluß dieser Untätigkeit auf die Bereitschaft zum Krieg wurde noch dadurch verstärkt, daß die strategische Lage im Fernen Osten für Rußland ungünstig war — die sibirische und die ostchinesische Eisenbahnlinie hatten noch nicht ihre volle Leistungsfähigkeit erreicht, so daß eine störungsfreie und schnelle Zusammenfassung und Versorgung der russischen Truppen auf dem Kriegsschauplatz nicht gewährleistet war, und die russischen Truppen im Fernen Osten waren nicht auf den Krieg vorbereitet. Dies galt vor allem für die russische Pazifikflotte, die erheblich

Tabelle 10: Vergleich der Flottenstärken im Fernen Osten zu Beginn des Russisch-Japanischen Krieges[1]

Schiffsgattung	Rußland	Japan
Panzerschiffe	7	6
Panzerkreuzer	4	8
Kreuzer	7	12
Torpedobootzerstörer und Torpedoboote	37	47

1 Geschichte der Seekriegskunst, Moskau 1969, S. 82.

schwächer war als die japanische Flotte, was aus Tabelle 10 ersichtlich ist.

Die kurzsichtige russische Führung und der Zar waren nicht imstande, den ganzen Ernst der Lage im Fernen Osten richtig zu beurteilen und die Rolle der Flotte im künftigen Krieg zu erkennen. Deshalb wurden nicht rechtzeitig Maßnahmen getroffen, um die Pazifikflotte durch Kräfte der Ostseeflotte und der Schwarzmeerflotte zu verstärken. Hinzu kam noch, daß die Pazifikflotte auf verschiedene Meere verteilt war. Im Gelben Meer, das Hauptkriegsschauplatz war, verfügte die Flotte insgesamt nur über acht Panzerschiffe.

Der Bau der Flottenstützpunkte im Stillen Ozean war noch lange nicht abgeschlossen, und deshalb war Port Arthur weder eine zuverlässige Festung noch ein gut ausgebauter Flottenstützpunkt, der gegnerischen Angriffen hätte standhalten und Schiffen eine sichere Basis bieten können. So kam es, daß zu Beginn des Jahres 1904 Rußland, das sich praktisch in der Isolation befand, nicht auf den Krieg vorbereitet war und im Fernen Osten nur über schwache Seestreitkräfte verfügte, sich der gesamten Macht des internationalen Monopolkapitals gegenübersah, das Japan als Angreifer vorschob.

Nach den japanischen Plänen war das strategische Nahziel des Krieges die Erringung der Seeherrschaft, was man durch einen überraschenden Überfall auf die russische Pazifikflotte und die Vernichtung des Geschwaders von Port Arthur sowie der in Korea und China stationierten russischen Schiffe erreichen wollte. Dann waren nacheinander die Landung von Armeen auf der Halbinsel Liautung, die Eroberung Port Arthurs sowie die Vernichtung der Hauptgruppierung der russischen Truppen in der Südmandschurei mit anschließender Eroberung der gesamten Mandschurei und der Gebiete am Ussuri und am Amur vorgesehen.

Japan, das auf See der russischen Flotte qualitativ und quantitativ überlegen war, nutzte die günstige internationale Lage und die allgemein schlechte militärische Vorbereitung des zaristischen Rußland, um am 9. Februar 1904 den Krieg zu beginnen. Hinzu kam, daß die japanische Flotte aufgrund ihrer Stationierung die Seewege beherrschte, auf denen die Truppen zum Kontinent befördert wurden. Die japanische Armee war ebenfalls zahlenmäßig stärker als die russischen Landstreitkräfte, und Rußland war aufgrund seiner schlechten Transportmöglichkeiten nicht in der Lage, dieses Kräfteverhältnis innerhalb kurzer Zeit zu seinen Gunsten zu verändern.

Der Krieg begann mit einem überraschenden Überfall der japanischen Flotte auf die russischen Seestreitkräfte in Port Arthur und Chemulpo, der das russische Geschwader zwar erheblich schwächte, dem Gegner aber noch nicht die Seeherrschaft einbrachte.

Aber kam dieser Überfall wirklich unerwartet? Hatte es denn nicht genügend Nachrichten über die Kriegsvorbereitungen der Japaner gegeben?

Wiederholte Berichte des russischen Marineattachés in Japan über die Aktivitäten der japanischen Flotte gaben allen Anlaß, einen Angriff zu erwarten. Anfang Januar meldete er, daß man in Japan die Reservisten einberief, Dampfschiffe charterte, die zwei Divisionen befördern konnten, Fahrten von Dampfschiffen in ferne Gebiete einstellte und die japanische Flotte nach Korea verlegte. Am 18. Januar meldete der Attaché, daß das Verlegen von Minensperren und der Umfang der Vorbereitungen auf weitreichende Pläne Japans hindeuten. Am 24. Januar meldete er telegraphisch die allgemeine Mobilmachung in Japan. Doch die zaristische Regierung schenkte allen diesen Warnungen keine Beachtung, so daß der Krieg völlig unerwartet über die russischen Schiffe hereinbrach.

Erst als der Krieg schon im Gange war, setzte der Zar Vizeadmiral S. O. Makarow, der den Gegner und den Kriegsschauplatz gut kannte und eine anerkannte Autorität auf dem Gebiet der Seetaktik war, als Befehlshaber der Flotte im Stillen Ozean ein. Allerdings hatten der Stadthalter des Zaren im Fernen Osten und der Befehlshaber der Flotte entgegengesetzte Ansichten über die Rolle der Flotte im Krieg sowie über den Einsatz der Flottenkräfte unter den gegebenen Verhältnissen. Die Vorschläge Makarows zum aktiven Einsatz der Flotte und zur Verbesserung ihrer Gefechtsbereitschaft stießen auf Hindernisse. Die Schiffe lagen die meiste Zeit in den Stützpunkten; Aufklärungsfahrten oder gar aktive Einsätze gegen die Seetransporte der Japaner wurden nicht unternommen. Nach dem Tode des Befehlshabers der Flotte (14. April 1904), dessen Flaggschiff »Petropawlowsk« auf eine Mine gelaufen war, stellte das Port-Arthur-Geschwader seine aktive Tätigkeit ganz ein.

Währenddessen zog sich die russische Armee, obwohl sie erheblich verstärkt worden war, unter den Schlägen der Japaner nach Norden zurück. Es waren wirksame Maßnahmen erforderlich, um den Druck der Japaner abzuschwächen. Real dazu in der Lage wäre nur eine Flotte gewesen, die den Strom der Verstärkungen für die japanische Armee auf dem Seewege hätte unterbrechen oder einschränken und die japanischen Inseln bedrohen können. Das wurde aber zu spät erkannt.

Am 24. August 1904 wurde dann verspätet die Entscheidung getroffen, das 2. Pazifikgeschwader aus der Ostsee hierher zu entsenden. Durch eine rechtzeitige Vereinigung dieses Geschwaders mit dem Geschwader von Port Arthur hätte man die Lage auf dem gesamten Kriegsschauplatz grundlegend zugunsten Rußlands ändern können, doch die Zeit dafür war vertan.

Hätte man Maßnahmen dieser Art früher getroffen, dann hätte das Kräfteverhältnis im Fernen Osten in der Tat anders ausgesehen (Tabelle 11).

Tabelle 11: Kräfteverhältnis der Flotten bei rechtzeitigem Eintreffen des 2. Pazifikgeschwaders im Fernen Osten

Schiffsgattung	Rußland			Japan
	Port-Arthur-Geschwader und Wladiwostok-Geschwader	2. Pazifik-Geschwader	Insgesamt	
Panzerschiffe	7	8	15	8
Panzerkreuzer	4	1	5	8
Küstenpanzerschiffe	—	3	3	—
Insgesamt gepanzerte Schiffe	11	12	23	16
Kreuzer	7	8	15	15
Torpedobootzerstörer und Torpedoboote	37	9	46	63

Anmerkung: Japan konnte die Anzahl seiner Kriegsschiffe im Vergleich zur Vorkriegszeit vor allem deshalb erhöhen, weil es seine Schiffe auf britischen Werften und mit Hilfe anglo-amerikanischer Kredite bauen ließ.

Die japanische Führung nutzte die günstige Lage auf See aus und konzentrierte ihre Anstrengungen auf Port Arthur. Sie war bemüht, den Widerstand der Verteidiger Port Arthurs zu brechen und das dort stationierte Geschwader noch vor dem Eintreffen der Verstärkungen aus Europa zu vernichten. Die Belagerungsgruppierung der Japaner wurde verstärkt und führte erbitterte Sturmangriffe gegen Port Arthur.

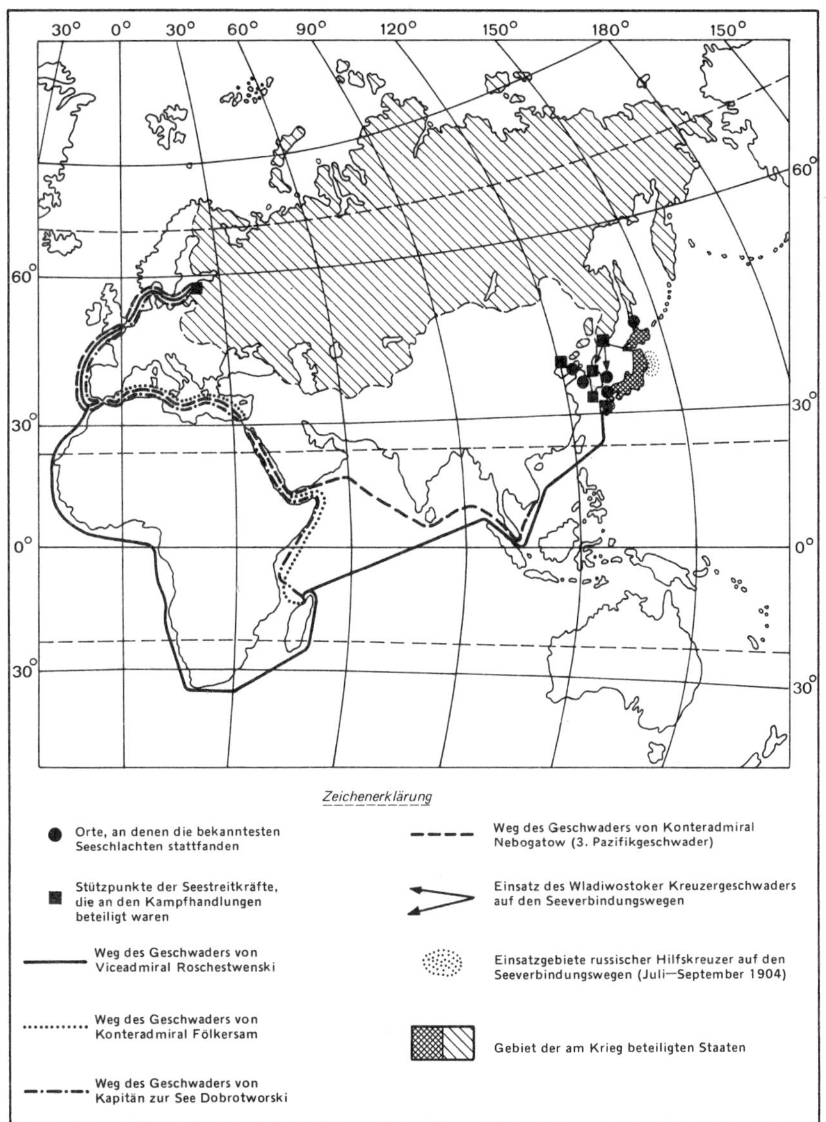

Bild 8 Der Russisch – Japanische Krieg 1904 – 1905

Anstatt die noch genügend starken Flottenkräfte ihrem Verwendungszweck entsprechend für den Kampf auf See einzusetzen, wo sie sowohl das belagerte Port Arthur als auch alle russischen Truppen in der Mandschurei am besten hätten unterstützen können, entschlossen sich die unfähigen russischen Befehlshaber dazu, die Schiffe abzurüsten und ihre Waffen und Besatzungen unmittelbar bei der Verteidigung der Festung an Land einzusetzen. Sie erkannten nicht, daß es zwischen den hier vorliegenden Verhältnissen und der Lage Sewastopols im Jahre 1854 — 1855, wo eine solche Entscheidung vollauf berechtigt gewesen war, einen grundlegenden Unterschied gab. Die Garnison von Port Arthur führte acht Monate lang einen heldenhaften Kampf. Obwohl die Möglichkeiten zur Verteidigung der Festung noch nicht ganz ausgeschöpft waren, wurde sie am 2. Januar 1905 unbesiegt den Japanern übergeben. Der Fall Port Arthurs gilt zwar als Wendepunkt im Verlauf des Krieges, der weitgehend eine Vorentscheidung für den Ausgang des Krieges darstellte, aber in Wirklichkeit begann diese Wende schon mit dem Ende des aktiven Einsatzes der russischen Flotte, d.h., als die erste Phase des Kampfes um die Herrschaft auf See mit einer russischen Niederlage endete.

Erst am 15. Oktober 1904 machte sich das von Roschestwenski geführte 2. Pazifikgeschwader in der Ostsee auf den Marsch in den Fernen Osten. In der Geschichte der russischen Flotte, und auch anderer Flotten, war diese weite und lange Fahrt eines großen Flottenverbandes, der sich aus Schiffen verschiedener Gattungen, die teilweise nicht sehr seetüchtig waren und keine Erfahrung in der Durchführung gemeinsamer langer Seetörns hatten, zusammensetzte, ein einmaliges Unternehmen. Auf dem gesamten Weg des Geschwaders war kein einziger russischer Stützpunkt vorhanden, in dem sich die Besatzungen erholen und die Schiffe instand gesetzt oder versorgt werden konnten. Die meisten Küsten, an denen das Geschwader entlangfuhr, gehörten dem Rußland feindlich gesonnenen Großbritannien. Mit der Entfernung von seinen westlichen Stützpunkten erhöhte sich für das russische Geschwader die Gefahr einer Begegnung mit der Flotte des Gegners, was die Reise außerordentlich erschwerte. Alle diese Schwierigkeiten konnten jedoch dank dem Heldenmut und den großen seemännischen Fähigkeiten der russischen Marinesoldaten überwunden werden.

Als das Geschwader vor Madagaskar ankerte, traf in Petersburg die Nachricht vom Fall Port Arthurs und von der Vernichtung des Geschwaders von Port Arthur ein. Doch der Zar und seine Umgebung sahen im 2. Pazifikgeschwader die letzte Hoffnung auf einen Sieg in diesem Krieg und änderten den Auftrag des Geschwaders nicht.

Am 14. Mai 1905 lief das russische Geschwader nach dieser beispiellosen, fast acht Monate dauernden Fahrt, bei der es kein einziges Schiff verlor, in die Korea-Straße ein. Hier wurde es von der moderneren japanischen Flotte erwartert, die sich lange auf dieses Gefecht vorbereitet hatte und über ein ganzes System nahegelegener Stützpunkte verfügte. Der Ausgang der Schlacht von Tsuschima war im voraus entschieden. Der Gegner, der der russischen Flotte vor allem technisch überlegen war, brachte dem 2. Pazifikgeschwader trotz des Heldenmutes, mit dem die Besatzungen in der Schlacht von Tsuschima kämpften, eine schwere Niederlage bei. Die meisten russischen Schiffe wurden in der Schlacht vernichtet, und nur ein kleiner Teil wurde in ausländischen Häfen interniert.

Die Frage der Herrschaft auf See wurde damit endgültig zugunsten Japans entschieden. W. I. Lenin schrieb: »Die russische Pazifikflotte (. . .) ist endgültig vernichtet (. . .). Aber der militärischen Katastrophe, von der die Selbstherrschaft ereilt wurde, kommt noch größere Bedeutung zu als Symptom für den Zusammenbruch unseres ganzen politischen Systems.«[23]

Mit dieser Zerschlagung der zaristischen Flotte ging der Russisch-Japanische Krieg zu Ende. Die Regierung sah ein, daß es sinnlos war, diesen Krieg fortzuführen. Sie konnte sich angesichts der Tatsache, daß eine Revolution ausgebrochen war, in der sie einen Vorboten für den völligen Zusammenbruch der Autokratie sah, nicht zur Fortsetzung des Krieges entschließen. Japan hatte ebenfalls seine Kräfte völlig verbraucht und war gezwungen, den amerikanischen Präsidenten um Vermittlung zu bitten.

Die Rückständigkeit des Zarenregimes im Bereich der staatlichen Organisation sowie auf wirtschaftlichem, politischem und militärischem Gebiet und seine völlige Unfähigkeit, die Bedeutung der Seemacht für Rußland zu erkennen, die die Hauptursachen für die Schwäche der Flotte waren, führten zur militärischen Niederlage des Zarenregimes. Als die wahren Sieger in diesem Krieg erwiesen sich die Imperialisten der USA, Großbritanniens und Deutschlands. Ihre Konkurrenten im Fernen Osten und im Stillen Ozean waren erheblich geschwächt und tief verschuldet.

Nach dem Friedensvertrag von Portsmouth erhielt Japan den südlichen Teil der Mandschurischen Eisenbahn, den Südteil Sachalins und die Pacht über das Gebiet Kuantung mit Port Arthur und Dalian; außerdem wurden Japan Vorzugsrechte in Korea eingeräumt.

Die einflußreiche russische Gesellschaft begann infolge der schmerzlichen Lehren des Krieges die Bedeutung der Seestreitkräfte in den moder-

23 Lenin, Werke, Bd. 8, S. 36f.

nen Kriegen besser zu begreifen und veranlaßte die zaristische Regierung, die Flotte auf schnellstem Wege wiederaufzubauen. Zum Aufbau der Flotte wurden bedeutende russische Schiffbauer herangezogen: A. N. Krylow, W. W. Konstantinow, N. I. Kuteinikow, I. G. Bubnow u. a. Wie die weiteren Ereignisse zeigten, blieben sich die zaristischen Herrscher jedoch treu und änderten ihre Einstellung zur Flotte nicht. Der Aufbau der Flotte wurde weiterhin hauptsächlich aus Prestigeerwägungen des Staates heraus durchgeführt und ohne Rücksicht darauf, daß Rußland unbedingt über eine Seemacht verfügen mußte. Deshalb hatte der Aufbau der Flotte den Charakter des Zufälligen, d.h., man verfolgte kein genau festgelegtes Ziel, sondern war nur bemüht, die eigenen Kräfte den Kräften der ausländischen Flotten anzupassen. Hierauf war es auch zurückzuführen, daß man die anderen Staaten in bezug auf die Schiffstypen, die oft Mängel aufwiesen und veraltet waren, sklavisch nachahmte. Dabei wurden die Bedingungen, unter denen die Schiffe eingesetzt werden sollten, sowie die besonderen, nur für Rußland geltenden Forderungen an den Aufbau der Flotte, die sich aus der geographischen Lage Rußlands ergaben, überhaupt nicht berücksichtigt. Die wichtigste dieser Forderungen war — wegen der großen Entfernungen zwischen den einzelnen Seekriegsschauplätzen —, daß die Notwendigkeit der Durchführung von Flottenbewegungen zwischen den einzelnen Seekriegsschauplätzen einkalkuliert wurde. Dabei mußte berücksichtigt werden, daß zwischen den einzelnen Seekriegsschauplätzen und Stützpunkten erschlossene und eingerichtete Seewege fehlten, was weitgehend darauf zurückzuführen war, daß das Zarenregime es versäumt hatte, eine ganze Reihe von Inseln und überseeischen Territorien, die von russischen Seefahrern entdeckt worden waren, in Besitz zu nehmen. Es muß im übrigen daran erinnert werden, daß der Hauptgrund für den Verlust dieser Territorien die tief verwurzelte Unfähigkeit war, die Bedeutung der Seemacht für Rußland zu erkennen. Rußland war gezwungen, auf jedem Meer eine Flotte aufzubauen, die in der Regel schwächer war als die Flotten der potentiellen Gegner auf dem betreffenden Kriegsschauplatz. Die Lösung des Problems der Durchführung von Flottenbewegungen zwischen den einzelnen Seekriegsschauplätzen erforderte offensichtlich den Bau von Schiffen mit großem Fahrbereich sowie einen außerordentlich großen strategischen Weitblick der Führung, um eine rechtzeitige Konzentration der Kräfte auf dem jeweiligen Kriegsschauplatz zu gewährleisten. Wäre das von Roschestwenski geführte Geschwader schon vor Beginn der Kampfhandlungen oder zumindest vor dem Fall Port Arthurs in den Fernen Osten verlegt worden, dann wäre der Krieg ohne Zweifel entweder später ausgebrochen, oder er hätte einen ganz anderen Verlauf nehmen können.

Die Geschichte der von Rußland geführten Kriege zeigt in überzeugender Weise, daß immer dann, wenn sich die Zaren nicht genügend um die Weiterentwicklung der Flotte kümmerten und sie nicht auf dem modernsten Stand hielten, Rußland in den Kriegen entweder Niederlagen erlitt oder seine Politik in Friedenszeiten ihre Ziele nicht erreichte.

Die Flotten im Ersten Weltkrieg

Die ungleichmäßige wirtschaftliche und politische Entwicklung der imperialistischen Staaten führte dazu, daß der Kampf um die Neuaufteilung der Welt immer erbitterter wurde und sich immer mehr die Gefahr eines neuen, noch folgenschwereren Krieges abzeichneten.
Die politische Vorbereitung des bevorstehenden Krieges war schon lange im Gange. Die imperialistischen Staaten zerfielen in zwei feindliche Gruppierungen: Das Bündnis der europäischen Mittelmächte mit Deutschland und die Entente mit Großbritannien an der Spitze. Der herannahende Krieg konnte nur ein imperialistischer Weltkrieg sein. Parallel dazu fand der Prozeß der beschleunigten Vorbereitung der Streitkräfte statt. Besonderes Gewicht wurde auf eine sorgfältige Analyse der Erfahrungen aus dem Russisch-Japanischen Krieg gelegt, in dem sehr große Seeschlachten stattgefunden hatten, wobei die modernsten Mittel des bewaffneten Kampfes auf See eingesetzt worden waren. Dieser Krieg hatte gezeigt, daß die Bedeutung der Flotte in den Kampfhandlungen stark zugenommen hatte. Diese wichtigste Schlußfolgerung wurde von fast allen großen imperialistischen Staaten gezogen, die sofort mit dem Bau von Kriegsschiffen unter Berücksichtigung der im Russisch-Japanischen Krieg gewonnen Erfahrungen begannen.
Die zweite Schlußfolgerung war, daß den schweren gepanzerten Artillerieschiffen im Kampf auf See eine dominierende Rolle zuerkannt wurde. Dementsprechend konzentrierten alle Seemächte bei der Vorbereitung auf den Ersten Weltkrieg ihre Anstrengungen auf die Schaffung einer Überwasserflotte sowie auf die Ausarbeitung von Methoden zur Führung von Artilleriegefechten zwischen Panzerschiffgeschwadern. Diese Auffassungen fanden im Bau von Großkampfschiffen — den Dreadnoughts — ihren Niederschlag.
Als zweitwichtigste Waffe der Flotte galt die Torpedowaffe, die zum ersten Male im Russisch-Japanischen Krieg von Überwasserschiffen aus eingesetzt wurde, was zur Verbesserung der Torpedobootzerstörer und der leichten Kreuzer mit Torpedo- und Artilleriebewaffnung und ihrer serienmäßigen Herstellung führte.
Alle anderen Fragen des Flottenbaus, z. B. die Frage des Aufbaus von

Unterwasserstreitkräften, traten unter dem Einfluß der Erfahrungen aus dem vergangenen Krieg in den Hintergrund, obwohl die Industrie nach dem Stand von Wissenschaft und Technik damals bereits in der Lage war, genügend ausgereifte U-Boote zu bauen.
Einen bedeutenden und äußerst negativen Einfluß auf die einseitige Entwicklung der Flotten hatte auch die Mahansche »Theorie der Seeherrschaft«, die als unanfechtbar galt und nach der der Sieg auf See nur durch eine Schlacht großer Linienschiffe oder durch das Blockieren der gegnerischen Flotte in ihrem Stützpunkt errungen werden konnte. U-Boote galten dagegen als nicht zur Erringung und Aufrechterhaltung der Herrschaft auf See geeignet.
Die Vorbereitungen Rußlands auf den Ersten Weltkrieg fanden in einer schwierigen politischen Lage statt. Die Ergebnisse des Russisch-Japanischen Krieges hatten die Brüchigkeit des russischen Zarenregimes und seine Unfähigkeit bewiesen, die Grundprobleme der Politik des Staates mit Erfolg zu lösen. Revolutionäre Kundgebungen und bewaffnete Aufstände, die durch die heldenhafte Aktion der Besatzung des Panzerkreuzers »Potemkin« eingeleitet wurden, dauerten bis zum Beginn des neuen Krieges an und erschütterten die Grundlagen der Autokratie.
Die russische Flotte war nach dem Russisch-Japanischen Krieg völlig geschwächt und nicht mehr in der Lage, den Kampf mit der deutschen Flotte auf hoher See aufzunehmen. Obwohl objektiv die Notwendigkeit bestand, schnellstens eine Flotte aufzubauen, zeigte die zaristische Regierung keine Eile. Deshalb gab es lange Zeit keine Klarheit darüber, was für eine Flotte Rußland brauchte und welche Aufgaben sie im bevorstehenden Krieg lösen sollte.
Erst 1911 wurde dann schließlich ein Gesetz verabschiedet, das als Grundlage zur Festlegung der konkreten Stärke und Zusammensetzung der Einsatzkräfte der Ostseeflotte diente.[24] Was die Kräfte der Schwarzmeerflotte und der sibirischen Flottille betraf, so wollte man ihre Stärke erst in Zukunft genauer festlegen, je nach den Veränderungen in der militärstrategischen Lage auf diesen Kriegsschauplätzen.
Die Ostseeflotte, der besonders große Bedeutung bei der Sicherung der rechten strategischen Flanke der Front des bewaffneten Kampfes und der Verteidigung der Hauptstadt gegen Angriffe der starken deutschen Flotte beigemessen wurde, erhielt den Auftrag, Landungsoperationen des Gegners im Ostteil des Finnischen Meerbusens zu verhindern. Man

24 Dieses Dokument sah vor, daß die Einsatzkräfte in der Ostsee bis 1924 über folgende Schiffe verfügen sollten: 16 Schlachtschiffe, 8 Panzerkreuzer, 18 Kreuzer, 72 Torpedobootzerstörer und 24 U-Boote.

muß zugeben, daß die Ostseeflotte, die ihrem Kampfplan die Idee des Verteidigungskampfes am Minen-Artillerie-Sperriegel Nargen (Naissaar) — Porkkala-Udd zugrunde legte, diese Aufgabe glänzend löste.
Die Schwarzmeerflotte hatte den Auftrag, die Herrschaft auf dem Schwarzen Meer zu sichern und sich für den Kampf um die Eroberung der Zugänge zum Mittelmeer bereitzuhalten. Sie sollte sich außerdem zur Vernichtung der gegnerischen Flotte an der Minen-Artilleriesperre bei Sewastopol bereithalten.
Obwohl sich die Gefahr eines Weltkrieges immer deutlicher abzeichnete, wurden die mit Verspätung begonnenen Schiffbauprogramme nachlässig durchgeführt. Deshalb gelang es bis zum Beginn des Krieges nicht mehr, die 1909 auf Kiel gelegten ersten Schlachtschiffe für die Ostseeflotte sowie die 1911 für die Schwarzmeerflotte und Ende 1912 für die Ostseeflotte auf Kiel gelegten Schlachtkreuzer fertigzustellen. Mit mehr Erfolg wurde dagegen das Programm zum Bau von Torpedobootzerstörern verwirklicht. Die Ostseeflotte und die Schwarzmeerflotte verfügten also bei Kriegsbeginn nur über veraltete Schiffe.
Indessen wurden bei der russischen Flotte schnell und mit Erfolg fast alle Arten von Waffen und Kampfmitteln verbessert, so daß diese bessere Kampfeigenschaften besaßen als die entsprechenden Waffen und Kampfmittel im Ausland. Positive Ergebnisse wurden auch in der Gefechtsausbildung der Flotten erzielt.

Die Kriegsflotten zu Beginn des Ersten Weltkrieges

Die wichtigsten Länder verfügten zu Beginn des Krieges infolge der einseitigen Berücksichtigung der Erfahrungen aus dem Russisch-Japanischen Krieg über starke Linienschiffverbände.
Großbritannien besaß die stärkste Flotte, die, wie es schien, in der Lage war, die Sicherheit seines riesigen Kolonialreiches und die Seeverbindungen zu allen Ländern der Welt in vollem Unfang zu gewährleisten.
Die deutsche Flotte, die sich auf eine schnell wachsende Industrie stützte, entwickelte sich besonders stürmisch, was zur technischen Vervollkommnung ihrer Schiffe beitrug. Wie aus Tabelle 12 zu ersehen ist, verfügten die Flotten der Entente zu Beginn des Krieges über insgesamt 99 Linienschiffe, und die Flotte des Bündnisses der Mittelmächte über 53 Linienschiffe. Die Entente verfügte also über fast doppelt soviel Linienschiffe wie die Mittelmächte. Nach dem Kriegseintritt der USA und Italiens auf seiten der Entente verschlechterte sich das allgemeine Kräfteverhältnis für die deutsche Gruppierung noch mehr. Dies ist aus Tabelle 13 klar ersichtlich.

Tabelle 12: Kräfteverhältnis der Flotten zu Beginn des Ersten Weltkrieges

Schiffsgattung	Entente				Mittelmächte		
	Großbritannien	Frankreich	Rußland	Insgesamt	Deutschland	Österreich Ungarn	Insgesamt
Moderne Schlachtschiffe (Dreadnoughts) und Schlachtkreuzer	29	4	—	33	19	3	22
Ältere Linienschiffe (vor der Zeit der Dreadnoughts gebaut)	40	17	9	66	22	9	31
Kreuzer	82	24	12	118	44	10	54
Torpedobootzerstörer	225	81	62	368	144	16	160
U-Boote	76	38	15	129	28	6	34

Tabelle 13: Kräfteverhältnis der Flotten im Ersten Weltkrieg nach dem Eintritt der USA und Italien in den Krieg

Schiffsgattung	Großbritannien	Frankreich	Rußland	Italien	USA	Insgesamt	Deutschland	Österreich Ungarn	Türkei	Insgesamt
Schlachtschiffe (Dreadnoughts) und Schlachtkreuzer	42	7	5	5	15	74	24	4	1	29
Ältere Linienschiffe (vor der Zeit der Dreadnoughts gebaut — Panzerschiffe)	31	14	9	6	25	85	21	9	1	31
Kreuzer (einschl. Panzerkreuzer)	88	22	12	18	26	166	26	12	2	40
Torpedobootzerstörer	339	83	76	34	75	607	195	17	9	221
U-Boote	131	40	34	36	34	295	138	13	—	151

Die britische Flotte verfügte außerdem im Mutterland und in den Kolonien über ein gut ausgebautes System von Stützpunkten. Allein schon die geographische Lage Großbritanniens zu den Stützpunkten der deutschen Flotte schuf günstige Voraussetzungen für eine Seeblockade

Deutschlands und verschaffte der britischen Flotte erhebliche Vorteile bei ihrem Einsatz gegen die Überwasserschiffe des Gegners.
Der Plan der britischen Admiralität zielte auf den Zusammenbruch der deutschen Wirtschaft durch die Unterbindung ihrer Seetransporte und die Errichtung der Seeherrschaft durch Verhängung einer Seeblockade über Deutschland ab. Er sah die ständige Stationierung überlegener Linienschiffskräfte in den Stützpunkten des britischen Mutterlandes vor, die in der Lage waren, der deutschen Flotte, wenn diese in See auslaufen sollte, unter günstigen Voraussetzungen in einer Generalschlacht eine entscheidende Niederlage beizubringen.
Die französische Flotte und später auch die italienische Flotte entfalteten im Einvernehmen mit den Briten ihre Kräfte im Mittelmeer, wo sie über ein gut ausgebautes Stützpunktsystem im Westteil des Mittelmeeres verfügten.
Die österreich-ungarische Flotte war von Beginn des Krieges an im Adriatischen Meer eingeschlossen.
Die deutsche Flotte besaß Stützpunkte, die sich gut für die Abwehr von Angriffen von See her eigneten, sie verfügte jedoch nicht über Stützpunkte, die den unmittelbaren Zugang zum Ozean gewährleisteten. Das Stützpunktsystem der deutschen Flotte ermöglichte nur eine schnelle Zusammenfassung der Kräfte in der Nordsee oder der Ostsee.
Die deutsche Führung hoffte, die britische Flotte dadurch zu schwächen, daß sie diese bei der Blockade der deutschen Küsten in Teilen vernichtete. Auf diese Weise sollte ein Kräfteausgleich zwischen den Flotten herbeigeführt und danach in einer Generalschlacht den Briten eine entscheidende Niederlage beigebracht werden. Dies hätte Deutschland in die Lage versetzt, auf den Meeren frei zu agieren, danach durch Verhängung einer Seeblockade Großbritannien niederzuwerfen und damit die Endziele des Krieges zu erreichen — die Neuaufteilung der Welt zu seinen Gunsten und die Schaffung eines starken Kolonialreiches. In großem Unfang sollten Hilfskreuzer gegen die Seetransporte Großbritanniens eingesetzt werden. Die Teilnahme der Flotte an Kampfhandlungen auf den Landkriegsschauplätzen war nicht geplant. In der Anfangsphase des Krieges galt die Ostsee für die deutsche Flotte als sekundärer Kriegsschauplatz.
Interessant ist hierbei folgende Tatsache: Die Deutschen, die an Land höchst offensive Kampfhandlungen im Sinne eines Blitzkrieges planten und Verlusten keine besondere Bedeutung beimaßen, planten den Einsatz ihrer Flotte aus Angst vor Verlusten bei ihren Großkampfschiffen mit besonderer Vorsicht.
Im Jahre 1914 waren beide Seiten kriegsbereit. Es fehlte nur noch ein Anlaß zur Entfesselung des Krieges, und dieser fand sich natürlich.

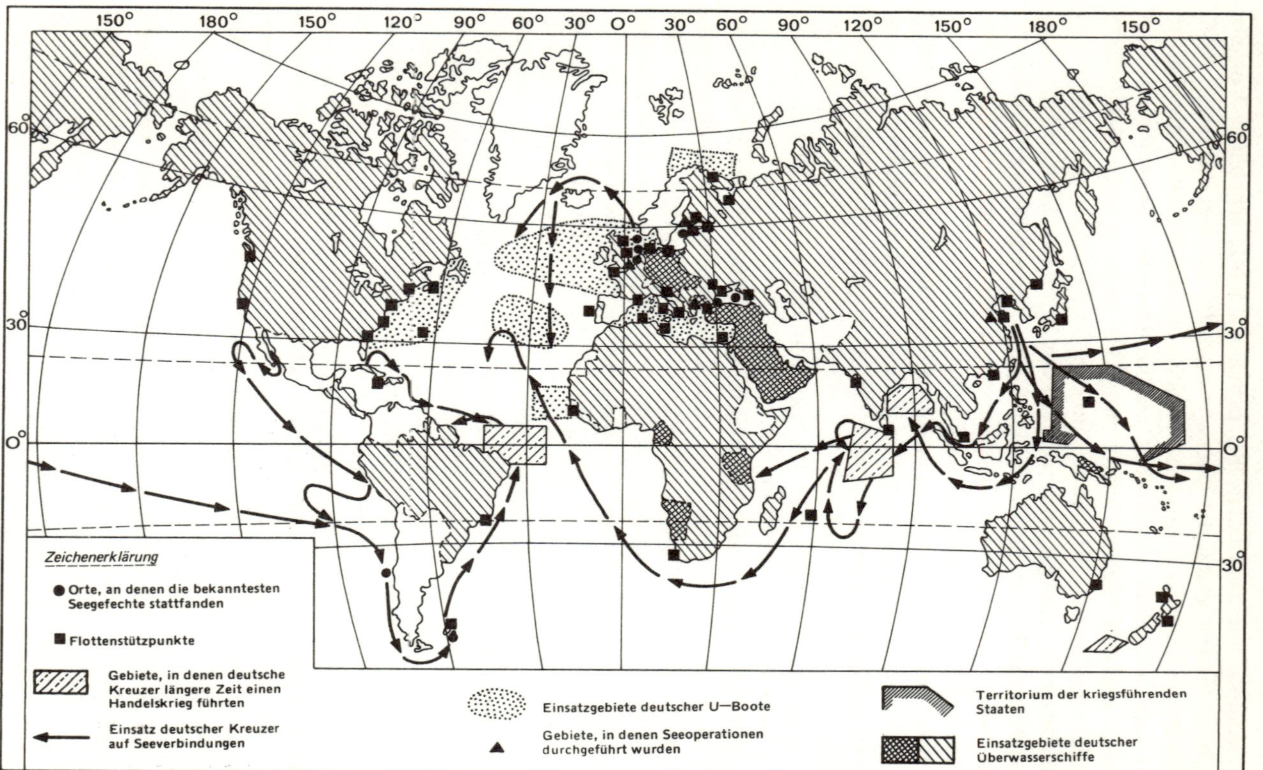

Bild 9 Erster Weltkrieg 1914 – 1918

Die Hauptschuld am Ersten Weltkrieg, der durch die Gegensätze zwischen den imperialistischen Staaten ausgelöst wurde, liegt beim deutschen Imperialismus, der sich durch die größte Aggressivität auszeichnete. Er trat offen für eine gewaltsame Neuaufteilung der Welt ein, die Deutschland für immer eine führende Stellung in der Welt sichern würde.
Man muß allerdings einschränkend feststellen, daß auch die anderen imperialistischen Staaten am Krieg schuld waren und daß sie ebenfalls mit räuberischen Absichten in den Krieg eintraten. Die Entente und das deutsche Bündnis standen sich in nichts nach.
»Seitens beider Gruppen der kriegführenden Mächte war dieser Krieg ein Krieg der Sklavenhalter um die Erhaltung und Festigung der Sklaverei: um die Neuaufteilung der Kolonien, um das ›Recht‹, fremde Nationen zu unterdrücken, um die Privilegien und Monopole des Kapitals der Großmächte.«[25]
Der deutsche Plan, in einem Blitzkrieg die französische Armee zu zerschlagen und Paris zu erobern, scheiterte bekanntlich. Beide Seiten gingen im Westen zu einem langwierigen Stellungskrieg über. Die deutsche Strategie an der Westfront geriet in eine Sackgasse.
Auch der großangelegte Einsatz von Kreuzergeschwadern und einzelnen Kreuzern gegen die Seeverbindungen der Entente, der nicht allzu wirksam war, brachte den Deutschen nicht die erwarteten Ergebnisse. Die wohlwollende Neutralität der USA gegenüber der Entente und der Kriegseintritt Japans auf seiten der Entente, das sich durch die Inbesitznahme der deutschen Kolonien günstige Positionen für eine weitere Expansion in China und den nachfolgenden Kampf um die Herrschaft im Stillen Ozean sichern wollte, trugen ebenfalls dazu bei, daß die Gefahr für die Seeverbindungen beseitigt wurde. Die deutschen Kreuzer hatten zwar eine gewisse Unsicherheit auf den Seeverbindungen hervorgerufen, doch der Hauptteil der deutschen Kreuzerkräfte war bereits Ende 1914 vernichtet, und die Stützpunkte in den deutschen Kolonien, auf die sich die Kreuzer stützten, wurden erobert.
Der Einsatz der deutschen Flotte zur Schwächung der britischen Seestreitkräfte brachte ebenfalls keine merklichen Ergebnisse. Deutschland hoffte jedoch trotzdem noch, den Ausgang des Kampfes auf See durch einen Sieg über die britische Flotte in einer entscheidenden Seeschlacht zu seinen Gunsten zu ändern und damit den Ausgang des gesamten Weltkrieges in entscheidender Weise zu beeinflussen. Die britische Flotte bereitete sich ebenfalls auf eine solche Schlacht vor. In der bekannten Schlacht vor dem Skagerrak im Mai 1916 ergab sich dann schließlich die

25 Lenin, W. I., Über Krieg, Armee und Militärwissenschaft, Bd. 1, Berlin 1958, S. 544f.

Möglichkeit, die Kräfte zu messen.

Die Skagerrak-Schlacht (am 30. 5. und 1. 6.1916) war die größte Seeschlacht des Krieges. An dieser Schlacht war das Gros der britischen und der deutschen Schlachtflotte beteiligt.

Bei der Beurteilung der Schlacht haben viele Autoren nur eine gewisse Unentschlossenheit gesehen, die die Befehlshaber der Flotten, insbesondere der britische Befehlshaber, an den Tag legten, sie haben den fehlenden Mut zum Risiko hervorgehoben, der darauf zurückzuführen war, daß man den Verlust großer Schiffe fürchtete, die Schlacht als »Katz-und-Maus-Spiel« bezeichnet und geschrieben, daß Admirale, die sich in der Feuerlinie befinden, sich überhaupt durch eine geringere Entschlossenheit auszeichnen als Generale, die sich gewöhnlich während des Kampfes im rückwärtigen Bereich ihrer Truppen aufhalten. Viele waren aus diesen Gründen der Ansicht, daß die Skagerrak-Schlacht keinerlei Ergebnisse gebracht hat.

Eine solche Ansicht ist unseres Erachtens jedoch völlig falsch. Keine Schlacht kann bekanntlich aufgrund eines Vergleichs der Verluste, die beide Seiten dabei erlitten haben, beurteilt werden, sondern sie muß danach beurteilt werden, inwieweit die Ziele erreicht wurden, die den am Kampf beteiligten Kräften gestellt wurden.

Wir wollen die Ergebnisse der Seeschlacht vor dem Skagerrak von diesem Standpunkt aus betrachten.

Deutschland hatte sich das Ziel gesetzt, in dieser Schlacht eine grundlegende Wende im Verlauf des Krieges zu seinen Gunsten herbeizuführen, die britische Flotte zu vernichten und sich Handlungsfreiheit zu verschaffen, um danach Großbritannien durch eine uneingeschränkte Seeblockade niederzukämpfen. Außerdem wäre im Falle eines Sieges auch die Seeblockade der Mittelmächte aufgehoben worden, deren schwerwiegender Einfluß auf die Wirtschaft sich bereits schmerzlich bemerkbar machte. Es erwies sich jedoch, daß die deutsche Flotte nicht in der Lage war, diese Aufgaben zu lösen.

Großbritannien war bemüht, die bestehende Lage auf den Meeren aufrechtzuerhalten und die Blockademaßnahmen gegen Deutschland zu verstärken. Diese Ziele wurden von Großbritannien in der Schlacht im wesentlichen erreicht.

Somit hatte die Skagerrak-Schlacht zur Folge, daß sich am weiteren allgemeinen Verlauf des langen Krieges nichts änderte und dieser wieder in die alte Bahn der Materialschlachten gelenkt wurde, die Deutschland keinen Erfolg verhieß.

Die Skagerrak-Schlacht bedeutete für die deutsche Führung somit den Verlust der Hoffnung auf ein Ende der Seeblockade, den weiteren Verschleiß ihrer militärischen Macht und schließlich die Niederlage im

Krieg. Die Schlacht zeigte aber auch, daß es ein Fehler gewesen war, die im Russisch-Japanischen Krieg gemachten Erfahrungen in bezug auf den Einsatz gleichartiger Großkampfschiffe als wichtigstes und einziges Mittel zur Erringung des Sieges im Kampf auf See auf die neuen Verhältnisse zu übertragen. Die Schlacht wurde zu einem Wendepunkt, an dem es an der Zeit war einzusehen, daß in einem Seegefecht verschiedenartige Kräfte und Mittel der Flotten zusammenwirken müssen.
Die Erschöpfung der rüstungswirtschaftlichen Ressourcen und die immer stärker werdende revolutionäre Bewegung in den Ländern der kriegführenden Koalitionen, besonders bei den Mittelmächten, veranlaßten die Regierungen dieser Länder, nach Wegen zu suchen, die eine beschleunigte Beendigung des Krieges ermöglichten. Hinzu kam, daß die Wirtschaft Großbritanniens und Frankreichs, die auf dem Seewege mit Rohstoffen fast aus der ganzen Welt versorgt wurde, sich in einem Zustand befand, der diese Länder in die Lage versetzte, einen langen Krieg mit Aussicht auf Erfolg zu führen. In Deutschland machte sich wegen der Seeblockade ein starker Mangel an Industrierohstoffen, an Lebensmitteln und an Menschen bemerkbar, und deshalb konnte ein langer Krieg nur eine Niederlage bringen. Österreich-Ungarn hielt sich nur mit Hilfe deutscher Bajonette und versuchte deshalb, durch einen Separatfrieden aus dem Krieg auszuscheiden. In Rußland griff die revolutionäre Bewegung immer mehr um sich, und das Zarenregime war nicht mehr in der Lage, sie zu unterdrücken.
Im Januar 1917 schrieb W. I. Lenin: »Die 29 Kriegsmonate haben mit ausreichender Deutlichkeit gezeigt, über welche Hilfsquellen beide imperialistischen Koalitionen verfügen; von den nächsten ›Nachbarn‹ (. . .) wurden alle oder fast alle in Betracht kommenden Bundesgenossen in das Gemetzel hineingezogen, die Potenzen der Armeen und Flotten sind geprüft und wieder geprüft, gemessen und wieder gemessen worden.«[26] Es kam zu der »Wendung in der Weltpolitik vom imperialistische Krieg (. . .) zum imperialistischen Frieden«.[27]
Unter diesen Voraussetzungen suchte Deutschland, das alle Hoffnungen auf eine schnelle Beendigung des Krieges mit Hilfe der Landstreitkräfte verloren und in der Schlacht der Großkampfschiffe vor dem Skagerrak die gesteckten Ziele nicht erreicht hatte, fieberhaft nach anderen Möglichkeiten, einen schnellen Sieg zu erringen. Und man fand, wie es schien, einen Ausweg: durch einen uneingeschränkten U-Bootkrieg die Seetransporte Großbritanniens zu unterbinden und so die Briten noch vor dem Eintreffen der amerikanischen Truppen in Europa zur Kapitu-

26 W. I. Lenin, Werke, Bd. 23, S. 274.
27 ibid., S. 275.

lation zu zwingen.
Die deutsche Führung, einschließlich der Obersten Heeresleitung, sah im uneingeschränkten U-Bootkrieg die einzige und letzte Möglichkeit der Rettung und wahrscheinlich auch zur Erringung des Sieges oder doch zumindest zur Erzielung eines ehrenvollen Friedens.
Deutschland hatte mit der Unterwasserblockade Großbritanniens bereits zu Beginn des Krieges begonnen, diese Blockade dann aber nicht allzu entschlossen durchgeführt, um keine Verschärfung der Beziehungen zu den neutralen Staaten, insbesondere den USA, herbeizuführen.
Im Februar 1917 begann jedoch auf Drängen Hindenburgs und Ludendorffs der uneingeschränkte U-Bootkrieg. In der ersten Zeit waren auf den britischen Seeverbindungswegen ständig 26—27 U-Boote im Einsatz. In den folgenden Monaten erhöhte sich ihre Anzahl noch. Die Verluste der Handelsflotte des Gegners wurden immer größer. Von diesen Verlusten konnten nur etwa 10 % durch Neubauten ersetzt werden.
Der uneingeschränkte U-Bootkrieg hätte Großbritannien beinahe auf die Knie gezwungen. Es kam so weit, daß bei den Truppen an der Front der notwendige Nachschub versiegte und Großbritannien selbst sich am Rande einer wirtschaftlichen Katastrophe befand.
Zur Bekämpfung der deutschen U-Boote, die zu dieser Zeit bereits ohne Rücksicht auf alle durch das Völkerrecht auferlegten Beschränkungen operierten, wurden riesige U-Abwehrkräfte der Ententeflotten eingesetzt, zu denen eine große Anzahl von Schiffen, Flugzeugen und Luftschiffen gehörte. Das Geleitzugsystem wurde immer rigoroser eingeführt. Es wurden auch andere Maßnahmen zur Bekämpfung der U-Boote getroffen, besonders an den Zugängen zu ihren Stationierungsräumen und in ihren Stützpunkten selbst. Neben der Verstärkung der Minensperren an der deutschen Küste wurde mit der Verlegung einer riesigen Minensperre zwischen den Shetlandinseln und Norwegen begonnen, die den U-Booten von der Nordsee her den Zugang zum Atlantik versperren sollte. Diese Minensperre erfüllte jedoch trotz der großen Anstrengungen und des großen Aufwandes, die damit verbunden waren, die in sie gesetzten Hoffnungen nicht. Die Gesamtverluste an Handelsschiffen blieben nach wie vor hoch.
Trotzdem verringerte sich in der letzten Phase des Krieges die Wirksamkeit der Unterwasserblockade, weil die deutsche Führung, obwohl sie den U-Booten die Lösung der Hauptaufgabe übertrug, die übrigen Gattungen der Seestreitkräfte nicht zur Sicherung ihres erfolgreichen Einsatzes heranzog. Die deutschen Flottenverbände und Flugzeuge bekämpften praktisch nicht einmal die U-Abwehrkräfte des Gegners. Die U-Boote waren sich selbst überlassen. Auf die Tausende von Schiffen und anderen Mittel zur U-Abwehr, die neu in den Kampf geworfen wur-

den, antwortete Deutschland nur mit dem Einsatz einzelner neuer U-Boote. Das imperialistische Deutschland, dessen Kriegsmaschinerie insgesamt gesehen einem katastrophalen Untergang zusteuerte, hatte zu spät mit dem großangelegten Einsatz der U-Bootkräfte begonnen und es unterlassen, den Einsatz dieser Kräfte mit seiner gesamten Seemacht zu sichern. Deshalb war es dann letzten Endes nicht in der Lage, eine wirksame Unterwasserblockade Großbritanniens durchzuführen. Die Alliierten, die erhebliche Verstärkung und sonstige Hilfe von den USA erhielten, machten indessen immer größere Anstrengungen zur Bekämpfung der gegnerischen U-Boote. Im Jahre 1918 waren auf seiten der Alliierten zu diesem Zweck bereits rund 9 000 Schiffe verschiedener Gattungen, 2 500 Flugzeuge, eine große Anzahl von Luftschiffen und Ballons sowie über 700 000 Mann im Einsatz. Die sinkende Wirksamkeit der Unterwasserblockade war auch auf die ständig wachsende Zahl der Transportschiffneubauten zurückzuführen, die jedoch erst 1918 höher war als die Verluste.

Obwohl die Hauptziele nicht mit Hilfe der U-Bootkräfte erreicht wurden, wirkte sich der Einsatz der U-Boote erheblich auf den gesamten Verlauf des Krieges aus. Die U-Boote störten die Seeverbindungen des Gegners empfindlich und gaben Deutschland die Möglichkeit, den Krieg fortzusetzen.

In der Zeit von 1915—1918 führten die deutschen U-Boote über 2 500 Feindfahrten durch, davon 1 700 (68%) in der Zeit von 1917—1918. Sie versenkten während des Krieges Handelsschiffe mit einem Raumgehalt von über 11 Mio. RT, was dem 22fachen der Einsatzergebnisse der deutschen Kreuzer auf den Seeverbindungen in der Zeit von 1914 — 1915 entsprach. Die Deutschen verloren im Laufe der Kampfhandlungen 178 U-Boote, davon 132 (74%) in der Zeit von 1917—1918.[28]

Die U-Boote erzielten auch im Kampf gegen Überwasserschiffe große Erfolge. Sie versenkten während des Krieges 156 Kriegsschiffe, darunter 10 Linienschiffe, 20 Kreuzer, 31 Torpedobootzerstörer u.a. Die Überwasserschiffe konnten zwar die ihnen gestellten Aufgaben lösen, sie mußten jedoch unter erheblich erschwerten Bedingungen kämpfen. Die Unterwasserminenleger dehnten die Minengefahr auch auf Gebiete der Kriegsschauplätze aus, die früher in dieser Hinsicht als sicher galten. Deutschland war jedoch trotz der erheblichen Erfolge der deutschen U-Boote nicht in der Lage, Großbritannien zu besiegen. Entscheidenden Einfluß auf den Ausgang dieses Krieges hatte die allgemeine wirtschaftliche und militärische Überlegenheit der Entente-Länder, die es ihnen er-

28 Vgl. Istorija voenno-morskogo iskusstva (Geschichte der Seekriegskunst), a.a.O., S. 117.

möglichte, letzten Endes den Widerstand der Deutschen zu Lande und zu Wasser zu brechen.

Sehr negativ auf die Lage Deutschlands wirkten sich auch die strategischen Fehlentscheidungen der deutschen Führung aus, auf die es vor allem zurückzuführen war, daß mit dem Bau von U-Booten in großen Serien zu spät begonnen wurde. Eine gewisse Rolle spielte auch die Tatsache, daß die deutsche Seite die Möglichkeiten ihrer Gegner, die großen Handelsschiffsverluste zu ersetzen und ein wirksames System zur Bekämpfung der U-Bootgefahr zu entwickeln, falsch einschätzte.

Diese Umstände verhinderten, daß die großen potentiellen Möglichkeiten der U-Boote in der Führung des bewaffneten Kampfes auf See restlos ausgeschöpft wurden.

Die russische Flotte hatte einen erheblichen Einfluß auf den Gesamtverlauf des Krieges gegen Deutschland und seine Verbündeten. Von der Lage in der Ostsee hing zum großen Teil der Erfolg des Einsatzes der Truppengruppierungen im küstennahen strategischen Bereich ab, was sich wiederum zwangsläufig auf die Lage an der gesamten russisch-deutschen Front auswirken mußte. Außerdem wurden die auf dem Seewege durchgeführten Erztransporte aus Schweden, die für Deutschland von großer Bedeutung waren, durch die Tätigkeit der russischen Flotte gefährdet.

Die Ostseeflotte baute zu Beginn des Krieges ein Verteidigungssystem auf, das einen zentralen Minen-Artillerie-Sperriegel einschloß, der zusammen mit den Befestigungen von Reval und Suomenlinna (Sveaborg) zur wichtigsten Verteidigungsstellung in der Ostsee wurde. Diese wurde im Laufe des Krieges durch vorgeschobene befestigte Stellungen — die Moonsund- und die Åbo-Åland-Stellung — verstärkt. Im rückwärtigen Bereich dieses Systems befand sich der befestigte Raum Kronstadt. Das Verteidigungssystem im Finnischen Meerbusen sicherte die Hauptstadt zuverlässig gegen Angriffe von See her. Es war so stark, daß die Deutschen kein einziges Mal den riskanten Versuch unternahmen, es zu durchbrechen. Der innerhalb kürzester Zeit aufgebaute Sperriegel der den Zugang zum Rigaer Meerbusen schützte, wurde zweimal von starken deutschen Flottenverbänden angegriffen und erwies sich dabei als eine wirksame Sperre.

Der Einsatz der Ostseeflotte gewährleistete die Stabilität der rechten Flanke der Landfront. Besonders deutlich zeigte sich das, als die Flanke der Front die Küste des Rigaer Meerbusens erreichte, sowie in der Moonsundoperation im Herbst 1917.

Die Moonsundoperation, an der das Gros der deutschen Flotte teilnahm, verfolgte weitgesteckte Ziele im Kampf gegen die Revolution. Hier deckten sich die Interessen der Mittelmächte mit denen Großbri-

tanniens, der USA und Frankreichs. W. I. Lenin schrieb über diese Ereignisse:
»Beweist nicht die völlige Untätigkeit der englischen Flotte im allgemeinen und auch der englischen Unterseeboote bei der Besetzung Ösels durch die Deutschen, (. . .) daß zwischen den russischen und den englischen Imperialisten, zwischen Kerenski und den englisch-französischen Kapitalisten eine Verschwörung zustande gekommen ist mit dem Ziel, Petrograd an die Deutschen auszuliefern und die russische Revolution auf diesem Wege zu erdrosseln? Ich denke, ja.«[29]
Doch die Ostseeflotte brachte diesen Plan zum Scheitern. Den Deutschen gelang es nur, die Moonsundinseln zu nehmen, die sie, wie sie selbst zugaben, nicht dringend benötigten. Dieser »Sieg« hatte später keine Bedeutung.
Der Einsatz der Ostseeflotte auf den Seeverbindungen des Gegners, die angesichts der über Deutschland verhängten Blockade eine besondere Bedeutung erlangten, nahm einen wichtigen Platz im Gesamtplan zur Schwächung der deutschen Wirtschaft ein. Die Ostseeflotte bewältigte diese Aufgabe mit Erfolg. Ein Ruhmesblatt in der Geschichte der Ostseeflotte sind die Blockademaßnahmen im Südteil der Ostsee, wo im Herbst 1914 und im Laufe des Jahres 1915 unbemerkt ausgedehnte Minensperren verlegt wurden, die die Bewegungen der Kriegs- und Handelsschiffe des Gegners lähmten und den Gegner zwangen, die Seetransporte zu reduzieren (besonders die Transporte der dringend benötigten schwedischen Erze) und für lange Zeit auf aktive Kampfhandlungen in der Ostsee zu verzichten.
Einen erheblichen Einfluß auf den Verlauf der Kampfhandlungen an der Kaukasusfront, und später auch an der rumänischen Front, hatte die Tätigkeit der Schwarzmeerflotte. Anfangs war die türkische Flotte der russischen Flotte unterlegen. Nach der Übernahme des deutschen Schlachtkreuzers »Goeben« und des deutschen Kreuzers »Breslau«, die schneller waren als die alten russischen Schiffe, hatte der Gegner jedoch die Möglichkeit, seinen Einsatz zu intensivieren. Am 29. und 30. Oktober 1914 unternahmen die Türken Angriffsoperationen gegen Odessa, Sewastopol, Feodosija, die Halbinsel Kertsch und Noworossijsk. Diese Überfälle blieben wegen der Verwirrung bei der Führung der Schwarzmeerflotte ungesühnt. Mit diesem Schritt, mit dem die Kampfhandlungen auf dem Schwarzen Meer begannen, trat die Türkei in den Krieg ein. Später gelang es dann der russischen Flotte, die durch neue Linenschiffe verstärkt worden war, die Überwasserschiffe der deutsch-türkischen Flotte zu blockieren, die Seetransporte des Gegners stark zu reduzieren,

29 Lenin, Werke, Bd. 26, S. 130.

seine Küste systematisch zu überwachen und die küstennahen Flanken der Landfronten durch Artillerieeinsatz, Landungsunternehmen sowie Truppen- und Versorgungstransporte unmittelbar zu unterstützen.
Durch die Störung der Seeverbindungen des Gegners, das massenhafte Legen von Minen und Angriffe gegen Stützpunkte und Häfen zwang die Schwarzmeerflotte den Gegner, die Transporte ausschließlich auf kleinen Schiffen durchzuführen, was sich negativ auf die Verstärkung der Truppen auswirkte und die Versorgung der wichtigsten Gebiete der Türkei mit Kohle, Erdöl und anderen Versorgungsgütern erheblich beeinträchtigte. Die Erfahrungen, die die Ostseeflotte und die Schwarzmeerflotte während des Ersten Weltkrieges sammelten, haben sich als ein wertvoller Beitrag zur Entwicklung der sowjetischen Seekriegskunst erwiesen.

Der Erste Weltkrieg wurde an den Landfronten entschieden. Hier war nämlich die Hauptmasse der Truppen, der Waffen und des Geräts konzentriert, und hier erlitten beide Seiten die größten Verluste. Der größte Teil der wirtschaftlichen Hilfsquellen beider Koalitionen wurde bei den Kampfhandlungen an Land eingesetzt. Da dieser Krieg ein Stellungskrieg war und die Truppen nicht weit auf das gegnerische Territorium vordrangen, entstand kein einziges Mal eine kritische Lage, in der die Möglichkeit bestanden hätte, eines der Länder der Koalitionen zu besetzen oder aus dem Krieg auszuschalten. Die sich gegenüberstehenden Seiten waren bemüht, sich gegenseitig an der Feuerlinie zu zermürben, und im Hinterland führte die Ausweitung der Rüstungsproduktion zu immer größeren Entbehrungen und Leiden der Werktätigen.
Die deutschen Streitkräfte drangen zwar in den ersten Tagen des Krieges in Frankreich ein und führten alle folgenden Operationen auf französischem Boden durch. Dies hatte aber keineswegs die Niederlage Frankreichs zur Folge.
Da zu Beginn des Krieges durch den russischen Angriff in Galizien und in Ostpreußen ein erheblicher Teil der deutschen Kräfte von der Westfront abgezogen werden mußte, spielte die Ostfront eine sehr wichtige Rolle beim Scheitern der deutschen Pläne. Deshalb waren die Russen bis zu einem gewissen Grade die Urheber des »Wunders an der Marne«. Die Aktivität der russischen Armee im Jahre 1915 gestattete es den Verbündeten, ihre Stellungsfront im Westen zu festigen. Die Brusilow-Offensive im Jahre 1916 rettete Italien vor der Niederlage und trug dazu bei, daß Rumänien auf seiten der Entente in den Krieg eintrat.
Diese Erfolge Rußlands zu Beginn des Krieges und die späteren Erfolge Deutschlands an der Ostfront riefen jedoch keine schwere Krise auf den Landkriegsschauplätzen hervor.

Die Kampfhandlungen auf den Meeren und Ozeanen nahmen in der Geschichte des Ersten Weltkrieges nicht den Platz ein, den sie in den bisher von uns behandelten Kriegen eingenommen hatten. In bestimmten Phasen des Krieges führte jedoch der entschlossene Einsatz der Flotte in einzelnen strategisch wichtigen Bereichen zu schweren Krisenlagen, die einen tiefgreifenden Einfluß auf den Verlauf des Krieges hatten. So brachte beispielsweise die deutsche U-Bootblockade im Jahre 1917 Großbritannien an den Rand einer Katastrophe. Die Abhängigkeit der britischen Wirtschaft von Rohstoffimporten sowie die Tatsache, daß der britischen Bevölkerung ohne Lebensmittelzufuhren der Hunger drohte, machten Großbritannien gegen eine Seeblockade besonders empfindlich.In dieser Hinsicht führten die deutschen U-Boote einen lebensgefährlichen Schlag (sie versenkten während des Krieges 65 % der Handelsflotte des britischen Imperiums — der in der Vorkriegszeit größten Handelsflotte der Welt). Großbritannien war im Verlauf seiner gesamten Geschichte nie einer solch großen Gefahr ausgesetzt gewesen.
Die Verstärkung der U-Abwehrkräfte Großbritanniens und der Eintritt der Vereinigten Staaten mit ihrer starken Flotte in den Krieg führten letzten Endes dazu, daß die Deutschen den Kampf um die Herrschaft auf den Seeverbindungswegen verloren.
Der Kampf auf den Meeren und Ozeanen hatte einen großen Einfluß auf den Verlauf der Operationen und Feldzüge auf den Landkriegsschauplätzen, wobei dieser Einfluß strategischer Art war. Hierbei muß vor allem die lange und ununterbrochene Blockadetätigkeit der britischen Flotte hervorgehoben werden, die den Zweck hatte, die deutsche Wirtschaft zu schwächen, Deutschland von seinen Kolonien und Außenhandelsmärkten abzuschneiden und die deutschen Seestreitkräfte in der Nordsee einzuschließen.
Deutschland wurde trotz des stürmischen Wachstums und des fortschrittlichen Charakters seiner Industrie in der Vorkriegszeit im Verlauf des Krieges von allen seinen Kolonien, von den eroberten Märkten und von den überseeischen Rohstoffquellen abgeschnitten. Für Deutschland war die wichtigste Voraussetzung für den Sieg, daß der Krieg nur kurze Zeit dauerte und somit von der Wirtschaft getragen werden konnte. Ein langer Krieg war für Deutschland gleichbedeutend mit einer Niederlage. Für die Gegner Deutschlands bedeutete ein langer Krieg dagegen einen Zeitgewinn, den sie benötigten, um die deutsche Wirtschaft zugrunde zu richten, und der in erheblichem Maße den Endsieg garantierte.
Eine wichtige Rolle bei der Umwandlung des von der deutschen Regierung so sehr gewünschten Blitzkrieges in einen langen Krieg spielten die Seestreitkräfte der Entente. Ihnen gelang es, Deutschland zu isolieren. Sie waren es auch, die einen neuen Faktor in den bewaffneten Kampf

einbrachten — die lange Dauer.

Das Bestreben der Alliierten, die Wirtschaft Deutschlands zu ruinieren, kam in einem ganzen System von Methoden zur Führung eines Wirtschaftskrieges zum Ausdruck; die wichtigste war aber die von den Seestreitkräften planmäßig durchgeführte Blockade. Durch die Seeblockade wirkte sich der Krieg nicht nur auf die militärische Stärke der Deutschen aus, sondern auch auf die Quellen dieser Stärke. Sie bewirkte letzten Endes, daß die deutsche Armee ihre Überlegenheit auf dem Gebiet der technischen Ausrüstung verlor und daß diese Überlegenheit an die Gegner überging. Die Blockade hatte auch einen außerordentlich starken Einfluß auf den politischen Zustand und die Moral der deutschen Bevölkerung.

Die Blockade machte einen wichtigen wirtschaftlichen Faktor, die deutsche Handelsflotte, zu einem nutzlosen Haufen von Schiffen, die in ihren Häfen eingeschlossen waren. Deutschland blieb zwar der Handel über die an Deutschland angrenzenden neutralen Staaten, was natürlich auch eine ganz gute Hilfe für die deutsche Wirtschaft war, doch dieser Handel konnte nicht alle verhängnisvollen Folgen der systematischen Seeblockade kompensieren. Er zögerte nur das Ende hinaus.

Auf der Aktivseite der Seestreitkräfte muß auch die Sicherung großer Truppentransporte über die Meere und Ozeane verbucht werden, was unmittelbar zum Erfolg der Kampfhandlungen der Ententestreitkräfte beitrug. Außerdem traten einige zu Beginn des Krieges neutrale Staaten unter dem Einfluß der Macht der Seestreitkräfte der Entente gegen Deutschland in den Krieg ein.

Zu betonen wäre auch, daß es im Ersten Weltkrieg eine solche Form des Zusammenwirkens von Land- und Seestreitkräften wie Landungsoperationen fast überhaupt nicht gab. Faktisch wurde nur ein einziger Versuch unternommen, eine große Landungsoperation durchzuführen, und zwar in der Nähe der Dardanellen. Dieser Operation der Alliierten war jedoch kein Erfolg beschieden. Die negativen Erfahrungen, die bei dieser Operation gemacht worden waren, blieben lange Zeit hindurch ein Faktor, der die Entwicklung der Theorie und der Praxis von Landungsunternehmen hemmte.

Einen wichtigen Platz im gesamten Einsatz der Flotten nahm im Verlauf des Ersten Weltkrieges der Kampf um die Seeherrschaft ein. Er galt als eine der Maßnahmen, die unerläßlich sind, um strategische und operative Ziele auf den Seekriegsschauplätzen zu erreichen. Diese Ziele lagen, wie bereits oben erwähnt wurde, sowohl dem deutschen als auch dem britischen Plan der Seekriegführung zugrunde und wurden von beiden Seiten beharrlich in die Tat umgesetzt. Beide Seiten hielten die Seeblockade und die Generalschlacht der Linienschiffe für die wichtigsten

Methoden zur Erringung der Seeherrschaft.
Die Ergebnisse des Ersten Weltkrieges wirkten sich sehr stark auf den Zustand der Seestreitkräfte aus. Die britische Flotte büßte ihre führende Stellung in der Welt ein, und Großbritannien war gezwungen, auf den »Zwei-Mächte-Standard«[30] zu verzichten, den es bis zum Krieg strikt eingehalten hatte. Großbritannien gelang es jetzt nur noch mit Mühe, seine Flotte auf dem Stand der stärksten Flotte, der amerikanischen, zu halten.
Deutschland wurde es verboten, eine Kriegsflotte zu unterhalten. Seine Hauptkräfte, darunter alle U-Boote, wurden unter den Ententeländern aufgeteilt. Deutschland wurde es auch kategorisch untersagt, U-Boote zu bauen. Die Sieger erhielten außerdem alle Handelsschiffe über 1 600 t und die Hälfte aller Deutschland verbliebenen kleineren Schiffe. Großbritannien erhielt die Ausrüstung aller deutschen Seewerften als Entschädigung für die deutschen Schiffe, die nach Scapa Flow gebracht und dort von ihren deutschen Besatzungen unter Verletzung des Vertrages versenkt worden waren. Dieser schwere Schlag, der die Seestreitkräfte Deutschlands traf, war auch ein Beweis für die außerordentlich große Bedeutung, die die Flotte für die Kriegführung hatte.
Die Deutschland von den Siegern auferlegten Beschränkungen im Flottenbau und im Aufbau von Streitkräften waren jedoch nur von kurzer Dauer. Das Bestreben der führenden imperialistischen Kreise, das sowjetische System in unserem Staat um jeden Preis zu zerschlagen, war stärker als die echten nationalen Interessen der westlichen Länder. Die britischen, französischen und amerikanischen Imperialisten sahen es in dieser Zeit als das wichtigste Ziel ihrer Politik an, Deutschland, Italien und Japan gegen die Sowjetunion aufzuhetzen. Deshalb unterstützten sie Deutschland großzügig beim Wiederaufbau seiner Rüstungsindustrie, und als Hitler an die Macht kam, wurden die Rüstungsbeschränkungen für Deutschland zuerst gelockert und danach praktisch ganz aufgehoben.[31]
Es war ferner auch nicht gelungen, das Seewettrüsten zwischen den Siegermächten zum Stillstand zu bringen oder zumindest in irgendeiner Weise einzuschränken. In den 30er Jahren begann — zuerst auf Initiative der japanischen Militaristen und dann der deutschen Faschisten — ein noch nie dagewesener Wettlauf auf dem Gebiet der Seerüstung.

30 Die britische Flotte mußte nach diesem Prinzip genauso stark sein wie die beiden anderen stärksten Flotten der Welt zusammen.

31 Ein entscheidender Schritt in dieser Richtung war das deutsch-englische Flottenabkommen von 1935, das es Deutschland gestattete, eine Flotte im Verhältnis 1 : 3 zur Stärke der britischen Flotte aufzubauen.

Die Flotten im Zweiten Weltkrieg

Nach dem Ersten Weltkrieg und der Spaltung der Welt in zwei soziale und politische Systeme war die Politik der imperialistischen Mächte weitgehend von dem ständigen Bestreben bestimmt, die Sowjetunion zu vernichten. In der ersten Hälfte der 30er Jahre entstanden zwei Krisenherde, durch die ein neuer Weltkrieg entstehen konnte. Der erste wurde 1931—1932 beim Einfall der Truppen des militaristischen Japan in der Mandschurei sichtbar. Dieser Konflikt barg die Gefahr eines großen Krieges in sich — zwischen Japan einerseits und China und der Sowjetunion sowie auch den USA und Großbritannien andererseits. Der zweite Krisenherd entstand in den Jahren 1933—1935 im Zusammenhang mit dem faschistischen Umsturz in Deutschland und den Vorbereitungen Deutschlands auf einen Krieg gegen die UdSSR und die westlichen Länder. Der deutsche Faschismus entfesselte im Jahre 1936 mit Unterstützung der reaktionären Kräfte in der ganzen Welt den Bürgerkrieg in Spanien, nahm Österreich in Besitz und besetzte nach dem Münchner Abkommen im Jahre 1938 die Tschechoslowakei.

Die USA, Großbritannien und Frankreich waren fest davon überzeugt, daß die von ihnen wiederhergestellte deutsche Militärmacht sich gegen die Sowjetunion wenden und den Kommunismus vernichten würde und daß Deutschland selbst, durch diesen Kampf geschwächt, lange Zeit nicht in der Lage sein würde, sich den anderen imperialistischen Staaten entgegenzustellen. Die rüstungswirtschaftliche und politische Führungsspitze des nationalsozialistischen Deutschland, die durch eine großzügige Finanzhilfe des internationalen Monopolkapitals angespornt wurde, bereitete sich intensiv auf einen neuen Krieg vor, modernisierte die Industrie, leitete die Entwicklung der gesamten Wirtschaft in militärische Bahnen und sorgte für eine entsprechende ideologische Beeinflussung des deutschen Volkes.

Die Beschränkungen des Versailler Vertrages, die einer Wiederbewaffnung Deutschlands entgegenstanden, wurden sehr bald von Deutschland für ungültig erklärt, das unverhohlen dazu überging, starke Streitkräfte aufzubauen, wie sie für einen Eroberungskrieg erforderlich waren.

Im Jahre 1935 wurde das deutsch-englische Flottenabkommen geschlossen. Dieser Vertrag hob praktisch die Beschränkungen des Versailler Vertrages bezüglich der Seerüstung auf und gab dem nationalsozialistischen Deutschland freie Hand für den Aufbau einer starken Flotte. Bereits Ende 1939 verfügte Deutschland über Land- und Luftstreitkräfte, die allen anderen Streitkräften der kapitalistischen Welt überlegen waren und die nach Hitlers Ansicht die Herrschaft über Europa zu erringen vermochten. Diese Herrschaft war jedoch nicht das Endziel der Bestrebungen des faschistischen Deutschland. Sie sollte als Grundvoraussetzung für die Errichtung eines nationalsozialistischen kolonialen Weltreiches dienen. Deshalb sollte das politische Hauptziel — die Erringung der Weltherrschaft — in zwei Hauptphasen erreicht werden. Die erste Phase umfaßte die Errichtung der Herrschaft über Europa und die Vernichtung der Sowjetunion, was als unerläßliche Voraussetzung für die Erringung der Weltherrschaft galt, und die zweite Phase die Eroberung der überseeischen Kolonien.

Die faschistischen Führer mußten bei dieser Politik vor allem besonderes Gewicht auf den Aufbau von Land- und Luftstreitkräften legen. Da zur Erringung der Weltherrschaft aber die Eroberung von Kolonien gehörte, plante das faschistische Deutschland auch den Aufbau starker Seestreitkräfte, die in der Lage waren, Deutschland die Stellung der stärksten Macht der Welt zu sichern. Der Plan Z, der im Jahre 1934 ausgearbeitet wurde und sich auf einen Zeitraum von 9—10 Jahren erstreckte, sah in erster Linie den Bau von Schlachtschiffen, Flugzeugträgern, Kreuzern und einer erheblichen Anzahl von U-Booten vor.

Das Scheitern der Londoner Konferenz von 1936 über die weitere Regelung des Flottenbaus diente als Signal für ein unbegrenztes Wettrüsten unter den imperialistischen Mächten. Allein die Tatsache, daß mit Hilfe verschiedener internationaler Verträge versucht wurde, die Seerüstung zu regeln — wie das in der Geschichte, insbesondere nach dem Ersten Weltkrieg, schon mehrfach der Fall war —, ist ein Beweis dafür, welch besondere Bedeutung den Seestreitkräften von den imperialistischen Großmächten beigemessen wurde. Die deutsche Flotte war zu Beginn des Krieges schwächer als die Flotten Großbritanniens und Frankreichs. Deutschland hatte bei seinen Aggressionsbestrebungen jedoch Verbündete — das faschistische Italien in Europa und Japan im Stillen Ozean —, die über starke Flotten verfügten (Tabelle 14).

Einen unauslöschlichen Stempel haben die Dogmen Mahans und Colombs den Einsatzplänen der Flotten der westlichen Länder aufgedrückt. So wurde in den Einsatzplänen der deutschen Flotte den Schlachtschiffen die wichtigste Rolle im Kampf auf See zugewiesen. Die deutschen Faschisten hofften, durch einen Kreuzerkrieg die Seeverbindungen Großbritanniens zu seinen Verbündeten und seinen Kolonien zu unterbrechen und durch eine totale Kriegführung das wirtschaftliche und moralische Potential Großbritanniens zu untergraben.

Die Bedeutung der Flugzeuge und U-Boote wurde von den Deutschen unterschätzt. Es war ganz offensichtlich, daß solche Aufgaben und Einsatzmethoden nicht den realen Möglichkeiten der deutschen Flotte entsprachen, deren Kampfkraft erheblich schwächer war als die ihrer Gegner.

Tabelle 14: Kräfteverhältnis der Flotten der Koalitionen zu Beginn des Zweiten Weltkrieges

Schiffsgattung	Groß-britan-nien	Frank-reich	Insge-samt	Deutsch-land	Insge-samt	Italien	Kräfte-ver-hältnis
Schlachtschiffe	15	7	22	2	4	6	3,7 : 1
Flugzeugträger	6	2	8	—	—	—	—
Schwere Kreuzer, leichte Kreuzer und Flugabwehrkreuzer	66	19	85	11	22	33	2,6 : 1
Zerstörer und Torpedoboote	119	70	189	42	128	170	1,1 : 1
U-Boote	69	77	146	57	115	172	0,8 : 1

Großbritannien und Frankreich sahen in ihren Flotten ein Mittel, mit dessen Hilfe in einer Generalschlacht die Seeherrschaft errungen und eine Wirtschaftsblockade verhängt werden konnte und mit dem von See aus verwundbare Küstenobjekte des Gegners angegriffen werden konnten. Den Luftstreitkräften und U-Booten maßen die Alliierten ebenso wie die Deutschen nur eine sekundäre Bedeutung bei, wofür sie im Verlauf des Krieges schwer büßen mußten.

Der britische Plan für die Seekriegsführung ging also davon aus, daß die Lageverhältnisse in dem bevorstehenden Krieg sich nicht allzusehr von denen im Ersten Weltkrieg unterscheiden würden, und er sah die Verhängung einer Fernblockade über Deutschland und den Schutz der eigenen Seeverbindungen vor. Die französische Flotte und ein Teil der Kräfte der britischen Flotte, die über ein gut ausgebautes Stützpunktssystem verfügten, sollten die Seeherrschaft im Mittelmeer sichern.

Der Zweite Weltkrieg »entbrannte innerhalb der kapitalistischen Welt, im Ergebnis der scharfen Zuspitzung der Widersprüche zwischen den imperialistischen Ländern auf Grund der Wirkung des Gesetzes der ungleichmäßigen ökonomischen und politischen Entwicklung des Kapitalismus. Die Verantwortung für die Entstehung des Krieges trägt der Imperialismus als Gesellschaftssystem, tragen die herrschenden Klassen und die Regierungen der größten kapitalistischen Mächte (. . .) Der Zweite Weltkrieg, der aus dem Kampf der kapitalistischen Mächte untereinander entstand, begann von beiden Seiten als imperialistischer Krieg (. . .) Aber die objektiven Prozesse, die dem allmählichen Anwachsen des gerechten Kampfes der VÖlker gegen die faschistische Unterjochung zugrunde lagen, konnten durch die Politik und die Kriegführung der imperialistischen Mächte nicht aufgehalten und erst recht nicht beseitigt werden (. . .) Jeder neue Aggressionsakt der faschistischen

Staaten rief den wachsenden Widerstand der Völker hervor und führte zur weiteren Ausbreitung der nationalen Befreiungsbewegung (. . .) Der Große Vaterländische Krieg, zu dem sich die Völker der UdSSR unter Führung der Partei Lenins erhoben, wurde zum wichtigsten Bestandteil des Zweiten Weltkrieges, zur höchsten Form des gerechten Kampfes — ein Krieg zur Verteidigung des sozialistischen Vaterlandes.«[32]

In der ersten Phase des Krieges — vom Beginn des Krieges bis zum Überfall des faschistischen Deutschland und seiner Satelliten auf die UdSSR (1939—1941) — spielten die Seestreitkräfte eine wichtige Rolle und beeinflußten den Verlauf des Krieges wesentlich.

Nach der Zerschlagung Polens durch Deutschland führten Großbritannien und Frankreich, die immer noch hofften, die faschistische Aggression gegen die Sowjetunion lenken zu können, längere Zeit praktisch keinerlei Kampfhandlungen an der Landfront. Es begann die lange Periode des sogenannten »seltsamen Krieges«.* Dieser Umstand gab den deutschen Faschisten die Möglichkeit, ihre Truppen in aller Ruhe gegen die westlichen Länder zusammenzuziehen, um diese niederzuwerfen und die deutsche Herrschaft über Westeuropa zu errichten, die eine notwendige Voraussetzung für den Überfall auf die UdSSR war.

Der einzige Kriegsschauplatz, auf dem zu dieser Zeit Kampfhandlungen stattfanden, war der Seekriegsschauplatz. Seit Beginn des Krieges dauerten hier die Kämpfe an. Diese hatten vor allem die Störung der gegnerischen Seeschiffahrt zum Ziel. Die deutsche Marine setzte hierfür große Überwasserschiffe und U-Boote ein. Ihr Einsatz führte zwar nicht zu dem erhofften Zusammenbruch der britischen Wirtschaft, zwang jedoch die britische Flotte, ihre Kräfte zum Schutz der britischen Seeverbindungen zu verschiedenen Ländern der Welt auf viele Gebiete der Weltmeere zu verteilen.

Dadurch entstand im Bereich der Küstengewässer Nordeuropas für das faschistische Deutschland eine günstige Lage. Im April 1940 führte Deutschland unter Einsatz fast aller verfügbaren Kräfte der Marine und mit Unterstützung überlegener Luftstreitkräfte eine überraschende Seelandungs- und Luftlandeoperation gegen Norwegen durch, das binnen kurzer Zeit erobert wurde. Gleichzeitig wurde auch Dänemark besetzt. Die Operation hatte einen erheblichen Einfluß auf den weiteren Verlauf des Krieges. Sie verbesserte die strategische Lage an der Nordflanke der Deutschen, erweiterte die Einsatzmöglichkeiten der deut-

32 Geschichte des Zweiten Weltkrieges 1939—45 in zwölf Bänden, 1. Bd.: Die Entstehung des Krieges. Der Kampf der Fortschrittlichen Kräfte für die Erhaltung des Friedens. Berlin 1973, S. 12.

* Hierbei handelt es sich um die wörtliche Übersetzung des französischen Terminus »drôle de guerre« (Anm. d. Übers.).

schen Marine, besonders der U-Boote, und gewährleistete die Versorgung der deutschen Wirtschaft mit Eisenerz aus Skandinavien auf geschützten küstennahen Seewegen.

Am 10. Mai 1940 war der »seltsame Krieg« zu Ende. Die an der Westfront zusammengezogenen deutschen Truppen drangen in Belgien und Holland und danach in Frankreich ein, spalteten die Armeen der Briten und Franzosen auf und stießen zum Kanal vor, wobei sie im Raum Dünkirchen neun britische und achtzehn französische Divisionen bis zum Meer zurückdrängten. Die Alliierten mußten über 850 Kriegs- und Handelsschiffe verschiedenster Art einsetzen, um 338 000 Mann, die ihre gesamte schwere Ausrüstung zurückließen, nach Großbritannien zu evakuieren.

Die Münchner Politik der regierenden britisch-französischen Kreise endete mit einer schmachvollen Kapitulation Frankreichs, und es entstand die Gefahr der Landung deutscher Truppen auf den Britischen Inseln. Die Flugplätze der faschistischen Luftwaffe rückten in die unmittelbare Nähe Großbritanniens vor, und für die deutschen U-Boote wurden an der Atlantikküste Stützpunkte eingerichtet, d.h. außerhalb der Blockadelinie fast in unmittelbarer Nähe der wichtigsten britischen Seeverbindungswege.

Der Plan des faschistischen Deutschland, die Herrschaft in Westeuropa hauptsächlich mit Hilfe der Land- und Luftstreitkräfte zu erringen, schien kurz vor dem erfolgreichen Abschluß zu stehen. Noch nicht unterworfen war allerdings Großbritannien, das ohne ausreichende Flottenkräfte nicht zur Kapitulation gezwungen werden konnte. Und wiederum versuchten die Deutschen wie im Ersten Weltkrieg, im Einsatz der U-Bootflotte einen Ausweg aus dieser Sackgasse zu finden. Im November 1940 wurde auf einer Besprechung bei Hitler ein erweitertes Programm für den Bau von U-Booten beschlossen, mit deren Hilfe Großbritannien durch eine Unterwasserblockade in die Knie gezwungen werden sollte. Doch den deutschen Faschisten gelang es im Verlauf dieses Krieges nicht mehr, das vorgesehene Programm des Kampfes gegen England voll zu verwirklichen. Da die erforderliche Anzahl U-Boote nicht zur Verfügung stand und die Überwasserflotte durch den Verlust der Kreuzer, die auf den britischen Seeverbindungswegen eingesetzt gewesen waren, und des neuesten Schlachtschiffes »Bismarck«, das beim ersten Auslaufen in den Atlantik versenkt wurde, geschwächt war, sah sich die deutsche Führung gezwungen, den Plan zur Niederwerfung Großbritanniens aufzugeben und die Reihenfolge der Erfüllung der Aufgaben zur Erringung der Weltherrschaft zu revidieren.

Jetzt begann ein neuer Abschnitt des Weltkrieges — der Überfall auf die Sowjetunion, in der Hitler das Haupthindernis auf dem Wege zur

Erreichung seiner unsinnigen Ziele sah. Die Vorbereitung dieses Überfalls wurde nun zum Hauptinhalt der gesamten Tätigkeit des faschistischen Deutschland. Alle Kampfhandlungen an der Westfront wurden erst einmal zurückgestellt. Die Pläne zur Eroberung Großbritanniens, der Schweiz und Schwedens, zur Beseitigung der kleinen westeuropäischen Staaten und zur Eroberung Indiens, des arabischen Ostens und Afrikas — dies alles wurde erst einmal bis zur erfolgreichen Ausführung des Plans »Barbarossa« aufgeschoben. Die Vernichtung der USA und die Eroberung des amerikanischen Kontinents wurden ebenfalls von der Lösung der Aufgabe abhängig gemacht, die Sowjetunion zu vernichten.
Der verräterische Überfall des faschistischen Deutschland auf die UdSSR, an dem der überwiegende Teil der Streitkräfte Deutschlands und seiner Satelliten beteiligt war, leitete den Beginn einer neuen Phase im Verlauf des Zweiten Weltkrieges ein, die die gesamte Lage grundlegend änderte.
Der Krieg auf dem europäischen Kriegsschauplatz wurde zu einem eindeutig kontinentalen Krieg, und die Flotten auf dem atlantischen Kriegsschauplatz — einschließlich des Mittelmeeres, der Ostsee und des Schwarzen Meeres — wurden immer mehr dazu eingesetzt, die Bedürfnisse der Landstreitkräfte zu befriedigen — ein Hinweis darauf, daß die größte Schlacht der Geschichte Landkriegscharakter hatte.
Eine etwas andere Lage entstand später auf dem pazifischen Kriegsschauplatz, wo die Flotten eine selbständigere Rolle spielten. Dadurch hatten die Kampfhandlungen Seekriegscharakter, und kombinierte Land-Seeoperationen traten in den Vordergrund.
Der Hauptkriegsschauplatz, auf dem der Ausgang des gesamten Zweiten Weltkrieges entschieden wurde, blieb der europäische Kriegsschauplatz, auf dem die sowjetisch-deutsche Front ohne Zweifel die wichtigste war. Aus diesem Grunde können die Bedeutung der Flotten im Krieg und ihr Einfluß auf den gesamten Verlauf des Krieges nicht isoliert von diesem Hauptkriegsschauplatz untersucht werden.
Indessen waren die Kampfhandlungen im Stillen Ozean, auch wenn sie sich nicht in entscheidender Weise auf den Ausgang des Zweiten Weltkrieges auswirken konnten, vom geschichtlichen Standpunkt aus sehr charakteristisch, und zwar als Beispiel für die Bedeutung der Flotten in Kriegen zwischen Staaten, die durch Ozeane voneinander getrennt sind. Eine derartige Trennung der Gegner durch die großen Weiten der Meere und die daraus resultierende wichtige Rolle der Flotten hatte es auch in früheren Kriegen schon oft gegeben (Japanisch-Chinesischer Krieg, Spanisch-Amerikanischser Krieg, Russisch-Japanischer Krieg), und sie gilt als eine allgemein anerkannte Gesetzmäßigkeit.
Der Überfall des faschistischen Deutschland auf die Sowjetunion und

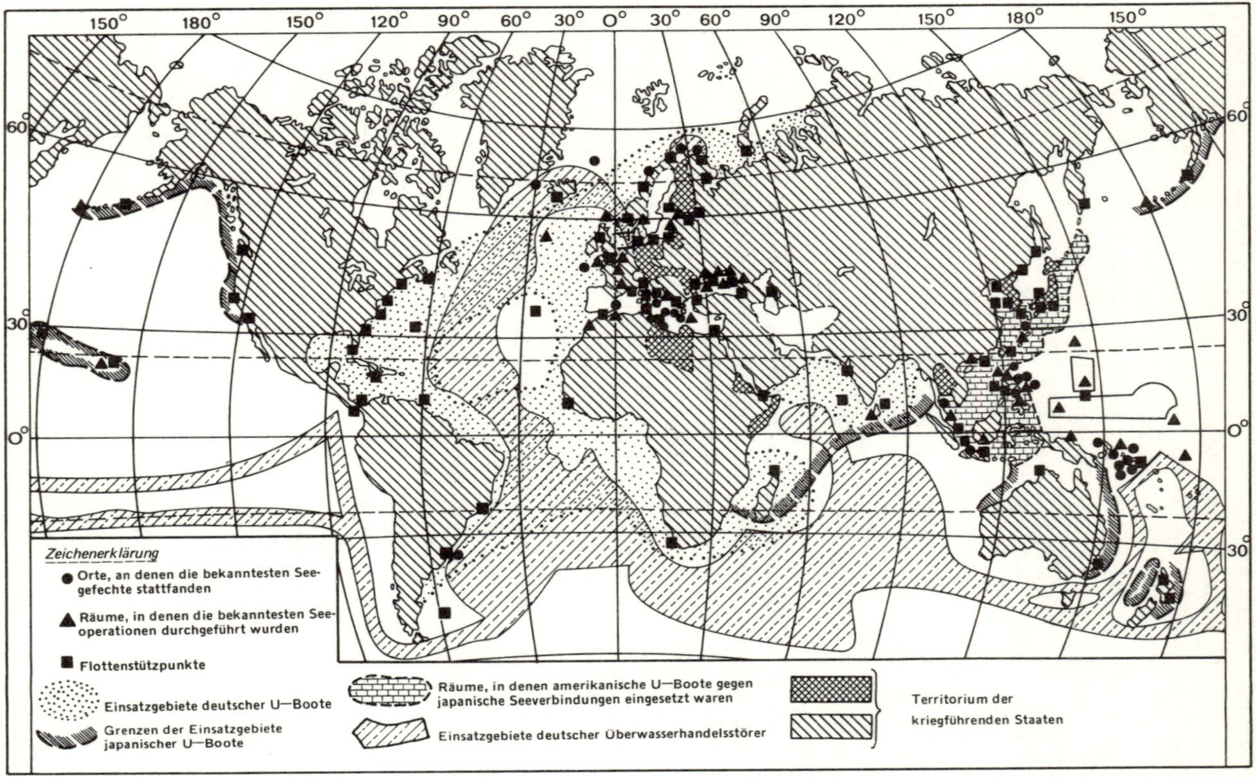

Zeichenerklärung

● Orte, an denen die bekanntesten Seegefechte stattfanden

▲ Räume, in denen die bekanntesten Seeoperationen durchgeführt wurden

■ Flottenstützpunkte

Einsatzgebiete deutscher U–Boote

Grenzen der Einsatzgebiete japanischer U–Boote

Räume, in denen amerikanische U–Boote gegen japanische Seeverbindungen eingesetzt waren

Einsatzgebiete deutscher Überwasserhandelsstörer

Territorium der kriegführenden Staaten

Bild 10 Der Zweite Weltkrieg von 1939 – 1945

die Konzentration aller seiner Anstrengungen auf den Osten wirkten sich sofort entscheidend auf den Verlauf der Kampfhandlungen auf den anderen Kriegsschauplätzen, vor allem im Atlantik, aus. Die Luftangriffe gegen Großbritannien selbst und gegen die britische Seeschiffahrt wurden fast vollständig eingestellt. Wiederum waren die deutschen U-Boote, die gegen die britische Seeschiffahrt eingesetzt waren, ebenso wie im Ersten Weltkrieg auf sich selbst gestellt. Die großen Überwasserschiffe der deutschen Flotte und ein erheblicher Teil der U-Boote wurden in Stützpunkte in Nordnorwegen verlegt; sie sollten durch ihren Einsatz auf den Seeverbindungswegen, die die Sowjetunion mit den Alliierten verbanden und auf denen ein erbitterter Kampf entbrannte, die Ostfront so weit wie möglich unterstützen. Großbritannien bot sich nun die Möglichkeit, ohne besondere Störung Maßnahmen zum Schutz seines Überseeverkehrs und zur Störung der Seetransporte des Gegners durchzuführen. Die »Schlacht um den Atlantik« mündete in die relativ ruhige Bahn des bereits gewohnten Kampfes gegen die deutschen U-Boote, die nicht von anderen Kräften unterstützt wurden.
Die Alliierten waren jedoch trotz dieser Verhältnisse und der stürmischen Entwicklung der anglo-amerikanischen U-Abwehrkräfte nur in der Lage, die Erfolge der deutschen U-Boote merklich zu reduzieren. Die U-Boote ganz zu beseitigen, gelang ihnen bis zum Ende des Krieges nicht.
Der weitere Verlauf des Krieges hat gezeigt, daß die Sowjetunion und ihre Streitkräfte die entscheidende Rolle bei der Zerschlagung des faschistischen Deutschland und seiner Verbündeten gespielt haben. Die Ereignisse an dieser wichtigsten Front hatten auch einen entscheidenden Einfluß auf den Charakter des Kampfes auf allen anderen Kriegsschauplätzen, einschließlich der Seekriegsschauplätze.
Der britische Premierminister W. Churchill erklärte in seinem Bericht an das Kriegskabinett am 20. Januar 1943, »daß unsere militärischen Operationen in ihrer Gesamtheit keineswegs den gewaltigen Mitteln entsprechen, über die die Vereinigten Staaten verfügen, und mit der gigantischen Anstrengung Rußlands sind wir überhaupt nicht zu vergleichen.«[33] Berühmt geworden ist auch seine Aussage, »daß der russische Widerstand die Kraft der deutschen Armeen brach«.[34]
Der japanische Militärhistoriker Hattori beurteilte die Bedeutung der Kapitulation der deutschen faschistischen Truppen bei Stalingrad wie

33 Winston S. Churchill, Der Zweite Weltkrieg, Bd.IV: Schicksalswende, 2. Buch: Die Befreiung Afrikas, Stuttgart u. Hamburg 1951, S. 311.
34 Winston S. Churchill, Der Zweite Weltkrieg, Bd. III: Die große Allianz, 2. Buch: Amerika im Krieg, Stuttgart u. Hamburg 1950, S. 27.

folgt: »Die deutschen Truppen hatten von diesem Zeitpunkt an die Initiative an der deutsch-sowjetischen Front vollkommen verloren. Dadurch wurden die Pläne der drei Mächte (Deutschland, Japan, Italien — Anm. d. Verf.) völlig über den Haufen geworfen (...) «[35]
Harold Ickes, Minister in der Regierung der USA,* schrieb im Jahre 1944 über die Abhängigkeit der Lage auf den anderen Kriegsschauplätzen vom Geschehen an der sowjetisch-deutschen Front: »Das größte Geschenk, das die Russen den Alliierten gemacht haben, ist der Zeitgewinn, ohne den Großbritannien noch nicht einmal imstande gewesen wäre, die Wunden zu heilen, die ihm bei Dünkirchen geschlagen wurden, und ohne den die Vereinigten Staaten die Rüstungsproduktion nicht hätten auf Hochtouren bringen und ihre Land- und Seestreitkräfte ausbauen können (...) «[36]
General Charles de Gaulle erklärte am 2. Dezember 1944: »Die Franzosen wissen, was Sowjetrußland für sie getan hat, und ihnen ist bekannt, daß gerade Sowjetrußland bei ihrer Befreiung die Hauptrolle gespielt hat.«[37]
Der bekannte amerikanische Politiker Stettinus** schrieb noch nach dem Krieg im Jahre 1949: »Das amerikanische Volk darf nicht vergessen, daß es nicht weit von einer Katastrophe entfernt war. Wäre es der Sowjetunion nicht gelungen, ihre Front zu halten, dann hätten die Deutschen die Möglichkeit gehabt, Großbritannien zu nehmen. Sie hätten dann auch Afrika erobern können, und in diesem Fall wäre es ihnen auch gelungen, einen Brückenkopf in Lateinamerika zu bilden.«[38]
Der Erfolg der wichtigsten Landungsoperationen der Alliierten in Afrika und Europa war ebenfalls durch den Einsatz der sowjetischen Streitkräfte sichergestellt, der die deutschen Faschisten daran hinderte, Kräfte zur Abwehr oder zur Vernichtung der Landungstruppen von anderen Fronten abzuziehen.
Viele hervorragende sowjetische Heerführer haben ebenfalls die unmittelbare Einwirkung der Ereignisse an der sowjetisch-deutschen Front

35 Hattori, T., Japonija v vojne 1941—1945 (Japan im Krieg), Moskau 1973, S. 293f.
* Harold Le Claire Ickes (1874—1952) war Innenminister (Anm. d. Hrsg.).
36 Krasnyj flot (Die Rote Flotte), 1944, 27. Juni.
37 Sovetsko-francyzskie otnošenija vo vremja Velikoj Otečestvennoj vojny 1941—1945 rr (Die sowjetisch-französischen Beziehungen während des Großen Vaterländischen Krieges von 1941—1945), Moskau 1959, S. 340.
** Edward Reilly Stettinus (1900—1949) war 1944—1945 Außenminister (Anm. d. Hrsg.).
38 Zitiert nach: Eremeev, L. M., Glazami druzej i vragov. O roli Sovetskogo Sojuza v razgrome fašistskoj Germanii (Mit den Augen der Freunde und der Feinde. Über die Rolle der Sowjetunion bei der Zerschlagung des faschistischen Deutschland), Moskau 1966, S. 150.

auf den Verlauf des Geschehens an den anderen Fronten hervorgehoben. So schrieb Marschall der Sowjetuion A. A. Gretschko in seinem Buch »Die Schlacht um den Kaukasus«: »Die Siege bei Stalingrad und Kursk, am Don und im Kaukasus festigten die Stellung unserer Alliierten im Nahen Osten und im Mittelmeerraum und erleichterten diesen den Sieg über die Armee Rommels in Nordafrika.«[39]
Unbestreitbar war auch der Einfluß der allgemeinen strategischen Lage an der wichtigsten, der sowjetisch-deutschen Front, auf den Verlauf der Kampfhandlungen im Stillen Ozean. Die Tatsache, daß die Japaner die Südvariante für den Beginn ihrer Aggression wählten, daß sie später auf die Fortsetzung der Offensive verzichteten und zur strategischen Verteidigung übergingen, war auf das Scheitern des Blitzkrieges und eine Reihe von Niederlagen zurückzuführen, die die sowjetischen Streitkräfte den deutschen Faschisten beigebracht hatten.
Obwohl der vergangene Krieg überwiegend ein Landkrieg war, hatten die Flotten beider kriegführenden Seiten eine Reihe großer Aufgaben zu erfüllen, die den Verlauf des Krieges insgesamt erheblich beeinflußten. So wurden die Erfolge der Alliierten im Mittelmeerraum, zuerst in Nordafrika und dann in Italien, in einem gewissen Grade durch den Einsatz der Flottenkräfte bestimmt, der das Anlanden starker Landungstruppen in Nordwestafrika, auf Sizilien und auf der Apenninenhalbinsel sicherte. Gleichzeitig unterbanden die Flotten der Alliierten den Nachschub für die Truppen Rommels über das Mittelmeer, wodurch im voraus über deren Niederlage entschieden war. Diese Einzelerfolge an einer weniger wichtigen Front wirkten sich positiv auf den Verlauf des Krieges aus, obwohl sie nur relativ geringe Kräfte der deutschen Faschisten banden.
Unsere heldenhaften Streitkräfte hatten durch ihre Siege die Initiative endgültig an sich gerissen und im Jahre 1943 mit einer Reihe großer zusammenhängender Angriffsoperationen begonnen. Die Absicht Hitlers, die Lage an der Ostfront zu stabilisieren und die Truppen gegen die seit langem erwartete Invasion der Alliierten in Westeuropa einzusetzen, wurde zunichte gemacht; Großbritannien und die USA konnten die Errichtung einer zweiten Front nicht mehr länger hinausschieben. Zu dieser Zeit bestanden bereits keinerlei Zweifel mehr darüber, daß die Sowjetunion in der Lage war, das faschistische Deutschland zu zerschlagen und den Krieg ohne eine unmittelbare Teilnahme der Alliierten zu beenden.
Die Landung der aliierten Truppen in der Normandie im Juni 1944 war die größte Landungsoperation der Militärgeschichte. Sie wurde ohne

39 Gretschko, A.A., Die Schlacht um den Kaukasus, Berlin 1972, S. 507.

Gegenwirkung des Feindes 30 Monate lang vorbereitet. An der Landungsoperation nahmen sehr starke See-, Land- und Luftstreitkräfte teil. Für den Antransport der Landungstruppen auf dem Seewege wurden rund 4 500 Landungs- und andere Schiffe eingesetzt. Das Ausschiffen der Landungstruppen erfolgte mit Hilfe von 4 000 Landungsfahrzeugen verschiedenster Art. Die Landungsoperation wurde von über 2 000 Kriegsschiffen und etwa 14 000 Flugzeugen gesichert.
Mit der Eröffnung der zweiten Front im Sommer 1944 leisteten die USA und Großbritannien ihren größten — wenn auch verspäteten — Beitrag zum Sieg über das faschistische Deutschland. Doch die bewußt verzögerte Eröffnung der zweiten Front wurde nicht zu einer Wende des Krieges, wie das oft von westlichen Geschichtswissenschaftlern dargestellt wird. »Wenn die Dinge in Rußland so weitergehen, wie augenblicklich, wird eine zweite Front im Frühjahr vielleicht gar nicht mehr nötig sein«, sagte der amerikanische Präsident F. Roosevelt bereits im Jahre 1943.[40] Wie man sieht, kam der zweiten Front bereits zu dieser Zeit keine entscheidende Bedeutung mehr zu, und nicht sie hat den sowjetischen Truppen geholfen, sondern im Gegenteil, die sowjetischen Truppen waren es, die günstige Voraussetzungen für eine Invasion in Westeuropa schufen, indem sie es den Alliierten ermöglichten, starke Kräfte zusammenzuziehen und eine 12fache Überlegenheit bei den Seestreitkräften und eine 22fache Überlegenheit bei den Luftstreitkräften über die deutschen Faschisten zu erreichen.
Wie bereits oben erwähnt wurde, wirkten sich die Operationen der Seestreitkräfte im Stillen Ozean stärker auf den Verlauf des bewaffneten Kampfes aus als ihre Tätigkeit auf anderen Kriegsschauplätzen. Hier waren die Hauptgegner — die USA und Japan — durch die großen Weiten des Ozeans voneinander getrennt, so daß schon allein aufgrund dieser Tatsache den Seestreitkräften eine besondere, ja entscheidende Rolle zukam. Die Hauptkampfart auf diesem Kriegsschauplatz waren Landungsoperationen beider Seiten und Blockademaßnahmen der amerikanischen Flotte. Alle übrigen Kampfhandlungen der Streitkräfte beider Seiten dienten entweder der Unterstützung und Sicherung von Landungsoperationen oder der Abwehr von Seelandungsoperationen und waren Bestandteil von Landungs- oder Landungsabwehroperationen.
Die Seestreitkräfte beider Seiten im Stillen Ozean waren vor Beginn des Krieges, mit Ausnahme der Flugzeugträger, bei denen die Japaner eine 3fache Überlegenheit besaßen, fast gleich stark (Tabelle 15).
Der Krieg auf diesem Kriegsschauplatz hatte am 7. Dezember 1941 mit einem Überraschungsangriff der japanischen Flotte auf den Hauptstütz-

40 Roosevelt, Elliot, Wie er es sah, Zürich 1947, S. 199.

Tabelle 15: Kräfteverhältnis der Seestreitkräfte im Stillen Ozean vor Beginn des Zweiten Weltkrieges[41]

Schiffsgattung	USA	Groß-britannien	Nieder-lande	Ins-samt	Japan	Verhältnis
Schlachtschiffe	9	2	—	11	10	1 : 0,9
Flugzeugträger	3	—	—	3	10	1 : 3,3
Flugzeugmutterschiffe	—	—	—	—	6	—
Kreuzer	24	9	3	36	36	1 : 1
Zerstörer	80	13	7	100	113	1 : 1,1
U-Boote	56	—	13	69	63	1 : 0,9

punkt der amerikanischen Pazifikflotte in Pearl Harbor begonnen. Bei diesem Angriff von trägergestützten japanischen Flugzeugen wurden acht Schlachtschiffe und ein Kreuzer, die im Stützpunkt lagen, versenkt oder beschädigt und über 300 an Land stationierte amerikanische Flugzeuge vernichtet.

Drei Tage später vernichteten die Japaner im Golf von Siam ein britisches Geschwader und im Februar 1942 im Japanischen Meer einen in Eile zusammengestellten britisch-niederländisch-amerikanischen Verband und festigten damit ihre Herrschaft auf See. Dies versetzte die Japaner in die Lage, in der ersten Phase des Krieges ungestört Angriffsoperationen durchzuführen. Innerhalb von zwei Monaten eroberte Japan die Philippinen, die Halbinsel Malakka mit dem größten britischen Stützpunkt Singapur, Indonesien, Burma und eine Reihe von Inseln im Stillen Ozean. Die Japaner verfügten jetzt über ungeheure Hilfsquellen, es bedurfte jedoch einer geraumen Zeit sowie entsprechender Transportmöglichkeiten, um diese für den Krieg nutzbar zu machen.

Nachdem die Japaner riesige Gebiete besetzt hatten, gingen sie angesichts der grundlegenden Wende des Krieges, die durch den Ausgang der Schlacht um Stalingrad herbeigeführt und durch die nachfolgenden Siege der Sowjetischen Armee noch beschleunigt wurde, bereits zu Beginn des Jahres 1943 zur strategischen Verteidigung über.

Die westlichen Geschichtsforscher versuchen zu beweisen, daß die Wende des Krieges im Stillen Ozean lange vor Stalingrad eintrat, und zwar mit der für die Amerikaner erfolgreichen Schlacht bei den Midway-Inseln (3.—6. Juni 1942), in der vier japanische Flugzeugträger und nur ein amerikanischer versenkt wurden. Doch das nach der Schlacht bei den Midway-Inseln entstandene Kräfteverhältnis der Seestreitkräfte widerspricht dieser Behauptung.

41 Vgl. Roskill, S.W., The War at Sea 1939-1945, in: History of the Second World War, hrsg. v. J.R.M. Butler, Bd. 1: The Defensive, London 1954, S. 560.

Die japanische Flotte behielt auch nach dieser Schlacht ihre Überlegenheit; sie verfügte jetzt über acht Flugzeugträger (einschließlich der neu in Dienst gestellten) gegenüber vier der Amerikaner. Bei den Schlachtschiffen und Kreuzern fiel das Kräfteverhältnis ebenfalls zugunsten der Japaner aus. Ja, selbst die Art der Kampfhandlungen, die nach der Schlacht bei den Midway-Inseln von beiden Seiten geführt wurden, spricht dafür, daß keine Wende im Verlauf des Krieges eingetreten war. Die Japaner setzten ihre Landungs- und Angriffsoperationen auf Neuguinea und den Salomon-Inseln fort und brachten die Kräfte der Alliierten durch die Vernichtung zweier weiterer amerikanischer Flugzeugträger (»Wasp« und »Hornet«) in eine noch schwierigere Lage. Churchill schrieb, daß die Amerikaner sich im Herbst 1942 mit der Bitte an Großbritannien wandten, ihnen mit britischen Flugzeugträgern auszuhelfen. »Obwohl uns über die amerikanischen Pläne im Stillen Ozean wenig bekannt war, spürten wir doch, daß sich die Lage bei den Salomonen sehr zugespitzt hatte.«[42] Den Amerikanern waren zu dieser Zeit tatsächlich nur zwei beschädigte Flugzeugträger verblieben (»Saratoga« und »Enterprise«). Es bestand in der Tat die Gefahr einer japanischen Invasion in Australien. Von welcher Wende des Krieges konnte also hier die Rede sein?
Die Darstellung westlicher Historiker, daß die Landung einer Division der US-Marineinfanterie (1942) auf der Insel Guadalcanal, die dort langwierige Kämpfe mit wechselndem Erfolg führte, eine Wende des Krieges im Stillen Ozean gewesen sei, ist ebenfalls nicht stichhaltig. Diese Behauptungen werden durch den amerikanischen Präsidenten F. Roosevelt widerlegt, der in seinem Bericht an den Kongreß vom 7. Januar 1943 erklärte, daß die Erfolge bei den Midway-Inseln und auf Guadalcanal »im wesentlichen Verteidigungserfolge waren. Sie waren Teil der Hinhaltestrategie, die diese Phase des Krieges kennzeichnete.«[43]
Wenn das Oberkommando der japanischen Streitkräfte sich zu diesem für die Alliierten schwierigen Zeitpunkt (31. Dezember 1942) entschloß, die Angriffsstrategie aufzugeben und zur Verteidigung überzugehen, dann war der Sieg der sowjetischen Truppen bei Stalingrad über die Hauptkräfte der faschistischen Koalition — der Glaube der japanischen Militärs an die Stärke der deutschen Armee wurde damals zum ersten Mal wirklich erschüttert — der wichtigste Grund für diesen Übergang in eine neue Phase des Krieges. »Der Sieg der sowjetischen Streitkräfte bei Stalingrad war ein schwerer Schlag nicht nur für Deutschland, sondern

42 Churchill, Winston S., Der Zweite Weltkrieg. Bd. 5, 1. Buch: Italien kapituliert, Stuttgart 1953, S. 28.

43 The President's War Adresses to the People and Congress of the USA, Washington 1945, S. 61. — dt. Ausg.: Roosevelt spricht. Die Kriegsreden des Präsidenten, Stockholm 1945, S. 272f.

auch für Japan und Italien.«[44] In Japan wußte man ganz genau, daß »Japan sich innerhalb kürzester Zeit einer weltweiten Koalition gegenübersehen würde, wenn Deutschland irgendwann einmal schwächer werden sollte«.[45]

In einer anderen Lage befanden sich die Vereinigten Staaten von Amerika. Ihre Industrie war keiner Feindeinwirkung ausgesetzt, verfügte über ausreichende Rohstoffvorräte und arbeitete auf immer höheren Touren. Aufgrund dieser Tatsachen erlangten die Amerikaner innerhalb kurzer Zeit die Überlegenheit auf See.

Der Verlauf der Kriegsereignisse im Stillen Ozean bestätigte also erneut, daß unter diesen Verhältnissen die politischen Ziele, die mit militärischen Mitteln erreicht werden müssen, unmittelbar von den Möglichkeiten der Flotte abhängig waren, die Durchsetzung dieser Ziele zu gewährleisten.

Am 1. Februar 1943 begann die Evakuierung der japanischen Truppen von der Insel Guadalcanal. Im Frühjahr 1943 wurde eine neue, kürzere Verteidigungslinie eingerichtet. Im Sommer 1943 verkürzten die Japaner den Verteidigungsgürtel noch mehr, indem sie ihn auf die Karolinen und Marianen zurücknahmen, außerdem verlegten sie die Hauptkräfte ihrer Flotte in rückwärtige Stützpunkte.

Im Herbst 1943 machte sich im Stillen Ozean bereits die wirtschaftliche Überlegenheit der USA bemerkbar. Die Seeherrschaft ging unwiderruflich an die Amerikaner über, die mit Angriffsoperationen begannen.

Eine außerordentlich große Bedeutung erlangten für die Japaner im Zusammenhang mit ihrem Übergang zur Verteidigung die Militärtransporte auf dem Seewege zwischen dem Mutterland und den Verteidigungslinien auf dem Ozean sowie die Lieferungen strategisch wichtiger Rohstoffe aus den eroberten Gebieten der südlichen Meere nach Japan. Diese Transporte waren jedoch das verwundbarste Element im japanischen Verteidigungssystem. Als die Amerikaner dann die Initiative an sich rissen und mit Angriffsoperationen begannen, waren die Japaner weder in der Lage, ihre Kräfte an den Verteidigungslinien im Ozean beweglich einzusetzen, noch die Zufuhr strategisch wichtiger Rohstoffe aus den Ländern der südlichen Meere nach Japan sicherzustellen.

Der Kampf auf den Seeverbindungswegen im Stillen Ozean wurde in eigentümlicher Form und weitgehend einseitig geführt. Die japanischen U-Boote wurden nämlich gegen die großen Überwasserschiffe des Geg-

44 Istorija vojny na Tichom okeane (Geschichte des Krieges im Stillen Ozean), Bd.4, Moskau 1958, S. 16.

45 Njurnbergskij process. Sbornik materialov (Der Nürnberger Prozeß. Materialsammlung), Bd. 1, Moskau 1952, S. 402.

ners und nicht gegen seine Seeverbindungen eingesetzt. Deshalb blieben die amerikanischen Seetransporte praktisch von jeder Einwirkung durch die japanische Flotte verschont.

Die USA hatten zu Beginn des Krieges gegen die japanischen Seetransporte hauptsächlich U-Boote eingesetzt. Erst im Jahre 1944 schalteten sich auch die Luftwaffe und die Überwasserschiffe in diesen Kampf ein. Dabei hatte die amerikanische Flotte bei ihrem Einsatz zur Störung der japanischen Seeverbindungen wegen des schwachen Schutzes dieser Verbindungen leichtes Spiel.

Infolge der Kämpfe auf den Seeverbindungswegen und der Angriffe der amerikanischen Luftwaffe gegen Industrieobjekte auf den japanischen Inseln war die japanische Wirtschaft zu Beginn des Jahres 1945 stark angeschlagen. Sie war nicht mehr in der Lage, die Verluste an Kriegsschiffen und Flugzeugen zu ersetzen. Die USA forcierten indessen den Bau von Kriegsschiffen und Flugzeugen. Der Hauptteil dieser Schiffe und Flugzeuge wurde für den Kampf gegen Japan im Stillen Ozean eingesetzt. (Tabelle 16).

Tabelle 16: Zunahme der Stärke der US-Marine

Schiffsgattung	1941[46]	1944[47]
Flugzeugträger (schwere, leichte und Geleitträger)	7	125
Schlachtschiffe	16	23
Kreuzer (schwere, leichte und Flakkreuzer)	36	67
Zerstörer und Geleitfahrzeuge	180	879
U-Jäger	—	etwa 900
U-Boote	112	351
Landungsschiffe und -boote	—	über 75 000

Die Amerikaner hatten dadurch die Möglichkeit, eine entscheidende Überlegenheit an Kräften aufzubauen und in den Operationsgebieten die Herrschaft zu erlangen. Hinzu kam noch, daß die Japaner es unter dem Einfluß des langen Krieges und der Niederlagen der deutschen Faschisten an der sowjetisch-deutschen Front nicht riskierten, die Hauptkräfte ihrer Flotte zur Verteidigung der eroberten Inseln einzusetzen, sondern diese Aufgabe schwachen Garnisonen überließen, die weder aus

46 Vgl. Eremeev, L.M. u. Šergin, A.P., Podvodnye lodki inoctrannych flotov vo vtoroj mirovoj vojne (Jeremejew u. Schergin, Die U-Boote ausländischer Flotten im Zweiten Weltkrieg), Moskau 1962, S. 375.

47 Spravočnik korabel'nogo sostava voenno-morskich flotov mira, 1944 (Taschenbuch der Flotten der Welt, 1944), Moskau u. Leningrad 1945, S. 295.

der Luft noch von See her unterstützt wurden.
Die Angriffsoperationen der amerikanischen Flotte begannen Ende 1943, sie richteten sich anfangs nicht gegen die Hauptkräfte der japanischen Flotte, sondern gegen Garnisonen auf von den Japanern besetzten Inseln an der Peripherie.
Im Kampf um den Durchbruch durch die äußere japanische Verteidigungslinie zeigte sich noch eine wichtige Eigenschaft der Flotte — die Fähigkeit, mit erheblichen Kräften weitausholende Bewegungen auszuführen. Die Amerikaner waren aufgrund ihrer kräftemäßigen Überlegenheit auf See in der Lage, die Angriffsrichtung nach ihrem Gutdünken zu wählen. Das führte dazu, daß die Japaner ihren Inselgarnisonen oft erst zu spät zu Hilfe kamen. Nachdem die Seestreitkräfte der USA die äußere japanische Verteidigungslinie durchbrochen hatten, gingen sie im Herbst 1944 gegen die innere Verteidigungslinie vor, die auf den Philippinen verlief. Hier in den Gewässern des Archipels fand die größte Seeschlacht des Zweiten Weltkrieges statt, in der Japan die Hauptkräfte seiner Flotte einsetzte. Die japanische Flotte erlitt in dieser Schlacht hohe, folgenschwere Verluste. Sie verlor vier Flugzeugträger, drei Schlachtschiffe, zehn Kreuzer, elf Zerstörer und zwei U-Boote.[48] Diese Schlacht hatte einen erheblichen Einfluß auf den weiteren Verlauf der Kampfhandlungen im Stillen Ozean und schuf die Voraussetzungen für die anschließend von den Amerikanern erzielten Erfolge.
Die letzte große Landungsoperation der Amerikaner im Stillen Ozean war die Landung ihrer Truppen auf der Insel Okinawa. Der Kampf um die Insel dauerte trotz der sechsfachen Überlegenheit der amerikanischen Kräfte über die japanische Garnison und der vollen Luft- und Seeherrschaft der Amerikaner drei Monate, was nicht von einer hohen Kunst der Durchführung dieser Operation zeugt.
Die Angriffe der amerikanischen Luftwaffe auf die Städte und Häfen Japans nahmen einen immer größeren Umfang an. Da die japanischen Garnisonen auf den Inseln im Pazifik zahlenmäßig sehr schwach waren, erlitten die japanischen Landstreitkräfte nur unbedeutende Verluste. Die in der Mandschurei stationierte Kwangtung-Armee, die die größte und kampftüchtigste Gruppierung der japanischen Landstreitkräfte war, blieb unangetastet. Eine so wichtige rüstungswirtschaftliche Basis des japanischen Imperialismus wie die Industrie in der Mandschurei und Korea blieb von den Kriegshandlungen nicht nur verschont, sondern entwickelte sich nach wie vor weiter. Dies alles versetzte Japan in die Lage, trotz der erheblichen Schwächung seiner Flotte und des Verlustes der

48 Morskoj atlas (Seeatlas), Bd. 3, Teil 2, hrsg. v. Hauptstab der Seestreitkräfte, 1963, Blatt 48.

früher eroberten Territorien in den südlichen Meeren den Krieg fortzusetzen. Dabei hoffte Japan nicht ohne Grund auf die Möglichkeit, antisowjetische Abmachungen mit seinen kapitalistischen Gegnern zu treffen.

Im Jahre 1945 verfügte Japan über starke Streitkräfte; dazu gehörten die viele Millionen Mann starken Armeen sowie 8 400 Flugzeuge und 600 Kriegsschiffe, darunter vier Flugzeugträger, sechs Schlachtschiffe, sieben Kreuzer, 44 U-Boote u. a.[49]

Um Japan zu besiegen, wäre ein langer Kampf unter Einsatz starker Landstreitkräfte notwendig gewesen, die den Alliierten aber nicht zur Verfügung standen. Die Amerikaner hatten daher Pläne für einen langen Krieg gegen Japan ausgearbeitet, die eine Landung auf der Insel Kiuschu für Ende 1945 und eine Landung im Raum Tokio erst für 1946 und möglicherweise auch später vorsahen. Aus diesem Grunde waren die Alliierten so dringend auf den Eintritt der UdSSR in den Krieg gegen Japan angewiesen. Ohne den Kriegseintritt der UdSSR konnte die Entschlossenheit der japanischen Militärclique, den Krieg fortzusetzen, nicht gebrochen werden. Ein überzeugender Beweis hierfür ist das Telegramm des Oberkommandierenden der japanischen Truppen in China, General Okamura, das dieser am 12. August 1945 nach Tokio sandte: »Wir verstehen, daß sich durch den Kriegseintritt der Sowjetunion die Lage noch mehr verschlechtert hat. Da uns jedoch auf dem Territorium Japans selbst eine Armee von rund 7 Mio. Mann und auf dem Festland eine Armee in Stärke von etwa 1 Mio. Mann zur Verfügung stehen, deren Kampfgeist nach wie vor hoch ist, sind wir entschlossen, den Gegner zu vernichten. Die Landstreitkräfte sind jetzt zur Hauptstütze des Imperiums geworden (. . .) Das Schicksal des kaiserlichen Japan wird in der Mandschurei entschieden.«[50]

Die sowjetischen Land- und Seestreitkräfte haben bekanntlich in Erfüllung ihrer Bündnisverpflichtungen mit gewaltigen Schlägen die Kwangtung-Armee und die japanischen Stützpunkte auf Sachalin und den Kurilen vernichtet, so daß Japan gezwungen war, bedingungslos zu kapitulieren.

49 Smirnov, N.I., Tichookeancy v vojne s imperialističeskoj Japoniej (Die Bevölkerung des pazifischen Raumes im Kampf gegen das imperialistische Japan), in: Morskoj sbornik, 1970, Heft 8, S. 7.

50 Hattori, T., Japonija v vojne 1941—1945 (Japan im Krieg 1941—1945), S. 573.

Die wichtigsten Aufgaben der Seestreitkräfte im Verlauf des Zweiten Weltkrieges

Da die wichtigsten Ziele des Zweiten Weltkrieges an den Landfronten erreicht wurden, war der Krieg, wie bereits oben erwähnt wurde, insgesamt gesehen ein Landkrieg. Einige strategische Aufgaben auf den europäischen Kriegssschauplätzen konnten jedoch ohne Beteiligung starker Flottenkräfte nicht gelöst werden. So wurde z. B. der Kampf auf den Seeverbindungswegen fast ausschließlich mit Seestreitkräften ausgetragen. Obwohl die Kampfhandlungen auf See insgesamt gesehen im Verhältnis zu den strategischen Aufgaben, die an Land gelöst werden mußten, eine untergeordnete Rolle spielten, wirkten sie sich doch in erheblichem Maße auf den Verlauf des Krieges aus.

Als Hauptarten des Einsatzes der Seestreitkräfte während des Zweiten Weltkrieges müssen der Kampf auf den Seeverbindungswegen, der darauf abzielte, das rüstungswirtschaftliche Potential des Gegners zu untergraben und die eigenen Seetransporte zu schützen, sowie die Landungsoperationen angesehen werden, die einen bis dahin noch nie dagewesenen Umfang annahmen.

Die Bedeutung des Kampfes auf den Seeverbindungswegen war im Gesamtrahmen der Kampfhandlungen zur See nicht auf allen Kriegsschauplätzen gleich hoch. Im Atlantischen Ozean waren die Maßstäbe und die Intensität dieses Kampfes erheblich größer als die Einsätze dieser Art auf den anderen Kriegsschauplätzen. So bildete der Kampf auf den Seeverbindungswegen die Grundlage der gesamten Tätigkeit der deutschen Marine. Die besondere Bedeutung, die diesem Kampf beigemessen wurde, läßt sich auch daran erkennen, daß die verbündeten Staatschefs auf der Konferenz in Casablanca (1943) es für notwendig hielten, die wichtigsten Ressourcen der Alliierten vor allem für den Kampf gegen die Bedrohung bereitzustellen, die von den deutschen U-Booten ausging.

Das Ausmaß und die Intensität des Kampfes auf den Seeverbindungswegen nahmen im Verlauf des Krieges allmählich zu, was auch für den Ersten Weltkrieg kennzeichnend gewesen war. Der größte Fehler der deutschen faschistischen Führung war ohne Zweifel der, daß sie den Kampf auf den atlantischen Seeverbindungswegen erst einige Jahre nach Kriegsbeginn zur vollen Entfaltung brachte, d. h. zu einem Zeitpunkt, als klar wurde, daß ihre Pläne zu Lande gescheitert waren. Ein ebenso großer Fehler war auch, daß dieser Kampf praktisch nur von U-Booten geführt wurde, die keine Unterstützung von anderen Gattungen der Seestreitkräfte, insbesondere nicht von der Luftwaffe, erhielten. Diese Fehler gestatteten es den Alliierten, massenweise U-Jagdkräfte und Mittel zum Schutz vor U-Bootangriffen zu schaffen und den Bau von Transportschiffen zu intensivieren. Deshalb hatte der Kampf auf den Seeverbindungswegen zwar einen erheblichen, aber keinen entscheidenden Einfluß auf den gesamten Verlauf des Krieges. Dieser Kampf verlor allmählich an Intensität und wurde aussichtslos. Neu an ihm war nur, daß er abgesehen von der Antarktis alle Seekriegsschauplätze umfaßte. Besonders intensiv wurde dieser Kampf auf den Verbindungswegen geführt, die vor Großbritannien und Japan zusammenliefen.

Die besonderen Merkmale des Kampfes auf den Seeverbindungswegen bestand im Einsatz verschiedener Gattungen der Seestreitkräfte sowie in der Entwicklung und Einführung neuer Arten von Waffen und technischem Gerät wie Radar und Sonar, neuen Typen von U-Booten und U-Jagdschiffen, zielsuchenden Torpedos. Anlagen für den Betrieb von Dieselmotoren unter Wasser u.dgl.m. Die Weiterentwicklung der Waffen hatte natürlich auch Änderungen in den Einsatzmethoden zur Folge und führte zu massierten Angriffen der U-Boote, zum Verwischen der Grenzen zwischen ihren Tages- und Nachteinsätzen, zur Organisation besonderer Operationen auf den Seeverbindungswegen, zur starken Zunahme der Angriffe gegen Häfen und Stützpunkte als Teil des Kampfes auf den Seeverbindungswegen sowie zu zahlreichen anderen Maßnahmen.

Bemerkenswert ist auch die Tatsache, daß es trotz der außerordentlich großen Gefahr, die die U-Abwehrkräfte für die U-Boote darstellten, keine einzige Operation oder andere organisierte Kampfhandlungen gegeben hat, die die Zerschlagung und Vernichtung der U-Abwehrkräfte zum Ziel hatten. Dies war ohne Zweifel ein großer Fehler, der im Kampf auf den Seeverbindungswegen begangen wurde.

Die verschiedenen Gattungen der Seestreitkräfte hatten im Kampf auf den Seeverbindungswegen bei weitem nicht die gleiche Aufgabe zu erfüllen. So fielen über 65% aller versenkten Handelsschiffe U-Booten, etwa 20% Flugzeugen, 6% Überwasserschiffen und 8% der Minenwaffe zum Opfer.

Die U-Boote stellten trotz des erheblich wachsenden Widerstandes der U-Abwehrkräfte ihre Möglichkeiten, die bereits während des Ersten Weltkrieges zutage getreten waren, unter Beweis. Neben der Vernichtung von Handelsschiffen konnten sie wirksame Schläge gegen Überwasserschiffe führen und mit Erfolg gegnerische U-Boote bekämpfen.

Obwohl die Luftwaffe ihre Möglichkeiten nicht in vollem Umfang nutzte, führte ihr Einsatz zu grundlegenden Veränderungen im Kampf auf See insgesamt. Es muß unterstrichen werden, daß der Einsatz der Marineflieger in der Regel wirksamer war als der von Luftwaffenverbänden, die der Flotte nur vorübergehend für den Kampf auf See zugeteilt wurden. Während Flugzeuge bei der Versenkung gegnerischer Handelsschiffe nur auf dem zweiten Platz rangierten, nahmen sie beim Schutz der eigenen Seeverbindungen den ersten Platz ein — mehr als 40% aller versenkten U-Boote der Achsenmächte wurden von Flugzeugen versenkt. Überwasserschiffe spielten im Handelskrieg nur eine begrenzte Rolle. Die Anzahl der großen Überwasserschiffe, die mit dieser Aufgabe betraut wurden, war wegen der großen Gefahr, die ihnen von seiten der U-Boote und Flugzeuge drohte, nur unbedeutend. Eine sehr wichtige Rolle spielten indessen die Überwasserschiffe beim Schutz der eigenen Seeverbindungen: sie versenkten über 35% der U-Boote der faschistischen Koalition. Es war allerdings auch so, daß in dem Maße, wie die Flugzeuge technisch verbessert wurden und sich ihre Anzahl erhöhte, die Überwasserschiffe selbst zu ihren Trägern wurden und damit ihre Position innerhalb der Flotte stärkten.

Bei der Beurteilung der Gesamtergebnisse des Kampfes auf den Seeverbindungswegen im Zweiten Weltkrieg wollen wir nun untersuchen, ob die U-Boote ihre Funktion als wichtigstes Mittel zur Bekämpfung der Seeschiffahrt des Gegners erfüllt haben.

Die Deutschen versenkten während des Zweiten Weltkrieges 5 150 Handelsschiffe; die U-Boote waren daran mit 54% beteiligt (68% des Schiffsraumes). Am wirksamsten war dabei der Einsatz der U-Boote in der Zeit von 1939—1942, als diese 2 177 Handelsschiffe versenkten. Von 1943 an begann die Wirksamkeit der U-Booteinsätze stark nachzulassen. In der zweiten Hälfte des Krieges gelang es den U-Booten dann nur noch, 651 Handelsschiffe zu versenken.

Bei Berücksichtigung des Einsatzes der japanischen und der italienischen U-Boote gegen die Handelsschiffahrt ergeben sich keine besonderen Korrekturen in den angeführten Daten. Die U-Boote der japanischen Flotte versenkten während des Krieges nach amerikanischen Angaben 147 und nach französischen Angaben 170 Handelsschiffe, deren Tonnage auf 776 000 RT geschätzt wird. Die U-Boote der italienischen Flotte versenkten (nach deutschen Angaben) 105 Schiffe mit einer Gesamttonnage von etwa 1 Mio. RT.[51]

Welches waren nun die wirklichen Gründe für diese Veränderung in den Einsatzergebnissen der U-Boote? Der Hauptgrund bestand ohne Zweifel in der eingetretenen Wende des Krieges insgesamt, die an der sowjetisch-deutschen Front erzielt wurde und die sich unmittelbar auf den Ablauf der Ereignisse auf allen anderen Kriegsschauplätzen auswirkte.

Die allgemeine Wende des Krieges wirkte sich in der Weise auf die Bekämpfung der Seeverbindungen im Atlantik aus, daß das faschistische

51 Vgl. Eremeev, L.M. u. Šergin, A.P., Podvodnye lodki inostrannych flotov vo vtoroj mirovoj vojne (Die U-Boote ausländischer Flotten im Zweiten Weltkrieg), a.a.O., S. 66—69, 334.

Deutschland gezwungen war, seine Hauptanstrengungen auf die Ostfront zu konzentrieren und seine Kräfte im Atlantik zu schwächen, indem es vor allem Flugzeuge und einen Teil der Schiffe von diesem Kriegsschauplatz abzog. Die für die deutsche Flotte bewilligten Haushaltsmittel wurden aus diesem Grunde von 12,1% des Gesamthaushalts der Streitkräfte für 1942 auf 5,6% im Jahre 1944 reduziert. Auch die Anzahl der im Einsatz befindlichen U-Boote der Achsenmächte verringerte sich.

Die Alliierten machten sich die durch die Wende des Krieges bedingte Schwächung der Deutschen an der Westfront zunutze: sie landeten Truppen in Nordafrika, auf Sizilien und auf der Apenninenhalbinsel und zwangen Italien zur Kapitulation. Dadurch waren sie in der Lage, beträchtliche Flottenkräfte aus dem Mittelmeer in den Atlantik zu verlegen. Eine wichtige Rolle spielten auch die U-Abwehrkräfte der Alliierten, deren Aufbau wegen der Konzentration der deutschen Anstrengungen an der Ostfront keine besonderen Schwierigkeiten bereitete. 5 500 speziell für die U-Jagd gebaute Schiffe und 20 000 kleine Schiffe waren gegen die deutschen U-Boote im Einsatz. Auf jedes deutsche U-Boot kamen 25 Schiffe und 100 Flugzeuge der Alliierten, und jedem deutschen U-Bootfahrer in See standen 100 Briten und Amerikaner gegenüber.

Die U-Abwehrkräfte drängten zwar die U-Boote erheblich zurück, es gelang ihnen jedoch nicht, den U-Booten den Nimbus zu nehmen, wie das beispielsweise mit den Schlachtschiffen geschehen war. Es erwies sich, daß die U-Boote auch im Jahre 1945 noch in der Lage waren, den Kampf fortzusetzen. Von allen Waffengattungen der deutschen Streitkräfte stellte nur die U-Bootwaffe bis zum Ende des Krieges eine ernsthafte Bedrohung dar, und der U-Bootkrieg war erst dann zu Ende, als das Territorium Deutschland von den alliierten Truppen besetzt worden war.

Negativ wirkten sich auf die Einsatzergebnisse der U-Boote auch die bei ihrer technischen Verbesserung auftretenden Verzögerungen und der sinkende Ausbildungsstand der deutschen U-Bootfahrer aus, was ebenfalls dazu beitrug, daß die U-Abwehrkräfte im Wettkampf mit den U-Booten einen Vorsprung erzielten. Der von den Deutschen begonnene forcierte Bau der neuen U-Boote vom Typ XXI und der Übergang zur Massenproduktion von U-Booten mit dem besseren Walther-Antrieb kamen zwar zu spät, zeigten jedoch, daß sogar schon die U-Boote, die vor den Atomunterseebooten gebaut wurden, genügend Möglichkeiten besaßen, die entstandenen Vorteile der U-Abwehrkräfte mit Erfolg auszugleichen.

Eine sehr wichtige Rolle in der »Schlacht um den Atlantik« spielte der in den USA und in Großbritannien auf Hochtouren laufende Handelsschiffbau. Diese Länder bauten während des Krieges Handelsschiffe mit einer Gesamttonnage von 42,5 Mio. t; das war fast das Doppelte der erlittenen Verluste.

So hatte Deutschland zum zweiten Mal in der Geschichte im Verlauf eines Krieges seine Vorkriegsansichten über den Einsatz von Seestreitkräften grundlegend geändert und war mit einer gewissen Verspätung zum weitgehenden Einsatz von U-Booten im Kampf auf den Seeverbindungswegen übergegangen. Trotzdem hat Deutschland, das mehr als 1 100 U-Boote baute, während des Zweiten Weltkrieges der Handelsflotte der Gegner ernsthafte Verluste beigebracht, indem es rund 60% ihres Vorkriegsbestandes vernichtete. Mehr erreichte es jedoch nicht. Den Hauptgrund hierfür sehen wir darin, daß die U-Boote nicht von anderen Kräften unterstützt wurden, vor allem nicht von der Luftwaffe. Die Luftwaffe wäre dringend zur Aufklärung benötigt worden, sie hätte die U-Abwehrkräfte bekämpfen, die Wirtschaft des Gegners, insbesondere seine Schiffbauindustrie, schädigen und Handelsschiffe auf hoher See angreifen können.

Auf eine solche Unterstützung waren die damaligen U-Boote, die ja noch keine vollwertigen Unterwasserschiffe waren, besonders angewiesen, weil sie in bestimmten Zeitabständen zum Aufladen der Batterien auftauchen mußten, was die Hauptursache für ihre Ortung und Vernichtung war.

Die Erfahrungen aus dem Zweiten Weltkrieg geben uns also eine genaue Vorstellung darüber, wie der Kampf der U-Boote unmittelbar auf hoher See hätte unterstützt werden müssen. Als die deutsche Führung zum massierten U-Booteinsatz überging, überließ sie die U-Boote sich selbst. Sie unternahm während des ganzen Krieges kein einziges Mal den Versuch, den alliierten U-Abwehrkräften, die keinerlei Feindeinwirkung ausgesetzt waren, organisierten Widerstand zu leisten. Das ist zweifellos auch der Grund dafür, daß 70 % der deutschen U-Boote auf dem Marsch in ihre Einsatzgebiete vernichtet wurden.

Völlig anders verlief der Kampf der US-Seestreitkräfte gegen die Seeverbindungen Japans. Japan besaß zu Beginn des Krieges eine Handelsflotte mit einer Gesamttonnage von 6,4 Mio. RT; außerdem fielen ihm Schiffe anderer Länder mit einer Gesamttonnage von 830 000 RT in die Hände. Es hatte nur in verhältnismäßig geringem Maße die Möglichkeit, Verluste zu ersetzen, und die Anzahl und Qualität seiner Geleitschutzkräfte waren eindeutig unzureichend.

So merkwürdig es für ein Inselreich klingt, die japanischen Seestreitkräfte waren nicht im geringsten auf den Schutz der Seeverbindungen vorbereitet.

Die Amerikaner konnten für den Kampf auf den japanischen Seeverbindungswegen weitgehend U-Boote, Überwasserschiffe und Flugzeuge einsetzen, und außerdem in den japanischen Gewässern, hauptsächlich mit Hilfe von Flugzeugen, Minen werfen. Diese Bedingungen des Kampfes auf den Seeverbindungswegen und das Kräfteverhältnis der Flotten beider Seiten ermöglichten es den Amerikanern, während des Krieges 2 143 japanische Handelsschiffe mit einer Gesamttonnage von rund 8 Mio. RT zu versenken,[52] die Seewege, die Japan mit seinen Territorien in den südlichen Meeren verbanden, zu kontrollieren und außerdem Minen in den japanischen Häfen und auf den Zugängen zu ihnen zu werfen.
Allerdings ließen die Amerikaner die Seeverbindungen, die Japan mit solch wirtschaftlich äußerst wichtigen Gebieten wie der Mandschurei und Korea verbanden, sowie die dort stationierten japanischen Streitkräfte unangetastet. Die stärkste Gruppierung der japanischen Landstreitkräfte und die leistungsfähige Wirtschaftsbasis auf dem asiatischen Festland blieben — ebenso wie die Verbindungswege dorthin — von der Kampftätigkeit der Amerikaner praktisch völlig unberührt, und das gab Japan die Möglichkeit, den Krieg fortzusetzen.
Die Seeblockade Japans durch die Amerikaner erwies sich also als unzulänglich. Aus diesem Grunde reichten die Ergebnisse des Kampfes der amerikanischen Seestreitkräfte zur Unterbindung der gegnerischen Seetransporte, obwohl sie insgesamt imponierend waren, nicht aus, um Japan zur Kapitulation zu zwingen.
Der Kampf auf den Seeverbindungswegen im Atlantischen und im Stillen Ozean, an dem sehr starke Flottenkräfte beteiligt waren, schwächte also die Wirtschaft der kriegführenden Parteien erheblich. Dieser Umstand wirkte sich wiederum, obwohl er nicht zu entscheidenden Ergebnissen führte, beträchtlich auf den Gesamtverlauf des Krieges aus.
Die große Zahl der Landungsoperationen kam für die meisten Flotten der Welt völlig überraschend, denn sie waren zu Beginn des Krieges auf diese Art von Kampfhandlungen überhaupt nicht vorbereitet.
Alle Seemächte gingen von den bei der mißlungenen Dardanellenoperation im Ersten Weltkrieg gemachten Erfahrungen aus und schenkten deshalb den Landungsoperationen nicht die nötige Beachtung. Dabei wurden die Möglichkeiten der Landungsabwehr überschätzt und die vermehrten Angriffsmöglichkeiten der Landstreitkräfte an der Küste nicht berücksichtigt.

52 Stepanov, M.E., Vospolnenie voenno-morskich i torgovych flotov vo vtoroj mirovoj voine (Das Auffüllen der Verluste der Kriegs- und Handelsflotten im Zweiten Weltkrieg), in: Morskoj sbornik, 1959, Heft 11, S. 84.

Im Laufe des Zweiten Weltkrieges wurden von den kriegführenden Parteien (ohne die sowjetischen Seestreitkräfte) über 500 Landungsoperationen durchgeführt, kleine Sabotage- und Aufklärungsstreifzüge nicht eingerechnet. Die sowjetischen Seestreitkräfte führten während des Großen Vaterländischen Krieges über 100 Landungsunternehmen verschiedenen Ausmaßes durch.
An den Landungsoperationen war in der Regel eine große Anzahl verschiedenartiger Kräfte und Mittel beteiligt. Bei keiner anderen Operationsart war eine derart große Konzentration von Kräften und Mitteln im Verhältnis zur Frontlänge zu verzeichnen. Für Landungsoperationen sind eine besonders große Anzahl bewaffneter Zusammenstöße verschiedenen Ausmaßes, hohe Verluste und ein erheblicher Materialaufwand charakteristisch. Vor oder gleichzeitig mit den Landungsoperationen fanden oft große Schlachten zur Vernichtung der gegnerischen Kräfte in See statt. Kennzeichnend für die Landungsoperationen ausländischer Flotten war die Tatsache, daß sie in der Regel in einer relativ günstigen Lage und im Laufe einer erfolgreichen strategischen Offensive auf dem Kriegsschauplatz durchgeführt wurden.
Im Verlauf des Krieges änderten sich unter dem Einfluß des immer umfassenderen Einsatzes von Luftstreitkräften die Methoden der Anlandung von Landungstruppen beträchtlich. Die Luftherrschaft im Operationsgebiet war die unerläßliche Voraussetzung für den Erfolg der Operation, und zwar selbst bei einer Überlegenheit der gegnerischen Flottenkräfte. Gegen Ende des Krieges wurden Luftlandetruppen zu einem festen Bestandteil der Landungsoperationen.
Der Erfolg der Landungsunternehmen im Zweiten Weltkrieg wurde durch die bedeutend vermehrten Angriffsmöglichkeiten der Seestreitkräfte, ihre zunehmende Fähigkeit, die Verteidigung des Gegners zu durchbrechen und die Ziele der Operation zu erreichen, sowie durch den massierten Einsatz von Landungsschiffen und Landungsbooten gewährleistet. Während des Krieges scheiterten nur zwei operative Landungsunternehmen (Midway und Port Moresby). Von den strategischen Landungsoperationen ist keine einzige gescheitert. Dies war auf die günstigen allgemeinen militärischen Verhältnisse sowie auf die Konzentration starker Landungstruppen zurückzuführen, die den Verteidigern überlegen waren. Gleichzeitig hat es während des gesamten Krieges keine einzige lehrreiche Landungsabwehroperation gegeben, bei der wuchtige und aufeinanderfolgende Schläge gegen den Gegner geführt worden wären, und zwar von den Punkten an, wo die Landungstruppen zusammengezogen wurden, bis zu den Landungsgebieten an der Küste. Dies war gewöhnlich entweder darauf zurückzuführen, daß die Nachrichten über die Vorbereitung eines Landungsunternehmens durch den Gegner zu

spät eintrafen oder die Mittel für Angriffe in allen Phasen der Operation nicht ausreichten.
Insgesamt gesehen spielten die Landungsoperationen im Zweiten Weltkrieg eine außerordentlich wichtige Rolle im bewaffneten Kampf auf See. Auf einzelnen Kriegsschauplätzen, z. B. im Stillen Ozean, wo die Landstreitkräfte der kriegführenden Parteien keine unmittelbare Feindberührung hatten, bildeten die Landungsoperationen und die zur gleichen Zeit stattfindenden Gefechte der Seestreitkräfte den Hauptinhalt des bewaffneten Kampfes.
Während im Ersten Weltkrieg eine solch wichtige Einsatzart der Seestreitkräfte wie die Vernichtung von Angriffsgruppierungen feindlicher Flottenkräfte getrennt von anderen Kampfhandlungen der Seestreitkräfte durchgeführt wurde, d. h. sozusagen einem Zweck per se diente, waren im Zweiten Weltkrieg solche Kampfhandlungen fast immer Bestandteile entweder des Kampfes auf den Seeverbindungswegen oder von Landungsoperationen. Dabei hatte die Artillerie als entscheidendes Mittel zur Erringung des Sieges stark an Bedeutung verloren. Aus diesem Grunde büßten die Schlachtschiffe — die Hauptträger der schweren Artillerie — ihre dominierende Rolle innerhalb der Seestreitkräfte ein. Mitunter wurden Seegefechte unter Einsatz von Flugzeugen über Entfernungen geführt, die erheblich größer waren als die Schußentfernung der Artillerie.
Im Verlauf des Zweiten Weltkrieges vergrößerte sich das Ausmaß der Kampfhandlungen, die die Vernichtung von Flottenkräften in Stützpunkten und von wichtigen militärischen und wirtschaftlichen Objekten an der feindlichen Küste zum Ziel hatten. Während es im Ersten Weltkrieg insgesamt nur fünf Überwasserschiffe und Unterseeboote (das waren etwa 1% aller vernichteten Schiffe) waren, die in Stützpunkten versenkt wurden, waren es im Zweiten Weltkrieg bereits 158 Schiffe (8 % aller vernichteten Schiffe). Es muß betont werden, daß etwa 80 % dieser Schiffe bei Luftangriffen gegen Stützpunkte vernichtet oder beschädigt wurden.
Die Rolle der einzelnen Gattungen der Seestreitkräfte sowie die Bedeutung der Seestreitkräfte überhaupt im System der Streitkräfte eines Landes mußten infolge des Zweiten Weltkrieges einer Neubewertung unterzogen werden.
Im Laufe des Krieges verstärkte sich bei den Seestreitkräften immer mehr der Prozeß der Abkehr von Kräftegruppierungen, die aus Schiffen der gleichen Gattung bestanden. Man begann verschiedene Gattungen der Seestreitkräfte in einem für den Kampf auf See optimalen Verhältnis zusammenzustellen. Außerdem wurden Methoden für den kombinierten Einsatz der verschiedenen Gattungen der Seestreitkräfte und Waffenar-

ten entwickelt und vervollkommnet, wobei die Gefechtsformation stärker in die Tiefe und die Breite gestaffelt wurde.
Die in den beiden Weltkriegen bei den Kampfhandlungen auf See gesammelten Erfahrungen haben gezeigt, daß es notwendig ist, Seestreitkräfte mit ausgewogener Zusammensetzung aufzubauen. Die starke japanische Flotte aus der Zeit des Zweiten Weltkrieges, die nicht über die erforderlichen Kräfte zur Bekämpfung der amerikanischen U-Boote und zum Schutz der eigenen Transporte verfügte, kann als ein Beispiel für eine Flotte mit nicht ausgewogener Zusammensetzung dienen.
Was die Bedeutung der einzelnen Gattungen der Seestreitkräfte betrifft, so bestand das wichtigste Ereignis im Verlauf des Krieges darin, daß die Linienschiffe von ihrem seit Jahrhunderten behaupteten dominierenden Platz abtreten mußten. Die im Krieg gewonnenen Erkenntnisse veranlaßten alle Staaten, auf den Bau neuer Schlachtschiffe zu verzichten und die noch vorhandenen nach Beendigung des Krieges außer Dienst zu stellen. Den ersten Platz unter den Überwasserschiffen nahmen die Flugzeugträger ein.
Das U-Boot wurde zu einer äußerst wichtigen Waffe im Kampf auf See. Wenn einige Staaten in der Vorkriegszeit die Möglichkeiten der U-Boote unterschätzt hatten, so revidierten sie im Verlauf des Krieges ihre Ansichten über den Einsatz von Unterwasserkräften. So baute das faschistische Deutschland, das zu Beginn des Krieges nur insgesamt 57 U-Boote besessen hatte, während des Krieges 1 131 U-Boote (ohne die Kleinst-U-Boote).
Hier muß hervorgehoben werden, daß trotz der stürmischen Entwicklung der U-Abwehrkräfte und -mittel der Gegner die Anzahl der deutschen U-Boote immer größer wurde und am 1. Januar 1945 493 Einheiten betrug.
Früher war oft die Ansicht geäußert worden, daß U-Boote eine Waffe schwacher Flotten seien und starke Flotten keiner U-Boote bedürften. Diese Ansicht wurde jedoch durch die im Krieg gemachten Erfahrungen eindeutig widerlegt, als sich z.B. herausstellte, daß die U-Boote der amerikanischen Flotte, die die stärkste Flotte der Welt war, nicht nur im Kampf auf den japanischen Seeverbindungswegen, sondern auch bei der Bekämpfung gegnerischer Überwasserschiffe und U-Boote die wichtigste Rolle spielten. Das führte dazu, daß der Bau von U-Booten in den USA während des Krieges stark intensiviert wurde, so daß sich ihre Anzahl nahezu verdreifachte.
Auch in anderen Ländern wurden intensiv U-Boote gebaut. In den wichtigsten imperialistischen Staaten wurden während des Krieges 1 630 U-Boote gebaut; das war fast das Vierfache ihres Bestandes bei den Flotten zu Beginn des Krieges. Ihre Anzahl war trotz der großen Verluste (1 195

Einheiten) am Ende des Krieges gegenüber der Vorkriegszeit auf mehr als das Doppelte gestiegen.[53]
Eine stürmische Entwicklung machten während des Krieges die Marineflieger durch, und zwar sowohl die bordgestützten als auch die landgestützten. Als eine Spezialisierung erforderlich wurde, kam es zu einer Aufteilung in Angriffsflugzeuge (Torpedo- und Bombenflugzeuge), U-Jagdflugzeuge, Jagdflugzeuge und Aufklärungsflugzeuge. Die Marineflieger wurden im Laufe des Krieges schnell zu einer der wichtigsten und führenden Gattungen der Seestreitkräfte.
Parallel dazu wurden auch in großem Umfang U-Jagd- und Flugabwehrschiffe und -boote gebaut. Während des Krieges wurden davon etwa 6 000 Einheiten fertiggestellt, und bis Mitte 1945 war ihr Anteil am Bestand der Flotten gegenüber der Vorkriegszeit auf ein Mehrfaches gestiegen.
Auch andere Überwasserschiffe wurden weiterentwickelt. Es kamen neue Schiffsgattungen wie Spezialgeleitfahrzeuge und Landungsschiffe auf, die in großer Anzahl gebaut wurden. Sie haben ihre Daseinsberechtigung vollauf bewiesen und gehören bis heute zum Bestand der Seestreitkräfte. Die Landungsoperationen, die im Zweiten Weltkrieg häufig durchgeführt wurden, machten die Entwicklung spezieller Landungsboote erforderlich. So verfügten die Seestreitkräfte der USA Ende des Krieges über mehr als 200 große Speziallandungsschiffe und mehrere tausend Landungsboote.
Die Seestreitkräfte leisteten also einen wesentlichen Beitrag zum bewaffneten Kampf und spielten im Zweiten Weltkrieg, der einen deutlich ausgeprägten kontinentalen Charakter hatte, eine wichtige Rolle. Der Einsatz der Seestreitkräfte diente weitgehend der Unterstützung der Landfronten und der Sicherstellung ihrer Bedürfnisse, was sich naturgemäß aus dem Charakter des bewaffneten Kampfes ergab.
Eine besondere Bedeutung kam folgendem Umstand zu: Da die Sowjetunion den Stoß des Gros der Streitkräfte Deutschlands und seiner Satelliten auffing, diese Kräfte dann hinhielt und sie später vernichtete, hatten die Alliierten die Möglichkeit, ihr rüstungswirtschaftliches Potential ungehindert voll zu entfalten, ihre Streitkräfte zu mobilisieren und den Schiffbau auf volle Touren zu bringen.

53 ibid., S. 83.

Der Aufbau der sowjetischen Flotte

Der Grundstein zur Geschichte der sowjetischen Seestreitkräfte wurde während der Großen Sozialistischen Oktoberrevolution gelegt. Die Seestreitkräfte waren am Kampf um die Macht und an der Verteidigung der jungen sowjetischen Republik gegen den militärischen Druck der internationalen Reaktion und der inneren Konterrevolution stets außerordentlich aktiv beteiligt. Die ruhmreichen Revolutions- und Kampftraditionen der russischen Flotte, die Treue zur Sache Lenins und ihre ausgezeichnete Disziplin ließen die Marinesoldaten in die ersten Reihen der Kämpfer gegen die Feinde der Oktoberrevolution vorrücken.

Eine wichtige Voraussetzung für den Sieg der Revolution war der Umstand, daß es der Partei gelungen war, ein bewaffnetes Bollwerk der Revolution zu schaffen, indem sie die Rote Arbeitergarde mit den Massen der revolutionären Matrosen und Soldaten vereinigte. Die enge Verbundenheit der Marinesoldaten mit den in revolutionären Kämpfen gestählten Arbeitern sowie die ständige Führung durch das Zentralkomitee der Partei hatten vor allem bei der Ostseeflotte eine stürmische Entwicklung der revolutionären Bewegung und eine aktive Beteiligung der Marinesoldaten am Kampf um den Sieg der Oktoberrevolution zur Folge. Die Bolschewiken konnten, gestützt auf die Soldaten der Ostseeflotte, ihre Bemühungen verstärken, die Soldaten des Feldheeres und die Angehörigen der anderen Flotten und Flottillen auf ihre Seite zu ziehen.

Im Herbst 1917 besaß die russische Flotte auf allen Kriegsschauplätzen mehr als 1 100 Kriegs- und Hilfsschiffe und hatte eine Personalstärke von etwa 180 000 Mann. Der Hauptteil der russischen Kräfte befand sich in der Ostsee und war in Helsingfors, Reval, Kronstadt und Petersburg stationiert. Dies war ein reales und starkes Potential der proletarischen Revolution, das nach Lenins Plänen gemeinsam mit den Arbeiterabteilungen und den auf der Seite der Revolution kämpfenden Truppenteilen in einem kombinierten Angriff alle Schlüsselstellungen erobern sollte. Der Ostseeflotte wurde dementsprechend im Plan für den bewaffneten Aufstand eine entscheidende Rolle zugewiesen. W. I. Lenin schrieb, daß »Petersburg, Moskau, Helsingfors, Kronstadt, Wiborg und Reval die Sache des Aufstandes entscheiden können und müssen. (. . .) Die Flotte, Kronstadt, Wiborg, Reval können und müssen gegen Petrograd ziehen, die Kornikowregimenter vernichten, in beiden Hauptstädten den Aufstand entfachen, die Massenagitation für eine Macht entfalten, die sofort den Bauern den Boden übergibt und sofort ein Friedensangebot macht, sie müssen die Regierung Kerenski stürzen und die Sowjetmacht schaffen.«[54]

54 Lenin, Werke, Bd. 26, S. 175.

Die Ostseeflotte sollte nach Lenins Plänen die Zugänge nach Petersburg von See her gegen mögliche Angriffe der deutschen Flotte schützen und unmittelbar an den Kampfhandlungen in der Hauptstadt und auf den Zugängen zur Hauptstadt teilnehmen.

Nach der historischen Entscheidung des Zentralkomitees über den bewaffneten Aufstand bereitete sich die Ostseeflotte auf die Lösung der ihr übertragenen Aufgaben vor: mit Kriegsschiffen in die Newa einzulaufen und das Winterpalais sowie andere wichtige Objekte unter Beschuß zu nehmen, das Zusammenwirken mit den Abteilungen der Roten Garde und den Soldaten der Garnison sicherzustellen, die nach Petersburg führenden Eisenbahnlinien zu besetzen und starke Kräfte für gemeinsame Kampfhandlungen mit dem Petersburger Proletariat bereitzustellen.

Die Ostseeflotte schickte dem Willen der Partei und W. I. Lenins entsprechend starke Kräfte nach Petersburg. Das Linienschiff »Sarja swobody« lief in den Seekanal ein, um mit seiner gesamten Feuerkraft die Revolution zu unterstützen. Ein Trupp Marinesoldaten besetzte den Bahnhof Ligowo. Die Soldaten der 1. Schiffsstammabteilung nahmen die Eisenbahnlinie Petersburg—Oranienbaum.

Der Kreuzer »Aurora« und die Minenleger »Amur« und »Choper« liefen in die Newa ein, um das Winterpalais unter Beschuß zu nehmen. Die Zerstörer machten an der Ufermauer der Wasilewski-Insel fest. Eine über 10 000 Mann starke Marineabteilung aus Kronstadt und etwa 4 500 Matrosen aus Helsingfors trafen in Petersburg ein, um an der Besetzung des Postamtes, des Fernsprech- und Telegraphenamtes, der Brücken, der Bahnhöfe, des Kraftwerkes, des Gebäudes des militärischen Hauptstabes und des Winterpalais teilzunehmen. Die Marinesoldaten brachten außerdem die Eisenbahnlinien unter ihre Kontrolle, die Finnland mit Petersburg verbanden, und hinderten die konterrevolutionären Kräfte daran, die Brücken in der Stadt hochzuziehen, wodurch sie günstige Voraussetzungen für den Sieg der Revolution schufen.

Am 7. November um 21.40 Uhr gab die »Aurora« den historischen Schuß ab. Es begann der Sturm auf das Winterpalais, der am 8. November um 1.50 Uhr beendet war. Die bürgerliche Regierung wurde unter dem Geleit der Matrosen in die Peter-Pauls-Festung gebracht. Der bewaffnete Aufstand hatte Erfolg gehabt. Die Arbeiter und Bauern Rußlands, die von der Partei der Kommunisten geführt wurden, nahmen die Staatsgewalt in ihre Hände.

W. I. Lenin leitete persönlich die Abteilungen der Matrosen dorthin, wo besonders wichtige Kämpfe um die Macht stattfanden. Die Soldaten der Ostseeflotte wurden zur Unterstützung der Abteilungen der Roten Garde nach Moskau entsandt und nahmen an der Zerschlagung der Konter-

revolution teil. Die Marinesoldaten bildeten den Kern der Kräfte, die das Zentrum der Konterrevolution an der Front liquidierten — das Hauptquartier des Oberkommandos in Mogilew.
Einen bedeutenden Beitrag zum Kampf um die Errichtung der Sowjetherrschaft leisteten auch die Matrosen der Schwarzmeerflotte und der Eismeer-, der Kaspischen, der Amur-, der Sibirischen, der Saimaa-, der Amu-Darja- und der Peipus-Flottille.
Lenin schätzte die Verdienste der Marinesoldaten als standhafte Kämpfer um die Befreiung der Werktätigen sehr hoch ein. In seiner Rede auf dem Ersten Allrussischen Kongreß der Seestreitkräfte am 22. November (5. Dezember) 1917 sagte er: »In dieser Hinsicht haben wir in der Flotte ein glänzendes Vorbild für die schöpferischen Möglichkeiten der werktätigen Massen, in dieser Hinsicht hat die Flotte sich als Vortrupp erwiesen.«[55]
Wie hoch Lenin die von den Marinesoldaten vor der Revolution erworbenen Verdienste einschätzte, zeigt das folgende für die Flotte bedeutsame Ereignis. Bei den Wahlen zur konstituierenden Versammlung im Dezember 1917 wurde er in fünf Wahlkreisen, darunter auch im Wahlkreis der Ostseeflotte, als Kandidat für die Wahl zum Deputierten nominiert. Er schrieb bei dieser Gelegenheit an den Wahlausschuß für die konstituierende Versammlung, daß er Kandidat der Ostseeflotte sein möchte. So wurde Wladimir Iljitsch Lenin Deputierter der Ostseeflotte.

Die Marinesoldaten im Bürgerkrieg

Die Macht war erkämpft; jetzt kam es jedoch darauf an, sie zu behalten und gegen zahlreiche Feinde zu verteidigen. Die Interventen und die Weißgardisten versuchten, den jungen Sowjetstaat »abzuwürgen«.
Komplotte wurden geschmiedet, Aufstände brachen aus, und es bildeten sich Fronten eines Bürgerkrieges. Der Kampf gegen die Konterrevolution und die Interventen weitete sich immer mehr aus.
Die Marinesoldaten folgten dem Ruf der Partei und marschierten in den ersten Reihen der Verteidiger der Sowjetmacht. Sie nahmen aktiv an der Zerschlagung aller wichtigen Herde der Konterrevolution im Lande teil und kämpften gegen die Weißfinnen, die Truppen Derenskis und Krasnows, die Banden Kaledins bei Rostow am Don, die Truppen der Zentral-Rada in der Ukraine, die Weißpolen in Weißrußland und die Abteilungen des Ataman Dutow bei Orenburg.
Der Sieg der Revolution in Rußland rief den erbitterten Widerstand aller Kräfte der Alten Welt hervor. Deutschland, Großbritannien,

55 Lenin, Werke, Bd. 26, S. 338f.

Frankreich, Japan, die USA und ihre Satelliten nahmen den Kampf gegen die junge Sowjetrepublik auf, um den ersten Arbeiter-und-Bauernstaat der Welt zu vernichten. So begann im Jahre 1918 die militärische Intervention. Die Regierungen dieser Länder unterstützten Koltschak, Denikin, Judenitsch, Wrangel und Pilsudski und wurden damit zu Unterdrückern der Freiheit der Völker.

Am 18. Februar 1918 gingen die deutschen Truppen an der gesamten Front zum Angriff über. Die Schiffe der kaiserlichen Flotte liefen in den Finnischen Meerbusen ein, um das Herz der Revolution — Petersburg — anzugreifen. Die deutschen Armeen erreichten in schnellem Vormarsch bald Reval (Tallinn), Pskow und Narwa. Der Sowjetstaat geriet in große Gefahr. Da die innere und äußere Gefahr immer größer wurde, waren die Rote Garde und die provisorisch aufgestellten Abteilungen nicht mehr in der Lage, die Revolution und das Land wirksam zu verteidigen. Die Partei ergriff Maßnahmen zur Schaffung einer Roten Arbeiter- und Bauernarmee und einer Roten Flotte, die während der erbitterten Kämpfe aufgestellt wurden.

Am 28. Januar 1918 unterzeichnete W. I. Lenin ein Dekret über die Aufstellung einer Roten Arbeiter- und Bauernarmee und am 11. Februar ein Dekret über den Aufbau einer Roten Arbeiter- und Bauernflotte. Der erste Volkskommissar für Marinefragen wurde ein Matrose der Ostseeflotte, der Bolschewik P. E. Dybenko. Diese Leninschen Dekrete legten den Grundstein für den Aufbau der sowjetischen Streitkräfte, die eine Armee und eine Flotte neuen, sozialistischen Typs darstellten.

Das Rückgrat und die zementierende Kraft der aufzustellenden Truppenteile bildeten die Arbeiter Petersburgs und die revolutionär eingestellten Soldaten der Armee und der Marine, die heldenhaft gegen überlegene feindliche Kräfte kämpften.

Die Kampfmoral der Marinesoldaten bei den Kämpfen um die Gründung und Verteidigung der jungen Sowjetrepublik wurde von der militärischen Führung als sehr hoch eingeschätzt. So wurde bereits im Januar 1918 in einer Direktive des Volkskommissariats für militärische Angelegenheiten auf folgendes hingewiesen: »Bei der Aufstellung von Abteilungen der sozialistischen Armee und ihrer baldigen Inmarschsetzung an die Front muß jeder aufzustellenden Freiwilligenstaffel (in Stärke von 1 000 Mann), um sie zusammenzuschweißen, je ein Zug Marinesoldaten zugeteilt werden.«[56] Infolgedessen kamen bei den Truppenteilen der jungen Roten Armee, die im Abschnitt Petersburg, dem damals wichtigsten

56 CGAVMF (Staatliches Zentralarchiv der Kriegsmarine), Bestand r-5, Kat. 1, Akte 149, Bl. 26.

Frontabschnitt, eingesetzt waren, auf je 1 000 Rotarmisten etwa 40 Marinesoldaten.
Die Ostseeflotte und die Schwarzmeerflotte befanden sich zu diesem Zeitpunkt in einer außerordentlich schwierigen Lage. Der Volkskommissar für auswärtige Angelegenheit, G. W. Tschitscherin, sagte damals, daß die Flottenfrage im Mittelpunkt aller Aktivitäten der deutschen Diplomatie stand. Die Ostseeflotte, die damals in Helsingfors und in Reval stationiert war, mußte nach den Bedingungen des Friedensvertrages von Brest-Litowsk unverzüglich in die russischen Stützpunkte zurückkehren oder abgerüstet werden. Die Deutschen hofften, unsere Schiffe, denen es nicht gelingen würde, das Eis des Finnischen Meerbusens zu überwinden, in Besitz nehmen zu können. Doch die Schiffe der Ostseeflotte führten auf unmittelbare Weisung Lenins diese heldenhafte »Eisfahrt« mit Erfolg durch und erreichten Kronstadt und Petersburg. Die Flotte hatte ihre Schiffe vor einem möglichen Zugriff der deutschen Truppen gerettet. Hierdurch wurde die Verteidigung der Hauptstadt verstärkt und die Lage der Sowjetrepublik gefestigt.
Im Sommer 1918 zogen die Imperialisten, die sich das Ziel gesetzt hatten, von See her nach Petersburg vorzustoßen, erhebliche Kräfte der britischen Flotte im Finnischen Meerbusen zusammen. Um der britischen Interventionsflotte den Weg nach Petersburg zu versperren, verlegten die Schiffe der Ostseeflotte am 14. August eine aus fast 1 500 Seeminen bestehende gewaltige Minensperre und hinderten damit den Gegner, nach Petersburg zu gelangen. Die Küstenartillerie Kronstadts bildete eine dichte Feuerlinie, die die Zitadelle der Revolution schützte. So war es dann auch zum großen Teil der Flotte zu verdanken, daß es den Interventen und den Weißgardisten nicht gelang, Petersburg zu erobern.
Während des Bürgerkrieges war die Ostseeflotte Basis und Kaderschmiede für den Aufbau der gesamten sowjetischen Seestreitkräfte. Aus ihrem Bestand wurden Schiffe, Flugzeuge und Waffen bereitgestellt, und die Soldaten der Ostseeflotte bildeten den Kern bei der Aufstellung zahlreicher Flottillen und Abteilungen.
Im Süden des Landes wurde die ganze Ukraine von den Deutschen besetzt; deshalb mußte die Schwarzmeerflotte von Sewastopol nach Noworossijsk verlegt werden. Da später auch Noworossijsk besetzt zu werden drohte, wurden die Schiffe, um sie den Zugriff der Deutschen zu entziehen, auf Weisung Lenins in der Bucht von Noworossijsk versenkt.
Die Novemberrevolution von 1918 in Deutschland befreite unser Vaterland von den drückenden Fesseln des Friedensvertrages von Brest-Litowsk. Doch die aufgrund dieses Friedensvertrages gewonnene Atempause ging sehr schnell zu Ende. Es begann die offene ausländische bewaffnete Intervention. Im Frühjahr 1918 entstanden die ersten Fronten.

Die Sowjetrepublik war von Feinden eingekreist.
Im März 1918 landeten die Truppen der Interventen in Murmansk, im April in Wladiwostok und danach auch in den Schwarzmeerhäfen. Es muß hervorgehoben werden, daß sie von See her kamen und dort aktiv wurden, wo die Sowjetrepublik keine Seestreitkräfte zur Verfügung hatte. In der Ostsee, wo eine ausreichend starke Flotte erhalten geblieben war, wagten die Interventen nicht zu landen.
Die hervorragenden Heerführer des Bürgerkrieges, der sich im großen und ganzen zu Lande abspielte, schätzten die Bedeutung der Flotte für die Intenventen realistisch ein — sie sahen in ihr eine Kraft, die in der Lage war, den Verlauf des bewaffneten Kampfes wesentlich zu beeinflussen. Der Oberkommandierende der Streitkräfte der Sowjetrepublik, S. S. Kamenew, schrieb darüber wie folgt: »Der Kampfwert der gegnerischen Truppen, die über mehr ausgebildetes Führungspersonal und über eine bessere Ausrüstung verfügten, war höher als der Kampfwert der Roten Armee.
Ein zweites, nicht weniger charakteristisches Merkmal der Gesamtlage war der gut funktionierende Nachschub des Gegners, der über See erfolgte. Der Gegner hielt über See ständig Verbindung mit der Entente. Die Entente ergänzte auf diesem Wege Verluste des Gegners ständig durch neue Kräfte und Mittel. Ohne diese Hilfe wäre der Gegner vermutlich bereits nach den ersten erfolglosen Gefechten gezwungen gewesen, den Kampf aufzugeben.«[57]
Mit anderen Worten: Die Flotten der imperialistischen Staaten dienten während des Bürgerkrieges und während der ausländischen Intervention als ein wichtiges Instrument der Politik dieser Staaten, das dazu benutzt wurde, um mit Waffengewalt die Errungenschaften der Großen Oktoberrevolution zu beseitigen.
Die begrenzten Möglichkeiten der sowjetischen Roten Flotte, die der Zahl der Schiffe und der Bewaffnung nach schwächer war als die Flotten der feindlichen Koalition, erschwerten indessen die Bedingungen des bewaffneten Kampfes an allen Fronten des Bürgerkrieges für uns erheblich. Die Truppen der Roten Armee waren gezwungen, gegen die Armeen der Interventen zu kämpfen, nachdem diese Brückenköpfe gebildet und dort Stützpunkte und Versorgungsbasen eingerichtet hatten. Die jungen sowjetischen Streitkräfte, die nicht über eine entsprechende Flotte verfügten, waren nicht in der Lage, den Feind während der Überfahrt auf See zu bekämpfen oder eine Verstärkung seiner Truppen auf dem Seewege zu unterbinden.

57 Kamenev, S.S., Zanicke o graždanskoj vojne i voennom stroitel'stve (Aufzeichnungen über den Bürgerkrieg und den Aufbau der Streitkräfte), Moskau 1963, S. 58.

Die Kommunistische Partei und die sowjetische Regierung ergriffen alle erdenklichen Maßnahmen, um die Seegrenzen des jungen Sowjetstaates zu sichern. Lenin schrieb im Juli 1918 an das Volkskommissariat für Marinefragen: »Ich bitte Sie sehr, alle Maßnahmen zu treffen, um sämtliche Kriegsschiffe, die sich vom Typ her dazu eignen, schnellstens ins Kaspische Meer zu entsenden.«[58] Nach dem Eintreffen von vier Torpedobooten der Ostseeflotte in Rybinsk im August desselben Jahres sandte er folgendes Telegramm dorthin: »Ich befehle Ihnen, das Verladen von Geschützen, Munition und Kohle auf dem schnellsten Wege zu beenden und unverzüglich nach Nischni zu fahren. Diese Arbeit muß innerhalb kürzester Frist durchgeführt werden. (. . .) Jede Minute Verzögerung wirkt sich folgenschwer aus und wird für die Schuldigen entsprechende Konsequenzen nach sich ziehen. Melden Sie die Ausführung telegraphisch.«[59] Bereits am 24. August trafen die Torpedoboote in Nischni Nowgorod ein und nahmen kurz darauf an den Kämpfen um Kasan teil. Im Oktober 1918 wurde auf Initiative Lenins die Astrachan-Kaspische Flottille aufgestellt.

Im April 1919 forderte Lenin in einem Schreiben an die Petersburger Organisationen, »mit allen Mitteln immer mehr Kräfte für eine Wolga-Flottille bereitzustellen. Die Instandsetzung ist besonders wichtig.«[60]

Die dank dem energischen Eingreifen Lenins zustande gekommene Verstärkung der Wolga-Flottille und der Astrachan-Kaspischen Flottille trug dazu bei, daß die Weißgardisten und die Interventen, die ein für die Sowjetrepublik lebenswichtiges Gebiet besetzen wollten, zerschlagen wurden.

Durch den Enthusiasmus und das militärische Können der Marinesoldaten war es möglich, trotz schwerster wirtschaftlicher Zerrüttung zahlreiche Flottillen aufzustellen und umfangreiche militärische Aufgaben zu lösen. Während des Bürgerkrieges wurden mehr als 30 Flottillen aufgestellt. Im Dienste der Flotte standen zu dieser Zeit außer den übriggebliebenen Kriegschiffen über 2 000 Binnenschiffe verschiedener Art, die zu Kriegsschiffen umgebaut worden waren und deren Besatzung hauptsächlich aus Marinesoldaten bestand.

Im Fühjahr 1919 fanden die Hauptkämpfe an der Ostfront statt, wo die Truppen Koltschaks angriffen. Bei der Vereitelung dieses Angriffs und bei der Zerschlagung der Weißgardisten spielte die Wolga-Flottille, die auf den Flüssen Kama, Wjatka, Belaja und Ufa eingesetzt war, eine wichtige Rolle.

58 Lenin, W.I., Sämtliche Werke (russ.), Bd. 50, S. 121; vgl. Werke (dt.), Bd. 26, S. 624.
59 Lenin, W.I., Sämtliche Werke (russ.), Bd. 50, S. 167.
60 ibid., S. 296.

Um Koltschak zu unterstützen, unternahmen die Truppen Judenitschs und die Weißfinnen einen Angriff gegen Petrograd. Für die Eroberung des revolutionären Petrograd zogen die Briten starke Kräfte ihrer Flotte im Finnischen Meerbusen zusammen, zu denen mehr als 100 Schiffe gehörten. Die Ostseeflotte nahm auf Befehl Lenins den Kampf gegen die britischen Schiffe auf. Nach dem Verlust von 18 Schiffen war die Flotte der Interventen gezwungen, unter Mitnahme von 16 beschädigten Schiffen den Finnischen Meerbusen zu verlassen.
Bald darauf begann der Angriff der Armeen Denikins im Süden. In diesem Zusammenhang wurde am 9. Juni 1919 ein Brief Lenins mit dem Aufruf veröffentlicht: »Alles in den Kampf gegen Denikin.« Darin wurde betont, daß für die sozialistische Revolution jetzt der kritische Zeitpunkt gekommen sei.
An den Flanken unserer Süd- und Südostfront, die gegen die Truppen Denikins kämpften, befanden sich auch die Marinesoldaten der Dnjepr-Flottille und der Wolga-Kaspischen Flottille.
Im Juni 1920 ging die Armee Wrangels von der Krim aus nach Norden zum Angriff über. Um die konterrevolutionären Kräfte am Don und am Kuban zu vereinigen, versuchte der Gegner — im Rücken unserer Truppen —, an der Küste des Asowschen Meeres Truppen anzulanden. Diese wurden von der Roten Armee im Zusammenwirken mit der Asowschen Flottille vernichtet.
An allen Fronten des Bürgerkrieges waren die wichtigsten Einsätze der Seestreitkräfte der jungen Sowjetrepublik die Operationen, die gemeinsam mit den Landstreitkräften durchgeführt wurden. Dabei gab die Marine den Landtruppen Feuerunterstützung, setzte Truppen an Land, kämpfte gegen die See- und Binnenschiffe des Gegners, sicherte den Übergang von Truppen über Wasserhindernisse und führte Militärtransporte durch.
Die Marinesoldaten, die die Errungenschaften der Großen Sozialistischen Oktoberrevolution verteidigten, vollbrachten nicht nur auf den Schiffen, sondern auch an den Landfronten, wo rund 75 000 Marinesoldaten kämpften, Wunder an Heldenmut. Die Namen A.G. Schelesnjakow, B.F. Ljubimow, N.G. Markin, M.I. Martynow, A.W. Mokroussow, P.D. Chochrjakow und viele andere werden für immer im Gedächtnis der dankbaren kommenden Generationen haften bleiben. Das sowjetische Volk ist auch heute noch begeistert von der Treue dieser Menschen zum Kommunismus sowie von ihrem ungewöhnlich großen Mut und ihrer Tapferkeit — Eigenschaften, die für diese Generation der Marinesoldaten — die Helden der Großen Oktoberrevolution — kennzeichnend waren.
Die Seestreitkräfte rechtfertigten in diesem schweren Kampf vollauf das

Vertrauen, das die Partei, die Regierung und das Volk in sie gesetzt hatten. Die Ereignisse des Bürgerkrieges bestätigten erneut, daß die Sowjetunion im Rahmen ihrer Streitkräfte über starke und allseitig entwickelte Seestreitkräfte verfügen muß.
Unser Sieg im Bürgerkrieg ist vor allem darauf zurückzuführen, daß unser Land und unsere Streitkräfte von der Kommunistischen Partei mit Lenin an der Spitze geführt wurden. Die Marinesoldaten weisen mit besonderem Stolz darauf hin, daß Lenin der Schöpfer unserer ruhmreichen Seestreitkräfte war, deren gesamte Kampftätigkeit von seinem genialen Denken bestimmt war. Er schuf die Grundlagen der sowjetischen Militärwissenschaft, aus der die sowjetische Seekriegskunst hervorging.

Die Leninschen Grundlagen der Militärwissenschaft

Als wissenschaftliche ideologisch-theoretische Grundlage des Aufbaus der Streitkräfte unseres Staates dient die marxistisch-leninistische Lehre vom Krieg und von den Streitkräften. Lenin sagte, daß auf allen Gebieten des Aufbaus des sowjetischen Staates die objektiven Gesetze und Gesetzmäßigkeiten sowie die Abhängigkeit der praktischen Tätigkeit von den politischen und wirtschaftlichen Verhältnissen berücksichtigt werden müssen. Dies gilt auch für die Streitkräfte. Deshalb machte es der Aufbau von Streitkräften neuen Typs notwendig, eine eigene sowjetische Militärwissenschaft zu schaffen, denn nach Lenin läßt sich eine moderne Armee nur auf wissenschaftlicher Basis aufbauen.
Um einen starken Gegner im Kampf besiegen zu können, müssen die Soldaten der Land- und der Seestreitkräfte über das erforderliche militärische Wissen verfügen. Deshalb verlangte Lenin, daß »in der erforderlichen Weise militärisches Fachwissen erworben werden muß«.[61] Aus diesem Grunde wurde während des Bürgerkrieges auf allen Parteitagen der Kommunistischen Partei und allen Plenarsitzungen des Zentralkomitees besonderes Gewicht auf militärische Fragen gelegt. Lenin widmete sich unermüdlich der Entwicklung der sowjetischen Militärwissenschaft. Er leistete einen unschätzbaren Beitrag zur Ausarbeitung der wichtigsten militärischen Probleme und der gundlegenden militärtheoretischen Fragen. Er lieferte eine wissenschaftliche Analyse der Gesetze des modernen Krieges sowie eine Charakteristik der Methoden zu dessen Führung. Im Gegensatz zu zahlreichen Autoritäten der Vergangenheit, die den Inhalt der Militärwissenschaft ausschließlich auf die Kriegskunst beschränkt hatten, betrachtete Lenin Theorie und Praxis des Wehrwe-

61 Lenin, W.I., Über Krieg etc., a.a.O., S. 311.

sens als einen festen Bestandteil der gesellschaftlichen Tätigkeit von Menschen, die in einer Klassengesellschaft leben. Er hatte bereits im Jahre 1905 in dem Aufsatz »Der Fall Port Arthurs« die Wirkung der objektiven Gesetzmäßigkeiten des modernen Krieges, die entscheidende Rolle der Volksmassen in einem solchen Kriege sowie die Bedeutung des moralischen und wirtschaftlichen Faktors aufgezeigt und die Schlußfolgerung gezogen, daß der Ausgang des bewaffneten Kampfes nicht nur von den Streitkräften abhängig ist, sondern auch vom gesamten Volk, d.h. vom Hinterland (im weitesten Sinne des Wortes).
Zum Umfang des militärischen Wissens, das die Werktätigen benötigen, sagte Lenin, daß zu diesen Kenntnissen sowohl die Probleme der Taktik als auch die Fragen der Planung, Vorbereitung und planmäßigen Führung des bewaffneten Kampfes sowie der Beherrschung neuer komplizierter technischer Kampfmittel und moderner Methoden der Kriegführung gehören. Die Werktätigen müssen nicht nur das Abc des Wehrwesens beherrschen, lehrte er, sondern auch die Gesetze, die Prinzipien und die Regeln der Kriegskunst kennen.
Bei der Analyse der Streitkräfte wies Lenin darauf hin, daß sowohl die zahlenmäßige Stärke und der Ausbildungsstand des Personals der Land- und Seestreitkräfte als auch die Anzahl und die Qualität der Waffen und des militärischen Geräts berücksichtigt werden müssen. Er kritisierte scharf die geringschätzige Beurteilung der Kräfte und Möglichkeiten des Feindes und forderte immer dazu auf, Erkenntnisse über den Gegner, seine starken und schwachen Seiten, zu gewinnen.
»Jeder wird zugeben, daß es unvernüftig, ja verbrecherisch ist, wenn eine Armee sich nicht darauf vorbereitet, alle Waffengattungen, alle Kampfmittel und Kampfmethoden zu beherrschen, über die der Feind verfügt oder verfügen kann.«[62] In theoritischer Hinsicht bedeutet dieser Grundsatz, der auch heute noch aktuell ist, daß wir einzelne Elemente und Errungenschaften der bürgerlichen Kriegskunst übernehmen.
Lenin wies die Partei darauf hin, daß ». . . der Sieg in letzter Instanz vom Kampfgeist der Massen abhängt, die auf dem Schlachtfeld ihr Blut vergießen. Die Überzeugung, daß der Krieg gerecht ist, und die Einsicht in die Notwendigkeit, zum Wohl unserer Brüder das Leben zu opfern, heben den Kampfgeist der Soldaten und veranlassen sie, unerhörte Schwierigkeiten zu überwinden.«[63] Im Zeitalter des Imperialismus, in dem die Kriege von den Völkern geführt werden, erlangt dieser Grundsatz besonders große Bedeutung. Gerechte Kriege rufen beim Volk und bei den Streitkräften Patriotismus und eine hohe Moral hervor. Unge-

62 Lenin, Werke, Bd. 31, S. 83.
63 W. I. Lenin, Werke, Bd. 31, S. 125.

rechte Kriege können dagegen keine hohe Moral erzeugen, da sie im Interesse einer Handvoll Ausbeuter geführt werden.
In der Tätigkeit aller Organe des sowjetischen Staates, darunter auch der militärischen Organe, ». . . muß rückhaltlos das Primat der Politik der Kommunistischen Partei anerkannt werden.«[64]
Die Leninschen Thesen spielten eine sehr große Rolle bei der Ausarbeitung der Grundlagen der sowjetischen Militärwissenschaft. Die Bedeutung dieser Thesen ist im Jahrhundert des technischen Fortschritts, der Schaffung prinzipiell neuer Streitkräfte und des Aufbaus der sowjetischen Hochseekriegsflotte noch mehr gewachsen. Sie stellen die methodologische Basis der sowjetischen Militärdoktrin sowie das Fundament der Militär- und Seekriegswissenschaft dar und bilden die Grundlage der Militärpolitik der Partei, die das sowjetische Volk mit der Notwendigkeit vertraut macht, die Verteidigungsbereitschaft unseres Staates auf dem höchsten Stand zu halten.
Wladimir Iljitsch Lenin maß der Kriegskunst und vor allem der Strategie, die untrennbar mit der Politik des Staates verknüpft ist, sehr große Bedeutung bei. Die Aktualität seiner Kriegskunst beruht vor allem auf ihrem schöpferischen und wissenschaftlichen Charakter, der strengen Beachtung der Gesetze des bewaffneten Kampfes sowie der Fähigkeit, die Hauptrichtung des Krieges fehlerlos zu bestimmen, Zeitpunkt, Ort und Methode zur Führung des entscheidenden Angriffs richtig zu wählen sowie außerdem die gewaltige revolutionäre Energie, die Initiative und den Enthusiasmus des Volkes zu nutzen.
Lenin zeichnete sich als Stratege durch Flexibilität in der Wahl der Form des Kampfes und die erstaunliche Fähigkeit aus, den Zeitpunkt des Übergangs zu entscheidenden Handlungen zu bestimmen. Unter seiner Leitung wurden in der Praxis die wichtigsten Prinzipien zur Erringung eines Sieges verwirklicht: im entscheidenden Augenblick und am entscheidenden Ort stärker als der Gegner zu sein, alle Methoden und Mittel des bewaffneten Kampfes zu beherrschen sowie Verteidigung und Angriff der Lage entsprechend vernünftig zu kombinieren. Der Führer des Proletariats war ein Anhänger äußerst energischer Angriffe (bis zur völligen Vernichtung des Gegners) und vertrat die Auffassung, daß einer der wichtigsten Faktoren, die den Sieg gewährleisten, darin besteht, Überraschungsangriffe zu führen, die Initiative an sich zu reißen und sie nicht mehr aus der Hand zu geben. Man muß bemüht sein, den Gegner zu überraschen, lehrte er, und einen Zeitpunkt zu wählen, an dem seine Truppen verstreut sind. Zugleich ist auch höchste militärische Wachsamkeit erforderlich. »Im Kampf gegen einen solchen Feind bedarf es

64 ibid., S. 402.

militärischer Disziplin und militärischer Wachsamkeit in höchstem Grade. Sich überrumpeln lassen oder den Kopf verlieren heißt, alles verlieren.«[65] Wie ein roter Faden zieht sich durch alle Direktiven, Briefe und Anweisungen Lenins der Gedanke, daß man bei der Durchführung der festgelegten Pläne Standhaftigkeit und Zielstrebigkeit zeigen muß und daß in den entscheidenden Augenblicken des Kampfes jede Art von Wankelmut und Unentschlossenheit verhängnisvoll ist.

Eine der charakteristischen Besonderheiten der Kriegskunst Lenins bestand in der besonders sorgfältigen Vorbereitung der geplanten Operationen. »Jede Schlacht«, sagte er, »schließt theoretisch auch die Möglichkeit einer Niederlage ein, und es gibt kein anderes Mittel, diese Möglichkeit zu *verringern,* als eine gute Vorbereitung der Schlacht.«[66]

Die während des Bürgerkrieges ausgearbeiteten Prinzipien der Strategie

— das Studieren der starken und der schwachen Seiten des Feindes,
— das Voraussehen seiner Absichten,
— Aktivität und Kühnheit,
— Zielstrebigkeit und Flexibilität der Planung,
— das Schaffen einer Überlegenheit an Kräften und Mitteln in den Hauptrichtungen,
— das richtige Bestimmen der zum jeweiligen Zeitpunkt gefährlichsten Gruppierung
— und entschlossenes Handeln

wurden während des Großen Vaterländischen Krieges und in der Nachkriegszeit weiterentwickelt.

Viele Thesen, die Lenin in seinen Werken, seinen Anordnungen und seinen Anweisungen dargelegt hat, betreffen die operative Kunst. So zum Beispiel die Festlegung der Ziele der Operation, den Einsatz von Kräften und Mitteln sowie die Wahl der Methoden und Formen der Kampfhandlungen im Rahmen einer Front, einer Flotte, einer Armee und einer Flottille. Die Forderung, daß die verfolgten Ziele und der Kräfteeinsatz bei einer Operation immer eine Einheit bilden müssen und daß die Ausführung von Befehlen, Weisungen und Anordnungen streng kontrolliert werden muß, hat für uns auch heute noch sehr große Bedeutung.

Er hielt das Prinzip der Einzelleistung,* des Zentralismus und des einheitlichen Willens von der obersten bis zur untersten Ebene für die Grundlage einer richtigen und zielstrebigen Führung.

Lenin war jedoch nicht nur ein Theoretiker, der die Grundlagen der so-

65 Lenin, Werke, Bd. 29, S. 437f.

66 Lenin, W.I., Sämtliche Werke (russ.), Bd. 6, S. 137.

* Uneingeschränkte Befehlsgewalt, Führung durch einen alleinverantwortlichen militärischen Führer (im Gegensatz zum Prinzip der kollektiven Führung und der Aufteilung der Befehlsgewalt zwischen dem politischen und militärischen Führer; Anm. d. Übers.).

wjetischen Militärwissenschaft schuf. Seine Tätigkeit während des Bürgerkrieges ist ein einzigartiges Beispiel für die Fähigkeit, den Verlauf der Ereignisse vorauszusehen und die Anstrengungen des gesamten Landes und seiner Streitkräfte für den Sieg über den Feind zu mobilisieren und auf dieses Ziel auszurichten. In jener Zeit wurden alle wichtigen Operationen der Roten Armee und der Roten Flotte unter seiner Leitung ausgearbeitet.
Das außerordentlich umfangreiche militärische Erbe Lenins vermittelt uns ein klares Bild von ihm als Führer im Kampf zur Verteidigung des sowjetischen Staates sowie als hervorragendem Militärstrategen und Heerführer der revolutionären Massen, der in einer äußerst schwierigen innen- und außenpolitischen Lage gleichzeitig die Führung der Streitkräfte und die Leitung des Staates innehatte.
Die anregenden Ideen Wladimir Iljitsch Lenins und die unermüdliche organisatorische Arbeit, die von der Kommunistischen Partei geleistet wurde, um diese Ideen zu verwirklichen, fanden volle Unterstützung bei den Marinesoldaten und dienten ihnen als Leitstern im Kampf gegen die Feinde des sowjetischen Staates.

Der Wiederaufbau der Seestreitkräfte (1921—1928)

Nach der Zerschlagung der Interventen und Weißgardisten begann unser Volk mit dem friedlichen sozialistischen Aufbau. Die Bedingungen hierfür waren angesichts der Zerstörungen und Verwüstungen, der feindlichen Politik der Imperialisten, die die Vernichtung der Sowjetmacht zum Ziel hatte, und der weiter andauernden Kämpfe gegen die Überreste der Konterrevolution außerordentlich schwierig. Die Sowjetunion besaß damals keine Flotte im Fernen Osten und im Norden. Da die Weißgardisten alle übriggebliebenen Kriegsschiffe in ausländische Häfen gebracht hatten, existierte auch im Schwarzen Meer praktisch keine Flotte. Es gab nur die Ostseeflotte und mehrere Flußflottillen. Viele Schiffe mußten von Grund auf instand gesetzt werden. Mehr als die Hälfte des Führungspersonals waren Offiziere der alten zaristischen Flotte. Die Mannschaften und Unteroffiziere mußten ausgewechselt werden. Das sowjetische Führungspersonal brauchte eine theoretische und praktische Ausbildung.
Bei der Beurteilung des Zustandes der Flotte in dieser Zeit schrieb M. W. Frunse: »Die Seestreitkräfte mußten im gesamten Verlauf der Revolution und der unvorhergesehenen Ereignisse des Bügerkrieges besonders schwere Schläge hinnehmen. Infolge dieser Schläge gingen verloren: der größte und beste Teil der Schiffe und des Materials, die

überwiegende Mehrzahl der erfahrenen und fähigen Kommandanten und Kommandeure, die in der Praxis und im Einsatz der Flotte eine noch größere Rolle spielen als bei allen anderen Waffengattungen, eine ganze Reihe von Flottenstützpunkten und schließlich der Kern der Mannschaften der Roten Flotte. Dies alles zusammen bedeutete, daß wir keine Flotte mehr besaßen.«[67]

Im Gegensatz zu der Zeit vor der Oktoberrevolution, in der mangelndes Verständnis für die Rolle der Seestreitkräfte für die regierenden Kreise Rußlands charakteristisch war, legten die Partei und die sowjetische Regierung großes Gewicht auf die Entwicklung der Seestreitkräfte, weil sie die Notwendigkeit der Unterhaltung einer Flotte, die des sowjetischen Staates und seiner großen Ideen würdig war, richtig erkannten.

Die Kämpfe gegen die Weißgardisten im Süden des Landes und im Fernen Osten waren noch im Gange, als Lenin sich bereits Sorgen um den Aufbau der Flotte machte. Im Oktober 1920 nahm der Rat für Arbeit und Verteidigung einen von Lenin vorgelegten Entschluß an, in dem dem Petrograder Stadtsowjet und insbesondere dem Verteidigungskomitee Petrograds empfohlen wurde, »besonderes Gewicht auf den beschleunigten Wiederaufbau der Ostseeflotte zu legen (. . .)«[68] Dies war der erste Beschluß über eine Verstärkung der Flotte und die Schaffung der hierfür erforderlichen materiellen Grundlagen.

Ein äußerst wichtiger Meilenstein bei dem begonnenen gigantischen Aufbau des Sozialismus war der X. Parteitag (1921), der Maßnahmen zur weiteren Stärkung der Verteidigung unseres Vaterlandes traf. Seine Beschlüsse dienten als Grundlage für die Aufnahme umfassender und planmäßiger Arbeiten zum Wiederaufbau der Seestreitkräfte. In den Beschlüssen des X. Parteitages wurde auf Initiative Lenins in bezug auf die Flotte folgendes gesagt: »Der Parteitag hält es für erforderlich, entsprechend der allgemeinen Lage und den materiellen Ressourcen der Sowjetrepublik Maßnahmen zum Wiederaufbau und zur Verstärkung der Roten Kriegsflotte zu treffen.«[69] Der Parteitag legte auch konkrete Maßnahmen zur Erreichung dieses Zieles fest.

Einen großen Beitrag zum Aufbau der sowjetischen Flotte leistete auch der Leninsche Komsomol, der auf seinem 5. Kongreß (1922) die Paten-

67 Frunze, M.V., O molodeži (Über die Jugend), Moskau, »Die Junge Garde«, 1937, S. 62.

68 Lenin, W.I., Voennaja perepicka (1917 — 1920) (Militärische Korrespondenz), Moskau 1957, S. 256.

69 KPSS v rezoljucijach i rešenijach s'ezdov, konferencij i plenumov CK. Izd. 8-e, dop. i ispr (Die KPdSU in den Resolutionen und Beschlüssen der Parteitage, der Konferenzen und der Plenarsitzungen des ZK, 8. vervollständigte u. verbesserte Aufl.),Bd. 2, Moskau 1970, S. 265.

schaft über die sowjetische Flotte übernahm. Der Komsomol warb in den ersten zwei Jahren etwa 8 000 Jugendliche für die Flotte, etwa 1 000 Komsomolmitglieder wurden zu Marinelehranstalten kommandiert. Dies führte zu einer politischen Gesundung des Personals der Seestreitkräfte. Ausdruck der Fürsorge des gesamten Volkes für die Flotte war die mehrmals durchgeführte »Woche der Roten Flotte«, durch die ihr erhebliche materielle Hilfe zuteil wurde.

Im Jahre 1921 wurde intensiv mit Arbeiten zur Wiederherstellung der Häfen und der Schiffbauindustrie begonnen. Dadurch war es möglich, bereits 1922 die Instandsetzung von Kriegs- und Handelsschiffen in Angriff zu nehmen, und zwar kleine, aber kampffähige Verbände aufzustellen.

Im Jahre 1924 verfügte die Ostseeflotte bereits über zwei Schlachtschiffe, einen Kreuzer, acht Zerstörer, neun U-Boote und andere Schiffe. Bei der Schwarzmeerflotte waren ein Kreuzer, zwei Zerstörer, zwei U-Boote und 12 Schiffe anderer Gattungen in Dienst gestellt worden. Wiederaufgebaut wurden auch die Flottillen auf dem Kaspischen Meer und auf dem Amur. Bezeichnend für das Tempo des Wiederaufbaus der Flotte war die Zunahme ihrer Tonnage, die 1923 82 000, 1924 90 000, 1925 116 000 und 1926 139 000 t betrug.

Im Dezember 1925 nahm der XIV. Parteitag Kurs auf die sozialistische Industrialisierung des Landes. Die bevorstehende Entwicklung der Industrie eröffnete neue Perspektiven für die Stärkung der Verteidigung des Landes und die Neuausrüstung der Streitkräfte, darunter auch der Seestreitkräfte.

Im November 1924 sagte M.W. Frunse auf einer Konferenz der Politoffiziere: »Angesichts des Mangels an Mitteln bei uns sind einige Genossen der Meinung, daß es besser wäre, unsere ganze Aufmerksamkeit auf die Landarmee zu konzentrieren. Ein solcher Standpunkt ist falsch.« Der Revolutionäre Kriegsrat steht »fest und unerschütterlich auf dem Standpunkt, daß wir dringend eine Flotte benötigen, und daß wir sie auch weiterhin entwickeln müssen (. . .) Auf diese Weise entsteht für uns in voller Größe die Notwendigkeit, sofort zum Bau neuer Schiffe überzugehen.«[70]

Was für eine Flotte braucht die Sowjetunion? Diese Frage stand vom Beginn des planmäßigen Wiederaufbaus der Flotte an auf der Tagesordnung. Sie war zu diesem Zeitpunkt auch deshalb so wichtig, weil die begrenzten Mittel eine große Sparsamkeit auf allen Gebieten verlangten.

Eine Antwort auf diese Frage gab das Zentralkomitee der Partei, das auf Grund einer eingehenden Analyse der wichtigsten Aufgaben der

70 M.W. Frunse, Ausgewählte Schriften, Berlin 1956, S. 283.

Flotte und der praktischen Möglichkeiten für ihren Aufbau die Rolle und den Platz der Seestreitkräfte innerhalb des Systems der Streitkräfte der Republik bestimmte. Dementsprechend wurde im Dezember 1926 das erste 6-Jahres-Schiffneubauprogramm verabschiedet. Dieses Programm sah hauptsächlich den Bau von kleineren Schiffen (36 Torpedoschnellbooten und 18 Wachschiffen) sowie von 12 U-Booten vor.
Ein äußerst dringendes Problem von größter Bedeutung war während des Wiederaufbaus der Flotte die Frage der Ausbildung von Kadern, besonders von Offizierskadern, die der Sowjetmacht treu ergeben waren, da die meisten Offiziere der zaristischen Flotte aufgrund ihrer Klassenzugehörigkeit sich im Lager der Konterrevolution befanden.
Tausende von Marinesoldaten, die als Kommunisten von ihren Schiffen aus an die Fronten des Bürgerkrieges gegangen waren, kehrten auf Grund von Beschlüssen des Zentralkomitees der Partei zur Flotte zurück. Gleichzeitig erfolgte eine besondere Mobilisierung von Partei- und Komsomolmitgliedern für den Dienst bei den Seestreitkräften, und in den Jahren 1922 — 1923 wurden unter den Komsomolmitgliedern die ersten Freiwilligenwerbungen durchgeführt.
Durch alle diese Maßnahmen war es möglich, das Personalproblem mit Erfolg zu lösen, und zwar nicht nur in bezug auf die Mannschaften, sondern auch hinsichtlich des Führungspersonals der Seestreitkräfte. Die Flottenschulen, die Offizier- und die Ingenieurschule und die Akademie der Seestreitkräfte, zu denen Marinesoldaten abkommandiert wurden, die sich während der Revolution und des Bürgerkrieges hervorgetan hatten, nahmen den regelmäßigen Betrieb auf. In der erste Phase wurden also Schiffe wieder instand gesetzt und nachgerüstet, neue Kader ausgebildet und die organisatorischen Grundlagen der Flotte festgelegt. Damit war die Flotte als Einsatzfaktor wiedererstanden.
Diese Kräfte waren natürlich schwach, und die Imperialisten bereiteten sich nach wie vor auf einen bewaffneten Überfall auf die junge sowjetische Republik vor. Deshalb wurde die Arbeit zur Verstärkung der Landstreitkräfte und zum Aufbau der Flotte unermüdlich fortgesetzt.
Da die Flotte zu dieser Zeit zahlenmäßig sehr schwach war, wurde beharrlich nach Methoden gesucht, die es gestatteten, unsere Seegrenzen mit der schwachen Flotte im Zusammenwirken mit den Landstreitkräften zu verteidigen. Gleichzeitig wurden intensive militärtheoretische Untersuchungen angestellt, um wirksame Methoden zur Durchführung von Kampfaufträgen mit begrenzten Flottenkräften zu finden. Im Verlauf dieser Arbeiten entstand die »Theorie des kleinen Krieges«, die von konkreten Bedingungen ausgehend rationelle Methoden und Formen des Kampfes der Flotte gegen einen überlegenen Gegner auf See festlegte. Insgesamt gesehen entsprach diese Theorie den realen Einsatzmöglich-

keiten unserer damaligen Flotte, den vordringlichen Aufgaben der Verteidigung des Landes, das gerade erst den Bürgerkrieg beendet hatte und gezwungen war, sich auf die Abwehr der nächsten Aggression vorzubereiten, und den wirtschaftlichen Möglichkeiten des sowjetischen Staates. Das Wesen dieser Theorie bestand im Führen kurzer Schläge aus verschiedenen Richtungen gegen das Hauptobjekt des Gegners, und zwar mit gedeckt zusammengezogenen und zusammenwirkenden Flotteneinheiten verschiedener Gattungen ohne längere Loslösung von den Stützpunkten. Als grundlegende Form des Zusammenwirkens war der konzentrierte (kombinierte) Angriff von Überwasserschiffen und Booten, U-Booten, Flugzeugen und der Küstenartillerie vorgesehen, der von einer Minen-Artillerie-Sperre aus durchgeführt wurde. Das war zu dieser Zeit die wirksamste, realste und konkreteste Form des Einsatzes begrenzter Flottenkräfte zur Verteidigung der eigenen Küste im Kampf gegen überlegene Kräfte des Gegners. Es war insgesamt gesehen die Verteidigungskonzeption einer schwachen Flotte.
Im Mai 1928 überprüfte der Revolutionskriegsrat der UdSSR Aufgabe und Platz der Seestreitkräfte im System der Streitkräfte und legte sie erneut genau fest. Der Flotte wurden folgende wichtige Aufgaben gestellt: Unterstützung von Operationen der Landstreitkräfte in Küstennähe, Verteidigung der Küsten, der Flottenstützpunkte und der politischen und wirtschaftlichen Zentren an der Küste gemeinsam mit den Landstreitkräften sowie Kampfhandlungen auf den Seeverbindungswegen des Gegners. Der Aufbau der Flotte war auf die Schaffung leichter Überwasser- und Unterwasserkräfte, die Verstärkung der Küstenverteidigung und der Verteidigung durch Minensperren sowie den Aufbau landgestützter Seefliegerkräfte ausgerichtet.
Die sowjetischen Marinesoldaten jener Zeit waren sich ebenso wie die vielen Vorgänger — die fortschrittlich denkenden Angehörigen der russischen Flotte — der Bedeutung der Seestreitkräfte für die Stärkung des internationalen Ansehens und der militärischen Macht des Staates, die Verteidigung der unendlich langen Seegrenzen und den Schutz der staatlichen Interessen der Sowjetunion auf den Meeren und Ozeanen vollauf bewußt und suchten beharrlich nach Wegen zur Stärkung der militärischen Macht ihres Staates. Dabei entstand im Kampf der verschiedenen Konzeptionen, Ansichten und Strömungen im Jahre 1930 die erste Marinegefechtsvorschrift der Roten Arbeiter- und Bauernarmee, die das Ergebnis einer langen wissenschaftlichen Arbeit der sowjetischen Militärexperten darstellte und in der die bei der Ausbildung der Verbände, Truppenteile und Schiffsbesatzungen gesammelten Erfahrungen verwertet und die Auffassungen der potentiellen Gegner berücksichtigt wurden.

Die Vorschrift reglementierte die Gefechtstätigkeit der Schiffe, der Seefliegerkräfte und der Truppen der Küstenverteidigung und legte besonderes Gewicht auf das Zusammenwirken und den zusammengefaßten Einsatz dieser Kräfte im Gefecht und bei Operationen. In der Vorschrift, die von der Tatsache ausging, daß nur begrenzte Kräfte zur Verfügung standen, die sich hauptsächlich für den Einsatz in Küstennähe eigneten, wurden aktive Formen des bewaffneten Kampfes bevorzugt, d.h., man war bestrebt, sogar Verteidigungsaufgaben durch einen entschlossenen Angriff zu lösen. Es wurde nachdrücklich auf die Notwendigkeit hingewiesen, Initiative zu entwickeln und neue, dem Feind unbekannte taktische Verfahren zu verwenden. Diese taktischen Besonderheiten wurden übrigens in den späteren Gefechtsvorschriften weiterentwickelt und sind zu einer Art Tradition geworden, in der die Offizierskader unserer Flotte auch heute noch erzogen werden.
Bei der Ausarbeitung der ersten Gefechtsvorschrift für die Seestreitkräfte ging man von den wichtigsten Bestimmungen der Felddienstvorschrift der Roten Arbeiter- und Bauernarmeee (PU-29) aus, die eine Dienstvorschrift sowohl für die Land- als auch für die Seestreitkräfte war. Diese grundlegenden Vorschriften brachten die Einheit der sowjetischen Militärdoktrin zum Ausdruck, die die Seestreitkräfte als einen festen Bestandteil der Streitkräfte der UdSSR betrachtete. Den Seestreitkräften wurden folgende Hauptaufgaben gestellt: mutige und entschlossene Bekämpfung des Gegners auf See, um die sowjetischen Küsten zu verteidigen, Unterstützung der Operationen der Landstreitkräfte der Roten Armee sowie Sicherstellung dieser Operationen sowohl von See her als auch auf den Flüssen und Binnenseen.

Der Aufbau der Flotte (1929—1941)

Dem sowjetischen Volk gelang es während der Fünfjahrespläne der Vorkriegszeit unter der Führung der Partei innerhalb kurzer Zeit, die Industrialisierung des Landes und die Kollektivierung der Landwirtschaft zu verwirklichen, eine Kulturrevolution durchzuführen, die Ausbeuterklasse zu beseitigen und den ersten sozialistischen Staat der Welt aufzubauen. In der Sowjetunion wurden eine Flugzeug-, eine Automobil-, eine Elektro- und eine leistungsfähige Rüstungsindustrie geschaffen, Werften wurden wiederaufgebaut und neu errichtet. Alles dies hatte zur Folge, daß die wirtschaftliche und militärische Macht der Sowjetunion erheblich zunahm.
Damit war eine materielle Basis geschaffen, die es ermöglichte, den Aufbau einer starken Hochseekriegsflotte in Betracht zu ziehen, die den In-

teressen des sowjetischen Staates entsprach.
Bereits im Jahre 1927 wurden auf den Schiffswerften die ersten sowjetischen U-Boote der »Dekabrist«-Klasse auf Kiel gelegt. In den Jahren 1930 — 1934 wurden die U-Boote der »Leninjez«-Klasse, die mittleren U-Boote der »Schtschuka»- und »S«-Klasse sowie die kleinen U-Boote der »Maljutka«-Klasse in Dienst gestellt. Bald darauf begann der Bau der hochseefähigen U-Boote der »K«-Klasse. Die sowjetische Flotte verfügte infolgedessen über Küsten-U-Boote, seefähige und hochseefähige U-Boote, die für die damalige Zeit sehr gute taktisch-technische Daten aufwiesen.
Während des zweiten Fünfjahresplanes wurde ein neuer Kreuzer in Dienst gestellt, und die Anzahl der Zerstörer und Wachschiffe verdoppelte sich nahezu. Außerdem erhöhte sich die Zahl der Torpedoschnellboote in dieser Zeit auf das 3 1/2fache, die Anzahl der Minensuchboote auf fast das 3fache und die der U-Boote auf mehr als das 5fache. Auch bei den Flugzeugen änderte sich die Lage grundlegend. Der Flugzeugbestand der Seefliegerkräfte wuchs auf mehr als das 6 1/2fache, dabei stieg die Anzahl der Angriffsflugzeuge auf fast das 3fache, die Anzahl der Aufklärungsflugzeuge auf mehr als das 6fache und die Zahl der Jagdflugzeuge auf mehr als das 8fache. Die Anzahl der Rohre verschiedenen Kalibers der Küstenartillerie erhöhte sich auf fast das 2 1/2fache. Die in der Vorkriegszeit von der Partei und der Regierung gefaßten Beschlüsse über den Aufbau einer sowjetischen Hochseeflotte sahen eine starke Flotte im Stillen Ozean und in der Ostsee sowie eine wesentliche Verstärkung der Nordflotte und der Schwarzmeerflotte vor. Es wurde davon ausgegangen, daß die Seestreitkräfte über starke landgestützte Fliegerkräfte für den gemeinsamen Einsatz mit Schiffsverbänden verfügen müssen.
Das aufgrund dieser Beschlüsse verabschiedete Schiffbauprogramm sah vor allem den Bau von starken Überwasserkräften vor — Schlachtschiffen und schweren Kreuzern, die in ihren Eigenschaften ausländischen Schiffen gleicher Art überlegen waren. In den Jahren 1938 — 1940 wurden die ersten sowjetischen Schlachtschiffe vom Typ »Sowjetski Sojus« und der Kreuzer »Tschapajew« auf Kiel gelegt. Der Bau starker Unterwasserkräfte wurde fortgesetzt. Gleichzeitig war der Bau starker Unterwasserkräfte geplant, zu denen mehr als 200 U-Boote verschiedener Art gehören sollten.
Das sowjetische Volk, unsere Schiffbauer und die Werktätigen der Zulieferindustrie unternahmen große Anstrengungen, um die verantwortungsvolle und schwierige Aufgabe des Aufbaus einer Flotte zu erfüllen und damit die Beschlüsse der Partei und der Regierung zu verwirklichen. Die Tonnage der Schiffe der sowjetischen Seestreitkräfte erhöhte sich

durch die Indienststellung neuer moderner Schiffe in der Zeit von Anfang 1939 bis 1941 bei den Überwasserkräften um 107 718 t und bei den Unterwasserkräften um 50 385 t. Allein innerhalb von 11 Monaten des Jahres 1940 wurden an die Seestreitkräfte 100 Schiffe verschiedener Art, hauptsächlich Zerstörer, U-Boote, Minensucher und Torpedoschnellboote ausgeliefert. Ende 1940 befanden sich noch 269 Schiffe aller Gattungen im Bau. Ein Teil von ihnen wurde in der ersten Hälfte des Jahres 1941 fertiggestellt und nahm am Großen Vaterländischen Krieg teil. Die Schiffe wurden mit neuen Artilleriegeschützen, Feuerleitgeräten und Funknavigationsgeräten sowie anderem Spezialgerät ausgerüstet.
Auch die Seefliegerkräfte, deren Bestand allein im Jahre 1940 zahlenmäßig um 39 % gewachsen war, wurden weiterentwickelt. Die Seefliegerkräfte wurden jedoch mit den gleichen Flugzeugtypen ausgerüstet wie die anderen Teilstreitkräfte. Diese Flugzeuge konnten zwar mit Erfolg bei Angriffen gegen Ziele an Land eingesetzt werden, für die Durchführung von Kampfaufträgen auf See waren sie jedoch nicht geeignet. Die Angriffsflugzeuge waren wegen ihrer niedrigen Geschwindigkeit, begrenzten Reichweite und geringen Tragfähigkeit nicht in der Lage, ihre Torpedos in großer Entfernung von den eigenen Flugplätzen wirksam gegen Schiffe in See einzusetzen. Spezielle Seeflugzeuge standen uns noch nicht zur Verfügung.
Die Möglichkeiten der Jagdflugzeuge der Marine, Schiffe auf See vor Luftangriffen zu schützen, waren begrenzt. Die Jagdflugzeuge waren auf Grund ihrer geringen Reichweite, ihrer schwachen Bewaffnung und ihrer kurzen Flugdauer selbst in relativ geringer Entfernung von der eigenen Küste nicht in der Lage, die Schiffe in See zuverlässig abzuschirmen. Dadurch wurden die Einsatzmöglichkeiten der Hauptkräfte der Flotte in Gebieten, die sich in Reichweite feindlicher Luftstreitkräfte befanden, wesentlich eingeschränkt.
Erheblich zugenommen hatte auch die Stärke der Küstenverteidigung unserer Seestreitkräfte, die bis in die 30er Jahre auf dem gleichen Stand geblieben war wie während des Ersten Weltkrieges. Ihre Waffen und ihr Gerät wurden modernisiert und ihre Einsatzräume erweitert. Allein im Jahre 1940 erhöhte sich die Gesamtzahl der Batterien der Küstenverteidigung um 43 %.
In der Vorkriegszeit wurden im Rahmen der Fünfjahrespläne neben dem Bau von Schiffen und Flugzeugen und der Verbesserung ihrer Bewaffnung auch umfangreiche organisatorische Maßnahmen durchgeführt.
Im Jahre 1932 wurde auf Beschluß der Partei und der Regierung zum Schutz der Seegrenzen im Fernen Osten der Sowjetunion die Pazifikflotte geschaffen, und im Jahre 1933 die Nordflotte. Zur gleichen Zeit wurden auch Maßnahmen zur Erschließung des nördlichen Seeweges ge-

troffen, der das Eismeer mit dem Stillen Ozean verbindet.
Nachdem Estland, Lettland, Litauen und Bessarabien in die Sowjetunion eingegliedert worden waren, vergrößerten sich die Stationierungsräume der Ostseeflotte und der Schwarzmeerflotte erheblich. Die Ostseeflotte schob ihre Verbände aus dem Ostteil des Finnischen Meerbusens in die Weiten der Ostsee vor und die Schwarzmeerflotte bis zur Donaumündung, wo die Donauflottille aufgestellt wurde.
Die ständige Fürsorge, die die Partei und die Regierung der Flotte hatten angedeihen lassen, zeitigte positive Ergebnisse. So war es nach dem Bürgerkrieg innerhalb kurzer Zeit gelungen, eine Kriegsflotte praktisch neu aufzubauen, die in der Lage war, in den an die Sowjetunion angrenzenden Meeren Kampfhandlungen sowohl im Zusammenwirken mit den Landstreitkräften als auch selbständig durchzuführen, und zwar hauptsächlich zur Verteidigung der eigenen Küste und zur Störung der gegnerischen Seeverbindungen.
In dem Maße, wie sich die wirtschaftliche Macht unseres Staates festigte, wuchs auch die Kampfkraft der Seestreitkräfte. Diese erhielten moderne U-Boote, Wachschiffe und andere Überwasserschiffe. Viele dieser Schiffe waren in ihren taktisch-technischen Daten den besten ausländischen Schiffen ihrer Klasse ebenbürtig.
Unsere Seestreitkräfte umfaßten zu Beginn des Großen Vaterländischen Krieges vier operative Verbände — die Nordflotte, die Ostseeflotte, die Schwarzmeerflotte und die Pazifikflotte sowie die Donau-, die Kaspische, die Pinsker und die Amurflottille. Sie verfügten über 3 Schlachtschiffe, 7 leichte Kreuzer, 59 Zerstörer, 22 Wachschiffe, 80 Minensuchboote, 269 Torpedoschnellboote, 218 U-Boote, 2 581 Flugzeuge aller Typen und 260 Batterien der Küstenartillerie. Insgesamt gesehen stellten die Seestreitkräfte, obwohl sie über mehrere Kriegsschauplätze verteilt waren, ein erhebliches Kräftepotential dar.
Später zeigte sich indessen, daß die Flotten offensichtlich zu wenig Minensuchboote und Hilfsschiffe hatten. Keine der Flotten, außer der Ostseeflotte, verfügte über Marineinfanterie. Die Kräfte und Mittel der Luftverteidigung waren schwach. Die Flotten besaßen weder eine ausreichende Zahl Fernzündungsminen noch Räumgeräte zur Bekämpfung dieser Minen.
Gleichzeitig mit dem zahlenmäßigen Anwachsen und der Verbesserung der Qualität unserer Streitkräfte sowie der Verbesserung ihrer Organisationsstruktur wurde auch intensiv an der Weiterentwicklung der sowjetischen Militärtheorie gearbeitet. Das Wesen dieser Theorie kam am deutlichsten in der Felddienstvorschrift von 1939 zum Ausdruck, in der es u.a. hieß: »Die Union der Sozialistischen Sowjetrepubliken wird jeden feindlichen Überfall mit einem vernichtenden Schlag ihrer gesamten

Streitkräfte beantworten. (. . .) Wir werden den Krieg offensiv führen und ihn auf das Territorium des Gegners tragen. Die Kampfhandlungen der Roten Armee werden die völlige Zerschlagung des Gegners zum Ziel haben (. . .)«

Die Durchführung der Kampfaufträge sollte durch die vereinten Anstrengungen aller Teilstreitkräfte und Waffengattungen erreicht werden. Von den gleichen Ideen waren auch die Vorschriften durchdrungen, die die Gefechtstätigkeit der Seestreitkräfte reglementierten. Die Flotte sollte im Falle eines Krieges die Landstreitkräfte in Küstennähe unterstützen und selbständige Operationen auf See durchführen.

Die Seestreitkräfte verfügten zu Beginn des Krieges über eine gut ausgereifte Theorie der Vorbereitung und Durchführung von Operationen — einer zu dieser Zeit noch neuen Form der Kampfhandlung. Sie hatten genaue Empfehlungen zu den wichtigsten Fragen der operativen Kunst, die in den damaligen Vorschriften formuliert waren. Die Führung und die Stäbe der Flotten und der übrigen operativen Verbände konnten bis zum Beginn des Krieges die erforderlichen Erfahrungen in der Organisation und der Planung von Seeoperationen sammeln. Dies war von großem Vorteil bei der Lösung der wichtigsten Fragen des operativen Einsatzes der Kräfte im bewaffneten Kampf auf See.

Durch alle unsere Vorschriften und Anweisungen zog sich wie ein roter Faden die Forderung, den Gegner in jeder Lage beharrlich aufzuspüren und entschlossen anzugreifen.

Als wichtigste Methode zur Lösung von Aufgaben durch die Flotte galt die Vernichtung des Gegners durch das Führen wuchtiger Angriffe mit überlegenen, aus verschiedenen Gattungen der Seestreitkräfte bestehenden Kräften in der Hauptrichtung, die exakt zusammenwirken und das taktische Überraschungsmoment sowie rasche Schläge ausnutzen. Eine wichtige Rolle spielten nach wie vor die stationären Kampfmittel, die Küstenartillerie, die Minensperren und starke Minen-Artillerie-Sperrriegel. Die Schiffe und die Flugzeuge der Flotte lernten, gestützt auf diese stationären Kampfmittel, zahlenmäßig überlegene Flottenkräfte des Gegners zu bekämpfen. Somit wurden den Seestreitkräften entsprechend ihrer Stärke und ihren Kampfmöglichkeiten auch zu dieser Zeit auf operativer und strategischer Ebene Verteidigungsaufgaben gestellt, und zwar hauptsächlich im küstennahen Raum, um die Sowjetunion gegen eine Invasion von See her zu schützen.

Gleichzeitig mit der Weiterentwicklung der Seestreitkräfte verbesserte sich auch das militärische Können der sowjetischen Marinesoldaten. Die Flotten führten eine intensive Gefechtsausbildung durch, die Schiffe erlangten Routine im Verbandsfahren im Rahmen taktischer Gruppen und Verbände, und die Taktik des Seegefechts wurde eingeübt. Größtes

Gewicht wurde der Organisation gemeinsamer Angriffe von Überwasserschiffen, Torpedoschnellbooten, Flugzeugen und U-Booten gegen feindliche Gruppierungen von Überwasserschiffen an unseren Minen-Artillerie-Sperriegeln beigemessen, die in den Meerengen und auf den Zufahrten zu den Flottenstützpunkten errichtet wurden.
Bei der Erörterung der Fragen der Seekriegskunst überwog indessen der Einfluß derjenigen, die den Standpunkt vertraten, daß die Flotte in einem künftigen Krieg Verteidigungsaufgaben übernehmen sollte. Die Folge war, daß auch unter den neuen Verhältnissen, als unsere Flotte bereits in der Lage war, auch außerhalb der Küstengewässer Kampfhandlungen zu führen, die Traditionen der seinerzeit richtigen »Theorie des kleinen Krieges« beibehalten wurden. Dadurch übte diese Theorie einen negativen Einfluß auf die Weiterentwicklung der sowjetischen Seekriegstheorie aus. In der Seekriegskunst dominierte im Grunde genommen der Standpunkt, daß die Flottenkräfte zu Verteidigungszwecken eingesetzt werden müssen, und die Flotte selbst wurde als Verteidigungsfaktor betrachtet, obwohl ihre Aufgaben auf operativer und taktischer Ebene offensiv gelöst wurden.
Diese Ansichten fanden natürlich auch in der Zielrichtung der Ausbildung des Führungspersonals der Flotten ihren Niederschlag. Bei keiner unserer Flotten wurde die Frage der Führung von Kampfhandlungen auf den Weltmeeren auch nur aufgeworfen, obwohl sie über U-Boote mit relativ großem Fahrbereich verfügten und die Sowjetunion den Aufbau einer großen Hochseekriegsflotte in Angriff genommen hatte. Aus diesem Grunde beschränkte sich sogar die Verwendung solcher für den Ferneinsatz vorgesehenen Kräfte der Flotten wie der U-Boote einschließlich der U-Bootskreuzer auf den engen Rahmen des vorwiegend taktischen Einsatzes, hauptsächlich im Nahbereich. Dies wird auch durch die Aufteilung der U-Boote auf die einzelnen Kriegsschauplätze bestätigt. So befanden sich in der Barents-See, wo die Bedingungen für einen Vorstoß in den Ozean am günstigsten waren, zu Beginn des Krieges weniger U-Boote als in der Ostsee oder im Schwarzen Meer.
Positiv für die sowjetische Seekriegskunst wirkte sich die Tatsache aus, daß das Zusammenwirken von Land- und Seestreitkräften bei der Führung von Kampfhandlungen in küstennahen Gebieten bedeutend weiterentwickelt wurde. Die Schiffe der Flotten übten während der Gefechtsausbildung die Unterstützung der Seeflanke der Landstreitkräfte durch Feuer, das Ausschiffen von Landungstruppen (vorwiegend von taktischen) und den Schutz der Truppen gegen Angriffe von See her. In den 30er Jahren wurde bei uns zum ersten Mal in der Geschichte der Seekriegskunst eine Theorie der Seelandungsoperation entwickelt, die im Verlauf der Gefechtsausbildung erprobt wurde.

Weder dem Bau von Landungsschiffen noch der Aufstellung spezieller Landungstruppen wurde jedoch genügend Beachtung geschenkt. Alle unsere Flotten gingen in den Krieg, ohne auch nur ein einziges speziell für diesen Zweck gebautes Landungsschiff zu besitzen. Die Flotten verfügten auch nicht über die nötige Anzahl von Überwasserartillerieschiffen, die zur Unterstützung von Landungsunternehmen erforderlich waren.
Die von der Kommunistischen Partei und dem Komsomol erzogenen Marinesoldaten zeichneten sich durch eine hohe Kampfmoral aus. Ihre Kameradschaft, ihr Pflichtbewußtsein, ihre Treue zu den ehrwürdigen Revolutions- und Kampftraditionen und ihre Treue gegenüber dem Vaterland dienten vielen Verbänden unserer Streitkräfte als Vorbild. Insgesamt gesehen war die Gefechtsbereitschaft unserer Flotten am Vorabend des Krieges hoch. Dazu trug das gut organisierte und in Friedenszeiten erprobte System zur Versetzung der Streitkräfte in erhöhte Gefechtsbereitschaft bei. Die Stäbe der Flotten beobachteten aufmerksam alle Veränderungen der Lage auf See, um rechtzeitig Anzeichen für einen bevorstehenden Krieg feststellen zu können, so daß die Flotten in der Lage waren, beizeiten eine Reihe von Abwehrmaßnahmen zu treffen. Bei unmittelbarer Gefahr eines feindlichen Angriffes wurden alle Flotten dank dieser Maßnahmen in sofortige Einsatzbereitschaft versetzt und konnten so viele schwerwiegende Folgen eines feindlichen Überraschungsangriffs verhüten.

Die sowjetische Flotte während des Zweiten Weltkrieges

Der verräterische Überfall des faschistischen Deutschland am 22. Juni 1941 unterbrach die friedliche Arbeit des sowjetischen Volkes. Es entwickelte sich ein in solchen Ausmaßen noch nie dagewesener erbitterter Kampf zwischen den Angriffskräften des Imperialismus und dem ersten sozialistischen Staat.
Unsere Flotten wurden vom Ausbruch des Krieges nicht überrascht. Obwohl viele Flottenstützpunkte gleich in den ersten Stunden des Krieges von der feindlichen Luftwaffe angegriffen wurden, verloren unsere Seestreitkräfte beim ersten feindlichen Angriff kein einziges Kampfschiff oder Flugzeug. Den deutschen Faschisten gelang es auch nicht, ihr zweites Ziel zu erreichen: durch das Verlegen von Magnetminen im Bereich unserer Stützpunkte das Auslaufen der Schiffe in See zu verhindern.
Alle Flotten nahmen vom ersten Tag des Krieges an den Kampf mit dem starken Gegner auf, der von drei Luftflotten unterstützt wurde und außerdem auf Grund des Überraschungsmomentes und seiner günstigen

Ausgangspositionen über eine Reihe wichtiger strategischer Vorteile verfügte. Während jede unserer Flotten nur auf ihrem Kriegsschauplatz kämpfen konnte, hatte der Feind die Möglichkeit, seine Seestreitkräfte je nach Bedarf schnell von einem Kriegsschauplatz zum anderen zu verlegen, die Abschnitte, in denen die wichtigsten Aufgaben gelöst wurden, zu verstärken und dort Gruppierungen zu bilden, die den sowjetischen Flottenkräften zahlenmäßig und qualitativ überlegen waren.
Während der Feind beispielsweise zu Beginn des Krieges in der Barents-See 8 Torpedoboote, 6 U-Boote sowie 35 Wachschiffe und -boote hatte, wurde hier 1943 eine starke Flotte konzentriert, die aus 2 Schlachtschiffen, 3 Kreuzern, 2 Küstenpanzerschiffen, 20 Zerstörern, 21 U-Booten, etwa 100 Wachschiffen und Minensuchbooten, 20 Landungsschiffen und etwa 300 Flugzeugen bestand. 1944 wurde die Anzahl der auf diesem Kriegsschauplatz eingesetzten U-Boote auf 34 und 1945 auf 65 erhöht.
In der Zeit, in der die Kämpfe bei Leningrad ihren Höhepunkt erreichten, zog die deutsche Führung eine starke Gruppierung von Überwasserschiffen in der Ostsee zusammen, um unsere Flotte zu vernichten. Eine ähnliche Gruppierung, zu der auch Schlachtschiffe gehörten, wurde, als der Feind den Versuch unternahm, unsere äußeren Seeverbindungen um jeden Preis zu unterbrechen, auch im Norden gebildet. Während der Kämpfe um Odessa und Sewastopol verlegten die deutschen Faschisten starke Gruppierungen von Bomben- sowie Minenlege- und Torpedoflugzeugen vom Mittelmeer ins Schwarze Meer.
Dagegen waren die Möglichkeiten unserer Seestreitkräfte, Bewegungen zwischen den Kriegsschauplätzen durchzuführen, sehr begrenzt. Auf dem nördlichen Seeweg war es zwar möglich, einen Teil der Kräfte der Flotte vom Stillen Ozean nach dem Norden und umgekehrt zu verlegen, allerdings nur während 2 — 3 Monaten im Jahr. Verlegungen von einem Kriegsschauplatz zum anderen unter Verwendung der Binnenwasserstraßen wurden schon bald nach Beginn des Krieges völlig unmöglich, weil die wichtigsten Kanäle sich im Bereich der Landfronten befanden. Durch die Beförderung von Booten und kleinen U-Booten mit der Eisenbahn konnte der Bedarf ebenfalls nicht gedeckt werden.
Mit zunehmender Ausweitung des bewaffneten Kampfes verschlechterten sich die Stationierungsbedingungen für die Flotte immer mehr. Die Ostseeflotte konnte sich bald nur auf Basen in einem begrenzten Raum, Kronstadt—Leningrad, stützen, der sich im Feuerbereich der feindlichen Artillerie befand. Die Schwarzmeerflotte mußte sich auf die nicht dafür eingerichteten Häfen der Kaukasusküste stützen.
Die sowjetischen Seestreitkräfte waren vom ersten Tag des Krieges an bis zur Kapitulation Deutschlands ununterbrochen aktiv im Einsatz: Die

U-Boote suchten und vernichteten deutsche Kriegs- und Handelsschiffe und verminten die deutschen Seewege; die Flugzeuge, die Überwasserschiffe und insbesondere die Torpedoschnellboote gingen beharrlich auf Suche nach feindlichen Schiffen und vernichteten diese in See, in den Küstengewässern und in den feindlichen Stützpunkten.

Die Überwasserschiffe und Flugzeuge der Schwarzmeerflotte führten Angriffe gegen den Flottenstützpunkt Konstanza und die Erdölgebiete Rumäniens durch. Die Flugzeuge der Rotbanner-Ostseeflotte flogen Angriffe gegen feindliche Flugplätze, auf denen massierte Luftangriffe gegen Leningrad vorbereitet wurden, und die Flugzeuge, die Schiffe und die Küstenartillerie der Nordflotte griffen feindliche Verkehrsknotenpunkte im Raum Petsamo—Kirkenes an. Die Donauflottille schiffte bereits am 4. Tag des Krieges Landungstruppen aus, die einen mehr als 75 km langen Streifen des Donauufers auf der rumänischen Seite eroberten. Der Feind war so gezwungen, erhebliche Kräfte zur Bekämpfung der Landungstruppen bereitzustellen. Dadurch wurde der Druck auf unsere Truppen in den Hauptrichtungen abgeschwächt, was in dieser schwierigen Phase des Krieges von großer Bedeutung war. Große Verluste brachten dem Feind die Schiffe der Pinsker Flottille bei, die auf dem Westlichen Bug operierten.

Gewaltige Anstrengungen erforderte auch der Kampf auf den Seeverbindungswegen. Die U-Boote, die Flugzeuge, die Torpedoschnellboote, die Zerstörer und oft auch die Küstenartillerie vernichteten während des gesamten Krieges feindliche Transportschiffe mit Truppen und Fracht an Bord. Solche Einsätze fanden regelmäßig statt, und es gab wohl keinen einzigen Tag, der bei der Lösung dieser Aufgabe keinen Erfolg gebracht hätte. Selbst dann noch, als die U-Boote der Ostseeflotte beim Auslaufen in See den Finnischen Meerbusen überwinden mußten, der buchstäblich mit Minen zugeschüttet war und in dem sich mehrere U-Abwehrlinien befanden, war der Feind ständig den Angriffen unserer Seestreitkräfte ausgesetzt. Die Nordflotte hielt den einzigen Seeweg unter Kontrolle, auf dem die deutschen Truppen in Norwegen und Nordfinnland Verstärkung erhielten und Nickel aus Petsamo transportiert wurde.

Selbst Hitler mußte zugeben, daß die deutschen Seetransporte durch die Nordflotte erheblich gestört wurden. In der Weisung Nr. 36 vom 22. Sept. 1941 stellte er fest: »Die Störung unserer Seeverbindungen an der Polarküste durch den Feind hat die Aussichten des Geb. Korps, Murmansk noch in diesem Jahr zu erreichen, noch weiter verringert.«[71]

71 Hitlers Weisungen für die Kriegführung 1939—1945. Dokumente des Oberkommandos der Wehrmacht, hrsg. v. Walther Hubatsch, München 1965, S. 178.

Auch die Schwarzmeerflotte brachte dem Feind auf den Seeverbindungswegen schwere Verluste bei.
Eine anschauliche Vorstellung von den Verlusten, die der Feind durch den Einsatz der sowjetischen Seestreitkräfte im Verlauf des Großen Vaterländischen Krieges erlitten hat, vermittelt Tabelle 17. Sie wurde an Hand bestätigter Angaben beider Seiten, d. h. auch unter Verwendung deutscher Quellen, aufgestellt.

Tabelle 17: Kriegs- und Handelsschiffsverluste Deutschlands und seiner Verbündeten, die durch die sowjetischen Seestreitkräfte verursacht wurden

Waffenart der Seestreitkräfte der UdSSR	Anzahl der versenkten Kriegs- und Hilfsschiffe	Anzahl der versenkten Handelsschiffe	Bruttoraumgehalt der versenkten Handelsschiffe in RT
Flugzeuge	407 / 428	371 / 369	800 296 / 870 550
U-Boote	33 / 54	157 / 165	462 313 / 476 100
Überwasserschiffe	53 / 106	24 / 60	45 197 / 138 400
Minen	103 / 18	110 / 24	150 101 / 58 000
Küstenartillerie	18 / 25	14 / 13	28 646 / 19 000
Insgesamt	614 / 631	676 / 631	1 586 553 / 1 562 050
Verluste durch unbekannte und andere Ursachen	94 / 2	115 / 3	251 666 / 7 800
Gesamtverluste während des Krieges	708 / 633	791 / 634	1 838 219 / 1 569 850

Anmerkung: Im Zähler ist die Zahl der versenkten Kriegs- und Handelsschiffe angegeben, die durch Angaben beider Seiten glaubwürdig belegt ist; im Nenner ist die Zahl der Schiffe aufgeführt, deren Versenkung vorläufig nur aus eigenen Quellen zuverlässig belegt ist.

Wie aus Tabelle 17 zu ersehen ist, haben unsere Seestreitkräfte im Verlauf des Großen Vaterländischen Krieges dem Feind sehr empfindliche Verluste beigebracht.
Die Vernichtung von Handelsschiffen wirkte sich stark auf die Kampffähigkeit der feindlichen Truppen aus. So beförderte beispielsweise ein einziges mit Bomben beladenes Transportschiff Munition für 2 000 Einsatzflüge von Bombern, und ein mittlerer Tanker beförderte Betriebs-

stoff für das Auftanken von 1 500 Bombenflugzeugen oder 5 000 Jagdflugzeugen. Unsere Seestreitkräfte haben dadurch, daß sie während des Krieges auf den Seeverbindungswegen etwa 1 300 feindliche Schiffe versenkten, den Verlauf des bewaffneten Kampfes an der sowjetisch-deutschen Landfront, wo die Entscheidung über den Ausgang des Krieges fiel, stark beeinflußt.

Einen wichtigen Platz in der Kampftätigkeit der Seestreitkräfte nahmen während des gesamten Krieges die Militärtransporte und der Schutz dieser Transporte ein. Eine besonders große Bedeutung erlangten diese Transporte im Norden, als der Feind die Eisenbahnlinie nach Murmansk abgeschnitten hatte. Im Schwarzen Meer waren diese Transporte lebensnotwendig während der Verteidigung Odessas, Sewastopols und des Nordkaukasus sowie bei der Durchführung der Kertsch-Feodossija-Landungsoperation und in der Ostsee bei der Verteidigung und Evakuierung Tallinns, Hankos und der Moonsund-Inseln, bei der Verstärkung der Truppen im Brückenkopf von Oranienbaum und der anschließenden Befreiung der baltischen Republiken. Eine außerordentlich verantwortungsvolle Aufgabe hatten die Flotten und Flottillen bei der Sicherung und Durchführung der militärischen und volkswirtschaftlichen Transporte auf den frontnahen Schiffahrtswegen zu lösen, insbesondere auf dem Ladogasee, als bei Leningrad eine schwierige Lage entstanden war, und auf der Wolga.

Während des Krieges wurden auf dem Seewege über 100 Mio. t der verschiedensten Güter zu unseren Kriegsschauplätzen befördert; davon entfiel ein erheblicher Teil auf Erdöl und Erdölprodukte. Die Kräfte der Flotte sicherten den Transport von 17 Mio. t Güter auf den Seeverbindungen. Hinter diesen Ziffern stehen Tausende von Fahrten und Flügen, Hunderte von bewaffneten Zusammenstößen mit Überwasserschiffen und U-Booten des Feindes, die Abwehr feindlicher Luftangriffe und die Überwindung dichter Minensperren.

Die sowjetischen Seestreitkräfte haben im Großen Vaterländischen Krieg ihre Pflicht gegenüber dem Vaterland in vollem Unfang erfüllt. Unsere Marinesoldaten fanden nicht nur die besten taktischen und operativen Lösungen, sondern bewiesen auch, daß sie dem Feind in der Kunst der Anwendung neuer Methoden des bewaffneten Kampfes offenkundig überlegen waren. Offiziere und Mannschaften zeichneten sich durch Heldenmut und eine eiserne Standhaftigkeit und Ausdauer in der Verteidigung aus, sie führten kühne und nicht abzuwehrende Angriffe durch und zeigten großes militärisches Können, durch das die sowjetische Seekriegskunst bereichert wurde. Unsere Flotten sammelten während des Krieges nicht nur umfangreiche Kampferfahrungen, sondern arbeiteten faktisch auch eine neue Taktik, Theorie und Praxis der

Vorbereitung und der Führung von Seeoperationen aus. Der kontinentale Charakter des vergangenen Krieges drückte dabei allerdings dem Inhalt unserer Seekriegskunst seinen Stempel auf.
Der Einsatz unserer Seestreitkräfte gegen den Feind zur See machte einen wichtigen Teil des Kampfes insgesamt aus. Der Schwerpunkt ihrer Tätigkeit lag jedoch von den ersten Tagen des Krieges an bei der Lösung der wichtigsten Aufgabe: der Unterstützung der Landstreitkräfte, die die Hauptlast der Verteidigung des Landes trugen und deren Kampf letzten Endes den Ausgang des Krieges bestimmte. Die Seestreitkräfte demonstrierten bei den ihnen übertragenen Aufgaben ihre starke Angriffskraft, durch die sie die Lage im Küsten-Einsatzstreifen der Landstreitkräfte grundlegend zu ändern und damit diesen die Erfüllung der operativen und strategischen Aufgaben erheblich zu erleichtern vermochten.
Die Nordflotte unter der Führung von Konteradmiral A. G. Golowko leistete durch die Angriffe ihrer Schiffe und Flugzeuge gegen die Gruppierungen der in Richtung Murmansk vorstoßenden deutschen faschistischen Truppen, zahlreiche Landungsoperationen, den Einsatz der Marineinfanterie an der Küste und die Störung der feindlichen Seeverbindungen einen wichtigen Beitrag zur Abwehr des Angriffs der deutschen faschistischen Truppen an der rechten Flanke der sowjetisch-deutschen Front. Mehr als 39 000 Mannschaften und Offiziere der Nordflotte wurden zu den Abteilungen der Marineinfanterie abkommandiert.
Die Behauptung des eisfreien Hafens Murmansk und des Flottenstützpunktes Poljarnoje war von außerordentlich großer operativer und strategischer Bedeutung; denn durch sie war während des gesamten Krieges die Benutzung des kürzesten Seeweges zu den Verbündeten gewährleistet. Außerdem hatte die Nordflotte dadurch die Möglichkeit, die eigenen Seeverbindungen zu schützen, die feindlichen Seeverbindungen zu stören und die Landstreitkräfte zunächst in der Verteidigung und danach auch beim Angriff zu unterstützen.
Die Rotbanner-Ostseeflotte, die den ganzen Krieg hindurch von Vizeadmiral W. F. Tribuz befehligt wurde, verteidigte zusammen mit den Landstreitkräften Lijepaja, Tallinn, die Moonsund-Inseln und den Flottenstützpunkt Hanko und band so eine 100 000 Mann starke feindliche Truppengruppierung, die gegen Leningrad vorstieß.
Zur Stabilität der Verteidigung Leningrads, besonders zu Beginn der Belagerung, trug in erheblichem Maße der energische Einsatz der Ostseeflotte bei, durch den sichergestellt wurde, daß der Brückenkopf von Oranienbaum, der starke Kräfte des Feindes band, den ganzen Krieg hindurch gehalten werden konnte. Die Ostseeflotte stellte über 110 000 Mannschaften, Unteroffiziere und Offiziere für den Kampf an Land ab.

Bei Leningrad gab es keine Division, in der nicht Marinesoldaten der Ostseeflotte kämpften. Die schlagkräftigen weiterreichenden Schiffsgeschütze dienten als wirksamer Feuerschild und als Grundlage zur Verteidigung der unmittelbaren Zugänge zur Heldenstadt. Ihre Schlagkraft wurde durch die unerhörte Hartnäckigkeit und die vernichtenden Angriffe der Marineinfanterie ergänzt.
Nicht hoch genug einschätzen läßt sich auch die Rolle, die die von Vizeadmiral F. S. Oktjabrski geführte Schwarzmeerflotte bei der Verteidigung der wichtigsten Häfen und bei der Stabilisierung der Südflanke der Landfront spielte.[72] Der lange und erfolgreiche Widerstand des tief im feindlichen Hinterland gelegenen Verteidigungsraums Odessa, dessen Garnison zum größten Teil aus Marinesoldaten bestand und vom Kommandanten des Flottenstützpunktes, Konteradmiral G. W. Schukow, befehligt wurde, war nur dank der Unterstützung durch die Kriegsschiffe von See her und dem ununterbrochenen Nachschub für die belagerte Stadt möglich. Die heldenhafte Verteidigung Odessas, durch die fast die gesamte rumänische Armee, die dabei schwere Verluste erlitt, mehr als zwei Monate lang gebunden wurde, stoppte den Vormarsch an der Südflanke der Heeresgruppe Süd und störte die strategischen Pläne des faschistischen Oberkommandos beträchtlich.
Am 30. September 1941 drohte die Halbinsel Krim und damit auch der Hauptstützpunkt der Schwarzmeerflotte verlorenzugehen. Da es unmöglich war, die Krim und Odessa gleichzeitig zu verteidigen, entschloß sich das Oberkommando, den Verteidigungsraum Odessa zu räumen und durch die dort freiwerdenden Truppen die Verteidigung der Krim zu verstärken.
Auf Befehl des Oberkommandos brachte die Schwarzmeerflotte die Truppen, die Odessa verteidigt hatten, auf die Krim, wo diese mithalfen, den Feind auf der Landenge von Perekop aufzuhalten, und danach an der Verteidigung Sewastopols teilnahmen.
Sowohl die Verteidigung Odessas als auch die Verteidigung Sewastopols wurden vom Kommando der Flotte geleitet, was unter den gegebenen Bedingungen die einzig richtige Lösung war. Denn es war die Flotte, die die Verteidigung Sewastopols, für die der Chef der Schwarzmeerflotte, Vizeadmiral F. S. Oktjabrski, unmittelbar verantwortlich war, vorbereitete und durchführte. Die Flotte erfüllte die ihr vom Oberkommando gestellten Aufgaben in vollem Umfang. Die Verteidigung Sewastopols, ein Zeugnis beispiellosen Heldentums, band acht Monate lang eine 300 000 Mann starke feindliche Gruppierung und hinderte sie daran,

72 Von April 1943 bis März 1944 wurde die Flotte von Vizeadmiral L. A. Wladimirski befehligt.

sich in die Offensive im Süden einzuschalten. Außerdem wurde den faschistischen Truppen dadurch, daß wir Sewastopol hielten, verwehrt, den Seeweg ins Asowsche Meer zur Versorgung der Heeresgruppe Süd zu benutzen und zu den Häfen im Nordkaukasus vorzustoßen.

In einem Telegramm vom 12. Juni 1942 an die Verteidiger Sewastopols beurteilte das Oberkommando den Einsatz bei der Verteidigung dieser Stadt wie folgt: »Der aufopferungsvolle Kampf der Verteidiger Sewastopols dient der gesamten Roten Armee und dem ganzen sowjetischen Volk als Vorbild an Heldenmut.«

In der Mitteilung des sowjetischen Informationsbüros vom 4. Juli 1942 über die Aufgabe Sewastopols heißt es: »Die militärische und politische Bedeutung der Verteidigung Sewastopols im Vaterländischen Krieg des sowjetischen Volkes ist außerordentlich groß. Die Verteidiger der Stadt haben starke Kräfte der deutsch-rumänischen Truppen gebunden und damit die Pläne der deutschen Führung vereitelt. Die eiserne Standhaftigkeit der Verteidiger Sewastopols war eine der Hauptursachen dafür, daß die berüchtigte ›Frühjahrsoffensive‹ der Deutschen scheiterte. Die deutschen Faschisten verloren Zeit, mußten ihren Vormarsch verlangsamen und erlitten ungeheure Verluste an Menschen.

Sewastopol wurde von den sowjetischen Truppen aufgegeben, doch die Verteidigung Sewastopols wird als eines der leuchtendsten Ruhmesblätter in die Geschichte des Vaterländischen Krieges der Sowjetunion eingehen. (. . .) Die grenzenlose Tapferkeit, der unbezähmbare Kampfgeist und die Opferbereitschaft der Verteidiger Sewastopols spornen die sowjetischen Patrioten zu weiteren Heldentaten im Kampf gegen die verhaßten Okkupanten an.«

Nach der Aufgabe Sewastopols und der gesamten Krim durch unsere Truppen waren die Voraussetzungen für den Durchbruch des Feindes zum Nordkaukasus geschaffen. Dadurch entstand real die Gefahr einer Eroberung dieses sehr wichtigen Raumes durch die Faschisten und einer Änderung der militärpolitischen Lage im Schwarzen Meer durch den möglichen Kriegseintritt der Türkei, die bisher eine abwartende Haltung eingenommen hatte. Die Existenz der Schwarzmeerflotte hing davon ab, ob unsere Landstreitkräfte die Kaukasusküste halten konnten. Doch auch der Widerstand der Landstreitkräfte, die die Küstengebiete des Kaukasus verteidigten, konnte seinerseits nur durch den Einsatz der Flotte aufrechterhalten werden. Die Schwarzmeerflotte, die beim Kampf um den Kaukasus eine wichtige Rolle spielte, löste diese Aufgabe mit Erfolg.

In seinem Buch »Die Schlacht um den Kaukasus« schreibt Marschall der Sowjetunion A. A. Gretschko:

»Die Schwarzmeerflotte und die Asowflottille waren von Juli bis De-

zember 1942 an 6 von 9 Verteidigungsoperationen in der Verteidigungsperiode der Schlacht um den Kaukasus beteiligt (. . .)
In engem Zusammenwirken leisteten die Schwarzmeerflotte und die Asow-Kriegsflottille den Landtruppen bei der Verteidigung und bei der Zerschlagung der faschistischen Eindringlinge im Kaukasus wirksame Unterstützung (. . .)
Auch in der Offensive unterstützten Schwarzmeerflotte und Asowflottille durch Seelandungen wirksam die Landtruppen beim Durchbruch der mächtigen Verteidigung des Gegners. Sie banden Teilkräfte des Gegners und schufen damit günstige Bedingungen für die Landtruppen. (. . .)
Die überaus wichtige Aufgabe, Seetransporte entlang der Kaukasischen Küste zu sichern, löste die Schwarzmeerflotte erfolgreich! (. . .)
Während der Schlacht um den Kaukasus schützte die Kaspi-Kriegsflottille die wichtigen Seewege, über die die Rote Armee, die Rote Flotte und die Volkswirtschaft Erdöl, Treib- und Schmierstoffe aus den Gebieten erhielt, die damals zwei Drittel des sowjetischen Erdöls förderten. (. . .)
So lösten Schwarzmeerflotte, Asow- und Kaspi-Kriegsflottille ehrenvoll ihre Aufgaben in der Schlacht um den Kaukasus.«[73]
Die Seestreitkräfte stellten während des Krieges über 400 000 Offiziere, Unteroffiziere und Mannschaften, die sich im Dienst bei der Marine bewährt hatten, für die Landfronten ab. Aus diesem Personal wurden über 40 Marineinfanterie- und Marineschützenbrigaden, sechs selbständige Regimenter und eine große Anzahl selbständiger Bataillone und Abteilungen aufgestellt. Diese Verbände und Truppenteile zeichneten sich durch eine hohe Kampfmoral aus und wurden deshalb von der Führung der Landstreitkräfte an besonders wichtigen Frontabschnitten eingesetzt. In der angespannten Phase der Schlacht um Moskau kämpften im Rahmen der Westfront und der Nordwestfront acht Marineschützenbrigaden. Die bei den Flotten und Flottillen verbliebenen Truppen der Marineinfanterie, die eine Gesamtstärke von etwa 100 000 Mann hatten, verteidigten die Flottenstützpunkte und Inseln an Land und nahmen an zahlreichen Landungsunternehmen teil.
Die Unterstützung der an der Küste operierenden Gruppierungen der Landstreitkräfte blieb, nachdem die sowjetischen Streitkräfte die strategische Initiative an sich gerissen hatten, nach wie vor eine der wichtigsten Aufgaben der Seestreitkräfte, obwohl die Art der Unterstützung sich beträchtlich änderte, die Maßstäbe der Einsätze sich vergrößerten und die Einsatzbedingungen noch schwieriger geworden waren, da ein-

73 Gretschko, A. A., Die Schlacht um den Kaukasus, Berlin ²1972, S. 518f.

zelne Stationierungsräume vorläufig nicht benutzt werden konnten. Trotzdem lösten die Flotten alle Aufgaben, die ihnen gestellt wurden, mit Erfolg.
Die Rotbanner-Ostseeflotte leistete ihren Beitrag hierzu durch Beteiligung von Flugzeugen, weitreichenden Schiffsgeschützen und Marineinfanteriebrigaden am Durchbruch durch die Blockade Leningrads, Beförderung starker Truppenkontingente zum Brückenkopf von Oranienbaum, Anlanden von Landungstruppen, Unterstützung der Landstreitkräfte an der Küste durch Artilleriefeuer und Luftangriffe sowie Intensivierung des Einsatzes auf den Seeverbindungswegen, um die feindlichen Truppen, die auf dem Seewege aus Lijepaja (Liban), Klajpeda (Memel), Swinemünde und anderen Häfen abgezogen wurden, zu vernichten.
Die Schwarzmeerflotte legte durch das Anlanden starker operativer Landungstruppen zusammen mit der 18. Armee der nordkaukasischen Front den Grundstein für die Beseitigung des feindlichen Brückenkopfes auf der Halbinsel Taman und sicherte den Übergang unserer Truppen über die Straße von Kertsch und die Eroberung eines Brückenkopfes auf der Krim. Anschließend blockierte die Flotte die Transportwege, auf denen die deutschen Truppen von der Krim abgezogen wurden, und beschleunigte durch die Anlandung starker Marineinfanterieverbände die Befreiung der südlichen Gebiete unseres Landes sowie Bulgariens und Rumäniens.
Eine wichtige Rolle bei der Zerschlagung des Feindes an der äußersten rechten Flanke der Front und bei der Befreiung des Gebietes von Petsamo und Nordnorwegens spielte die Nordflotte.
Die sowjetischen Seestreitkräfte setzten im Verlauf der in der Nähe der Küste durchgeführten Verteidigungs- und Angriffsoperationen unter Einsatz von Kriegsschiffen und für die Anlandung von Truppen wenig geeigneten Handelsschiffen bei Seelandungsunternehmen über 250 000 Mann mit Waffen und Gerät an Land, was etwa 30 Heeresdivisionen entsprach. Die Seestreitkräfte führten durchschnittlich alle zwei Wochen ein Landungsunternehmen durch. Zugleich hinderten sie die Deutschen durch aktiven Einsatz daran, auch nur ein einziges Mal Truppen an unserer Küste anzulanden, obwohl diese über spezielle Landungsschiffe verfügten und solche Operationen auf dem westeuropäischen Kriegsschauplatz mit Erfolg durchgeführt hatten.
Die Kampftätigkeit der Pazifikflotte (Befehlshaber Admiral I. S. Jumaschew), der Nordpazifischen Flottille (Befehlshaber Vizeadmiral W. A. Andrejew) und der Amur-Flottille (Befehlshaber Konteradmiral N. W. Antonow), die durch eine Reihe von Angriffsoperationen gekennzeichnet war, spielte im August 1945 eine sehr wichtige Rolle bei der schnellen Eroberung Südsachalins, der Kurilen und der Häfen Koreas durch unse-

re Truppen und trug zum schnellen Vormarsch der sowjetischen Truppen in der Mandschurei bei. Die Verbindung der japanischen Kwangtung-Armee mit dem Mutterland wurde durch die schnellen Landungsoperationen der Pazifikflotte unterbrochen, so daß diese Armee völlig eingekesselt werden konnte.
Große Erfolge im Kampf mit dem Feind errangen folgende Flottillen, die auf den Binnenmeeren, den größten Flüssen und den Binnenseen aufgestellt worden waren: die Asowsche Flottille, die Ladoga-Flottille, die Onega-Flottille u. a. Sie unterstützten die Landstreitkräfte sowohl bei den Verteidigungsschlachten als auch während des Vormarsches unmittelbar und in bedeutendem Umfang.
Die Weißmeer-Flottille hatte Aufgaben zur Sicherung der Seewege in den arktischen Gebieten und zum Schutz der Kriegsschiffe und Konvois auf dem Nördlichen Seeweg zu erfüllen. Die Kaspische Flottille schützte zuverlässig unsere wichtigsten Erdölzufuhren auf dem Kaspischen Meer. Die Ladoga-Flottille legte in schweren Kämpfen über 2 000 km flußaufwärts auf der Donau zurück und nahm an der Befreiung von sechs europäischen Staaten vom Faschismus teil. Die Schiffe dieser Flottille beförderten im Laufe der Kämpfe insgesamt rund 250 Heeresdivisionen auf der Donau oder setzten sie über den Fluß. Der Einsatz der Wolga-Flottille in der Schlacht bei Stalingrad wird von Marschall der Sowjetunion W. I. Tschuikow als hervorragend beurteilt: »Über die Rolle der Angehörigen dieser Flottille und über ihre Heldentaten möchte ich kurz folgendes sagen: Ohne diese tapferen Matrosen hätte die 62. Armee ihre Aufgabe kaum lösen können und wäre wahrscheinlich vernichtet worden, weil ihr Munition und Lebensmittel gefehlt hätten.«[74] Heldenhaft kämpften in der schwierigsten Phase des Großen Vaterländischen Krieges gemeinsam mit den Truppen der Sowjetarmee die Angehörigen der Pinsker Flottille. Die Schiffe dieser Flottille unterstützten in den blutigen Verteidigungskämpfen die Landstreitkräfte von den Flüssen aus und nahmen an der Verteidigung Kiews teil. Die im Jahre 1943 wiederaufgestellte Dnjepr-Flottille griff von Flüssen und Kanälen aus in die Kämpfe ein und beendete schließlich ihren Einsatz auf der Spree in Berlin.
Die Seestreitkräfte hatten also im Verlauf des gesamten Krieges mit Erfolg die Aufgaben erfüllt, die sich zwangsläufig aus den Erfordernissen des bewaffneten Kampfes auf dem wichtigsten Kriegsschauplatz ergaben, auf dem der Ausgang des Krieges entschieden wurde, d. h. an der sowjetisch-deutschen Front. Der operative und strategische Einsatz der Flottenkräfte wurde durch die Notwendigkeit einer engen Abstimmung

74 Tschuikow, W. I., Stalingrad. Anfang des Weges, Berlin 1961, S. 188.

ihrer operativen Pläne auf die Pläne der Fronten und Armeen bestimmt, wobei es vor allem um die Zerschlagung der Hauptkräfte des Feindes an Land ging. Die sowjetischen Seestreitkräfte leisteten einen würdigen Beitrag zur Niederringung des faschistischen Deutschland und des imperialistischen Japan. Sie vernichteten die Seemacht des Feindes in der Barents-See, in der Ostsee und im Schwarzen Meer, sie gewährleisteten damit die Stabilität der strategischen Flanken der Landfront und unterstützten unsere Truppen in der Verteidigung und beim Angriff in jeder Weise. Die Seestreitkräfte haben in diesem schwersten aller Kriege die in sie gesetzten Hoffnungen und das große Vertrauen des sowjetischen Volkes gerechtfertigt und ihre Pflicht gegenüber dem Vaterland in vollem Umfang erfüllt.

Im Großen Vaterländischen Krieg hat sich erneut die Richtigkeit des wichtigsten Grundsatzes unserer Militärdoktrin bestätigt, daß ein starker Gegner nur durch die gemeinsamen Anstrengungen aller Teilstreitkräfte besiegt werden kann. Es hat sich auch gezeigt, daß die Seestreitkräfte selbst im Kampf gegen eine Kontinentalmacht eine wichtige Rolle spielen. Nur durch gut koordinierte Maßnahmen aller Teilstreitkräfte, die energisch betrieben, harmonisch aufeinander abgestimmt, gut vorbereitet, umsichtig durchgeführt und allseitig unterstützt werden, kann die militärische Macht eines Aggressors gebrochen und ein vollständiger Sieg errungen werden.

Unsere Seestreitkräfte hatten vom Beginn des Krieges an viele große Probleme technischer, operativer und taktischer Art zu lösen. Innerhalb kürzester Zeit mußten während des intensiv geführten bewaffneten Kampfes nicht nur die im Verlauf des Kampfes festgestellten Mängel aus der Friedenszeit vollständig behoben, sondern auch viele dringende Aufgaben gelöst werden, die die Führung der Kampfhandlungen betrafen. Man muß zugeben, daß das Personal unserer Seestreitkräfte den Anforderungen des Krieges voll gewachsen war. Es wurden bessere Methoden für den Einsatz von Flottenkräften bei Operationen zur Unterstütung der Landstreitkräfte in der Verteidigung und beim Angriff gefunden. Man schuf praktisch eine neue sowjetische Theorie der Landungsoperationen und legte die Organisation solcher Operationen und die Methoden zu ihrer Durchführung mit dafür wenig geeigneten Schiffen fest. Man arbeitete eine moderne Taktik für U-Boote und Flugzeuge aus und löste viele während des Kampfes entstandene Probleme der Verteidigung von Stützpunkten von Land aus, der Organisation des Zusammenwirkens der Kräfte, der Führung dieser Kräfte und der Unterstützung ihres Einsatzes.

Die sowjetische Industrie lieferte den Seestreitkräften eine ausreichende Menge Waffen und Gerät. Da wir eine Reihe von Schiffswerften verlo-

ren hatten und einen erheblichen Teil der Kapazitäten der Schiffbauindustrie auf die Produktion von Panzern und anderen Waffen für die Landstreitkräfte umgestellt hatten, war es sehr schwierig, Verluste von Kriegsschiffen zu ersetzen. Deshalb wurden während des Krieges hauptsächlich kleinere Kriegsschiffe und Boote gebaut. Die Industrie lieferte ungeachtet dieser Schwierigkeiten während des Großen Vaterländischen Krieges 2 leichte Kreuzer, 19 Zerstörer, 38 Minensuchboote, 54 U-Boote und etwa 900 kleinere Kampfschiffe verschiedener Art an die Seestreitkräfte aus. Die Qualität der Waffen und des Geräts der Seestreitkräfte — Geschütze, Torpedos, Unterwasserortungs- und Fernmeldegeräte — wurde besser. Man begann die Schiffe mit Radargeräten auszustatten. Bei Minen und Minenräumgeräten, an deren Entwicklung hervorragende sowjetische Wissenschaftler wie I. W. Kurtschatow, A. P. Alexandrow und viele andere beteiligt waren, ergaben sich durch Einführung von Minen mit Abstandszündung bzw. von Fernräumverfahren qualitative Veränderungen. Auch die Seefliegerkräfte, insbesondere die Torpedoflugzeuge, wurden zahlenmäßig verstärkt und besser ausgerüstet.
Die Flotten waren dank der heldenhaften Arbeit des sowjetischen Volkes am Ende des Krieges stärker als bei Kriegsanfang, sie waren ausreichend kampffähig und hatten die dominierende Stellung auf ihren Kriegsschauplätzen in keiner Weise eingebüßt.
Von goßer Bedeutung war auch, daß das Personal der Seestreitkräfte in den erbitterten Kämpfen Erfahrungen gesammelt hatte und jetzt kampferprobt war.
Die sowjetischen Seestreitkräfte mußten somit im Verlauf des Krieges gleichzeitig zwei Gruppen von Aufgaben lösen. Erstens den Kampf mit dem starken Feind auf See führen, der sich hartnäckig bemühte, die Initiative an sich zu reißen und die Kräfte unserer Flotte zu vernichten. Zweitens mußten die Seestreitkräfte die Stabilität der strategischen Flanken der Front gewährleisten und die Landstreitkräfte in der Verteidigung und beim Angriff unterstützen. Dieser Einsatz der Seestreitkräfte im Krieg war der einzig richtige und entsprach in jeder Weise der Lage. Unsere Seestreitkräfte erwiesen sich bei der gleichzeitigen Lösung beider Gruppen von Aufgaben als eine aktive und starke Kraft, die imstande war, sowohl auf See als auch in den küstennahen Einsatzgebieten der Landstreitkräfte die Lage einschneidend zu ändern.
Der erbitterte Kampf auf den Seekriegsschauplätzen ging in seinem Ausmaß und in seinem Umfang über alle Vorkriegsprognosen hinaus.
Die oben angeführten Verlustziffern der feindlichen Seestreitkräfte, die nur durch Tausende von Feindfahrten und Feindflügen sowie zahlreiche Seegefechte und Seeoperationen erzielt werden konnten, zeigen deutlich, daß die sowjetischen Seestreitkräfte ununterbrochen im Kampfein-

satz gegen die feindlichen Seestreitkräfte standen. Dieser Tag für Tag andauernde Kampf erforderte eine außerordentlich hohe Anspannung der Kräfte. Es muß betont werden, daß unsere Seestreitkräfte gewöhnlich in Gebieten tätig waren, die die sowjetische Führung ausgewählt hatte, und nicht in Gebieten, in denen der Feind den Kampf suchte. Die Kräfte der Flotte kämpften dort, wo sie dem Feind die höchsten Verluste beibringen und ihm so den für den Gesamterfolg des Kampfes erforderlichen Schaden zufügen konnten.

Unsere Seestreitkräfte haben durch ihren aktiven und entschlossenen Einsatz nicht nur zum Sieg an der sowjetisch-deutschen Front beigetragen, sondern auch die Seestreitkräfte unserer Verbündeten in der Koalition gegen Hitler unterstützt. Sie griffen Stützpunkte, Seeverbindungen und feindliche Schiffsgruppierungen an und leisteten damit einen gewichtigen Beitrag zum Kampf gegen die feindlichen Seestreitkräfte auf den Seekriegsschauplätzen. Die deutsche Führung war durch die Aktivität unserer Seestreitkräfte gezwungen, nicht nur ständig erhebliche Kräfte für den Kampf gegen unsere Seestreitkräfte bereitzustellen, sondern diese auch systematisch durch die Entsendung von Schiffen und Flugzeugen aus dem Atlantischen Ozean, dem Mittelmeer und der Nordsee zu verstärken. Selbst auf dem Höhepunkt der »Schlacht um den Atlantik« kämpften von 141 deutschen U-Booten, die sich im Durchschnitt in der Zeit von 1941 — 1944 im Einsatz befanden oder in den Stützpunkten in Bereitschaft lagen, etwa 30 Boote, das sind 20 %, im Schwarzen Meer, in der Ostsee und in der Barents-See. Die feindliche Luftwaffe auf diesen Seekriegsschauplätzen wurde in kritischen Zeiten erheblich verstärkt, und zwar bis auf 1 200 Flugzeuge. Auf keinem anderen Seekriegsschauplatz war nach dem Überfall der Faschisten auf die Sowjetunion ein derart massierter Einsatz deutscher Flugzeuge festzustellen.

Während der »Schlacht um den Atlantik«, der von den Alliierten große Bedeutung beigemessen wurde, obwohl sie keinen entscheidenden Einfluß auf den Ausgang des Krieges haben konnte, halfen die sowjetischen Seestreitkräfte durch ihre Kampftätigkeit den Verbündeten, ihre Aufgaben zu lösen. Selbst die deutsche Führung hielt diesen Kriegsschauplatz nicht für den wichtigsten, was durch folgende Erklärung Hitlers vom Januar 1943 bestätigt wird: »Wir müssen uns darüber im klaren sein, daß dieser U-Bootkrieg unnütz sein wird, wenn es uns nicht gelingt, Rußland im Osten zu besiegen.«[75]

75 Morison, S., Bitva za Atlantiku vyigrana, Moskau 1959, S. 80 (Anm. d. Red.)*.

* Das Zitat ist in der amerikanischen Originalausgabe nicht nachzuweisen; weder in: Morison, Samuel Eliot, The Atlantic Battle Won. May 1943 — May 1945, Boston 1956

Aus diesem Grunde war es den USA und Großbritannien ohne besondere Störung von seiten des Feindes, der alle seine Reserven an der sowjetisch-deutschen Front einsetzte, möglich, während des Krieges eine riesige neue Transportflotte aufzubauen, die doppelt so groß war wie die Verluste auf den Seeverbindungswegen. Außerdem konnten sie außerordentlich starke Kräfte zur Bekämpfung der deutschen U-Boote aufstellen, die sich aus 133 Geleitflugzeugträgern, 1 500 Torpedobooten, Fregatten und Korvetten, 1 900 U-Jägern, 1 000 Minensuchbooten und mehreren tausend Flugzeugen zusammensetzten. Die Alliierten haben also die Tatsache, daß es ihnen gelungen ist, die »Schlacht um den Atlantik« bis zu einem gewissen Grade zu gewinnen, zum großen Teil der Sowjetarmee und den sowjetischen Seestreitkräften zu verdanken.
Diese Lage der Dinge haben die zahlreichen amerikanischen und australischen Soldaten, die den sowjetischen Soldaten einen Brief schrieben, richtig beurteilt. In diesem Brief hieß es: »Während wir Kräfte für die kommenden Kämpfe sammelten, habt Ihr gekämpft und Euer Blut vergossen.«[76]
Unsere Seestreitkräfte haben also im Verlauf des gesamten Krieges unter schwierigen Bedingungen die ihnen gestellten Aufgaben gelöst.
An den Kampfhandlungen auf See nahmen zusammen mit den Seestreitkräften auch die Handelsmarine und die Fischereiflotte der Sowjetunion aktiv teil. Transporter und andere Schiffe führten Tausende von Fahrten auf den innersowjetischen und den internationalen Seeverbindungswegen durch, wobei sie den Angriffen von feindlichen Kriegsschiffen, Flugzeugen und U-Booten ausgesetzt waren, und nahmen an zahlreichen Landungsoperationen teil. Ein erheblicher Teil von ihnen führte nach entsprechender Nachrüstung zusammen mit den Schiffen der Flottenstützpunkte im täglichen Einsatz Kampfaufträge durch. Eine besonders wichtige Aufgabe der Transportflotte war die Durchführung von Militärtransporten und Transporten für die Volkswirtschaft.
Die sowjetische Transportflotte, die über relativ wenig Seeschiffe verfügte, beförderte im Laufe des Krieges rund 100 Mio. t Güter, die die Wirtschaft und die Fronten dringend benötigten.[77]

(= History of United States Naval Operations in World War II, Vol. X), noch in: ders., The Battle of the Atlantic. 1939 — 1943, Boston 1955 (= History etc., Vol. I.), S. 246 (Anm. d. Hrsg.).

76 Meždunarodnaja solidarnost' trudjaščichsja v bor'be za mir i nacional'noe osvoboženie protiv fasistskoj agressii za polnoe unictoženie fašizma v Evrope i Azii (1938-1945) (Die internationale Solidarität der Werktätigen im Kampf für den Frieden und die nationale Befreiung, gegen die faschistische Aggression und um die vollständige Vernichtung des Faschismus in Europa und Asien, 1938-1945), Moskau 1962, S. 586.

77 Morskoj flot, 1974, Nr. 8, S. 1.

Ein Teil der Schiffe der Handelsflotte wurden den Seestreitkräften übergeben. 32 Handelsschiffe, die zu Beginn der Kampfhandlungen in feindlichen Häfen lagen, wurden vom Feind beschlagnahmt. Der übrige Teil der Schiffe erfüllte von den ersten Tagen des Krieges an selbständig Aufgaben zur Beförderung von Truppen und Material sowie von Gütern für die Volkswirtschaft. Bei Fahrten und Umschlagarbeiten in den Kampfzonen erlitt unsere Handelsflotte erhebliche Verluste.

Die Schiffsverluste wurden zum Teil durch Lieferungen aus den USA ersetzt, die nach dem Leih-Pacht-System erfolgten. Doch die Lage konnte dadurch nicht grundlegend verbessert werden. Die erfolgreiche Durchführung der Transporte wurde vor allem durch die übermenschlichen Anstrengungen, den Heldenmut und die Tapferkeit der Seeleute der Handelsmarine sowie durch eine verbesserte Organisation der Transportsicherung erreicht.

Die »Prawda« schrieb bereits 1942 über die heldenhafte Arbeit der Seeleute: »Der Vaterländische Krieg des sowjetischen Volkes fordert von der sowjetischen Handelsflotte und von den sowjetischen Seeleuten eine angestrengte und den Kriegsverhältnissen angepaßte flexible Arbeit. Für sie haben sich vom Beginn des Krieges an äußerst schwierige Arbeitsbedingungen ergeben. Der Feind führte räuberische Überfälle auf sowjetische Schiffe durch. (. . .) Die Schiffe der Handelsmarine befördern gemeinsam mit den Kriegsschiffen unter feindlichem Feuer unerschrocken Waffen und Material, Betriebsstoff und Verpflegung für die heldenmütigen sowjetischen Soldaten. Der Feind versucht nach wie vor, die Auslandsfahrten unserer Schiffe zu unterbinden. (. . .) Die Seeleute haben im Feuer des Krieges ihre Bewährungsprobe bestanden. Sie haben sich als tapfere und würdige Söhne des Vaterlandes erwiesen.«[78]

Die im Nordpolarmeer eingesetzten Seeleute sind nicht nur durch ihre Fahrten über den Atlantik, sondern auch durch die Versorgung entlegener Garnisonen und insbesondere durch ihre Fahrten auf dem Nördlichen Seeweg als Helden in die Geschichte des Krieges eingegangen. Der Feind versuchte hartnäckig, diesen wichtigen Verkehr im Norden zu unterbinden. Er setzte dafür Flugzeuge, U-Boote und Überwasserschiffe, ja sogar Schlachtschiffe ein. Der Nördliche Seeweg diente jedoch dank der Tapferkeit und Standhaftigkeit der sowjetischen Seeleute zuverlässig der Sache unseres Sieges.

Auch die Schiffe der Ostseereederei wurden vom ersten Tag des Krieges an für Militärtransporte und Transporte für die Volkswirtschaft eingesetzt. Sie versorgten trotz ständiger Angriffe des Feindes die Küsten und Inselgarnisonen im Finnischen und im Rigaer Meerbusen mit allem Not-

78 Prawda vom 9. Juni 1942.

wendigen und brachten die Bevölkerung und die Industrieanlagen aus gefährdeten Gebieten in Sicherheit.
Die Handelsschiffe und die sie geleitenden Kriegsschiffe waren auf diesem Kriegsschauplatz durch Minen außerordentlich gefährdet und ständig Luftangriffen sowie Torpedoangriffen leichter feindlicher Seestreitkräfte ausgesetzt. Aber auch unter diesen Bedingungen leisteten die Seeleute der Handelsmarine ihren Beitrag zur 900 Tage währenden Verteidigung Leningrads, indem sie wichtige Seetransporte zwischen weit auseinanderliegenden Garnisonen im östlichen Teil des Finnischen Meerbusens und über den Ladogasee durchführten — auf einem Wege, der zu Recht als »Lebensader« Leningrads bezeichnet wurde.
Eine außerordentliSh schwere Bewährungsprobe hatten die Seeleute im Bereich des Asowschen und des Schwarzen Meeres zu bestehen. Sie hielten zusammen mit den Marinesoldaten die Seeverbindungen zu den belagerten Städten, die von Land her vollkommen eingeschlossen waren, aufrecht und taten alles, um die 73tägige Verteidigung Odessas und die 250 Tage währende Verteidigung Sewastopols zu ermöglichen.
Im Schwarzen Meer wurde trotz der wütenden Angriffe des Feindes nicht nur der Verkehr mit Odessa und Sewastopol, sondern auch der Verkehr entlang der Kaukasusküste aufrechterhalten, der im Kampf um Noworossijsk und in der Schlacht um den Kaukasus eine wichtige Rolle spielte. Allein in der Zeit vom Beginn des Krieges bis Ende 1942 wurden dank der engen Zusammenarbeit der Marinesoldaten und der Seeleute der Handelsmarine auf den Seewegen im Schwarzen Meer etwa 1,5 Mio. Menschen und rund 1 Mio. t Güter verschiedener Art befördert.[79]
Die Seeleute der Handelsschiffe im Kaspischen Meer erfüllten im Krieg ihre Aufgaben ebenfalls ehrenhaft. Sie stellten die störungsfreie Versorgung der Streitkräfte und des Landes mit Erdöl sicher, das von Baku, dem Haupterdölgebiet, geliefert wurde. Sie erfüllten die sehr schwierige Aufgabe, die militärischen und für die Volkswirtschaft wichtigen Transporte auf dem Kaspischen Meer durchzuführen, u. a. auch Importgüter zu befördern, die vom Persischen Golf aus über den Iran geliefert wurden. Der Feind versuchte hartnäckig, unsere Verkehrsverbindungen, besonders an den empfindlichsten Stellen — auf der Reede von Astrachan, im Wolga-Kaspischen Kanal und im Gebiet von Machatschkala —, zu unterbrechen. Doch die Geleitschutzfahrzeuge und die Transportschiffe nahmen mutig den Kampf mit dem Feind auf. Als es dann in der zweiten Hälfte des Jahres 1942 dem Feind gelang, unsere Landverkehrverbindungen zum Kaukasus vorübergehend zu unterbrechen, hatten die Seestreitkräfte und die Kaspische Flottille die Hauptlast der Versorgung der

79 Istorija voenno-morskogo (Geschichte der Seekriegskunst), a.a.O., S. 285.

dort kämpfenden Truppen zu tragen. Der Umfang der von den Seeleuten geleisteten Arbeit läßt sich schon daran ermessen, daß sie allein in den Monaten August und September 1942 von Astrachan und Krasnowodsk aus ohne Verluste zwei Schützenkorps und ein Kavalleriekorps samt Ausrüstung nach Machatschkala beförderten, die eine wesentliche Rolle in der Schlacht um den Kaukasus spielten.[80]
Einen gewichtigen Beitrag zum Sieg leisteten auch die Marinesoldaten im Fernen Osten. Ihre Einsatzgebiete waren zwar zu Beginn des Krieges keine Kriegsschauplätze, sie wurden jedoch bereits von Dezember 1941 an durch den Ausbruch des Krieges zwischen Japan einerseits und den USA und Großbritannien andererseits zu Gefahrenzonen. Man muß offen sagen, daß die Seestreitkräfte des militaristischen Japan ihre Pflicht, zwischen Schiffen des Feindes und Schiffen neutraler Staaten zu unterscheiden, nicht besonders ernst nahmen. Die japanischen U-Boote und Flugzeuge handelten wie Piraten und griffen sowjetische Handelsschiffe an. Die staatliche Fernostreederei verlor während des Krieges durch derartige feindliche Aktionen 25 Handelsschiffe, was fast 30 % ihres ursprünglichen Bestandes ausmachte.[81]
Nicht weniger heldenhafte Taten vollbrachten die Seeleute der Fischereiflotte in dieser schweren Zeit. Ein Großteil der Schiffe dieser Flotte wurde von den Seestreitkräften übernommen. Die Seeleute der Fischereiflotte kämpften aufopferungsvoll gegen die Minengefahr und gegen U-Boote und führten auch andere Kampfaufträge durch. Die Besatzungen der Schiffe, die weiterhin in der Fischerei eingesetzt wurden, gingen mutig ihrem Gewerbe nach, um die Soldaten an der Front und die arbeitenden Menschen in der Heimat mit Fisch und anderen Meeresprodukten zu versorgen. Dabei wurden sie oft von feindlichen Kräften angegriffen.

Um militärpolitische Aufgaben lösen zu können, waren Staaten immer bestrebt, Streitkräfte — darunter auch Seestreitkräfte — zu besitzen und sie auf dem modernsten Stand zu halten. Die Seestreitkräfte spielen im Rahmen der Streitkräfte eines Staates eine wichtige Rolle als Instrument der Politik des Staates in Friedenszeiten und sind ein wirksames Mittel zur Durchsetzung der politischen Ziele des bewaffneten Kampfes in Kriegszeiten.
Dabei stellt eine Politik, die berücksichtigt, daß eine Seemacht für den

80 Piterskij, V.A. (Hrsg.), Die Sowjetische Flotte im Zweiten Weltkrieg (dt. Ausg. hrsg. v. J. Rohwer), Oldenburg 1966, S. 410. Die russische Neuauflage von 1974 wurde ebenfalls übersetzt: Der Kampfweg der sowjetischen Seekriegsflotte, Berlin 1976, S. 478 (Anm. d. Hrsg.).
81 Morskoj flot, 1974, Nr. 9, S. 9.

Staat notwendig ist, einen wichtigen Faktor dar, der den Charakter des Aufbaus der Seestreitkräfte bestimmt. Selbst eine kurze Untersuchung darüber, welche Rolle die Seestreitkräfte im Krieg und in der Politik der Staaten in Friedenszeiten spielen, führt unweigerlich zu der Schlußfolgerung, daß dieser Komponente der Seemacht eines Staates immer große Bedeutung zukam. Die Seemächte erreichten mit Hilfe ihrer Seestreitkräfte nicht nur im Kreig, sondern auch in Friedenszeiten wichtige strategische Ziele, indem sie sie bei Streitigkeiten mit ihren Konkurrenten als gewichtiges Argument einsetzten.

Der reale Beitrag der Seestreitkräfte zur Erreichung der Ziele eines Krieges hing von vielen Voraussetzungen und Faktoren ab, vor allem vom Charakter des Krieges und den Besonderheiten der Streitkräfte der kriegführenden Parteien. In manchen Fällen spielten die Seestreitkräfte eine dominierende Rolle im Krieg, in anderen waren sie zur Unterstützung der Landstreitkräfte tätig. Insgesamt gesehen leisteten die Seestreitkräfte in den weitaus meisten Fällen einen bedeutsamen Beitrag zur Durchsetzung der Kriegsziele, an der sie aktiv beteiligt waren.

Gleichzeitig sind aus der Geschichte Beispiele dafür bekannt, daß die Flotten allein durch ihre Präsenz oder sogar allein schon aufgrund der Tatsache, daß eine der kriegführenden Parteien über Seestreitkräfte verfügte, den Ausgang des bewaffneten Kampfes auf den Landkriegsschauplätzen in bestimmter Weise und manchmal sogar erheblich beeinflußten, weil sie als potentielles Mittel zur Androhung der Fortsetzung des Krieges oder der Veränderung seines Charakters zugunsten des Staates dienten, der über die stärkere Flotte verfügte.

Diese Tendenz, die für viele Kriege charakteristisch gewesen war, zeigte sich erneut in den Kriegen des imperialistischen Zeitalters, insbesondere im Japanisch-Chinesischen, im Spanisch-Amerikanischen und im Russisch-Japanischen Krieg, in denen die Seestreitkräfte beim Erreichen der strategischen Ziele des bewaffneten Kampfes eine entscheidende Rolle spielten. In der darauffolgenden Zeit, und zwar sowohl während des Ersten als auch während des Zweiten Weltkrieges, änderte sich jedoch die Art und Weise, wie sich die Ergebnisse des Einsatzes der Seestreitkräfte auf den Ausgang des Krieges auswirkten, grundlegend.

Die Streitkräfte der kriegführenden Koalitionen dehnten mit Hilfe der Seestreitkräfte den bewaffneten Kampf praktisch auf alle Weltmeere aus und gaben ihm damit einen globalen Charakter. Für den Aufbau, die Weiterentwicklung und den Einsatz der Seestreitkräfte wurden ungeheure Menschen- und Materialreserven eingesetzt. Obwohl der Kampf auf See sehr intensiv geführt wurde und in ihm viele Krisensituationen entstanden, führte er nicht zu einer unmittelbaren, schnellen und entscheidenden Niederlage des deutschen Faschismus. Erst der heldenhafte, aufopferungsvolle und kompromißlose Kampf der Sowjetarmee, die die stärkste Kriegsmaschinerie der kapitalistischen Welt zu Lande zerschmetterte, führte die gesamte Anti-Hitler-Koalition zum großen Sieg.

Im Zweiten Weltkrieg war der Einfluß der vielseitigen und intensiven Kampftätigkeit der Seestreitkräfte auf den Gesamtverlauf des bewaffneten Kampfes auf dem Hauptkriegsschauplatz nur indirekt und trat hier nicht durch den bewaffneten Kampf in Erscheinung, wie das früher der Fall war. Die Ergebnisse der von den Flotten durchgeführten Operationen, unter denen dem Kampf auf den Seeverbindungswegen größte Bedeutung zukam, konnten sich auf den Verlauf des bewaffneten Kampfes an der wichtigsten, der sowjetisch-deutschen Front nur in Form einer teilweisen Schwächung der Wirtschaft des faschistischen Deutschland auswirken, die durch die Verluste auf See hervorgerufen wurde. Da die faschistische Führung während des Krieges praktisch die wirtschaftlichen Ressourcen ganz Europas nutzte, war der Anteil dieser Verluste in der Gesamtbilanz aber sehr gering.

Erst in der Schlußphase des Krieges, als die Schlagkraft der deutschen faschistischen Truppen durch die heldenhaften Anstrengungen der sowjetischen Streitkräfte entscheidend geschwächt worden war, unternahmen die Flotten unserer ehemaligen Verbündeten eine Reihe von Versuchen, durch die Landung starker Truppen auf Sizilien, in Italien und danach auch in der Normandie den Verlauf des bewaffneten Kampfes auf dem Festland zu beeinflussen. Diese Unternehmen waren insgesamt gesehen erfolgreich. Sie beschleunigten in einem gewissen Maße die bedingungslose Kapitulation der bereits dem Untergang geweihten deutschen faschistischen Armee und fanden erst statt, als der Feind praktisch nicht mehr imstande war, den amphibischen Operationen der alliierten Seestreitkräfte wirksamen Widerstand zu leisten.

Eine ganz andere Bedeutung hatten die Seestreitkräfte für diejenigen Länder, deren Wirtschaft stärker von den Seeverbindungen abhängig war; die Seeverbindungen stellten für diese Länder faktisch lebenswichtige Arterien dar, aus denen ihr militärisches Potential gespeist wurde und die letzten Endes ihre militärische Macht bestimmten. Für Großbritannien beispielsweise, in dessen Streitkräften die Flotte einen führenden Platz einnahm, bestimmten die Ergebnisse des Einsatzes der Flotte nicht nur weitgehend die Fähigkeit des Landes, den Kampf fortzusetzen, sondern auch seine Fähigkeit, den Krieg zu überstehen. Doch dies erwies sich erst dann als voll wirksam, als der Hauptteil des Kriegspotentials des faschistischen Blocks an der sowjetisch-deutschen Front eingesetzt wurde.

Mit anderen Worten, im Ersten und besonders im Zweiten Weltkrieg

waren die Seestreitkräfte der kapitalistischen Seemächte ein Faktor, der eine lange Teilnahme dieser Mächte an einem Kriege ermöglichte, dessen Ziel die Erschöpfung eines über starke Landstreitkräfte verfügenden Gegners war. Die Flotten erfüllten diese Funktion in häufig entstehenden kritischen Situationen, in denen für die Streitkräfte die Gefahr einer schweren Niederlage bestand, unter Anspannung aller Kräfte.
Die Seestreitkräfte brachten, besonders in den beiden Weltkriegen, ihre große Schlagkraft und hohe Beweglichkeit voll zur Entfaltung. Die letztere Eigenschaft gestattete es ihnen, zur Lösung wichtiger Aufgaben starke Kräfte in den verschiedensten Gebieten der Weltmeere zusammenzuziehen. Sie bewiesen, daß sie in der Lage sind, innerhalb kurzer Zeit wichtige Ergebnisse zu erzielen und die strategische Lage auf den einzelnen Kriegsschauplätzen wesentlich zu verändern. Gleichzeitig stellten sie ihre große Möglichkeit unter Beweis, vielschichtige operative Aufgaben offensiver Art zu lösen, und zwar sowohl im Kampf gegen die feindliche Flotte als auch beim Einsatz im Küstenbereich.
Charakteristisch ist auch die allmähliche Verlagerung des Schwerpunktes im Einsatz der Seestreitkräfte vom Kampf gegen die Angriffskräfte der feindlichen Flotte auf Kampfhandlungen auf den Seeverbindungswegen und danach auch auf Einsätze gegen die Küste, die im Zweiten Weltkrieg sehr häufig waren. Diese Tendenz setzte sich in der Nachkriegszeit immer mehr durch, als die allgemeine Entwicklungstendenz bei den Seestreitkräften dahin ging, Kräfte und Mittel zu schaffen, die in der Lage waren, sowohl den Verlauf als auch den Ausgang des bewaffneten Kampfes an den Landfronten unmittelbar zu beeinflussen und nicht nur den Kampf gegen die Seestreitkräfte des Gegners zu führen.
Auf Grund einer Analyse des heutigen Kräfteverhältnisses in der internationalen Arena und der stark vermehrten Möglichkeiten der modernen Seestreitkräfte, in entscheidender Weise auf alle Fronten des bewaffneten Kampfes einzuwirken, läßt sich behaupten, daß nicht nur die absolute, sondern auch die relative Bedeutung des bewaffneten Kampfes auf See ohne Zweifel größer geworden ist.
Unser Staat brauchte als große Land- und Seemacht während seiner ganzen Geschichte eine mächtige Flotte als festen Bestandteil seiner Streitkräfte.
Daß die Sowjetunion auf Grund ihrer geographischen Lage und ihrer politischen Bedeutung als Großmacht über starke Seestreitkräfte verfügen muß, war seit langem klar. Besonders akut wurde dieses Problem jedoch erst in der Nachkriegszeit, als sich die UdSSR und die anderen sozialistischen Länder infolge des veränderten Kräfteverhältnisses in der Welt von einer feindlichen Koalition von Seemächten eingekreist sahen und die erste Gefahr eines Atomraketenschlages von See her entstand.

Deshalb setzen das Zentralkomitee der Kommunistischen Partei und die sowjetische Regierung, die die Politik der friedlichen Koexistenz von Staaten mit unterschiedlicher Gesellschaftsordnung und der Verhütung eines neuen Weltkrieges fortsetzen, das Vermächtnis Lenins — die Stärkung der Verteidigung unseres Landes — in die Tat um und sorgen unermüdlich für die Verbesserung der Verteidigungsfähigkeit unseres Staates sowie für die Stärkung seiner Streitkräfte, u. a. auch für die harmonische und ausgewogene Entwicklung einer Hochseekriegsflotte, die den modernen Anforderungen entspricht und in der Lage ist, feindlichen Umtrieben aller Art zu begegnen und den potentiellen Aggressor mit der Notwendigkeit konfrontiert, selbst die Probleme zu lösen, vor die er die Sowjetunion stellt.
Die Fürsorge der Kommunistischen Partei und des sowjetischen Volkes für die heldenmütigen sowjetischen Streitkräfte, zu denen auch die Seestreitkräfte gehören, ist ein sicheres Unterpfand dafür, daß die Sowjetunion auch in Zukunft nicht nur eine sehr starke Kontinentalmacht, sondern auch eine große Seemacht und eine zuverlässige Hüterin des Friedens in der Welt bleiben wird.

Kapitel III

Die Entwicklung der Seestreitkräfte nach dem Zweiten Weltkrieg

Nach dem Zweiten Weltkrieg wurden, wie übrigens nach allen vergangenen Kriegen, die Ansichten über die weitere Entwicklung und den Aufbau der Seestreitkräfte eine bestimmte Zeit lang durch die im Kriege gemachten Erfahrungen bestimmt. Die wachsende Bedeutung der Flugzeugträger, U-Boote und amphibischen Kräfte im Gesamtrahmen des Kampfes auf See wurde allgemein anerkannt. Der Einsatz der Atombombe durch die Amerikaner in der Endphase des Krieges hatte indessen bei den Theoretikern der Seekriegführung und bei den Regierungen der traditionellen Seemächte einen gewissen Schock hervorgerufen. Infolgedessen stagnierte während des ersten Jahrzehnts nach dem Krieg der Aufbau der Seestreitkräfte fast völlig.
In dieser Zeit wurde in militärischen Kreisen der Einfluß der Atomwaffen auf den Charakter des bewaffneten Kampfes in allen seinen Bereichen — zu Lande und zur See — in steigendem Maße diskutiert. Die Gemüter vieler Militärexperten erregten sich über Probleme wie die Widerstandsfähigkeit der Seestreitkräfte in einem Atomkrieg und den Einfluß der Atomwaffen auf die Bauweise, die Bewaffnung, die Standfestigkeit und andere taktische Eigenschaften der Kriegsschiffe. Anfangs neigte man in vielen Staaten, auch bei uns, dazu, diesem Problem gegenüber eine negative Haltung einzunehmen. Das führte häufig zu extremen Auffassungen, die so weit gingen, die Möglichkeit des Einsatzes von Seestreitkräften im Atomkrieg von vornherein zu verneinen. Etwa in der gleichen Weise beurteilten die Amerikaner auch die Einsatzmöglichkeiten ihrer Landstreitkräfte, und die Frage, ob die Existenz von Landstreitkräften im Gefüge der Streitkräfte überhaupt noch sinnvoll sei, tauchte lange Zeit immer wieder in der militärischen Fachpresse der USA auf. Dies alles geschah zu einer Zeit, als die Einsatzmöglichkeiten der Atomwaffen, über die allein die USA verfügten, noch begrenzt waren. Damals hatten die USA Atomwaffen zur Verfügung, die noch sehr unvollkommen waren, nämlich Atombomben, für die es nur ein einziges Einsatzmittel — das Flugzeug — gab, das sie nur in relativ kurzer Entfernung vom Ziel abwerfen konnte und dazu praktisch in die Zone der

stärksten Luftabwehr eindringen mußte.
Hierbei muß hervorgehoben werden, daß zur Verbreitung der Auffassungen über die unbegrenzten Wirkungsmöglichkeiten der Atombombe weitgehend eine absichtlich aufgeblähte Propaganda beitrug, die von den imperialistischen Kreisen der USA ausging und der Durchsetzung vieler politischer Ziele diente. Diese Propaganda bemühte sich mit allen ihr zur Verfügung stehenden Mitteln, die Atombombe zur einzigen, zur »absoluten« Waffe zu erheben. Die militärischen Kreise der USA nutzten ihr Monopol auf diese Waffe aus, um die Völker der Welt einzuschüchtern und die militärische Vorherrschaft der USA zu festigen, die als wichtigste Voraussetzung für die politische Führungsposition in der ganzen Welt angesehen wurde. Diesem Ziel diente auch die übersteigerte Berichterstattung über die Atomwaffenversuche, unter anderem über die im Jahre 1946 auf dem Bikini-Atoll durchgeführten Tests, bei denen die Wirkung der Atomdetonation auf Kriegsschiffe unterschiedlicher Funktion festgestellt werden sollte.

Es zeigte sich jedoch, daß auch die Möglichkeiten der amerikanischen Propaganda, die Völker der Welt in Angst und Schrecken zu versetzen und Börsenspekulationen um die neue Waffe auszulösen, nicht unbegrenzt waren. Mit den übertriebenen Lobeshymnen, die man über diese Waffen anstimmte, und der absichtlichen Überbewertung ihrer Einsatzmöglichkeiten erreichte man genau das Gegenteil.

Je lauter die Einschüchterungspropaganda wurde, desto größer wurde auch der Personenkreis, der in der Lage war, die realen Möglichkeiten der neuen Waffe zu erfassen und aufzuzeigen. In vielen Ländern meldeten sich immer häufiger und lauter diejenigen zu Wort, die versuchten, den Rahmen und die Bedingungen real abzugrenzen, in dem bzw. unter denen Streitkräfte zu Lande und auf See kämpfen können, und Einsatzgrundsätze nicht nur für Atomwaffen, sondern auch für konventionelle Waffen in einem realen Gefecht festzulegen. Aus diesem Kreis muß der französische Admiral P. Barjot erwähnt werden, dessen interessantes Buch »Die Kriegsflotte im Atomzeitalter«[1] 1956 erschien. In diesem Buch wurde versichert, daß die Atomwaffenversuche auf dem Bikini-Atoll die Seestreitkräfte nicht in eine Sackgasse geführt, sondern ihnen im Gegenteil das Tor zum offenen Meer weit aufgestoßen hätten.

Die Herstellung von Atomwaffen in der Sowjetunion veränderte die gesamte Einstellung zum Problem des Atomkrieges. Sie führte zur Beseitigung des sogenannten amerikanischen Monopols auf die neuen Kampfmittel und machte die Hoffnungen der USA auf die Weltherrschaft zunichte. Viele Politiker und Militärs in den westlichen Staaten, die bisher

1 Pierre Emile Barjot, Vers la Marine de l'âge atomique, Paris 1955.

ergeben im Kielwasser der amerikanischen Propaganda gesegelt waren, begannen mühevoll nach Wegen zu einer realistischen Beurteilung des auf der Welt entstandenen Kräfteverhältnisses zu suchen. Man kann annehmen, daß von diesem Zeitpunkt an im Aufbau der Streitkräfte in den führenden Staaten der Welt, die sich von dem drückenden Einfluß des amerikanischen Anspruchs auf die absolute Vorherrschaft freizumachen begannen, eine neue Phase einsetzte. Man überprüfte die Rolle und den Stellenwert der einzelnen Teilstreitkräfte im bewaffneten Kampf und suchte nach neuen Verfahren, um die Atomwaffen ins Ziel zu bringen, sowie nach neuen Mitteln für den Schutz gegen die Wirkungskomponenten von Atomdetonationen. Je realistischer die Einsatzmöglichkeiten dieser Waffen eingeschätzt wurden, desto klarer begannen sich die Grundstrukturen von Streitkräften abzuzeichnen, die in der Lage sind, unter allen möglichen Bedingungen zu kämpfen.

Dieser Prozeß bedeutete den Beginn einer Revolution auf militärtechnischem Gebiet, weil er in seiner Breiten- und Tiefenwirkung alle Reformen und Veränderungen übertraf, die in der Vergangenheit bei den Land-, Luft- und Seestreitkräften aller Staaten der Welt stattgefunden hatten. Er zwang nicht nur dazu, die Taktik zu revidieren, was mehrfach nach grundlegenden Umstrukturierungen der Streitkräfte, die durch das Aufkommen neuer Waffen hervorgerufen wurden, erforderlich gewesen war, sondern auch dazu, viele Waffen, Waffensysteme und Geräte zu überprüfen. Der Einfluß des technischen Umwandlungsprozesses in allen militärischen Bereichen wurde noch durch die Verwendung von atomaren Antriebsanlagen im Kriegsschiffbau und die Nutzung von bahnbrechenden Entdeckungen auf dem Gebiet der Funkelektronik und des Raketenbaus verstärkt. Es wurde notwendig, die Struktur der Streitkräfte, die Bewaffnung und Ausrüstung, das Führungssystem und die logistische Organisation von Grund auf zu verändern. Dadurch änderte sich der Inhalt des Begriffs »Ausgewogenheit« in der Struktur der Streitkräfte erheblich.

Streitkräfte mit ausgewogener Struktur mußten jetzt in der Lage sein, ihre Kampfaufträge unter den unterschiedlichen Bedingungen auszuführen, die sich im Kriege ergeben können.

Die Sowjetunion konnte sich nicht von dieser allgemeinen Suche nach neuen Wegen und Möglichkeiten ausschließen; sie stellte sich bei der Lösung vieler Probleme an die Spitze derjenigen, die die ungeheure Zerstörungskraft der Atomwaffen und ihren Einfluß auf den Charakter des Krieges nüchtern beurteilten, und setzte sich sofort energisch für ein Verbot des Einsatzes von Massenvernichtungswaffen ein.

Aber auch bei uns wurden von Militärwissenschaftlern extreme Ansichten geäußert, in denen die Bedeutung einzelner Teilstreitkräfte und Waf-

fensysteme negativ beurteilt wurde. Dabei wurde sogar die Einsatzfähigkeit der Seestreitkräfte auf hoher See und damit ihre Daseinsberechtigung überhaupt verneint. Mit dem Aufkommen der Raketenwaffen wurde auch der Luftwaffe dieses Schicksal prophezeit. Die Tatsache, daß der Charakter des modernen Krieges und der Einfluß, den die Atomraketen auf diesen ausüben, nicht erkannt wurden, sowie die blinde Unterwerfung unter die »Allgewalt« der Atom- und der Wasserstoffbombe führten zu Bestrebungen, die Streitkräfte einseitig auszubauen.
Zur Ehre unserer Militärwissenschaft, die Subjektivismus ablehnt und sich streng an die marxistisch-leninistische Dialektik, den historischen Materialismus und die Leninsche Lehre vom Krieg und von den Streitkräften hält, sei gesagt, daß sie nicht nur diese für die Praxis untauglichen Konzeptionen widerlegte, sondern auch einer zielstrebigen Entwicklung neuer Anschauungen den Weg öffnete, die die reale Kräfteverteilung in der Welt reflektierten und den modernen Tendenzen in der Entwicklung der Streitkräfte voll entsprachen.

Die Militärdoktrinen der USA und der NATO

Der großartige Sieg der Sowjetunion über die mächtigste Kriegsmaschinerie der kapitalistischen Welt — das faschistische Deutschland und das militaristische Japan — hatte die Kräfte des Weltimperialismus erheblich geschwächt. In dieser Situation traten die USA an die Spitze des imperialistischen Lagers, um alle antikommunistischen Kräfte zum Kampf gegen die von Tag zu Tag stärker werdenden sozialistischen Kräfte zu vereinigen. Praktisch begannen die Imperialisten gleich nach dem Ende des Zweiten Weltkrieges, einen neuen Krieg gegen die Staaten der sozialistischen Gemeinschaft vorzubereiten.
Entsprechend diesen Plänen wurde 1949 die NATO, ein aggressiver Militärblock, gegründet, dem zuerst 12 und später 15 kapitalistische Staaten angehörten, unter ihnen Seemächte wie die USA, Großbritannien, Frankreich, Kanada, Italien, die Türkei, die Bundesrepublik Deutschland, Griechenland, Norwegen und Dänemark. Bald darauf wurden zwei weitere aggressive Blöcke gegründet, die CENTO und die SEATO; letzterem gehörten die USA, Großbritannien, Frankreich, Australien, Neuseeland, Pakistan, die Philippinen und Thailand an. Alle diese Militärblöcke wurden zu dem Zweck ins Leben gerufen, die Expansionspolitik des Imperialismus in den wichtigsten Gebieten der Welt zu verwirklichen.
In der NATO übernahmen die großen Seemächte die Führungsrolle, allen voran die USA und Großbritannien; die Gesamtwasserverdrängung

der Kriegsflotten dieser beiden Mächte betrug nach dem Zweiten Weltkrieg 10,5 Mio. t.[2] Dänemark, Island, die Bundesrepublik Deutschland, Norwegen, die Türkei und Griechenland verfügen zwar nicht über starke Seestreitkräfte, sie haben jedoch eine außerordentlich günstige strategische Position in Seegebieten inne, durch die die NATO die westliche Hälfte des Einkreisungsrings um die UdSSR schließen und die Ausgänge aus der Ostsee und dem Schwarzen Meer ständig kontrollieren kann.
Auch Italien verfügt nicht über eine starke Flotte, doch bietet seine günstige Lage im zentralen Teil des Mittelmeeres große Vorteile bei der Stationierung und Versorgung von Seestreitkräften der USA und der NATO auf diesem äußerst wichtigen Kriegsschauplatz.
Die NATO ist also ein Bündnis von Seemächten; sie verfügt über schlagkräftige Seestreitkräfte, die günstige strategische Positionen auf den Weltmeeren einnehmen.
Die Einflußsphären der anderen aggressiven Blöcke erstrecken sich auch auf den Stillen Ozean. Dies ermöglicht es den Mitgliedern der NATO und der anderen Militärblöcke, in erster Linie den USA, eine Vielzahl von ausländischen Militärstützpunkten und Küstengebieten in der östlichen Hemisphäre zur Bedrohung der UdSSR von See her zu benutzen. Sie haben auch gut ausgestattete, günstig gelegene und ausgebaute Stützpunkte und Ausgangsbasen zur Verfügung, von denen aus sie innerhalb kürzester Zeit Kräfte und Mittel in von ihnen ausgewählten Gebieten der Weltmeere einsetzen können.
Gleichzeitig intensivierte die militärische Führung der USA auch mit allen Mitteln die Entwicklung eigener Streitkräfte, die mit ihrem Atomwaffenpotential eine dominierende Stellung in der Welt einnehmen und den Streitkräften der sozialistischen Staatengemeinschaft strategisch unbestreitbar überlegen sein sollten. Dabei wurde die Weiterentwicklung der Seestreitkräfte mit ständiger und nicht nachlassender Aufmerksamkeit gefördert. Zu diesem Zweck wurde regelmäßig ein bedeutender Teil des Militärhaushalts bereitgestellt, was zu einer schnellen Steigerung der Schlagkraft der US-Marine führte. Schritt für Schritt wurden die Weltmeere zu Abschußräumen für strategische Waffen gemacht. Das Bestreben, in allen Fällen außenpolitische Probleme durch die Demonstration militärischer Stärke zu lösen, wurde zur Grundform der imperialistischen Politik der USA, was zusammen mit dem Anwachsen der allgemeinen Krise des Kapitalismus zwangsläufig zu einer verstärkten Militarisierung des Landes und zum Wettrüsten führte.
Entsprechend dieser Politik und im Interesse ihrer Durchsetzung wurde die Militärdoktrin der USA überarbeitet und geändert.

2 Die Gesamtwasserverdrängung der britischen Marine betrug 3,5 Mio.t.

Die Militärdoktrinen der anderen NATO-Länder sind aus der Militärdoktrin der USA, des führenden Staates in diesem Block, entstanden. Sie wurden auf der Grundlage der sogenannten gegenseitigen Abhängigkeit oder der Konzeption der militärischen Integration entwickelt. Die Entwicklung dieser Doktrinen wird aber auch nicht unwesentlich durch das zunehmende Bestreben der Mehrzahl der Bündnispartner beeinflußt, in steigendem Maße eine von den USA unabhängige Politik zu betreiben und nationale militärstrategische Konzeptionen zu entwickeln. Eine gewisse Rolle spielt auch der Umstand, daß die stärksten Partner der USA um Schlüsselpositionen in diesem Bündnis kämpfen, um so eine für sie günstigere Lösung der wichtigsten politischen Probleme Europas zu erreichen.
Beim Ausbau ihrer Seestreitkräfte und bezüglich der Grundsätze für deren Einsatz richten sich auch solche traditionellen Seemächte wie Großbritannien und Frankreich nach den USA. Die wirtschaftlichen Möglichkeiten beider Staaten ließen jedoch nur den Bau einer begrenzten Zahl von strategischen FK-U-Booten mit Atomantrieb und Flugzeugträgern zu.
Den Seestreitkräften anderer NATO-Staaten, unter ihnen der Bundesrepublik Deutschland und Italiens, wird gemäß der Konzeption der »gegenseitigen Abhängigkeit« eine unterstützende Rolle zugewiesen. Ihre Aufgaben beschränken sich im wesentlichen auf die Unterstützung der Landstreitkräfte und auf den Schutz der Seewege. Daher ist es durchaus gerechtfertigt, wenn wir uns vor allem auf die Analyse der Entwicklung der amerikanischen Militärdoktrin konzentrieren.
Die Entwicklung dieser Doktrin läßt sich in drei Hauptphasen aufgliedern, in denen drei grundlegende strategische Konzeptionen entstanden. Die *erste Phase* umfaßt den Zeitraum von Ende der vierziger bis zum Beginn der sechziger Jahre; er war durch das Aufkommen und die Entwicklung des sogenannten neuen Kurses in der nationalen Politik der USA, der als »Politik der Stärke« bekannt wurde, und die offizielle Übernahme dieser Konzeption durch die amerikanische Führung im Jahre 1953 sowie den Übergang zur Strategie der »massiven Vergeltung« gekennzeichnet. In diesem Zeitabschnitt fand in den USA die Idee eines atomaren Präventivkrieges gegen die Sowjetunion weite Verbreitung, die schon aufgekommen war, als der Entschluß zur Vernichtung von Hiroshima und Nagasaki gefaßt wurde. Diese barbarische Demonstration der »absoluten« Waffe verfolgte eindeutig politische Ziele und war vom militärischen Standpunkt aus unnötig. Sie war von militaristischen und monopolistischen Kreisen erzwungen worden, die die Weltherrschaft erringen wollten und hofften, daß diese Aktion »Rußland in Europa nachgiebiger werden läßt«. Der amerikanische Professor P. Blackett hat den

Abwurf der Atombomben auf die beiden japanischen Städte sehr treffend charakterisiert, als er ihn nicht als letzten militärischen Akt des Zweiten Weltkrieges, sondern eher als ersten Akt des »kalten Krieges« gegen die Sowjetunion bezeichnete.

Der Führer der neuen Prätendenten auf die Weltherrschaft, der amerikanische Präsident Truman, hat die Absicht, der ganzen Welt — einschließlich der Sowjetunion — den eigenen Willen aufzuzwingen, sehr deutlich ausgesprochen. »Die USA«, so erklärte er, »sind heute die stärkste Macht der Welt, niemand ist stärker als wir. (. . .) Da wir über diese Stärke verfügen, sind wir verpflichtet, die Verantwortung für die Welt und ihre Führung zu übernehmen.«[3] Da die Vernichtung Hiroshimas und Nagasakis die Politik der Sowjetunion nicht beeinflussen konnte, schlug erneut eine Welle der Kriegshysterie hoch. Jetzt rief nicht mehr nur die reaktionäre Presse zu einem Präventivkrieg gegen die UdSSR auf, sondern auch im Kongreß wurden Stimmen laut, die behaupteten, daß die USA »stark sind« und diese Stärke »jetzt und sofort« nutzen müßten, solange sie noch als einzige die Atombombe sowie riesige See- und Luftstreitkräfte besäßen. Mit der Atombombe drohten nicht nur die Militärs, sondern auch Präsident Truman selbst. Da er glaubte, daß sich die Atombombe sehr gut dazu eignet, die »Russen aus Europa zu verdrängen«, faßte er den Entschluß, sie in Europa einzusetzen, falls »außergewöhnliche Umstände« eintreten würden.

Die Idee von der »unbegrenzten atomaren Macht« der USA war in den höchsten militärischen Kreisen weit verbreitet. Die schreckliche Zerstörungskraft der Atombombe ließ die Meinung aufkommen, daß diese Waffe es den USA erlaube, den »Weltpolizisten« zu spielen und den Völkern der Welt einen »Frieden auf amerikanisch« aufzuzwingen.

Anfangs wurde den Luftstreitkräften die Hauptrolle in einem Atomkrieg zugewiesen, weil sie durch ihre Erfahrung im Einsatz von Atombomben im Vorteil waren. Als weitere Vorteile wurden die »überlegene Stärke« der amerikanischen strategischen Luftwaffe und die »Unverwundbarkeit« des Territoriums der USA bei einem Vergeltungsschlag des Gegners angesehen.

Im Pentagon war man der Ansicht, daß die amerikanischen atomaren Kräfte mit einer bedeutenden Anzahl von Langstreckenbombern und mit Hilfe eines Ringes von Luftwaffenstützpunkten, die in unmittelbarer Nähe der sowjetischen Grenzen liegen, in der Lage sind, den Luftverteidigungsgürtel des Gegners zu durchbrechen und alle oder die überwiegende Mehrzahl der vorgesehenen Ziele zu vernichten.

Von diesen Überlegungen ausgehend, verstärkte die amerikanische Füh-

3 Zitiert nach: Listvinov, Ju.N., Pervyj udar (Der erste Schlag), Moskau 1971, S. 12.

rung ihre Bemühungen um den Ausbau der Luftstreitkräfte und die Ausweitung des Netzes ihrer überseeischen Stützpunkte beträchtlich. Im Juni 1948 billigte der amerikanische Kongreß eine Gesetzesvorlage über die Vergrößerung der Luftstreitkräfte auf 70 Geschwader, und im Juli erhielten die USA von der Labour-Regierung Großbritanniens die Erlaubnis zur Stationierung von 60 Atombombern vom Typ B-29 auf britischem Gebiet. Nach der Unterzeichnung des Nordatlantikpakts im April 1949 war ganz Westeuropa in das Netz der amerikanischen Atomstrategie einbezogen. Die Zahl der amerikanischen Militärstützpunkte hatte sich Ende der sechziger Jahre auf 3 400 erhöht. Die Lücken in diesem Netz auf den Ozeanen und Meeren sollten von den Seestreitkräften geschlossen werden. In den Ländern, die unsere unmittelbaren Nachbarn sind, wurden Millionenarmeen aufgestellt, die die Gesamtstärke der alliierten Streitkräfte auf den wichtigsten Kriegsschauplätzen des Zweiten Weltkrieges um das Zehnfache überstiegen. Dies alles geschah aus der Überlegung heraus, daß das Territorium der USA sich nach wie vor außerhalb der Reichweite von Vergeltungsschlägen befindet und somit auch nicht zum Kriegsschauplatz werden wird. Bei einer Wertung der Bedeutung dieses Vertrages unterstrich der einflußreiche Kongreßabgeordnete Clarence Cannon, daß die USA durch die Unterzeichnung des NATO-Paktes die erforderlichen Stützpunkte erhalten hätten und daß »wir jetzt für einen Angriff auf Moskau und auf alle übrigen Städte Rußlands (. . .) lediglich die erforderliche Anzahl von Flugzeugen haben müssen, die als Einsatzmittel für Atomwaffen geeignet sind«.[4]
Unter dem Einfluß der Erfolge, die die Sowjetunion bei der Herstellung von Atomwaffen zu verzeichnen hatte, und des Verlusts des amerikanischen »Atommonopols«, richtete die militärische Führung der USA jedoch ihre Blicke immer häufiger auf die Seestreitkräfte. Diese sind als potentielles atomares Einsatzmittel weniger den Beschränkungen durch außenpolitische Faktoren unterworfen, die in irgendeiner Form immer dann ins Spiel kommen, wenn es darum geht, Flugzeuge auf fremdem Territorium zu stationieren. »Atomare Schlagkraft plus Stärke zur See«, schrieb die amerikanische Zeitschrift »Military Review«, »geben unserem Land so viel Handlungsfreiheit, daß es das ihm von Gott verliehene Recht, die gesamte Welt zu führen, leicht wahrnehmen kann«.[5]
So zeigte sich in den Kreisen der aggressiven amerikanischen Militärs immer deutlicher die Tendenz, die Flotte beim Einsatz von Atomwaffen in einem künftigen Krieg als gleichberechtigten Partner der Luftstreitkräfte zu betrachten. Dies war das unmittelbare Ergebnis der Atomwaffenversuche auf dem Bikini-Atoll, die die Zweifel der militärischen Füh-

4 u. 5 Die Zitate konnten nicht ermittelt werden (Anm. d. Hrsg.).

rung der USA an den Einsatzmöglichkeiten der Seestreitkräfte in einem Atomkrieg beseitigten. Darüber hinaus war es eine erklärte Absicht der amerikanischen Imperialisten, in dem totalen Atomkrieg, für den Vorbereitungen getroffen wurden, alle verfügbaren Kräfte und Mittel einzusetzen, den Atomschlägen gegen Ziele auf unserem Territorium einen »universalen Charakter« zu geben und eine für unser Land neue Sphäre des bewaffneten Kampfes voll auszunutzen, nämlich die Ozeane und Meere, wo die USA damals unseren Seestreitkräften entschieden überlegen waren.

Hier muß darauf hingewiesen werden, daß diese Neuorientierung in bezug auf den Einsatz der Seestreitkräfte in den imperialistischen Staaten eindeutig den Zweck hatte, die gesamte Kraft der amerikanischen und der britischen Flotte in erster Linie auf die gegnerischen Küsten zu konzentrieren. Dieser Einsatzgrundsatz für die Seestreitkräfte wurde als der wichtigste angesehen, gerade er diente in der Folgezeit als Grundlage für die Aufstellung von strategischen atomaren Kräften im Rahmen der Seestreitkräfte, und er führte zu der auch heute noch festzustellenden Tendenz, strategische Atomwaffen verstärkt im Aufgabenbereich der Seestreitkräfte zu konzentrieren. Je mehr sich die Zweifel an den Einsatzmöglichkeiten der Seestreitkräfte in einem Atomkrieg zerstreuten, desto mehr Boden gewann eine konträre Konzeption, nach der die Seestreitkräfte als wichtigste Teilstreitkraft angesehen wurden, die in der Lage ist, in einem Atomkrieg größte strategische Aufgaben zu erfüllen und Verlauf und Ausgang des Krieges unmittelbar zu beeinflussen.

In der zweiten Hälfte der fünfziger Jahre traten einschneidende und prinzipielle Änderungen in den Ansichten über die Rolle und den Stellenwert der Seestreitkräfte im Krieg und über die Bedeutung der Seekriegsschauplätze ein. Unter Berücksichtigung des Kräfteverhältnisses in der Welt und der begrenzten Möglichkeiten der sowjetischen Seestreitkräfte verwiesen die Amerikaner ihr traditionelles Problem, den Schutz der Seeverbindungen, das ihnen fast ein Jahrhundert lang Sorge bereitet hatte, in ihren Überlegungen auf den zweiten Platz. Auf Grund eines Berichtes der Sonderkommission für das Waffensystem »Poseidon« wurde dieses Problem 1957 als zweitrangig eingestuft; die Ozeane und Meere wurden nicht mehr als Gebiete betrachtet, in denen der Kampf um die Seeverbindungen stattfindet, sondern als riesige Räume für den Abschluß von Einsatzmitteln verschiedener Art für strategische Atomwaffen, die wichtige Ziele auf dem Territorium des Gegners vernichten sollten.

In der im Westen offiziell vertretenen Strategie der »massiven Vergeltung« wurde jedoch immer noch das Hauptgewicht auf die Überlegenheit der strategischen Flugzeuge gelegt, die damals in den USA als das wichtigste atomare Einsatzmittel angesehen wurden. Dieser Umstand führte zu der prahlerischen Äußerung des Befehlshabers der Luftstreitkräfte der USA, ein künftiger Krieg könne mit Hilfe der neuen Waffen so schnell beendet werden, daß der Einsatz der Artillerie oder der Seestreitkräfte nicht mehr erforderlich sein werde. Trotzdem erhielt dieser extreme Standpunkt nicht die Unterstützung, mit der die Führung der Luftstreitkräfte und die hinter ihr stehenden Kreise der Rüstungsindustrie gerechnet hatten. Dem amerikanischen Imperialismus, der über ein Jahrhundert lang die Kriegsflotte als Hauptinstrument seiner aggressiven Außenpolitik benutzt hatte, imponierte nach alter Tradition die Konzeption der Stärke zur See, die ihm als unersetzbares Mittel zur Erringung der Weltherrschaft erschien.

Ein Versuch, diesen Widerspruch zu beseitigen, waren die Ideen des Admirals Chester W. Nimitz, der vorschlug, die Priorität der Seestreitkräfte duch die Vereinigung von Marine und Luftwaffe und die Schaffung einer »Mischung aus Luft- und Seestreitkräften« in Form der Angriffsflugzeugträger zu wahren. Diese Idee fand Zustimmung und wurde als Doktrin der »Politik der Stärke« der US-Imperialisten übernommen. T. K. Finletter schrieb: »Das Wesen der neuen Politik besteht darin, massierte atomare Vergeltungsschläge mit land- und trägergestützten Flugzeugen zu führen.«[6]

Der Einsatz dieser Mittel in einem Krieg gegen die Sowjetunion basierte auf der völlig unbegründeten Annahme, daß das Territorium der USA durch die Waffen, die der Sowjetunion damals zur Verfügung standen, nicht verwundbar sei. Auf dieser Grundlage sah die Strategie der »massiven Vergeltung« einzig und allein den allgemeinen Atomkrieg gegen die Sowjetunion und die anderen sozialistischen Länder vor.

Entsprechend dieser Strategie legte die militärische und politische Führung der USA das größte Gewicht auf die Entwicklung von Atomwaffen und Einsatzmitteln für diese, in erster Linie von strategischen Luftstreitkräften und von Angriffsflugzeugträgern, und vernachlässigte dabei den Ausbau der konventionellen Teilstreitkräfte, insbesondere der Landstreitkräfte. Hierzu schrieb General M. Taylor: »Die Prozentsätze vom Haushaltsjahr 1955 bis 1959 betrugen etwa sechsundvierzig Prozent für die Luftwaffe, etwa achtundzwanzig Prozent für die Flotte und das Marinekorps und etwa dreiundzwanzig Prozent für das Heer. (. . .) Auf dem entscheidenden Sektor, den Mitteln für den Ankauf neuer Ausrüstung, hatte die Luftwaffe konsequent etwa sechzig Prozent der verfügbaren Mittel erhalten, die Flotte und das Marinekorps bekamen dreißig

6 Finletter, T.K.: Power and Policy, US Foreign Policy and Military Power in the Hydrogen Age, New York 1954, S. 147.

Prozent, das Heer etwa zehn Prozent.«[7]
In den fünfziger Jahren wurde die Strategie der »massiven Vergeltung« zur offiziellen Strategie der NATO. In der NATO wurde sie jedoch in die »Schild-und-Schwert«-Strategie umgewandelt. Dabei sollen die strategischen Luftstreitkräfte und die Angriffsflugzeugträger der USA die Rolle des »Schwertes« und die in Europa stehenden Streitkräfte der NATO-Mitglieder die des »Schildes« übernehmen. Die Strategie der NATO sah ebenso wie die Strategie der USA vor, daß die Streitkräfte dieses Blocks in jedem Fall Atomwaffen einsetzen sollten, unabhängig davon, ob der Gegner sie einsetzt oder nicht. Die Möglichkeit, daß die NATO-Länder in Europa einen begrenzten Krieg gegen die Sowjetunion ohne den Einsatz von Atomwaffen führen könnten, wurde praktisch ausgeschlossen. Die Möglichkeit der Führung von begrenzten Kriegen wurde nur für »unterentwickelte Gebiete der Erde außerhalb Europas« in Betracht gezogen.
Doch bald stellte sich die völlige Unhaltbarkeit der Strategie der »massiven Vergeltung« heraus. Die Hauptgründe dafür waren die Veränderungen des Kräfteverhältnisses in der Welt, die zunehmende militärische Stärke der Sowjetunion und vor allem die großen Erfolge in der Entwicklung von strategischen Atomraketen. Dadurch wurde es für die Vereinigten Staaten nicht nur unmöglich, ihre Ziele mit Hilfe der bisherigen Strategie zu erreichen, sondern ihr Territorium war auch nicht mehr unverwundbar. Die amerikanische Zeitschrift »Ordnance« schrieb im September 1963: »Der Verlust unseres Atommonopols und die Situation der gegenseitigen Eindämmung im Verhältnis zwischen den Vereinigten Staaten und der Sowjetunion führte dazu, daß die Strategie der »massiven atomaren Vergeltung«, die der Militärpolitik der USA zugrunde lag, jetzt überholt war. Ein weiterer Grund für die Änderung der Strategie war die Erkenntnis, die sich bei uns schließlich durchsetzte, daß sie sich nicht als »großer Knüppel« für unsere Außenpolitik eignete: dieser »Knüppel« erwies sich in vielen Situationen als zu groß.«[8]
Mit anderen Worten, die militärische Führung der USA kam zu dem Schluß, daß sie ihre wichtigsten militärpolitischen Ziele nicht erreichen kann, wenn sie ihr Augenmerk ausschließlich auf die strategischen Atomwaffen und auf einen allgemeinen Atomkrieg richtet. Die Militärdoktrin der USA erwies sich als unelastisch. Da man jedoch nicht auf den Krieg als Instrument der Politik verzichten konnte, ging die Regierung

7 Taylor, M.D.: Und so die Posaune einen undeutlichen Ton gibt, wer wird sich zum Streite rüsten?, Gütersloh 1962, S. 87.
8 Zitiert nach: Voennye doktriny stran NATO (Die Militärdoktrinen der NATO), Moskau 1966, S.71.

Kennedy Anfang der sechziger Jahre daran, die Strategie teilweise zu revidieren, ohne natürlich die politischen Ziele der USA zu ändern.
Damit war die *zweite Phase* in der Entwicklung der amerikanischen Militärdoktrin eingeleitet. Die französische Zeitschrift »Revue de Défense Nationale« definierte im Mai 1964 die wichtigsten Prinzipien der neuen Strategie der USA wie folgt:

»1. Die Vereinigten Staaten müssen auf dem Gebiet der strategischen und taktischen Atomwaffen der Sowjetunion unbestreitbar überlegen sein und diese Überlegenheit aufrechterhalten.
2. Die USA müssen über ausreichende Mittel verfügen, um dem Gegner in jeder Lage mit Erfolg entgegentreten zu können, ohne daß sie zum Einsatz von Massenvernichtungswaffen gezwungen sind.
3. Die USA müssen (je nach Art und Ausmaß des Konfliktes) den Umfang der Kampfhandlungen und die dabei eingesetzten Mittel bestimmen, um jedes Risiko einer unkontrollierbaren Eskalation des Konflikts auszuschließen.«

Im Unterschied zu der bisherigen Strategie sah die neue Strategie der »flexiblen Reaktion« die Vorbereitung und Führung sowohl eines allgemeinen Atomkrieges als auch begrenzter Kriege mit und ohne Atomwaffeneinsatz gegen die sozialistischen Länder vor, und zwar auch in Europa. Der Hauptgedanke, der der neuen Strategie der USA zugrunde lag, war die flexible Reaktion auf die jeweilige internationale Lage und die Bereitschaft, das militärische Potential entsprechend dieser Lage einzusetzen. Die Strategie der flexiblen Reaktion ging von der Notwendigkeit aus, Kriege aller Art vorzubereiten und zu führen — den allgemeinen Atomkrieg und den begrenzten Krieg unter Einsatz von Atomwaffen oder nur von konventionellen Waffen.
Die USA waren der Ansicht, daß der allgemeine Atomkrieg auf zwei Arten beginnen kann: durch einen atomaren Überraschungsangriff oder infolge der Eskalation eines begrenzten Krieges. Dabei erhielt der atomare Überraschungsschlag, die Auslösung eines Präventivkrieges gegen die UdSSR und die anderen sozialistischen Staaten den Vorrang. Es war auch beabsichtigt, die Vorbereitungen für einen solchen Überfall unter dem Schutz einer Propaganda durchzuführen, die die USA als die Seite darstellt, die sich verteidigt und sich lediglich darauf einstellt, einen »Vergeltungsschlag« zu führen.
Für den begrenzten Krieg galt die Variante der Führung von »zweieinhalb Kriegen«, derzufolge die USA von der Möglichkeit ausgingen, gleichzeitig zwei begrenzte Kriege — in Europa und Asien — und einen kleinen lokalen Krieg — höchstwahrscheinlich in Lateinamerika — zu führen. Für die Kriegführung in Europa wurden die beiden Konzeptionen der »angemessenen Eindämmung« und der »atomaren Schwelle«

entwickelt, die aus der Strategie der flexiblen Reaktion hervorgingen. Nach der Konzeption der »angemessenen Eindämmung« ist es möglich, daß zu Beginn eines begrenzten Krieges in Europa nur konventionelle Waffen eingesetzt werden, wobei eine eventuelle Ausweitung des Konflikts einzukalkulieren ist. Man ging davon aus, daß die NATO-Streitkräfte anfangs nur konventionelle Waffen einsetzen würden; der Einsatz von taktischen Atomwaffen zur Erreichung der gesteckten Ziele war für den Fall vorgesehen, daß die Lage sich verschlechtern und eine Niederlage drohen sollte.

Die Streitkräfte der USA und der anderen NATO-Staaten wurden entsprechend der Strategie der flexiblen Reaktion ausgebaut. Dabei verbreiteten die Amerikaner unter den europäischen Bündnispartnern eine neue Variante des Prinzips der »gegenseitigen Abhängigkeit«, die darin bestand, daß innerhalb der NATO Streitkräfte mit ausgewogener Struktur aufgestellt werden sollten und es dementsprechend jedem Mitgliedstaat zur Pflicht gemacht werden kann, seine nationalen Streitkräfte in der Form aufzustellen, wie es zur Erreichung der politischen Ziele der USA erforderlich ist. Die USA und teilweise auch Großbritannien verpflichteten sich, strategische Angriffsverbände aufzustellen. Die übrigen NATO-Länder sollten in der Hauptsache ihre Landstreitkräfte ausbauen und Luft- und Seestreitkräfte in verhältnismäßig geringer Stärke unterhalten. Eine solche »gegenseitige Abhängigkeit« paßte den europäischen NATO-Ländern — in erster Linie Frankreich und der Bundesrepublik Deutschland — nicht, die eine führende Rolle im Pakt übernehmen wollten.

Aus der Erkenntnis heraus, daß die amerikanischen strategischen Kräfte in erster Linie ein Mittel sind, mit dessen Hilfe die nationalen Ziele der USA und nicht die Interessen der europäischen NATO-Staaten durchgesetzt werden sollen, und daß die Amerikaner in einem militärischen Konflikt auch auf den Einsatz dieser Kräfte verzichten könnten, sofern keine lebenswichtigen Interessen der USA berührt sind, verloren die europäischen NATO-Partner den Glauben an die Wirksamkeit der nuklearen Garantie der USA. Deshalb trat Frankreich 1966 aus der NATO aus und begann selbständig eigene strategische Atomstreitkräfte aufzubauen. Andere Staaten (die Bundesrepublik Deutschland und Großbritannien) schlugen vor, »europäische Atomstreitkräfte« der NATO zu schaffen, und forderten eine Herabsetzung der »atomaren Schwelle«, d. h. den uneingeschränkten Einsatz von Atomwaffen vom ersten Tag eines Krieges in Europa an. Diese Forderung führte wegen des Bestrebens der europäischen Mitgliedstaaten, sich wenigstens bis zu einem gewissen Grade vom Diktat der USA zu befreien, zu erheblichen Meinungsverschiedenheiten innerhalb des NATO-Blocks. Es gelang jedoch nicht, die beherrschende Position der USA im westlichen Lager zu beseitigen, da die Vereinigten Staaten über das größte Atomwaffenpotential im NATO-Block verfügen. Die europäischen NATO-Länder sind nicht nur auf dem Gebiet der strategischen, sondern auch der taktischen Atomwaffen von den USA abhängig. Die europäischen NATO-Länder erhalten operativ-taktische Flugkörper, Atomartillerie und einen großen Teil der taktischen Luftfahrzeuge von den USA; die Atomgefechtsköpfe befinden sich in den Händen der amerikanischen Führung.

Ebenso wie bei der Strategie des »massiven Vergeltungsschlages« bleiben die strategischen Kampfmittel bei der Strategie der flexiblen Reaktion die Hauptwaffe. Während jedoch bei der ersteren die strategischen Luftstreitkräfte und die Angriffsflugzeugträger die Grundlage bildeten, basiert die letztere auf den sogenannten unverwundbaren Raketenkräften, zu denen die Flugkörper »Minuteman« und das strategische Unterwasserwaffensystem »Polaris« zählen. Hierbei bevorzugt ein großer Teil der militärischen Führung der USA eindeutig die FK-U-Boote mit Atomantrieb.

Obwohl die militärische Führung der USA die »unverwundbaren Raketenkräfte« als Basis ihrer strategischen Angriffsverbände betrachtete, deren Kern die FK-U-Boote mit Atomantrieb wurden, mit deren Hilfe ein Atomraketengürtel um die Sowjetunion geschaffen werden sollte, verzichtete sie dennoch nicht auf den weiteren Ausbau ihrer Angriffsträgerflotte, die bis dahin das Rückgrat der Seestreitkräfte gewesen war. Nach Auffassung der amerikanischen Führung sollten die Angriffsflugzeugträger zusammen mit der taktischen Luftflotte die Basis der Schlagkraft der »Allgemeinen Streitkräfte«* bilden.

Angesichts der von der Strategie der flexiblen Reaktion einkalkulierten Möglichkeit, begrenzte Kriege auch gegen die Staaten der sozialistischen Gemeinschaft zu führen, kam die amerikanische Führung zu der Ansicht, daß die Flugzeugträger mit den auf ihnen stationierten Flugzeugen in bewaffneten Auseinandersetzungen verschiedener Art eine größere Bedeutung haben als früher. In diesem Zusammenhang erklärte der Chief of Naval Operations der US-Marine, Admiral MacDonald: »Unsere schnellen Angriffsflugzeugträger bieten zusammen mit ihren beweglichen Versorgungskräften den USA die Möglichkeit, Militärstützpunkte außerhalb des Mutterlandes zu unterhalten.«[9]

Die *dritte Phase* in der Entwicklung der Militärdoktrin der USA begann 1971 mit der Verkündung der »Nixon-Doktrin« und der auf ihr basie-

* »General-purpose forces«, d. h. sowohl atomar als auch konventionell einsetzbare Kräfte (Anm. d. Übers.).

9 Army — Navy — Air Force Journal, 1966, 10. August.

renden Strategie der »realistischen Abschreckung«. Nach der neuen Strategie sollen die Klasseninteressen dienenden Ziele im Kampf des Imperialismus gegen den Weltsozialismus und die nationalen Befreiungsbewegungen durch eine Politik der »Abschreckung» erreicht werden, die sich in erster Linie auf die militärische Macht der USA und ihrer Verbündeten in den Militärblöcken stützt. Insgesamt betrachtet stellt die neue Strategie eine modernisierte Form der Strategie der flexiblen Reaktion dar, und die an ihr vorgenommenen Änderungen tangieren weder die Grundlagen der Strategie der USA noch ihre antikommunistische und antisowjetische Zielsetzung, und sie betreffen auch nicht die Auffassungen über die wahrscheinlichen Erscheinungsformen der Kriege und deren gesellschaftspolitischen Charakter.

Die Strategie der flexiblen Reaktion mußte neu überdacht werden, da sie nicht mehr in vollem Unfang der militärpolitischen und strategischen Lage in der Welt zu Beginn der siebziger Jahre und den in der »Nixon-Doktrin« dargelegten Prinzipien der nationalen Politik und Strategie der USA entsprach. Die in der »Nixon-Doktrin« verkündeten Grundprinzipien sind: das Prinzip der Stärke, das Prinzip der Partnerschaft und das Prinzip des Verhandelns. Das wichtigste ist nach wie vor das Prinzip der Stärke, das die militärische Überlegenheit der USA und ihrer Verbündeten über die UdSSR und die gesamte sozialistische Staatengemeinschaft als wichtigste Voraussetzung zur Verwirklichung der Politik der »Abschreckung« in den gegenseitigen Beziehungen betrachtet.

Beim Prinzip der Partnerschaft geht es um die maximale Nutzung der militärischen, wirtschaftlichen und finanziellen Ressourcen der Verbündeten und der abhängigen Staaten im Interesse der Aufrechterhaltung des politischen Einflusses und der Positionen der USA in der Welt. Die Anwendung dieses Prinzips soll die direkte Beteiligung von amerikanischen Truppen in lokalen Konflikten einschränken. Nach den Berechnungen des Pentagons kostet nämlich der Unterhalt eines Soldaten bei den Bündnispartnern nur einen Bruchteil des Betrages, der für einen US-Soldaten aufgewendet wird.

Dem Prinzip des Verhandelns ist nur eine untergeordnete Rolle zugedacht, da die Ansicht vertreten wird, daß die USA nur auf der Grundlage ihrer militärischen Stärke und der Ressourcen ihrer Verbündeten Verhandlungen mit der Sowjetunion und anderen Staaten führen können.

Das Wesen der Strategie der »realistischen Abschreckung« besteht in dem Bestreben, sich bei der Lösung der internationalen Probleme auf die eigenen Kräfte zu stützen, gleichzeitig aber die Menschen- und Materialreserven der Bündnispartner maximal zu nutzen. Zu diesem Zweck muß das militärische Potential der Verbündeten vergrößert und ihnen eine wichtigere Rolle und eine größere Verantwortung bei der Vorberei-

tung der Führung des Krieges übertragen werden.
Die neue Strategie geht wie die vorherige davon aus, daß es möglich ist, sowohl lokale Kriege als auch einen allgemeinen Atomkrieg zu führen. Die Strategie der »realistischen Abschreckung« legt jedoch größeres Gewicht auf die »Partnerschaft«, d. h. die aktivere Heranziehung der Mitgliedstaaten der aggressiven Blöcke zur Verwirklichung der militärischen und politischen Pläne der USA, u. a. auch zur Lösung von Aufgaben im Kampf gegen die nationalen Befreiungsbewegungen nach der Methode der »Vietnamisierung«.
Die neue Strategie und die aus ihr abgeleiteten strategischen Konzeptionen bestimmen die Tendenzen in der Entwicklung der Streitkräfte der USA und ihrer Verbündeten, das Verhältnis der verschiedenen Komponenten dieser Kräfte zueinander und die Kriterien, nach denen ihr Stand beurteilt wird. Dementsprechend wird folgendes angestrebt:

— eine erhebliche qualitative Verbesserung der Streitkräfte, insbesondere der strategischen Mittel und Allgemeinen Kräfte;
— die technische Überlegenheit über die Sowjetunion, besonders auf dem Gebiet der Entwicklung und Produktion von strategischen Atomraketen;
— eine größere strategische Beweglichkeit der Allgemeinen Streitkräfte der USA sowie
— eine erhöhte Schlagkraft der Streitkräfte der Bündnispartner der USA.

Die Hauptaufgaben beim Ausbau der amerikanischen Streitkräfte innerhalb der nächsten zehn Jahre bleiben die Wahrung und Aufrechterhaltung einer »hinlänglichen« strategischen Atommacht als Grundlage der »atomaren Abschreckung«. Der Begriff »Hinlänglichkeit« bedeutet nach Auffassung der amerikanischen Strategen die garantierte Vernichtung des Kriegs- und des Wirtschaftspotentials sowie der Menschenreserven des Gegners selbst in dem Fall, daß ein atomarer Gegenschlag für die USA ungünstig abläuft. Er bedeutet außerdem, daß den USA die Fähigkeit erhalten bleibt, den Kampf in jeder beliebigen Lage weiterzuführen. Daraus resultieren auch die charakteristischen Merkmale der gegenwärtigen Phase des strategischen Wettrüstens in den USA: die Entwicklung neuer und besserer Waffen und der Austausch der veralteten Waffensysteme gegen modernere.
In bezug auf den Einsatz der Allgemeinen Streitkräfte sieht die Strategie der »realistischen Abschreckung« vor, daß man von der Konzeption der »zweieinhalb Kriege« abgeht und dafür die Konzeption der »eineinhalb Kriege« einführt. Das Wesen dieser Konzeption besteht darin, daß die USA in Friedenszeiten Allgemeine Streitkräfte unterhalten müssen, die gemeinsam mit den Kräften der Verbündeten in der Lage sind, gleichzei-

tig und mit Erfolg einen großen Krieg in Europa oder Asien zu führen und sich an einem unbedeutenden Konflikt in irgendeinem Teil der Welt zu beteiligen.

In der neuen Strategie spielt die »strategische Beweglichkeit« der US-Streitkräfte eine wichtige Rolle, d. h., es wird verlangt, daß die Streitkräfte schnell nach überseeischen Kriegsschauplätzen verlegt werden können, um die dort vorhandenen Kräfte zu verstärken oder neue Gruppierungen zu bilden. Die Forderung nach »strategischer Beweglichkeit« ergibt sich aus dem globalen Charakter der militärischen und politischen Ziele der USA und wird als wichtigste Voraussetzung zur Realisierung der Strategie der »realistischen Abschreckung« angesehen. Besondere Aufmerksamkeit schenkt man dabei der Erhöhung der Beweglichkeit der Luftlande- und der luftbeweglichen Truppen sowie der Marineinfanterie und dementsprechend dem Ausbau des Lufttransportkommandos und dem Bau von Mehrzwecklandungsschiffen.

Bei der Ausarbeitung der Strategie und der Militärpolitik für die siebziger Jahre legte die amerikanische Führung besonderes Gewicht auf die sogenannte ozeanische Strategie als wichtigen Bestandteil der Strategie der »realistischen Abschreckung«. Das Wesen der »ozeanischen Strategie« besteht darin, daß die Hauptschlagkraft der strategischen Angriffskräfte auf die Weiten der Weltmeere verlegt wird. Zu diesem Zweck werden die Anstrengungen vor allem auf den Ausbau der Allgemeinen Seestreitkräfte, auf eine Erhöhung des Anteils der atomgetriebenen FK-U-Boote im Rahmen der strategischen Angriffskräfte sowie darauf konzentriert, die Stärke zur See als wichtigstes Mittel zur militärischen Unterstützung des politischen Kurses des US-Imperialismus einzusetzen, was letztlich die Erringung der Seeherrschaft im Verlauf eines Krieges gewährleisten soll.

Der Übergang zur »ozeanischen Strategie« wird wie folgt begründet:

— Strategische atomare Angriffswaffen, die auf See stationiert sind, ermöglichen es, ein dezentralisiertes Kräftesystem zu schaffen, das in der Lage ist, das Territorium der Staaten der sozialistischen Gemeinschaft praktisch aus allen Richtungen mit Atomwaffen anzugreifen.
— Bei Verlagerung des Abschusses der Interkontinentalraketen auf die Weltmeere brauchen sich die Abschußvorrichtungen für diese Raketen nicht mehr auf dem Gebiet der USA zu befinden, wodurch sich nach Auffassung des Pentagons die Zahl der Objekte, die als Ziele für feindliche Flugkörper in Frage kommen, und folglich auch die Zahl der Atomschläge, denen das Territorium der USA unmittelbar ausgesetzt wäre, beträchtlich verringern würde.
— Die Atom-U-Boot-gestützten FK-Waffensysteme mit Atomgefechtskopf haben eine größere Überlebensfähigkeit, sie sind beweglicher

und schwerer zu orten als ähnliche Systeme, die auf dem Festland stationiert sind.

— Die Dislozierung des Gros der strategischen Kräfte auf See führt zu einer erheblichen Zersplitterung der Schläge des Gegners mit Atomraketen, da er sie auf die riesigen Weiten der Weltmeere verteilen muß. Wenn weiter berücksichtigt wird, daß die FK-U-Boote relativ unverwundbar sind und vor dem ersten Atomschlag nur schwer geortet werden können, ist anzunehmen, daß ein erheblicher Teil des gegnerischen Atomraketenpotentials unnütz vertan wird, während der Hauptteil der Atomraketen der strategischen Kräfte der USA erhalten bleibt.

Als Einsatzmittel für die Raketen »Trident«, über die im folgenden noch berichtet wird, sollen geräuscharme, atomgetriebene U-Boote verbesserter Bauart verwendet werden. Das strategische Unterwasserwaffensystem »Polaris«-»Poseidon« bleibt weiter im Bestand der strategischen Kräfte der US-Marine.

Außer diesen strategischen Kräften sollen im Rahmen der »ozeanischen Strategie« umfangreiche Allgemeine Seestreitkräfte »zur Überwachung von strategisch wichtigen Seegebieten« eingesetzt werden. Die Hauptrolle sollen hierbei die neuen Mehrzweckschiffe spielen, die von den Amerikanern als »Schiffe zur Erringung der Seeherrschaft«* bezeichnet werden.

Nach Ansicht der Anhänger der »ozeanischen Strategie« sind Seestreitkräfte, die über wirksame strategische Mittel wie FK-U-Boote mit Atomantrieb und Mehrzweckflugzeugträger, moderne Überwasserschiffe und U-Boote für den Einsatz im Rahmen der Allgemeinen Kräfte sowie starke See-Luft-Streitkräfte und Marineinfanterieverbände verfügen und die sehr beweglich und relativ unverwundbar sind, die Teilstreitkraft, mit der sich auf Grund ihrer Verwendungsbreite die von der »Nixon-Doktrin« angestrebten Ziele am besten erreichen lassen. Darüber hinaus wird die Meinung vertreten, daß die »ozeanische Strategie« die erforderliche Flexibilität in der Anwendung der militärischen Macht gewährleistet und der heutigen Situation der Welt, den Möglichkeiten der Vereinigten Staaten und den Prinzipien der Strategie der »realistischen Abschreckung« entspricht.

Eine Analyse der Grundgedanken der »ozeanischen Strategie« und der praktischen Maßnahmen der amerikanischen militärischen Führung auf dem Gebiet des Aufbaus und Einsatzes der Streitkräfte beweist, daß die Festigung der militärstrategischen Positionen der USA und die Gewährleistung ihrer globalen Präsenz mit Hilfe der Seestreitkräfte die Haupt-

* Wahrscheinlich sowjetische Übersetzung von »sea control ship« (Anm. d. Übers.).

ziele dieser Strategie sind. Diese Ideen sind nicht neu. Sie gehen auf die Ideologen der amerikanischen Expansion des späten 19. und des frühen 20. Jahrhunderts, besonders auf A. Mahan, zurück und wurden unter Anpassung an die heutige imperialistische Politik der USA modernisiert.

Eine Untersuchung des Inhalts der Militärdoktrinen der imperialistischen Staaten zeigt, daß sie alle, wie sie auch heißen mögen, gegen das sozialistische Weltsystem gerichtet sind und ihre Hauptaufgabe die Rettung des durch die Geschichte zum Untergang verurteilten Kapitalismus ist.

Nach den Theorien der Ideologen des Imperialismus ist die militärische Stärke das einzige Mittel zur Rettung des Kapitalismus. Nach ihrer Meinung können dies heute nur atomare Angriffskräfte sein, die in der Nachkriegszeit zum Hauptargument der aggressiven Militärdoktrinen der bedeutendsten imperialistischen Staaten geworden sind. Unter diesen Kräften spielen die Seestreitkräfte eine immer wichtigere Rolle.

Nach Auffassung der militärischen und politischen Führung der USA besteht der Vorzug der Seestreitkräfte darin, daß die Angriffsverbände der Flotte schnell und frühzeitig (bevor die politischen Entscheidungen getroffen werden) in sogenannte Unruhegebiete verlegt werden und sich dort längere Zeit in hoher Gefechtsbereitschaft zur Lösung von Aufgaben jeder Größenordnung aufhalten können. Zur Frage, welche Vorzüge die Seestreitkräfte bei der Realisierung der strategischen Pläne des Pentagons haben, führte der ehemalige Verteidigungsminister der USA Laird in seinem Bericht über das Rüstungsprogramm für die Jahre 1972 bis 1976 unter anderem aus: »In manchen Situationen wird eine rechtzeitige Reaktion oder Präsenz von wesentlich größerer Bedeutung sein als starke Kräfte, die im Verlauf von, sagen wir, 60 — 90 Tagen aufmarschieren können.«

Nach dem Urteil des Chefs des Stabes der US-Marine, Admiral Zumwalt, sind »Seestreitkräfte, einschließlich der Landungskräfte an Bord von Schiffen, die einzigen Kräfte, die schnell und wirksam eingesetzt werden können — unabhänig vom Vorhandensein vorgeschobener Stützpunkte, unabhängig davon, ob die Genehmigung zum Überfliegen irgendwelcher Territorien oder zum Anlanden von Truppen erteilt wird, sowie unabhängig von Unterstützungsmaßnahmen anderer Art, für die die Erlaubnis der Behörden in den betreffenden Gebieten erforderlich ist«.

Die Planungen, die Bauprogramme und die von der militärischen und politischen Führung der USA ergriffenen praktischen Maßnahmen beweisen, daß die USA weiterhin beabsichtigen, ihr Atomraketenpotential und die Schlagkraft ihrer Seestreitkräfte bedeutend zu verstärken und

die Gefechts- und Mobilmachungsbereitschaft aller Waffengattungen der Seestreitkräfte zu erhöhen. In den nächsten Jahren will die Führung der US-Marine die Durchführung der Pläne zur Entwicklung neuer strategischer Waffensysteme und zur Modernisierung von Waffen und Gerät beschleunigen, die sich wegen der riesigen Ausgaben der USA für den Krieg in Südostasien verzögert hatten.
Es ist kein Geheimnis, daß diese militärischen Vorbereitungen gegen die friedliebenden Staaten gerichtet sind, vor allem gegen die Staaten der sozialistischen Gemeinschaft. Dieses anhaltende atomare Wettrüsten bestätigt immer wieder die offenkundige Tatsache, daß die reale Gefahr der Entfesselung eines Krieges besteht, solange der Imperialismus existiert und solange er sein militärisches Potential weiter verstärkt. Daher betrachtet die Kommunistische Partei der Sowjetunion »den Schutz des sozialistischen Vaterlandes, die Festigung der Verteidigung der UdSSR und der Macht der sowjetischen Streitkräfte als (. . .) wichtigste Funktion des sozialistischen Staates«.[10]

Die Entwicklung der Seestreitkräfte in den imperialistischen Staaten

In den Nachkriegsjahren wurden die Flotten der imperialistischen Staaten kontinuierlich ausgebaut und der modernen Entwicklung angepaßt. Besonders die USA messen der Entwicklung ihrer Seestreitkräfte große Bedeutung bei. So betragen nach einem Bericht, den der Verteidigungsminister der USA, Schlesinger, dem Kongreß 1974 vorlegte, die Ausgaben für die US-Marine rund ein Drittel der Gesamtsumme der für alle Teilstreitkräfte bewilligten Haushaltsmittel. Vom Haushaltsjahr 1971/72 an traten die Seestreitkräfte bei der Verteilung der Haushaltsmittel an die erste Stelle; sie erhielten 23,7 Mrd. $, das sind 34% aller Mittel, die für die drei Teilstreitkräfte bewilligt wurden. Es muß hervorgehoben werden, daß die Tendenz, immer mehr Haushaltsmittel für den Ausbau der Seestreitkräfte bereitzustellen, auch heute noch besteht. So erhielten die Seestreitkräfte im Haushaltsjahr 1972 — 1973 25,4 Mrd. $ (36%) und 1973 — 1974 27,6 Mrd. $ (37%), während für 1974 — 1975 29,6 Mrd. $ (37%) eingeplant sind.
Im Februar 1974 definierte der Marineminister der USA Warner vor dem Verteidigungsausschuß des amerikanischen Kongresses die Ziele der — wie er sich ausdrückte — »maritimen Politik« seines Landes. Nach seinen Worten besteht diese Politik darin, »starke strategische Abwehrkräfte auf See zu unterhalten, die mit Atomraketen ausgerüstet und

10 Programm der Kommunistischen Partei der Sowjetunion, nach der Ausg. Moskau 1962 hrsg. v. Europ. Forum, Bonn 1964, S. 99.

in der Lage sind, die Seeverbindungen in Gebieten zu schützen, die für die nationalen Interessen der USA lebenswichtig sind. Darüber hinaus müssen diese Kräfte voll und ganz in der Lage sein, die Ereignisse im Bereich der Endpunkte der Seeverbindungswege zu beeinflussen, bis hin zur Durchführung von Angriffs- und Landungsoperationen, wo dies erforderlich sein sollte.«

Bei der Weiterführung und Begründung dieses Gedankens erklärte Warner, daß »niemals zuvor in der Geschichte der USA die Unterhaltung von starken Seestreitkräften und Marineinfanterieverbänden, die in der Lage sind, die Verwirklichung der Ziele (. . .) der maritimen Politik voll und ganz zu gewährleisten, so wichtig war wie heute. (. . .) In unserer Zeit ist die Abhängigkeit (der USA — Anm. d. Verf.) vom Meer erheblich größer geworden und wirkt sich auf unsere wirtschaftliche Sicherheit aus. Die USA importieren heute z. B. von 72 Rohstoffen, die für unsere Industrie außerordentlich wichtig sind, 69 vollständig oder teilweise, und über 99% dieser Rohstoffe (auf das Gewicht bezogen) werden auf dem Seewege transportiert. (. . .) In der heutigen Zeit ist die Fähigkeit, die Seeverbindungswege zu schützen, doppelt so wichtig wie früher.«

In den Nachkriegsjahren hat sich der Bestand der Flotten der imperialistischen Staaten quantitativ und qualitativ stark verändert.

Aus Tabelle 18 geht hervor, daß die großen Schlachtschiffe und Geleit-

Tabelle 18: Veränderung des Bestandes der Seestreitkräfte der USA, Großbritanniens, Frankreichs, Kanadas, Italiens, der Bundesrepublik Deutschland, Japans und Australiens

Schiffsgattung	1945	1949	1960	1970	1974
Schlachtschiffe	48	29	9	4	4
Angriffs-(Mehrzweck-) Flugzeugträger	42	60	24	19	19
U-Jagd-Flugzeugträger	—	—	19	8	6
Geleitflugzeugträger	117	68	22	—	—
U-Boote mit Torpedobewaffnung	781	266	263	196	188*
FK-U-Boote	—	—	5	45	48
Kreuzer	161	121	58	16	29
Zerstörer, Geleitschiffe, Fregatten	2023	1053	1059	715	581
Amphibische Dockschiffe mit Hubschraubern an Bord	—	—	—	12	19
Amphibische Hubschrauberträger	—	—	6	10	9
Panzer-Landungsschiffe	1150	205	134	82	73

* Davon 69 mit Atomantrieb.

flugzeugträger, die in den ersten Nachkriegsjahren ziemlich zahlreich vertreten waren, fast alle außer Dienst gestellt worden sind.
Der Bestand an Angriffsflugzeugträgern hat sich in qualitativer und quantitativer Hinsicht verändert. Die Verringerung der Zahl der Flugzeugträger um rund die Hälfte wurde durch eine wesentliche Verbesserung ihrer taktischen Eigenschaften kompensiert. Diese Verbesserung wurde dadurch erreicht, daß im Schiffbau die neuesten wissenschaftlichen Erkenntnisse verwertet und die verbliebenen Flugzeugträger auf Strahlflugzeuge umgerüstet sowie zu schwimmenden Stützpunkten für atomare Einsatzmittel gemacht wurden. Die Verringerung der Zahl der Schlachtschiffe und Flugzeugträger zog auch eine entsprechend starke Verringerung des Bestandes an Kreuzern mit Artilleriebewaffnung sowie an Zerstörern, Fregatten und Geleitfahrzeugen nach sich.
Jedoch nicht nur daran läßt sich das Ausmaß der Veränderung messen, denen die Seestreitkräfte unterworfen waren. Das Wichtigste war, daß sie eine neuartige strategische Waffe erhielten — FK-U-Boote mit Atomantrieb. Mit ihrer Hilfe hatten die Seestreitkräfte in weit höherem Maße als bisher die Möglichkeit, Landziele zu bekämpfen und unmittelbar auf den Verlauf eines modernen Atomkrieges einzuwirken.
Die Entwicklung der amerikanischen Streitkräfte wurde in der Nachkriegszeit durch eine Reihe unterschiedlicher Strategien bestimmt; unabhängig von der Änderung dieser Strategien blieben die Seestreitkräfte der USA und der NATO jedoch unverändert der wichtigste Bestandteil ihrer Streitkräfte. Ihre Entwicklung wurde unablässig gefördert, und die Überlegungen über die Zweckmäßigkeit eines Ausbaus der Flotte, die in anderen Staaten nach dem Aufkommen von Atomwaffen angestellt wurden, nahmen in den USA nie offiziellen Charakter an und gingen niemals über den Rahmen privater Meinungsäußerungen einzelner Autoren hinaus.
Die Entwicklung der Seestreitkräfte der USA und der anderen NATO-Länder in den ersten Nachkriegsjahren erfolgte in der Richtung, die für die Zeit des Zweiten Weltkrieges charakteristisch gewesen war. Die Hauptaufgabe war der Schutz der Seewege, die das überseeische Rüstungsarsenal mit gegen die Sowjetunion gerichteten Streitkräftegruppierungen auf dem wichtigsten potentiellen Kriegsschauplatz, Europa, verbanden. Eine andere, ebenfalls richtunggebende Aufgabe bezog sich auf amphibische Operationen unterschiedlicher Größenordnung in einem Krieg, der vor allem gegen die sozialistischen Staaten und die Entwicklungsländer geführt werden sollte.
Nachdem die amerikanischen und später auch die britischen und die französischen Seestreitkräfte mit strategischen Atomwaffen ausgerüstet worden waren, wurde der Umstand, daß sie in der Lage waren, strategi-

sche Aufgaben zur Vernichtung wichtiger Objekte in der Tiefe des Territoriums der Länder der sozialistischen Gemeinschaft zu erfüllen, zum ausschlaggebenden Faktor bei der Entwicklung dieser Seestreitkräfte.
Die Seestreitkräfte der USA, Großbritanniens und Frankreichs entwickelten sich jetzt bereits zu einer Teilstreitkraft, die in der Lage war, den Verlauf eines weltweiten Atomkrieges entscheidend zu beeinflussen.
Die neuen strategischen Eigenschaften der Seestreitkräfte bestimmten ihre Hauptfunktion — ein Mittel zum Einsatz gegen das Festland zu sein. Diese Eigenschaften riefen eine Grundtendenz in der Entwicklung der Streitkräfte des Westens hervor: kontinuierlich und in immer stärkerem Maße das strategische Atomraketenpotential in den Bereich der Seestreitkräfte zu verlagern. Diese Tendenz führte schließlich Ende der sechziger und Anfang der siebziger Jahre zur Proklamierung einer Militärdoktrin, die erstmals den vorrangigen Ausbau der Seestreitkräfte vorsah und ihren Niederschlag in der »ozeanischen Strategie« fand.
Wie bereits oben gesagt wurde, waren bis 1957 Flugzeuge das Haupteinsatzmittel für Atomwaffen. Aus diesem Grunde legte man damals besonderes Gewicht auf eine intensive Entwicklung der strategischen und der trägergestützten Flugzeuge sowie der Angriffsflugzeugträger, die zur wichtigsten Angriffswaffe der US-Marine wurden.
Nach 1957, als die Sowjetunion bedeutende Erfolge auf dem Gebiet des Raketenbaus vorweisen konnte, ging man immer stärker dazu über, Raketen als Einsatzmittel für Atomwaffen zu verwenden, die sowohl an Land als auch auf See stationiert waren. Dies wirkte sich jedoch nicht auf die Rolle aus, die die Flugzeugträger im System der angloamerikanischen Seestreitkräfte spielten. Auch heute noch bilden diese Schiffe das Rückgrat der Seestreitkräfte der USA, obwohl sie in ständig zunehmendem Maße durch immer bessere Raketenwaffen bedroht sind.
Mit dem Bau neuer Flugzeugträger begannen die USA bereits sieben Jahre nach dem Ende des Zweiten Weltkrieges. Die Flugzeugträger der »Forrestal«-Klasse waren die Schiffe der ersten Serie. Ihre Wasserverdrängung betrug 78 000 t, und jeder Träger hatte mehr als 80 Flugzeuge an Bord. Außerdem wurden die bereits im Krieg projektierten Flugzeugträger der »Midway«- und der »Oriskany«-Klasse fertiggestellt, die eine Wasserverdrängung von 43 000—62 000 t hatten und bis zu 80 Flugzeuge an Bord nehmen konnten.
Anfang der sechziger Jahre besaß die US-Marine 17 Angriffsflugzeugträger: einen atomgetriebenen Träger der »Enterprise«-Klasse,[11] sechs der »Forrestal«-, drei der »Midway«- und sieben der »Oriskany«-

11 Seine Wasserverdrängung betrug rund 90 000 t. Die Hauptbewaffnung bildeten etwa 120 Flugzeuge. Seine Werftbauzeit betrug ungefähr 4 1/2 Jahre.

Klasse. Die Anzahl der amerikanischen Angriffsträger blieb bis 1970 etwa auf diesem Stand. Frankreich verfügt über zwei und Großbritannien über einen Mehrzweckträger. Insgesamt befinden sich auf diesen Schiffen etwa 1 500 Flugzeuge.

Die Angriffsflugzeugträger sind in Verbänden zusammengefaßt, die im Atlantik, im Stillen Ozean und im Mittelmeer operieren. Sie verfügen über starke Abwehrkräfte gegen U-Boote und Flugzeuge, deren Reichweite mehrere hundert Kilometer beträgt.

Bei den Angriffsträgerverbänden werden das Führen von Atomschlägen gegen Erdziele und die Unterstützung der Landstreitkräfte intensiv geübt.

Anfang der siebziger Jahre revidierte die Führung der Seestreitkräfte der USA das Programm für die künftige Entwicklung der allgemeinen Seestreitkräfte, um es den Forderungen der neuen Strategie anzupassen. Das Programm wurde in wesentlichen Punkten geändert; Ziel der Änderungen war eine weitere Verbesserung der Einsatzmöglichkeiten dieser Seestreitkräfte, in erster Linie der Flugzeugträger und der U-Abwehrkräfte.

Das Hauptelement der Allgemeinen Seestreitkräfte bleiben nach wie vor die Angriffsflugzeugträger, die die wichtigste Angriffswaffe der Marine in lokalen Konflikten und eine schnell einsatzbereite Reserve der strategischen Angriffskräfte in einem allgemeinen Atomkrieg darstellen.

Heute verfügt die US-Marine über 14 Angriffsträger, von denen zwei Atomantrieb haben. Zwei weitere atomgetriebene Flugzeugträger der »Nimitz«-Klasse befinden sich im Bau.

Zur Sicherung des Kampfeinsatzes der atomgetriebenen Flugzeugträger wurde mit dem Serienbau von atomgetriebenen Fregatten mit Lenkflugkörpern (FK-Fregatten) begonnen, wobei man davon ausgeht, daß auf jeden Flugzeugträger mit Atomantrieb mindestens vier atomgetriebene Sicherungsschiffe kommen müssen. Bereits heute verfügen die USA über drei Sicherungsschiffe mit Atomantrieb, weitere fünf atomgetriebene FK-Fregatten befinden sich im Bau (mit unterschiedlichen Fertigstellungsterminen).

Neben dem Bau von neuen Flugzeugträgern werden auch Maßnahmen zur Modernisierung der Bewaffnung und Ausrüstung der Träger älterer Bauart durchgeführt. Dabei wird größter Wert auf die Verbesserung der trägergestützten Flugzeuge gelegt; es werden ständig modernere Flugzeuge in Dienst gestellt und neue Flugzeuge mit besseren taktisch-technischen Daten und leistungsfähigeren Waffen — u. a. auch Raketen — gebaut.

Die Entwicklung der Angriffsflugzeugträgerkräfte verläuft in Richtung auf eine Umwandlung in Mehrzweckflugzeugträgerkräfte, deren Hauptaufgaben sich in den nächsten Jahren dahingehend verlagern können, daß sie die weiten Räume der Ozeane und Meere sichern müssen. Die Amerikaner haben z.B. bereits damit begonnen, die Angriffsflugzeugträger mit zusätzlichen Waffensystemen auszurüsten, um sie als Mehrzweckträger, d. h. Angriffs- und U-Jagd-Flugzeugträger, einsetzen zu können.

Bei der Suche nach neuen Mitteln, mit denen die Einsatzmöglichkeiten der Seestreitkräfte zur Erringung der Seeherrschaft ausgeweitet werden können, wird in den USA und den anderen NATO-Ländern neben dem Bau von Mehrzweckschiffen mit Flugzeugen an Bord der Bau von atomgetriebenen FK-U-Booten, FK-Überwasserschiffen und -Booten, darunter auch FK-Tragflügelbooten und -Luftkissenfahrzeugen, forciert. Die Flugzeuge und Hubschrauber der Seeluftstreitkräfte werden mit Luft/Schiff-Flugkörpern ausgerüstet.

Die Mehrzweckschiffe mit Flugzeugen, die in den USA als »Schiffe zur Erringung der Seeherrschaft« bezeichnet werden, sollen die Flug- und U-Abwehr für Schiffsverbände, Landungsabteilungen und Konvois auf dem Marsch übernehmen und Landungsoperationen aus der Luft unterstützen. Auf diesen Schiffen (Wasserverdrängung rund 14 000 t, Fahrgeschwindigkeit ca. 30 kn) werden Senkrechtstarter und schwere Mehrzweckhubschrauber stationiert.

Im Haushaltsjahr 1974/75 forderte die US-Marine Haushaltsmittel für den Bau eines Typschiffs für diesen Zweck an; bis 1980 wollen die Amerikaner acht solche Schiffe bauen. Auch Großbritannien begann mit dem Bau derartiger Mehrzweckschiffe mit Flugzeugen. Im Juni 1973 wurde das erste dieser Schiffe, die »Invincible«, auf Kiel gelegt. Auch Japan und Frankreich planen den Bau ähnlicher Schiffe.

Eine wichtige Tendenz in der Entwicklung der amerikanischen Seestreitkräfte ist nach wie vor die Schaffung von Sicherungskräften für Flugzeugträger und Geleitzüge, zu denen FK-Kreuzer, Zerstörer, U-Abwehrschiffe und Fregatten gehören. Anfang der siebziger Jahre besaß die US-Marine 253 solche Einheiten, während alle NATO-Länder zusammen über 523 Schiffe dieser Art verfügten.

In der Nachkriegszeit maß die US-Marine der Entwicklung von U-Booten, insbesondere als Einsatzmittel für Atomwaffen, große Bedeutung bei. Das erste atomgetriebene U-Boot »Nautilus«, das über eine Torpedobewaffnung verfügte und der Prototyp eines Mehrzweck-U-Bootes war, wurde 1954 in Dienst gestellt. Drei Jahre später begannen die USA mit dem Bau von atomgetriebenen FK-U-Booten, die Landziele auf dem Gebiet der Staaten der sozialistischen Gemeinschaft mit ballistischen Flugkörpern angreifen sollten. Ende 1960 nahm das erste FK-U-Boot mit Atomantrieb, die mit 16 »Polaris«-Raketen bewaffnete

»George Washington«, den Patrouillendienst auf.
Die militärische und politische Führung der USA ging beim Ausbau der strategischen U-Bootflotte für den Atomwaffeneinsatz davon aus, daß die Errichtung von Stützpunktsystemen auf See eines der wichtigsten Mittel ist, um die Widerstandskraft der strategischen Angriffskräfte zu erhöhen. Aus diesem Grunde begann die Regierung Kennedy im Jahre 1961 das »Polaris«-Programm intensiv voranzutreiben.
1965 gab die Regierung Johnson ihr Plazet zu dem für den Zeitraum von 1970 bis 1976 vorgesehenen »Poseidon«-Programm, um die Schlagkraft der strategischen Raketenkräfte weiter zu steigern. Das Programm sah vor, einen neuen Flugkörper »Poseidon C 3« mit MIRV-Mehrfachgefechtskopf (jeder der 10 Tochtergefechtsköpfe hat einen Detonationswert von 50 KT) zu entwickeln und 31 Atom-U-Boote auf dieses System umzurüsten. Das »Poseidon«-Programm war das wichtigste Glied in einer Kette von Maßnahmen zur Verbesserung der Schlagkraft der amerikanischen strategischen Angriffskräfte.
Als 1967 das »Polaris«-Programm abgeschlossen war, begannen die USA sofort mit der Modernisierung des Waffensystems, d. h., sie rüsteten die Atom-U-Boote von »Polaris A 1«- auf »Polaris A 3«-Flugkörper um.
Insgesamt umfaßt das strategische atomare Unterwasserwaffensystem der USA 41 Atom-U-Boote, die mit »Polaris«- und »Poseidon«-Flugkörpern ausgerüstet sind, schwimmende und stationäre Stützpunkte, das Funknavigationssystem »Loran« sowie das Satelliten-Navigationssystem »Transit«.
Das Waffensystem »Polaris«-»Poseidon« ist ein äußerst wichtiger Teil des Atomwaffenpotentials der USA und die strategische Hauptangriffswaffe der US-Marine. Jedoch werden die Flugzeugträger auch weiterhin ein fester Bestandteil der Kräfte bleiben, die für den Einsatz in einem Atomkrieg und in lokalen Kriegen bestimmt sind.
Anfang 1975 waren bereits 20 U-Boote mit »Poseidon«-Flugkörpern ausgerüstet. Nach Abschluß des gesamten Programms (1977) sollen die strategischen Angriffskräfte der US-Marine 31 Atom-U-Boote mit »Poseidon C 3« und 10 Atom-U-Boote mit »Polaris A 3«[12] besitzen. Alle FK-U-Boote zusammengenommen würden dann mehr als dreimal soviel Atomsprengkörper (Tochtergefechtsköpfe) abfeuern können wie im Jahre 1970. Das wäre die zweieinhalbfache Anzahl an Atomsprengkör-

12 Fünf Einheiten der »G. Washington«-Klasse, die mit »Polaris A 1« ausgerüstet waren, wurden 1964 — 1967 auf »Polaris A 3« umgerüstet. Die Umrüstung von fünf Einheiten der »E. Allen«-Klasse auf »Polaris A 3«, mit der Ende 1972 begonnen worden war, sollte 1975 abgeschlossen sein.

pern, die mit »Minuteman«-Flugkörpern abgefeuert werden können. Die von der amerikanischen Führung geplante Entwicklung der strategischen Flugkörper und der steigende Anteil, den die Seestreitkräfte erhalten sollen, sind in Tabelle 19 dargestellt.

Tabelle 19: Für 1977 geplanter Bestand an Flugkörpern und Atomgefechtsköpfen in den USA[13]

Flugkörpertyp	Anzahl der Flugkörper	Anzahl der Gefechts- bzw. Tochtergefechtsköpfe	Anzahl der Gefechtsköpfe bei der US-Luftwaffe bzw. der US-Marine (in %)	Gesamt-TNT-Äquivalent (in MT)
Flugkörper der US-Luftwaffe:				
Titan 2	54	54		540
Minuteman 2	500	500	27,4	760
Minuteman 3	500	1500		300
Flugkörper der US-Marine:				
Polaris A 3	160	480		48
Poseidon C 3[14]	496	4960	72,6	248
Insgesamt	1710	7494	100	1886

Das Unterwasserwaffensystem »Polaris«-»Poseidon« wird also der Hauptbestandteil der strategischen Atomstreitkräfte der USA und der NATO sein. Seine Bedeutung im Gesamtsystem der strategischen Waffen wird sich in Zukunft noch erhöhen.

1968 wurde in den USA das »Trident«-Programm in Angriff genommen, das die Entwicklung einer neuen Generation von Atom-U-Booten vorsieht, die 24 ballistische Flugkörper mit einer Reichweite von 12 000 km an Bord haben. Die Flugkörper sollen mit verbesserten MIRV-Gefechtsköpfen ausgestattet werden.

Aufgrund einer Analyse der beim zehnjährigen Einsatz des Waffensystems U-Boot/Flugkörper erzielten Ergebnisse kam die militärische Führung der USA zu dem Schluß, daß dieses System große Vorzüge ge-

13 Nach Angaben, die in der Zeit von 1970 — 1973 in der Zeitschrift »United States Naval Institute Proceedings« veröffentlicht wurden.

14 Der Gefechtskopf dieser Flugkörper besteht aus 10 Tochtergefechtsköpfen, von denen jeder ein anderes Ziel bekämpfen kann.

genüber an Land stationierten Flugkörpern und gegenüber Flugzeugen besitzt. Nicht zufällig war der Amtsantritt der Regierung Nixon dadurch gekennzeichnet, daß eine weitere Verstärkung des Atomraketenpotentials der US-Marine eingeleitet wurde. Die »ozeanische Strategie« basiert auf der Konzeption, die wichtigsten strategischen Waffen des Landes auf das Meer zu verlagern und die Einsatzmittel der Seestreitkräfte für diese Waffen weiter auszubauen.

Die Entwicklung und Einführung des »Trident«-Systems werden gegenwärtig als Programm von höchster Dringlichkeit zum weiteren Ausbau der strategischen Angriffskräfte der USA betrachtet. Ende 1971 wurde beschlossen, die Laufzeit des »Trident«-Programms zu verkürzen und das Typboot nicht wie früher geplant 1980, sondern bereits 1978 in Dienst zu stellen. Wie bekanntgegeben wurde, hat das US-Verteidigungsministerium beschlossen, im Rahmen der ersten Serie der atomgetriebenen FK-U-Boote des »Trident«-Programms 10 Einheiten zu bauen, die die mit »Polaris A 3« bewaffneten U-Boote der »G. Washington«- und der »E. Allen«-Klasse ablösen sollen. Später soll auch das Waffensystem »Poseidon« durch das System »Trident« abgelöst werden.

Die militärische und politische Führung der USA ist bestrebt, auf dem Sektor der auf See stationierten und mit Flugkörpern ausgerüsteten strategischen Kräfte ein wesentliches Übergewicht über die UdSSR zu erzielen, und hat deshalb beschlossen, einen aerodynamischen strategischen Flugkörper mit einer Reichweite von rund 3 000 km zu entwickeln, mit dem die Atom-U-Boote ausgerüstet werden sollen.

Der damalige Verteidigungsminister der USA, Laird, sagte am 20. Juni 1972 in einer Rede vor dem Verteidigungsausschuß des Senats zur Begründung des Programms zum Ausbau der strategischen Kräfte: »Die Arbeiten an einem aerodynamischen Flugkörpersystem für U-Boote sind erforderlich, damit die USA in Zukunft die Möglichkeit haben, die Aufstellung von zusätzlichen strategischen Kräften zu beschließen, wenn dies erforderlich sein sollte. Die Haushaltsmittel, die wir beantragen, ermöglichen es, daß wir die Forschungsarbeiten für das System ›aerodynamischer Flugkörper/U-Boot‹ beschleunigen und mit der Entwicklung so wichtiger taktischer Komponenten wie Antrieb und Lenksystem beginnen können. . . «

Die militärische und politische Führung sieht heute im aerodynamischen Flugkörper für U-Boote das vierte Element der strategischen Angriffskräfte der USA.[15] In der Haushaltsadresse Präsident Nixons an den

15 Die drei ersten Elemente sind: U-Boote mit Atomraketen, an Land stationierte strategische Flugkörper und strategische Flugzeuge.

Kongreß, die am 29. Januar 1973 veröffentlicht wurde, heißt es unter anderem: »(. . .) Wir werden unsere jetzige Stärke aufrechterhalten, um die Überlebensfähigkeit unserer Verteidigungskräfte zu gewährleisten (. . .)

Wir werden

1) die Entwicklung des ballistischen Flugkörpersystems ›Trident‹ für unsere U-Boote weiterführen,
2) die Arbeiten an dem neuesten strategischen Bomber ›B 1‹ fortsetzen,
3) unsere ballistischen Raketenkräfte weiter auf die Systeme ›Minuteman 3‹ und ›Poseidon‹ umstellen und
4) mit den Arbeiten zur Herstellung eines strategischen aerodynamischen Flugkörpers für die U-Boote beginnen.«

In den sechziger Jahren gingen Frankreich und Großbritannien gleich nach den Amerikanern dazu über, U-Boote mit Atomantrieb zu bauen. Das erste britische atomgetriebene U-Boot »Dreadnought« wurde 1963 fertiggestellt. Ende 1974 besaß Großbritannien vier atomgetriebene FK-U-Boote, während in Frankreich drei solche Boote in Dienst gestellt waren und sich zwei weitere in Bau befanden.[16] Frankreich hat die Absicht, noch ein sechstes FK-U-Boot zu bauen.

Die FK-U-Boote mit Atomantrieb bilden also heute den Kern der strategischen Atomstreitkräfte Großbritanniens; sie sind auch die wichtigste Komponente der französischen Atomstreitkräfte.

Der Bau von Angriffs-U-Booten oder — wie die Amerikaner sie bezeichnen — Mehrzweck-U-Booten mit Atomantrieb, die mit Torpedos und Raketentorpedos ausgerüstet sind, stellt eine eigenständige Richtung der U-Boot-Entwicklung in den USA dar. Diese U-Boote sind hauptsächlich zur Bekämpfung von gegnerischen U-Booten vorgesehen.

1974 verfügten die Marinen der NATO-Länder über 69 atomgetriebene und mehr als 100 dieselgetriebene Mehrzweck-U-Boote. Ihre Zahl nimmt ständig zu.

Die Amerikaner haben auch mit der Entwicklung eines taktischen Unterwasser/Schiff-Flugkörpers begonnen. Mit diesem Flugkörper sollen ein Teil der in Bau befindlichen U-Boote der »Los Angeles«-Klasse mit Atomantrieb und Torpedobewaffnung sowie alle neuen atomgetriebenen U-Boote mit Torpedobewaffnung ausgerüstet werden. Ein ähnlicher Flugkörper wird für die Seestreitkräfte Frankreichs und Großbritanniens entwickelt.

Auch die amphibischen Kräfte, die für Landungsoperationen bestimmt sind, wurden bei der US-Marine beträchtlich ausgebaut. Sie sollen

16 Zarubežnoe voennoe obozrenie (Ausländische Militärrundschau), 1974, Nr.11, S. 68 u. 71.

hauptsächlich schnelle Transporte von Truppen, Waffen und Gerät über die Meere und Ozeane durchführen und diese Kräfte und Mittel an der freien Küste gegen starken Widerstand von der Küste aus und von See her zügig anlanden.
In der Nachkriegszeit wurden in den USA ganz neue Typen von Landungsschiffen entwickelt. Dazu gehören amphibische Hubschrauberträger und amphibische Dockschiffe mit Hubschraubern an Bord. Letztere besitzen eine Wasserverdrängung von rund 14 000 t und haben 6 — 12 Transporthubschrauber und Landungsfahrzeuge an Bord, die im Dockteil untergebracht sind. Die Landungsschiffe der USA sind in der Lage, gleichzeitig Marineinfanterieverbände in Stärke von rund 50 000 Mann mit Waffen und Gerät an Bord zu nehmen, über See zu transportieren und an der freien Küste anzulanden. Diese Schiffe werden bei ihrem Einsatz entsprechend gesichert und unterstützt. Zu den Seestreitkräften der USA gehören auch große Kontingente von Marineinfanterie mit einer Stärke von annähernd 200 000 Mann.
Aus dem Gesagten geht hervor, daß die modernen Seestreikräfte der Westmächte hauptsächlich gegen das feindliche Territorium eingesetzt werden sollen. Die Seestreitkräfte der USA und der NATO sind aber auch sehr gut in der Lage, gegnerische Seestreitkräfte, in erster Linie U-Boote, zu bekämpfen.
Der Ausbau der U-Abwehrkräfte erfolgt hauptsächlich durch Erhöhung der Anzahl der atom- und dieselgetriebenen U-Boote mit Torpedobewaffnung[17], Erneuerung des Schiffsbestandes der U-Abwehrkräfte, Einführung neuer U-Jagdflugzeuge und -hubschrauber, Ausstattung der Schiffe und Flugzeuge mit den modernsten U-Abwehrwaffen und Entwicklung von Fernbereichs-Unterwasserortungsanlagen.
Die USA haben bereits mit dem Großserienbau von atomgetriebenen Mehrzweck-U-Booten der »Los Angeles«-Klasse (es sollen über 40 Einheiten dieser Klasse gebaut werden) und von großen U-Jagdschiffen der »Spruance«-Klasse (der Bau von 30 Einheiten dieser Klasse ist genehmigt worden) begonnen; 46 Fregatten der »Knox«-Klasse stehen kurz vor der Fertigstellung. Darüber hinaus wurde mit der Auslieferung der neuen bemannten U-Jagdhubschrauber an die U-Jagdschiffe begonnen, wodurch die Beobachtungsmöglichkeiten und die U-Jagd über die Reichweite der Bordradar- und -sonaranlagen hinaus wesentlich verbessert werden.
Alle in den USA und in den NATO-Ländern in Bau befindlichen Fregatten, Zerstörer und Geleitschiffe sollen mit U-Jagd-Flugkörpern und be-

17 Nach der Planung sollen allein in den USA Ende der siebziger Jahre etwa 90 Mehrzweck-U-Boote mit Atomantrieb vorhanden sein.

mannten U-Jagdhubschraubern ausgerüstet werden.
Die Forschungs-, Versuchs- und Konstruktionsarbeiten zur Entwicklung neuer Typen von U-Jagdschiffen, U-Jagdwaffen und U-Jagdgerät werden beschleunigt.
Insgesamt werden die Einsatzmöglichkeiten der Seestreitkräfte der USA und der NATO-Länder in der zweiten Hälfte der siebziger Jahre bedeutend verbessert werden. Der Bestand an Schiffen, Flugzeugen, Hubschraubern, Waffen und Gerät wird weitgehend erneuert und laufend ergänzt werden.
Um die Feuerkraft der Überwasserschiffe zu erhöhen und ihre Einsatzmöglichkeiten zu erweitern, wurde bei den Marinen der USA und der anderen NATO-Länder damit begonnen, »Schiff/Schiff«-Lenkflugkörper zu entwickeln und die in Bau befindlichen sowie die bereits in Dienst gestellten Einheiten mit diesen Flugkörpern auszurüsten. In den USA wurde ein Programm für den Bau von 50 mit »Harpoon«-Flugkörpern (Reichweite über 100 km) bewaffneten Geleitschiffen genehmigt. Ferner wurde beschlossen, alle in Bau befindlichen Fregatten und Zerstörer mit diesen Flugkörpern zu bewaffnen.
In der zweiten Hälfte der siebziger Jahre wollen die USA FK-Luftkissenfahrzeuge mit einer Wasserverdrängung von 3 000 — 5 000 t und einer Fahrgeschwindigkeit von rund 100 kn bauen. Fast alle führenden Seemächte haben mit dem Serienbau von FK-Schnellbooten, darunter auch Tragflügelbooten und Luftkissenfahrzeugen, begonnen.
Die radikalen Veränderungen in der Bewaffnung der Seestreitkräfte und die neue Kräfteverteilung auf den Weltmeeren haben dazu geführt, daß die Engländer und die Amerikaner ihre Ansichten über die Rolle ihrer Seestreitkräfte in einem künftigen Krieg sowie Priorität und Bedeutung der von ihnen zu erfüllenden Aufgaben geändert haben. Als vorrangig eingestuft wurde jetzt die Vernichtung von Landzielen und U-Booten, während eine so traditionelle Aufgabe wie der Schutz der eigenen Seeverbindungen etwa von 1957 an als zweitrangig betrachtet wurde.
Ein wichtiger Faktor, der bei dieser Meinungsänderung eine Rolle spielte, war der Umstand, daß die traditionellen Gegner der Engländer und Amerikaner — Deutschland, Italien und Japan — infolge ihrer Niederlage im Zweiten Weltkrieg nicht mehr über Kräfte verfügten, die für den Einsatz auf den Weltmeeren geeignet waren. Außerdem waren die Bundesrepublik Deutschland und Italien als Bundesgenossen der USA dem aggresssiven NATO-Block beigetreten. Damals war man der Ansicht, daß die sowjetische Flotte keine wesentliche Gefahr für die Seetransporte der USA in die Mitgliedstaaten der aggressiven Militärblöcke darstellen könne. Nach Ansicht der Engländer und Amerikaner war es damals am rationellsten, die Seestreitkräfte als »Mittel der Abschreckung« aus-

zubauen. Eine recht vollständige Vorstellung darüber, was die militärische Führung der USA unter dem Begriff »Abschreckung« verstand, vermittelt der Bericht eines Ausschusses des Repräsentantenhauses über den Zivilschutz, der am 1. Juli 1960 veröffentlicht wurde. In diesem Bericht wurde behauptet, daß die Entwicklung von strategischen Waffensystemen für die US-Marine »unweigerlich einen erheblichen Teil ihrer Anziehungskraft für das Volk der USA verlieren würde«, wenn die amerikanischen Seestreitkräfte nicht die Aufgabe hätten, die strategischen Kräfte des Gegners zu vernichten, bevor diese gegen die USA eingesetzt werden.

Die Zeitschrift »Air Force Magazine« (Nr. 9/1960) brachte die durch die obige Erklärung genährten Hoffnungen des Pentagons zum Ausdruck, indem sie sie offen als das langerwartete offizielle Eingeständnis bezeichnete, daß der Gegner jetzt nur noch mit einer einzigen Art der »Eindämmung« rechnen wird — mit der Fähigkeit der amerikanischen Seestreitkräfte zum ersten Schlag. R. Strauß-Hupé, W. Kintner und St. Possony brachten diesen Gedanken in ihrem 1961 in den USA erschienenen Buch »Die neue amerikanische Strategie«* in noch konkreterer Form zum Ausdruck. Sie schrieben ganz offen, daß die Vereinigten Staaten nicht darauf verzichten können, als erste Atomwaffen einzusetzen.

Wie aus diesen und vielen anderen Äußerungen hervorgeht, bedeuten der Begriff »Abschreckung« und häufig als Synonym dafür verwendete Begriffe wie »Eindämmung« nichts anderes als die Aufrechterhaltung der ständigen Bereitschaft zum sofortigen und dabei überraschenden Einsatz von Atomwaffen gegen die wichtigsten strategischen Ziele in den Staaten der sozialistischen Gemeinschaft. Dies wird als die Hauptaufgabe der strategischen Kräfte angesehen, unter denen die Seestreitkräfte eine wichtige Rolle spielen. Von diesem Gesichtspunkt aus betrachtet die politische und militärische Führung der USA und Großbritanniens die Seestreitkräfte als ein Mittel, das bei der Lösung von Aufgaben in einem weltweiten Atomkrieg die größte Überlebensfähigkeit und Verwendungsbreite besitzt. Auch in lokalen Kriegen sollen die Seestreitkräfte eine wichtige Rolle übernehmen. Da sie über starke Marineinfanteriekräfte verfügen, besitzen sie auch bei Kampfhandlungen an Land eine gewisse Selbständigkeit; dies gilt besonders für Kriege gegen kleine Völker und Entwicklungsländer.

* Strauß-Hupé, Robert, Kintner, William R., Possony, Stefan T., A Forward Strategy for America, New York 1961; auszugsweise Übersetzung unter dem Titel »Für eine catonische Strategie«, in: H. Lindemann (Hrsg.), Ist der Krieg noch zu retten? Eine Anthologie militärpolitischer Meinungen, Bern u. Stuttgart 1963, S. 54—76 (Anm. d. Hrsg.).

Die hier kurz dargestellte Entwicklung der Marine der USA und der anderen NATO-Länder zeigt, daß die Seestreitkräfte heute einer der wichtigsten strategischen Faktoren im modernen Krieg sind. Sie müssen als eine Kraft angesehen werden, die sehr beweglich ist, eine hohe Überlebensfähigkeit aufweist und in der Lage ist, gedeckt zu operieren und Aufgaben von größter Bedeutung zu erfüllen.

Die Entwicklung der sowjetischen Seekriegsflotte

In den Nachkriegsjahren entfesselten die Imperialisten den »kalten Krieg« und begannen, sich fieberhaft auf einen neuen Weltkrieg vorzubereiten. Die Bedrohung unseres Landes von See her trat immer deutlicher zutage. Konnte sich die Sowjetunion angesichts dieser Bedrohung mit der ständigen Seeherrschaft der westlichen Seemächte abfinden, insbesondere dann, als riesige Bereiche der Weltmeere zu Abschußräumen für Atomraketen wurden? Natürlich nicht! In dieser Lage konnte die einzig richtige Lösung der Sicherheitsprobleme unseres Landes nur darin bestehen, eine Situation zu schaffen, die die militaristischen Kreise des Westens mit gleichen Problemen konfrontierte, mit denen sie uns konfrontieren wollten. Vor allen Dingen mußten wir das Pentagon zu der Erkenntnis zwingen, daß der Ozean, der früher den amerikanischen Kontinent vor Gegenschlägen der Opfer der amerikanischen Aggression geschützt hatte, seine Rolle als Schutzbarriere völlig verloren hat und daß der amerikanische Imperialismus, wenn er einen Krieg vom Zaum brechen sollte, ständig der furchtbaren Gefahr von Gegenschlägen als Vergeltung für seine Aggression ausgesetzt sein wird. Diese Konzeption vertrat die KPdSU und bestimmte die Entwicklung unserer Streitkräfte.
Die Nachkriegsentwicklung der sowjetischen Seekriegsflotte läßt sich in zwei Phasen einteilen.
In der ersten Phase, die die ersten zehn Nachkriegsjahre umfaßt, wurden Schiffe und Flugzeuge gebaut, die mit den üblichen Artilleriewaffen, Torpedos und Bomben ausgerüstet waren. Der Flottenbau war hauptsächlich darauf ausgerichtet, Verbände von Überwassereinheiten zu schaffen. Die Seekriegsflotte blieb auf der operativen und der strategischen Ebene ein Faktor der Verteidigung. Sie war weiterhin eine Flotte für küstennahen Einsatz und lediglich in der Lage, Aufgaben im Rahmen von großangelegten Frontoperationen wahrzunehmen. Die Ansichten über die Zweckbestimmung und die Aufgaben der Seekriegsflotte waren damals durch die im Zweiten Weltkrieg und beim Sieg über eine starke Kontinentalmacht gesammelten Erfahrungen geprägt.
Hier muß bemerkt werden, daß es im ersten Nachkriegsjahrzehnt, be-

sonders in den ersten Jahren, in denen der Ausbau der Seekriegsflotte beschlossen worden war, keine realen technischen Möglichkeiten für den Bau von grundsätzlich neuen Kampfmitteln gab. Damals verfügten wir noch nicht über Atomwaffen, und die ersten Raketentypen befanden sich gerade im Stadium des Entwurfs.

Im Jahre 1947 erklärte die Sowjetregierung, daß das Geheimnis der Atombombe gelüftet sei. Wenn auch die amerikanische Führung diese Erklärung anfangs zu ignorieren trachtete, wurde sie im September des Jahres 1949 durch den ersten in der Sowjetunion durchgeführten Atombombenversuch eines Besseren belehrt. »Mit einem Schlag«, schrieben die bekannten amerikanischen Militärtheoretiker Millis, Mansfield und Stein*, »hatte sich die gesamte militärpolitische Situation geändert. (. . .) Die potentielle Möglichkeit einer vollständigen Vernichtung des Gegners, auf die wir uns gewohnheitsmäßig als das Hauptinstrument unserer militärischen Stärke mehr und mehr verlassen hatten, hatte auf einmal seine für uns attraktive Einseitigkeit verloren. Das ganze Gleichgewicht der Weltpolitik hatte eine einschneidende und furchtbare Veränderung erfahren. (. . .) Dies war eine Krise, eine intellektuelle, moralische und technische Krise, die die gewöhnlichen Krisen in den internationalen Beziehungen bei weitem übertraf.«[18]

Neben der Entwicklung von Interkontinentalraketen begann ein intensiver Ausbau der Hochseeflotte, die bald alle Wesenszüge eines strategischen Faktors im modernen Krieg aufwies. Der Aufbau einer Hochseeflotte, die in der Lage ist, den von den Weltmeeren her vorgetragenen Angriff eines Aggressors auf das Gebiet der Sowjetunion abzuwehren, wurde dadurch erschwert, daß unser Land keine überseeischen Territorien und Stützpunkte besitzt, auf die sich unsere Flotte bei der Abwehr gegnerischer Angriffe stützen kann. Die von Zeit zu Zeit in der westlichen Presse auftauchenden Berichte über Flottenstützpunkte der UdSSR in befreundeten Staaten sind klare Verleumdungen, durch die die Bemühungen der imperialistischen Mächte, das Netz ihrer Flottenstützpunkte in vielen Gebieten der Welt auszubauen, bemäntelt und begründet werden sollen. Hier muß hervorgehoben werden, daß die Sowjetunion eine friedliebende Außenpolitik im Sinne Lenins betreibt und derartige Erwerbungen nicht anstrebt. Die Schwierigkeiten, die mit den langen Fernfahrten unserer Schiffe zusammenhängen, wurden durch ingenieurtechnische und konstruktive Lösungen überwunden, durch die unsere Schiffe in die Lage versetzt wurden, sich lange Zeit in fernen Ge-

* Millis, Walter, Mansfield, Harvey C., and Stein, Harold: Arms and the State. Civil-Military Elements in National Policy, New York 1959 (Anm.d.Hrsg.).

18 Zitiert nach: Listvinov, Ju.N., Pervyj udar (Der erste Schlag), a.a.O., S. 19.

bieten der Weltmeere aufzuhalten und ihren Bedarf an Versorgungs- und Nachschubmaterial ohne Ergänzung in Flottenstützpunkten sicherzustellen.
Unser Land hat eine moderne Flotte aufgebaut und sie auf die Weltmeere entsandt, um die staatlichen Interessen unseres Vaterlandes zu vertreten und dieses gegen Angriffe von See aus zuverlässig zu schützen. Und wenn heute in der westlichen Presse und in den Reden von Politikern und Militärs so häufig die rhetorische Frage aufgeworfen wird, wozu eigentlich die Sowjetunion eine Hochseekriegsflotte benötige, so geschieht dies hauptsächlich aus propagandistischen Gründen, um die sich immer mehr aufblähenden Rüstungshaushalte und die Intensivierung der Vorbereitung auf einen neuen Weltkrieg zu rechtfertigen. Die Intriganten und verantwortungslosen Politiker, die Zweifel an den wahren Zielen unseres Flottenausbaus säen und diesen unseren Flotten aggressive Absichten unterstellen, wollen in der ihnen eigenen demagogischen Art die unheilvolle Aufgabe ihrer Flotten, die bei der Unterdrückung der nationalen Befreiungsbewegungen die Funktion des Gendarmen ausüben und als Hauptangriffskräfte des Imperialismus auf den Weltmeeren auftreten, bemänteln.
Die Kommunistische Partei der Sowjetunion hält in allen Phasen des Bestehens unseres Staatswesens Kurs auf die Schaffung der materielltechnischen Basis des Kommunismus und verwirklicht beharrlich eine Politik der Festigung des Friedens und der Freundschaft unter den Völkern und Staaten. Zudem ist sie ständig bemüht, die Verteidigungsfähigkeit unseres Staates zu stärken. Nach dem Willen der Partei sollen die Streitkräfte zu einem festen Schild, zu einem unüberwindbaren Hindernis für neue Prätendenten auf die Weltherrschaft werden, das in der Lage ist, jede Aggression zu zügeln und bereits im Keime zu ersticken und den Imperialisten klarzumachen, daß sie unweigerlich nicht abweisbare Vergeltungsschläge zur Folge haben würde. Zur Gewährleistung der Sicherheit unseres Landes wurden die neuesten Errungenschaften der Wissenschaft, Technik und Produktion genutzt und dienten als Grundlage für die Entwicklung von modernsten Waffen und modernstem Gerät für alle Teilstreitkräfte.
Das wichtigste Ereignis in dieser Phase war die Beseitigung des Atomwaffenmonopols der USA. Heute ist es kein Geheimnis, daß die sowjetischen Land- und Seestreitkräfte bereits Anfang 1954 über Atomwaffen mit unterschiedlichstem Detonationswert, u. a. auch über Wasserstoffbomben, verfügten und darangingen, diese Waffen zu erproben und die Kampfverfahren beim Einsatz dieser Waffen in der Praxis zu untersuchen.
Damit hing der Beginn einer neuen Phase der Entwicklung der sowjeti-

schen Seekriegsflotte zusammen, der Phase nämlich, in der die mit Atomraketen ausgerüstete sowjetische Hochseeflotte geschaffen und ausgebaut wurde und in der die Position unseres Landes als Großmacht zur See gefestigt wurde. Die Durchführung der Weisungen der Partei zur Schaffung einer Hochseeflotte, die den Aufgaben der Verteidigung unseres Landes im Atomzeitalter voll entspricht, und die Verwandlung dieser Flotte in eine reale Kraft, die die staatlichen Interessen der Sowjetunion auf den Weltmeeren vertreten, sich gegen starke Seestreitkräfte des Gegners behaupten und von See her geführte Schläge abwehren kann, hat bei der Verbesserung der Verteidigungsfähigkeit unseres Landes und der gesamten sozialistischen Staatengemeinschaft eine außerordentlich wichtige Rolle gespielt.

Dank der Leitung der gewaltigen Arbeit zur Schaffung einer schlagkräftigen Hochseeflotte durch die Kommunistische Partei der Sowjetunion und der selbstlosen, langjährigen Arbeit unserer Schiffbauer, Wissenschaftler und Angehörigen der Seestreitkräfte wurde innerhalb kürzester Zeit eine neuartige Hochseekriegsflotte geschaffen, die der sowjetischen Militärdoktrin voll und ganz entspricht.

Bekanntlich verstehen wir »unter einer Militärdoktrin die von einem bestimmten Staat und seinen Streitkräften vertretenen offiziellen Ansichten über den Charakter eines Krieges, der Methoden seiner Führung und der demgemäßen Vorbereitung des Landes und der Armee auf diesen Krieg (. . .)

Die Militärdoktrin ist das Ergebnis eines komplizierten Entwicklungsprozesses staatlicher Ideen zur Lösung militärischer Aufgaben. Ihre Grundthesen ergeben sich aus den real bestehenden Bedingungen, insbesondere aus der Innen- und Außenpolitik, der sozialpolitischen und ökonomischen Ordnung, dem Produktionsniveau, dem Zustand der Mittel der Kriegführung, der geographischen Lage des eigenen Staates wie auch der des möglichen Gegners.«[19]

Die sowjetische Militärdoktrin ergibt sich aus der Politik unserer Partei und entspricht den wichtigsten Forderungen der marxistisch-leninistischen Lehre vom Kriege, von den Streitkräften und vom bewaffneten Schutz des sozialistischen Vaterlandes. Sie verkörpert den gesamten Schatz des progressiven militärtechnischen Wissens, die militärische Erfahrung des Sowjetstaates und die Erfahrung aus vielen Kriegen der Vergangenheit. Die sowjetische Militärdoktrin ist die Doktrin des friedliebenden sozialistischen Staates und steht in direktem Gegensatz zu den aggressiven, reaktionären Militärdoktrinen der imperialistischen Staaten und damit auch im Gegensatz zur »Block«-Militärdoktrin.

19 Gretschko, A. A., Die Streitkräfte des Sowjetstaates, Berlin 1975, S. 339—40.

In der Nachkriegszeit hat sich unsere Militärdoktrin ständig weiterentwickelt, was in erster Linie auf die ständig wachsende Macht der Sowjetunion und des gesamten sozialistischen Lagers, das Wachsen der nationalen Befreiungsbewegungen in der Welt und die Veränderung von Waffen und Gerät zurückzuführen ist. Das Wesen und die grundsätzliche Zielsetzung dieser Doktrin bleiben jedoch unverändert.

In allen Phasen der Entwicklung hat die sowjetische Militärdoktrin bei der Lösung der strukturellen Probleme der Streitkräfte den Seestreitkräften die gebührende Beachtung geschenkt und sieht sie nach wie vor als wichtige Teilstreitkraft an, die in einem Kriege große Aufgaben lösen kann. Im Zusammenhang mit der Ausrüstung der Schiffe mit Atomraketen erkennt sie der Flotte die Fähigkeit zu, wichtige strategische Aufgaben zu lösen.

Die Leitsätze der sowjetischen Militärdoktrin, die sich auf die Seekriegsflotte beziehen, waren ein wichtiger Faktor, der die Generallinie der Entwicklung dieser Flotte, ihre Hauptaufgaben und die Ausgewogenheit ihrer Kräfte in bezug auf verschiedene Kriterien und die Zielrichtung der Gefechtsausbildung bestimmte. Diese Leitsätze waren die Richtschnur für die Entwicklung aller Aspekte des operativen und strategischen Einsatzes der Seekriegsflotte und der Taktik ihrer Kräfte.

Die Errungenschaften von Wissenschaft und Technik und die Entdeckungen in der Nachkriegszeit haben sich auf die Entwicklung der sowjetischen Seekriegsflotte und unser »Aufholen« als Seemacht besonders günstig ausgewirkt.

Eine der wichtigsten Errungenschaften auf dem Gebiet der modernen Wissenschaft und Technik war die Entdeckung einer praktisch unerschöpflichen neuen Energiequelle, des Atomkerns, und die Entwicklung von Verfahren zu ihrer Nutzung. Dadurch konnten eine grundsätzlich neuartige Waffe von bisher unerreichter Stärke, die Atomrakete sowie der Atomantrieb für Kriegsschiffe geschaffen werden. Dadurch wurden die Kampfmöglichkeiten der Schiffe wesentlich verbessert. Eine außerordentlich wichtige Rolle bei der Schaffung von Waffen und Gerät modernster Art hat die weitestgehende Anwendung der Chemie in der modernen Produktion gespielt, die die Verwendung von neuartigen, künstlich hergestellten Stoffen und Materialien mit vorgegebenen Eigenschaften ermöglicht hat. Von besonderer Bedeutung waren die Errungenschaften auf dem Gebiet der Elektronik, die zu erstaunlichen Ergebnissen bei der Automation des komplizierten Prozesses der Führung von Kräften geführt haben. Darüber hinaus wurde die elektronische Rechentechnik in großem Umfang eingeführt und wurden mathematische Berechnungsverfahren zur Lösung von Problemen des Aufbaus der Streitkräfte und der Entwicklung der Kriegskunst angewandt.

Die Kommunistische Partei hat durch ihre praktische Tätigkeit alle Voraussetzungen dafür geschaffen, daß die Errungenschaften von Wissenschaft und Technik zur Stärkung der Verteidigungskraft unserer Heimat und damit auch zum Ausbau der Seekriegsflotte, die ja eine besonders stark technisierte Teilstreitkraft ist, genutzt wurden. Die Seekriegsflotte war immer der Mittelpunkt der neuesten Errungenschaften der Technik und immer offen für technische Entwicklungen und Veränderungen. Diese Abhängigkeit der Seekriegsflotte von den Errungenschaften von Wissenschaft und Technik läßt sich damit erklären, daß die Flotte nicht nur besonders komplizierte Baueinheiten, wie es die Schiffe nun einmal sind, sondern praktisch alle Waffengattungen und Waffen umfaßt, über die die Streitkräfte insgesamt verfügen. Es ist daher natürlich, daß sich selbst geringe Veränderungen in der Bewaffnung einer beliebigen Waffengattung auf den Zustand der Seekriegsflotte insgesamt erheblich auswirken. Tiefgreifende qualitative Veränderungen der hauptsächlichen Mittel des bewaffneten Kampfes bewirken wahrhaft revolutionäre Umwandlungen nicht nur der materiell-technischen Basis der Seekriegsflotte insgesamt, sondern auch aller Komponenten der Seekriegskunst, die den Kampfeinsatz der Seekriegsflotte sicherstellen.
Die wesentlichsten qualitativen Veränderungen der Seekriegsflotte unter dem Einfluß der wissenschaftlich-technischen Revolution waren der Übergang zum Bau einer Atom-U-Bootflotte, die Einführung von Flugkörpern und Atomwaffen und die Schaffung von strategischen Unterwasserwaffensystemen für den Einsatz von FK mit Atomgefechtsköpfen, die Ausrüstung der Flotte mit Verbänden von Flugzeugen großer Reichweite, die über den Weltmeeren eingesetzt werden können, die Einführung von bordgestützten Flugzeugen, die Verbesserung der Mittel zur Feststellung der Unterwasserlage sowie der Kräfte und Mittel für die U-Abwehr, die Einführung verschiedenartigster Funk- und Radargeräte und Mittel zur Automatisierung der Leitung des Einsatzes von Waffen und Gerät sowie die Einführung von mathematischen Untersuchungsverfahren mit Einsatz von Datenverarbeitungsanlagen.
Der rasante Fortschritt von Wissenschaft und Technik eröffnet immer neue Möglichkeiten, seine Errungenschaften für die Entwicklung der Seekriegsflotte und die weitere Stärkung der militärischen Macht unseres Vaterlandes auf See zu nutzen.
Von den Faktoren, die die Nachkriegsentwicklung unserer Seekriegsflotte bestimmt haben, ist die Wirtschaft unseres Landes, sein militärökonomisches Potential insgesamt, der entscheidende. Schon Engels hat die Abhängigkeit der Methoden der Kriegführung von der ökonomischen Basis der Gesellschaft, von der Entwicklung der Produktion, wissenschaftlich nachgewiesen: »Nichts ist abhängiger von ökonomischen

Vorbedingungen als gerade Armee und Flotte. Bewaffnung, Zusammensetzung, Organisation, Taktik und Strategie hängen vor allem ab von der jedesmaligen Produktionsstufe und den Kommunikationen.«[20]
Das militärökonomische Potential eines Staates ist bestimmt durch Faktoren wie die natürlichen Ressourcen, insbesondere die strategischen Rohstoffe, die den Bedarf der Industrie sicherstellen, die Industrie (Fabriken, Werke, Energieversorgungsbetriebe), die Landwirtschaft, das Transport- und Fernmeldenetz, die Arbeitsproduktivität, das Potential an Menschen, die den hohen Anforderungen der modernen Produktion sowohl in qualitativer als auch in quantitativer Hinsicht genügen, der Entwicklungsstand von Wissenschaft und Technik und die staatlichen Materialreserven.

Der Stand dieser wichtigsten Faktoren ist so, daß unser Land die zu seiner Verteidigung erforderliche Hochseekriegsflotte aufbauen kann. Er gestattete die weitestgehende Nutzung der Errungenschaften von Wissenschaft und Technik und den Bau der Kriegsschiffe, die gemäß der sowjetischen Militärdoktrin notwendig sind, natürlich nur im Rahmen der Ressourcen, die unser Land für den Bedarf der Seekriegsflotte bereitstellen konnte.

Die militärgeographischen Bedingungen waren schon seit jeher einer der wichtigsten Faktoren für die Entwicklung jeder Teilstreitkraft, sind aber für die Seestreitkräfte von ganz besonderer Bedeutung, da ihre verschiedenen Kräfte auf und unter Wasser, im Luftraum über See und an der Küste unter den unterschiedlichsten klimatischen Bedingungen, in verschiedenen Klimazonen und zu verschiedenen Jahres- und Tageszeiten operieren müssen. Die Wichtigkeit dieses Faktors für die Entwicklung der Seestreitkräfte ist auch bedingt durch die Kräfteverteilung auf den Weltmeeren, die Entwicklung des Stützpunktsystems der Kräfte der einander gegenüberstehenden Seiten und deren strategische Positionen, die die Entfaltung und den Einsatz der vorhandenen Kräfte und Mittel zur Lösung des Komplexes der operativen und strategischen Aufgaben sicherstellen.

In dieser Hinsicht haben die Seestreitkräfte der imperialistischen Staaten günstige Positionen auf den Weltmeeren inne. Sie verfügen über Flottenstützpunkte in der Nähe der Grenzen unseres Landes, erlangen immer neue Gebiete für die Stationierung ihrer Kräfte und konzentrieren ihre Anstrengungen in den strategisch wichtigen Zonen der Weltmeere. Durch die Kontrolle der Meerengen wollen sie bereits in Friedenszeiten alle Voraussetzungen dafür schaffen, daß sie in diesen Gebieten gleich nach Ausbruch eines Krieges die Seeherrschaft erringen können.

20 MEW, Bd. 20, S. 155.

Die imperialistischen Staaten nutzen ihre Positionen auch bei dem Bau von Schiffen, bei dem Aufbau von Stützpunktsystemen und bei der Versorgung der Schiffe aus. Selbst bei der Festlegung des Fahrbereichs, der Seeausdauer oder der Instandsetzungsfähigkeit ihrer Schiffe müssen sie diesen taktischen Elementen nicht die Bedeutung beimessen, die diese für unsere Seekriegsflotte haben, da das ausgedehnte Stützpunktsystem fast die gesamten Weltmeere umfaßt und es ermöglicht, die Schiffe innerhalb kürzester Zeit mit allem Notwendigen zu versorgen.
Es ist geschichtlich bedingt, daß unsere Schiffe, denen keine überseeischen Flottenstützpunkte zur Verfügung stehen, bis zum Erreichen der Weltmeere riesige Seegebiete überwinden und Meerengen und Sunde durchfahren müssen, die entweder von Seestreitkräften imperialistischer Staaten kontrolliert oder von deren Verbündeten in aggressiven Militärblocks ständig beobachtet werden.
Darüber hinaus befindet sich der Großteil unserer Flottenstützpunkte in Gebieten mit rauhem Klima, in denen während eines langen Zeitraums eine schwierige Eislage besteht, die die Manöver der Schiffe und eine Reihe von Maßnahmen zur Gewährleistung einer hohen Gefechtsbereitschaft unserer Seestreitkräfte erschwert.
Alles dies wirkt sich natürlich auf den Bau unserer Kampf- und Hilfsschiffe sowie die Entwicklung von Verfahren für ihren Einsatz in Kriegs- und Friedenszeiten aus.
Daher sind für uns nicht nur die Seetüchtigkeit, sondern auch der Fahrbereich, die Seeausdauer sowie die Fähigkeit der Schiffe, vielen mit verschiedenen Kampfmitteln geführten Schlägen zu widerstehen, von besonderer Bedeutung. Unsere Schiffe müssen somit eine hohe Standkraft aufweisen, und ihre Systeme und Maschinen müssen außerordentlich zuverlässig und langlebig sein. Zudem muß unsere Seekriegsflotte infolge der militärgeographischen Bedingungen spezielle Kräfte und Mittel für die Versorgung in entfernten Seegebieten schaffen und besondere Maßnahmen zur Spezialausbildung unserer Schiffsbesatzungen, u.a. zur Ausbildung in Instandsetzung, treffen.
Die wichtigste geschichtliche Voraussetzung, die die Entwicklung unserer Seekriegsflotte in den Nachkriegsjahren beeinflußt hat, war die Erfahrung aus den vorherigen Kriegen. Der bewaffnete Kampf hat immer die Rolle eines Schiedsrichters gespielt, der den Grad der Übereinstimmung der vor dem Kriege herrschenden Ansichten über den Einsatz der Kräfte und Mittel mit dem tatsächlichen Einsatz im Verlauf des Krieges bestimmt. In einem Kriege werden Waffen und Gerät sowie die Grundsätze des operativen, taktischen und strategischen Einsatzes der Kräfte geprüft. Der Krieg bietet die Möglichkeit, wichtige Schlußfolgerungen für die Weiterentwicklung der Waffen und der Kriegskunst in der Nach-

kriegszeit zu ziehen. Daher ist eine sorgfältige Auswertung der Erfahrungen aus den Kampfhandlungen eine wichtige Aufgabe nicht nur der Militärhistoriker, sondern auch der Führungskräfte, die die Zielsetzung des Aufbaus der Flotte bestimmen.

Hierbei muß aber auch berücksichtigt werden, daß sich die Streitkräfte aller Staaten nach dem Ende des Zweiten Weltkrieges auf einer völlig neuartigen technischen Grundlage entwickelt haben. Raketen- und Kernwaffen wurden zum dominierenden Faktor. Die Streitkräfte wurden in erster Linie für die Lösung von Aufgaben in einem Atomkrieg aufgebaut und vorbereitet. Daher hatten die Erfahrungen aus dem Zweiten Weltkrieg einen geringeren Einfluß auf die Entwicklung der Streitkräfte als z. B. seinerzeit die Erfahrungen, die man im Ersten Weltkrieg gemacht hatte. Dies schließt jedoch nicht aus, daß die Resultate des bewaffneten Kampfes, die beim Aufbau der Seestreitkräfte nach dem Kriege und bei der Entwicklung von Einsatzverfahren in einem Atomkrieg berücksichtigt wurden, aufmerksam studiert werden müssen.

Der Zweite Weltkrieg hat gezeigt, daß die Bedeutung des Kampfes auf See zugenommen hat und daß der Zusammenhang zwischen den Kampfhandlungen und Operationen an Land und den Kampfhandlungen auf See enger geworden ist. Dadurch wurde die Ansicht bekräftigt, daß die Seestreitkräfte als essentieller Bestandteil der Streitkräfte eines Landes allseitig ausgebaut werden müssen.

Die Erfahrungen aus den Kampfhandlungen auf den Seekriegsschauplätzen haben gezeigt, daß die U-Boote und die Seeluftstreitkräfte zu den wichtigsten, am vielseitigsten einsetzbaren und wirksamsten Gattungen der Seestreitkräfte geworden sind. Gleichzeitig hat sich die Bedeutung der Großkampfschiffe mit Artilleriebewaffnung und der Seeschlachten, in denen große operative Erfolge errungen werden konnten, stark verringert.

Die Erfahrungen, die man aus dem Einsatz von Flugzeugträgern zur Vernichtung von Landzielen und Einheiten der Seestreitkräfte des Gegners gewonnen hat, haben den Ausbau vieler Kriegsflotten in der Nachkriegszeit stark beeinflußt. Dieser Einfluß äußerte sich in einer Weiterentwicklung der Flugzeugträger und der Kräfte zur Sicherstellung ihres Einsatzes. Gleichzeitig wurde Wert darauf gelegt, Kräfte und Mittel zu schaffen, die Trägerverbände bekämpfen können.

Eine wichtige Rolle in der Entwicklung der Seestreitkräfte nach dem Kriege haben auch die bei vielen Landungsunternehmen unterschiedlichen Ausmaßes gesammelten Erfahrungen gespielt. Dies äußerte sich im Bau einer großen Anzahl von speziellen Landungsschiffen, die mit Hilfe von schnellen Landungsmitteln und Hubschraubern Truppen mit

schweren Waffen und Großgerät an der nichtausgebauten Küste anlanden können.
Beim Bau von Kriegsschiffen und Waffen in der Nachkriegszeit wurden auch die Erfahrungen berücksichtigt, die man im Kampf auf den Seeverbindungen gesammelt hatte.
Große Aufmerksamkeit haben viele Staaten den Erfahrungen gewidmet, die die verschiedenen Gattungen der Seestreitkräfte bei dem Einsatz der Minenwaffe für verschiedene Zwecke gemacht haben. Dies kam in der Entwicklung neuer Minentypen und in deren Masseneinsatz z. B. durch die amerikanische Flotte bei der Blockade der Zufahrten zu den Häfen der Demokratischen Republik Vietnam und der Wasserwege im Landesinneren zum Ausdruck.
Das wichtigste Mittel zur Führung von Kräften und Waffen sind Fernmeldeverbindungen, die bei den Seestreitkräften eine besonders wichtige Rolle spielen, weil sich deren Kräfte ständig in verschiedenen, häufig von den eigenen Küsten weit entfernten Seegebieten befinden. Daher benötigten moderne Seestreitkräfte globale Fernmeldeverbindungen, mit deren Hilfe Kräfte über Entfernungen von vielen tausend Kilometern geführt werden können. Darüber hinaus muß die Führung von Kräften der Seestreitkräfte sichergestellt werden, die über und unter Wasser, in der Luft und an Land operieren.
Man kann sich unschwer vorstellen, daß der Aufbau eines solchen Fernmeldesystems ein sehr kompliziertes wissenschaftliches und technisches Problem darstellt. Viele Länder haben daran gearbeitet. Auch in unserer Seekriegsflotte wird diese Aufgabe erfolgreich gelöst.
Besonders wertvoll waren die aus dem Einsatz von Radar gewonnenen Erfahrungen, die dazu beigetragen haben, daß sich die Radartechnik in der Nachkriegszeit stark weiterentwickelt hat und daß Radargeräte auf allen Kriegsschiffen und in Flugzeugen, im System der Küstenbeobachtung und auf Hilfsschiffen eingesetzt werden.
Bei der Betrachtung der Faktoren, die die Nachkriegsentwicklung unserer Seekriegsflotte beeinflußt haben, ist folgendes festzustellen.
Jeder dieser Faktoren hat sich spezifisch, aber mit unterschiedlicher Stärke auf die Entwicklung der Seekriegsflotte ausgewirkt. So waren z. B. die Politik der KPdSU und das militärökonomische Potential unseres Landes die wichtigsten, entscheidenden Faktoren.
Unterschiedlich war auch die Art des Einflusses dieser Faktoren. So war der Einfluß des militärökonomischen Potentials in seiner Tiefenwirkung auf den komplizierten Gesamtprozeß der Entwicklung der Flotte »allgemeiner« Natur, während sich die Entwicklung der Flotten der imperialistischen Länder vor allem auf den Bau von Kräften auswirkte, die für Verteidigungsaufgaben erforderlich sind. Die genannten Faktoren ver-

änderten sich ständig, und entsprechend veränderte sich auch ihr Einfluß auf die Entwicklung der Flotte; die Bedeutung des Fortschritts von Wissenschaft und Technik nahm ständig zu.
Außer den betrachteten Faktoren übte auch die Entwicklung der Seekriegskunst einen gewissen Einfluß auf den Flottenausbau aus, weil die Seekriegskunst, die durch die materiellen Mittel des bewaffneten Kampfes beeinflußt wird, eine angemessene Berücksichtigung der operativen und taktischen Eigenschaften dieser Mittel anstrebt und folglich, da sie von diesen abhängt, selbst zum Stimulans für die Entwicklung von Schiffen und Waffensystemen für die Seestreitkräfte wird. Hierin manifestierten sich die dialektische Einheit und die gegenseitige Beeinflussung der materiellen Mittel und der Seekriegskunst.
Die strenge Beachtung aller betrachteten Faktoren ermöglichte es dem ZK der KPdSU, den Aufbau unserer Flotte in der Nachkriegszeit auf wissenschaftlicher Grundlage zu leiten, diesen Prozeß den tatsächlichen Gegebenheiten entsprechend zu gestalten und dabei selbständige Wege einzuschlagen und die auf der ganzen Welt im Kriegsschiffbau gemachten Erfahrungen sinnvoll zu nutzen.
Die Entwicklung unserer Seekriegsflotte ist ein komplizierter Prozeß, der sich durchaus nicht im Ersatz von veralteten Waffensystemen durch neue, dem heutigen Stand der Technik und den Anforderungen des bewaffneten Kampfes auf See besser entsprechende Systeme erschöpft. Ein derartiger Ersatz ist nur das Endresultat einer umfangreichen Arbeit zur Bestimmung der optimalen Lösungsvarianten für viele operative und strategische sowie operative und taktische Probleme und für eine gewaltige Anzahl von technischen Fragen. Es handelt sich darum, daß jedes Schiff ein Maximum an Kampfmöglichkeiten bei einem Minimum an Raum und Wasserverdrängung aufweisen muß und daß dabei eine effektive Lösung der Aufgabe bei minimalem ökonomischem Aufwand sichergestellt sein muß.
Ein modernes Kriegsschiff ist eine höchst komplizierte Kombination von technischen Einrichtungen, Systemen und Komplexen, die die neuesten Errungenschaften von Wissenschaft, Technik und Produktion repräsentieren. Es sind dies Atomenergieanlagen, Gas- und Dampfturbinen hoher spezifischer Leistung, strategische und operativ-taktische Raketen, zielsuchende Unterwasserwaffen, Maschinenwaffen, Gerät, das eine komplexe Automatisierung von Steuer- bzw. Lenkprozessen gewährleistet, Präzisions-Navigationsgeräte und -anlagen, komplizierte Sonar-und Radarsysteme usw. Am Bau eines modernen Kriegsschiffes sind Hunderte von Betrieben der verschiedensten Wirtschaftszweige beteiligt, und dem Bau gehen umfangreiche wissenschaftliche Forschungsarbeiten voraus.

Beim Bau eines jeden Schiffes ist man bestrebt, es so zu bauen, daß es seine spezifischen Aufgaben möglichst gut erfüllen kann. Dabei werden jedoch die Traditionen des sowjetischen Schiffbaus und die Möglichkeiten der einheimischen Industrie berücksichtigt.
Zur Lösung der Probleme, die mit dem Aufbau unserer Seekriegsflotte zusammenhängen, werden Arbeiten zur Bestimmung der optimalen Kombination der Angriffs- und der Verteidigungsmöglichkeiten des Schiffes und solcher Elemente wie Bewaffnung, Automatisierung, Fahrgeschwindigkeit, Fahrbereich, Seeausdauer und Unterbringungsverhältnisse der Besatzung durchgeführt. Für U-Boote werden darüber hinaus noch Tauchtiefe, Geräuschpegel, günstige Fahrgeschwindigkeiten, bei denen keine Kavitation auftritt, usw. bestimmt. Dabei ist man zwar bestrebt, die Wasserverdrängung des Schiffes zu verringern, betrachtet sie aber innerhalb vernünftiger Grenzen lediglich als Funktion eines Hauptarguments wie der Fähigkeit des Schiffes, alle Aufgaben, für die es bestimmt ist, zu erfüllen.
Um zu gewährleisten, daß die Seekriegsflotte ihre operative und strategische Aufgaben erfüllen kann, werden wissenschaftliche Untersuchungen zur Bestimmung des Charakters strukturell ausgewogener Seestreitkräfte, des qualitativen und quantitativen Geamtbestandes an Schiffen und Flugzeugen und der Verteilung dieser Kräfte auf die potentiellen Seekriegsschauplätze und die Stationierungsräume durchgeführt.
Somit macht die Entwicklung der Flotte genaue und eingehende wissenschaftliche Untersuchungen erforderlich. Wunschdenken und subjektive Betrachtung sind hier vollkommen fehl am Platze. Je stärker die Führungskräfte, die für die Entwicklung der Seekriegsflotte verantwortlich sind, die Empfehlungen der Forschungsinstitutionen und die Meinung der Praktiker, der Marineoffiziere, beachten und die Möglichkeiten der Wirtschaft berücksichtigen, desto richtiger werden ihre Entscheidungen sein, desto reibungsloser wird der Aufbau der Flotte vonstatten gehen, desto geringer werden letzten Endes die Kosten und desto schlagkräftiger wird unsere Seekriegsflotte sein. Eine derartige Einstellung zu den mit dem Aufbau der Flotte zusammenhängenden Problemen setzt die umfassende Entwicklung von Methoden der Leitung auf wissenschaftlicher Grundlage voraus. Die wissenschaftliche Methode der Leitung des Aufbaus der Flotte erfordert komplexe Forschungsarbeiten auf dem Gebiet der technischen und der operativen und taktischen Probleme. Sie setzt ein exaktes Optimierungssystem voraus, das die Wahl der rationellsten Lösungsvarianten gewährleistet, die auf einer quantitativen Analyse und einer militärökonomischen Begründung, die wiederum auf einheitlichen Kriterien und Toleranzen aufgebaut sind, beruhen.
Ein wichtiger Bestandteil des Prozesses des Aufbaus der Flotte ist die

Festlegung von Richtlinien für die technische Entwicklung, deren Grundlagen von der politischen Führung des Landes unter Berücksichtigung der Einsatzbedingungen der Seekriegsflotte und der Besonderheiten ihres Zusammenwirkens mit den anderen Teilstreitkräften bestimmt werden.

Bis vor kurzem beruhte die wissenschaftliche Methode der Leitung des Aufbaus der Seekriegsflotte nur auf der Analyse der derzeitigen Möglichkeiten von Wissenschaft und Technik und deren Perspektiven in der nächsten Zukunft. Jetzt wird in diesem Bereich auch die wissenschaftliche Prognostizierung angewandt, die auf der Feststellung der Entwicklungstendenzen auf dem Gebiet der Waffen, der Elektronik, der Energetik und der Schiffbautheorie sowie einer Reihe »allgemeiner« Wissenschaften, die die Entwicklung der Seekriegsflotte beeinflussen, basiert. Eine Charakteristik der wichtigsten Richtungen der wissenschaftlichen und technischen Revolution zeigt, daß sie auf der Entwicklung der Wissenschaften basieren und im Grunde aus einer Verknüpfung von Teilgebieten der Wissenschaften mit der Produktion resultieren. Gleichzeitig sind die Wechselbeziehungen zwischen den Wissenschaften und der Technik wesentlich stärker geworden. Die Wissenschaften vergrößern den Wissensschatz und schaffen günstige Bedingungen für eine revolutionäre Entwicklung der Technik. Heute stehen alle neuesten Errungenschaften der Technik in direktem Zusammenhang mit Entdeckungen der Naturwissenschaften. Die Entwicklung von Technik und Produktion wiederum schafft die entsprechenden technischen Grundlagen für eine schnelle Realisierung der wissenschaftlichen Erkenntnisse und die Anwendung dieser Erkenntnisse in der militärischen Praxis.

Bei dem schnellen Tempo, mit dem sich heute Wissenschaften und Technik entwickeln, ist es sehr wichtig, daß man neue qualitative Veränderungen in der Entwicklung der Flotte vorherbestimmt und das Aufkommen neuer Kampfmittel, die Rolle und Stelle dieser Kampfmittel im Rahmen der schon vorhandenen sowie die entsprechenden Einsatzgrundsätze rechtzeitig bestimmt.

Natürlich läßt sich eine wissenschaftliche Entdeckung nicht zuverlässig vorausplanen. Bei der Lösung bedeutender militärwissenschaftlicher Probleme gibt es immer eine gewisse Unsicherheit, die durch unvollständige Angaben über den Gegner und unzureichende Informationen über eine Reihe anderer Fragen bedingt ist. Diese Unsicherheit macht es erforderlich, mehrere Lösungsvarianten zu berechnen und deren positive und negative Seiten zu analysieren. Dies wird durch Errungenschaften auf dem Gebiet der Mathematik und durch umfassenden Einsatz von Datenverarbeitungsanlagen erheblich erleichtert.

Die heutige Bewaffnung der sowjetischen Seekriegsflotte ist äußerst kompliziert und vielfältig und weist spezifische Besonderheiten auf. Daher stellt die Seekriegsflotte ein kompliziertes dynamisches System dar, für dessen Entwicklung und Funktionieren ein großer Aufwand an unterschiedlichsten materiellen Mitteln erforderlich ist.

Kein Land kann für seine Rüstung unbegrenzte Mittel aufwenden. In jedem Land wird der für militärische Zwecke zulässige Aufwand festgelegt. Diese ökonomischen Beschränkungen führen dazu, daß von vielen Aufgaben, die sich aus den naturwissenschaftlichen und technischen Errungenschaften ergeben, nur die wichtigsten, von deren Lösung die Sicherstellung der Kampfkraft der Streitkräfte abhängt, ausgewählt werden müssen.

Die sowjetische Seekriegsflotte muß heute wichtige strategische Aufgaben wahrnehmen. Die Bedeutung der Flotte im Rahmen der Gesamtstreitkräfte wird immer größer. Dieser Umstand macht es wiederum erforderlich, das Niveau der wissenschaftlichen Leitung der Entwicklung der Seekriegsflotte weiter anzuheben, damit rechtzeitig sichergestellt ist, daß unter Berücksichtigung der realen Möglichkeiten der Wirtschaft unseres Landes möglichst effektive Kräfte und Mittel geschaffen werden.

Eine wichtige Rolle bei der Entwicklung von wissenschaftlichen Methoden zur Leitung des Aufbaus der Seekriegsflotte spielt ein gut organisiertes und zuverlässig arbeitendes wissenschaftliches Informationssystem, das zur Bildung von Ansichten über die Entwicklung und den Einsatz von Kräften der Seekriegsflotte im modernen Krieg und in Friedenszeiten beiträgt.

Flexibilität der Analyse und eine differenzierte Verteilung der wissenschaftlichen Informationen an die Verbraucher sind die wichtigsten Forderungen, die dieses Informationssystem erfüllen muß.

Die Entwicklung und die praktische Anwendung von wissenschaftlichen Methoden zur Leitung des Aufbaus der Seekriegsflotte haben bereits zu wichtigen Ergebnissen geführt, was seinen Niederschlag in der praktischen Lösung vieler bedeutender Probleme, die dieser komplizierte Prozeß beinhaltet, gefunden hat. Es sind dies vor allem die Lösung des Problems der Ausgewogenheit der Kräfte der Seekriegsflotte in bezug auf verschiedene Merkmale und Charakteristiken, die Bestimmung rationeller Wege für den Aufbau der Flotte unter Bevorzugung der effektivsten Kräfte und die vorrangige Entwicklung der Raketenwaffe, die von allen Mitteln für den Kampf auf See, die das System der Bewaffnung der Flotte bilden, die besten Zukunftsaussichten bietet. Auf der Grundlage eingehender wissenschaftlicher Untersuchungen wurden viele optimale Kombinationen taktischer Elemente von U-Booten und Überwassereinheiten, rationale Grenzen für die Automatisierung der Führung von Kräften und der Steuerung bzw. Lenkung von Schiffen und auf diesen befindlichen Waffensystemen sowie Kriterien zur Beurteilung der Standkraft und des Kampfwertes sowohl der einzelnen Waffenträger als auch taktischer Gruppierungen unterschiedlicher Zusammensetzung bestimmt.

Damit ist natürlich der Kreis der Probleme, die bereits gelöst worden sind oder von wissenschaftlichen Institutionen zur Zeit gelöst werden, noch nicht erschöpft. Sie zeigen lediglich die Spannweite dieser Arbeit und die Haupttendenz der Entwicklung dieses Prozesses, die in einer weiteren Verbreitung von wissenschaftlichen Methoden zur Sicherstellung aller wichtigen Entscheidungen, die die verschiedenen Instanzen zur weiteren Entwicklung der sowjetischen Seekriegsflotte treffen, besteht.

Infolge der umfangreichen und vielseitigen wissenschaftlichen Forschungsarbeiten bildeten sich Ansichten über die Stelle und Rolle der Seekriegsflotte im Rahmen unserer Gesamtstreitkräfte und über die Entwicklungsrichtung für alle ihre Waffengattungen und Waffen heraus.

Im Zusammenhang mit dem Bau der Atombombe und später der Wasserstoffbombe sowie mit andern technischen Entdeckungen begannen alle Großmächte, nach neuen Entwicklungsrichtungen für die Streitkräfte zu suchen.

Im Ausland zeigte sich dies in der Entwicklung verschiedener strategischer Atomwaffensysteme. Anfangs waren dies die Angriffsträger-Verbände und die strategische Luftwaffe. Danach nahm das Waffensystem »Polaris« (U-Boote mit Flugkörpern mit Atomgefechtskopf) einen immer wichtigeren Platz in den Plänen des Pentagon ein. Bei der Entwicklung der für den allgemeinen Einsatz bestimmten Flottenkräfte wurde das Hauptgewicht auf den Bau von neuen, leistungsfähigeren und moderneren Kräften und Mitteln für die U-Bootbekämpfung gelegt. Bei allen Streitkräften wurden in großem Umfang Mittel zur Automatisierung und für die elektronische Kampfführung eingeführt. Dies erfolgte jedoch erst, nachdem man den praktischen Wert aller wissenschaftlichen Entdeckungen, die damals den sich gegenüberstehenden Lagern des Imperialismus und des Sozialismus zur Verfügung standen, erkannt hatte.

Für die amerikanische und die britische Flotte, die ihren Bestand an Kampfeinheiten während des Krieges größtenteils erneuert hatten, war die weitere Entwicklung durch das Aufkommen der Atombombe zu einem äußerst schwierigen Problem geworden. Daher waren sie anfangs bestrebt, die Möglichkeit des Einsatzes von Atomwaffen im bewaffneten Kampf auf See nur am Rande zu erwähnen, um ja keinen Zweifel an der realen Schlagkraft der damals stärksten Flotten der Welt aufkommen zu lassen.

In den ersten Nachkriegsjahren, als die USA noch das Atomwaffenmonopol besaßen, sprach man in den führenden militärischen Kreisen der westlichen Länder lediglich von der Modernisierung der Schiffe, dem Ersatz der Waffen und der Ausrüstung der Einheiten mit Radargeräten für verschiedene Zwecke, da man davon ausging, daß die Flotte mit ihrem derzeitigen Bestand in der Lage sein würde, ihre Aufgaben in einem Krieg gegen die UdSSR, auf den sie sich vorbereiteten, voll und ganz zu erfüllen.
Die Beschlüsse des Zentralkomitees der Kommunistischen Partei zur weiteren Entwicklung der Seekriegsflotte basierten auf einer weitgehenden Berücksichtigung der naturwissenschaftlichen und technischen Revolution, die viele traditionelle Wege der technischen Entwicklung über den Haufen geworfen hatte. Dies eröffnete jedoch wiederum die Möglichkeit, grundsätzlich neuartige Schiffe, Waffensysteme und Geräte zu bauen, die auf der Nutzung der neuesten Errungenschaften von Wissenschaft, Technik und Produktion basierten. Seit der Zeit sind rund zwei Jahrzehnte vergangen, und in dieser relativ kurzen geschichtlichen Zeitspanne ist die sowjetische Seekriegsflotte zu einem wichtigen strategischen Faktor geworden, zu einer Kraft, die sich gegen Aggressionen von See her behaupten und bedeutende Aufgaben auf den Weltmeeren, die mit der Verteidigung unseres Landes zusammenhängen, lösen kann. Heute stellen mit modernsten Waffen, insbesondere Flugkörpern, ausgerüstete U-Boote und Seefliegerkräfte die wichtigsten Gattungen unserer Seekriegsflotte dar. Ferner gehören Überwasserkampfschiffe und Flugzeuge verschiedener Art zum Bestand unserer Seekriegsflotte, deren Aufgabe es ist, die Standkraft und die allseitige Versorgung unserer U-Boote zu gewährleisten, gegnerische U-Boote und U-Jagdkräfte zu bekämpfen und andere spezifische Aufgaben zu lösen. Diese Kräfte sind mit Torpedos, Flugkörpern für verschiedene Zwecke, Artillerie mit gezogenem Rohr und anderen Waffenarten für den Einsatz auf See ausgerüstet. In großem Umfang werden funktechnische und Steuerungsmittel bei den Seestreitkräften eingesetzt, die auf Elektronenrechnern, Analogiemodellen und Simulatoren basieren.
Hier muß hervorgehoben werden, daß sich die sowjetische Seekriegsflotte infolge einer Reihe von Bedingungen in der Nachkriegszeit eigenständig entwickelt hat. Diese Eigenständigkeit basierte darauf, daß die Besonderheiten ihres Aufbaus und Einsatzes im bewaffneten Kampf auf See streng wissenschaftlich berücksichtigt wurden. Sie zeigte sich in den baulichen Besonderheiten der Schiffe und Flugzeuge sowie in der Art, wie das Kräfteverhältnis innerhalb der sowjetischen Seestreitkräfte geregelt war und wie diese organisiert waren.

Die technische Verbesserung der Kräfte und Mittel der Flotten

U-Boote. Im Zweiten Weltkrieg bewiesen die U-Boote, daß sie eine Gattung der Seestreitkräfte waren, die aktiv auf den Ozeanen und Meeren operieren und wichtige Aufgaben erfüllen konnte. Auf einzelnen Seekriegsschauplätzen waren die U-Boote die Hauptwaffe der Kriegführung. Wie bereits an anderer Stelle ausgeführt worden ist, hat die U-Bootwaffe während des Zweiten Weltkrieges mehr Handels- und Kampfschiffe versenkt als die Überwassereinheiten und Flugzeuge zusammen. Wir erinnern daran, daß Großbritannien, die USA und ihre Verbündeten (ohne die UdSSR) sowie die neutralen Staaten durch deutsche und italienische U-Boote 2 770 Handelsschiffe mit insgesamt 14,5 Mio. RT verloren haben; das sind 69% der Gesamttonnage der versenkten Schiffe. Japan verlor durch den Einsatz der amerikanischen und britischen U-Boote ungefähr 62% der versenkten Gesamttonnage. Angesichts der hohen Verluste durch feindliche U-Boote waren die Alliierten gezwungen, wirksame U-Abwehrkräfte aufzustellen. Infolge der vollkommen unzulänglichen Gefechts- und operativen Sicherstellung der U-Boote durch die deutsche Führung gelang es diesen Kräften, die Pläne der Deutschen vom uneingeschränkten U-Bootkrieg zu vereiteln. Im Verlauf des Krieges stiegen die Verluste der deutschen U-Bootwaffe, und das ihr von der obersten deutschen Führung gestellte Ziel, Großbritannien durch eine Blockade niederzuringen, wurde nicht erreicht.

In Anbetracht dieser widersprüchlichen Resultate des U-Booteinsatzes wurde die Frage, inwieweit U-Boote wirksam eingesetzt werden können, in den ersten Nachkriegsjahren in der Weltpresse eingehend erörtert. Sind U-Boote trotz der ständigen Verbesserung der Mittel zur U-Abwehr überhaupt in der Lage, in einem Seekrieg strategische Aufgaben zu lösen?

Es bedurfte vieler Untersuchungen, um diese Frage beantworten zu können. Alle Untersuchungen bestätigen stets die große Wirksamkeit der U-Boote bei richtigem Einsatz und entsprechender Gefechtssicherstellung. Diese Schlußfolgerung erwies sich in bezug auf Atom-U-Boote als besonders überzeugend.

Nach dem Zweiten Weltkrieg haben sich unsere U-Boote zu einer Waffengattung entwickelt, die in der Lage ist, wichtige Aufgaben auf hoher See zu erfüllen. Die U-Boote wurden zum Rückgrat unserer Seekriegsflotte. Von wesentlicher Bedeutung waren hierbei auch militärökonomische Überlegungen, die ebenfalls die Tendenz in unserer Flotte, in erster Linie U-Boote zu bauen, begünstigten.

Bei der Festlegung der Entwicklungsrichtung für unsere Seestreitkräfte im Atomzeitalter durften wir auf keinen Fall vergessen, daß z. B. die uns

gegenüberstehenden imperialistischen Staaten über eine riesige Überwasserflotte und eine leistungsfähige Werftindustrie verfügten. Um bei den wichtigsten Gattungen der Überwasserschiffe mit dem potentiellen Gegner gleichzuziehen, hätten wir in einen langjährigen Wettstreit der Potentiale eintreten müssen, was mit einem ungeheuren Aufwand an Material und Geld verbunden gewesen wäre. Unter diesen Bedingungen war die Erringung der Überlegenheit höchst problematisch, da eine Kriegsflotte, die einer anderen Flotte überlegen ist, diese Überlegenheit infolge der Besonderheit der Entwicklung mit Hilfe relativ geringer Aufwendungen aufrechterhalten kann.
Durch vorrangige Entwicklung der U-Bootwaffe war es uns möglich, die Schlagkraft unserer Seestreitkräfte innerhalb kürzester Zeit stark zu erhöhen, ein ernst zu nehmendes Gegengewicht gegen die Hauptkräfte der gegnerischen Seestreitkräfte auf den potentiellen ozeanischen Kriegsschauplätzen zu schaffen, mit geringerem Aufwand an Mitteln und Zeit die militärische Stärke unseres Landes zur See wesentlich zu erhöhen und dadurch die Vorteile, die der Gegner im Falle eines Krieges gegen die Sowjetunion und die Länder der sozialistischen Staatengemeinschaft gehabt hätte, zu beseitigen.
Die Bedeutung der neuen, mit atomaren Flugkörpern ausgerüsteten Seekriegsflotte, deren Rückgrat die Atom-U-Boote waren, war jedoch viel weitreichender. Diese neuartige technische Grundlage ermöglichte es unserer Flotte, die langjährige Beschränkung auf Küstengewässer und geschlossene Seegebiete zu beenden, ihren Einsatzbereich auf die Ozeane und Meere auszudehnen und im Falle eines von den Imperialisten entfesselten Krieges ihre operativen und strategischen Aufgaben bei der Bekämpfung der Seestreitkräfte des Aggressors in von uns gewählten Gebieten der Weltmeere zu erfüllen. Darüber hinaus war es jedoch besonders wichtig, daß unsere Seekriegsflotte nun in der Lage war, neue Einsatzgebiete für den Kampf zu erschließen, und zwar Gebiete, die uns von alters her verschlossen gewesen waren. Es handelt sich hier um die ozeanischen Seeverbindungen, auf denen unsere Seekriegsflotte jetzt strategische Aufgaben zur Verteidigung unseres Landes wahrnehmen kann.
Alle diese Umstände veränderten von Grund auf die Lage, die sich im Verlauf von Jahrhunderten auf den Weiten der Ozeane und Meere entwickelt hatte, wo bisher die Flotten der imperialistischen Mächte uneingeschränkt geherrscht hatten. Dies war ein Einbruch in das Allerheiligste des Imperialismus, in das er sogar seinen Kampfgenossen in den aggressiven Militärblöcken das Eindringen zu verwehren trachtete.
In der Nachkriegsentwicklung der U-Bootwaffe können zwei Phasen unterschieden werden. In der ersten, ungefähr zehn Jahre dauernden wurden neue, verbesserte U-Boote mit Dieselantrieb gebaut. In der zwei-

ten Phase, in der wir uns noch befinden, werden hauptsächlich U-Boote mit Atomantrieb gebaut.

In der ersten Phase brauchte man das Hauptaugenmerk nur auf eine gewisse Verbesserung der taktisch-technischen Daten der U-Boote zu richten, u. a. auf die Erhöhung der Fahrgeschwindigkeit und des Fahrbereichs mit Dieselmotoren sowie die Gewährleistung einer längeren Tauchfahrt und des Aufladens der Akkumulatoren-Batterien bei Fahrt des U-Boots in Sehrohrtiefe. Beim Bau der Diesel-U-Boote wurden die Erfahrungen aus dem Zweiten Weltkrieg, die Art und die Bedingungen der Erfüllung der Aufgaben in einem zukünftigen Krieg sowie die mögliche Entwicklung der U-Abwehrkräfte und -mittel bei den ausländischen Seestreitkräften berücksichtigt.

In dieser Phase wurden zwei Arten von dieselgetriebenen U-Booten mit Torpedobewaffnung geschaffen, und zwar seefähige und hochseefähige U-Boote. Dadurch konnten unsere U-Boote nicht nur in den an unser Territorium angrenzenden Meeren, sondern auch in ziemlich ausgedehnten ozeanischen Seegebieten eingesetzt werden. Die neuen dieselgetriebenen U-Boote hatten eine wesentlich höhere Unterwassergeschwindigkeit und eine bedeutend größere Tauchtiefe als die vor dem Krieg gebauten U-Boote. Sie waren mit den neuesten Beobachtungsmitteln, mit Radar und Sonar sowie mit modernen Fernmeldemitteln, Leitgeräten und Hochleistungstorpedos ausgerüstet.

In der zweiten Hälfte der fünfziger Jahre wurden einige nach dem Kriege gebaute dieselgetriebene U-Boote weiter verbessert und mit aerodynamischen und ballistischen Flugkörpern ausgerüstet. Jedoch waren der Erhöhung der Unterwassergeschwindigkeit und des Unterwasserfahrbereichs der U-Boote bis zur Einführung des Atomantriebs durch den Energieverbrauch Grenzen gesetzt, die durch die Möglichkeiten der dieselelektrischen Anlagen bestimmt wurden. Die Tauchtiefe der U-Boote wurde durch die Verwendung von neuen hochwertigen Werkstoffen und durch eine verbesserte Konstruktion des Rumpfes erhöht.

Dieselgetriebene U-Boote sind technisch vollkommene und leistungsfähige Schiffe, die zweifellos auch unter den heutigen Bedingungen breite Verwendung finden werden. Selbst heute, wo wir den Stand des U-Bootbaus vor dem Hintergrund des gewaltigen Fortschritts von Wissenschaft und Technik sehen, dürfen wir die wichtige Rolle nicht außer acht lassen, die die Erfahrungen aus dem Bau der dieselgetriebenen U-Boote der Nachkriegszeit gespielt und uns in die Lage versetzt haben, die vielen wissenschaftlichen und technischen Probleme beim Übergang zum Bau von neuartigen Unterwasserschiffen mit Atomantrieb zu lösen.

Durch den Bau von dieselgetriebenen U-Booten in den Nachkriegsjahren konnte unsere Industrie die erforderlichen Erfahrungen für die Ent-

wicklung vieler neuer Waffen und Geräte sammeln, durch die sich die neuen U-Boote von den besten U-Boot-Typen der Kriegs- und der Nachkriegszeit unterscheiden. Der Bau neuer seefähiger und hochseefähiger Diesel-U-Boote sowie die Herstellung ihrer Einsatzbereitschaft durch Gefechtsausbildung, Fernfahrten und lange Seetörns bei den vier Flotten unserer Seestreitkräfte schufen alle Voraussetzungen für den Übergang zur zweiten Phase der Nachkriegsentwicklung unserer U-Bootwaffe. Diese zweite Phase ist durch den Bau von U-Booten mit Atomantrieb gekennzeichnet, der die Kampfmöglichkeit des U-Boots radikal verändert und dieses im wahrsten Sinn des Wortes zu einem Unterwasserschiff gemacht hat. Der große Energievorrat der Atom-U-Boote ermöglicht ihnen einen langen Aufenthalt auf hoher See und versetzt sie in die Lage, weite Strecken mit hohen Fahrgeschwindigkeiten zurückzulegen und dabei ständig gefechtsbereit zu sein. Sie können sich schnellen Überwassereinheiten des Gegners nähern, sie über lange Strecken verfolgen, wiederholt angreifen, schnell die Schauplätze wechseln und gegnerischen U-Abwehrkräften ausweichen.
Die leistungsfähigen Sonaranlagen, mit denen die Atom-U-Boote ausgerüstet sind, gewährleisten ein hohes Suchpotential und bieten folglich große Möglichkeiten für die Bekämpfung von gegnerischen U-Booten. Da die Atom-U-Boote praktisch während der ganzen Fahrt getaucht fahren, eine große Tauchtiefe erreichen und geräuscharm fahren können, operieren sie weitgehend unbemerkt. Somit ist in den Atom-U-Booten all das konzentriert, was die Schlagkraft der Seestreitkräfte charakterisiert: Sie verfügen über eine große Angriffskraft, sind äußerst beweglich, können unbemerkt operieren und sind in der Lage, Kampfhandlungen globalen Maßstabs zur Vernichtung von wichtigen Landzielen, gegnerischen U-Booten und Überwasserschiffen durchzuführen. Daher sind die Atom-U-Boote unter den heutigen Bedingungen ein strategisches Einsatzmittel der Seemächte.
Zur Zeit haben sich zwei Hauptrichtungen im internationalen U-Bootbau herauskristallisiert, und zwar ist dies zum einen der Bau von FK-U-Booten und zum anderen der Bau von Mehrzweck-U-Booten.

FK-U-Boote sind mit wirksamen strategischen Flugkörpern großer Reichweite bewaffnet und zur Vernichtung wichtiger Landziele des Gegners bestimmt. Sie bilden die Hauptkomponente der Kampfkraft der führenden Seestreitkräfte der Welt, darunter auch der sowjetischen. Es sind dies die größten Unterwasserschiffe, die es gibt. So hat z. B. das amerikanische FK-U-Boot »George Washington«, das Anfang der sechziger Jahre gebaut worden ist, eine Wasserverdrängung von rund 8 000 t und eine Länge von 116 m.

Hier muß hervorgehoben werden, daß die Wasserverdrängung der FK-U-Boote immer größer wird. Die Amerikaner halten es für unvermeidlich, daß FK-U-Boote mit einer Wasserverdrängung von 10 000 t und mehr gebaut werden. So wird die Wasserverdrängung des in den USA in der Entwicklung befindlichen neuen Atom-U-Bootes für die »Trident« heute mit rund 18 000 t angegeben.
Die FK-U-Boote mit Atomantrieb sind die »jüngsten« Schiffe. Sie wurden zu einem Zeitpunkt entwickelt, zu dem bereits viele Typen von ballistischen und aerodynamischen Flugkörpern sowie modernste Überwasserschiffe und U-Boote anderer Klassen entwickelt und in Dienst gestellt worden waren. Daher sind in den FK-U-Booten mit Atomantrieb alle neuesten Errungenschaften auf dem Gebiet des Schiffsbaus, der Flugkörper, des Sonars, der automatischen Steuerung und der nautischen Ausrüstung zusammengefaßt.
Die Notwendigkeit, die Flugkörper für U-Boote möglichst leicht und klein zu halten, führte zur Entwicklung von speziellen ballistischen Flugkörpern für die Seestreitkräfte. Die Amerikaner haben versucht, ihre U-Boote mit Flugkörpern der Landstreitkräfte auszurüsten, mußten jedoch wegen des hohen Gewichts und der großen Abmessungen dieser Flugkörper davon Abstand nehmen. Heute rüstet jedes Land, das über FK-U-Boote verfügt, diese mit relativ kleinen ballistischen Flugkörpern aus. Die Reichweite, die Treffergenauigkeit und die Wirksamkeit der Gefechtsköpfe (die neuesten amerikanischen FK-Typen sind mit Mehrfachgefechtsköpfen ausgestattet) dieser Flugkörper werden ständig verbessert. Heute verfügen lediglich die USA, Frankreich und die UdSSR über ballistische Flugkörper eigener Herstellung für den Einsatz auf See. Großbritannien verwendet solche amerikanischer Herstellung.
Die Haupttendenzen in der Entwicklung dieser Waffe (s. Tabelle 20)

Tabelle 20: Veränderung der Reichweite der amerikanischen ballistischen Flugkörper für Atom-U-Boote

Bezeichnung	Einführungsjahr	Anzahl der Gefechtsköpfe bzw. Tochtergefechtsköpfe	Reichweite mit Einfach-Gefechtskopf in km	Reichweite mit Mehrfach-Gefechtskopf in km
Polaris A 1	1960	1	2 200	—
Polaris A 2	1961	1	2 800	—
Polaris A 3	1964	3	—	4 600
Poseidon	1970	3-14	—	2 800-5 600
Trident	1978	10	—	bis zu 12 000

Anmerkung: Die modernen FK-U-Boote der Seestreitkräfte der Sowjetunion, der USA, Englands und Frankreichs sind Waffen der strategischen atomaren Kräfte des Landes.

sind die Erhöhung der Reichweite und die Verwendung von Mehrfachgefechtsköpfen, wodurch die Fläche des Wirkungsbereichs der Flugkörper sowie die des Patrouillenbereichs der FK-U-Boote vergrößert werden.
Die Erhöhung der Reichweite der Flugkörper führt dazu, daß diese schwerer werden. Während die »Polaris A 1« noch 12,7 t wog, war die »Polaris A 2« bereits 13,6 t schwer, und die letzte Version, die »Polaris A 3«, erreichte ein Gewicht von 15,0 t. Das Gewicht des neuen Flugkörpers »Poseidon« beträgt 30 t. Dieser Flugkörper hat bereits eine Reichweite von 5 600 km und verfügt über einen Mehrfachgefechtskopf. Man nimmt an, daß die Wirkung dieses Flugkörpers, obwohl die einzelnen Tochtergefechtsköpfe nur einen Detonationswert von 50 KT haben, die der »Polaris A 1« um ein Mehrfaches übertreffen wird.
Die FK-U-Boote sind außerdem mit Torpedos bewaffnet, die in erster Linie für die Selbstverteidigung erforderlich sind.
Amerikanische Militärexperten sind der Ansicht, daß die Flugkörper von FK-U-Booten unbestreitbare Vorzüge gegenüber den von Land aus eingesetzten Flugkörpern vom Typ »Minuteman« aufweisen. Zu diesen Vorzügen gehören ihrer Meinung nach, daß sie schwerer aufgeklärt werden können, mobiler sind, außerhalb des Territoriums der USA weit auseinandergezogen disloziert werden können und weniger verwundbar sind. Insbesondere damit läßt sich auch die in den USA klar erkennbare Tendenz zur Verteilung der verfügbaren atomaren Flugkörper erklären, die, wie Tabelle 21 zeigt, auf eine ständig zunehmende Bedeutung der

Tabelle 21: Verteilung der strategischen Atomwaffen innerhalb der Streitkräfte der USA

Angaben	1960	1970	1975
Anzahl der Flugkörper	48 / 29	656 / 1 054	656 / 1 000
Prozentualer Anteil an der Gesamtzahl der Flugkörper	62 / 38	38 / 62	25 / 75
Anzahl der Atomgefechtsköpfe bzw. -tochtergefechtsköpfe	48 / 29	2 384 / 1 314	5 440 / 2 000
Prozentualer Anteil an der Gesamtzahl der Atomgefechtsköpfe bzw. -tochtergefechtsköpfe	62 / 38	65 / 35	73 / 27
Gesamtdetonationswert in Megatonnen	24 / 290	183 / 1 923	290 / 1 050

Anmerkung: Die Zahlen im Zähler beziehen sich auf Flugkörper der Seestreitkräfte, die im Nenner auf Flugkörper der Luftstreitkräfte.

auf See stationierten Flugkörper hinausläuft.
In den USA wird der Verbesserung der strategischen Atomwaffen besondere Aufmerksamkeit gewidmet. Bei seit 1970 praktisch gleichgebliebener Anzahl der Flugkörper ist es den Amerikanern gelungen, die Anzahl der Gefechtsköpfe, die ins Ziel getragen werden, wesentlich zu erhöhen. Besonders augenfällig ist dies bei den FK-U-Booten, die bei einer gleichgebliebenen Anzahl von 656 Flugkörpern heute fast die 2,3 fache Anzahl von Gefechtsköpfen bzw. Tochtergefechtsköpfen einsetzen können. Aufgrund dieses Umstandes erhöhte sich der prozentuale Anteil der strategischen atomaren Gefechtsköpfe, die auf den U-Booten vorhanden sind, innerhalb von fünf Jahren von 65 auf 73%, während der Anteil der an Land stationierten von 35 auf 27% zurückging. Dies war eine der Folgen der Umorientierung der amerikanischen Führung auf die »Ozeanische Strategie«.

Mehrzweck-Atom-U-Boote haben die Aufgabe, Überwassereinheiten und Transportschiffe des Gegners zu vernichten und feindliche U-Boote zu bekämpfen.
Die Wasserverdrängung und die Hauptabmessungen der Mehrzweck-U-Boote sind, wie bereits erwähnt worden ist, wesentlich kleiner als die der FK-U-Boote. Das erste amerikanische Mehrzweck-U-Boot, die »Nautilus«, hatte z. B. eine Unterwasserverdrängung von 4040 t. Zwölf Jahre nach Indienststellung der »Nautilus« wurde bei der US-Marine das Mehrzweck-U-Boot »Jack« mit einer Wasserverdrängung von 4300 t in Dienst gestellt. In Zukunft wird die Wasserverdrängung derartiger Boote bei 5000 t oder etwas mehr liegen. Ein Teil der Mehrzweck-U-Boote der amerikanischen Seestreitkräfte wird speziell in der U-Jagd-Variante gebaut. Sie zeichnen sich durch einen niedrigen Geräuschpegel und eine hohe Fahrgeschwindigkeit aus und sind mit leistungsfähigen Sonaranlagen ausgerüstet.
Wie wichtig die Sonartechnik bei den Mehrzweck-U-Booten ist, zeigt folgender Umstand. Bei den amerikanischen U-Booten der »Thresher«- und »Sturgeon«-Klasse nimmt die Sonarantenne, die einen Durchmesser von ungefähr vier Metern hat, den gesamten Raum im Bugteil der Boote ein, in dem gewöhnlich die Torpedorohre untergebracht sind. Bei den Booten dieser Klasse sind die Torpedorohre daher an beiden Seiten des Schiffes unter einem Winkel von ungefähr 10° zur Mittschiffsebene angeordnet. So wurde die klassische Waffe des U-Boots durch ein technisches Hilfsmittel, das den Einsatz eben dieser Waffe sicherstellen soll, von ihrem traditionellen Platz verdrängt.
Bei unserer Seekriegsflotte bildete das Aufkommen der Atom-U-Boote die Grundlage für den Aufbau einer starken U-Bootwaffe, die in der La-

ge ist, strategische Aufgaben auf den Weltmeeren zu lösen.
Bereits die ersten U-Boote mit Atomantrieb erwiesen sich als moderne, leistungsfähige und zuverlässige Waffensysteme, die von den Besatzungen schnell beherrscht wurden. Auf der Grundlage der bei der Planung, beim Bau und beim Einsatz dieser Boote gewonnenen Erfahrungen nahm unsere Industrie den Bau von noch leistungsfähigeren und moderneren Atom-U-Booten auf. In diesen U-Booten wurden die neuesten technischen Errungenschaften auf dem Gebiet des internationalen Schiffbaus verwertet. Diese U-Boote, die noch bessere Kampfeigenschaften als die ersten aufweisen, haben die Möglichkeiten unserer Seekriegsflotte zur Lösung von strategischen Aufgaben erheblich verbessert.
Die sowjetischen Atom-U-Boote sind erstklassige, moderne und universell einsetzbare Kriegsschiffe mit operativen und Gefechtseigenschaften, die sie befähigen, ein breites Spektrum von Aufgaben auf den Weltmeeren zu lösen. Sie sind nicht nur mit taktischen Waffen ausgerüstet, sondern bilden auch einen unabdingbaren Teil des strategischen nuklearen Schildes unserer Heimat. Dies ist auch den Aggressoren bekannt. Sie müssen mit den schwersten Vergeltungsschlägen aus den Weiten der Ozeane rechnen, wenn sie es wagen sollten, einen Atomkrieg vom Zaun zu brechen. Die hervorragenden Eigenschaften unserer Atom-U-Boote sind bei vielen Übungen und Fernfahrten unter Beweis gestellt worden. Sowjetische U-Bootfahrer haben mehr als einmal den Nordpol erreicht. Eine Gruppe von sowjetischen Atom-U-Booten ist in Tauchfahrt um die ganze Welt gefahren, eine Tat, für die es in der Geschichte kein Beispiel gibt.
Die technische Vollkommenheit der modernen U-Boote gestattet es, die Fragen der Organisation ihres Einsatzes auf vollkommen neue Weise zu betrachten. Während des Zweiten Weltkrieges operierten die U-Boote vorwiegend selbständig und lediglich in operativer Hinsicht gemeinsam mit Überwassereinheiten und Flugzeugen; wegen der Schwierigkeiten bei der gegenseitigen Erkennung und der Nachrichtenübermittlung waren die Überwasserschiffe gezwungen, ein Zusammentreffen mit den eigenen U-Booten zu vermeiden. Heute hat sich die Situation von Grund auf geändert. Die Überwasser- und Unterwassereinheiten können nun im Gefecht und bei Operationen eng zusammenwirken, wodurch sich ihr Kampfwert wesentlich erhöht hat.
An dieser Stelle muß hervorgehoben werden, daß unsere U-Bootwaffe heute ein System moderner Waffen darstellt, das ständig vervollkommnet wird und neben U-Booten mit strategischen Flugkörpern auch U-Boote umfaßt, die mit verschiedenen aerodynamischen Flugkörpern und Langlauftorpedos ausgerüstet sind. Diese Entwicklung der U-

Bootwaffe ist das Ergebnis umfassender wissenschaftlicher Untersuchungen, deren Ziel es war, die rationellsten Verfahren für den Kampf gegen die gegnerischen Seestreitkräfte zu finden.

Überwasserschiffe. Diese Schiffe haben zwar ihre Bedeutung als wichtigste Waffengattung der Seestreitkräfte bereits im Zweiten Weltkrieg zugunsten der U-Boote und der See-Luft-Streitkräfte verloren, sind jedoch ein wichtiger Bestandteil der modernen Seestreitkräfte.
In der zweiten Phase der Nachkriegsentwicklung der sowjetischen Seekriegsflotte, als in unserem Land das Hauptgewicht auf die Aufstellung von schlagkräftigen Unterwasserkräften gelegt wurde, begann sich der Bau von Überwassereinheiten — insbesondere von hochseetüchtigen Kriegsschiffen — zu verzögern. Dies war auch durch das Aufkommen von grundlegend neuartigen Kampfmitteln — den Atomwaffen — bedingt. Anfangs war nicht klar, welche Aufgaben Überwassereinheiten auf hoher See haben würden und über welche Eigenschaften sie verfügen mußten, um effektiv an einem bewaffneten Kampf, bei dem Atomwaffen eingesetzt werden, teilnehmen zu können. Wie bereits erwähnt worden ist, waren die ausländischen Militärexperten der Hypnose von der »Allgewalt« der Atomwaffen erlegen und davon überzeugt, daß unter den neuen Bedingungen alle Überwasserschiffe ihren Kampfwert verloren haben. Eine Ausnahme wurde lediglich in bezug auf die Flugzeugträger gemacht, da diese selbst über eine hinreichend starke Fliegersicherung gegen Luftangriffe verfügten. Nur einige wenige Fachleute sahen in der hohen Beweglichkeit der Flotte die Möglichkeit, nicht nur Schläge des Gegners zu überleben, sondern auch weiterhin Kampfaufträge durchzuführen. Unter diesen Fachleuten muß der bereits erwähnte Admiral Barjot genannt werden, der das Wesen der Sachlage erfaßt und den Einfluß der Atomwaffen auf die Entwicklung und die Art des Einsatzes der Seestreitkräfte in einem Atomkrieg richtig beurteilt hat. Er schrieb: »Entscheidend ist, daß das Kriegsschiff im Atomzeitalter eine Zukunft hat. Das Meer selbst versetzt es durch die unbegrenzte Menge des nicht kontaminierten Meerwassers in die Lage, sich in verstrahlten Zonen aufzuhalten. Diese Möglichkeit, das Schiff unversehrt zu erhalten, hat weitreichende Folgen. (. . .) Die moderne Marinedoktrin muß davon ausgehen, daß die Seestreitkräfte Kriegsschiffe unterschiedlichster Typen benötigen, die einen großen Operationsradius besitzen und sich durch eine hohe Beweglichkeit auszeichnen.«[21]
Zugegebenermaßen war man anfangs auch bei unserer Seekriegsflotte von vielen theoretischen Arbeiten über Rolle und Platz der Überwasser-

21 P. Barjot, Vers la marine de l'âge atomique, Paris 1955, S. 297.

schiffe im bewaffneten Kampf auf See im Zusammenhang mit der wachsenden Vernichtungskraft der modernen Waffen nicht restlos überzeugt, da alle theoretischen Untersuchungen in bezug auf Überwassereinheiten durchgeführt wurden, die in den ersten Nachkriegsjahren gebaut worden waren und die sich insbesondere hinsichtlich der Verteidigungswaffen und Schutzvorrichtungen nicht prinzipiell von ihren Vorgängern unterschieden. Das verwundbarste Glied der Verteidigung dieser Schiffe war die Luftabwehr, deren Entwicklung hinter der der Angriffswaffen für Flugzeuge zurückgeblieben war. Da die Überwasserschiffe über keinen zuverlässigen Schutz vor Luftangriffen verfügten, wurden sie, sobald sie den »Schirm« der landgestützten Luftabwehr verließen, ein verlockendes Ziel für Bomber und Torpedoflugzeuge.
Die modernen Überwasserschiffe unterscheiden sich wesentlich von den während des Zweiten Weltkrieges und kurz danach gebauten. Ihre Fla-Bewaffnung wurde erheblich verstärkt; dadurch können sie den gegnerischen Luftstreitkräften erfolgreich Widerstand leisten, kombinierte Angriffe anderer Kräfte der Seestreitkräfte des Gegners abwehren und ihren Hauptauftrag erfüllen.
Dank der neuen Kampfmittel weisen die Überwasserverbände heute völlig neue Kampfeigenschaften auf; diese Mittel haben die Möglichkeiten der Überwasserverbände für einen kombinierten Einsatz von weitreichenden Flugkörpern unterschiedlicher Zweckbestimmung, Artillerie und Torpedos wesentlich erweitert, wodurch die Verbände in der Lage sind, gemischte Gruppierungen des Gegners, die aus Über- und Unterwasserschiffen und Flugzeugen bestehen, erfolgreich zu bekämpfen.
Überwasserschiffe bleiben das wichtigste und oftmals einzige Mittel, das die Entfaltung der Hauptangriffskräfte der Seestreitkräfte — der U-Boote — sicherstellt. Der Erste und der Zweite Weltkrieg haben gezeigt, daß die Ansicht, U-Boote können aufgrund des Umstandes, daß sie schwer zu orten sind, nach dem Auslaufen aus ihren Stützpunkten selbst für ihre Sicherheit sorgen, falsch ist.
Eine wichtige positive Eigenschaft der Überwasserschiffe ist ihre Fähigkeit, ständig eine zweiseitige Funkverbindung mit Befehlsstellen an Land aufrechtzuerhalten. Dies erleichtert die Führung und gewährleistet eine rechtzeitige Übermittlung von Informationen und Befehlen, was in Spannungszeiten außerordentlich wichtig ist, da hier der Zeitfaktor eine besonders wichtige Rolle spielt.
Die Überwasserschiffe bilden das Rückgrat der Landungsfahrzeuge und der Landungs-Unterstützungskräfte. Sie spielen die Hauptrolle im Minenkampf und beim Schutz der eigenen Seeverbindungen.
In geschlossenen und in küstennahen Seegebieten können Überwasserschiffe an Seeverbindungen eingesetzt werden. Beispiele hierfür sind der

Einsatz von FK-Schnellbooten der ägyptischen Seestreitkräfte, die den israelischen Zerstörer »Elath« versenkten, sowie die Einsätze der indischen Seestreitkräfte gegen die pakistanische Flotte, die in Karatschi konzentriert war.
Wie die Konflikte der Nachkriegszeit gezeigt haben, können Überwasserschiffe in örtlich begrenzten Kriegen einen umfangreichen Aufgabenkomplex lösen. Sie wurden in großem Umfang zur Artillerieunterstützung der Landstreitkräfte in Küstengebieten in Korea und Vietnam sowie zur Anlandung von Landungstruppen und zu Blockadeoperationen herangezogen. Mit Hilfe von Überwasserschiffen drang amerikanische Marineinfanterie auf Flüssen und Kanälen in das Innere Südvietnams vor.
Beim Aufbau moderner, mit Atomraketen ausgerüsteter Seestreitkräfte mit ausgewogener Struktur werden Überwasserschiffe entsprechend ihren Einsatzmöglichkeiten entwickelt und gebaut. Die Überwasser-U-Jagdschiffe bilden die stärkste Gruppe. Sie unterteilen sich in hochseefähige Schiffe mit großer Seeausdauer und in Schiffe für Einsätze in Küstennähe.
Zu den ersteren gehören große U-Jagdschiffe sowie U-Jagdkreuzer. Zu den U-Jagdeinheiten für küstennahen Einsatz gehören eigens hierzu konstruierte kleine und schnelle Schiffe, die in der Lage sind, gegnerische Mehrzweck-Atom-U-Boote und Mehrzweck-U-Boote mit Dieselantrieb in geschlossenen und in küstennahen Seegebieten mit Erfolg aufzuspüren und zu vernichten.
Es muß gesagt werden, daß sich unsere Überwasser-U-Jagdschiffe in bezug auf Konstruktion, Bewaffnung und Antrieb in vielem vorteilhaft von entsprechenden Schiffen der westlichen Staaten unterscheiden.
Unsere Seestreitkräfte verfügen über moderne FK-Schnellboote und FK-Schiffe. FK-Schnellboote können nicht nur in geschlossenen Seegebieten, sondern auch in küstennahen Gebieten der Weltmeere zur Vernichtung von gegnerischen Überwasserkampfschiffen und Transportern eingesetzt werden.
Die auf den FK-Kreuzern und anderen FK-Schiffen vorhandenen wirksamen Fla-Raketen, Fla-Rohrwaffen und Radargeräte für Zielsuche und Feuerleitung ermöglichen eine erfolgreiche Abwehr von gegnerischen Luftangriffen.
Wie bereits erwähnt worden ist, machte sich bei unserer Seekriegsflotte während des Großen Vaterländischen Krieges immer ein Bedarf an besonderen Landungsschiffen bemerkbar. Die besonderen Bedingungen, unter denen unsere Seekriegsflotte kämpfen mußte, machten dieses Problem, das die Folge einer unausgeglichenen Struktur war, besonders akut. Obwohl wir klar erkannt hatten, daß unsere Seekriegsflotte solche

Schiffe benötigte, konnten wir sie im ersten Nachkriegsjahrzehnt nicht bauen, da unsere Werftindustrie hauptsächlich durch den Bau von großen Kampfschiffen (Kreuzern, Zerstörern und Fregatten) und Handelsschiffen ausgelastet war. Erst im zweiten Nachkriegsjahrzehnt begann die Auslieferung von besonderen Landungsschiffen an die Seekriegsflotte.

Heute sind unsere Überwasserkräfte, die aus den verschiedenartigsten Schiffen für den Einsatz auf hoher See und in Küstennähe bestehen, in der Lage, selbständig und im Zusammenwirken mit Unterseebooten und Flugzeugen einen umfangreichen Aufgabenkomplex auf hoher See und in geschlossenen Seegebieten zu lösen.

Die Entwicklung der Überwasserschiffe unserer Seestreitkräfte beschränkt sich nicht allein auf den Bau von neuen Schiffen mit besseren taktisch-technischen Daten und besserer Bewaffnung, als sie ihre Vorgänger aufwiesen. Der Fortschritt von Wissenschaft und Technik bot eine reale Möglichkeit, grundsätzlich neuartige Überwasserfahrzeuge mit einer Reihe von taktischen Kennwerten zu bauen, die von Verdrängungsschiffen nicht erreicht werden können.

Auf der Grundlage der Forschungs- und Entwicklungsarbeiten, die Anfang der fünfziger Jahre in der UdSSR, den USA, Japan, Großbritannien, Frankreich und einer Reihe anderer hochentwickelter Staaten durchgeführt wurden, wurde bis heute eine große Anzahl von neuartigen Wasserfahrzeugtypen gebaut, die im internationalen Schiffbau als Wasserfahrzeuge mit dynamischem Auftrieb bezeichnet werden. Dazu gehören Tragflächenboote, Luftkissenfahrzeuge u.a.

Wasserfahrzeuge mit dynamischem Auftrieb weisen viele Nachteile der Verdrängungsschiffe, z. B. starke Verwundbarkeit durch Torpedos und Minen, unzureichende Fahrgeschwindigkeit, durch unzureichende Wassertiefe oder Eisgang begrenzte Einsatzmöglichkeiten usw., nur in geringem Maße auf.

Im Ausland werden Luftkissenfahrzeuge und Tragflächenboote als Patrouillenboote, Landungsboote, Artillerieträger, Vorpostenboote sowie als Küstenschutz- und Grenzschutzboote eingesetzt.

Die ersten Wasserfahrzeuge mit dynamischem Auftrieb waren Tragflächenboote, die im Ausland in den USA, in Italien und in Japan am weitesten entwickelt worden sind.

Der Bau von Tragflächenbooten war eine bedeutende Errungenschaft im Hinblick auf die Entwicklung der Überwasserflotte. Es gelang jedoch nicht, die Hauptmängel der Verdrängungsschiffe zu vermeiden, da sich Tragflächenboote nicht vollständig von dem Medium Wasser lösen können. Darüber hinaus sind sie für die Lösung mancher Gefechtsaufgaben, z. B. für das zügige Anlanden von Landungstruppen in flachen Gewäs-

sern, wenig geeignet, da hier die Gefahr, daß die Tragflächen infolge Grundberührung beschädigt werden, besonders groß ist.
Daher können Tragflächenboote als Übergangsstufe zum Bau von modernen Überwasserfahrzeugen angesehen werden, die sich von den Verdrängungsschiffen grundsätzlich unterscheiden. Es sind dies Luftkissenfahrzeuge und Flugflächenboote, deren Entwicklung im Ausland besondere Aufmerksamkeit gewidmet wird. Das Prinzip des Luftkissenfahrzeugs ist für Fahrzeuge unterschiedlicher Größe bis hin zu hochseefähigen anwendbar. Ein solches Hochsee-Luftkissenfahrzeug kann infolge seiner hohen Fahrgeschwindigkeit von über 100 kn den Atlantik in 30—40 Stunden überqueren, während ein konventionelles Transportschiff hierzu acht Tage und mehr benötigt.
Luftkissenfahrzeuge weisen eine niedrige spezifische Leistung der Antriebsanlage, die sich mit zunehmender Fahrzeuggröße verringert, und einen hohen Nutzfaktor, der mit zunehmender Tragfähigkeit ansteigt, auf. Ihre spezifische Nutztragfähigkeit ist höher als die von Verdrängungsschiffen.
Die wichtigste taktische Eigenschaft der Luftkissenfahrzeuge besteht darin, daß sie sich sowohl über Wasser als auch über Land, u. a. auch über einer Eisdecke, fortbewegen, Flachwassergebiete überwinden und ungehindert vom Wasser auf das Festland bzw. auf eine Eisdecke und umgekehrt überwechseln können. Dank dieser Eigenschaften und ihrer hohen Fahrgeschwindigkeit und Tragfähigkeit weisen diese neuen Wasserfahrzeuge eine Reihe von wesentlichen taktischen Vorteilen auf.
Es ist daher völlig klar, daß die Luftkissenfahrzeuge infolge dieser Eigenschaften weiteste militärische Verwendung finden können. Ausländische Fachleute sind der Ansicht, daß man sie in Zukunft als Landungsschiffe, Flugzeugträger oder Angriffsschiffe, die mit Flugkörpern und Fla-Raketen bewaffnet sind, sowie zur Suche und Vernichtung von schnellen U-Booten und zum Verlegen von Minen einsetzen wird. Luftkissenfahrzeuge unterschiedlicher Größe können bei der Versorgung von Kriegsschiffen auf See, beim Truppentransport, bei Minensuch- und Räumaufgaben, als Sicherungseinheiten bei Märschen usw. eine wichtige Rolle spielen.
Bisher sind im Ausland über 140 größere und kleinere Luftkissenfahrzeuge gebaut worden. Die meisten von ihnen (ungefähr 70 %) haben jedoch ein relativ geringes Gesamtgewicht (bis zu 10 t) und eine beschränkte Fahrgeschwindigkeit (etwa 80 % haben eine Fahrgeschwindigkeit von etwa 60 kn).
Die USA, Großbritannien und Frankreich messen den Luftkissenfahrzeugen große Bedeutung bei und haben Entwicklungsarbeiten aufgenommen, die in den nächsten Jahren zu neuen Kriegs- und Hilfsschiffen

dieses Typs mit einem Gesamtgewicht von 4 000 t und mehr und einer Fahrgeschwindigkeit von rund 100 kn, darunter auch solchen mit Atomantrieb, führen sollten.
Auf dem Gebiet des Baus von Flugflächenbooten sind im Ausland die wissenschaftlichen und technischen Probleme, die hauptsächlich den Bau von hochseefähigen Flugflächenbooten für Transportzwecke betreffen, definiert worden. Insgesamt sind etwas mehr als zehn Modelle von Flugflächenbooten gebaut und eine Reihe von Projekten mit einem Gewicht von 100 bis 2 000 t ausgearbeitet worden. Obwohl die beim Bau und Betrieb von Flugflächenbooten gesammelte Erfahrung noch unzureichend ist, läßt sich bereits heute absehen, daß Flugflächenboote große Zukunftsmöglichkeiten haben. Im Vergleich mit Luftkissenfahrzeugen werden die Flugflächenboote eine höhere Fahrgeschwindigkeit (oder genauer gesagt, höhere Fluggeschwindigkeit) bei geringerem Energieverbrauch haben und folglich bei sonst gleichen Bedingungen eine größere Reichweite aufweisen. Darüber hinaus können sie Hindernisse großer Höhe überwinden.
Somit werden zur Zeit in vielen Staaten umfangreiche Arbeiten zur Realisierung der neuesten Errungenschaften von Wissenschaft und Technik auf dem Gebiet des Baus von Überwasserschiffen durchgeführt. Es sind bereits Wasserfahrzeuge mit dynamischem Auftrieb gebaut worden.
Zweifellos wird die Indienststellung einer großen Anzahl derartiger Fahrzeuge bei den Marinen deren Kampfmöglichkeiten verbessern, die Überwasserkräfte werden ihre Kampfaufträge besser durchführen können und über völlig neue Eigenschaften verfügen.
Die Weiterentwicklung der Überwasserschiffe der verschiedenen Gattungen ist eine wichtige Phase im Aufbau moderner, strukturell ausgeglichener Seestreitkräfte.
Der seinerzeit begonnene Prozeß der Kombination von Flugzeugen und Überwasserschiffen, der im Bau von Flugzeugträgern zum Ausdruck kam, wird auch heute noch fortgesetzt, jedoch auf einer breiteren technischen Grundlage. Außer auf die Entwicklung von Flugzeugträgern legt man bei den Seestreitkräften der verschiedenen Länder immer mehr Gewicht auf den Bau von neuartigen Hubschrauberträgern, über die auch die Sowjetische Seekriegsflotte verfügt. Solche Schiffe werden in den USA, in Frankreich und in vielen anderen Ländern gebaut. In vielen Marinen ist man bestrebt, möglichst viele Schiffe aller Gattungen, die Hubschrauber aufnehmen können, zur Verfügung zu haben. Dies läßt sich hauptsächlich damit erklären, daß der Hubschrauber immer mehr zu einem »Bestandteil« moderner Überwasserschiffe für die unterschiedlichsten Einsatzaufgaben wird und diesen völlig neue Kampfeigenschaften verleiht. Die Beteiligung von Hubschraubern an der U-

Bootsuche erweitert z. B. nicht nur das »Gesichtsfeld« ihres Schiffes, sondern verbessert auch dessen Möglichkeiten, ein geortetes Ziel lange zu verfolgen, und erhöht die Wahrscheinlichkeit, daß dieses mittels der U-Jagdwaffen vernichtet wird, erheblich. Durch Ausnutzung ihres erheblichen Geschwindigkeitsvorteils gegenüber dem U-Boot sowie der Vorteile der gemeinsamen Ortung schaffen die Hubschrauber für das U-Boot Bedingungen, unter denen dieses den zur U-Jagd eingesetzten Überwasserschiffen nur schwer entkommen kann.

An Bord von Kriegsschiffen stationierte Hubschrauber bringen viele, und zwar wesentliche Änderung der Taktik von Landungsoperationen mit sich. So wendet z. B. die US-Marine ein taktisches Kampfverfahren mit Anlandung mit Hilfe von Hubschraubern an, das als vertikale Umfassung des Gegners bezeichnet wird. Hierbei ist es nicht erforderlich, Gassen in Sperren im Wasser und an Land zu schaffen, und das Anlanden erfolgt — und das ist das wichtigste — wesentlich schneller und zügiger und ist schwerer abzuwehren.

Schiffsgestützte Hubschrauber erfüllen auch viele andere Funktionen, die sie zu einem unersetzlichen Mittel im modernen Gefecht auf See werden lassen. Dazu gehören vor allem die Aufklärung, die Zielzuweisung für die Waffen, der Transport von Gütern verschiedenster Art zu anderen Schiffen während des Marsches, die Rettung aus Seenot, schwierige Arbeiten zur Wartung von technischem Gerät verschiedener Art und vieles andere.

Die See-Luft-Streitkräfte. Bis zum Aufkommen der Flugkörper waren Flugzeuge das einzige Einsatzmittel für Atomwaffen; daher war es ihre Aufgabe, wichtige Ziele an Land zu vernichten und Angriffsgruppierungen der gegnerischen Seestreitkräfte auf See und in Stützpunkten, die von den Kräften und Mitteln der anderen Teilstreitkräfte nicht wirksam bekämpft werden konnten, zu zerschlagen.

Durch die Entwicklung land- und schiffsgestützter Flugkörper bot sich eine neue Möglichkeit, Atomsprengkörper über große Entfernungen einzusetzen. Die grundlegende Veränderung der Atomwaffen, der U-Boote und zum Teil auch der Überwasserschiffe führte zu einer grundlegenden Veränderung des bewaffneten Kampfes auf See. Dank der neuen Möglichkeit, stationäre Ziele wirksam zu bekämpfen, war es nun möglich, die See-Luft-Streitkräfte von dieser Aufgabe zu entbinden. Dies bedeutet natürlich nicht, daß die See-Luft-Streitkräfte jetzt nicht mehr zur Bekämpfung von stationären Objekten im Küstenbereich herangezogen werden. Moderne See-Luft-Streitkräfte verfügen über alles, was für derartige Schläge notwendig ist, und können folglich diese Aufgabe erfüllen. Unter den heutigen Bedingungen müssen derartige Einsätze jedoch

Abb. 1: Auf dem Vorschiff der *Swerdlow* (Typschiff der 25 Jahre alten »Swerdlow«-Kreuzerklasse) sind die Matrosen zur Musterung angetreten, um den Tagesbefehl entgegenzunehmen.

1

Abb. 2: Zar Peter I., der Große (1672—1725)

Abb. 3: Michail Lomonossow (1711—1765), Begründer der Polarozeanographie

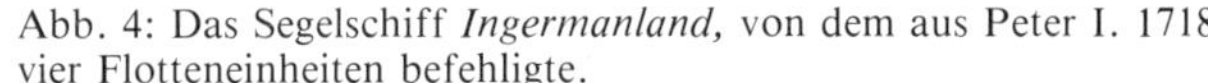

Abb. 4: Das Segelschiff *Ingermanland,* von dem aus Peter I. 1718 vier Flotteneinheiten befehligte.

Abb. 5: Panzerkreuzer *Potemkin* und Torpedoboot im Hafen von Odessa während der Revolution 1905. (Zeitgen. Zeichnung von Alex Kircher.)

Abb. 6: Kreuzer *Aurora* im Hafen von Leningrad. Von hier aus wurde das Signal zur Erstürmung des Winterpalais' am 25. Oktober/7. November 1917 gegeben. (Aufnahme von 1966.)

KAPITAN CHECHKIN
7
ДМИТРИЙ ДОНСКОЙ
8
9

10

Abb. 7: Eisbrecher
Kapdan Chechkin.

Abb. 8: Arktis-Massengutfrachter *Dmitriy Donskoy* (13 555 BRT).

Abb. 9: Produktentanker
Viktorio Codovilla (40 000 tdw).

Abb. 10: Ro-Ro-Schiff
Skulptor Vuchetich (12 718 BRT), Baujahr 1966.

11

12

14

13

Abb. 11: Zu den am stärksten bewaffneten FK-Kreuzern der Welt gehört die »Kara«-Klasse, von der hier die *Nikolajew* als Typschiff abgebildet ist.

Abb. 12: Seit 1970 wurden mehr als 20 FK-Zerstörer der »Kriwak«-Klasse fertiggestellt, die mit U-Jagdraketen sowie Luft- und Seeziel-Flugkörpern ausgerüstet sind.

Abb. 13: Ein U-Jagdkreuzer der »Moskwa«-Klasse. Während sich das komplette Waffenarsenal auf dem Vorschiff befindet, ist die achtere Schiffshälfte für den Flugverkehr der 18 mitgeführten Hubschrauber frei.

Abb. 14: Die *Kiew* — der erste Flugzeugträger der sowjetischen Seekriegsflotte. Weitere Einheiten, wie die *Minsk*, sind bereits fertiggestellt oder befinden sich in der Endausrüstung.

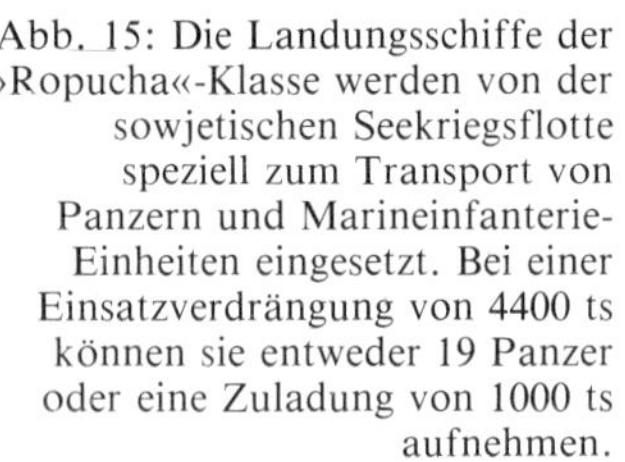

Abb. 15: Die Landungsschiffe der »Ropucha«-Klasse werden von der sowjetischen Seekriegsflotte speziell zum Transport von Panzern und Marineinfanterie-Einheiten eingesetzt. Bei einer Einsatzverdrängung von 4400 ts können sie entweder 19 Panzer oder eine Zuladung von 1000 ts aufnehmen.

Abb. 16: Diese Aufnahme zeigt die angetretenen Besatzungen von drei U-Booten der »Foxtrot«-Klasse anläßlich einer Besichtigung in einem Nordmeer-Stützpunkt. Rund die Hälfte aller sowjetischen U-Boote und sogar zwei Drittel aller strategischen U-Schiffe befinden sich in diesem Flottenbereich.

Abb. 17: Marinesoldaten der zweifach mit dem Rotbanner-Orden geehrten Baltischen Flotte auf einem U-Jäger. Direkt hinter ihnen sind die Rohre eines U-Jagd-Raketenwerfers und über ihnen das Seeraumüberwachungsradar zu erkennen. Der Marinesoldat links trägt das Abzeichen eines »Spezialisten 2. Klasse«.

Abb. 18: Offizielle Flottenbesuche finden auch in Häfen westlicher Marinen immer häufiger statt. Die Abbildung zeigt das Schulschiff *Smol'nyj* und den Lenkwaffenzerstörer *Nastojchivyj,* die unter dem Befehl von Vizeadmiral W.W. Platanow vom 14. 6. bis 19.6.1978 Amsterdam besuchten.

18

Abb. 19: Bereits Ende der fünfziger Jahre begannen die Sowjets, einige bereits vorhandene U-Boote mit Flugkörpern auszurüsten. Hierfür wurde ihnen eine zusätzliche Sektion eingebaut, in der die Flugkörper untergebracht sind. Die Abbildung zeigt ein noch heute einsatzbereites U-Boot der »Long Bin«-Klasse.

Abb. 20: Von den U-Booten der hier abgebildeten »Whiskey«-Klasse entstanden zwischen 1950 und 1957 insgesamt 235 Einheiten — keine Marine der Welt hat jemals zuvor oder danach mehr U-Boote einer einzigen Klasse gebaut.

Abb. 21: Der Versorgung auf hoher See widmet sich die sowjetische Seekriegsflotte in letzter Zeit immer mehr. Hier beölt die *Vladimir Kolechitskij* (links) einen FK-Kreuzer der »Kynda«-Klasse. Wie zu sehen ist, erfolgt jetzt auch die Querab-Versorgung auf See und nicht mehr nur die Bug- oder Heckversorgung.

Abb. 22: Auch die amphibische Komponente wird von den Sowjets nicht unbeachtet gelassen. Immer größere Landungsschiffe werden gerade in letzter Zeit fertiggestellt und in den verschiedenen Flotten disloziert. Hier sind zwei »Alligator«-Landungsschiffe zu sehen, aus deren Rümpfen Panzer anlanden.

21

22

23

24

NO SMOKING

ДУБНА
НОВОРОССИЙСК

Abb. 23: Ein Eisbrecher der »I. Susanin«-Klasse, die für den Einsatz in der Arktis konstruiert wurde. Diese Schiffe, die erstmals 1974 beobachtet werden konnten, haben als Zweitrolle Unterstützungsaufgaben übertragen bekommen.

Abb. 24: Neben den Flottenversorgern der »B. Chilikin«-Klasse gehören die acht in Finnland gebauten Versorgungsschiffe der »Dubna«-Klasse zu den modernsten Typvertretern der sowjetischen Seekriegsflotte.

Abb. 25: Zum Schutz der Küstengewässer verfügen die Sowjets über See-Grenztruppen, die ebenfalls der Seekriegsflotte unterstehen. Sie sind u.a. mit Tragflügel-Booten der »Pchela«-Klasse ausgerüstet, die Geschwindigkeiten bis 50 Knoten laufen können.

Abb. 26: Mit großem Aufwand unterhalten die Sowjets und weitere WP-Marinen eine Aufklärungsflotte, die auf allen Weltmeeren anzutreffen ist. Hier ist die *Navigator* der polnischen Seekriegsflotte abgebildet, die modernste Elektronik an Bord hat.

25

27

28

30

Abb. 27: Für den Einsatz in küstennahen Gewässern wurden die FK-Korvetten der »Nanuchka«-Klasse entwickelt, die über Luft- und Seeziel-Flugkörper verfügen.

Abb. 28: Die Tragflügelboote der »Turya«-Klasse werden entweder als U-Jäger oder als Torpedoschnellboote eingesetzt.

Abb. 29/30: Die *Kosmonaut Wladimir Komarow* (Mitte) und die *Kosmonaut Jurij Gagarin* (unten) dienen als Flugbahn-Überwachungsschiffe für sowjetische Satelliten, Raumsonden und Raumschiffe und unterstehen der Akademie der Wissenschaften in Moskau. Mit ihnen wird auch der Funkverkehr aus dem Weltraum aufrechterhalten.

3

eher als Ausnahme angesehen werden, da sich die Aufgaben, die vor kurzem noch von den See-Luft-Streitkräften erfüllt werden mußten, inzwischen geändert haben. Heute können sich diese auf die Bekämpfung von Überwasser-Angriffsverbänden, U-Booten, Material- und Truppentransportern, die sich auf See oder im Hafen befinden, konzentrieren sowie wendige Kleinkampfschiffe verschiedenster Art auf See vernichten.

Im Zusammenhang mit den veränderten Aufgaben der See-Luft-Streitkräfte werden Platz, Rolle und Bedeutung ihrer einzelnen Gattungen sowie deren Entwicklungsrichtungen neu bestimmt. So bestand z. B. die Hauptaufgabe der Luftstreitkräfte bei Kampfhandlungen auf See vor nicht allzu langer Zeit, d. h. vor dem Aufkommen der FK-U-Boote, darin, Angriffsgruppierungen gegnerischer Seestreitkräfte zu zerschlagen. Dies wirkte sich natürlich wesentlich auf die Entwicklung der Waffensysteme aus, mit deren Hilfe die Überwasserschiffe vernichtet werden sollten. Als jedoch verschiedene Staaten eine immer größere Anzahl von Atom-U-Booten, insbesondere von FK-U-Booten, in Dienst stellten und den Bau solcher U-Boote immer mehr forcierten, wurde deren Bekämpfung zur Hauptaufgabe der See-Luft-Streitkräfte. Die Bedeutung der U-Jagdflieger, die in der Lage sind, U-Boote in entfernten Gebieten der Weltmeere erfolgreich zu orten und zu vernichten, hat wesentlich zugenommen.

Wenn wir uns die Wichtigkeit der Aufgaben, die die See-Luft-Streitkräfte erfüllen müssen, und die möglichen Merkmale des bewaffneten Kampfes auf See vor Augen halten, ist es vollkommen logisch anzunehmen, daß die Bedeutung der See-Luft-Streitkräfte hierbei wesentlich größer als im vorigen Krieg sein wird.

Was die Voraussetzungen anbetrifft, die sich auf den Einsatz von Flugzeugen auf See auswirken, so müssen wir uns mit den voraussichtlichen Bedingungen befassen, unter denen die Flugzeuge die Luftabwehr überwinden müssen. Hierbei muß hervorgehoben werden, daß die Möglichkeiten der Luftabwehr in der Vergangenheit verhältnismäßig begrenzt waren, da ein auf See befindlicher Verband hauptsächlich über Fla-Artillerie verfügte und Luftziele in geringer Entfernung ausgemacht werden konnten. Mit dem Aufkommen von Fla-Raketen und von Radargeräten für die Beobachtung des Luftraums erweiterten sich die Möglichkeiten der Luftabwehr erheblich (die Reichweite und das Auflösungsvermögen der Radarbeobachtung von Luftzielen in mittleren und großen Höhen vergrößerte bzw. erhöhte sich, die Kampfmöglichkeiten der Schiffe und der Abfangjäger der Sicherungskräfte wurden besser), die Konstrukteure der Luft/Schiff-Flugkörper waren jedoch in der Lage, Flugkörper mit ausreichender Reichweite zu konstruieren, so

Abb. 31: Die konventionellen Kreuzer der »Swerdlow«-Klasse sind nunmehr ein Vierteljahrhundert im Einsatz und haben lediglich noch Ausbildungsaufgaben zu erfüllen.

daß das angreifende Flugzeug seine Flugkörper aus größerer Entfernung abfeuern kann und nicht in den Wirkungsbereich der Fla-Waffen eindringen muß. Dies bedeutet natürlich nicht, daß das Flugzeug bereits eine endgültige Überlegenheit über die Luftabwehr errungen hat. Der uralte Wettstreit zwischen Angriffs- und Verteidigungswaffen geht mit unverminderter Intensität weiter.
Einen starken Einfluß auf die Möglichkeiten der See-Luft-Streitkräfte im Kampf auf See hat die Entwicklung der Flugzeugtechnik und der Flugzeugwaffen ausgeübt. Dabei ist es charakteristisch, daß sich in fast allen Ländern deutlich eine Tendenz zur Spezialisierung, d.h. zum Bau von Flugzeugen für ganz bestimmte Aufgaben herausgebildet hat. Eben aus diesem Grunde werden die Flugzeuge der meisten Länder mit speziellen Ortungs- und Waffensystemen für die Bekämpfung von U-Booten, Waffensystemen für den Kampf gegen Überwasserschiffe und Gerätesystemen zur Ermittlung der Lage auf See ausgerüstet. Ausländische Veröffentlichungen zeigen, daß die Möglichkeiten der Flugzeuge größer werden, wenn die sogenannten fliegenden Waffensysteme (Flugzeug, Ortungsmittel und Bewaffnung) im Komplex für klar umrissene und hinsichtlich ihres Inhalts und der Durchführungsbedingungen ähnliche Aufgaben entwickelt werden. Diese Systeme sollen die Flugzeuge in die Lage versetzen, Einsätze nach dem Prinzip »Selbständige Zielsuche — Ortung — Vernichtung« durchzuführen, und bieten ihnen dank der hohen Wirksamkeit der mitgeführten Flugkörper mit Atomgefechtskopf die Möglichkeit, Kräfte auf See erfolgreich zu bekämpfen und ihre eigene Selbständigkeit, Beweglichkeit und Gefechtsbereitschaft zu erhöhen.
Besonders schnell verläuft die Entwicklung der modernen funkelektronischen Mittel zur Ortung von Überwasserschiffen (Rundsicht- und Seitensichtradar, Geräte für Fernmelde- und für elektronische Aufklärung, Infrarot-Geräte, Fernseh- und andere Geräte), die es den Fliegern ermöglichen, ein Ziel auf See in einer Entfernung von mehreren hundert Kilometern häufig früher zu orten, als das Schiff das Aufklärungsflugzeug entdecken kann. Mit Hilfe dieser Geräte können nicht nur Ziele geortet, sondern auch die Zusammensetzung und die Bewegungsparameter von Schiffsverbänden bestimmt werden.
Wesentlich schwieriger ist die Suche nach U-Booten, insbesondere Atom-U-Booten, die hohe Fahrgeschwindigkeiten und große Tauchtiefen aufweisen. Die U-Bootsuche und die U-Bootortung bereiten trotz der ständigen Verbesserung der Mittel große Schwierigkeiten.
Die verbesserten Kampfmöglichkeiten der Fliegertruppenteile, die Erhöhung der Reichweite der von ihnen verwendeten Flugkörper und der Umstand, daß sie in der Lage sind, die aktiven Kräfte und Mittel der

Schiffs-Flugabwehr mit Hilfe dieser Flugkörper zu überwinden, haben dazu geführt, daß Angriffe auf Seeziele mit Flugkörpern, die einen Atomgefechtskopf aufweisen, praktisch nicht abgewehrt werden können. Diese grundlegende Verbesserung der Möglichkeiten der Fliegertruppenteile und -verbände, Schläge gegen Seeziele zu führen, hat neben anderen Faktoren zu wesentlichen Veränderungen des Einsatzes dieser Kräfte geführt, u. a. auch der Einsatzgrundsätze der Verfahren zur Durchführung von Aufträgen, der Organisation des Zusammenwirkens, der Führung und aller Arten der Versorgung.

Die Kampfmöglichkeiten der Seefliegerkräfte sind einer der Hauptparameter der Schlagkraft unserer modernen Seekriegsflotte. Die Seefliegerkräfte sind nun auf allen Meeren präsent, sie sind zu dem wichtigsten Mittel des bewaffneten Kampfes auf See geworden.

Waffen und Geräte. Sofort nach dem Ende des Zweiten Weltkrieges begannen in allen Ländern umfangreiche Arbeiten zur Entwicklung von neuartigen Waffen und Geräten, darunter auch von solchen für den Einsatz auf See.

Bekanntlich setzte die sowjetische Seekriegsflotte während des Zweiten Weltkrieges erstmals Raketenwaffen ein. Es waren dies ungelenkte Raketen eines für die Landstreitkräfte entwickelten Typs, für deren Einsatz Schnellboote mit den gleichen Startschienen ausgerüstet wurden, die für die berühmten »Stalinorgeln« entwicklelt worden waren.

Während des Krieges betrachteten die Amerikaner diese Waffe mit grosser Skepsis. Erst nachdem sie die ersten Aufklärungsberichte über die im faschistischen Deutschland durchgeführten Arbeiten zur Entwicklung der V-2 erhalten hatten, änderten die Amerikaner ihren Standpunkt radikal. Damals unternahmen die USA große Anstrengungen, um einerseits konkrete Angaben über die deutschen Raketen zu erhalten und andererseits diese Angaben vor der UdSSR geheimzuhalten. Hierzu trug auch die damalige Situation bei.

Nachdem die Nazis die Erprobung der V-2 nach einem massierten Bombenangriff der alliierten Luftstreitkräfte auf Peenemünde ins besetzte Polen verlegt hatten, nutzte die anglo-amerikanische militärische Führung Anfang 1944 ihre Verbindungen zu den polnischen Partisanen aus, um Muster der wichtigsten Aggregate der deutschen Raketen zu erhalten; diese gingen nämlich mitunter weit entfernt von den Gebieten nieder, in denen die deutschen Suchkommandos sie erwarteten.

Das Interesse des Pentagons an der neuen Waffe wird auch dadurch bestätigt, daß die militärische Führung der USA bereits vor der Invasion in der Normandie sorgfältig einen Plan für die Geheimoperation »Paperclip« zur Gefangennahme der nazistischen Raketen-Wissenschaftler ausarbeitete. Der Konstrukteur der V-2, Braun, und seine Gruppe erleichterten ihr diese Aufgabe. Sie flüchteten beim Vormarsch der sowjetischen Streitkräfte nach Westen, den amerikanischen Vorausabteilungen entgegen.

Mit Brauns Hilfe wählten die Amerikaner eine erste Gruppe von 102 der führenden nazistischen Wissenschaftler aus. Außerdem sorgte die amerikanische Führung dafür, daß alle vorgefundenen Raketen — sowohl fertiggestellte als auch teilweise zusammengebaute — abtransportiert wurden.

Um möglichst schnell über unbemannte atomare Einsatzsysteme zu verfügen, nahmen die USA sofort nach dem Kriege ein Programm zur Herstellung von Flugkörpern mit Luftstrahltriebwerk, d. h. aerodynamischen Flugkörpern, in Angriff. Einige zu diesem Programm gehörige Projekte - »Rigel«, »Regulus I«, »Regulus II«, »Matador« — waren aerodynamische Flugkörper mittlerer Reichweite, wobei die ersten drei Typen von Überwasserschiffen oder aufgetauchten U-Booten und die vom Typ »Matador« von amerikanischen Stützpunkten in Europa und Japan aus gestartet werden sollten.

Zwei weitere Projekte, die ebenfalls im Rahmen dieses Programms entwickelt wurden, die »Snark« und die »Navajo«, gehörten zu den interkontinentalen Flugkörpern; ihre Reichweite sollte bei »etwas mehr als einem Viertel des Erdumfangs« liegen.

Fast gleichzeitig wurde auch ein Programm für die Herstellung von Einsatzmitteln mit Raketenantrieb schnell vorangetrieben. Auf diesem Gebiet konnten die USA bereits auf einige, wenn auch bescheidene, Erfolge zurückblicken. Ende 1944 war den amerikanischen Raketenbauern der erste Versuchsstart des Prototyps einer ballistischen Rakete gelungen, und 1945 hatte eine Versuchsrakete dieses Typs eine Höhe von 64 km erreicht.

Nach dem Eintreffen der deutschen Fachleute begann man in den USA mit der Montage und der Erprobung der V-2, die in der Folgezeit verbessert wurde. Nicht minder energisch bemühte sich die amerikanische Führung auch um die Entwicklung von Flugkörpersystemen mit Atomgefechtskopf für den Unterwasserabschuß.

1946 begann eine Projektgruppe unter der Leitung des Marineingenieurs Rickover* mit der Konstruktion eines FK-U-Bootes mit Atomantrieb. Wesentlich später, im November 1955, wurde nach Einstellung der Entwicklung von aerodynamischen Flugkörpern für U-Boote eine gemeinsame Arbeitsgruppe der Luft- und der Seestreitkräfte gebildet, die beauftragt wurde, die Möglichkeit einer Modifikation des Flugkörpers

* Gemeint ist der jetzige Admiral George Rickover (Anm. d. Hrsg.).

»Atlas« für den Einsatz von Überwasserschiffen und U-Booten aus zu untersuchen. Diese Gruppe wurde jedoch recht bald aufgelöst, und an ihre Stelle trat eine andere Gruppe unter der Leitung des Admirals Raborne*, die mit der Entwicklung des Flugkörpers »Polaris« für die Seestreitkräfte begann.

Im September 1955 wurde das »Polaris«-Programm offiziell zu einem vorrangigen Programm von nationaler Bedeutung erklärt. Schritt für Schritt wurde nun das Flugkörperprogramm beschleunigt, um die »absolute« Waffe so schnell wie möglich in die Hand zu bekommen. Die Erklärung des damaligen Verteidigungsministers Wilson, daß für die Durchführung des Flugkörperprogramms unbegrenzte finanzielle Mittel zur Verfügung ständen, darf nicht als Übertreibung angesehen werden: Im Fühjahr 1957 arbeiteten mindestens 100 000 Menschen an der Durchführung des Flugkörperprogramms. An diesem waren 20 000 Unternehmen aus 22 Industriezweigen beteiligt. Bereits 1952 überstiegen die für das Flugkörperprogramm bereitgestellten Haushaltsmittel die Summe von 1 Milliarde Dollar; die Gesamtausgaben für diese Zwecke im ersten Nachkriegsjahrzehnt betrugen mehr als 17 Millarden Dollar. »Der Kongreß«, so schrieb später die »New York Times«, »hat immer jeder Haushaltsvorlage für die Entwicklung der Raketenwaffe zugestimmt.«

Angesichts dieser gewaltigen Gefahr mußten wir natürlich alle zur Verteidigung unseres Landes erforderlichen Maßnahmen ergreifen. Gleichzeitig mit der Entwicklung neuer Flugkörpersysteme für die Land- und Luftstreitkräfte und der Verbesserung der bereits vorhandenen, die sich im Großen Vaterländischen Krieg hervorragend bewährt hatten, begann man daher in unserem Land nach Möglichkeiten zur Bewaffnung unserer Kriegsschiffe mit neuartigen Flugkörpern zu suchen.

Wissenschaftliche Untersuchungen ließen bereits damals die überaus großen Vorzüge der Flugkörper gegenüber traditionellen Mitteln des Kampfes auf See wie den Rohrwaffen aller, selbst der größten Kaliber erkennen. Diese Vorzüge bestanden in erster Linie in der wesentlich größeren Schußweite und der hohen Wahrscheinlichkeit der Zielbekämpfung. Die Genauigkeit, mit der der Gefechtskopf eines Flugkörpers ins Ziel gebracht wird, hängt nicht so sehr von den technischen Eigenschaften des Flugkörpers selbst, sondern vielmehr von der Genauigkeit und Zuverlässigkeit der Zielzuweisung (die Reichweite des Flugkörpers ist wesentlich größer als die der Mittel zur Aufklärung der Lage auf See, die auf dem FK-Schiff vorhanden sind) sowie vom System zur Lenkung des Flugkörpers ab.

* William F. Raborne (Anm. d. Hrsg.).

Es mußte berücksichtigt werden, daß das Ersetzen der Artilleriewaffen durch Flugkörper zwangsläufig die Überwindung großer Schwierigkeiten, die mit der Unterbringung großer Flugkörper auf den vorhandenen Schiffen zusammenhingen, erforderlich machen würde. Das Problem war also, entweder eine Möglichkeit zu finden, die Artilleriewaffen durch Flugkörper zu ersetzen, oder wenn dies nicht gelingen sollte, neuartige Schiffe zu bauen.

Eine weitere wichtige Arbeit, die damals erfolgreich durchgeführt wurde, war die Entwicklung eines aerodynamischen Flugkörpers für die Seefliegerkräfte. Die Entscheidung, diesen Flugkörper anfangs bei den Seefliegerkräften zu verwenden, war durch die Unvollkommenheit des damals im Flugkörper eingebauten Triebwerks bedingt, die die Startmöglichkeiten an Bord eines Schiffes begrenzte. Dies traf für den Start vom Flugzeug aus nicht zu.

Bei den Arbeiten zur Vervollkommnung dieses Flugkörpers wurde ein neuer aussichtsreicherer Weg für die Entwicklung von Flugkörpern gefunden. Daher wurde die Entwicklung von Flugkörpern für den Einsatz von Land und von Flugzeugen aus vorübergehend eingestellt, und man konzentrierte sich auf ein Mehrzwecksystem, das sowohl von Flugzeugen und Überwasserschiffen als auch von der Küste aus eingesetzt werden sollte. Diese Arbeiten verliefen im wesentlichen erfolgreich, und Mitte der fünfziger Jahre wurde dieser aerodynamische Flugkörper bei den Seefliegerkräften und den Küstenschutz-Raketentruppen eingeführt.

Die nächste Stufe war die Entwicklung von aerodynamischen Flugkörpern, die speziell für die Bewaffnung von kleinen Kampfschiffen bestimmt waren. Dies war ein großer Fortschritt in der waffentechnischen Entwicklung unserer Seekriegsflotte, durch den unsere Schiffe vollkommen neuartige Eigenschaften erlangten und sich ihre Kampfmöglichkeiten — folglich auch die operativen und taktischen Einsatzverfahren der Überwasserschiffe der Seestreitkräfte im bewaffneten Kampf auf See — von Grund auf veränderten. Die Flugkörper haben die Feuerkraft von Schiffen der verschiedenen Gattungen praktisch ausgeglichen. Selbst Artillerieschnellboote, an deren Einsatz gegen Überwasserschiffe früher nicht zu denken war, waren bei Umrüstung auf Flugkörper in der Lage, Kriegsschiffe praktisch jeder Größe zu bekämpfen.

Es muß hier hervorgehoben werden, daß viele Jahre lang nur Schiffe unserer Seekriegsflotte mit aerodynamischen Flugkörpern ausgerüstet wurden. In den Seestreitkräften anderer Staaten ging man nur sehr vorsichtig an eine Beurteilung der Möglichkeiten dieser Waffe heran und ließ sich, selbst wenn man ihre Wirksamkeit erkannt hatte, mit der Einführung Zeit. Erst nachdem ägyptische FK-Schnellboote den israeli-

schen Zerstörer »Elath« versenkt hatten, fanden die aerodynamischen Flugkörper selbst bei den Marinen der traditionellen Seemächte Anerkennung, die nun die Entwickung solcher Flugkörper für Überwasserschiffe der verschiedensten Gattungen forcierten.
Dank der aerodynamischen Flugkörper werden die FK-Schnellboote jetzt als Angriffskräfte der modernen Seestreitkräfte anerkannt. In Norwegen z. B. wurden FK-Schnellboote mit vier Startern in Dienst gestellt, und 20 Schnellboote werden auf Flugkörper umgerüstet. Der Bau von FK-Schnellbooten wurde in der Bundesrepublik Deutschland, in Dänemark, Italien, Israel, Griechenland und in anderen Staaten aufgenommen. Auch große Seemächte wie die USA, Großbritannien und Frankreich sind zum Bau von FK-Schnellbooten übergegangen. Viele ausländische Marinefachleute sind sich jetzt darin einig, daß die FK-Schnellboote auch kleinen Seestreitkräften überproportionale Angriffsmöglichkeiten bieten.
Auch die Fla-Bewaffnung der Schiffe hat sich grundlegend verändert und besteht nun in der Hauptsache aus Flugkörpern. Durch die Lösung des Problems der Bewaffnung mit Fla-Flugkörpern wurden die Voraussetzungen für einen neuen Ansatz zur Beurteilung der realen Kampfmöglichkeiten der modernen Überwasserschiffe geschaffen. Da die Fla-Flugkörper die Verteidigungskraft von Überwasserverbänden wesentlich erhöht haben, können Überwasserschiffe nun einen Kampfauftrag weit außerhalb der Reichweite der landgestützten Luftabwehr erfüllen und sich dabei auf die Zuverlässigkeit der eigenen Luftabwehr verlassen.
Im Unterschied zu den Flugkörpern für Überwasserschiffe, die die Schiffsartillerie — in erster Linie die großkalibrige — ersetzten, waren die Flugkörper für U-Boote ein neuartiges Waffensystem, das die U-Boote selbst, ihre Zweckbestimmung und ihre Kampfmöglichkeiten mit allen daraus resultierenden Folgen von Grund auf veränderte.
Die Entwicklung der Flugkörper für U-Boote erfolgte in zwei Richtungen. Die eine Richtung sah die Entwicklung von aerodynamischen Flugkörpern zur Bekämpfung großer Überwasserschiffe und zur Zerstörung von Zielen an Land vor. Die Ausrüstung der U-Boote mit solchen Flugkörpern erweiterte ihre Möglichkeiten, Überwasserschiffe der gegnerischen Seestreitkräfte zu bekämpfen. Dadurch wurden die U-Boote in die Lage versetzt, verschiedene Mittel in den vorteilhaftesten Kombinationen zur Bekämpfung von stark gesicherten gegnerischen Schiffen einzusetzen und Schläge gegen diese zu führen, ohne dabei in den U-Abwehrbereich des Gegners einzudringen.
Die andere selbständige Richtung der Entwicklung von Flugkörpern für U-Boote war die Herstellung von ballistischen Flugkörpern großer Reichweite. Das erste Modell eines solchen Flugkörpers stand unserer

Seekriegsflotte Anfang der fünfziger Jahre zur Verfügung. Auf der Grundlage dieses Modells wurden danach verbesserte ballistische Flugkörper für unsere U-Boote entwickelt. Ende der fünfziger Jahre wurden unsere U-Boote mit dem ersten wirklich einsatzfähigen ballistischen Flugkörper ausgerüstet. Dieser hatte aber einen wesentlichen Nachteil: Er mußte vom aufgetauchten U-Boot aus abgeschossen werden. Daher suchte man ständig nach Wegen, den Unterwasserabschuß zu ermöglichen und gleichzeitig die Reichweite zu erhöhen. Infolge intensiver Forschungsarbeit und vieler Versuche erhielt unsere U-Bootwaffe eine Rakete, die unter Wasser abgeschossen werden konnte. Damit war die Grundlage für die Einführung des strategischen Waffensystems U-Boot/Flugkörper mit Atomgefechtskopf bei den sowjetischen Streitkräften geschaffen. Dank dieser ballistischen Flugkörper, die unter Wasser gestartet werden können, einen Atomgefechtskopf mit großem Detonationswert aufweisen und eine große, nach Tausenden von Kilometern zählende Reichweite haben, konnten unsere U-Boote nun strategische Aufgaben erfüllen.

Die Flugkörper für U-Boote, Überwasserschiffe, Seeflieger und Küstenschutz-Truppenteile werden ständig weiterentwickelt. Dabei werden die Reichweite und die Treffgenauigkeit erhöht und der Kampfwert der Flugkörper und ihrer Einsatzmittel verbessert. Die Flugkörper nehmen unter den Waffen der Seekriegsflotte unbestreitbar den führenden Platz ein, und die Seekriegsflotte verfügt über ein solides Arsenal strategischer Waffen, mit denen sie schwierige Aufgaben in einem Krieg lösen kann. Heute ist die sowjetische Seekriegsflotte in der Lage, strategische Aufgaben nicht nur durch Vernichtung gegnerischer atomarer Unterwasser-Einsatzmittel auf See zu erfüllen.

Nach dem Ende des Zweiten Weltkrieges wurde in den Seestreitkräften verschiedener Länder die Meinung vertreten, daß die vorhandenen U-Abwehrwaffen ideal oder fast ideal seien. Diese Meinung beruhte auf der Eigentümlichkeit des Wettlaufs zwischen den Angriffs- und den Verteidigungsmitteln im U-Bootkrieg während des Zweiten Weltkrieges. Diese Eigentümlichkeit bestand darin, daß die Entwicklung der U-Boote damals vor allem durch eine Teilverbesserung der Boote auf der materiellen und technischen Grundlage der Vorkriegszeit erfolgte. Dabei wirkten sich diese Verbesserungen, selbst die einschneidendsten, nur auf einzelne taktische Eigenschaften der U-Boote aus, ohne jedoch deren Haupteigenschaften zu ändern und die Mängel, die für diese Schiffsgattung charakteristisch waren, zu beseitigen. Am deutlichsten ist dieser Prozeß an den U-Booten der faschistischen deutschen Marine zu erkennen.

Die U-Abwehrkräfte der Alliierten wurden dagegen auf einer neuen

technischen Grundlage unter Berücksichtigung der neuesten Erkenntnisse der Wissenschaft auf diesem Gebiet geschaffen. Daher verschärfte sich im Zweiten Weltkrieg das in den Vorkriegsjahren existierende Mißverhältnis zwischen den Möglichkeiten der Angriffsmittel und denen der Verteidigungsmittel gegen U-Boote erheblich. Die Behauptung, daß die U-Boote diesen Wettstreit verloren hätten und aus diesem als Unterlegene hervorgegangen seien, entsprechen jedoch — wie wir bereits festgestellt haben — bei weitem nicht der wahren Lage der Dinge. Als die ersten Nachkriegs-U-Boote mit Dieselantrieb aufkamen, in denen alle in den verschiedenen Marinen schon im Zweiten Weltkrieg vorhandenen Verbesserungen umfassend realisiert waren und die U-Boote die doppelte Tauchtiefe und eine höhere Unterwasser-Fahrgeschwindigkeit erreichten, wurde das Mißverhältnis zwischen den Angriffs- und den Verteidigungsmöglichkeiten noch deutlicher. Keiner Marine gelang es damals, Mittel für die Unterwasser-Beobachtung zu entwickeln, deren Reichweite mit der der U-Jagdwaffen, die von Überwasserschiffen, Flugzeugen oder U-Jagd-U-Booten eingesetzt wurden, vergleichbar war. Auch die teilweise Erhöhung der Reichweite der Ortungsmittel, die in unserer und in ausländischen Marinen erreicht wurde, konnte dieses Problem nicht lösen, da sich die U-Boote weitaus besser als früher der Einwirkung dieser Waffen entziehen konnten.
Gleichzeitig wurden die U-Boote in allen Seestreitkräften immer mehr als das Rückgrat des bewaffneten Kampfes auf See und als Hauptgefahr für Kriegs- und Handelsschiffe betrachtet. Wichtig war außerdem, daß in einigen Ländern erstmals nach dem Krieg damit begonnen wurde, nach Wegen für die Entwicklung von Atom-U-Booten zu suchen, was selbst nach den Vorstellungen der damaligen Zeit zu sehr einschneidenden Veränderungen der Bedingungen des bewaffneten Kampfes auf See insgesamt und der Bekämpfung von U-Booten im besonderen führen mußte. Daher wurde das Problem der Entwicklung von U-Jagdmitteln, das stets aktuell war, ganz besonders vordringlich.
Die intensive Entwicklung der U-Boote und insbesondere das Aufkommen von FK-U-Booten mit Atomantrieb, deren Bekämpfung zu einer nationalen Aufgabe wurde, warf die Frage auf, auf welche Weise die Wirksamkeit der U-Abwehrwaffen entscheidend verbessert werden konnte. Schon damals war es klar, daß eine grundlegende Lösung dieses Problems nicht in einer bloßen Verbesserung der bereits vorhandenen Kampfmittel, die technisch kaum noch weiterentwickelt werden konnten, zu suchen war. Es handelte sich vielmehr um die Entwicklung völlig neuer Grundsätze für die Bekämpfung von U-Booten, wodurch sich auch neue Forderungen an die Mittel, mit denen diese bekämpft werden sollten, ergaben.

Die wichtigste Forderung bestand darin, daß zur sicheren Bekämpfung von FK-U-Booten mit Atomantrieb die Reichweite der entsprechenden Ortungsmittel erheblich erhöht und eine Waffe entwickelt werden mußte, die U-Boote im gesamten Tauchtiefenbereich innerhalb kürzester Zeit und mit hoher Wahrscheinlichkeit bekämpfen konnte. Die U-Jagdwaffen wurden entsprechend diesen Forderungen, die sich aus den neuen Kampfeigenschaften der U-Boote ergaben, entwickelt.
Im Verlauf der Nachkriegsentwicklung der Seekriegsflotte zeigte es sich, daß die Kriegsschiffe unbedingt mit Antriebsanlagen hoher spezifischer Leistung ausgerüstet werden müssen. Diese Forderung wird auf mehreren Wegen realisiert, von denen die wichtigsten die Entwicklung, Verbesserung und Einführung von Atomantriebsanlagen sowie die Entwicklung und Einführung von verbesserten Dampfturbinen-, Gasturbinen- und Dieselanlagen mit erhöhter spezifischer Leistung sind.
Der Atomantrieb, der die Seeausdauer und den Fahrbereich der Schiffe wesentlich erhöhte, vergrößerte auch deren Kampfmöglichkeit. Grundsätzlich neuartige Eigenschaften verleiht er aber vor allem den U-Booten, die zu wirklichen Unterwasserschiffen werden und in sich Hauptparameter der Kampfkraft wie Schnelligkeit, Schlagkraft und gedecktes Operieren in höchstem Maße vereinigen. Darüber hinaus werden die U-Boote zu vollwertigen U-Jagdschiffen, die in der Lage sind, gegnerische FK-U-Boote zu orten, lange zu verfolgen und erforderlichenfalls anzugreifen.
Die Ausrüstung der U-Boote mit Atomantriebsanlagen ermöglichte es, den Energievorrat, den Unterwasserfahrbereich und die Fahrgeschwindigkeit dieser U-Boote erheblich zu vergrößern. Auch die Kampfeigenschaften der Überwasserschiffe werden durch die Ausrüstung mit Atomantriebsanlagen wesentlich verbessert: Ihr Fahrbereich bei hoher Fahrgeschwindigkeit wird größer, und sie hängen zudem weniger von Stützpunkten und Versorgungsschiffen ab.
Die Verbesserung der Dampfturbinen, Gasturbinen und Dieselmotoren, die einen höheren Wirkungsgrad aufweisen, ermöglichte es, neue Überwasserschiffe mit größerem Fahrbereich, größerer Seeausdauer und höherer Fahrgeschwindigkeit zu bauen und die Entwicklung von grundsätzlich neuartigen Überwasserfahrzeugen mit dynamischem Auftrieb, die bereits erwähnt worden sind, in Angriff zu nehmen.
Bei der Entwicklung von Kräften und Mitteln für den Kampf auf See hat die Elektronik einen besonderen Platz eingenommen, da sie nicht nur die technische Grundlage der Führungssysteme, sondern auch ein unerläßlicher Bestandteil der wichtigsten Waffensysteme ist.
Alle Arten des Einsatzes der Seestreitkräfte hängen unvermeidlich mehr oder weniger mit dem Einsatz von elektronischem Gerät zusammen. Die

Tendenz, die Steuerung bzw. Lenkung von Schiffs- und Waffensystemen sowie die Führung von Schiffen und Verbänden zu automatisieren, zeigt, daß die Elektronik für das Funktionieren von Führungs- und Waffensystemen aller Art immer wichtiger wird. Aus diesem Grunde wird die Überlegenheit auf dem Gebiet der militärischen Elektronik zu einer unerläßlichen Voraussetzung für die militärische Überlegenheit über den Gegner.
Die Elektronik verbessert zwar die Kampfmöglichkeiten der Kräfte und Waffen, macht aber gleichzeitig die Systeme und Geräte zur Steuerung, Lenkung und Führung gegen Abwehrmaßnahmen des Gegners anfälliger. Heute läßt sich die Führung und Steuerung bzw. Lenkung nicht nur durch Vernichtung der entsprechenden Systeme, sondern auch — wie sich im Verlauf der arabisch-israelischen Kriege von 1967 und 1973 und bei den Kampfhandlungen in Vietnam klar erwiesen hat — durch Einwirkung auf deren elektronische Komponente stören und unterbinden. Insgesamt betrachtet wird die Elektronik, die in alle Aufgabenbereiche der Streitkräfte vorgedrungen ist und in Systemen zur Führung von Kräften und zur Steuerung bzw. Lenkung von Waffen in allen Bereichen und auf allen Ebenen einen wichtigen Platz einnimmt, zu einem entscheidenden Faktor, der das reale Verhältnis der Kräfte und Mittel der einander gegenüberstehenden Seiten bestimmt.
Von besonderer Bedeutung ist dieser Umstand für die sowjetische Seekriegsflotte, bei der Radar- und funktechnisches Gerät in wesentlich größerem Umfang und vielfältiger als bei jeder anderen Teilstreitkraft eingesetzt wird. Heute ist die Seekriegsflotte mit modernsten mobilen (auf Schiffen und Flugzeugen) und stationären Radar- und technischen Systemen ausgerüstet. Diese zeichnen sich durch eine große Reichweite, eine hohe Genauigkeit der Messung der Zielkoordinaten, eine hohe Zuverlässigkeit und eine weitestgehende Automatisierung aus. Dadurch ist gewährleistet, daß die Analyse der Beobachtungsdaten, die Zielzuweisungen, die Ausgabe der laufenden Koordinaten sowie die Wahl der optimalen Lösungen für den Einsatz von Kräften und Waffen schnell erfolgen.
Heute sind Kampfhandlungen ohne den Einsatz von Radar und funktechnischem Gerät unmöglich. Die Marinewaffen selbst (Flugkörper und sogar Artilleriegeschosse) weisen unterschiedliche Radareinrichtungen auf.
Durch die Vielzahl der an Bord eines Schiffes erforderlichen Radargeräte und -systeme sind für die Unterbringung der Geräte und des Bedienungspersonals große Räume sowie komlex ausgebildete Aufbauten und Masten für eine große Anzahl von Antennen nötig. Infolge der Ausweitung der Aufgaben und Möglichkeiten des Radar werden Schiffe noch

stärker mit Radargeräten ausgerüstet werden. Der umfassende Einsatz des Radar machte es zu einem wichtigen Faktor im modernen bewaffneten Kampf auf See.
Das Radar als System der Ausrüstung der Seekriegsflotte hat die Organisation und Durchführung der Kampfhandlungen ihrer Kräfte wesentlich verändert. Dadurch wurde es auch erforderlich, Grundsätze für den Einsatz von Radargeräten, der ein unabdingbarer Bestandteil der Taktik der Seekriegsflotte ist, auszuarbeiten.
Eine überaus große Bedeutung haben unter den heutigen Bedingungen auch die Mittel zur Aufklärung der Unterwasserlage erlangt, wobei die Sonargeräte und -systeme, die für die Ortung von U-Booten und Überwasserschiffen, die Minensuche, die Schiffsführung und Rettungsarbeiten bestimmt sind, einen besonderen Platz einnehmen. Unterwasserschallortungsgeräte werden in allen Seestreitkräften intensiv entwickelt und sind bereits zu einem nicht mehr wegzudenkenden Teil der Ausrüstung von U-Booten, Überwasserschiffen, Hubschraubern, Flugzeugen und stationären Anlagen geworden. Ihr umfassender Einsatz hat die Entwicklung der Seestreitkräfte und der Seekriegskunst erheblich beeinflußt. Die Möglichkeiten der Unterwasserschallortung sind bei weitem nicht erschöpft, und die Arbeiten zur Verbesserung ihrer Wirksamkeit — insbesondere bei der Bekämpfung von U-Booten — werden fortgesetzt. Daher werden auch wirksamere Verfahren zur Bekämpfung von Kräften der gegnerischen Marine entwickelt werden.
Allen gut bekannt sind die Maßnahmen, die das Zentralkomitee unserer Partei und die Sowjetregierung in den letzten Jahren zur radikalen Verbesserung der Führung aller Lebensbereiche unseres Landes nach wissenschaftlichen Grundsätzen getroffen haben. Die Partei lehrt, daß die Schaffung der materiell-technischen Basis des Kommunismus und eines neuen Menschentyps — des Menschen der kommunistischen Gesellschaft — in vielem von der Organisation der Führung nach wissenschaftlichen Grundsätzen abhängt.
Die Bedeutung der Führung ist heute so gewachsen, daß von ihr nicht nur die Effektivität und das Ergebnis der Tätigkeit der Gesellschaft, sondern auch die Möglichkeit dieser Tätigkeit abhängt. Im bewaffneten Kampf auf See zeigt sich dies besonders deutlich. Dieser wird sich durch globales Ausmaß, einen raschen Ablauf der bewaffneten Zusammenstöße auf See und eine wesentlich stärkere Auswirkung der Kampfhandlungen als bei Operationen in der Vergangenheit auszeichnen. Dadurch wird die Verantwortung eines jeden Führers für die Entschlußfassung und die unverzügliche Verwirklichung des Entschlusses viel größer, und er muß schnell und flexibel handeln, wie es die Dynamik der ablaufenden Ereignisse erfordert.

Noch in jüngster Vergangenheit, während des Großen Vaterländischen Krieges, konnte selbst der Befehlshaber einer Flotte das Kampfgebiet der wichtigsten entscheidenden Richtung der Operation überblicken und die erforderlichen Befehle erteilen und direkt auf den Verlauf der Operation einwirken. Die Kampfmittel und die Schnelligkeit ihres Einsatzes entsprachen in gewissem Grade den Möglichkeiten des Menschen. Die Führung der Kräfte erfolgte mit Hilfe vorher ausgearbeiteter und allen Beteiligten bekannter Methoden ohne Verwendung von komplizierten Maschinen und Geräten. Seitdem sind nur dreißig Jahre vergangen, aber die damalige Art der Führung ist in erheblichem Maße veraltet. Die gewaltige Vernichtungskraft und erhöhte Reichweite der Kampfmittel, das größere Ausmaß der Kampfhandlungen sowie die Schnelligkeit des Einsatzes der Kampfmittel, die so sehr gewachsen ist, daß sie die physischen Möglichkeiten des Menschen übersteigt, erfordern eine andere Betrachtungsweise der wichtigsten Aspekte des Kampfes auf See, d. h. der Mittel, der Verfahren und der Organisation der Führung von Seestreitkräften.

Wir wollen hier lediglich die Mittel betrachten, ohne die heute die Führung von Seestreitkräften nicht nur auf den Weiten der Ozeane, sondern auch in verhältnismäßig kleinen Seegebieten selbst bei der Durchführung von begrenzten Aufträgen taktischer Art undenkbar ist. Hierbei nehmen die Fernmeldemittel, die seit alters her die wichtigsten Mittel zur Führung von Kräften und Waffen aller Teilstreitkräfte waren, eine besondere Stelle ein. Für keine andere Teilstreitkraft ist jedoch die Reichweite der Fernmeldemittel so wichtig wie für die Seestreitkräfte, deren Einheiten sich praktisch in allen, selbst den entferntesten, Gebieten des Weltmeeres befinden können. Moderne Seestreitkräfte müssen über globale Fernmeldeverbindungen verfügen, mit deren Hilfe Kräfte, die Zehntausende von Kilometern von ihren Stützpunkten entfernt sind, geführt werden können.

Jede Teilstreitkraft hat einen spezifischen Wirkungsbereich, in dem sie ihre Kräfte mit Hilfe unterschiedlicher Fernmeldemittel, die im jeweiligen Bereich eingesetzt werden, führt. Auch hier unterscheiden sich die Seestreitkräfte erheblich von den anderen Teilstreitkräften. Sie benötigen Fernmeldemittel, die eine gleichzeitige Führung von Kräften über Wasser, unter Wasser, in der Luft und an Land gewährleisten.

Eine weitere Eigenart der Seestreitkräfte besteht darin, daß sie nicht im geschlossenen Verband wie z. B. die Luft- oder die Landstreitkräfte, sondern in aufgelockerten Formationen oder sogar mit einzelnen Schiffen, die voneinander weit entfernt sind, operieren.

Infolge dieser objektiven Gründe benötigen die Seestreitkräfte ein System der Fernmeldeverbindungen, mit dem sie ihre hochbeweglichen

Kräfte, die in riesigen Entfernungen von ihren Stützpunkten, in unterschiedlichen Medien und in aufgelockerten Formationen operieren, welche sich in Tiefe und Breite über viele tausend Kilometer erstrecken können, zuverlässig führen können. Wegen der Besonderheiten des modernen Krieges müssen diese Fernmeldeverbindungen schnell, stabil, unempfindlich gegen Störmaßnahmen des Gegners und unbedingt zweiseitig sein.

Unter Berücksichtigung dieser Besonderheiten und Forderungen wurde das System der Fernmeldeverbindungen unserer Seekriegsflotte aufgebaut und allmählich, je weiter die Schiffe unserer Flotte in neue und weiter entfernte Gebiete der Weltmeere vorstießen, weit über die Bereiche der an unser Land angrenzenden Meere hinaus ausgeweitet. Heute sind die Schiffe, Flugzeuge und Befehlsstellen der Seekriegsflotte mit leistungsfähigen Fernmeldemitteln ausgerüstet, die eine zuverlässige Führung von Flottenkräften in großen Räumen gewährleisten.

Der Führungsprozeß, auch der im Bereich der Seekriegsflotte, beruht auf der Arbeit der Menschen, die ihn realisieren oder sicherstellen. Diese komplizierte Arbeit läuft in allen Fällen auf zwei Arten der geistigen Tätigkeit des Menschen hinaus: auf die Analyse und die Synthese von Information oder, im Sprachgebrauch der Streitkräfte, auf die Beurteilung der Lage und das Vorbereiten und das Fassen des Entschlusses.

Die Effektivität des Führungsprozesses hängt einerseits wesentlich von der Vollständigkeit, Gründlichkeit und Genauigkeit der Analyse, andererseits von der maximalen Richtigkeit (Fehlerlosigkeit) der Synthese der Information ab. Damit die Arbeit der Kommando- und Stabsinstanzen im Bereich der Führung der Seestreitkräfte möglichst effektiv ist, müssen diese beiden Prozesse vollständig ablaufen und im optimalen Verhältnis zueinander stehen.

Bei der Vorbereitung der Entschlüsse, auf denen heute der gesamte Kampfeinsatz und die sonstige Tätigkeit der Kräfte und Führungsorgane der Seekriegsflotte beruhen, muß der Führer, um die optimale Variante wählen zu können, alle möglichen Alternativen, d. h. die verschiedenen Wege zur Erreichung der Ziele und die verschiedenen Methoden zur Lösung der jeweiligen Aufgabe unter Berücksichtigung ihrer Vorzüge und Nachteile in Betracht ziehen.

Es ist völlig klar, daß die Verwirklichung dieser Forderungen bei der Organisation und Planung des Kampfeinsatzes und der sonstigen Tätigkeit der Flotten, insbesondere bei Operationen verschiedener Größenordnung, die sich über weite Bereiche der Weltmeere erstrecken, ohne eine weitestgehende Verwendung moderner technischer Mittel auf der Grundlage der elektronischen Datenverarbeitung einfach undenkbar ist. Parallel zu den in der Nachkriegszeit von unserer Industrie durchgeführten Arbeiten zur Entwicklung neuer elektronischer Datenverarbeitungen sind in der sowjetischen Seekriegsflotte wissenschaftliche Untersuchungen durchgeführt worden, in deren Verlauf ein Verfahren zur Verwendung solcher Anlagen zwecks Erhöhung der Effektivität des Kampfeinsatzes der Kräfte der Seekriegsflotte entwickelt wurde.

Die Entwicklung unserer Streitkräfte nach dem Kriege ist ein besonderer Abschnitt ihrer Geschichte. In dieser Zeit wurden die Grundlagen für die mit Atomraketen ausgerüstete Hochseeflotte der Sowjetunion geschaffen.

Die Besonderheiten der Kräfte dieser Flotte — ihre hohe Beweglichkeit, ihre Fähigkeit, sich unbemerkt zu konzentrieren und für den Gegner unerwartet kampfstarke Gruppierungen zu bilden, sowie die im Vergleich zu den Landstreitkräften größere Widerstandsfähigkeit gegen Atomwaffen — haben die Seestreitkräfte in die erste Reihe der modernen Kampfmittel gerückt. Ihr Einsatz unter den Bedingungen eines mit Atomraketen geführten Krieges ist mit der Einführung vieler Neuerungen in die Taktik, in die operative Kunst und in die Konstruktion der Schiffe, Waffen und Geräte verbunden.

Ein wichtiger Umstand, der das Aufbauprogramm unserer Seekriegsflotte bestimmt hat, war die Tatsache, daß in der Nachkriegszeit auf den Weltmeeren erstmals eine strategische Lage eintrat, die durch eine einheitliche Planung der Entwicklung und des Einsatzes der Seestreitkräfte der imperialistischen Länder gekennzeichnet war. In dem Augenblick, in dem Raketen für die verschiedensten Zwecke zur Hauptwaffe der Seekriegsflotte wurden, konnte diese von den traditionellen Kriterien zur Beurteilung der Schlagkraft von Kräftegruppierungen auf See abrücken.

Obwohl der technische Fortschritt auf allen Gebieten des Wehrwesens ständig Neuerungen hervorbringt, sind die Endziele des bewaffneten Kampfes auf See die alten geblieben: Zerschlagung des Gegners, Vernichtung von Menschen und Material des Gegners, d. h. seiner Schiffe mit Besatzungen und Waffen oder von Zielen an der Küste, die mit den modernen Angriffsmitteln von See aus erreichbar sind.

Infolge der qualitativen Veränderung der Seestreitkräfte hat sich auch die Betrachtungsweise bei der Beurteilung der relativen Schlagkraft der Flotten und ihrer Einsatzgruppierungen, mit denen diese Ziele erreicht werden können, geändert. Man mußte von einem Vergleich der Anzahl Schiffe dieser oder jener Gattung und ihrer Gesamtwasserverdrängung (oder der Anzahl der Geschütze oder aber der Geschoßmasse einer Salve) und zu einer komplizierten, aber richtigeren Beurteilung des Angriffs oder der Verteidigungskraft der Schiffe auf der Grundlage einer mathematischen Analyse ihrer Möglichkeiten und qualitativen Charakteristika übergehen.

Die gewaltige Arbeit zum Aufbau und zur Entwicklung unserer Hochseekriegsflotte in der Nachkriegszeit hat zur Entwicklung einer entsprechenden Theorie der Seekriegskunst geführt, die heute durch neue Kategorien und eigenständige Umdeutungen der früheren Begriffe und Prinzipien gekennzeichnet ist. Der Einsatzbereich der Flotten und der Kreis der von ihnen zu lösenden Aufgaben haben sich ausgeweitet. Anders ausgedrückt: Im Bereich des Einsatzes der Flotten haben sich sowohl infolge der neuen Kräfteverteilung in der Welt als auch infolge der Veränderungen eben dieser Kräfte und Mittel grundlegende Veränderungen ergeben. Dies hat sich natürlich auf die Methoden des bewaffneten Kampfes auf See, die Aufgaben der Flotten und die Rolle, die die Sowjetischen Seestreitkräfte bei der Verteidigung unserers Landes gegen einen Angreifer zu spielen haben, ausgewirkt. Unsere Seekriegsflotte wird sich zweifellos so lange weiterentwickeln, wie die Gefahr des Überfalls eines Aggressors auf unser Land besteht. Und wenn es zutrifft, daß ein Kriegsschiff immer die neuesten Errungenschaften der Technik in sich vereinigt, dann werden auch die Kriegsschiffe der Zukunft den Entwicklungsstand von Wissenschaft und Industrie ihres Landes widerspiegeln. Es läßt sich heute schwerlich mit Bestimmtheit sagen, welche Höhen der menschliche Geist in den nächsten 20 — 25 Jahren einer stürmischen Entwicklung noch erreichen kann. Eines aber läßt sich schon heute mit Bestimmtheit sagen: Die Schiffe der Zukunft werden in vielem anders als die heutigen sein.
Diese »Andersartigkeit« wird, so meine ich, vor allem darin bestehen, daß die heute üblichen, die traditionellen Waffen, wie die Schiffsartillerie und die Torpedowaffe, noch stärker durch Raketen und neue elektronische Systeme ersetzt sein werden. Bereits heute entwickeln die Amerikaner die Lasertechnik insgesamt und Hochenergie-Lasergeräte insbesondere, was ihrer Ansicht nach zur Entwicklung von völlig neuen Waffen und Geräten und folglich auch zu einer neuen Taktik führen wird. Wir zweifeln nicht daran, daß für die Kriegsschiffe der Zukunft Energieanlagen gewaltiger Leistung erforderlich sein werden, die nicht nur eine hohe Fahrgeschwindigkeit der Schiffe über und unter Wasser ermöglichen, sondern auch den Energiebedarf der immer zahlreicheren elektronischen Anlagen und Beobachtungs-, Steuer- bzw. Lenk- und Fernmeldegeräte der verschiedensten Art decken werden. Träger und andere Kriegsschiffe werden in immer größerem Maße mit Senkrechtstartern und anderen Luftfahrzeugen vom Typ der modernen — dann natürlich verbesserten — Hubschrauber ausgerüstet werden. Die Kampfhandlungen werden sich in noch größerem Maße unter Wasser und in der Luft abspielen.
Zum Abschluß dieses Kapitels kann gesagt werden, daß die Kräfteverteil-

lung in der internationalen Arena und die starke Ausweitung der Möglichkeiten der modernen Seestreitkräfte, an allen Fronten des bewaffneten Kampfes wirksam zu werden, die Behauptung rechtfertigen, daß die absolute und die relative Bedeutung des Kampfes auf See für den Gesamtverlauf des Krieges zweifellos gewachsen ist.
Heute verfügen unsere Streitkräfte über eine moderne Hochseeflotte, die mit allem ausgerüstet ist, was sie benötigt, um auf den Weiten des Weltmeeres ihre Aufgaben zur Gewährleistung der Sicherheit unseres Landes und zum Schutz seiner Interessen auf See erfolgreich erfüllen zu können.
Es muß hier nochmals auf den grundsätzlichen Unterschied der Ziele hingewiesen werden, die einerseits zum Aufbau der Seestreitkräfte der imperialistischen Staaten und andererseits zur Schaffung der Seestreitkräfte der Sowjetunion geführt haben. Die Seestreitkräfte der imperialistischen Staaten sind ein Instrument der Aggression und des Neokolonialismus, während die sowjetische Flotte ein machtvoller Faktor zur Schaffung günstiger Bedingungen für den Aufbau des Sozialismus und des Kommunismus, zur aktiven Verteidigung des Friedens und zur Festigung der internationalen Sicherheit ist.
Das Zentralkomitee der Kommunistischen Partei und die Sowjetregierung verwirklichen das Vermächtnis W. I. Lenins, die Verteidigung unseres Landes zu stärken, und setzen sich unermüdlich für die weitere Stärkung der sowjetischen Streitkräfte und für eine harmonische, ausgewogene Entwicklung einer Hochseekriegsflotte ein, die den Anforderungen der heutigen Zeit entspricht und in der Lage ist, die vor ihr stehenden Aufgaben zu erfüllen. Durch die Anstrengungen des Sowjetvolkes wird diese Flotte ständig ausgebaut, weiterentwickelt und auf der Grundlage des wissenschaftlichen und technischen Fortschritts verbessert.

Kapitel IV
Probleme der Seekriegskunst

Der Begriff »Seekriegskunst« muß historisch betrachtet werden, da jeder Geschichtsepoche eine eigene Theorie und Praxis des bewaffneten Kampfes auf See zuzuordnen ist, die den Entwicklungsstand der in diesem Kampf verwendeten Mittel widerspiegeln.
Im Verlauf der jahrhundertelangen Geschichte der Kriegsflotten hat sich die Seekriegskunst nicht gleichmäßig fortentwickelt. Es gab Zeiten eines ruhigen, allmählichen Fortschritts und stürmische Phasen mit einer explosionsartigen Entwicklung, in denen die Seekriegskunst eine vorher ungeahnte Höhe erreichte. Zeiten des Niedergangs fielen meist mit einem Erstarken der Reaktion und einer Stagnation des wirtschaftlichen und politischen Lebens zusammen. Blütezeiten gingen gewöhnlich mit revolutionären Ereignissen im Leben der Völker einher. Dies war zum Beispiel bei dem radikalen Umschwung im Wehrwesen der Fall, der durch den Sieg der Großen Sozialistischen Oktoberrevolution hervorgerufen wurde. Dieser Sieg öffnete die Schleusen, die bis dahin die schöpferische Kraft der breiten Volksmassen zurückgehalten hatten, und ebnete den Weg für die großen revolutionären Umwälzungen im Wehrwesen, die der junge sozialistische Staat für den Kampf gegen die Imperialisten bei deren Versuch, dem Volk die von ihm errungene Macht zu entreißen, unbedingt brauchte.
Wie jede andere wissenschaftliche Theorie ist auch die Seekriegskunst eng mit der Praxis verknüpft und stützt sich auf die Erfahrungen aus den vergangenen Kriegen sowie auf die vielseitigen Erkenntnisse, die bei der Gefechtsausbildung in Friedenszeiten gewonnen werden. Die Praxis ist der Prüfstein für die Richtigkeit der Theorie. Ohne das Studium der Erfahrungen aus den vergangenen Kriegen und ohne ihre kritische Auswertung ist eine Weiterentwicklung der Seekriegskunst unmöglich. Das Studium der geschichtlichen Erfahrungen auf der Grundlage des dialektischen Materialismus ist die Methode, mit deren Hilfe sich die Gesetzmäßigkeiten des Seekrieges sowie die Gesetze, die Formen und die Tendenzen der Entwicklung der Seekriegskunst erkennen lassen.
Die Entwicklung der Seekriegskunst ist eng mit der Entwicklung der

Kriegskunst verknüpft, obwohl sich bei aller Gemeinsamkeit der Ziele von Land- und Seestreitkräften deren Aufgaben und Einsatzverfahren, die durch den unterschiedlichen Einsatzbereich und die verwendeten Kampfmittel bestimmt werden, wesentlich voneinander unterscheiden.

Flotte gegen Flotte und Flotte gegen Küste

Die Hauptaufgabe der Landstreitkräfte bestand bekanntlich immer darin, den gegenüberstehenden Feind zu vernichten, um sein Territorium und seine Objekte in Besitz zu nehmen. In diesem Fall ließe sich der Einsatz der Landstreitkräfte in rein militärischer Hinsicht bildhaft mit der Formel »Soldat gegen Soldat« ausdrücken. Anders ist es bei den Seestreitkräften. Außer der Bekämpfung der gegnerischen Flotte haben sie auch Aufgaben im Zusammenhang mit Kampfhandlungen gegen Landgebiete und die dort aufmarschierten Gruppierungen von Landstreitkräften durchzuführen. Wenn wir also die Formel »Soldat gegen Soldat« auf die Seestreitkräfte übertragen, wird daraus die Formel »Flotte gegen Flotte und Flotte gegen Küste«.

Das Verhältnis zwischen diesen beiden Aufgabenstellungen war im Verlauf der Geschichte natürlich nicht immer konstant. Zum Einsatz »Flotte gegen Flotte« kann man die Gefechte und Operationen zur Vernichtung feindlicher Schiffe auf See und in Stützpunkten sowie den Kampf auf den Seeverbindungswegen (Störung, Verteidigung) zählen. Ein gutes Beispiel hierfür waren die Seeoperationen und Seegefechte im Ersten Weltkrieg, in dem die Seestreitkräfte selten gegen Landziele eingesetzt wurden. In der Geschichte gibt es jedoch auch viele Beispiele für den aktiven Einsatz von Seestreitkräften gegen Ziele an Land.

Landungsunternehmen verschiedenen Umfangs und der Beschuß von Küstenzielen durch die Schiffsartillerie gehörten zu den traditionellen Aufgaben der Kriegsflotten. Die neuen Verfahren zum Einsatz von Seestreitkräften gegen die Küste bestehen in der Bekämpfung von Landzielen und Truppengruppierungen durch trägergestützte Flugzeuge und in der Vernichtung von strategisch und wirtschaftlich wichtigen Objekten durch den Einsatz von Atomraketen, die von U-Booten abgefeuert werden.

Da die Kriegsziele hauptsächlich durch die Besetzung des feindlichen Territoriums erreicht wurden, ließen sich durch den erfolgreichen Kampf der Flotte gegen Ziele an Land weiterreichende Ergebnisse erzielen als bei der Bekämpfung der feindlichen Flotte. Im ersteren Fall löste die Flotte unmittelbar eine »territoriale« Aufgabe, während im zweiten Fall ein Sieg über die feindliche Flotte lediglich die Voraussetzungen für

die darauffolgende Lösung territorialer Aufgaben schuf.
Allerdings waren diese Voraussetzungen in einzelnen Fällen von größerer Bedeutung als die mit ihnen verbundenen Aktionen der Landstreitkräfte. Die Zerschlagung der sogenannten unbesiegbaren spanischen Armada durch die englische Flotte im Atlantischen Ozean machte zum Beispiel einen Einfall des spanischen Heeres in England völlig unmöglich. Die bereits erwähnte Niederlage des französischen Geschwaders in der Bucht von Abukir machte den Plan Napoleons, Ägypten zu erobern, zunichte. Die Zerschlagung der spanischen Geschwader bei den Großen Antillen und bei den Philippinen durch die amerikanische Flotte führte faktisch zur Durchsetzung der territorialen Ansprüche der Amerikaner und entschied damit den Ausgang des Spanisch-Amerikanischen Krieges.
Das entschlossene und aktive Vorgehen der sowjetischen Flotte auf den Seekriegsschauplätzen während des Großen Vaterländischen Krieges zwang die deutsche Führung selbst zu der Zeit, als die strategische Initiative bei den Deutschen lag, völlig auf den Einsatz ihrer Kriegsmarine gegen die sowjetischen Landstreitkräfte und die Eroberung sowjetischen Gebiets von See aus zu verzichten.
Wir wollen auf die zwischen diesen beiden Hauptbereichen der Kampftätigkeit der Seestreitkräfte bestehende Beziehung etwas näher eingehen.
Die Endergebnisse im Kampf einer Flotte gegen die feindliche Flotte wurden mittels verschiedener Methoden erzielt, die durch die Waffen und das Gerät bestimmt wurden, über die die Flotten in der jeweiligen geschichtlichen Epoche verfügten.
Für die Flotten des Altertums war das Aufeinandertreffen einer großen Zahl von Schiffen charakteristisch, das sich in ein chaotisches Kampfgetümmel verwandelte, aus dem diejenige Flotte als Sieger hervorging, die zahlenmäßig überlegen war und über die stabileren Schiffe verfügte. Im Zeitalter der Segelschiffe hatte dieser Kampf den Charakter eines Wettkampfes zwischen relativ kleinen Geschwadern von Linienschiffen, die bestrebt waren, sich auf den riesigen Weiten der Meere gegenseitig aufzuspüren und die günstigste Position für Segelmanöver und für den Waffeneinsatz einzunehmen. Eine immer größere Bedeutung erlangte die Kopplung von Bewegung und Feuer der Linienschiffe, die die höchste Konzentration an Feuerkraft der damaligen Flotten darstellten, im Kampf gegen gleichartige Kräfte des Gegners. Diese besondere Art des Einsatzes von hauptsächlich gleichartigen Kräften blieb auch zu Beginn des Dampfschiffzeitalters in vollem Umfang erhalten, und die Einsatzgrundsätze der Dampfschiffflotten unterschieden sich nur wenig von denen der Segelschiffflotten.
Mit der fortschreitenden Entwicklung der Flotten, dem Aufkommen

neuer Waffengattungen (U-Booten und Flugzeugen) und der Ausweitung des Arsenals von Waffen für den Kampf auf See (Artillerie, Torpedos und Minen) ergaben sich im Seekrieg immer neue Besonderheiten. Die Artillerieduelle von Schiffen gleicher Gattung wurden durch die Angriffe leichter, schneller und ungepanzerter Torpedoboote, Unterseeboote und Flugzeuge ergänzt. Dementsprechend wurde der Kampf Flotte gegen Flotte zu einem Vorgang, der sich auf mehreren Ebenen abspielte. Die Seekriegstaktik wurde jetzt auf Gefechte eng zusammenwirkender gemischter Kräfte in Verbindung mit umfangreichen Abwehr- und Sicherungsmaßnahmen abgestellt. Das Aufkommen von Raketenwaffen verstärkte diese Tendenz noch. Die letzte Konsequenz dieser Tendenz ist die Bekämpfung der Waffen, die fast die gleiche Bedeutung erlangte wie die Vernichtung der Schiffe, d.h. der Einsatzmittel dieser Waffen. In einzelnen Fällen kann die Bekämpfung der Waffen das einzige Mittel zur Verteidigung des Schiffes sein.
Die hier untersuchte Entwicklung der Formen von Kampfhandlungen der Seestreitkräfte läßt die Tendenz erkennen, daß dieser Prozeß noch komplizierter werden wird.
Der Einsatz von Flugkörpern mit Atomgefechtsköpfen bringt beispielsweise große und schwierige Probleme in bezug auf die Beurteilung des Kräfteverhältnisses beim Kampf Flotte gegen Flotte auf See und bei der Sicherung von Flottenkräften mit sich.
Das Kriterium, nach dem heute die Möglichkeiten der Flotten miteinander verglichen werden können, ist das Verhältnis ihrer summierten Schlagkraft in den verschiedenen Kombinationen gemischter Kräfte und Mittel für den Einsatz in verschiedenartigen Lagen. Eine objektive Bestimmung der Schlagkraft der Seestreitkräfte ermöglicht es, den erforderlichen und ausreichenden Bestand an Kräften in der zweckmäßigsten Kombination festzulegen, die wir als ausgewogen bezeichnen.
Eine Analyse der Seeschlachten, Seegefechte und Operationen läßt die Schlußfolgerung zu, daß auch dann, wenn die Flottenkräfte Kampfformen zur Erreichung äußerst weitgesteckter Ziele anwendeten, die erzielten Ergebnisse in der Regel den operativen Rahmen nicht überschritten. Ausnahmen bilden zum Beispiel die Ergebnisse der Seeschlachten im Spanisch-Amerikanischen Krieg von 1898, im Russisch-Japanischen Krieg von 1904-1905 sowie der Überfall der japanischen Flotte auf Pearl Harbor im Dezember 1941. Die Gesamtheit aller Kampfhandlungen einer Flotte gegen die feindliche Flotte in den einzelnen Kriegen hatte indessen häufig eine strategische Bedeutung. Die Operationen der russischen Flotte im Mittelmeer im 18. und 19. Jahrhundert, der Kampf auf den Seeverbindungswegen im Atlantik im Ersten und Zweiten Weltkrieg sowie der Einsatz der sowjetischen Flotte während des Großen Vaterlän-

dischen Krieges in den an das Territorium der Sowjetunion angrenzenden Gewässern waren z. B. zweifellos von strategischer Bedeutung. Sollte der Weltimperialismus einen neuen Weltkrieg vom Zaun brechen, dann wird in diesem Krieg die Abwehr von Atomschlägen von See her zweifellos strategischen Charakter haben.
Ein wichtiges Merkmal der Flottenkräfte besteht darin, daß sie bei der Bekämpfung der feindlichen Flotte eine relativ größere Selbständigkeit besitzen als beim Einsatz gegen die Küste. Dies ist weitgehend darauf zurückzuführen, daß der Einsatz Flotte gegen Flotte vorwiegend in küstenfernen Gebieten der Ozeane und Meere stattfindet, wo hauptsächlich Flottenkräfte Kampfaufträge durchführen können. Auf hoher See kann die Flotte ihre Vorzüge wie sofortige Einsatzbereitschaft, Beweglichkeit und die Fähigkeit, längere Zeit auf See zu verbleiben und in großer Entfernung von ihren ständigen Stationierungsgebieten die feindliche Flotte zu bekämpfen, maximal nutzen. Wie viele Beispiele aus den Kriegen der Vergangenheit beweisen, hat die Ausnutzung dieser Eigenschaften immer derjenigen Seite eine Überlegenheit verschafft, die es verstand, diese Eigenschaften zu kombinieren und sie zur Erreichung ihrer Kriegsziele einzusetzen.
Die sich heute abzeichnende Tendenz, daß sich die Sphären der Kampfhandlungen der einzelnen Teilstreitkräfte gegenseitig durchdringen, ist durch die technische Entwicklung im Wehrwesen bedingt und führt zu bestimmten Veränderungen in der oben geschilderten Situation. Auch heute noch kommt jedoch der Flotte bei der Bekämpfung der gegnerischen Flotte die führende Rolle zu.
Der Kampf »Flotte gegen Flotte« umfaßt einen sehr großen Bereich des operativen und strategischen Einsatzes dieser Teilstreitkräfte auf den Seekriegsschauplätzen. Dieser Einsatz der Flotte kann als erbitterter Kampf angesehen werden, der in zwei Hauptformen geführt wird.
Den Kern der ersten bilden Kampfhandlungen Flotte gegen Flotte in reiner Form, d.h. solche, bei denen nicht unmittelbar gleichzeitig andere Aufgaben auf See oder an Land gelöst werden.
Dieser Einsatz bestand in der Vergangenheit im wesentlichen aus dem Kampf der Hauptkräfte der sich gegenüberstehenden Flotten um die Erringung der Seeherrschaft sowie um die Erlangung und Behauptung der strategischen Initiative auf dem Kriegsschauplatz mit dem Ziel, die weiteren, sich aus den Zielen des Krieges oder der Operation ergebenden Aufgaben lösen zu können.
Im Zeitalter der Segelschiffe waren dies die Generalschlachten der Linienschiffe. Später, und zwar noch bis zum Ende des Ersten Weltkrieges, waren auch die Dampfschiffflotten bestrebt, sich nach alter Tradition solche Schlachten zu liefern. Die letzte derartige Schlacht war die

Skagerrak-Schlacht. Das Endergebnis dieser Schlacht war ein ganz anderes, als jede der kriegführenden Parteien es sehen wollte. Hierin kam eine objektive Gesetzmäßigkeit der Entwicklung der Kriegsflotten und der Seekriegskunst zum Ausdruck, nach der Generalschlachten, die früher die Lage zur See von Grund auf zugunsten einer kriegführenden Partei verändern konnten, nicht nur ihre Bedeutung verloren hatten, sondern auch praktisch unmöglich geworden waren. Gleichzeitig wurde auch der Bereich des Einsatzes der Hauptangriffskräfte der Flotten für den Kampf mit einem Gegner eingeengt, der ebenfalls die Seeherrschaft zu erringen hoffte. Immer deutlicher zeichnete sich eine Tendenz ab, die im Verlauf des Zweiten Weltkrieges zur Haupttendenz wurde — die Vergrößerung des gesamten Ausmaßes des Kampfes Flotte gegen Flotte durch aufeinanderfolgende und gleichzeitige Operationen und Gefechte in den verschiedenen Seegebieten oder auf den verschiedenen Kriegsschauplätzen, die selbständig und im Zusammenwirken mit anderen Teilstreitkräften durchgeführt wurden.
Hier kann der Einsatz eines Teils der Kräfte der britischen Flotte bei der Vernichtung einer Gruppierung von italienischen Schiffen bei Tarent als Beispiel dienen. Durch diese Operation errangen die Briten faktisch die Seeherrschaft im Mittelmeer, konnten sie jedoch im Verlauf des Krieges nicht behaupten. Sie gerieten in eine schwierige Situation, als eine eigens aus diesem Grunde ins Mittelmeer verlegte starke Gruppierung der deutschen Luftwaffe aktiv in das Kriegsgeschehen eingriff.
Ungefähr ein Jahr nach der Operation von Tarent griffen die Japaner, gestützt auf ihre Flugzeugträger, die Hauptkräfte der amerikanischen Flotte in Pearl Harbor an, um die Seeherrschaft im Stillen Ozean zu erringen.[1]
Von wenigen Ausnahmen abgesehen gab es also im Zweiten Weltkrieg praktisch keine klassischen Beispiele für den selbständigen Einsatz Flotte gegen Flotte zur Erringung und Aufrechterhaltung der Seeherrschaft.
Die zweite Form der Kampfart Flotte gegen Flotte sind Aktionen beim Einsatz gegen die Küste des Gegners sowie zur Sicherung der Seeverbindungen auf den Ozeanen und Meeren. Ohne Übertreibung kann behauptet werden, daß die Mehrzahl der bewaffneten Zusammenstöße zwischen starken Kräften feindlicher Flotten im Zweiten Weltkrieg zu dieser Form des Kampfes gehörte. So waren die Kämpfe bei der Insel Midway und in der Philippinen-See, im Gebiet der Inseln Wake und Rabaul sowie bei Moresby u.a. Bestandteil von Landungsoperationen im Stillen Ozean.

1 Die Amerikaner verloren 18 große Kampfschiffe, davon wurden vier Schlachtschiffe vernichtet und weitere vier so schwer beschädigt, daß sie lange Zeit nicht einsatzfähig waren.

Dagegen waren die Gefechte bei Kap Matapan, die Operation zur Vernichtung des deutschen Schlachtschiffes »Bismarck« und andere eindeutig Kampfhandlungen zur Sicherung der Seeverbindungen.
Durch die Ausrüstung der Seestreitkräfte mit Atomraketen ist gegenwärtig mehr und mehr eine wachsende Bedeutung des Einsatzes der Flotte gegen die Küste festzustellen.
Eine Analyse der Meinungen von Experten aus verschiedenen Ländern über die Entwicklungstendenzen bei den Kräften und Mitteln der Flotten in den letzten 10—15 Jahren führt zu der Schlußfolgerung, daß unter den gegenwärtigen Verhältnissen die Bedeutung des Kampfes der Flotten weiterhin zunimmt, der geführt wird, um die Ziele von Operationen anderer Art zu erreichen. Eine Ausnahme können Kämpfe auf räumlich begrenzten Kriegsschauplätzen bilden, wo mögliche Versuche einer kriegführenden Partei, die Überlegenheit auf dem betreffenden Kriegsschauplatz zu erringen, nicht unberücksichtigt bleiben dürfen. Ein solcher Verlauf der Ereignisse kann für eine Situation charakteristisch sein, in der eine der Parteien die unbestreitbare Überlegenheit auf dem betreffenden Kriegsschauplatz hat. Hierbei denke ich an Ereignisse, wie sie sich während des Krieges gegen das Volk von Vietnam im Golf von Tongking abspielten, wo die 7. US-Flotte mit ihrer erdrückenden Übermacht während des ganzen Krieges versuchte, im Einsatzbereich ihrer Hauptkräfte diese Überlegenheit in eine Seeherrschaft umzuwandeln.
Verlauf und Ausgang eines großen Krieges werden jedoch durch Ereignisse globalen Ausmaßes sowie durch weitgesteckte Ziele, die jede der kriegführenden Parteien zu erreichen versuchen wird, bestimmt werden. Gerade für diesen Zweck werden die Angriffskräfte der Flotten eingesetzt werden. Mit anderen Worten, alle Bereiche des Kampfes zwischen Seestreitkräften werden unter den gegenwärtigen Verhältnissen in immer stärkerem Maße von den Einsatzformen und -methoden beeinflußt werden, die unmittelbar mit Kampfhandlungen gegen die Küste zusammenhängen. Beim Übergang von der operativen und taktischen Ebene auf die höhere strategische Ebene werden aus den Aktionen der Seestreitkräfte Kampfhandlungen von entscheidender Bedeutung, denen alle übrigen, auch die zur Erringung der Seeherrschaft, untergeordnet sind. Während früher der Schwerpunkt des Einsatzes der Seestreitkräfte bei der Bekämpfung der feindlichen Flotte lag, besteht heute das Hauptziel darin, die Erfüllung aller Aufgaben sicherzustellen, die mit dem Einsatz gegen Landziele und dem Schutz des eigenen Territoriums vor Angriffen der gegnerischen Flotte zusammenhängen.
Wenn wir vom Kampf der Flotte gegen die Küste sprechen, müssen wir hervorheben, daß diese Art des Einsatzes ebenso alt ist wie der Kampf Flotte gegen Flotte. Die anschaulichsten Beispiele dafür sind Transporte

von Truppen übers Meer und das Ausschiffen dieser Truppen auf feindlichem Gebiet, d.h. Aufgaben, die von den Flotten im Verlauf ihrer gesamten Geschichte durchgeführt wurden.
Bereits im 5. Jahrhundert vor unserer Zeitrechnung benutzten die Perser im Verlauf der Perserkriege ihre Flotte zur Anlandung von Truppen im Rücken des griechischen Heeres. Im 3. Jahrhundert vor unserer Zeitrechnung führten die Römer in den Punischen Kriegen umfangreiche Landungsoperationen durch, die im Krieg gegen Karthago eine außerordentlich wichtige Rolle spielten.
Als Beispiele in späterer Zeit lassen sich die zahlreichen Landungsunternehmen der russischen Flotte 1720 — 1721 im großen Nordischen Krieg an der schwedischen Küste, die Landung auf Korfu, die Truppenanlandung der Japaner auf der Halbinsel Liautung im Jahre 1904, die Landung der deutschen faschistischen Truppen in Norwegen im Jahre 1940, die Landungsoperationen der sowjetischen Flotte im Großen Vaterländischen Krieg sowie die übrigen Landungsunternehmen im Zweiten Weltkrieg anführen.
Rolle und Bedeutung der Landungsunternehmen sowie die Intensität, mit der diese Form des Einsatzes der Seestreitkräfte in den verschiedenen Geschichtsepochen angewandt wurde, haben sich von Zeit zu Zeit geändert. In vielen Fällen spielten Landungsoperationen die Hauptrolle im Krieg. Die Pläne Napoleons zur Niederwerfung Englands (als die Franzosen noch hofften, die Seeherrschaft im Ärmelkanal zu erringen) sahen zum Beispiel ein strategisches Landungsunternehmen auf den Britischen Inseln vor. Zu diesem Zweck wurde die sogenannte Boulogne-Expedition vorbereitet, die jedoch wegen der Mißerfolge der französischen Flotte im Kampf gegen die englische nicht durchgeführt werden konnte. Es muß erwähnt werden, daß dieses Ereignis von englischen und auch von anderen Historikern als das Ergebnis der unbestreitbaren Überlegenheit der britischen Flotte und ihrer Seekriegskunst über die französische Flotte und deren Seekriegskunst bewertet wird. Die tatsächlichen Gründe für den Erfolg der Engländer lagen jedoch hauptsächlich in der einseitigen Strategie Napoleons. Sie ergab sich aus seiner Vorliebe für den Landkrieg, aus seinem Unvermögen, die Bedeutung der Flotte und ihre Möglichkeiten im Krieg richtig einzuschätzen, und folglich auch aus seiner Unfähigkeit, diese im Kampf gegen einen Gegner zur See, wie es England damals war, einzusetzen. Diese Einseitigkeit seines strategischen Denkens war Napoleon ohne Zweifel selbst klargeworden, was auch durch seine Absicht bewiesen wird, die Fehlschläge beim Einsatz der Flotte seinen Admirälen anzulasten. Daher war er allem Anschein nach auch nicht ganz aufrichtig, als er wegen der Mißerfolge der Flotte seinem Marineminister schrieb: »Alle Unternehmungen

zur See, die während meiner Regierungszeit durchgeführt wurden, haben sich immer als Fehlschlag erwiesen, weil die Admiräle die Dinge nicht richtig sehen und — ich weiß nicht wo — gelernt haben, daß man ohne Risiko kämpfen kann.«[2]

Der Grund ist natürlich nicht allein bei den Admirälen und in ihrer Passivität zu suchen, obgleich sie sich weder durch Entschlossenheit noch durch großes Können auszeichneten. Als Napoleon begabte Marschälle brauchte, um seine Feldzugspläne zu Lande in die Tat umzusetzen, verstand er es, sie in der Armee zu finden. Daß die französische Flotte im Verlauf dieser Feldzüge häufig Niederlagen erlitt, ist ein weiterer Beweis für die Unfähigkeit Napoleons, die Möglichkeiten, über die die französische Flotte verfügte, rechtzeitig zu beurteilen und sie im Kampf gegen den Feind einzusetzen.

Später im Zweiten Weltkrieg maßen Japaner und Amerikaner den Landungsunternehmen im Pazifik eine wichtige Bedeutung bei. Es muß hervorgehoben werden, daß die entscheidenden Seeschlachten auf diesem Kriegsschauplatz im Verlauf von Landungsoperationen stattfanden. Diese Schlachten wurden naturgemäß in Form eines Kampfes Flotte gegen Flotte ausgetragen, ihr Hauptziel war jedoch charakteristisch für den Einsatz der Flotte gegen die Küste.

Hierzu muß noch gesagt werden, daß die Eröffnung einer zweiten Front, d.h. die strategische Invasion in Europa während des Zweiten Weltkrieges, die durch die Erfolge der sowjetischen Truppen in ihrem Kampf gegen die Hitlerfaschisten ermöglicht wurde, von den Möglichkeiten der Seestreitkräfte der Alliierten abhing, erfolgreich gegen die Küste zu operieren.

Gleichzeitig muß erwähnt werden, daß im Verlauf des Ersten Weltkrieges insgesamt fünf Landungsunternehmen durchgeführt wurden, von denen die größte Operation, der Versuch der Engländer, sich an den Dardanellen festzusetzen, völlig scheiterte.

Der Kampf Flotte gegen Küste in Form von Landungsunternehmen nahm im Zweiten Weltkrieg ein solches Ausmaß an und erlangte eine solch außerordentlich große Bedeutung, daß eine besondere Richtung in der Entwicklung und im Ausbau der Seestreitkräfte entstand — der Bau einer starken Flotte von amphibischen Transportfahrzeugen und Landungsschiffen. Während des Krieges wurden über 600 Landungsunternehmen durchgeführt. Das sind ungefähr neun Landungsunternehmen pro Monat oder im Schnitt alle drei Tage ein Landungsunternehmen. Allein bei den zehn wichtigsten Landungsoperationen wurden rund

2 Zitiert nach: Žerve, B.B., Morskaja strategija Napoleona (Die Seekriegsstrategie Napoleons), Petrograd 1922, S. 34.

1 700 000 Mann angelandet. An den Landungsunternehmen nahmen insgesamt über 18 000 Schiffe teil. Charakeristisch ist, daß fast alle Landungsunternehmen erfolgreich verliefen. Auch die sowjetischen Seestreitkräfte führten eine große Anzahl von Landungsunternehmen durch.

Es muß betont werden, daß die Landungsunternehmen der Flotten im Zweiten Weltkrieg größtenteils taktischer und operativer Art waren; lediglich einzelne Operationen hatten strategische Bedeutung.[3]

Während ihrer gesamten Geschichte haben die Flotten weitgehend auch eine andere Form des Einsatzes gegen die Küste angewendet, nämlich Feuerschläge auf Landziele im Küstenbereich. Hier ist nicht von der Artillerievorbereitung eines Landungsunternehmens die Rede, sondern von isoliert geplanten Feuerschlägen, auf die sich die jeweilige Aktion beschränkte. Besonders häufig war diese Einsatzform während des Zweiten Weltkrieges, aber auch in den lokalen Kriegen, die in der Nachkriegszeit von den Imperialisten vom Zaun gebrochen wurden.

Als Beispiel sind in Tabelle 22 einige Angaben aufgeführt, die für den Einsatz der britischen Flotte bei der Führung von Feuerschlägen gegen Landziele im Küstenbereich während des Zweiten Weltkrieges charakteristisch sind.

Für Feuerschläge auf Küstenziele wurden starke Flottenkräfte eingesetzt. Zu den Verbänden, die für diese Aufgaben herangezogen wurden, gehörten Schlachtschiffe, Kreuzer und Zerstörer. Im Krieg gegen Vietnam haben die Amerikaner für diese Zwecke sogar das Schlachtschiff »New Jersey« entmottet und wieder in Dienst gestellt. Obwohl die Kräftegruppierungen, die gegen die vietnamesische Küste eingesetzt wurden, von ihrer Zusammensetzung her vorwiegend operative Verbände waren, gingen die Ergebnisse, die sie erzielten, nicht über den taktischen Rahmen hinaus. Solche Flottenoperationen gegen die Küste brachten trotz des Einsatzes bedeutender Kräfte in der Regel nicht die erwarteten Ergebnisse.

Durch die stürmische Entwicklung im Flugzeug- und im Schiffbau kam während des Zweiten Weltkrieges eine neue Form des Einsatzes von Flottenkräften gegen die Küste auf — Angriffe der trägergestützten Flugzeuge gegen das Territorium und die Truppen des Gegners.

Zwar blieben die Erfahrungen, die bei solchen Einsätzen trägergestützter Flugzeuge gesammelt wurden, auf drei Staaten begrenzt — Groß-

3 Zu den strategischen Landungsunternehmen des Zweiten Weltkrieges können gezählt werden: Die Landung der deutschen faschistischen Truppen in Norwegen im Jahre 1940, die Landung japanischer Truppen auf den Philippinen 1941—1942, die Landung der Engländer und Amerikaner in Nordafrika 1942, in Italien 1943 und in der Normandie 1944 sowie die Landung amerikanischer Truppen auf den Philippinen im Jahre 1944.

Tabelle 22: Ergebnisse von Feuerschlägen britischer Seestreitkräfte auf Landziele im Küstenbereich während des Zweiten Weltkrieges

Angriffs-ziel	Zusammensetzung der Angriffsgruppierung	Verluste durch Artilleriefeuer
Mers el Kébir 3. 7. 1940	Angriffsverband »X«: 2 Schlachtschiffe, 1 Schlachtkreuzer, 1 Flugzeugträger, 2 leichte Kreuzer, 11 Zerstörer	Versenkt wurde das Schlachtschiff »Bretagne«, beschädigt wurden die Schlachtschiffe »Dunkerque« und »Provence« sowie 1 Zerstörer.
Genua 9. 2. 1941	Angriffsverband »X«: 2 Schlachtschiffe, 1 Flugzeugträger, 1 leichter Kreuzer, 10 Zerstörer	Rüstungsbetriebe und Werke für Elektroausrüstung wurden schwer beschädigt. Im Flottenstützpunkt und in der Stadt brachen Brände aus, und es kam zu Explosionen. Es befanden sich keine Schiffe im Flottenstützpunkt.
Tripolis 21. 4. 1941	Alliierte Mittelmeerflotte: 3 Schlachtschiffe, 1 Flugzeugträger, 4 leichte Kreuzer, 13 Zerstörer, 1 U-Boot	3 Transporter wurden versenkt, eine Reihe weiterer und andere Schiffe beschädigt. Brände brachen aus, mehrere Gebäude wurden zerstört.

Anmerkung: Die Angriffsverbände hatten keine Verluste.

britannien, Japan und die USA, aber sie wurden zu einem überzeugenden Beweis für die Zweckmäßigkeit dieser Einsatzform. Das führte zu einem verstärkten Bau von Flugzeugträgern. Während diese drei Länder zu Beginn des Zweiten Weltkrieges sieben, sechs bzw. fünf Flugzeugträger hatten, besaßen zu Beginn des Krieges im Pazifik im Dezember 1941 Großbritannien bereits zwölf, Japan zehn und die USA sieben Flugzeugträger. Während des Krieges wurden insgesamt 221 Flugzeugträger gebaut. Am Ende des Zweiten Weltkrieges verfügten die USA über 118 Flugzeugträger; davon waren 20 Angriffsträger, d. h. ihre Flugzeuge konnten nicht nur Kriegsschiffe, sondern auch Landziele angreifen.
Anfangs wurden Flugzeugträger lediglich als Schiffe angesehen, die mit ihren Jagdflugzeugen Überwassereinheiten und Transportschiffe vor Luftangriffen schützen sollten. Später erhielten sie die Aufgabe, feindliche Überwasserschiffe auf See und in Stützpunkten zu vernichten. Danach wurden die trägergestützten Flugzeuge weitgehend gegen Landziele eingesetzt, unter anderem auch im Verlauf von Landungs- und Landungsabwehroperationen sowie bei Operationen und Einsätzen zur Schwächung feindlicher Luftwaffengruppierungen.

Als Beispiele hierfür können die Angriffe auf die Gilbert-Inseln, die Marshall-Inseln, die Insel Wake Marcus und auf Tokio im Jahre 1942 dienen. Diese Überfälle fanden nach der Devise »zuschlagen und weg« (hit and run) statt. Wichtige Landziele, darunter auch Marineanlagen, wurden bei Operationen zur Vernichtung von feindlichen Flottenkräften in Stützpunkten angegriffen. Besonders charakteristische Beispiele hierfür sind der Angriff britischer trägergestützter Flugzeuge auf Tarent im November 1940 und der Angriff japanischer Flugzeuge auf Pearl Harbor im Dezember 1941.
Einsätze von Flugzeugträgern gegen die Küste fanden am häufigsten bei Landungsunternehmen statt, bei denen die Flugzeuge zur »Aufweichung« und Niederhaltung der feindlichen Landungsabwehr und zur Unterstützung der eigenen Truppen bei der Lösung von Aufgaben an Land nach dem Ausschiffen eingesetzt wurden. Die im Zweiten Weltkrieg gesammelten Erfahrungen wurden von den amerikanischen Militärs in lokalen Kriegen weitgehend verwertet, besonders bei Angriffen auf Truppen, Städte, Stützpunkte, Flughäfen und das Verkehrsnetz in den Kriegen gegen die Demokratische Volksrepublik Korea und die Demokratische Republik Vietnam.
Die Einführung der Atomwaffen bei den Seestreitkräften der Großmächte hat den Bereich ihres Einsatzes gegen die Küste erheblich erweitert. Zuerst bestimmten die trägergestützten Flugzeuge und später die ballistischen Flugkörper, die von U-Booten gestartet werden, die kolossalen Möglichkeiten der Flotte zur Durchführung von Angriffen auf das Territorium des Gegners. Der Einsatz der Flotte gegen die Küste erhielt eine prinzipiell neue Bedeutung für den Krieg insgesamt. Er wurde ein wichtiger Bestandteil der Strategie.
Gegenwärtig sind Seestreitkräfte, die gegen die Küste eingesetzt werden, in der Lage, nicht nur Aufgaben zu erfüllen, die mit territorialen Veränderungen verbunden sind, sondern auch den Verlauf und sogar den Ausgang des Krieges unmittelbar zu beeinflussen. Somit hat der Einsatz Flotte gegen Küste eine dominierende Bedeutung im bewaffneten Kampf auf See erhalten; nach ihm richtet sich sowohl der technische Ausbau der Flotte als auch die Entwicklung der Seekriegskunst. Dies wird auch dadurch bestätigt, daß in den USA die atomgetriebenen FK-U-Boote zu den strategischen Kräften zählen.
Die neuen Möglichkeiten der Seestreitkräfte beim Einsatz gegen die Küste und die damit verbundene ungeheure Bedrohung von See her bestimmten, worauf es jetzt im Kampf der Flotte gegen eine feindliche Flotte hauptsächlich ankam. Die wichtigste Maßnahme war der Einsatz der Flottenkräfte gegen die feindlichen strategischen Atomwaffensysteme auf See, um Angriffe auf Landziele zu unterbinden oder sie maximal

abzuschwächen. Der Kampf Flotte gegen Flotte ist also unter den neuen, mit dem Aufkommen der Atomwaffen entstandenen Bedingungen im Vergleich zum Einsatz Flotte gegen Küste zu einer Aufgabe von untergeordneter Bedeutung geworden.
Dementsprechend ändert sich auch die Bedeutung des Einsatzes der Kräfte, die so traditionelle Aufgaben wie die Störung der gegnerischen und den Schutz der eigenen Seeverbindungen erfüllen. Dieser Einsatz ist heute ein sehr wichtiger Bestandteil des Kampfes der Flotte zur Vernichtung des Rüstungspotentials des Gegners, d. h. zur Erfüllung eines der Teilaufträge, die sich aus dem Gesamtauftrag der Seestreitkräfte in einem künftigen Krieg ergeben.
Die Kampfhandlungen zur Unterbindung von Seetransporten des Gegners, die früher unmittelbar zum Bereich des Einsatzes Flotte gegen Flotte gehörten, erhalten gegenwärtig eine neue Zielrichtung. Sie gehören heute zum Gesamtsystem der Kampfhandlungen Flotte gegen Küste und lassen eine Besonderheit der Flotte verstärkt hervortreten, die sie durch die modernen Kampfmittel erlangt hat, nämlich die Fähigkeit, strategische Aufgaben offensiver Art durch direkte Einwirkung auf die Quellen der militärischen Macht des Gegners zu erfüllen.
Somit werden die traditionellen Kampfhandlungen Flotte gegen Flotte, die von alters her für den Kampf der kriegführenden Parteien auf den Seeverbindungswegen charakteristisch waren, heute in einer neuen, entscheidenden Sphäre verwendet — im Einsatz der Flotte gegen die Küste. Diese Zielrichtung tritt immer stärker in den Vordergrund und wird zu ihrem Haupteinsatzbereich, dem sämtliche anderen Aufgabenbereiche auf allen operativen Ebenen untergeordnet werden.

Einige theoretische Probleme der Seekriegskunst

In der Seekriegskunst und in den Verfahren zum Einsatz der Seestreitkräfte werden sich bei Kampfhandlungen unter den gegenwärtigen Verhältnissen erhebliche Unterschiede gegenüber dem ergeben, was in den vergangenen Kriegen einschließlich des Zweiten Weltkrieges üblich war. Wenn wir die Seestreitkräfte als eine der wichtigsten Komponenten der Seemacht eines Staates ansehen, müssen wir daher — zumindest kurz — auf einige Einsatzgrundsätze für moderne Seestreitkräfte eingehen, die gegenwärtig in der Theorie der Seekriegskunst entwickelt werden.
Eine äußerst wichtige Besonderheit der heutigen Entwicklungsphase der Seekriegskunst besteht in der intensiven Ausweitung des Umfangs und Inhalts dieser Kriegskunst sowie in der immer umfassenderen Entwicklung neuer Formen und Verfahren zur Verwendung der Seestreitkräfte

auf den verschiedenen Einsatzebenen. Das ist hauptsächlich auf den Einfluß des wissenschaftlichen und technischen Fortschritts zurückzuführen, der einschneidende qualitative Veränderungen der Kampfmittel zur Folge hatte, was letztlich wiederum radikale qualitative Umwälzungen in den materiellen und technischen Grundlagen des Kampfes auf See nach sich zog. Die Entwicklung neuer Formen und Verfahren für den Einsatz der Seestreitkräfte, ihre ständige Überprüfung im Verlauf der Gefechtsausbildung und ihre kontinuierliche Verbesserung sind natürlich mit der Veränderung vieler Grundbegriffe verbunden, die in ihrer Gesamtheit den Inhalt der Seekriegskunst ausmachen. Diese Grundbegriffe reagieren sehr stark auf eine Veränderung aller Faktoren, die die Entwicklung der Seekriegskunst beeinflussen. Daher kann eine Veränderung dieser Begriffe als Primärerscheinung eines objektiven vielschichtigen Entwicklungsprozesses der Seekriegskunst insgesamt angesehen werden.
Die Veränderung vieler Grundbegriffe unter der Einwirkung objektiver Ursachen tritt auf allen Ebenen der Seekriegskunst in Erscheinung. So kann z. B. vom Zusammenwirken der Kräfte und ihrer Führung auf strategischer, operativer und taktischer Ebene gesprochen werden. Dies gilt gleichermaßen für Begriffe wie Bewegung, Schlag*, Zusammenfassung der Kräfte und viele andere. Begriffe wie Gefecht, Einzelangriff** u. a. gelten indessen nur für den Bereich der Taktik.
Wir wollen nicht die gesamte Vielfalt der Begriffe untersuchen, die zum Bereich der Seekriegskunst gehören, sondern uns lediglich mit solchen befassen, anhand deren wir unserer Ansicht nach die allgemeinen Entwicklungstendenzen dieses Zweiges der Seekriegswissenschaften verfolgen können.

Das Ausmaß des Kampfes. Infolge der erweiterten Möglichkeiten der Seestreitkräfte bei der Lösung von strategischen Aufgaben kommen ihnen zwangsläufig auch eine größere Rolle und Bedeutung im Kriege zu. Moderne Seestreitkräfte sind vielseitig verwendbar, sie zeichnen sich durch Beweglichkeit aus und sind in der Lage, ihre Schlagkraft konzentriert einzusetzen, und zwar nicht nur im Kampf gegen feindliche Seestreitkräfte, sondern auch im Einsatzbereich der anderen Teilstreitkräfte. Infolgedessen erhält der Seekrieg ein globales Ausmaß. Wenn wir diesen Grundbegriff aus strategischer Sicht betrachten, müs-

* Der russische Ausdruck »udar« bedeutet gleichzeitig Einwirkung durch Feuer und Bewegung, so daß er in der Taktik der Landstreitkräfte mit »Stoß« wiedergegeben werden muß (Anm.d.Übers.).

** Der hier verwendete russische Begriff »ataka« ist bei den Landstreitkräften der »Sturmangriff« (Anm.d.Übers.).

sen wir auch erwähnen, daß die mit Atomwaffen ausgerüsteten Seestreitkräfte immer mehr in die Lage versetzt werden, kriegsentscheidende Ziele zu erreichen. Dies betrifft natürlich insbesondere diejenigen Kräfte der Flotte, die das Rüstungspotential des Gegners vernichten sollen, was den Verlauf und sogar den Ausgang des Krieges direkt beeinflussen kann.

Die einzelnen Operationen der Seestreitkräfte erlangen ein immer größeres Ausmaß. Infolge der zunehmenden Möglichkeiten der Flotten bei Aufgaben zur Vernichtung von Landzielen erweitert sich der Bereich, auf den die strategischen Waffensysteme der Seestreitkräfte einwirken, nach Breite und Tiefe. So erhöhte sich die Reichweite des amerikanischen strategischen atomaren Unterwassersystems »Polaris«—»Poseidon« in den letzten zehn Jahren auf mehr als das Doppelte. Beim Übergang auf das neue Unterwasserwaffensystem »Trident«, über das die westliche Presse soviel berichtet, wollen die Amerikaner die Reichweite im Vergleich zum System »Polaris«—»Poseidon« nochmals verdoppeln. Dementsprechend soll auch die Einsatzbreite vergrößert werden. Wenn bei den amerikanischen Streitkräften der Übergang zur ozeanischen Strategie abgeschlossen ist, werden auch die Operationen gegen Landziele globales Ausmaß annehmen. Eine weitere Vergrößerung des Ausmaßes der Operationen gegen Landziele ist nicht nur folgerichtig, sie stellt auch die Tendenz dar, die für die zukünftige Entwicklung der Einsatzgrundsätze von Seestreitkräften mit atomarer Bewaffnung maßgebend sein wird. Wahrscheinlich wird sie sich auch bei den Operationen im Bereich der Bekämpfung der strategischen atomaren Waffensysteme der Flotte bemerkbar machen, die fast den gesamten Raum der Weltmeere umfassen und globalen Charakter annehmen können.

Bei der Untersuchung eines Elements des Ausmaßes von Operationen — der Stärke der beteiligten Kräfte — muß darauf hingewiesen werden, daß sich eine starke Ausweitung der Möglichkeiten der Kräfte beim Angriff und in der Verteidigung immer häufiger nicht nur und nicht in entsprechendem Maße mit dem traditionellen Verfahren erreichen läßt, einfach die Anzahl der beteiligten Schiffe und übrigen Einsatzmittel für Waffen zu erhöhen. Es wird immer deutlicher, welche Bedeutung es hat, jedes Schiff zunehmend in die Lage zu versetzten, unter Verwendung leistungsfähigerer Waffen Aufgaben verschiedener Art zu erfüllen. Mit anderen Worten, bei der Beurteilung der realen Möglichkeiten von Kräftegruppierungen ist heute nicht die Anzahl der Einsatzmittel das entscheidende Kriterium, sondern deren Qualität, die in der Summe der Schlagkraft der auf ihnen konzentrierten Waffen und technischen Kampfmittel zum Ausdruck kommt. Nach Beendigung des Zweiten

Weltkrieges, 1945, bestand z. B. die U-Bootflotte der USA aus 263 Einheiten. Heute zählt sie nach den Angaben von »Jane's Fighting Ships«, Ausgabe 1973—1974, nur insgeamt 127 U-Boote, davon sind 41 atomgetriebene FK-U-Boote, 61 atomgetriebene Mehrzweck-U-Boote und 25 U-Boote mit Dieselantrieb. Ihre Kampfkraft läßt sich jedoch in keiner Weise mit der der früheren U-Boote vergleichen. Infolge dieser Kampfkraft sind sie der wichtigste Teil der strategischen Mittel, über die die Seestreitkräfte der USA verfügen.
Im Rahmen der Kräfte, die zu Operationen auf den Seekriegsschauplätzen herangezogen werden, können in immer größerem Umfang Gruppierungen der anderen Teilstreitkräfte eingesetzt werden. Dadurch ergeben sich neue Möglichkeiten, einen weiteren Grundbegriff der Seekriegskunst, den Begriff »Zusammenwirken«, der aus der Strategie des bewaffneten Kampfes auf den Seekriegsschauplätzen stammt, voll und ganz in die Tat umzusetzen. Die Entstehung dieses Begriffs im Rahmen einer einheitlichen Militärstrategie ist wiederum nichts anderes als der Ausdruck eines fortschreitenden Prozesses der Bildung von Grundbegriffen der Seekriegskunst, die dem heutigen Stand der Waffentechnik entsprechen.

Der Schlag. Die steigende Schlagkraft der auf See eingesetzten Waffen bewirkte in einer bestimmten Phase der Waffenentwicklung einen radikalen Bedeutungswandel des Begriffes »Schlag«. Früher wurde der Begriff durch eine nähere Bestimmung wie bei »Artillerieschlag«, »Torpedoschlag«, »Bombenschlag« und auch »Rammschlag« ergänzt, d. h., dieser Begriff wurde nur als taktischer Terminus und lediglich in einzelnen Fällen — z. B. im Ausdruck »Schlag von See her« — als operativer Begriff verwendet. Heute erstreckt sich der Begriff »Schlag« auch auf den strategischen Bereich. Es ist anzunehmen, daß der Schlag zur dominierenden Einsatzform wird, da durch ihn die bei modernen Kampfhandlungen vorhandenen Möglichkeiten, aus riesigen Entfernungen und unterschiedlichen Richtungen auf den Gegner einzuwirken, am umfassendsten genutzt werden können und sich auf diesem Wege sogar das strategische Ziel, das Rüstungspotential des Gegners zu vernichten, erreichen läßt.
In der operativen Kunst wird der Schlag in immer stärkerem Maße als ein grundlegendes Verfahren zur Durchführung von Kampfaufträgen angesehen. Dabei ist der Schlag bei jeder Operation nicht nur die Gesamtheit bestimmter Kampfhandlungen, die durch das gleiche Ziel oder die gleiche Aufgabenstellung verbunden sind. Er kann auch eine selbständige, ja sogar einmalige Kampfhandlung eines einzelnen Waffensystems oder einer Gruppe von Waffensystemen sein. Eine Gruppe von

Schiffen, die mit aerodynamischen Flugkörpern ausgerüstet sind, kann z. B. einen Schlag gegen eine Gruppierung von Überwassereinheiten führen. Ebenso können auch Marineflieger diese Aufgabe erfüllen.
Auf taktischer Ebene wird der Schlag im Unterschied zur Vergangenheit, wo er lediglich ein Element des Gefechts war und als Gesamtheit aller Einzelangriffe angesehen wurde, die im Rahmen eines taktischen Auftrags eine Einheit bildeten, immer mehr zu einem Synonym für den Begriff Gefecht. So kann z.B. durch einen Schlag gegen ein feindliches U-Boot oder gegen die von ihm abgefeuerten Raketen ein Kampfauftrag gelöst sein. Durch den Schlag eines einzigen U-Bootes, das Raketen großer Reichweite einsetzt, kann ein großes Überwasserschiff vernichtet werden. Diese Tendenz wird noch dadurch verstärkt, daß die Reichweite und die Schlagkraft der auf See eingesetzten Waffen ständig erhöht werden, so daß es unter bestimmten Verhältnissen möglich ist, taktische Aufgaben nicht durch einen längeren und hartnäckigen Kampf, sondern durch eine einseitige und einmalige Aktion gegen den Gegner zu lösen.
Somit lassen sich durch Schläge strategische, operative und taktische Ziele erreichen. In einzelnen Fällen läßt sich durch einen Schlag, der »nach den Normen und Regeln der Taktik« geführt wird (z. B. mit Raketen von einem U-Boot aus gegen Landziele), augenblicklich ein strategisches Ergebnis erzielen. Das ist bereits eine neue Eigenschaft des uns so vertrauten Grundbegriffes Schlag, der sich im Verlauf der Weiterentwicklung der Waffen, die auf See eingesetzt werden, und der Erarbeitung adäquater Grundsätze der Seekriegführung verändert hat.

Das Gefecht war immer das Hauptmittel zur Lösung von taktischen Aufgaben und wird es auch bleiben. Lange Zeit hindurch war es die einzige Form des Kampfeinsatzes der Seestreitkräfte. Wie jede Erscheinung ist auch das Gefecht einer ständigen Evolution ausgesetzt. Ein Merkmal dieses Prozesses sind die größeren Kampfentfernungen bei bewaffneten Auseinandersetzungen und die Vergrößerung der räumlichen Ausdehnung des Kampfes, die durch folgendes bedingt sind: die zunehmende Reichweite der auf See eingesetzten Waffen, die Erhöhung ihrer Beweglichkeit in den verschiedenen Ebenen und Medien, den höheren Grad an logistischer Unabhängigkeit und den größeren Fahrbereich bzw. die größere Reichweite der Einsatzmittel für Waffen sowie die Beteiligung anderer Waffengattungen der Seestreitkräfte — in erster Linie von Marineflugzeugen — am Kampf. In der Frühzeit der Entwicklung der Flotten konnte von Entfernungen beim Seegefecht praktisch keine Rede sein, da der Gegner nur durch Entern oder Rammen außer Gefecht gesetzt werden konnte. Allmählich nahm die Reichweite der Waffen zu, und die

Schiffe der kriegführenden Parteien erhielten die Möglichkeit, den Gegner auf immer größere Entfernungen zu bekämpfen. Bereits im Zweiten Weltkrieg begannen die Kampfentfernungen nicht nur die Sichtweite zu übersteigen, sondern auch die Reichweite der damaligen technischen Beobachtungsmittel.

Das Seegefecht, bei dem erstmals Kampfhandlungen ohne direkten Kontakt mit dem Gegner stattfanden, war die Schlacht bei den Midway-Inseln am 4. Juni 1942. Heute betragen die Kampfentfernungen bereits einige hundert Kilometer. Wir können mit Sicherheit behaupten, daß sich das Seegefecht in Zukunft in der Regel auf riesige Räume erstrecken wird und daß Klarheit über die Lage nur mit Hilfe besonderer Mittel — hauptsächlich durch Luft- oder Satellitenaufkärung — gewonnen werden kann.

Bei der Weiterentwicklung des Seegefechts als Form des Einsatzes von Flottenkräften trat immer auch eine Veränderung seiner räumlichen Charakteristika ein. Anfangs war das Seegefecht ein Kampf von Überwasserschiffen allein auf der Meeresoberfläche, später griff es auch auf den Luftraum und in die Tiefe des Meeres über. Eine immer größere Bedeutung erlangt heute im modernen Seegefecht ein spezifisches Merkmal dieses Gefechts — die Tatsache, daß die kriegführenden Seiten immer mehr Kraftanstrengungen für die Bekämpfung des bereits vom Gegner abgefeuerten Torpedos oder Flugkörpers aufwenden und den Anteil des Kraftaufwandes, der der Vernichtung der Einsatzmittel dieser Waffen dient, allmählich verringern. Damit hat das Seegefecht schon einen ganz anderen Charakter erhalten.

In vielen Fällen braucht heute ein in der Vergangenheit zwingend erforderliches Element — die taktische Entfaltung — nicht mehr Teil des Seegefechts zu sein. Sie kann auch im voraus stattfinden. Um bei einer Änderung der taktischen Lage, die durch Bewegungen des potentiellen Gegners hervorgerufen wird, oder bei einer Veränderung der Stärke bzw. Zusammensetzung der eigenen Kräfte die günstige Gefechtsformation zu erzielen, kann die Entfaltung in diesem Fall noch korrigiert werden. Allerdings wird angenommen, daß die Elemente der Taktik, die zum klasischen Schema des Seegefechts gehören — Suche des Gegners, taktische Entfernung und Führung von Schlägen nach Einnahme der Schußposition —, auch in Zukunft erhalten bleiben.

Die Angriffs- und Verteidigungsmöglichkeiten der Seestreitkräfte werden ständig größer. Daher besteht Grund zu der Annahme, daß in Zukunft ein taktisches Zusammenwirken von gemischten Kräften erforderlich ist, um die gut organisierte und tief gestaffelte Verteidigung des Gegners im Gefecht zu durchbrechen. In einzelnen Fällen ist jedoch wahrscheinlich auch ein Gefecht unter Einsatz gleichartiger Kräfte

denkbar, da die schlagartig gestiegenen Angriffsmöglichkeiten der Seestreitkräfte ihre Verteidigungsmöglichkeit übersteigen.
Die weitere Erhöhung der Zerstörungskraft der Waffen und die frühzeitige Entfaltung der Kräfte verkürzen die für die Durchführung der Kampfaufträge erforderliche Zeit. Der schnellere Ablauf der Ereignisse hat auch Veränderungen im Begriff Gefecht zur Folge. Das Gefecht läuft schneller ab, es wird dynamischer und führt in stärkerem Maße zu Ergebnissen.
Die Besonderheit des Seegefechts besteht darin, daß es fast immer die Vernichtung des Gegners zum Ziel hatte. Die Ausrüstung der Seestreitkräfte mit Atomwaffen läßt diese Besonderheit noch deutlicher werden.

Das Zusammenwirken ist bekanntlich einer der wichtigsten Grundbegriffe der Seekriegskunst. Die rationelle Kombination der Angriffs- und Verteidigungsmöglichkeiten gemischter Gruppierungen und der Ausgleich von Schwächen des einen Teils der Kräfte durch die Stärken des anderen ermöglichen es, Aufgaben zu lösen, die erheblich größer sind als diejenigen, die sich durch die übliche Addition der Möglichkeiten gleichartiger Kräfte lösen lassen.
In dem Maße, wie die Reichweite der Waffen, die Vielfalt der Waffensysteme sowie die Leistungsfähigkeit und Geschwindigkeit der Einsatzmittel zunahmen, wurde die Organisation des Zusammenwirkens immer schwieriger. Gegenwärtig nehmen die Bedeutung und die Möglichkeiten des Zusammenwirkens infolge der Weiterentwicklung der Fernmelde- und Führungsmittel ständig zu.
Auf Grund des wissenschaftlichen und technischen Fortschritts werden die technischen Kampfmittel immer vollkommener; daher ergeben sich für die Teilstreitkräfte neue Möglichkeiten, gegenseitig in ihre Kampfbereiche einzudringen. Die Bedeutung des taktischen und operativen Zusammenwirkens bei der Lösung von Aufgaben aller Art nimmt ständig zu. Dabei wird das taktische Zusammenwirken von gemischten Verbänden bei der Bekämpfung von Einsatzmitteln für Atomraketen wahrscheinlich unter dem Zwang organisiert werden, daß die Aufgabe innerhalb kürzester Zeit gelöst sein muß.
Auch die Möglichkeiten der anderen Teilstreitkräfte, gemeinsam mit den Seestreitkräften in deren Einsatzbereich zu kämpfen, werden ebenso wie die Möglichkeiten der Flotte, an Land und in der Luft zu kämpfen, ständig größer werden.
Die Ausweitung des Bereichs der Kampfhandlungen der Teilstreitkräfte wird zweifellos die Organisation des Zusammenwirkens auf operativer und strategischer Ebene erschweren.
In nächster Zukunft wird die Organisation des Zusammenwirkens also

noch viel komplizierter werden, das Zusammenwirken wird an Bedeutung zunehmen und seine Formen und Methoden werden vielfältiger werden.

Die Bewegung ist ein sehr alter Begriff der Seekriegskunst. Die Begriffe »Feuer« und »Bewegung« bildeten lange Zeit praktisch den Kampfinhalt der Seetaktik. Durch Bewegungen waren die Flottenkräfte in der Lage, ihre Waffen in die Position zu bringen, aus der sie optimal für den Feuerschlag eingesetzt werden konnten. In bestimmten Fällen wurde durch Bewegungen die erforderliche Zusammenfassung der Kräfte erreicht. Es muß erwähnt werden, daß mit der Erhöhung der Schußweite die Bewegung im Gefecht, die in der Phase der taktischen Entfaltung durchgeführt wurde, immer kürzer wurde. Mit dem Aufkommen der Schiffsartillerie war es nicht mehr erforderlich, nahe an den Gegner heranzufahren; die zurückgelegte Strecke wurde daher kürzer. Als die Schiffsartillerie mit Geschützen mit gezogenem Rohr ausgerüstet wurde, verkürzten sich die bei Bewegungen zurückgelegten Strecken noch mehr, und nach der Entwicklung von Raketen, die eine große Reichweite und eine hohe Treffgenauigkeit besaßen, erhielt der Begriff Bewegung ganz neue Inhalte. Es erwies sich als durchaus realisierbar, die Bewegung des Einsatzmittels weitgehend durch den Zielwechsel* für die Waffe zu ersetzen. Z.B. beträgt die Fläche, die von Schiffsgeschützen mit einer Schußweite von 20 km bestrichen werden kann, 1256 km^2. Beim Einsatz von Flugkörpern mit einer Reichweite von 200 km beläuft sich diese Fläche auf 125 600 km^2. Wenn wir berücksichtigen, daß mit der Erhöhung der Schuß- bzw. Reichweite einer Waffe um eine Größenordnung die bestrichene Fläche um zwei Größenordnungen zunimmt, können wir uns unschwer vorstellen, welche Möglichkeiten sich bei der Zielumplanung mit Flugkörpern ergeben, die eine Reichweite von mehreren tausend Kilometern haben. Daraus darf jedoch nicht geschlossen werden, daß die Bedeutung der Bewegungen von Kräften im Gefecht abnimmt und daß die Durchführung von Bewegungen einfacher wird.

Umgekehrt ist für eine Bewegung von Kräften, die den Gegner nicht beobachten können, der seinerseits Maßnahmen ergreift, um eine günstige, ebenfalls außerhalb des Beobachtungsbereichs liegende Position einzunehmen, die Gewinnung von Aufgaben für die Aufklärung und Zielzuweisung erforderlich. Die Bewegung erfolgt auf Grund von Angaben, die mit Hilfe von elektronischem Gerät verschiedener Art gewonnen werden, und in einer Situation intensivster elektronischer

* Wörtlich: »Manöver mit der Flugbahn«. Der Zielwechsel bei FK wird als »manevr«, d. h. als Bewegung betrachtet (Anm.d.Übers.).

Kampfführung, mit der sich bei richtiger Organisation das Aufklärungs- und Informationssystem völlig paralysieren läßt. Daher erfordern die Durchführung der Bewegung und der Einsatz der verschiedenen Aufklärungs- und Zielzuweisungsmittel echtes Können. Die Angriffsverbände müssen unbedingt nicht nur mit den Aufklärungskräften zusammenwirken, sondern auch mit den Zielzuweisungsmitteln, die außerhalb ihres Befehlsbereichs liegen. Natürlich bleibt es weiterhin erforderlich, die Bewegungen und die Zusammenfassung derjenigen Kräfte sicherzustellen, die mit Waffen geringerer Reichweite wie Torpedos und Artillerie ausgerüstet sind und auch in Zukunft zum Bestand der Seestreitkräfte gehören werden.

Bewegungen von Schiffen werden in Zukunft zügiger ablaufen, da viele Flotten in größerem Umfang mit Schiffen ausgerüstet werden, die nach dem Prinzip des dynamischen Auftriebs konstruiert sind.

Bei Untersuchung der Bewegung aus operativer Sicht muß hervorgehoben werden, daß sie als Form von Kampfhandlungen, deren Ziel die operative Entfaltung von Kräften und ihre Zusammenfassung in bestimmten Seegebieten ist, in Zukunft an Bedeutung gewinnen wird.

Die Zügigkeit ist ein für die heutige Seekriegskunst charakteristischer Begriff, der für alle Formen und Spielarten der Kampfhandlungen auf See gilt. Seine Entstehung ist mit der Entwicklung der Kampfmittel verbunden, durch die die früheren Methoden zur Führung eines Seegefechts, das aus längeren Bewegungen von Kräften und der mehrfachen, lang anhaltenden Einwirkung auf den Gegner bestanden hatte, allmählich ihre Bedeutung verloren und durch dynamische, schnell ablaufende Kampfhandlungen mit weitgesteckten Zielen ersetzt wurden, die in immer stärkerem Maße zu Ergebnissen führten.

Der wissenschaftliche und technische Fortschritt führt zur Entwicklung von schnellen Kampfmitteln von großer Reichweite und immer beweglicheren Einsatzmitteln. Daher wird der Begriff Zügigkeit in Zukunft ein unabdingbares Merkmal jeder Operation, jedes Gefechts und jedes Schlages sein.

Auf operativer Ebene wird das Prinzip der Zügigkeit in einer weiteren Verkürzung der Zeit der Einwirkung auf den Gegner zum Ausdruck kommen, wobei sich gleichzeitig Wucht und Wirkung der Schläge und Kampfhandlungen, aus denen sich die Operationen auf See zusammensetzen, verstärken.

Die Zügigkeit, mit der die verschiedenen Kräftegruppierungen wichtige Objekte des Gegners bekämpfen können, wird zum entscheidenden Faktor bei der Auswahl der Einsatzverfahren. Die Zügigkeit gewährleistet die maximale Nutzung aller Einsatzmöglichkeiten der Kräfte zum Errei-

chen der Ziele bei Operationen und macht ihre Schläge unvermeidbar und unabweisbar.
Eine große Zahl von zügig durchgeführten Operationen, Schlägen und anderen Kampfhandlungen verleiht dem Kampf auf See eine besondere Dynamik und führt dazu, daß in ihm bedeutende Ergebnisse erzielt werden. Daher wird die Kampftätigkeit der Seestreitkräfte in Zukunft eine vielgestaltige Kombination von gleichzeitigen und aufeinanderfolgenden zügig und schnell ablaufenden Kampfhandlungen sein, bei deren Beendigung entscheidende Ziele erreicht sind und die in bestimmten Fällen Verlauf und Ausgang des gesamten Krieges unmittelbar beeinflussen.
Die Bedeutung der Zügigkeit, dieses äußerst wichtigen Faktors im Kampf auf See, wird noch zunehmen, und die Fähigkeit, Kampfhandlungen auf See zügig durchzuführen, wird das wichtigste Kriterium für die Beherrschung der Kunst der Seekriegführung werden.

Die Zeit. Infolge der ständigen Weiterentwicklung des Marinegeräts, der Vergrößerung der Reichweite und der Zerstörungskraft der Waffen sowie der Erhöhung der Geschwindigkeit ihrer Einsatzmittel ergab sich in der Seekriegführung die Notwendigkeit, immer umfangreichere Aufgaben in immer kürzeren Zeiträumen zu erfüllen.
Noch im Zweiten Weltkrieg war für die Vernichtung einer bestimmten feindlichen Gruppierung nicht immer ein genau begrenzter Zeitraum angesetzt. Wenn z.B. der Auftrag erteilt war, einen Geleitzug des Gegners auf See zu vernichten, dann konnte er zu jedem Zeitpunkt des Marsches, der sich über Tage oder sogar Wochen hinzog, ausgeführt werden. Wann das geschah, zu Beginn oder am Ende des Marsches, war nicht von grundsätzlicher Bedeutung. Wichtig war nur, daß der Auftrag ausgeführt wurde, solange sich der gegnerische Geleitzug auf See befand. Heute wird ein solches Verfahren häufig nicht anwendbar sein. In vielen Fällen wird eine Gruppierung der gegnerischen Seestreitkräfte in einem bestimmten, äußerst kurzen Zeitraum vernichtet werden müssen, bevor sie ihre Waffen in vollem Umfang einsetzen kann.
Eine wichtige Besonderheit des Bedeutungswandels, den der untersuchte Begriff durchmacht, besteht darin, daß die Zeit, welche die Seestreitkräfte zur Erfüllung von strategischen Aufgaben benötigen, nach Beginn der Kriegshandlungen in der gleichen Größenordnung liegen wird wie die Zeit, die zur Lösung von taktischen Aufgaben erforderlich ist. Dies wird im Verlauf der weiteren Entwicklung der Kampfmittel immer deutlicher zutage treten. Da die Zeiträume, in denen die Aufgaben gelöst werden müssen, immer kürzer werden und dies für die Entwicklung aller Formen des bewaffneten Kampfes auf See bestimmend ist, wurde es erforderlich, die Seestreitkräfte ständig einsatzbereit zu halten, damit

sie unverzüglich Schläge führen können, und außerdem die Führung dieser Kräfte weitestgehend zu automatisieren.
Bei der Untersuchung der Grundbegriffe der Seekriegskunst ist es zweckmäßig, auch auf die Schaffung bestimmter Voraussetzungen einzugehen, die es den Seestreitkräften ermöglichen, ihre Aufgaben zu lösen. Wir wollen nicht die ganze Vielfalt dieser Voraussetzungen untersuchen, sondern uns auf diejenigen beschränken, die die Handlungsfreiheit der eigenen Kräfte im Gefecht und bei einer Operation gewährleisten und gleichzeitig dem Gegner ernsthafte Schwierigkeiten bereiten. Mit anderen Worten, hier geht es um das, was häufig als Überlegenheit im Kampfgebiet der eigenen Kräfte oder einfach als Seeherrschaft bezeichnet wird.

Der Terminus Seeherrschaft ist ein spezieller, nur den bewaffneten Kampf auf See betreffender Begriff. Flottenverbände bilden keine Fronten, sie sind beweglich, und ihre Kampfhandlungen haben nichts mit einem Vormarsch, der Eroberung oder dem Halten bestimmter Räume zu tun. Sie operieren in Gewässern, die »Niemandsland« sind, in Gebieten, in denen kein Staat die Souveränität ausübt, weil in internationalen Abkommen die Freiheit der Meere anerkannt ist. Der Sieg in einem Seegefecht oder bei einer Operation bedeutet nicht immer, daß irgendwelche territorialen Veränderungen erreicht worden sind. Mehr noch, häufig ist der Sieger bemüht, das Gefechtsfeld so schnell wie möglich zu verlassen, wie es z. B. U-Boote nach einem Angriff tun, obwohl der Gegner dabei schwere Verluste erlitten haben kann. Alle Seestreitkräfte sind jedoch bemüht, in einem bestimmten Seegebiet die Verhältnisse in ihrem Sinne zu regeln, z. B. die Schiffahrt zu kontrollieren und zu sichern, den Aufmarsch der eigenen Kräfte zu gewährleisten usw.
Die Verluste von Seestreitkräften sind nur schwer zu ersetzen. Daher bedeutet jede Niederlage, die dem Gegner beigebracht wird, nicht nur die Erreichung des Ziels in dem betreffenden Gefechtseinsatz, sondern sie schafft für einen relativ langen Zeitraum günstige Voraussetzungen für die Lösung weiterer Aufgaben. Sie nimmt dem Gegner — manchmal für einen längeren Zeitraum — die Möglichkeit, planmäßige Angriffshandlungen durchzuführen, und schafft somit eine ganz besondere Lage. Diese Lage ist dadurch gekennzeichnet, daß der Sieger jetzt Zeit, Richtung und Art seiner Angriffshandlungen frei bestimmen kann und für diese mitunter sogar nur schwache Kräftegruppierungen einzusetzen braucht.
Ist der Gegner nicht mehr in der Lage, energisch Widerstand zu leisten, kann der Sieger seinen Sieg ausnutzen, indem er die feindlichen Seetransporte durch eine Blockade der Häfen, Stützpunkte und Küsten-

abschnitte des Gegners unterbindet, Inseln und einige entlegene Gebiete erobert oder ungehindert Schläge gegen die feindliche Küste führt.

Der Verlust der Seeherrschaft konnte in früheren Zeiten für die unterlegene Seite sogar die Niederlage im Krieg bedeuten, wenn ihre Wirtschaft in hohem Maße von den Seeverbindungen abhing oder wenn die Flotte den Hauptteil ihrer Streitkräfte darstellte.

Wenn wir über das »Alter« dieses Begriffs der Seekriegskunst sprechen, können wir — ohne befürchten zu müssen, einen Fehler zu begehen — behaupten, daß dies der älteste und zählebigste Begriff der Kriegsgeschichte ist. Die Idee von der Seeherrschaft kam auf, als damit begonnen wurde, das Meer im Krieg durch speziell für diesen Zweck aufgestellte Seestreitkräfte zu nutzen.

Von besonderer Bedeutung war die Seeherrschaft in der Zeit der kolonialen Eroberungen, die von den westeuropäischen Mächten mit Hilfe ihrer Flotten gemacht wurden — in erster Linie von England, das sein Streben nach der Weltherrschaft mit Hilfe der Ausplünderung seiner Kolonien und der Piraterie mit dem geflügelten Wort des bekannten englischen Abenteurers und Piraten W. Raleigh rechtfertigte: »Wer die See beherrscht, beherrscht den Welthandel. Wer den Welthandel beherrscht, besitzt die Reichtümer der Erde und diese selbst.« Diese finstere Devise wurde oft von W. Churchill wiederholt und ist auch heute noch der Leitgedanke der militanten Kreise des britischen und amerikanischen Imperialismus.

Die reguläre russische Seekriegsflotte, deren Aufbau eng mit dem Namen Peters I. verbunden ist, hat durch ihr zielstrebiges Vorgehen überzeugend demonstriert, was sie unter dem Begriff Seeherrschaft versteht und daß sie in der Lage ist, diese Idee in die Tat umzusetzen. Durch Zerschlagung der Seemacht Schwedens in der Ostsee verschaffte sie sich Handlungsfreiheit in den wichtigsten Gebieten dieses Kriegsschauplatzes und benutzte sie geschickt dazu, um den Gegner zur Unterzeichnung eines Friedensvertrages zu zwingen. Auch die großen russischen Feldherren — Suworow, Potemkin, Uschakow, Spiridow u. a. — sprachen sich für die Idee der Seeherrschaft aus und entwickelten sie weiter.

Über die Seeherrschaft und über ihre Bedeutung im Verlauf des Krieges von 1865 schrieb F. Engels: »(. . .) Wenn man die Seeherrschaft besitzt, (. . .) so ist dies ein *Vorteil*.«[4]

In einem Lehrbuch der Seetaktik, das für die russische Seekadettenschule im Jahre 1873 geschrieben wurde, d. h. zwanzig Jahre früher, als in England und in den USA Arbeiten zu diesem Thema erschienen, be-

4 Engels, Fr., Izbrannye voennye proizvedenija (Ausgewählte militärische Schriften), Moskau 1956, S. 666f.

schrieb Kapitänleutnant Berjosin exakt die Theorie der Seeherrschaft und die Methoden, mit deren Hilfe sie errungen und aufrechterhalten werden kann. Dort hieß es: »Sobald ein Krieg beginnt, an dem Flotten teilnehmen, ist die Erringung der Seeherrschaft gewöhnlich die erste und wichtigste Aufgabe. Bei einer erheblichen Ungleichheit der Kräfte wird diese Aufgabe durch die direkte Blockade der Reeden oder Häfen, in denen sich die feindlichen Geschwader befinden, und dann der ganzen Küste erreicht. Ist eine solche Ungleichheit nicht vorhanden, muß die Seeherrschaft durch die Vernichtung der feindlichen Flotte (in Seeschlachten) errungen werden, danach wird die Blockade verhängt, deren Ziel es ist, den Seehandel des Feindes und seine gesamte Seeschiffahrt zu vernichten.« Weiter versuchte Berjosin zu beweisen, daß die Seeherrschaft nie absolut sein kann, daß neben der Blockade mit Hilfe von Kreuzern Jagd auf einzelne feindliche Schiffe gemacht werden müsse, daß Landungsoperationen im Nahbereich auch ohne die Herrschaft zur See möglich sind usw.

Im Unterschied zur Auslegung der Idee der Seeherrschaft in Rußland erhielt dieser Begriff in England, der größten Kolonialmacht der Welt, wo die »Ausbeutung der Kolonien die Hauptquelle der Bereicherung der britischen Bourgeoisie und die Aufrechterhaltung der Kolonialherrschaft deren wichtigste militärische Aufgabe«[5] war, auch einen politischen Sinn. Daher war die Aufrechterhaltung der Seeherrschaft für das englische Kapital eine Frage von lebenswichtiger Bedeutung. Diese Idee wurde auch zum Leitprinzip der britischen Militärdoktrin.

Die Idee der Seeherrschaft wurde der britischen Militärdoktrin von Admiral Colomb und seinen Schülern zugrunde gelegt. In den USA, die sich zu Beginn des Zeitalters des Imperialismus bemühten, den führenden Platz unter den Prätendenten auf die Weltherrschaft einzunehmen, wurden eigene Theorien über die Seeherrschaft entwickelt, als deren Begründer Admiral Mahan gilt.

Beide Autoren haben in ihren Arbeiten einen gesellschaftlichen Auftrag des aufkommenden Imperialismus erfüllt und daher den Grundbegriff der Seekriegskunst in eine politische Konzeption der Bourgeiosie — die zur Weltherrschaft strebte — und in ein ideologisches Leitbild des Imperialismus umgewandelt. Die Erringung der Seeherrschaft wurde zum einzigen Ziel des Seekrieges proklamiert, und bei Erreichung dieses Ziels war ihrer Meinung nach auch die Weltherrschaft gesichert.

Bekanntlich hat sich auch Lenin gründlich mit der Seeherrschaft als einem Begriff der Seekriegskunst befaßt und eine eingehende wissen-

5 Frunse, M. W., Izbrannye proizyedenija (Ausgewählte Werke), Bd. II, Moskau 1957, S. 12.

schaftliche Analyse der Ursachen der Niederlage Rußlands im Russisch-Japanischen Krieg 1904 — 1905 gegeben.

Er schrieb: »Auch bisher haben die Japaner nach jeder großen Schlacht ihre militärischen Kräfte schneller und reichlicher als die Russen verstärkt. Jetzt aber, da sie die völlige Herrschaft zur See und die völlige Vernichtung erreicht haben, werden sie imstande sein, doppelt soviel Verstärkung zu schicken wie die Russen.«[6]

Später wurde der Begriff der Seeherrschaft in der sowjetischen Seekriegsflotte untersucht und weiterentwickelt. So wurde in der Gefechtsvorschrift der sowjetischen Seekriegsflotte von 1930 hervorgehoben, daß Voraussetzungen geschaffen werden müssen, die ein sicheres Auslaufen der Kräfte aus ihren Stützpunkten und die Durchführung der ihnen erteilten Kampfaufträge gewährleisten. Als solche Voraussetzungen wurden angesehen:

— Widerstand gegen die Blockade des Gegners durch die richtige Auswahl von Stützpunkten, die die Durchführung der Blockade erschweren, sowie auch durch Kampfhandlungen, mit denen die Blokkade durchbrochen oder ihre Wirksamkeit herabgesetzt werden sollte,
— Bekämpfung der feindlichen Aufklärung und
— Vorpostendienst.

Hierzu muß bemerkt werden, daß die sowjetische Seekriegswissenschaft vom ersten Tag ihres Bestehens an alle Versuche, den Begriff »Seeherrschaft« mit dem Begriff »Weltherrschaft« gleichzusetzen, voll und ganz ablehnte. In der Erringung der Seeherrschaft sah sie nie einen Selbstzweck, sondern lediglich einen Weg, um bestimmte Voraussetzungen zu schaffen, die es den Kräften und Mitteln der Flotte ermöglichten, Aufgaben in bestimmten Seegebieten und in einem bestimmten Zeitraum zu lösen. Daher wurde in den Vorkriegsjahren bei der Sowjetischen Seekriegsflotte häufiger der Terminus »günstige Einsatzbedingungen« benutzt. Wie in unseren Vorschriften unterstrichen wurde, bezeichnet dieser Terminus Verhältnisse, die dazu beitragen, daß die Flotte die ihr gestellten Aufgaben erfolgreich lösen kann. Voraussetzungen dafür waren diejenigen Elemente einer Lage, die es gestatteten, die erforderlichen Kräftegruppierungen der Seekriegsflotte zu bilden, Schläge zu führen und die Kampfaufträge ohne wesentliche Abweichung vom aufgestellten Plan zu erfüllen. Um diese Bedingungen zu schaffen, war es notwendig, einen erbitterten und zuweilen relativ lang andauernden Kampf unter Einsatz verschiedener Kräfte und Mittel auf See, in der Luft und manchmal auch in den Küstengebieten zu führen.

6 Lenin, Werke, Bd. 8, S. 37.

Im Verlauf des Großen Vaterländischen Krieges wurden in den wichtigsten Vorschriften für die Kampftätigkeit der Seestreitkräfte die Kampfhandlungen der Flottenkräfte zur Schaffung einer Lage, die zur Durchführung ihrer Operationen erforderlich war, als Handlungen eingestuft, mit deren Hilfe die günstigsten und stabilsten Einsatzbedingungen in unseren Stützpunktbereichen und auf den wichtigsten Seeverbindungswegen geschaffen wurden. Eine Analyse der Kampferfahrungen unserer Flotten ermöglichte es, eine Reihe von Definitionen zu präzisieren, die sich auf diesen Grundbegriff der Seekriegskunst beziehen. Ende der vierziger Jahre wurde die Seeherrschaft als die Schaffung von Voraussetzungen betrachtet, die zu einer erfolgreichen Durchführung von Operationen unserer Flotten auf See und in den küstennahen Abschnitten der Landfront beitrugen. Als optimale Voraussetzung wurde die strategische Überlegenheit zur See bzw. auf dem Kriegsschauplatz angesehen. Diese war durch eine Lage gekennzeichnet, die so günstig war (durch das Kräfteverhältnis, die Stationierung der Kräfte, die Vorbereitung des Seekriegsschauplatzes u. a.), daß der Feind auf dem gesamten Kriegsschauplatz nicht mehr imstande war, die von uns durchgeführten Operationen zu vereiteln. Nebenbei gesagt bezog sich der Begriff »Seekriegsschauplatz« damals lediglich auf Meere, die unmittelbar an das Territorium der UdSSR angrenzen.
Wenn es auf einem Seekriegsschauplatz keine strategische Seeherrschaft gab — und dies war typisch für die damalige Zeit —, war die Erringung der operativen Seeherrschaft die unabdingbare Voraussetzung für die erfolgreiche Durchführung von Seeoperationen. Unter der operativen Seeherrschaft verstand man die Überlegenheit an Kräften und Mitteln in dem Gebiet, in dem der Hauptschlag erfolgen sollte; diese Überlegenheit sollte durch weiträumige und kühne Bewegungen der Kräfte sowohl in der Vorbereitungsphase der Operation als auch in ihrem Verlauf sowie durch geschickte Ausnutzung der geographischen Besonderheiten des Seekriegsschauplatzes und seiner Einrichtungen erreicht werden.
Der Unterschied zwischen der strategischen und der operativen Seeherrschaft bestand nach damaliger Auffassung nur in der Größe des beherrschten Raumes und in der Länge des Zeitabschnitts, in dem die Seeherrschaft aufrechterhalten werden konnte. Die strategische Seeherrschaft war auf das Führen eines Krieges oder die Durchführung eines größeren Unternehmens von Flottenkräften ausgerichtet, während die operative Seeherrschaft für die Durchführung einer Operation, einer Reihe von Gefechten oder sogar nur eines einzigen Gefechts erforderlich war.
Unverändert geblieben ist der Kern dieser beiden Begriffe — eine günstige operative Lage, die zur Durchführung einer Operation oder eines Ge-

fechts in einem bestimmten Gebiet des Seekriegsschauplatzes geschaffen wird, und zwar für die Dauer des Zeitraums, der benötigt wird, um mit Sicherheit einen Erfolg zu erzielen und um zu gewährleisten, daß der Gegner die Vorbereitung und Durchführung der Operation oder des Gefechts nicht vereiteln kann.
Nach dem Aufkommen der Atomwaffen — und später der Raketen — waren viele Militärtheoretiker der Ansicht, daß die Erringung der Seeherrschaft zu einem zweitrangigen Problem geworden sei, da die neuen Waffen und Geräte für den bewaffneten Kampf auf See die Bedingungen, unter denen Operationen und Kampfhandlungen auf See durchgeführt werden, und folglich auch die dabei angewendeten Verfahren von Grund auf verändert hätten.
Ein Argument, mit dem die Notwendigkeit der Erringung der Seeherrschaft verneint wurde, war die Behauptung, daß für die auf See kämpfenden Kräfte keine günstigen Voraussetzungen geschaffen zu werden brauchten, da die Kampfhandlungen schnell ablaufen und entscheidende Ergebnisse mit sich bringen. Häufig wurde sogar die Frage gestellt: Was sollen die Seestreitkräfte in einem Atomkrieg tun: den Gegner vernichten oder die Seeherrschaft erringen, wobei sie Gefahr laufen, vom Gegner vernichtet zu werden, ehe sie ihre Ziele erreichen können?
Wie die Geschichte zeigt, nahm der Kampf um die Seeherrschaft mit der Weiterentwicklung der materiellen und technischen Voraussetzungen für die Bewaffnung und Ausrüstung der Seestreitkräfte und mit der Erweiterung ihrer Einsatzmöglichkeiten neue Züge an, obwohl dieser Kampf selbst weiterhin das Abbild der realen Gegebenheiten war, die durch die Besonderheiten der Kampfhandlungen auf See bedingt sind.
Mit zunehmender Fahrgeschwindigkeit der Schiffe und der übrigen Kräfte der Flotte und mit der Verbesserung der Fernmelde- und Aufklärungsmittel verkürzte sich der Zeitraum beträchtlich, in dem die Seeherrschaft aufrechterhalten werden konnte. So konnte die englische Flotte nach der Schlacht bei Abukir (1798) ihre Überlegenheit im Mittelmeer mehrere Jahre lang aufrechterhalten; dies brachte die Expedition Napoleons in Ägypten zum Scheitern, obwohl die französischen Truppen bereits gelandet waren und an Land eine Reihe bedeutender Siege errangen. Die Seeherrschaft der japanischen Flotte hingegen, die sie Ende 1941 nach der Zerschlagung der amerikanischen Kampfschiffe in Pearl Harbor und der Versenkung britischer Schlachtschiffe im Golf von Siam errungen hatten, dauerte nicht länger als vier Monate.
Aus diesen Beispielen ist ersichtlich, daß der Zeitraum, während dessen die Seeherrschaft ausgeübt werden kann, kürzer wird und der Kampf zur Erringung der Seeherrschaft immer mehr an Intensität zunimmt. Diese Tendenz ist auch heute noch vorhanden, da sich die Kräfte und

Mittel der Seestreitkräfte intensiv weiterentwickeln, die Atomraketen immer weiter verbessert werden und in immer größerem Umfang See-Luft-Streitkräfte zum Einsatz kommen. Besonders wichtig ist der Umstand, daß die U-Boote zur wichtigsten Waffengattung moderner Seestreitkräfte geworden sind. Eine große Rolle spielt auch die neue strategische Ausrichtung der Seestreitkräfte auf die Bekämpfung von Landzielen. Aus alledem ergibt sich in vermehrtem Maße die Notwendigkeit, die zur Lösung von strategischen Aufgaben vorgesehenen Kräfte allseitig zu sichern und zu unterstützen. Sehr häufig wird es wahrscheinlich zu Kämpfen kommen, durch die in einem bestimmten Seegebiet und für einen bestimmten Zeitraum günstige Voraussetzungen zur erfolgreichen Lösung der einer großen Gruppierung von Seestreitkräften gestellten Hauptaufgaben sowie gleichzeitig Bedingungen geschaffen werden, die dem Gegner die Duchführung seiner Aufgaben erschweren und durch die er daran gehindert wird, Kampfhandlungen der Gegenseite zu vereiteln.

Um die Voraussetzungen für die Erringung der Seeherrschaft zu schaffen, mußte schon immer viel Zeit aufgewendet und bereits in Friedenszeiten eine Reihe von Maßnahmen getroffen werden. Zu diesen Maßnahmen gehören: der Aufbau und die Vorbereitung der erforderlichen Kräfte und Mittel sowie ihre ständige Gefechtsbereitschaft, die Bildung von Kräftegruppierungen und eine Verteilung dieser Kräfte auf dem Seekriegsschauplatz, die ihnen eine überlegene Position sichert, ferner die Schaffung logistischer Einrichtungen auf den Seekriegsschauplätzen, eine entsprechende Organisation der Kräfte, ein ihrer Funktion entsprechendes Stützpunkt- und Führungssystem usw.

Die Wechselbeziehung und gegenseitige Abhängigkeit zwischen den Kampfhandlungen der Seestreitkräfte zur Erfüllung ihrer Hauptaufträge und denen zur Erringung der Seeherrschaft besteht jetzt und wahrscheinlich auch in Zukunft darin, daß die Seegebiete, in denen die Seeherrschaft errungen werden soll, sowie der Zeitraum, während dessen die Seeherschaft erforderlich ist, voll und ganz von den Verhältnissen abhängen, unter denen die Hauptaufträge ausgeführt werden. Dabei können die Kampfhandlungen, die mit dem Ziel geführt werden, die Seeherrschaft in bestimmten Seegebieten oder Richtungen zu festigen, entweder vor der Durchführung der Hauptaufträge der Seestreitkräfte oder parallel dazu stattfinden. Folglich ist die Erringung der Seeherrschaft ein Faktor, der den Erfolg der Kräfte sicherstellt, die zur Ausführung der Hauptaufträge eingesetzt sind. Gleichzeitig gewährleistet die erfolgreiche Ausführung dieser Hauptaufträge durch die Seestreitkräfte die weitere Festigung und Ausweitung der Seeherrschaft.

Im Großen Vaterländischen Krieg hat sich gezeigt, daß erfolgreiche

Kampfhandlungen der Landstreitkräfte und die Eroberung von Küstenabschnitten ebenfalls zur Erringung der Seeherrschaft beitragen. Ein Beispiel hierfür ist die Erringung und Festigung der Seeherrschaft im Schwarzen Meer, in der Ostsee und in der Barents-See als Ergebnis gemeinsamer Operationen unserer Land- und Seestreitkräfte. Die deutsche Führung wollte die Seeherrschaft im Schwarzen Meer und in der Ostsee durch Eroberung der sowjetischen Flottenstützpunkte von Land aus erringen. Es gelang den Hitlerfaschisten jedoch nicht, dieses Ziel zu erreichen. Ihre Pläne wurden durch den gemeinsamen Einsatz der Sowjetarmee und der Seekriegsflotte vereitelt. Daraus kann geschlossen werden, daß die Erringung der Seeherrschaft sowohl von der Erfüllung der der Flotte gestellten Hauptaufgaben als auch vom Gesamtverlauf des Krieges abhängig ist. Ferner darf nicht außer acht gelassen werden, daß die Imperialisten bei ihren Kriegsvorbereitungen bestrebt sind, die Voraussetzungen zur Erringung der Seeherrschaft bereits zu Beginn des Krieges zu schaffen. Dabei soll die Seeherrschaft auf die Tiefe der Ozeane und auf den Luftraum über ihnen ausgedehnt werden.

Aus dem oben Gesagten geht hervor, daß die Seeherrschaft als Grundbegriff der Seekriegskunst weiter aktuell bleibt. Daher ist es eine wichtige Aufgabe der Seekriegswissenschaft, diesen Begriff in allen seinen Aspekten in Anwendung auf die gegenwärtigen Verhältnisse zu untersuchen.

Die allgemeinen Entwicklungstendenzen in der Seekriegskunst sind also durch folgendes gekennzeichnet: ständig steigende Forderungen nach einem möglichst wirksamen Waffeneinsatz, Hinaufschrauben der Normwerte für die Vorbereitung und den Einsatz der Waffen, steigende Intensität der Kampfhandlungen, immer kürzere Fristen für die Entschlußfassung und immer höhere Verantwortung des Verbandsführers. Durch die Einführung von Waffen mit großer Reichweite mit Zielsuchvorrichtungen sowie von leistungsfähigen kybernetischen und automatischen Systemen erhöht sich die Bedeutung des Menschen im bewaffneten Kampf noch mehr.

Wichtige Entwicklungstendenzen auf dem Gebiet der Seekriegskunst sind die fortschreitende Ausweitung ihres Forschungsgegenstandes und der Optimierungsbereiche sowie die zunehmende Bedeutung der technischen und physikalisch-mathematischen Wissenschaften als Grundlage zur Lösung der theoretischen Probleme der Seekriegskunst.

Noch nicht untersucht worden ist die vermutliche Entwicklung solcher Elemente der Seekriegskunst wie Aufklärung, Tarnung, operative und taktische Entfaltung, Kampfformationen, Verteidigung, Logistik und anderes mehr.

Die Flotten in den lokalen Kriegen des Imperialismus

Die Beendigung des Zweiten Weltkrieges bescherte den Völkern nicht den langersehnten Frieden. Dem stand die aggressive Eroberungspolitik der imperialistischen Mächte entgegen, die durch ein zügelloses Wettrüsten auf dem Gebiet der Atomraketen und die Vorbereitung eines weltweiten Atomkrieges, den sie im »geeigneten Augenblick« auslösen wollen, ihre politischen Ziele zu erreichen versuchen. Angesichts des sich ständig zu ihren Ungunsten verändernden Kräfteverhältnisses in der Welt bemühen sich die Imperialisten jedoch, ihre Ziele in einzelnen Teilen der Welt zu erreichen, und wenden dabei eine Vielfalt von Methoden und Formen des Einsatzes an, unter denen die lokalen Kriege, das sind Kriege, an denen nur zwei oder einige wenige Staaten beteiligt sind, einen wichtigen Platz einnehmen. Folglich sind diese Kriege auch in bezug auf ihre Ziele und das Gebiet, in dem sie geführt werden, sowie bezüglich ihres Umfangs und der in dem bewaffneten Kampf eingesetzten Mittel begrenzt. Das Ziel aller dieser Kriege bleibt immer dasselbe. Es besteht in der Unterdrückung der nationalen Befreiungsbewegungen, in der Aufrechterhaltung der sozialen und wirtschaftlichen Abhängigkeit der ehemaligen Kolonien, in der Schwächung des sozialistischen Weltsystems und in der Eroberung und Behauptung strategisch wichtiger Gebiete der Welt. Die Imperialisten setzen zur Führung von lokalen Kriegen riesige Mittel und gewaltige Mengen an Menschen und Material ein. So kostete der Krieg gegen die Demokratische Volksrepublik Korea die USA 20 Mrd. Dollar. Auf der Seite der Aggressoren nahmen über eine Million Mann, mehr als 200 Kriegsschiffe, rund 1000 Panzer und 1600 Flugzeuge am Krieg teil. Frankreich setzte gegen die Kräfte der nationalen Befreiungsfront Algeriens über 500 000 Mann, ungefähr 1500 Flugzeuge und 1000 Panzer ein.[7]

Nach offiziellen Angaben des Pentagon, die ganz offensichtlich zu niedrig angesetzt sind, gaben die USA für den Krieg gegen das vietnamesische Volk von 1961 bis Anfang 1973 140 Mrd. Dollar aus (nach Angaben von Senator Mansfield waren es fast 400 Mrd.). In diesem Zeitraum waren insgesamt 2,5 Millionen amerikanische Soldaten in Vietnam; in den Zeiten intensivster Kampftätigkeit waren dort 549 000 Mann stationiert. Die trägergestützten, die strategischen und die taktischen Luftstreitkräfte der USA warfen auf die Städte und Dörfer Vietnams ungefähr 7,5 Mio. t Bomben ab; das ist mehr als die dreifache Menge an

7 Vgl. Maculenko, V., Lokalye vojny imperializma (1946 — 1968) (Die lokalen Kriege des Imperialismus), in: Voenno-istoriceskij zurnal (Militärgeschichtliche Zeitschrift), 1968, Nr. 9, S. 39.

Bomben, die im gesamten Zweiten Weltkrieg abgeworfen wurde. Trotzdem gelang es den Aggressoren nicht, den Siegeslorbeer zu erringen: nachdem (nach Angaben des Pentagon) rund eine Million Mannschaften, Unteroffiziere und Offizier gefallen oder verwundet worden waren, mußten die Amerikaner und ihre Saigoner Verbündeten einsehen, daß sie ihre Ziele mit militärischen Mitteln nicht erreichen konnten und diesen Krieg faktisch verloren hatten.

Die Erfahrung hat gezeigt, daß die imperialistischen Mächte den Seestreitkräften in lokalen Kriegen einen wichtigen Platz einräumen. So waren z. B. die Flotten der USA und Großbritanniens immer an allen lokalen Kriegen und Konflikten beteiligt, die der Imperialismus in der Zeit nach dem Kriege vom Zaun gebrochen hat. Die Erfahrungen, die beim Einsatz dieser Seestreitkräfte gesammelt werden konnten, sind jedoch sehr spezifischer Natur, da den Aggressoren praktisch keine Gegner zur See gegenüberstanden und ihre Flotten praktisch unter übungsmäßigen Bedingungen operierten. Trotzdem lassen sich auch an Hand dieser Erfahrungen gewisse Schlußfolgerungen über die Entwicklung der Seestreitkräfte und ihre Einsatzmethoden ziehen.

Vor allen Dingen muß hervorgehoben werden, daß die Seestreitkräfte der imperialistischen Großmächte, die in erster Linie zur Lösung strategischer Aufgaben in einem Atomkrieg vorgesehen sind, gleichzeitig auch intensiv auf lokale Kriege vorbereitet werden, in denen sie bei der Unterdrückung von nationalen Befreiungsbewegungen und anderer progressiver Bewegungen der Völker eine führende Rolle spielen sollen. Die heutigen imperialistischen Mächte — die USA, Großbritannien und Frankreich — bauen ihre Flotten dementsprechend aus. Diese bestehen sowohl aus strategischen Angriffskräften, die mit Atomraketen bewaffnet sind, als auch aus allgemeinen Kräften, d. h. Kräften, die sowohl in einem Atomkrieg als auch in lokalen Kriegen eingesetzt werden können.

Die Bedeutung der Seestreitkräfte in lokalen Kriegen ergibt sich aus dem Umstand, daß sie von allen Teilstreitkräften am besten geeignet sind, militärische Aktionen großen Ausmaßes gegen Länder durchzuführen, die weit vom Territorium des Aggressors entfernt liegen. In den letzten zwei Jahrzehnten waren in allen militärischen Konflikten, bei denen es die geographischen Verhältnisse zuließen, starke Flottenverbände einer und manchmal auch mehrerer imperialistischer Mächte aktiv beteiligt, die allerdings keineswegs immer die ihnen gestellten Aufgaben lösen konnten.

In den meisten Fällen wurden vorher Flottenkräfte in diejenigen Gebiete entsandt, in denen eine Zuspitzung der Lage provoziert werden sollte. Nachrichten über Verlegungen von Flottenkräften imperialistischer Staaten auf den Weltmeeren waren oft ein sicheres Zeichen dafür, daß

sich in einem Gebiet der Welt ein militärischer Konflikt anbahnte.
Die Imperialisten betrachten die Seestreitkräfte auch deshalb als das für den Einsatz in lokalen Kriegen am besten geeignete Instrument, weil sie eine hohe Beweglichkeit besitzen und in der Lage sind, auf den potentiellen Kriegsschauplätzen lange Zeit in ständiger Gefechtsbereitschaft zu verbleiben, ohne gleich die Souveränität anderer Staaten zu verletzten und vorzeitig internationale Komplikationen hervorzurufen.
Wichtig ist für den Westen auch noch der Umstand, daß die angreifende Flotte in lokalen Kriegen kaum Gegenschläge der überfallenden Seite zu befürchten hat, da diese gewöhnlich nicht über ausreichend starke See- und Luftstreitkräfte verfügt.
Infolge der großen operativen und Gefechtsmöglichkeiten der modernen Flottenkräfte haben die Imperialisten die Möglichkeit, den Einsatzbereich dieser Kräfte in lokalen Kriegen zu erweitern. Da die Angriffsflugzeugträger Objekte angreifen können, die bis zu 2000 km entfernt sind, gehören sie heute zu den wichtigsten Kräften, die in lokalen Kriegen eingesetzt werden. Dazu trug auch in nicht geringem Maße der Umstand bei, daß die Flugzeugträger häufig das einzige Mittel waren, mit dessen Hilfe Flugzeuge in der Nähe des Kampfgebiets stationiert werden konnten.
Erfahrungsgemäß können auch andere Überwasserschiffe — FK-Schiffe, Artillerieschiffe, Minensuch- und -räumfahrzeuge sowie Landungsschiffe — in lokalen Kriegen eine große Rolle spielen. Sie sind in der Lage, Truppen zu transportieren und anzulanden, die Gruppierungen der eigenen Landstreitkräfte an ihren Küstenflanken durch Feuer zu unterstützen, küstennahe Objekte des angegriffenen Landes mit Artillerie und Flugkörpern unter Beschuß zu nehmen und andere Aufgaben zu erfüllen.
Als Hauptstoßkräfte wurden in lokalen Kriegen und Konflikten weitgehend Marineinfanterieverbände eingesetzt, da sie sich durch eine besonders große Beweglichkeit auszeichnen und sich ständig in hoher Einsatzbereitschaft befinden, so daß sie unverzüglich auf dem See- oder Luftwege dorthin verlegt werden können, wo eine Aggression geplant ist.
Daß die Imperialisten ihre Seestreitkräfte in großem Umfang in lokalen Kriegen und Konflikten einsetzen wollen, kommt in dem von ihnen geschaffenen System von Flottenstützpunkten sowie in der Wahl der Seegebiete zum Ausdruck, in denen ihre Flottenkräfte ständig präsent sind.
Die aggressiven Kreise der führenden imperialistischen Mächte lassen nicht nur starke strategische, mit Atomraketen bewaffnete Gruppierungen von Seestreitkräften aufmarschieren, die vor allem gegen die Sowjetunion und die Länder der sozialistischen Gemeinschaft gerichtet sind. Sie sind außerdem auch bestrebt, in den strategisch wichtigen See-

gebieten der Welt ständig schlagkräftige Gruppierungen von Seestreitkräften zu stationieren, die für den Einsatz in lokalen Kriegen vorgesehen sind und Konflikte provozieren sollen. Diese Flottenkräfte sind ständig bereit, bei der Unterdrückung der nationalen Befreiungsbewegungen in am Meer gelegenen Kolonien oder Länder, die sich vor kurzem aus der kolonialen Abhängigkeit befreit haben, sowie in Entwicklungsländern, die Küstenstaaten sind, Polizeifunktionen auszuüben.

Als deutliches Beispiel zur Veranschaulichung des oben Gesagten kann die Lage im Mittelmeer dienen, wo eine starke Gruppierung von FK-U-Booten der USA (ihre Flugkörper mit Atomgefechtskopf sind auf die sozialistischen Staaten gerichtet), die 6. US-Flotte und Seestreitkräfte anderer NATO-Länder konzentriert sind, deren Kern die Angriffsflugzeugträger bilden. Allein unter dem Kommando des Befehlshabers der 6. US-Flotte befinden sich gewöhnlich zwei Angriffsflugzeugträger (150 bis 180 Flugzeuge), mehrere Kreuzer, etwa 15 Sicherungsschiffe sowie ein Landungsverband mit Unterstützungseinheiten.

Zur Wahrung der Interessen des britischen Imperialismus unterhält auch England ständig Seestreitkräfte im östlichen Mittelmeer. Die wahre Funktion dieser Kräfte läßt sich am Beispiel der Aggression von 1956 erkennen, als englische und französische Flottenkräfte, die aus insgesamt 185 Schiffen (sechs Flugzeugträgern, einem Schlachtschiff, drei Kreuzern und Dutzenden von Zerstörern und Geleitschiffen), Marineinfanterie und strategischen Luftstreitkräften bestanden, Port Said angriffen. Die britische Flotte hatte auch früher schon des öfteren militärische Konflikte im Persischen Golf und in anderen Gebieten des Mittleren Ostens angezettelt.

Ähnliche Aufgaben hat die amerikanische Pazifikflotte, zu der Hunderte von Kriegsschiffen gehören, u. a. ein Geschwader von atomgetriebenen FK-U-Booten und eine beträchtliche Gruppierung von Angriffsflugzeugträgern. Diese Kräfte halten sich ständig in verschiedenen Gebieten des Stillen Ozeans auf, insbesondere in den an Südostasien grenzenden Meeren. In den letzten Jahren wurde in die Einsatzsphäre der Pazifikflotte auch der Indische Ozean einbezogen, in dem sich ständig ein Geschwader der US-Marine aufhält und neue Flottenstützpunkte errichtet werden.

Die Imperialisten demonstrieren auch gern militärische und politische Stärke mit Hilfe ihrer Flottenkräfte, um auf unbotmäßige demokratische Regierungen oder nationale Befreiungskräfte, die sich gegen volksfeindliche Regime der Günstlinge des Imperialismus auflehnen, Druck auszuüben. Solche Demonstrationen sind erfahrungsgemäß nur von kurzer Dauer und eskalieren häufig entweder zu einem direkten selbständigen Kampfeinsatz von Flottenkräften oder gehen in Aktionen zur

Unterstützung von Landstreitkräften über.
Die Imperialisten haben in lokalen Kriegen bedeutende Flottenkräfte eingesetzt, deren Zusammensetzung jeweils von der Lage, dem Verlauf der Ereignisse und der Art des Konflikts abhing. Z. B. hat die US-Marine gegen kleine Staaten Lateinamerikas (Panama, Dominikanische Republik, Guatemala u.a.) lediglich Kräfte eingesetzt, die zur Anlandung von Marineinfanterie und zu deren Unterstützung an der Küste erforderlich waren.
Anders gingen die Amerikaner während der Krise im Karibischen Meer gegen die Insel der Freiheit* vor. Hier setzten die USA Angriffsflugzeugträger, Großverbände aus anderen Überwasserschiffen und starke Marineinfanterieverbände ein. Gleichzeitig bereiteten sie intensiv den Einsatz von Atomwaffen sowie eine Großlandung auf der Insel der Freiheit vor. Ferner wurden weltweit militärpolitische Aktionen durchgeführt, um Druck auf andere Länder auszuüben und diese daran zu hindern, das revolutionäre Kuba zu unterstützen.
In allen militärischen Konflikten — unabhängig von ihrem Ausmaß — sind die Imperialisten bestrebt, eine erdrückende Überlegenheit an Kräften über ihre Gegner zu schaffen und aufrechtzuerhalten. Dies war im Korea-Krieg 1950 — 1953, in der Libanon-Krise von 1958 und besonders im Vietnam-Krieg von 1961 — 1971 der Fall. Die Hauptkräfte der 7. US-Flotte hielten sich ständig vor der vietnamesischen Küste auf. In der Endphase des Krieges, vom Frühjahr 1972 an, waren hier 4 bis 6 Angriffsflugzeugträger, 60 bis 65 große Kriegsschiffe anderer Gattungen und rund 180 Patrouillenfahrzeuge eingesetzt. Darüber hinaus waren über 30 Kriegsschiffe und rund 390 Patrouillen- und Landungsboote der Verbündeten der USA an den Kämpfen beteiligt.
Während des Krieges in Vietnam nahmen von den 17 Angriffsflugzeugträgern der US-Marine 15, von den 9 Hubschrauberträgern 6, drei Viertel aller FK-Kreuzer, FK-Fregatten und FK-Zerstörer (48 von 58) sowie die weitaus meisten Zerstörer (163 von 179) an den Kampfhandlungen teil.
Unter den in lokalen Kriegen eingesetzten Flottenkräften spielten die Flugzeugträger mit ihren Flugzeugen und die anderen Überwasserschiffe die Hauptrolle. Diese Kräfte hatten die Aufgabe, Truppen und Objekte des Gegners im Küstenbereich niederzuhalten und die eigenen Verbände zu unterstützen, wobei entferntere Ziele aus der Luft angegriffen und Ziele an der Küste durch Schiffsartillerie und teilweise mit ungelenkten Flugkörpern bekämpft wurden. Auch wurden in großem Umfang Blockademaßnahmen gegen die Küste durchgeführt. U-Boote wurden in

* Sowjetische Bezeichnung für Kuba unter Castro (Anm. d. Übers.).

diesen Kriegen nur begrenzt eingesetzt. Ihre Aufgaben beschränkten sich darauf, den Einsatz der Überwasserschiffe zu sichern, sie vor Gegenangriffen zu schützen und den Gegner aufzuklären.
Mit dem Aufkommen neuer Kampfmittel für den Seekrieg wird sich der Einsatzbereich der Seestreitkräfte in lokalen Kriegen zweifellos erweitern. Das zeigte sich zum Beispiel beim Einsatz von Luftkissenfahrzeugen, mit denen Einheiten der US-Marine auf kleinen, bis dahin nicht schiffbaren Flüssen in das Innere Südvietnams eindrangen. Dort kämpften sie — weit entfernt von der Küste — in stark versumpften Räumen und im Dschungel.
Für die Seekriegführung in lokalen Kriegen waren zwei Grundzüge charakteristisch: das Bestreben, erstens weitgehend bewährte Kampfformen und -methoden aus den vorangegangenen Kriegen anzuwenden, und zweitens neue Kampfmethoden zu erproben, die den modernen Waffen entsprachen. Daduch wurde das Schlachtfeld zu einer Art Versuchsgelände für neue Waffen und neues Gerät.
In den lokalen Kriegen, die die imperialistischen Staaten nach dem Zweiten Weltkrieg geführt haben, wurden verschiedene Formen des Einsatzes der Seestreitkräfte angewendet: das Anlanden von Truppen (hauptsächlich von Marineinfanterie), der Einsatz trägergestützter Flugzeuge zur Unterstützung der eigenen Truppen, der Beschuß von Zielen in der Küstenzone durch die Schiffsartillerie sowie die Seeblockade unter Einsatz der Minenwaffe. Ferner wurden auch in großem Umfang Versorgungstransporte auf dem See- und Luftwege durchgeführt.
Landungsunternehmen gehören zu den Maßnahmen, die von den Aggressoren am häufigsten zur direkten Unterstützung von reaktionären Regimen und zur Unterdrückung von nationalen Befreiungsbewegungen ergriffen werden. Das größte Ausmaß hatten die Landungsunternehmen in Korea, während sie in Vietnam in geringerem Umfang durchgeführt wurden.
Stärke, Zusammensetzung und Aufgaben der Landungstruppen und Sicherungskräfte sowie Organisation und Intensität der Truppenanlandungen in lokalen Kriegen waren unterschiedlich und hingen vom Kräfteverhältnis zwischen den kriegführenden Parteien und vom Verlauf des Krieges auf dem Festland ab. Wenn die Truppen der Aggressoren eine Niederlage erlitten, wie z. B. in Korea, wurden in größerem Umfang Landungsunternehmen durchgeführt. Die Truppen wurden im Rücken oder an der Flanke der angreifenden patriotischen Kräfte angelandet und versuchten, deren Vormarsch aufzuhalten oder zu verzögern, um so den Interventen die zur Umgruppierung und Verstärkung ihrer Truppen erforderliche Zeit zu verschaffen. Diesem Zweck diente die allgemein bekannte Landungsoperation von Intschön in Korea, die eines der wich-

tigsten Ereignisse in diesem Krieg war. In anderen Fällen sollen operative Landungsunternehmen größeren Umfangs ein schnelles Angriffstempo der Landstreitkräfte gewährleisten.

In lokalen Kriegen wurden weitgehend taktische Landungsunternehmen durchgeführt, bei denen gewöhnlich Verbände der Marineinfanterie mit Unterstützung durch die Luftwaffe und die Schiffsartillerie angelandet wurden. Die Landungsverfahren wurden in letzter Zeit erheblich weiterentwickelt. Während in Korea die Landung nur mit Landungsschiffen erfolgte, wurde in Vietnam ein kombiniertes Verfahren angewandt: Truppen und leichtes Gerät wurden mit Hilfe von Hubschraubern an der Küste abgesetzt, während schweres Gerät mit Landungsschiffen angelandet wurde.

Die US-Marineinfanterie begann neue taktische Landeverfahren wie die sogenannte vertikale Umfassung und den Einsatz von luftbeweglichen Stoßtrupps (eagle flight) anzuwenden, die wie folgt ablaufen: Zuerst wird die Verteidigung in dem zu nehmenden Raum durch Jagdbomber und Schiffsartillerie niedergehalten, und dann werden Feuerunterstützungshubschrauber in den Landeraum beordert, die den Auftrag haben, den Landeraum zu isolieren, das Landen von Truppen mit Transporthubschraubern zu sichern und den gelandeten Truppen Feuerunterstützung zu geben. Nach Ausführung des Kampfauftrages werden die Luftlandeeinheiten wieder in Hubschrauber verladen und zur Inbesitznahme weiterer Abschnitte oder Objekte eingesetzt.

Wir wollen die bereits erwähnte Landungsoperation von Intschön vom rein militärischen Standpunkt aus etwas genauer betrachten. Bei dieser Operation war geplant, weit im Rücken der Koreanischen Volksarmee Truppen von See aus anzulanden, Seoul zu nehmen, zügig nach Osten vorzustoßen, die Landverbindungen der Koreanischen Volksarmee zu unterbrechen, ihre Truppenführung und ihre Versorgung zu desorganisieren und durch einen gleichzeitigen Angriff von Norden und Süden her die Hauptkräfte der Koreanischen Volksarmee im Zusammenwirken von Heer, Marine und Luftwaffe einzuschließen und zu vernichten. Danach sollten die Truppen bis zur chinesischen Grenze vorrücken und so die Kampfhandlungen in Korea beenden.

An der Landungsoperation waren bedeutende Kräfte unmittelbar beteiligt:

— die 7. US-Flotte, verstärkt durch amerikanische, britische, kanadische, neuseeländische, australische, französische und niederländische Schiffe, in einer Gesamtstärke von rund 300 Einheiten; darunter befanden sich 6 Flugzeugträger, 1 Schlachtschiff, 7 Kreuzer, über 40 Zerstörer und Geleitschiffe, 18 Minensucher, 76 Landungsschiffe und 66 Transporter;

— Luftstreitkräfte mit über 500 Maschinen für unterschiedliche Einsatzzwecke;
— das 10. US-Korps (die verstärkte 1. Marineinfanteriedivision und die 7. Infanteriedivision) mit einer Gesamtstärke von über 40 000 Mann.

Bei der Vorbereitung der Operation sorgten die Interventen dafür, daß sie eine mehr als zwanzigfache Überlegenheit an Truppen besaßen, und außerdem sicherten sie sich die absolute Luft- und Seeherrschaft.

Die Truppenteile der Koreanischen Volksarmee, die Intschön verteidigten, und die herangezogenen Verstärkungen leisteten hartnäckigen Widerstand und fügten dem Feind schwere Verluste an Menschen und Material zu. Daher war es den Vorausverbänden der Interventen nach hartnäckigen Kämpfen um jeden einzelnen Abschnitt bis zum Abend des 16. September lediglich gelungen, 10 km weit vorzustoßen und 15 km vom Flugplatz Kumpho sowie 20 km von Seoul entfernt Stellungen zu beziehen. Der geplante zügige Vormarsch von Intschön nach Seoul war vereitelt worden.

Am Abend des 16. September sprang im Raum des Flughafens Kumpho ein Fallschirmjägerregiment ab, um den Angriff in Richtung Seoul wieder in Gang zu bringen. Nachdem die Amerikaner den Flugplatz genommen und dort Flugzeuge stationiert hatten, konnten sie diese zur Unterstützung ihrer gegen Seoul vorrückenden Vorausverbände einsetzen. Auch trägergestützte Flugzeuge griffen aktiv in die Kampfhandlungen ein und flogen pro Tag 500 Einsätze und mehr.

Trotz der Zusammenfassung beträchtlicher Kräfte konnten die Interventen erst vierzehn Tage nach Beginn der Operation Seoul einnehmen. In deren Verlauf erzielten sie zwar operative Erfolge, der strategische Auftrag jedoch, die Hauptkräfte der Koreanischen Volksarmee zu vernichten und den Krieg in Korea schnell zu beenden, wurde nicht erfüllt.

Bei der Landungsoperation von Intschön wurden die gleichen taktischen Verfahren angewandt wie im Zweiten Weltkrieg.

Die Landung und die Kampfhandlungen an der Küste waren nur dank der vielfachen Überlegenheit an Kräften auf dem Festland und der absoluten Seeherrschaft erfolgreich.

Ein charakteristisches Merkmal dieser Operation bestand darin, daß die Landung unmittelbar in einem Hafen erfolgte, der sich in der operativen Tiefe der Verteidigung befand.

Ohne den umfassenden und aktiven Einsatz der Seestreitkräfte wären die Interventen wohl kaum einer militärischen Niederlage in Korea entgangen. Der Einsatz der Seestreitkräfte wirkte sich wesentlich auf den Verlauf des gesamten Krieges aus. Dank dem Einsatz der Flotte konnten die Amerikaner in einem schmalen Frontabschnitt eine starke Angriffsgruppe bilden, was sie vor der völligen Vernichtung rettete.

Die *Luftstreitkräfte* hatten in lokalen Kriegen bereits von Beginn des Konfliktes an die Aufgabe, durch konzentrierte und massierte Angriffe auf Flugplätze, Flugabwehrkräfte und das Führungssystem den Verteidiger daran zu hindern, jedem Aggressor organisierten Widerstand zu leisten. Gleichzeitig wurden Luftangriffe auf dichtbesiedelte Gebiete des Landes geflogen, um die Bevölkerung in Panik zu versetzen, sie zu demoralisieren, den Widerstandswillen des Volkes zu brechen und die Verwaltung des Landes funktionsunfähig zu machen. Die ersten Angriffe wurden gewöhnlich mit starken Verbänden trägergestützter Flugzeuge durchgeführt, die in kleinen Gruppen auf breiter Front eingesetzt wurden. Zur Bekämpfung der am besten geschützten Objekte flogen die trägergestützten Flugzeuge massierte Angriffe, wobei sie aus verschiedenen Richtungen und aus unterschiedlichen Höhen angriffen. Bei der Beurteilung des Einsatzes der Luftwaffe im Krieg gegen Ägypten im Jahre 1956 schrieb eine französische Zeitschrift, daß ihre Hauptaufgabe vor der Truppenanlandung darin bestand, die ägyptische Luftwaffe im Verlauf von zwei bis drei Tagen zu vernichten oder auszuschalten und danach zum psychologischen Luftkrieg überzugehen, d. h. zum Abwurf von Flugblättern und zur nächtlichen Bombardierung von Ortschaften. Dabei nahm man an, daß die schlechte Stimmung, die nach den Bombardierungen herrschen würde, »möglicherweise zur bedingungslosen Kapitulation des Gegners führt, bevor noch ein Soldat seinen Fuß auf ägyptischen Boden gesetzt hat«.[8]

Die gleiche Aufgabe hatten die von Flugzeugträgern aus eingesetzten Flugzeuge auch im Krieg gegen das heldenhafte Vietnam. Nachdem der »Tongking-Zwischenfall« als Vorwand für sogenannte Gegenmaßnahmen provoziert worden war, versuchte die 7. US-Flotte am 2. August 1964, mit Angriffen ihrer trägergestützten Flugzeuge auf Ortschaften die Bevölkerung der Republik zu demoralisieren und zu demonstrieren, daß sie entschlossen war, ihre eroberten Positionen in Südostasien um jeden Preis zu halten. Dadurch sollten die vietnamesischen Patrioten gezwungen werden, ihren Befreiungskampf einzustellen. Da die Vereinigten Staaten mit diesen barbarischen Angriffen ihre Ziele nicht erreichten, gingen sie von Februar 1965 an zu systematischen, immer stärker werdenden Luftangriffen auf Ortschaften, einschließlich der Hauptstädte Hanoi, und die wichtigsten Verkehrsknotenpunkte und Häfen über. Obwohl die USA unter dem Druck der Weltöffentlichkeit vom 1. Dezember 1968 an ihre Bombenangriffe auf die Demokratische Republik Vietnam einstellen mußten, führten sie weiterhin mit ihrer

8 Pierre Barjot, Les opérations de Suez en 1956 et la Marine, in: La Revue maritime, Bd. 151, Januar 1959, S. 46.

Luftwaffe einzelne Aktionen gegen sie durch und unternahmen im April 1972 einen letzten verzweifelten Versuch, den heroischen Widerstand des sozialistischen Vietnam zu brechen. Dieses Mal nahmen sie, nachdem sie vor der Küste Vietnams die stärkste Flottengruppierung des gesamten Krieges, die aus sechs Angriffsflugzeugträgern und einer großen Anzahl anderer Kriegsschiffe bestand, zusammengezogen hatten, die Bombardierung der Demokratischen Republik Vietnam durch ihre trägergestützten Flugzeuge sowie ihre strategischen und taktischen Luftstreitkräfte mit besonderer Härte wieder auf. Doch auch in diesem Fall konnten sie ihre Ziele nicht erreichen.
In diesem größten lokalen Krieg wurden die trägergestützten Flugzeuge sehr intensiv eingesetzt. Bei durchschnittlich 1,4 Besatzungen pro Flugzeug flog jeder Pilot monatlich 20—28 Einsätze; insgesamt führten die trägergestützten Flugzeuge in der Zeit von 1965—1972 rund 8 000 Einsatzflüge pro Monat durch.
Die Luftangriffe auf die Demokratische Republik Vietnam stießen auf starke Abwehrmaßnahmen der vietnamesischen Luftverteidigung, so daß jeder Flugzeugtäger pro Monat 10—15 Flugzeuge verlor. Der Einsatz der Luftstreitkräfte gegen die südvietnamesischen Patrioten traf auf eine erheblich schwächere Flugabwehr. Hier war die Zahl der Einsätze pro Flugzeug um 20—50% höher als bei den Angriffen auf Ziele in der Demokratischen Republik Vietnam. Die trägergestützten Flugzeuge wurden hier hauptsächlich zur Unterstützung der amerikanischen und der Saigoner Landstreitkräfte sowie der Marineinfanterie eingesetzt. Einen Gesamteindruck von der Intensität des Einsatzes dieser Flugzeuge vermitteln einige Daten aus den Kämpfen um Khe San, das 1968 von den Patrioten belagert wurde; innerhalb von 77 Tagen flogen amerikanische Maschinen über 25 000 Einsätze (an einzelnen Tagen bis zu 1 600), warfen 100 000 Bomben ab und verbrauchten 700 000 Schuß Munition.
Ein anschauliches Bild vom intensiven Einsatz der amerikanischen trägergestützten Flugzeuge im vietnamesischen Krieg vermitteln die folgenden Zahlen. Auf die trägergestützten Flugzeuge entfielen über 50% der Einsatzflüge aller Flugzeuge der USA, die an der Bombardierung von Zielen in Südvietnam beteiligt waren. Im Verlauf des Jahres 1969 gehörten zu dem vor Vietnam eingesetzten 77. Angriffsträgerverband der 7. US-Flotte insgesamt acht Angriffsflugzeugträger und ein U-Jagd-Flugzeug. Die Einsatzhäufigkeit pro Tag betrug pro Träger 178, für zwei Träger etwa 311 und für drei Träger rund 350 Einsatzflüge. Im Laufe eines Jahres wurden 74 965 Einsatzflüge, davon 53 481 (71%) Angriffseinsätze und 21 484 (29%) Sicherungseinsätze durchgeführt.
Vom Beginn der systematischen Angriffe auf die Demokratische Repu-

blik Vietnam im Februar 1965 an bis zu ihrer vorübergehenden Unterbrechung am 1. Dezember 1968 flogen die trägergestützten Flugzeuge allein 200 000 Angriffseinsätze.
Obwohl der Einsatz der Flugzeugträger der USA unter einfachen Bedingungen, d. h. ohne reale Gefährdung, erfolgte, hatte die Führung der US-Marine einen ganzen Komplex von Maßnahmen zur Verteidigung und Sicherung ihrer Angriffsträgerverbände vorgesehen: die Schiffe fuhren in aufgelockerter Kampfformation und wurden ständig durch sperrefliegende Jagdflugzeuge aus der Luft gesichert; ferner wurden Maßnahmen zur U-Abwehr, zur Minenabwehr und zur Abwehr von Schnellbootangriffen getroffen.
Wie bereits erwähnt, wurden die trägergestützten Flugzeuge auch zur unmittelbaren Unterstützung von angreifenden oder sich verteidigenden Truppen des Aggressors eingesetzt. Als Beispiele hierfür können die Verteidigung des Brückenkopfes Pusan im Jahre 1950 durch die Amerikaner sowie ihre Kampfhandlungen im Raum Khe San in Südvietnam dienen.
Diese Flugzeuge unterstützten auch den Vormarsch der US-Truppen auf Seoul nach der Anlandung bei Intschön. Daß die 1950 in Raum Hungnam ans Meer zurückgedrängten amerikanischen Truppen der völligen Zerschlagung und Vernichtung entgingen, verdanken sie weitgehend der Luftunterstützung von ihren Flugzeugträgern aus.
Während des Kampfeinsatzes amerikanischer Luftstreitkräfte gegen die Demokratische Republik Vietnam wurden die elektronischen Gegenmaßnahmen gegen Luftabwehrsysteme erheblich weiterentwickelt. Der umfassende Einsatz von passiven Radarstörmitteln wurde mit dem Einsatz von Radarbekämpfungsflugkörpern vom Typ »Shrike« und »Standard ART« kombiniert. Ferner wurden SMART-Bomben eingesetzt, die durch TV oder einen Laserstrahl gelenkt wurden. Der Einsatz der Flugzeuge wurde durch eine taktische Aufklärung und eine Nachaufklärung der Ziele und Flugabwehrsysteme sowie durch eine sorgfältig durchgeführte operative und taktische Tarnung vorbereitet.
Die Unterstützung der Landstreitkräfte durch die *Schiffsartillerie* in lokalen Kriegen läßt sich am besten an Beispielen aus den Interventionen in Korea und Vietnam untersuchen.
Im Korea-Krieg setzten die Interventen die Schiffsartillerie weitgehend gegen Landziele ein. Sie hatte die Aufgabe, die eigenen Truppen zu unterstützen, militärische Anlagen und Truppen des Gegners zu vernichten, die Landfront von See her zu sichern und die küstennahen Landverbindungen der Koreanischen Demokratischen Volksrepublik zu stören. Für diese Aufgaben wurden einzelne Schiffe und ganze Verbände eingesetzt. Nach Ansicht von amerikanischen Militärexperten war

der Einsatz von Schiffsartillerie in einzelnen Frontabschnitten manchmal von entscheidender Bedeutung.

Am intensivsten und besonders massiert wurde die Schiffsartillerie von den Amerikanern 1950 bei der Vorbereitung der Landung in Intschön eingesetzt. Hier beschossen die Schiffe im Verlauf von fast drei Monaten 89mal militärische und andere Objekte der Volksarmee an der Ostküste.

1952 beschossen das Schlachtschiff »Wisconsin«, die schweren Kreuzer »Saint Paul« und »Rochester« sowie der leichte Kreuzer »Manchester« zweieinhalb Monate lang die vorgeschobenen Stellungen der Volksarmee, um die eigene Marineinfanterie zu unterstützen. In dieser Zeit verschossen sie 977 406-mm-Geschosse (mit einer mittleren Schußweite von etwa 30 km), 1 661 203-mm-Geschosse (mit einer mittleren Schußweite von etwa 20 km) und 470 152-mm-Geschosse (mit einer mittleren Schußweite von etwa 20 km). Durch diesen Artilleriebeschuß entstanden bei den Truppen der Volksarmee Verluste in Höhe von etwa 470 Gefallenen und 450 Verwundeten. Ferner wurden 6 Artilleriegeschütze vernichtet und 18 beschädigt sowie 225 Bunker und Unterstände zerstört und 252 beschädigt. Nach Ansicht des amerikanischen Oberkommandos war die Feuerunterstützung für die Truppen an Land in diesem Zeitraum wirksam und zweckmäßig.[9]

Bei der Untersuchung der Erfahrungen, die die Amerikaner beim Einsatz ihrer Schiffsartillerie gegen Landziele im Korea-Krieg gemacht haben, dürfen wir nicht vergessen, daß der intensive Einsatz der Schiffsartillerie nur deswegen möglich war, weil die amerikanischen Schiffe keinen energischen Gegenaktionen der Luft- und Seestreitkräfte der Koreanischen Demokratischen Volksrepublik ausgesetzt waren, die damals noch nicht über Kampfmittel großer Reichweite verfügten.

Wenn sich das Kriegsgeschehen jedoch in Räumen abspielte, die von der Artillerie der Volksarmee verteidigt wurden, stellte diese trotz ihrer geringen Stärke häufig ein ernsthaftes Hindernis für die Schiffe der Interventen dar.

Die Interventen konnten nur auf Grund der besonderen, fast übungsmäßigen Bedingungen ihre Schiffsartillerie in einem derartigen Umfang gegen Landziele einsetzen.

Auch in Vietnam setzten die Interventen die Schiffsartillerie in großem Rahmen ein. Hier wurden für den Beschuß von Landzielen Verbände zusammengestellt, die gewöhnlich aus einem bis drei Kreuzern und einem bis fünf Zerstörern bestanden. Die Aufklärung der Ziele und die

9 Malcom W. Cagle and Frank A. Manson: The Sea War in Korea, Annapolis (United States Naval Institute), 1957, S. 333-34.

Korrektur des Feuers wurden mit Hilfe von Flugzeugen und Hubschraubern sowie von Artilleriebeobachtern an Land durchgeführt, die von den Landstreitkräften und der Marineinfanterie gestellt wurden.
Bei der Analyse der bei den Kampfhandlungen in Vietnam gesammelten Erfahrungen kam die Führung der US-Marine zu dem Schluß, daß der Einsatz von Schiffsartillerie gegen Landziele wegen der geringeren Abhängigkeit von den Wetterverhältnissen wirksamer und wirtschaftlicher ist als der Einsatz von Flugzeugen, obwohl der ständige Beschuß von Landzielen mit den 203-mm- und 152-mm-Geschützen der Kreuzer und den 127-mm-Geschützen der Zerstörer eine zu geringe Wirkung gehabt hatte.
Um die Wucht der Feuerschläge gegen Küstenobjekte zu verstärken, verlegten die Amerikaner das Schlachtschiff »New Jersey«, das mit 406-mm-Geschützen mit einer Schußweite bis zu 38 km bewaffnet war, vor die vietnamesische Küste. Dadurch sollte die Lage der anderen Schiffe erleichtert werden, die beträchtliche Verluste durch die Küstenartillerie der Demokratischen Republik Vietnam erlitten.
Somit zeigte auch die amerikanische Intervention in Vietnam, daß die Schiffsartillerie weiterhin einen wichtigen Platz unter den Waffensystemen moderner Seestreitkräfte einnimmt.
In praktisch allen Konflikten und lokalen Kriegen haben die imperialistischen Mächte in der einen oder anderen Form die *Seeblockade* angewendet. Ihr Ziel bestand darin, das Opfer der Aggression zu isolieren, seine Unterstützung durch befreundete Staaten zu verhindern und schließlich seinen Widerstand gegen die Interventen zu brechen. Zur Durchführung der Blockade richtete die Flotte des Aggressors auf den Zufahrten zur Küste gewöhnlich mehrere Blockadezonen ein, die ständig von Schiffen und Flugzeugen überwacht wurden. Auf den Zufahrten zur vietnamesischen Küste wurden z. B. zwei Blockadezonen — eine Fernzone und eine Nahzone — eingerichtet. In der Fernzone beobachteten große Überwasserschiffe und Flugzeuge die sich der vietnamesischen Küste nähernden Transportschiffe der mit Vietnam befreundeten Staaten. In der Nahzone machten patrouillierende Schiffe, Boote und Flugzeuge der Amerikaner Jagd auf in der Küstenschiffahrt eingesetzte vietnamesische Transportschiffe und Dschunken. Die Jagd auf die vietnamesischen Dschunken brachte jedoch nicht die erwarteten Ergebnisse. Die vietnamesischen Patrioten beförderten eine beträchtliche Menge militärischer Güter auf dem Seewege und auf den Wasserstraßen im Inneren des Landes. Außerdem gelangten die meisten Güter aus den befreundeten Staaten in die vietnamesischen Häfen. Daher gingen die Vereinigten Staaten, um die Wirkung der Seeblockade zu erhöhen, vom 9. Mai 1972 an unter grober Mißachtung aller Normen des Völkerrechts dazu

über, den verbrecherischen und nicht erklärten Krieg in Vietnam auszuweiten und in großem Umfang Minen einzusetzen.
Nach einem sorgfältig ausgearbeiteten Plan verminten trägergestützte Flugzeuge in einer Nacht die Zufahrtswege zu allen Häfen der Demokratischen Republik Vietnam. Gleichzeitig wurden auch die Binnengewässer der Republik vermint. Die Blockade durch Minensperren wurde von den amerikanischen Seestreitkräften bis zum Ende des Krieges in Vietnam aufrechterhalten. Hierdurch wurden weite Seegebiete zu Gefahrenzonen für die internationale Schiffahrt, und die verbrieften Rechte anderer Staaten auf die freie Nutzung der Hohen See wurden eingeschränkt. Eine Blockade, die der Unterdrückung nationaler Befreiungsbewegung und der Einmischung in die inneren Angelegenheiten anderer Staaten dient, stellt unter allen Umständen einen Akt dar, der den Normen des Völkerrechts widerspricht, die in der Satzung der Vereinten Nationen und einer Reihe internationaler Abkommen niedergelegt sind.
Vom rein militärischen Standpunkt aus sind die Blockademaßnahmen der USA im Vietnam-Krieg und in den anderen lokalen Kriegen wenig lehrreich, da der Verteidiger keine Seestreitkräfte besaß, die in der Lage gewesen wären, dem Aggressor entsprechend Widerstand zu leisten.
In den lokalen Kriegen spielten *militärische Transporte zur See* eine äußerst wichtige, manchmal sogar entscheidende Rolle. Sie nahmen vor allem dann an Umfang zu, wenn an Land besonders erbittert gekämpft wurde. So wurde die Zerschlagung der im Brückenkopf Pusan zum Meer zurückgedrängten amerikanischen Truppen und Truppen Syngman Rhees im Jahre 1950 weitgehend dadurch verhindert, daß es den Amerikanern innerhalb kürzester Zeit gelang, fünf Divisionen mit Verstärkung auf dem Seeweg aus Japan nach Pusan zu transportieren. Insgesamt wurden während des Korea-Krieges auf Schiffen von den USA und von Japan nach Korea sowie zwischen den koreanischen Häfen rund 5 Mio. Mann befördert. Auf jeden Soldaten, der in Korea an Land ging, kamen 4 t Güter verschiedener Art. In den 37 Monaten des Krieges transportierte die amerikanische Flotte 44 Mio. Tonnen Trockengüter und 22 Mio. Tonnen Erdölprodukte nach Korea. Zum Vergleich sei vermerkt, daß die jährlichen Mindesteinfuhren an strategisch wichtigen Rohstoffen für Großbritannien — ein Land, für das die Versorgung auf dem Seewege eine lebenswichtige Frage darstellt — während des Zweiten Weltkrieges 16 Mio t betrug. Dazu mußten sich ständig 2 000 Schiffe auf See befinden und täglich 350 Transportschiffe in den Häfen abgefertigt werden.
Auch im Vietnam-Krieg waren die Seetransporte von größter Bedeutung. Die Amerikaner brachten monatlich 85 000 t Munition, 320 000 m^3 Betriebsstoff und 15 Mio. Tagesrationssätze an Verpflegung

nach Südvietnam, d. h. im Mittel 35 kg Versorgungsgüter pro Mann und Tag.

Nach ausländischen Angaben belief sich das monatliche Volumen der Seetransporte nach Südvietnam auf 1,5—2 Mio. t. Ständig waren über 300 Schiffe unterwegs, und rund 98% des Volumens der Gütertransporte und etwa 35% des Volumens der Truppentransporte entfielen auf den Seeverkehr.

Bei den Überseetransporten bestätigten sich die großen Vorteile der Containerschiffe, über die wir in Kapitel I gesprochen haben. Ein solches Schiff konnte im Hafen innerhalb von 18 Stunden anstatt wie bisher in 5—7 Tagen gelöscht werden. Der Containertransport ermöglichte es, in großem Umfang Hubschrauber für die Löscharbeiten und für den Weitertransport der Güter an Bestimmungsorte einzusetzen, die weit vom Entladeort entfernt waren.

Auch die militärischen Überseetransporte auf dem Luftweg waren von großer Bedeutung. Ihr Gesamtvolumen während des Vietnam-Krieges betrug 1965 110 000 t, 1966 255 000 t, 1967 540 000 t und 1968 910 000 t.

Die Analyse der beim Einsatz der US-Marine in lokalen Kriegen gewonnenen Erfahrungen läßt also die Schlußfolgerung zu, daß zur Erfüllung des großen Komplexes der hier behandelten Aufgaben starke Kräftegruppierungen eingesetzt wurden. In manchen Fällen waren an den Kampfhandlungen mehr Schiffe und Flugzeuge beteiligt als an einzelnen großen Operationen des Zweiten Weltkrieges. Zu diesen Gruppierungen gehörten gewöhnlich trägergestützte Flugzeuge, Überwasserschiffe und Marineinfanterie. In der Regel waren die trägergestützten Flugzeuge die wichtigste Komponente dieser Angriffskräfte.

Die Kampfhandlungen der Seestreitkräfte des Aggressors zeichneten sich durch Vielfalt und große Intensität aus. Charakteristisch war das enge Zusammenwirken zwischen den trägergestützten Flugzeugen und den Landstreitkräften. Dieses Zusammenwirken nahm die Form einer unmittelbaren Feuerunterstützung an; sie kam auch darin zum Ausdruck, daß rechtzeitig operative Gruppierungen von Seestreitkräften zusammengestellt und in bestimmte Gebiete verlegt wurden, um die Landstreitkräfte zu unterstützen. Von großer Bedeutung waren die militärischen Überseetransporte. Trotz der steigenden Bedeutung der überseeischen Lufttransporte wurden der größte Teil der Truppen und die Hauptmasse der Waffen, des Geräts und der übrigen Versorgungsgüter nach wie vor auf dem Seewege transportiert.

Die lokalen Kriege haben indessen gezeigt, daß die aggressiven Aktionen der Imperialisten nur dann zum Erfolg führten, wenn der nötige Widerstand fehlte. Bei einem gut organisierten Widerstand der freiheitsliebenden Völker, die von der mächtigen Gemeinschaft der sozialistischen Staaten und anderen progressiven Kräften der Gegenwart unterstützt wurden, gelang es den Imperialisten nicht, in einem lokalen Krieg ihre militärischen und politischen Ziele zu erreichen.

Die Seestreitkräfte im Frieden

Die Streitkräfte sind von jeher ein wirksames Mittel der Politik der Staaten gewesen, und zwar nicht nur im Kriege, sondern auch im Frieden. Gegenwärtig, in einer Phase der schärfsten ideologischen Gegensätze zwischen zwei Gesellschaftssystemen, dem Kapitalismus und dem Sozialismus, in einer Phase des sich verstärkenden nationalen Befreiungskampfes in der ganzen Welt und eines noch nie dagewesenen wissenschaftlich-technischen Fortschritts, der den Staaten wissenschaftlich-technische Entdeckungen dienstbar gemacht hat, die einen grundlegenden Wandel in den Vorstellungen über die Schlagkraft der Waffen bewirkt haben, hat dieser Satz erst recht Gültigkeit und sind Beweise für seine Richtigkeit auf Schritt und Tritt zu beobachten. Bekanntlich betrachteten die USA gleich nach Beendigung des Zweiten Weltkrieges im Vertrauen auf ihren alleinigen Atomwaffenbesitz es als ihre Mission, die Interessen der gesamten Menschheit zu »vertreten«. Auf Grund des eine Zeitlang bestehenden Atomwaffenmonopols reduzierten die amerikanischen Politiker ihre gesamte Politik und Diplomatie auf eine atomare Politik und Diplomatie und ihre Militärstrategie auf eine Atomstrategie. Dabei wurde es das Hauptziel des amerikanischen Monopolkapitals, die ganze Welt zu beherrschen. Dank den intensiven Bemühungen sowjetischer Wissenschaftler war das amerikanische Atomwaffenmonopol nach kurzer Zeit beseitigt, und den Imperialisten wurde die materielle Grundlage für ihre Politik der atomaren Erpressung der sozialistischen Länder entzogen. Ihren Anspruch auf die Weltherrschaft haben die aggressiven Kreise der USA aber auch nach dem Verlust des Atomwaffenmonopols nicht aufgegeben.
Sowohl in den vierziger als auch in den fünfziger Jahren wurde das Streben nach der Weltherrschaft von den Ideologen des amerikanischen Imperialismus ziemlich unverhohlen zum Ausdruck gebracht, wobei sie ihre Hoffnung vor allem auf die Atomwaffen und die Seestreitkräfte setzten. So schrieb die amerikanische Zeitschrift »Military Review«: »Atomare Macht plus Seemacht werden unserem Land so viel Handlungsfreiheit geben, daß es leicht das ihm von Gott gegebene Recht ausüben kann, die ganze Welt zu beherrschen.«[10] Ein aktiver Verfechter der Poli-

10 Zitiert nach: Soloncov, Z.M., Diplomaticeskaja bor'ba SŠA za gospodstvona more

tik der USA zur Errichtung der Weltherrschaft, Oberst Reinhardt, der ebenfalls hoffte, daß die Atomwaffen der Schlüssel zur Erringung der Weltherrschaft sein würde, schrieb: »Die Technik, die die Welt kleiner macht, schafft zum ersten Mal in der Geschichte die Voraussetzungen, die eine wirksame Herrschaft einer einzigen Macht über die ganze Welt ermöglichen.«[11] Dem Streben des amerikanischen Imperialismus nach der Weltherrschaft haben sich aber mit unüberwindlicher Kraft die UdSSR und das gesamte sozialistische Lager entgegengestellt. Daß trotz aller Drohungen, den Kommunismus zu vernichten, der Imperialismus sich noch nicht entschlossen hat, einen neuen Weltkrieg zu entfesseln, ist vor allem auf das gewaltige Anwachsen der militärischen Stärke der UdSSR zurückzuführen, das eine Veränderung des militärischen Kräfteverhältnisses bewirkt hat. Das ist eine anschauliche Bestätigung für die offensichtliche Tatsache, daß die reale militärische Macht der Streitkräfte des Sowjetstaates auf die aggressiven Kräfte des imperialistischen Lagers, die ihre Wahnidee, die Länder der sozialistischen Gemeinschaft und insbesondere die Sowjetunion zu vernichten, nicht aufgegeben haben, ernüchternd wirkt. Das geben die Verfechter der zahlreichen militärischen und sonstigen Doktrinen von der »Zurückdrängung« und »Vernichtung« des Kommunismus auch selbst zu. Bereits im Jahre 1959 stellte der Senatausschuß für auswärtige Angelegenheiten in einem Bericht fest:

»Das Ende des amerikanischen Kernwaffenmonopols und die zunehmenden strategischen Möglichkeiten der Sowjetunion haben die Schwierigkeiten erhöht, mit denen die Behauptung der militärischen Position verbunden ist, die die Verwirklichung der Ziele erfordert, die sich Amerika gesetzt hat.«[12] Derselbe Ausschuß mußte gezwungenermaßen die Schlußfolgerung ziehen: »Die militärische Lage der Vereinigten Staaten hat sich verschlechtert: Das Land, das früher unbestreitbar in Sicherheit war, ist nun im Falle eines direkten und verheerenden Angriffs offen und verwundbar.«[13]

Derartige Äußerungen bürgerlicher Politiker dürfen bei einer Beurteilung des Kräfteverhältnisses nicht außer acht gelassen werden. Sie sind sehr aufschlußreich, besonders wenn man berücksichtigt, daß die Imperialisten nur dann die eine oder andere Errungenschaft der sozialisti-

(Der diplomatische Kampf der USA um die Seeherrschaft), hrsg. v. IMO (Institut für Weltwirtschaft und Internationale Beziehungen), Moskau 1962, S. 385.

11 Year Book of World Affairs, Washington 1958, S. 5.

12 Zitiert nach: Voennaja strategija (Militärstrategie), Moskau 1963, S. 79; deutsche Ausg.: Sokolowski, W.D. (Hrsg.), Militärstrategie, Berlin 1965, S. 84, oder Köln 1969, S. 114f.

13 ibid.

schen Länder zugeben, wenn die Tatsachen sie dazu zwingen.
Die unüberwindliche militärische Macht der Sowjetunion ist ein nicht wegzudenkender Bestandteil des militärischen Potentials der gesamten sozialistischen Gemeinschaft; sie garantiert die Sicherheit der Bruderländer und verändert das Kräfteverhältnis in der Welt radikal zugunsten des revolutionären Prozesses und des Friedens in der Welt. Auf der Internationalen Konferenz der kommunistischen und Arbeiterparteien im Jahre 1969 haben die Vertreter der Bruderländer und Bruderparteien die ungeheure internationale Bedeutung der Verteidigungskraft der UdSSR unterstrichen. »Heute, unter den Bedingungen der Revolution in der Militärtechnik und der Militärwissenschaft«, sagte der Erste Sekretär des Zentralkomitees der SED, W. Ulbricht, »ist die Verteidigungskraft der Sowjetunion mehr als je zuvor die entscheidende Garantie für den Schutz aller sozialistischen Staaten wie auch aller progressiven Staaten, die ihre nationale Befreiung errungen haben, ist sie die Garantie für die Sicherung des Friedens in der ganzen Welt.»[14]

Von den vielen Komponenten, aus denen sich die Schlagkraft der Sowjetischen Streitkräfte zusammensetzt, ist es neben den Atomwaffen das reiche Arsenal an Einsatzmitteln für diese Waffen, über das unser Land verfügt, das auf die Anhänger der Vorbereitung eines neuen Weltkrieges und auf die neugebackenen Prätendenten auf die Weltherrschaft eine besonders ernüchternde Wirkung ausübt. Speziell sind es diejenigen Waffen, mit denen jetzt gegen den amerikanischen Kontinent ebenso wie auch gegen andere Gebiete der Erde, die die amerikanischen Strategen als Aufmarschgebiete für einen Überfall auf die UdSSR betrachten, strafende Vergeltungsschläge geführt werden können. Gemeint sind damit vor allem die Einsatzmittel für Atomwaffen interkontinentaler Reichweite, über die die sowjetischen strategischen Raketentruppen und die sowjetische Seekriegsflotte verfügen. Ein Mittel zur Eindämmung, erforderlichenfalls aber auch zur Unterbindung aggressiver Aktionen der Imperialisten sind in hohem Maße auch die Luft-, die Land- und die übrigen Teilstreitkräfte unserer ruhmreichen Streitkräfte.

Die Politik, so hat Lenin gelehrt, ist der konzentrierte Ausdruck der Wirtschaft, von deren Zustand vor allem die Stärke eines äußerst wichtigen Instruments der Politik, der Streitkräfte des Staates, abhängt. Am Zustand der Streitkräfte eines Landes läßt sich dessen wirtschaftliche Macht ablesen.

Als anschauliche Bestätigung hierfür und gewissermaßen als Gradmesser für das Niveau der Entwicklung der Wirtschaft eines Landes können dessen Seestreitkräfte angesehen werden.

14 Prawda vom 11. Juni 1969.

»Das moderne Kriegsschiff«, schrieb F. Engels, »ist nicht nur ein Produkt, sondern zugleich ein Probestück der modernen großen Industrie (. . .). Das Land, wo die große Industrie am meisten entwickelt ist, hat beinahe das Monopol des Baues dieser Schiffe (. . .).
Die politische Gewalt zur See, die auf den modernen Schlachtschiffen beruht, erweist sich durchaus nicht als ›unmittelbar‹, sondern gerade als *vermittelt* durch die ökonomische Macht, die hohe Ausbildung der Metallurgie, das Kommando über geschickte Techniker und ergiebige Kohlengruben.«[15]

Der Bau eines modernen Kriegsschiffes setzt einen hohen Entwicklungsstand aller Zweige der Industrie und der Wissenschaft des betreffenden Landes voraus. Schon der Bau eines einzigen Schiffes, das modernen Anforderungen genügen soll, ist nur bei einem hohen Maß an Kooperation möglich und nur dann, wenn alle Industriezweige, die mit dem Schiffbau zusammenhängen, Erzeugnisse höchster Qualität liefern. In der Regel sind am Bau eines Kriegsschiffs einige hundert Industriebetriebe beteiligt. Der Aufbau der Seestreitkräfte insgesamt, und zwar in einer Stärke und Zusammensetzung, die zur Erfüllung der gestellten Aufgaben erforderlich sind, einschließlich aller für die normale Funktion notwendigen Versorgungseinrichtungen, ist nur einem Staat mit einer starken Wirtschaft möglich.

Die langen Bauzeiten des Marinegeräts, die vergleichsweise kurze Nutzungsdauer der Schiffe und die damit verbundene Gefahr der technischen Überalterung der Flottenkräfte stellen besondere Anforderungen an die Wissenschaft, die den Aufbau der Seestreitkräfte auf Jahre und sogar Jahrzehnte hinaus richtig vorplanen muß.

Die Seestreitkräfte als Bestandteil der Streitkräfte eines Staates haben noch eine weitere Eigenschaft — die Fähigkeit, die reale militärische Stärke ihres Staates in der internationalen Arena anschaulich zu demonstrieren. Diese Eigenschaft wird von den politischen Führern der imperialistischen Staaten gewöhnlich dazu benutzt, um potentielle Gegner einzuschüchtern. Dabei ist zu erwähnen, daß das Arsenal der Mittel für derartige Demonstrationen, deren sich die Diplomatie dieser Länder bedient, immer umfangreicher wird.

Bekanntlich finden in den letzten Jahren häufig Ausstellungen von Raketenwaffen, Militärflugzeugen und militärischem Gerät aller Art statt. Diese Ausstellungen werden in internationalem Rahmen durchgeführt und verfolgen neben dem wirtschaftlichen noch einen anderen Zweck, nämlich potentielle Gegner durch den hohen Entwicklungsstand dieses technischen Geräts in Erstaunen zu versetzten, auf die Moral der Gegner

15 MEW, Bd. 20, S. 160 und 161.

einzuwirken und ihnen schon in Friedenszeiten durch die Schlagkraft dieser Waffen zu suggerieren, daß alle Anstrengungen im Kampf gegen eine Aggression aussichtslos sind. Dieses Verfahren wurde während der ganzen Geschichte des Wettstreits zwischen militärischen Rivalen häufig angewandt.

Nun wird diese Art der Propaganda wohl bei weitem nicht immer den gewünschten Erfolg haben, vor allem deshalb nicht, weil die Ausstellungsbesucher das vorgeführte Kriegsgerät nur als ein Kräftepotential erleben. Anders verhält es sich dagegen bei den Seestreitkräften. Schiffe, die unmittelbar vor der Küste auftauchen, stellen eine reale Gefahr dar, die Gefahr, daß von ihnen Aktionen ausgehen, deren Art und Zeitpunkt von der Führung des Verbandes bestimmt wird. Diese Gefahr, die schon in der Vergangenheit ziemlich groß war, ist gegenwärtig viel größer geworden, da die modernen Schiffe Träger von Atomraketen und Flugzeugen sind, deren Reichweite sich auf das gesamte Territorium des betreffenden Staates erstrecken kann.

Flottendemonstrationen haben es in vielen Fällen möglich gemacht, politische Ziele zu erreichen, ohne zum Mittel des bewaffneten Kampfes greifen zu müssen, indem lediglich mit Hilfe des Machtpotentials und der Androhung militärischer Maßnahmen Druck ausgeübt wurde.

So waren die Seestreitkräfte immer ein Instrument der Politik der Staaten und eine wichtige Stütze der Diplomatie im Frieden. Das entsprach dem Wesen der Seestreitkräfte, ihren charakteristischen Eigenschaften: ihrer ständigen hohen Gefechtsbereitschaft, ihrer Beweglichkeit und ihrer Fähigkeit, ihre Verbände innerhalb kurzer Zeit in beliebigen Gebieten der Weltmeere zusammenzufassen. Außerdem gestattet es die Neutralität der Gewässer der Weltmeere, Verlegungen und Konzentrierungen von Flottenkräften durchzuführen, ohne gegen die Bestimmungen des Völkerrechts zu verstoßen und ohne der gegnerischen Seite formal Anlaß zu Protesten oder Gegenaktionen anderer Art zu geben.

Die Fähigkeit, durch die bloße Tatsache ihrer Existenz eine Bedrohung für potentielle Gegner darzustellen, hat die Seestreitkräfte der kapitalistischen Staaten zu einer Kraft der Einschüchterung gemacht und den Aufbau der Seestreitkräfte zu einem der wichtigsten Probleme des politischen Kampfes in der Welt werden lassen.

So unternahm England wirtschaftliche, militärische, diplomatische und propagandistische Schritte, um eine möglichst starke Flotte aufzubauen, die dann tatsächlich bei der Durchsetzung der Ziele der englischen Politik nicht nur im Kriege, sondern auch im Frieden eine wichtige Rolle spielte und dazu beitrug, daß England zur größten Kolonialmacht wurde. Die englische Flotte wurde in großem Umfang für Zwecke der sogenannten Kanonenboot-Diplomatie benutzt — zur Unterdrückung der Befreiungsbewegung der unterjochten Völker und zur Ausweitung der Kolonialherrschaft.

Die Bedeutung der Seestreitkräfte im Frieden läßt sich auch durch viele Beispiele aus der russischen Geschichte belegen. Die Stärke der russischen Flotte unter Peter I. war der Hauptfaktor, der die Engländer, die den Schweden nach ihrer Niederlage im Krieg gegen Rußland zu Hilfe kommen wollten, davon abhielt, ihre kriegerischen Absichten zu verwirklichen.

Im Jahre 1780 war Rußland, gestützt auf die vermehrte Stärke seiner Flotte, der Initiator einer Deklaration über die Freiheit des neutralen Seehandels, die zur Entwicklung des freien Welthandels beitrug und einen Schlag gegen die unberechtigten Forderungen Englands darstellte, das für sich das Recht in Anspruch nahm, den Seehandel allein mit Hilfe englischer Schiffe abzuwickeln.

Im Jahre 1783 gliederte die zaristische Regierung unter Ausnutzung der Überlegenheit ihrer Flotte im Schwarzen Meer ohne Krieg die Krim in den Bestand des Russischen Reiches ein; 1830 schloß sie, ohne daß es zu Kriegshandlungen kam, ein für sie günstiges Verteidigungsbündnis mit der Türkei. Durch dieses Bündnis wurde die Präsenz starker russischer See- und Landstreitkräfte im Raum um den Bosporus und die türkische Hauptstadt festgelegt. Es schien, als sei damit auf friedlichem Wege das sehnlichste Ziel des russischen Zarismus, die freie Durchfahrt aus dem Schwarzen Meer ins Mittelmeer, erreicht worden, aber durch die militärisch-politische Erpressung von seiten westlicher Staaten — in erster Linie Englands —, die sich auf noch stärkere Flotten stützten als die russische, ließ sich der Erfolg der russischen Diplomatie auf die Dauer nicht halten, und der russische Zarismus war gezwungen, sich ohne Krieg dem Diktat der Westmächte zu beugen.

Die besondere Bedeutung der Seestreitkräfte für die Staaten wird durch eine Reihe von Übereinkünften, durch die internationale Beziehungen geregelt wurden, bestätigt. So war es nach dem Pariser Frieden von 1856 Rußland verboten, auf dem Schwarzen Meer eine Kriegsflotte zu unterhalten.

Im britisch-japanischen Bündnisvertrag von 1902 war speziell vereinbart, daß im Stillen Ozean eine Flotte der Bündnispartner unterhalten werden sollte, die der Flotte Rußlands überlegen war.

Bei der Erörtung des Entwurfs für den Friedensvertrag von Portsmouth nach Beendigung des Russisch-Japanischen Krieges versuchte Japan, die Aufnahme einer Forderung nach Beschränkung der Stärke der russischen Flotte im Stillen Ozean zu erreichen; diesem Wunsch wurde jedoch nicht entsprochen, da England, Frankreich, die USA und andere interessierte Staaten fürchteten, daß dies zu einer allzu großen Stärkung

Japans führen würde.
In den nach dem Ersten und dem Zweiten Weltkrieg geschlossenen Friedensverträgen wurde den Beschränkungen, die die Seestreitkräfte der besiegten Staaten betrafen, besondere Beachtung geschenkt. Ein charakteristisches Merkmal dieser Verträge war die Forderung nach der Vernichtung aller Unterseeboote und das uneingeschränkte Verbot des Baus und des Erwerbs von Unterseebooten durch die besiegten Länder. Neben den Beschränkungen und Verboten, die den besiegten Staaten bezüglich ihrer Seestreitkräfte auferlegt wurden, teilten die Sieger die vorhandenen Schiffe mit besonderer Sorgfalt unter sich auf. So wurde auf der Potsdamer Konferenz der drei Großmächte (Juli—August 1945) die Aufteilung der Flotte Hitlerdeutschlands geregelt. Es wurde vereinbart, alle Überwasserschiffe, darunter auch die im Bau und in der Instandsetzung befindlichen, zu gleichen Teilen unter der UdSSR, den USA und Großbritannien aufzuteilen und die Unterseeboote bis auf 30, die ebenfalls unter den Siegerländern aufgeteilt wurden, zu vernichten. Zusammen mit den Schiffen waren auch alle Vorräte der deutschen Kriegsmarine zu übergeben. Nach den gleichen Prinzipien wurden auch die Schiffe Japans nach dessen Kapitulation aufgeteilt. Bezeichnenderweise wurden bei den anderen Teilstreitkräften solche Maßnahmen nicht durchgeführt.
Von der besonderen Bedeutung der Seestreitkräfte in der Politik der Großmächte zeugen auch die wiederholten, auf internationalen Konferenzen in den Jahren 1922 bis 1935 unternommenen Versuche, den Bau von Kriegsschiffen zu beschränken. Die Beschlüsse dieser Konferenzen haben den Aufbau von Flotten durch die größten Staaten allerdings nur bis etwa Mitte der dreißiger Jahre behindert; danach waren dem Wettrüsten keinerlei Grenzen mehr gesetzt.
Die Bedeutung der Seestreitkräfte in der Politik läßt sich auch an den Ereignissen ablesen, die die Schwächung Englands, das lange Zeit der führende Staat der kapitalistischen Welt war, zur Folge hatten. Interessant ist in diesem Zusammenhang, daß England von den USA, die mit ihm zu dieser Zeit nicht nur keinen Krieg führten, sondern sogar alte Verbündete Englands waren, von seinem Thron einer »Beherrscherin der Meere« gestürzt wurde. Den Vereinigten Staaten gelang es, ohne Krieg zu erreichen, was Deutschland in zwei Weltkriegen nicht fertiggebracht hatte.
Die Schwächung Englands begann bereits im Ersten Weltkrieg und zeigte sich besonders deutlich gleich nach Kriegsende, als England gezwungen war, auf den »Zwei-Staaten-Standard« zu verzichten und einer Parität der englischen und der amerikanischen Seestreitkräfte zuzustimmen. Ein besonders schnelles Tempo erreichte dann der Prozeß der Schwä-

chung Englands im Verlauf des Zweiten Weltkrieges, wobei wiederum die Seestreitkräfte eine sehr wichtige Rolle spielten. Selbstverständlich hatte dieser Prozeß tiefere Ursachen und war sowohl durch das Gesetz der ungleichmäßigen Entwicklung der kapitalistischen Länder als auch durch den Einfluß der revolutionären und nationalen Befreiungsbewegungen, die die ganze Welt erfaßten, bedingt. Man darf aber nicht verkennen, daß neben diesen Hauptursachen auch die Seestreitkräfte eine nicht zu unterschätzende Rolle gespielt haben. Die USA richteten die Aktionen ihrer Seestreitkräfte nämlich nicht nur gegen die Seestreitkräfte der Hitlerkoalition. Gleichzeitig verfolgten sie auch das Ziel, ihren alten imperialistischen Konkurrenten, das Britische Empire, zu beseitigen und dessen Platz in der Welt einzunehmen. Diese Politik betrieben die USA längere Zeit hindurch und besonders während des Zweiten Weltkrieges, wobei sie sich in der Hauptsache der Seestreitkräfte bedienten. Die Amerikaner »verdrängten« England von den Meeren, die an den amerikanischen Kontinent angrenzen; sie liquidierten Englands Macht in der westlichen Hemisphäre, im Mittelmeerraum, im Indischen Ozean, im Fernen Osten und im Stillen Ozean. In der schwierigsten Phase des Krieges stellten sie England vor die Entscheidung, seine Flotte im Falle einer Niederlage in die Marinebasen des amerikanischen Kontinents zu verlegen. Im Laufe des Krieges traten die gesammelten Goldreserven Englands den Weg über den Ozean an.

Darüber hinaus konnten die Amerikaner auf Grund der Verhältnisse und ihrer großen Wirtschaftskraft erhebliche Anstrengungen zum Ausbau ihrer Seestreitkräfte unternehmen und im Laufe des Zweiten Weltkrieges Zehntausende von Kriegsschiffen und Booten verschiedener Art bauen. Die Seestreitkräfte der USA besaßen gegen Ende des Krieges bei den wichtigsten Schiffsgattungen die gleiche Anzahl Schiffe wie die Seestreitkräfte aller übrigen kapitalistischen Staaten zusammengenommen und doppelt soviel Schiffe wie die englischen Seestreitkräfte.

In qualitativer Hinsicht war die amerikanische Marine den Marinen der übrigen imperialistischen Mächte ebenfalls überlegen. Im Jahre 1945 war die US-Marine die modernste der ganzen Welt; mehr als 75 % ihres Bestandes hatte ein Alter von höchstens 5 Jahren, d.h., fast der gesamte Bestand war während des Krieges vollständig erneuert und zudem in eine Flotte von Flugzeugträgern und U-Booten, die damals modernste Form der Seestreitkräfte, umgewandelt worden.

In der Nachkriegszeit wurden die USA zur führenden Macht des Imperialismus, und sie setzten ihre Seestreitkräfte in immer stärkerem Maße als Instrument der imperialistischen Politik ein. Heute ist die 6. US-Flotte (und nicht die britische Flotte) ständig im Mittelmeer, dem in der Vergangenheit traditionellen Herrschaftsgebiet Großbritanniens, präsent, und sie stellt das Kampfmittel zur Bedrohung einer Reihe von Ländern des Mittelmeerraums und ein politisches Druckmittel gegen sie dar. Sie wird als wichtigstes Instrument im Kampf gegen die nationale Befreiungsbewegung der arabischen Länder benutzt und unterstützt außerdem in jeder Weise die aggressiven Pläne Israels und die wirtschaftliche Expansion der amerikanischen Monopole im Nahen Osten, in Afrika und in Südeuropa.

Die 7. US-Flotte wird in großem Umfang zum Kampf gegen die nationalen Befreiungsbewegungen, gegen Demokratie und Fortschritt in Südostasien benutzt. Sie ist eine führende Gruppierung der imperialistischen Streitkräfte, die bereits mehrfach in diesem Raum der Welt offene Kriege gegen die progressiven Kräfte der jungen Staaten Indochinas entfesselt haben.

Das Anwachsen ihrer Seestreitkräfte ermöglichte es den Amerikanern, ihren Einflußbereich auf verschiedene Länder der Erde, u.a. auch auf Länder des Britischen Empire, auszudehnen. Die Vereinigten Staaten von Amerika — und nicht England — wurden zum Zentrum des Systems der in der Nachkriegszeit entstandenen aggressiven Bündnisse, die eine große Anzahl von Staaten zusammenschließen, wobei die amerikanischen Seestreitkräfte das verbindende Element dieser Bündnisse darstellen.

Es gibt wohl kaum ein Gebiet auf der Erde, in dem die amerikanischen Politiker nicht ihre Seestreitkräfte gegen die progressiven Kräfte einsetzen. Mit Hilfe ihrer Seestreitkräfte führten sie eine Blockade des revolutionären Kuba durch, landeten auf dem Territorium Kubas Verbände von Konterrevolutionären, unterdrückten die demokratische Bewegung in der Dominikanischen Republik, trugen zum Sturz des progressiven Regimes in Chile bei und unterstützten die antidemokratischen Kräfte in anderen Ländern Lateinamerikas.

Außerdem benutzen die USA ihre Seestreitkräfte dazu, um Druck auf ihre Bündnispartner auszuüben, die nur über relativ schwache, für die Lösung von Hilfsaufgaben vorgesehene Seestreitkräfte verfügen.

Interessant ist, daß jedesmal, wenn es innerhalb dieser Bündnisse infolge gegensätzlicher imperialistischer Interessen oder aus anderen Gründen zu erhöhten Spannungen kommt, die Politiker der USA Pläne zur Schaffung verschiedener Gruppierungen sogenannter gemeinsamer Seestreitkräfte vorbringen. Damit versuchen sie, die Bündnisse zu festigen und den Anschein einer Gleichberechtigung der Bündnispartner zu erwecken. Das war zum Beispiel 1962 der Fall, als der amerikanische Außenminister Dean Rusk vorschlug, sogenannte »multinationale atomare Seestreitkräfte« zu schaffen. Danach entstanden Pläne zur Schaffung einer Flotte von Überwasserschiffen mit Atombewaffnung, die aus 25

Schiffen mit multinationalen Besatzungen bestehen sollte, zur Schaffung eines gemeinsamen Geschwaders von Zerstörern im Atlantischen Ozean u.a. Über die symbolische Aufstellung multinationaler Seestreitkräfte gehen die Vereinigten Staaten jedoch niemals hinaus; sie behalten die Möglichkeit der ungeteilten Nutzung der Seestreitkräfte sich selbst vor.

Aber die Zeiten ändern sich, und mit ihnen ändern sich auch die Methoden, nach denen die verschiedenen Staaten die Seestreitkräfte als wichtiges Instrument der Politik im Frieden einsetzen.

In der Nachkriegszeit, in der der moderne Kapitalismus mit allen Mitteln versucht, sich der neuen Lage in der Welt anzupassen, haben sich die Formen des Einsatzes der Seestreitkräfte geändert. In der Auseinandersetzung mit dem Sozialismus greifen die herrschenden Kreise der kapitalistischen Länder zu immer raffinierteren Methoden der Demonstration ihrer Stärke und der Einschüchterung sowie zur nuklearen Erpressung; auf diese Weise versuchen sie, ihre Herrschaft über die Völker der ehemaligen Kolonien oder der Länder, die sich aus den Klauen der imperialistischen Ausbeutung befreien wollen, aufrechtzuerhalten oder neu zu errichten.

Demonstrationen der Stärke durch die Flotten der führenden Seemächte der kapitalistischen Welt gegenüber unserem Land und seinen Seestreitkräften wurden für die militärische Führung der Länder, die Bündnispartner der verschiedenen aggressiven Militärblöcke sind, zur täglichen Praxis. Dazu gehörten das Patrouillieren von Atom-U-Booten in verschiedenen Gebieten der Weltmeere, demonstrative Aktionen von Flugzeugträgern in Meeren, die an das Territorium unseres Landes angrenzen, häufiges Überfliegen unserer Schiffe durch Flugzeuge und das demonstrative Einfahren in das Schwarze Meer, die Ostsee, das Japanische Meer und andere Meere. Alle diese eindeutig provokatorischen Aktionen wurden von uns real als solche eingeschätzt und erfüllten nicht den Zweck, der von ihren Organisatoren verfolgt worden war.

Die wachsende Macht des Sowjetstaates und sein zunehmendes Ansehen in der Welt haben die Führer vieler Länder zu der Einsicht kommen lassen, daß derartige Demonstrationen keine Aussicht auf Erfolg haben; das Ergebnis war, daß im Jahre 1972, wie bereits oben erwähnt wurde, zum ersten Male in der Geschichte des Seerechts ein sowjetisch-amerikanisches Abkommen über die Verhütung von Zwischenfällen auf See abgeschlossen wurde, was zu einer erheblichen Verbesserung der Verhältnisse in Gebieten, die von sowjetischen und amerikanischen Schiffen befahren werden, geführt hat.

Die sowjetische Seekriegsflotte wird ebenfalls im Rahmen der außenpolitischen Maßnahmen unseres Staates eingesetzt. Die Ziele dieses Einsatzes unterscheiden sich jedoch *grundlegend* von den Zielen der imperialistischen Politik und der Freundschaft unter den Völkern. Sie ist ein Mittel der Politik zur Vereitelung der aggressiven Bestrebungen des Imperialismus und zur Verhütung militärischer Abenteuer sowie des entschlossenen Widerstandes gegen die Bedrohung der Sicherheit der Völker von seiten der imperialistischen Mächte.

Mit der Präsenz der sowjetischen Seekriegsflotte auf den Weltmeeren bieten sich der Sowjetunion neue und größere Möglichkeiten des Einsatzes ihrer Seestreitkräfte zur Wahrung ihrer Staatsinteressen im Frieden. Diese Möglichkeiten werden erfolgreich genutzt. Wenn unsere Marinesoldaten — Angehörige der verschiedenen sowjetischen Nationalitäten und der verschiedenen Fachrichtungen — sich in fremden Häfen befinden, fühlen sie sich als Vertreter unseres Landes.

Die Freundschaftsbesuche der sowjetischen Marinesoldaten geben den Völkern der besuchten Länder die Möglichkeit, sich mit eigenen Augen von dem Triumph der sozialistischen Prinzipien in unserem Lande und von der echten Gleichberechtigung und dem hohen kulturellen Niveau der Völker der Sowjetunion zu überzeugen. In unseren Schiffen sehen diese Völker die Leistungen der sowjetischen Wissenschaft, Technik und Industrie. Die sowjetischen Marinesoldaten, vom Matrosen bis zum Admiral, vermitteln den Völkern anderer Länder die Wahrheit über unser sozialistisches Land, über unsere sowjetische Ideologie und Kultur sowie über unsere sowjetische Lebensweise.

Sie zeigen ein ausgeprägtes politisches Bewußtsein, große Disziplin und ein hohes Bildungsniveau sowie große Achtung gegenüber den Völkern, nationalen Eigenheiten und Sitten der Länder, in denen sie zu Besuch sind. Wie von den sowjetischen diplomatischen Vertretern und von einer Reihe offizieller Persönlichkeiten dieser Staaten bestätigt wird, vertreten unsere Marinesoldaten ihr Volk würdig im Ausland und tragen viel dazu bei, daß die Sympathien und freundschaftlichen Gefühle gegenüber der Sowjetunion und deren zutiefst humanitären Idealen zunehmen. So schrieb am 10. Januar 1969 die Zeitung »Afro-American«: »Die Kenianer sind davon beeindruckt, daß die sowjetischen Marinesoldaten — im Unterschied zu den Matrosen der amerikanischen oder der englischen Marine — nicht die geringste Spur eines Chaos im Hafen zurückgelassen haben. (. . .) Die sowjetischen Marinesoldaten benehmen sich so vernünftig und so gut, daß man glauben könnte, es seien Menschen von einem anderen Planeten.«

Die sowjetischen Marinesoldaten sehen aber auch die Errungenschaften der mit uns befreundeten Länder, die sich das Recht, ihr Schicksal selbst zu gestalten, erkämpft haben, sie sehen die Folgen der viele Jahrhunderte währenden Kolonialherrschaft und die sozialen Gegensätze in den ka-

pitalistischen Ländern, die von der bürgerlichen Propaganda so geflissentlich verschwiegen werden.
Die offiziellen Besuche und die betriebstechnisch bedingten Aufenthalte unserer Kriegsschiffe in ausländischen Häfen tragen wesentlich zur Verbesserung des gegenseitigen Verständnisses zwischen den Staaten und Völkern und zur Hebung des internationalen Ansehens der Sowjetunion bei. Das wird überzeugend deutlich an den zahlreichen Beispielen für dem Sowjetland entgegengebrachte freundschaftliche Gefühle von seiten der Bevölkerung in den ausländischen Häfen und für das ungeheure Interesse am Leben des Sowjetvolkes, an unseren Matrosen und unseren Schiffen. Davon zeugen auch die Äußerungen vieler offizieller Vertreter. Man braucht hier nur an die Erklärung des Ministers für auswärtige Angelegenheiten von Südjemen anläßlich des ersten Besuches sowjetischer Kriegsschiffe im Hafen von Aden zu denken, in der es hieß: »Zum ersten Mal in der Geschichte unseres Landes haben uns Schiffe eines befreundeten Landes besucht. In der Vergangenheit sind schon viele Kriegsschiffe nach Aden gekommen, aber sie haben nicht die Fahne der Freundschaft, sondern die Fahne der Bedrohung, der Vergewaltigung und der Versklavung getragen.«
Das von den sowjetischen Seestreitkräften durchgeführte große Manöver »OKEAN« (April— Mai 1970) endete ebenfalls mit dem Besuch von mehr als zehn ausländischen Häfen in vier verschiedenen Kontinenten. Gewöhnlich finden nach großen Übungen Besichtigungen der daran beteiligten Kräfte statt. Wegen des weltweiten räumlichen Ausmaßes des Flottenmanövers war es jedoch nicht möglich, eine solche Besichtigung durchzuführen. Deshalb wurden gewissermaßen als Demonstration der Stärke der Seestreitkräfte der großen Sowjetmacht, die den Frieden und die Sicherheit der Völker schützt, von den sowjetischen Kriegsschiffen ausländische Häfen angelaufen. Diese Besuche trugen zur Vertiefung der Freundschaft mit den Völkern dieser Länder und zur Entwicklung von internationalen Beziehungen zwischen der Sowjetunion und einer Reihe souveräner Entwicklungsländer bei.

Probleme der strukturellen Ausgewogenheit der Seestreitkräfte

Beim Aufbau unserer Seestreitkräfte wurde und wird sehr darauf geachtet, daß sich alle Elemente, aus denen sich ihre Kampfkraft zusammensetzt, stets in der günstigsten Kombination befinden, d.h., daß sie, wie man heute sagt, eine ausgewogene Struktur haben.
Die richtige Bestimmung der Art dieser Ausgewogenheit der Seestreit-

kräfte ist nur möglich auf Grund einer eingehenden wissenschaftlichen Analyse aller oben untersuchten Voraussetzungen, die die Zielrichtung des Aufbaus der Seestreitkräfte objektiv beeinflussen. Das Problem der Ausgewogenheit der Seestreitkräfte ist Gegenstand der modernen Seekriegswissenschaft, die so äußerst wichtige Gebiete wie die Seekriegskunst, die Seekriegsgeschichte und die Marinetechnik umfaßt.
Dieses Problem ist zweifellos auch in rein erkenntnistheoretischer Hinsicht von erheblichem Interesse. Aus all diesen Gründen wollen wir dieses Problem in seinen theoretischen und historischen Aspekten etwas näher untersuchen.
Grundlage einer ausgewogenen Entwicklung der Seestreitkräfte muß die Militärdoktrin sein, die die Rolle und den Platz der Seestreitkräfte innerhalb des Systems der bewaffneten Kräfte eines Staates, die Aufgaben der Seestreitkräfte im bewaffneten Kampf und die Funktion der einzelnen Gattungen der Seestreitkräfte bestimmt.
Eine ausgewogene Entwicklung der Seestreitkräfte bedeutet, daß in einer bestimmten historischen Epoche diejenigen Gattungen vorrangig entwickelt werden, die imstande sind, die Hauptaufgaben der Seestreitkräfte am wirksamsten zu lösen.
Gegenwärtig wird in den Marinen denjenigen Kräften der Vorrang eingeräumt, die zur Lösung wichtiger strategischer Aufgaben befähigt sind, d.h., deren Ziel es ist, das militärökonomische Potential des Gegners zu untergraben und dessen atomare Seemacht zu vernichten. Die wissenschaftliche Analyse der Erfahrungen aus den vergangenen Kriegen, der vermutliche Charakter eines künftigen Krieges und die Entwicklungstendenzen bei den Seestreitkräften der imperialistischen Staaten haben zu der Erkenntnis geführt, daß solche Kräfte die mit ballistischen und aerodynamischen Flugkörpern ausgerüsteten Atom-U-Boote sowie die Flugzeuge mit Flugkörperbewaffnung und die U-Jagdflugzeuge der Seeluftstreitkräfte sind. Gerade diese Kräfte verfügen über eine gewaltige Schlagkraft, sind sehr beweglich, können vom Feinde unbemerkt operieren und besitzen die Fähigkeit, Schläge gegen wichtige, an der Küste oder in der Tiefe des Landes gelegene Zentren der Rüstungsindustrie und der staatlichen Verwaltung des Gegners sowie auch gegen mit Atomraketen bewaffnete Gruppierungen der feindlichen Flotte auf See zu führen.
Der Vorrang, der der Entwicklung von U-Booten und Seeluftstreitkräften eingeräumt wird, schließt eine gut koordinierte Entwicklung der anderen Gattungen der Seestreitkräfte nicht nur nicht aus, sondern setzt sie im Gegenteil voraus; ohne sie sind der erfolgreiche Einsatz der Hauptkräfte und die Erfüllung aller Aufgaben, die den Seestreitkräften in einem modernen Krieg gestellt werden, sowie die Durchführung von

Maßnahmen verschiedener Art zur Unterstützung und Sicherung sowie zur materiellen Versorgung, bei denen Überwasserschiffe eine sehr wichtige Rolle spielen werden, nicht möglich.
Daraus läßt sich der Schluß ziehen, daß die strukturelle Ausgewogenheit der Seestreitkräfte darin besteht, daß alle Elemente, aus denen sich ihre Kampfkraft zusammensetzt, und die Mittel, die diese Elemente unterstützen, sichern und versorgen, stets in der günstigsten Kombination vorhanden sein müssen. Diese Kombination muß es den Seestreitkräften erlauben, eine ihrer Eigenschaften, ihre Vielseitigkeit, d.h. die Fähigkeit, verschiedenartige Aufgaben sowohl in einem Atomkrieg als auch in jedem anderen möglichen Krieg zu erfüllen, voll zur Geltung zu bringen.
Ein anderer Aspekt des Problems ist die Festlegung der quantitativen Zusammensetzung der Seestreitkräfte. Dabei ist von der an die Seestreitkräfte gestellten Hauptforderung auszugehen, daß sie imstande sein müssen, ihre Aufgaben in Friedensstärke sowie unter Berücksichtigung der geographischen Gegebenheiten und der Möglichkeit der Verlegung von einem Kriegsschauplatz zum anderen zu erfüllen.
Dabei darf nicht vergessen werden, daß eine Erneuerung des Bestandes der Seestreitkräfte in einem Atomkrieg im Unterschied zu früheren Kriegen äußerst schwierig oder praktisch unmöglich sein wird. Folglich läßt sich das Problem der Schaffung moderner Seestreitkräfte mit ausgewogener Struktur in der Hauptsache nur während des Aufbaus der Seestreitkräfte im Frieden lösen.
Die Art der Struktur der Seestreitkräfte ist nicht konstant. Unter bestimmten historischen Bedingungen kann sie sich ändern. Die Hauptfaktoren, die solche Veränderungen bewirken, sind die allgemeine politische Lage (ein neues Kräfteverhältnis, Existenz von Militärblöcken, Regimewechsel in einzelnen Ländern usw.), die Möglichkeiten der Wirtschaft und ein zunehmendes militärökonomisches Potential des Landes, die Entwicklung der Wissenschaften und Technik im In- und Ausland sowie eine Änderung der den Seestreitkräften gestellten Aufgaben.
Die wichtigsten dieser Faktoren sind die Aufgaben, die den Seestreitkräften von der politischen Führung gestellt werden, sowie das Niveau der Wirtschaft des Landes, in erster Linie die Möglichkeiten der Industrie im Schiffbau, Gerätebau und Flugzeugbau und in den übrigen, am Bau von Schiffen, Flugzeugen, Waffen und anderem militärischem Gerät beteiligten Industriezweigen.
Es wäre ein Fehler, sich zu bemühen, eine Kriegsmarine nach dem Muster und Vorbild einer anderen Seemacht — und sei sie noch so mächtig — aufzubauen und sich bei der Festlegung des eigenen Schiffbaubedarfs lediglich von quantitativen Kriterien und dem Schiffsbestand anderer Marinen leiten zu lassen. Jedes Land hat einen spezifischen Bedarf an See-

streitkräften, der für seine Entwicklung maßgebend ist. In einem sozialistischen Staat wird dieser Bedarf durch die Aufgaben der Verteidigung bestimmt.

Die Grundlage des Aufbaus unserer Seestreitkräfte und der Festlegung ihrer Struktur bilden die Probleme der Verteidigung unseres Landes und die daraus resultierenden Beschlüsse des Zentralkomitees der KPdSU. Einen wichtigen Platz nehmen die wissenschaftlichen Planungsmethoden ein, die auf einer sorgfältigen Berücksichtigung der oben erwähnten Faktoren und einer mathematischen und logischen Analyse der möglichen künftigen Veränderungen dieser Faktoren beruhen. Diese Methoden bestehen im wesentlichen in der systematischen Durchführung wissenschaftlicher Untersuchungen mit Hilfe von modernen Datenverarbeitungsanlagen. Ziel dieser Forschungsarbeit ist die Ermittlung der optimalen Anzahl der einzelnen Typen von Schiffen, Flugzeugen, Waffensystemen und anderem militärischen Gerät sowie des zahlenmäßigen Verhältnisses dieser Kampfmittel zueinander, das es ermöglicht, die den Seestreitkräften unter verschiedenen Lageverhältnissen im modernen Krieg gestellten Aufgaben erfolgreich zu lösen.

Der große Umfang der wissenschaftlichen Untersuchungen und die dabei gewonnenen konkreten wissenschaftlich begründeten Ergebnisse tragen maximal dazu bei, fehlerhafte subjektive Entscheidungen über die Entwicklung der Flotte zu vermeiden. Sie ermöglicht es, die Arbeit der Konstrukteure und Ingenieure sowie die eingesetzten materiellen und technischen Mittel auf die Schaffung optimaler Kräfte und Kampfmittel zu konzentrieren, die in der Lage sind, bei der Lösung ihrer spezifischen Aufgaben unter geringsten Verlusten die größte Wirkung zu erzielen.

Aus der Geschichte sind viele lehrreiche Beispiele dafür bekannt, daß eine Unterschätzung oder Vernachlässigung des Problems der strukturellen Ausgewogenheit der Seestreitkräfte, insbesondere bei beschränkten wirtschaftlichen Möglichkeiten, infolge einer falschen Militärdoktrin oder einer kurzsichtigen Außenpolitk der betreffenden Staaten entweder zur Niederlage der Flotte im Krieg oder zu einer außerordentlichen Überbeanspruchung der Wirtschaft dieser Länder führte, die gezwungen waren, während des Krieges die Folgen der vorherigen Fehlkalkulation zu beseitigen.

Vor dem Russisch-Japanischen Krieg von 1904—1905 hatten es die zaristische Regierung und die oberste militärische Führung Rußlands nicht verstanden, die wichtigsten politischen und militärischen Ziele sowie die sich aus diesen Zielen ergebenden Aufgaben, für deren Durchführung die Flotte aufgebaut wurde, richtig festzulegen. Beim Aufbau der Flotte war man bestrebt, in bezug auf die wichtigsten Schiffsgattungen eine

zahlenmäßige Überlegenheit über die Flotte des wahrscheinlichen Gegners herzustellen, obwohl bereits damals klar war, daß man sich nicht allein von diesem Kriterium leiten lassen durfte. Der Erwerb einiger Panzerschiffe und Kreuzer ausländischer Herkunft durch Japan ließ die Bemühungen Rußlands, ein maritimes Übergewicht zu erlangen, zunichte werden. Die russische Wirtschaft gestattete es nicht, das zu Beginn des Krieges bestehende Kräfteverhältnis schnell zu ändern, daher konnte die russische Flotte weder in bezug auf ihren quantitativen Bestand noch hinsichtlich der Qualität der Schiffe die in sie gesetzten Erwartungen erfüllen.
In dem Augenblick, als die russische Flotte durch ihren Einsatz den Ausgang des Krieges entscheidend beeinflussen sollte, erwies sie sich eindeutig als nicht auf diese Aufgabe vorbereitet und war praktisch in ihren eigenen Stützpunkten blockiert.
Die Kurzsichtigkeit der Außenpolitik der zaristischen Autokratie und die Hilflosigkeit des Oberkommandos der russischen Marine haben den Untergang der Pazifikflotte nur beschleunigt. Der Versuch, die Lage — als der Krieg bereits im Gange war — durch Entsendung eines Geschwaders in den Fernen Osten zu verbessern, endete dann bekanntlich mit der tragischen Niederlage dieses Geschwaders in der Tsuschima-Straße.
Vor dem Ersten Weltkrieg war die Flotte Großbritanniens in bezug auf Großkampfschiffe nach wie vor den Flotten aller übrigen europäischen Mächte zahlenmäßig überlegen. Das kaiserliche Deutschland war bemüht, in der Schlagkraft seiner Flotte mit der englischen Flotte gleichzuziehen, in erster Linie in bezug auf die Anzahl der Großkampfschiffe.
Die Entwicklung der englischen und der deutschen Flotte war einem einzigen Ziel untergeordnet: in einer Generalschlacht zur See den Sieg zu erringen, der zur Erreichung der Seeherrschaft führen würde. Daher wurden aus dem Russisch-Japanischen Krieg nur die Lehren gezogen, die zumindest teilweise die Postulate von Colomb und Mahan bestätigten, denen die Erfahrungen beim Kampfeinsatz von Segelflotten zugrunde lagen. Es war eine Verbesserung der taktischen Daten der Schlachtschiffe, Kreuzer und Zerstörer, und zwar vor allem ihrer Bewaffnung und Panzerung, vorgesehen. Wesentliche Schlußfolgerungen in bezug auf Entwicklungsrichtung, Funktion, Zusammensetzung und Einsatz der Seestreitkräfte wurden von keinem Marinetheoretiker des Westens gezogen, obwohl sich bereits im Russisch-Japanischen Krieg deutlich gezeigt hatte, daß das notwendig war.
Schon damals hätte aufgrund einer Analyse der durch die Entwicklung der materiellen und technischen Basis der Seestreitkräfte hervorgerufenen Veränderungen im bewaffneten Kampf auf See die Schlußfolgerung gezogen werden können, daß eine Differenzierung bei den Flottenkräf-

ten, ausgehend von den wichtigsten Aufgaben der Flotte im Krieg, unerläßlich war. Obwohl sich diese Notwendigkeit aus einer objektiven gesetzmäßigen Entwicklung ergab, wurde sie bei keiner Flotte der Seemächte erkannt; diese ließen sich vielmehr nach wie vor von veralteten Konzeptionen leiten, nach denen das notwendige Verhältnis der Kräfte und Mittel zueinander nur insoweit eingehalten werden mußte, als das für den Einsatz der Großkampfschiffe im Gefecht erforderlich war. Das Verhältnis der verschiedenen Schiffsgattungen zueinander wurde durch das Prinzip bestimmt, daß für die Einführung der Großkampfschiffe ins Gefecht und die Führung des Gefechts durch diese Schiffe günstige Lagebedingungen geschaffen werden mußten.

Jeder der potentiellen Gegner ging vor dem Ersten Weltkrieg davon aus, daß seine Kriegsflotte die ihr gestellten Aufgaben nur mit Hilfe entschlossener Angriffe gegen die Hauptkräfte des Gegners, die aus Geschwadern von Schlacht- bzw. Linienschiffen und schweren Kreuzern bestanden, erfüllen konnte.

Deshalb lag die Hauptaufgabe beim Aufbau der Flotten in der Schaffung von Angriffskräften — Schlachtschiffen und Schlachtkreuzern, die imstande waren, Angriffe gegen die feindliche Flotte zu führen. Die Lösung von Verteidigungsaufgaben wurde als eine Maßnahme angesehen, die nur unter dem Zwang der Verhältnisse notwendig wurde; der Bau neuer Schiffe für diese Aufgaben war nicht vorgesehen. Wenn sich derartige Aufgaben im Laufe eines Krieges ergaben, sollten sie in der Hauptsache von veralteten Schiffen, die sich an der Generalschlacht nicht mehr beteiligen konnten, übernommen werden.

Somit war für die Seestreitkräfte der Westmächte praktisch keine Aufgabenteilung vorgesehen, und die Frage ihrer strukturellen Ausgewogenheit war vor Ausbruch des Krieges nicht gelöst.

Die Ansicht, das Hauptziel des Einsatzes der Seestreitkräfte im Krieg sei die Erringung der Seeherrschaft, engte das Einsatzspektrum der Seestreitkräfte von vornherein ein, führte zu einer künstlichen Beschränkung des Charakters der Kampfhandlungen auf See und gestattete es nicht, die Hauptaufgaben der Seestreitkräfte festzulegen und auf Grund dieser Hauptaufgaben eine Differenzierung innerhalb der vorhandenen sowie im Bau befindlichen Kräfte und Mittel der Seestreitkräfte im Hinblick auf den bewaffneten Kampf vorzunehmen.

Die Notwendigkeit einer ausgewogenen Entwicklung der Seestreitkräfte wurde auch in Rußland nicht voll erkannt, obwohl doch der Russisch-Japanische Krieg anschaulich gezeigt hatte, daß eine universellere Flotte als die nach den Flottenbauplänen der Westmächte vorgesehene geschaffen werden mußte.

Die an die Küsten Rußlands angrenzenden Seegebiete sind weit voneinander getrennt, die militärgeographischen Verhältnisse in diesen Seegebieten sowie die Merkmale der Flotten und die Absichten der wahrscheinlichen Gegner auf diesen Seekriegsschauplätzen waren unterschiedlich und folglich unterschieden sich auch die Hauptaufgaben, die die Ostseeflotte und die Schwarzmeerflotte zu erfüllen hatten. Daher wäre es erforderlich gewesen, die Frage, welche Kräfte für jedes dieser Seegebiete bereitzustellen waren und welche Stärke sie haben mußten, in anderer Form zu lösen.

Außerdem hätte sich auf die Schaffung strukturell ausgewogener Seestreitkräfte auch günstig auswirken müssen, daß die Seemacht Rußlands nach dem Russisch-Japanischen Krieg wiederaufgebaut werden mußte. Dafür aber wären Zeit, die richtigen Leute und Geld erforderlich gewesen. Zeit war nur noch wenig vorhanden, sachkundige fähige und energische Männer waren in der Führung des Landes und der Seestreitkräfte ebenfalls rar, und Geld war noch knapper. Daher entwickelte sich die russische Flotte in der Zeit vor dem Ersten Weltkrieg unter sehr schwierigen Verhältnissen.

Nach dem Russisch-Japanischen Krieg wurden in Rußland Schiffe gebaut, die vor allem für Verteidigungsaufgaben vorgesehen waren. Die 1915 auf russischen Werften fertiggestellten Schlachtschiffe der »Sewastopol«-Klasse und die beiden auf Kiel gelegten, aber nicht fertiggestellten schweren Kreuzer der »Ismail«-Klasse waren zwar für die damalige Zeit erstklassige Schiffe, konnten aber wegen ihrer geringen Anzahl nicht den Kern der Flotte bilden und nahmen nicht am Kampfgeschehen teil.

Am modernsten waren die leichten Flottenkräfte: die Torpedobootzerstörer der »Novik«-Klasse, die dank ihrer hohen Fahrgeschwindigkeit und ihrer recht starken Artillerie- und Torpedobewaffnung vielseitig verwendbar waren, ferner die Minenleger sowie die Minensuch- und -räumboote.

Es muß betont werden, daß einzelne Überwasserschiffe, insbesondere die nach Entwürfen russischer Ingenieure auf russischen Werften gebauten Zerstörer, sich durch hervorragende taktische Eigenschaften auszeichneten und in bezug auf einige Kenndaten den besten ausländischen Schiffen überlegen waren. Insgesamt gesehen konnte Rußland jedoch bis zum Beginn des Ersten Weltkrieges wegen seiner technischen und wirtschaftlichen Rückständigkeit keine Flotte aufbauen, die in der Lage gewesen wäre, mit den Flotten der traditionellen Seemächte zu konkurrieren.

Die russische Flotte war mit ihren zahlenmäßig geringen, wenn auch durchaus modernen Kräften und Mitteln auf die Erfüllung eines umfangreichen Komplexes von Verteidigungsaufgaben auf den küstennahen Seekriegsschauplätzen vorbereitet und blieb weiter eine Flotte für das Küstenvorfeld, die nur lokal auf den Verlauf des bewaffneten Kampfes an Land in Küstennähe einwirken konnte.

Auf die Wahl der Entwicklungstendenz der Seestreitkräfte sowie die Festlegung ihrer Aufgaben — und folglich auch ihrer qualitativen und quantitativen Zusammensetzung — wirkte sich erschwerend aus, daß beim Oberkommando der Streitkräfte und der Kriegsmarine vieler Staaten keine einheitlichen Auffassungen über den Charakter des künftigen Krieges und über die Rolle, die die einzelnen Teilstreitkräfte in ihm spielen würden, vorhanden waren.

Vor Beginn des Ersten Weltkrieges waren die Militärtheoretiker der Ansicht, daß mit dem strategischen Einsatz der See- und Landstreitkräfte zwar ein und dasselbe Endziel, die Niederlage des Gegners, verfolgt wird, diese Teilstreitkräfte aber doch unabhängig voneinander existieren und sich weiterentwickeln müssen. Heer und Flotte wurden als zwei selbständige Kräfte betrachtet. Es wurde zwar zugegeben, daß Kampfhandlungen von See- und Landstreitkräften gemeinsam durchgeführt werden können, aber eine ständige Koordinierung des Einsatzes dieser Kräfte in großem Rahmen wurde für sinnlos gehalten.

Diesen Standpunkt, der für die traditionellen Seemächte charakteristisch war, vertrat auch die militärische Führung Deutschlands, obwohl die deutschen Land- und Seestreitkräfte gemeinsam dem Oberbefehl des Kaisers unterstellt waren. In strategischen Fragen bestanden unter den höheren Offizieren der deutschen Kriegsmarine und des deutschen Heeres erhebliche Meinungsverschiedenheiten. Die Heeresoffiziere waren ebenso wie die Zivilisten in der Regierung der Ansicht, daß der Erste Weltkrieg in zwei Phasen verlaufen würde: zunächst würden die Landstreitkräfte Frankreichs und Rußlands vernichtet werden, und dann würde England an die Reihe kommen. Die Notwendigkeit, die Seestreitkräfte einzusetzen, würde sich also erst in der zweiten Phase des Krieges ergeben. Zu Beginn des Krieges verlangte die deutsche Oberste Heeresleitung von der Kriegsmarine nicht, die Verlegung der »armseligen und kleinen englischen Armee« auf den Kontinent zu behindern.

Der Krieg verlief jedoch nicht so, wie es sich viele Militärexperten, einschließlich der Marinefachleute, vorgestellt hatten. Da Italien zu Anfang des Krieges neutral blieb und sich dann auf die Seite der Entente stellte, kam es nicht zu der großen Seeschlacht im Mittelmeer, auf die so viele Hoffnungen gesetzt worden waren. Die schwache österreichische Flotte blieb in den Häfen des Adriatischen Meeres, und ihre Rolle beschränkte sich darauf, gewisse Kräfte des Gegners zu binden, die auf diese Weise nicht in anderen Gebieten eingesetzt werden konnten.

Erst 22 Monate nach Kriegsbeginn kam es in der Nordsee zu einer (nach der Anzahl der beteiligten Schiffe) großen Schlacht zwischen der deutschen und der englischen Flotte, die als die Skagerrak-Schlacht in die Geschichte eingegangen ist. In dieser Schlacht, die in keinerlei strategischem oder operativem Zusammenhang mit den Kampfhandlungen an Land stand, wurde von beiden Seiten eine entscheidende Auseinandersetzung vermieden; die Ergebnisse der Schlacht änderten nichts an der bestehenden Lage auf See.

Die unausgewogene Struktur der Flotten der kriegführenden Koalitionen machte sich in den Kampfhandlungen auf See immer stärker bemerkbar. Nachdem längere Zeit nach Wegen gesucht worden war, die aus der strategischen Sackgasse und aus der Krise im Einsatz der zwar mächtigen, aber untätigen englischen Grand Fleet und der deutschen Hochseeflotte herausführen sollten, kamen beide kriegführenden Parteien zu dem Schluß, daß der Aufgabenkreis der Flotte im bewaffneten Kampf auf See erweitert werden mußte. Jede Seite löste dieses Problem auf ihre Weise.

Die englische Admiralität faßte im August 1915 ohne Rücksicht darauf, daß die britische Flotte keine speziellen Landungsschiffe besaß (d.h. von ihrer Struktur her für diese Aufgabe nicht geeignet war), den Entschluß, mit den Flottenkräften der Alliierten einen kombinierten Stoß gegen die Südflanke der deutsch-österreichischen Front zu führen, starke Truppenverbände auf der Halbinsel Callipoli anzulanden und unter dem Schutz dieser Landungstruppen mit der Flotte durch die Dardanellen durchzubrechen und Konstantinopel zu nehmen.

Die für diese Operation eingesetzten 12 Schlacht- bzw. Linienschiffe, 4 Kreuzer, 16 Torpedobootzerstörer, 7 Unterseeboote sowie Transportflugzeuge und eine große Zahl von Truppentransportern konnten die erfolgreiche Ausschiffung der 157 000 Mann starken Landungstruppe nicht sicherstellen. Über Landungsschiffe und spezielle Schiffe zur Feuerunterstützung der Truppen verfügten die Engländer nicht. Die Hauptkräfte der Flotte, die Großkampfschiffe und Kreuzer, waren für den Einsatz gegen eine befestigte Küste nicht ausgebildet. Zudem ließen auch die organisatorischen Fähigkeiten der Verantwortlichen bei der Admiralität und beim Oberkommando der britischen Mittelmeerflotte zu wünschen übrig.

Der Versuch, zur Truppenanlandung Schiffe einzusetzen, die ursprünglich nicht für diesen Zweck vorgesehen waren, und so die Fehler der Vorkriegszeit bei der Festlegung der erforderlichen Zusammensetzung der Flottenkräfte sowie in der Planung des bewaffneten Kampfes auf See zu beseitigen, konnte nicht gut ausgehen und führte zum Scheitern der Operation. Das beeindruckte die Militärideologen Englands und einiger anderer Länder dermaßen, daß sie es bis zum Beginn des Zweiten

Weltkrieges für unmöglich hielten, Seestreitkräfte im Kampf gegen eine von einem starken Gegner verteidigte Küste einzusetzen, und daher ihre Marine nicht auf diese Aufgabe vorbereiteten.

Am Rande sei bemerkt, daß die russische Flotte in der Ostsee und im Schwarzen Meer im großen und ganzen ihre Aufgaben zur Unterstützung der Landstreitkräfte erfüllte. Sie unterband einen Versuch der Deutschen, im Jahre 1916 Truppen auf den Moonsund-Inseln anzulanden, landete eigene Truppen an der Küste von Lasistan* an, unterstützte Truppenteile von See her durch das Feuer der Schiffsartillerie und sicherte Truppentransporte und -bewegungen in küstennahen Abschnitten der Kriegsschauplätze. Dazu trug in nicht geringem Maße der Umstand bei, daß die Struktur der russischen Flotte im Vergleich zur britischen Flotte den sich im Laufe des Krieges ergebenden Aufgaben etwas besser entsprach.

Die Fehlkalkulationen der britischen Admiralität bei Festlegung der Struktur der Flotte zeigten sich noch deutlicher bei der Erfüllung der Aufgaben zur Sicherung der Seeverbindungen, die für Großbritannien von lebenswichtiger Bedeutung waren. Der Schutz der Seeverbindungen war im Krieg von Anfang an kein neues Problem, es wurde jedoch besonders akut, als die Deutschen auf der Suche nach einem Ausweg aus der strategischen Sackgasse an den Landfronten das Meer in ihre Planung einbezogen.

Nachdem sich das deutsche Oberkommando nach der Skagerrak-Schlacht von der Aussichtslosigkeit seiner Versuche, die Seeherrschaft zu erringen, überzeugt hatte, kam es zu dem Schluß, daß die deutsche Flotte, obwohl sie der Flotte der Alliierten nach der Anzahl der Großkampfschiffe unterlegen war, doch mit Hilfe ihrer U-Boote große Erfolge auf den Verbindungswegen des Gegners auf hoher See erzielen könnte. Die Umstellung der deutschen U-Boote auf den Kampf gegen die Handelsschiffe der Alliierten ging relativ rasch vonstatten. Die britische Flotte hatte dem nichts aktiv entgegenzusetzen. Diese nach der Anzahl der Schiffe und ihrer Gesamttonnage riesige, aber ihren Aufgaben strukturell nicht angepaßte Flotte erwies sich als hilflos gegenüber der plötzlich auftauchenden Gefahr und konnte auf die veränderte Kampfweise des Gegners, der zum entschlossenen Angriff übergegangen war, nur mit begrenzten Verteidigungsmaßnahmen reagieren. England mußte mitten im Kriege die erforderlichen Kräfte und Mittel zur U-Abwehr schaffen, alle eigenen Kräfte und die der Verbündeten mobilisieren und Einsatzverfahren für ursprünglich nicht zur U-Bootbekämpfung vorgesehene Schiffe entwickeln, um die Verluste an Transportschiffen und

* Nordtürkei, Raum Trapezunt (Anm. d. Übers.).

Gütern zu verringern. In den USA wurde errechnet, daß die Kosten der Kampfmittel, die für eine erfolgreiche U-Abwehr benötigt wurden, das 19fache der beim Bau von U-Booten anfallenden Kosten betrugen.
Es hatte sich also in der Tat ergeben, daß Deutschland, das nicht nur den Aufbau seiner Überwasserflotte, sondern auch die Entwicklung von U-Booten vorangetrieben hatte, sich in doppelter Hinsicht in einer günstigen Lage befand. Erstens stellte es den Gegner vor die Notwendigkeit, in aller Eile eine neue Front des bewaffneten Kampfes auf See zu eröffnen. Zweitens war es ihm so gelungen, die schwierige Lage, in der sich die englische Wirtschaft ohnehin schon befand, noch mehr zu verschärfen, indem es England zwang, ungeheure Mittel für den beschleunigten Aufbau von U-Abwehrkräften aufzuwenden.
Die Fehler in der Festlegung der Entwicklungstendenz der britischen Flotte und deren schwerwiegende Folgen konnten nur dank der Hilfe der amerikanischen Flotte, die ihren Partner in dieser gefährlichen Situation unterstützte, beseitigt werden. Durch einen Komplex von Maßnahmen operativer und strategischer Art, durch einen gewaltigen Materialaufwand und unter großen Verlusten gelang es den Alliierten, die Erfolgsquote des Einsatzes der deutschen U-Boote stark zu verringern.
Man kann ohne Übertreibung sagen, daß die Hauptlast des bewaffneten Kampfes auf See von den Kräften und Mitteln der Flotte getragen wurde, die erst im Laufe des Krieges geschaffen wurden, d.h. mit deren Hilfe die Flotten der kriegführenden Staaten erst im Verlauf des bewaffneten Kampfes, und nicht auf Grund einer wissenschaftlichen Prognose beim Aufbau der Flotte, eine ausgewogene Struktur erhielten.
Im Ersten Weltkrieg zeigte sich mit aller Deutlichkeit, daß sich der Kreis der von den Seestreitkräften zu erfüllenden Aufgaben erheblich erweitert hatte und daß die Kampffähigkeit sowohl der Form als auch dem Inhalt nach weitaus vielfältiger geworden war. Das Ausmaß der Kampfhandlungen auf See und der Operationen hatte ungeheuer zugenommen. Die Kampfhandlungen erstreckten sich jetzt auf die Weiten der Weltmeere. Im Bestand der Flotten wurden jetzt Kräfte für folgende Zwecke benötigt: Störung der Seeverbindungen des Gegners, Schutz der eigenen Seeverbindungswege, Unterstützung von Landstreitkräften, die in küstennahen Abschnitten eingesetzt waren, von See her, Bekämpfung der feindlichen Flotten auf See usw. Außerdem hatte sich die Notwendigkeit ergeben, die Flottenkräfte aufzuteilen — in Kräfte, die diese Aufgaben in nahen (Küstenvorfeld) und in fernen Seegebieten (auf hoher See) erfüllten.
Obwohl es ganz offensichtlich notwendig war, die im Ersten Weltkrieg gesammelten Erfahrungen zu einer anschließenden Strukturveränderung der Flotten zu nutzen, hielten die traditionellen Seemächte weiter

an ihren konservativen Vorkriegskonzeptionen von der Erringung der Seeherrschaft durch Vernichtung der Schlagkraft der Großkampfschiffe der gegnerischen Flotte fest. Die Frage nach einer ausgewogenen Entwicklung der Flotten und einer präzisen Aufteilung der Kräfte entsprechend den wichtigsten Aufgaben und Einsatzräumen wurde nicht einmal theoretisch gestellt und bei der Auswertung der Kampferfahrungen aus dem Ersten Weltkrieg nicht berücksichtigt. Die Flotten dieser Staaten bereiteten sich weiterhin darauf vor, Großkampfschiffe in Gefechten auf hoher See einzusetzen. Auf den Schiffswerften der USA, Englands, Deutschlands, Japans und Italiens baute man weiter neue Schlachtschiffe, die mit großkalibrigen Geschützen bestückt waren.
Nach dem Scheitern der Dardanellen-Operation hielten das englische und das französische Marineoberkommando, wie schon gesagt, den Einsatz von Seestreitkräften gegen die Küste wenn nicht für unmöglich, so doch in jedem Fall für äußerst schwierig. Deshalb planten die Stäbe der Alliierten bis zum Beginn des Zweiten Weltkrieges keinerlei Operationen der Seestreitkräfte gegen das Festland und entwickelten keine Spezialkräfte für diese Aufgabe.
Eine ganze Reihe von anderen Fehlern wurde auch vor dem Zweiten Weltkrieg bei der Lösung des Problems gemacht, eine strukturelle Ausgewogenheit der englischen Flotte zu erreichen. Die eigentliche Ursache hierfür liegt weniger im Konservatismus und in der Engstirnigkeit der Konzeptionen der Marinetheoretiker als vielmehr in der Kurzsichtigkeit der Außenpolitik Großbritanniens und in der falschen Einschätzung der Ereignisse vor Kriegsausbruch.
Die regierenden Kreise Englands waren Deutschland dabei behilflich, sein Militärpotential nach dem Ersten Weltkrieg wiederaufzubauen. Sie taten das in der Überzeugung, daß es ihnen gelingen würde, die Aggression gegen die Sowjetunion zu lenken und im Laufe des Krieges ihre Position als führende Seemacht zu festigen.
Die späteren Ereignisse warfen diese Kalkulation jedoch einfach über den Haufen. England mußte nicht wenige schwere Niederlagen im Kampf auf See hinnehmen, das heißt gerade in dem Bereich, in dem es als stärkste Macht gegolten hatte. Mehr noch, England wurde gezwungen, seine Spitzenpositon ein für allemal an seinen Verbündeten, die USA, abzutreten, die sich beeilten, die Gelegenheit zu nutzen, und sich ohne große Mühe an die Spitze des imperialistischen Lagers setzten.
Im Laufe des Zweiten Weltkrieges sah sich die englische Flotte erneut vor die Notwendigkeit gestellt, Disproportionen bei ihren Kräften zu beseitigen. Zu Beginn des Krieges war der Einsatz der Flotte erheblich durch die deutsche Minenkriegführung behindert, zu deren Abwehr ihr nicht die erforderlichen Kräfte und Mittel zur Verfügung standen. Mit

aller Deutlichkeit zeigte sich auch die Unfähigkeit der englischen Flotte, ihre Seeverbindungen zu schützen, und zwar bereits zu einem Zeitpunkt, als die Anzahl der für den Einsatz im Atlantik geeigneten deutschen U-Boote nicht mehr als 20 betrug und die Voraussetzungen zur Vergrößerung ihres Aktionsradius noch sehr begrenzt waren. Die britische Flotte konnte weder den U-Booten den Zugang zum Atlantik verwehren, noch war sie in der Lage, eine zuverlässige U-Boot-Abwehr an den Zugängen zur englischen Küste aufzubauen. Das Ergebnis war, daß die Handelsflotten Englands und der verbündeten Länder laufend hohe Verluste hinnehmen mußten, die im Jahre 1940 und in der ersten Hälfte des Jahres 1941 eine Höhe von mehr als 300 000 Tonnen erreichten.
Erst die Umorientierung der Streitkräfte (darunter auch der Seestreitkräfte) des faschistischen Deutschland in Richtung Osten, auf den Krieg gegen die Sowjetunion, und im Zusammenhang damit das Nachlassen der Intensität des Einsatzes der deutschen Seestreitkräfte im Westen verschafften England und dessen Verbündeten eine beträchtliche Atempause. Die Verluste ihrer Handelsflotte durch deutsche U-Boote nahmen stark ab: während im ersten Halbjahr 1941 787 Schiffe mit einer Gesamttonnage von 2 822 000 RT versenkt wurden, waren es im zweiten Halbjahr nur noch 276 Schiffe mit einer Gesamttonnage von 1 375 000 RT.[16]
Die englische Flotte brauchte jetzt besonders dringend Schiffe für die U-Boot- und Minenabwehr im Küstenvorfeld, die imstande waren, den Kampf gegen die U-Boote und die Minengefahr auf den Zugängen zu den Häfen und Stützpunkten im Mutterland aufzunehmen. Nicht weniger wichtig waren U-Abwehrmittel und -kräfte für den Konvoischutz auf hoher See in großer Entfernung von den Endpunkten der Seeverbindungswege.
Von den ersten Tagen des Krieges an war die englische Schiffbauindustrie gezwungen, sich umzustellen und dem Bau von Schiffen zur U-Boot- und Minenabwehr immer mehr Platz einzuräumen. Auch der Bau von Geleitflugzeugträgern, Patrouillen- und Geleitschiffen, Fregatten und Korvetten mußte in Angriff genommen werden. Gegen Ende des Krieges besaß die englische Flotte 138 Fregatten und 141 Korvetten; für den Küstenschutz waren mehr als 1000 U-Jagdschiffe mit je 65 bis 70 t Wasserverdrängung gebaut worden. Außerdem gehörten zum Bestand der Flotte 32 Geleitflugzeugträger, 88 Fregatten und 15 Korvetten, die von den Amerikanern im Rahmen des Leih-Pacht-Systems zur Verfügung gestellt worden waren.
Da die zu Beginn des Krieges vorhandenen 42 Minensuch- und Räum-

16 Istorija voenno-morskogo iskusstva (Geschichte der Seekriegskunst), a.a.O., S. 333.

fahrzeuge in keiner Weise für den Minenschutz ausreichten, mußten die Engländer besondere Maßnahmen zur Verstärkung der Minenabwehr ergreifen. Sie waren gezwungen, die Amerikaner um Hilfe zu bitten und eine große Anzahl amerikanischer Minensuch- und Räumfahrzeuge einzusetzen. Eine große Anzahl von Fischereifahrzeugen, Trawlern und Driftern, wurde zu diesem Zweck mobilisiert, und in beschleunigtem Tempo wurden neue Minensuch- und Räumfahrzeuge gebaut. Gegen Ende des Krieges verfügte die englische Marine bereits über 126 Geleiträumfahrzeuge und 453 Küstenminensuchboote, die speziell für diesen Zweck gebaut worden waren.
Die englische Flotte hatte vor dem Krieg auch nicht die erforderliche Anzahl von Transportschiffen zur Verfügung. Noch im Mai 1943 klagten führende Persönlichkeiten Großbritanniens darüber, daß das Haupthindernis für die Verwirklichung ihrer Offensivpläne der Mangel an Schiffsraum sei. Churchill sagte damals, daß dadurch alle Aktionen Großbritanniens in ihrem Spielraum eingeengt würden. Der Chef des britischen Generalstabes erklärte, daß das Fehlen von Schiffsraum »alle unsere Unternehmungen abwürgt«, und der Marineminister betonte, daß dieser Mangel »die Verwirklichung der ganzen britischen Angriffsstrategie erschweren wird und praktisch bereits erschwert«.
Man muß allerdings derartigen Äußerungen gegenüber kritisch sein, besonders wenn sie als Rechtfertigung dafür dienten, daß England seine Verpflichtungen gegenüber der Sowjetunion nicht erfüllte.
Die See-Luft-Streitkräfte Englands waren ebenfalls nicht auf die Lösung von Aufgaben auf See vorbereitet; ihnen wurde wie auch im Ersten Weltkrieg eine Nebenrolle zugewiesen. Die englischen Luftstreitkräfte sollten vor allem der Verteidigung der Britischen Inseln gegen Angriffe aus der Luft und der Führung von Schlägen gegen rüstungswirtschaftliche Objekte des Gegners dienen. Diese Aufgaben waren auch für die Entwicklung von Jagdflugzeugen und schweren Bombern maßgebend. Die Unterbewertung der Rolle der See-Luft-Streitkräfte führte dazu, daß die Debatten über deren Rolle und Platz im System der Ausrüstung der Seestreitkräfte erst kurz vor Beginn des Zweiten Weltkrieges abgeschlossen und solche Verbände erst im Jahre 1939 in die Seestreitkräfte eingegliedert wurden. Die englischen Marineflieger erwiesen sich für die Erfüllung von Aufgaben auf See als nicht genügend vorbereitet und waren auch zahlenmäßig zu schwach.
Mit der Unausgewogenheit ihrer Seestreitkräfte und den Schwierigkeiten bei der Beseitigung der vor dem Kriege begangenen Fehler versuchte die englische Regierung immer wieder ihr unfaires Verhalten — die Hinauszögerung der Eröffnung einer zweiten Front auf jede nur mögliche Weise — zu rechtfertigen. Das geschah gerade zu einer Zeit, als sich die

sowjetischen Streitkräfte im Kampf gegen den Feind in einer besonders schwierigen Situation befanden.
Erst gegen Ende des Krieges gelang es Großbritannien mit Hilfe der USA und unter Aufbietung aller seiner Hilfsquellen, seine Flotte den gestellten Aufgaben mehr oder weniger anzupassen. Der Anteil der Flugzeugträger, Zerstörer, U-Jagdschiffe, Minen- und Räumfahrzeuge sowie U-Boote an der Gesamttonnage der Flotte nahm erheblich zu. Große Veränderungen in der Flottenstruktur wurden durch den beschleunigt vorangetriebenen Bau von Landungsschiffen bewirkt; die Anzahl dieser Schiffe hatte sich bis zum Ende des Krieges um mehrere hundertmal erhöht. Gleichzeitig nahm der Anteil der Schlachtschiffe und Kreuzer an der Gesamttonnage erheblich ab, obwohl auch am Ende des Krieges auf sie immer noch mehr als die Hälfte der Tonnage der englischen Flotte entfiel. Wenn man die Veränderung des Verhältnisses der Kräfte in der englischen Flotte analysiert, kommt man zu dem Ergebnis, daß die Admiralität die am Ende des Krieges vorhandene Ausgewogenheit der Flotte in bezug auf die Zielsetzungen, Aufgaben und Einsatzgebiete nur mit Hilfe ihres Verbündeten, der USA, und nur auf Grund der Tatsache, daß die Hauptaufgaben des Krieges an der sowjetisch-deutschen Front gelöst wurden, erreichen konnte.
Die Kriegsmarine des faschistischen Deutschland unterschied sich, was die Ausgewogenheit der Kräfte in bezug auf die genannten Merkmale betraf, wesentlich von der englischen Marine. Bei der Vorbereitung des Überfalls auf die Sowjetunion legte das Hitlersche Oberkommando das Hauptgewicht auf die Entwicklung des Heeres und der Luftwaffe. Die Anstrengungen, die Deutschland zur Vorbereitung auf den Kampf zur See gegen die Westmächte unternahm, waren äußerst gering. Die Vorbereitung auf den Krieg gegen England und folglich auch der verstärkte Ausbau der Flotte sollte zu einem späteren Zeitpunkt, nach Beendigung des Krieges im Osten, erfolgen. Der unter Berücksichtigung dieser Zielsetzung ausgearbeitete Generalplan für den Aufbau der Flotte (der Plan Z), der im Februar 1939 genehmigt wurde, sah vor, daß bis zum möglichen Beginn eines Krieges gegen England 6 Schlachtschiffe (darunter 3 »Westentaschenpanzerschiffe«), 5 schwere Kreuzer, 2 Flugzeugträger und 190 U-Boote gebaut werden sollten. Nach Verwirklichung des Plans Z sollte der Gesamtbestand dann 13 Schlachtschiffe, 33 Kreuzer, 4 Flugzeugträger und 267 U-Boote betragen.
Nach dem Plan Z war das Hauptziel der Aktionen der Flotte die Störung der Seeverbindungen Englands. Dazu sollten alle Flottenkräfte eingesetzt werden, wobei den Überwasserschiffen die größte Bedeutung beigemessen wurde. Zur Erfüllung dieser Aufgabe wurden Kräfte mit großem Aktionsradius geschaffen, vor allem schnelle Schlachtschiffe und

Kreuzer mit großem Fahrbereich und langer Seeausdauer, die in der Lage waren, Kriegs- und Handelsschiffe des Gegners in weit entfernten Gebieten der hohen See anzugreifen. Zu diesen Kräften zählten auch die U-Boote. Die deutsche Kriegsmarine hatte vor Beginn des Zweiten Weltkrieges nur insgesamt 57 U-Boote. Die Gesamttonnage der U-Boote betrug nur 9% der Tonnage der gesamten Flotte, während auf die Schlachtschiffe 46%, die Kreuzer 31,5% und die Zerstörer 13,5% der Gesamttonnage entfielen.[17]
Die Bedeutung der Flugzeuge beim Kampf auf See schätzte das deutsche Oberkommando zu gering ein. Dazu trug in nicht geringem Maße der Widerstand Görings gegen die Schaffung einer Marineluftwaffe bei. Er war der Ansicht, daß sämtliche Flugzeuge der Streitkräfte in der Luftwaffe zusammengefaßt und je nach Lage entweder für Belange der Marine oder zur Erfüllung selbständiger Aufgaben, d.h. für strategische Bombardierungen, eingesetzt werden sollten.
Große Aufmerksamkeit verwendete das deutsche Oberkommando auch auf die Entwicklung von Kräften für den Einsatz im Küstenvorfeld, die zur Verteidigung der Stationierungsräume, zur Minenabwehr, zur Sicherung der Entfaltung der Hauptkräfte der Flotte auf See und zur Aufrechterhaltung günstiger Einsatzbedingungen in den eigenen küstennahen Gewässern verwendet werden sollten. Die Seestreitkräfte des faschistischen Deutschland waren somit vor dem Kriege auf die Störung und Unterbrechung der Seeverbindungen des Gegners eingestellt. Darauf waren der Aufbau und die Ausbildung der Seestreitkräfte abgestimmt.
Auf den Mangel an Voraussicht und das abenteuerliche Vabanquespiel des Hitlerschen Oberkommandos der Marine, die in der Wahl der Ausrichtung des Flottenaufbaus und in den Auffassungen über den Einsatz der Seestreitkräfte zum Ausdruck kamen, war es in der Hauptsache zurückzuführen, daß die deutschen Handelsstörer bereits im ersten Jahr des Krieges von den Flottenkräften der Alliierten vernichtet wurden. Der später, im Sommer 1941, vorgenommene Abzug der Kampfflugzeuge an die sowjetisch-deutsche Front hatte zur Folge, daß den Kampf gegen die Seeverbindungen der Alliierten jetzt nur noch die deutschen U-Boote führten. Die vielversprechenden Ergebnisse des U-Booteinsatzes zu Beginn des Krieges nahm das Hitlersche Oberkommando zum Anlaß, den Bau von U-Booten intensiv voranzutreiben und in beschleunigtem Tempo U-Boot-Besatzungen auszubilden. Die Erfolge der U-Boote wurden in hohem Maße durch die Passivität der englischen und amerikanischen Streitkräfte zu Lande und in der Luft und das unentschlossene

17 Eremeev, L.M., Šergin, A.P., Podvodiye lodki inostrannych flotov vo vtoroj mirovoj vojne (Die U-Boote ausländischer Kriegsmarinen im Zweiten Weltkrieg), a.a.O., S. 11.

Verhalten der englischen Flotte auf See begünstigt.
Am 30. Dezember 1939 wurde in Deutschland ein neues Flottenbauprogramm beschlossen, nach dem bis Ende 1941 392 U-Boote gebaut werden sollten. Im Sommer 1943 wurde dann noch ein weiteres Programm für den beschleunigten Bau und die Indienststellung von 288 U-Booten der Serie XXI bis zum Februar 1945 und von 140 U-Booten der Serie XXIII bis zum Oktober 1944 aufgestellt.
Durch den Einsatz großer Massen von Arbeitskräften (angeworbenen Fremdarbeitern, Arbeitern aus den von den Deutschen besetzten Ländern, Kriegsgefangenen und Frauen) und durch andere radikale Maßnahmen gelang es der deutschen Industrie, den Bau von U-Booten erheblich zu intensivieren. Während im Jahre 1939 nur 6 U-Boote gebaut worden waren, stieg die Zahl der fertiggestellten U-Boote 1940 auf 40, 1941 auf 219 und 1942 auf 222 Einheiten. Die größte Anzahl U-Boote wurde in den Jahren 1943 und 1944 gebaut (292 bzw. 283 Einheiten). Insgesamt konnten die Deutschen im Laufe des Krieges 1131 U-Boote in Dienst stellen.[18] Der beschleunigte Bau von U-Booten trug jedoch nicht zur Verbesserung der Lage des faschistischen Deutschland auf See bei, da weder Kräfte zur Unterstützung und Sicherung dieser U-Boote noch Kräfte für den Kampf gegen die Flotten Englands und seiner Verbündeten sowie für die Unterstützung der Landstreitkräfte von See her geschaffen worden waren.
Die vorrangige Entwicklung einer einzigen Gattung, der U-Boote, mußte zu einer starken Einschränkung der Aufgabenstellung der deutschen Kriegsmarine im Kampf gegen die feindlichen Seestreitkräfte führen und hat schließlich auch dazu geführt. Daraus ergab sich die Passivität der deutschen Kriegsmarine auf allen übrigen Gebieten des Kampfes auf See. So hatte sich das faschistische deutsche Oberkommando selbst in eine ungünstige Lage auf See gebracht, indem es in gewissem Maße den Einsatz der Seestreitkräfte der Alliierten erleichterte und zu einer zielstrebigen Entwicklung ihrer U-Abwehrkräfte beitrug.
Die Früchte der ebenso stürmischen wie unproportionierten Entwicklung seiner Seestreitkräfte konnte Deutschland auch deshalb nicht genießen, weil es zuviel Zeit verloren hatte und so den Gegnern die Möglichkeit gab, entsprechende Gegenmaßnahmen zu treffen. Außerdem kümmerte sich das Hitlersche Oberkommando bei der Schaffung seiner Armada von Unterseebooten nicht um den Kampf gegen die U-Abwehr der Alliierten. Schließlich, und das war das Wichtigste, war es Deutschland wegen der ungeheuer schweren Kämpfe an der Ostfront nicht mehr möglich, weiterhin Material für die Marine bereitzustellen. Das Ausmaß

18 Eremeev/Šergin, Die U-Boote ausländischer Kriegsmarinen, a.a.O., S. 27.

der Kämpfe und eine Reihe von schweren Niederlagen an der entscheidenden Front, der Ostfront, erlaubten es dem faschistischen deutschen Oberkommando auch nicht, Flugzeuge für Aktionen gegen die englische und später auch gegen die amerikanische Schiffahrt, für die Aufklärung zur Unterstützung des Einsatzes der U-Boote, für das Werfen von Minen und für den Kampf gegen die U-Abwehrkräfte des Gegners auf See einzusetzen. Außerdem blieb die überaus leistungsfähige Schiffbauindustrie Englands und der USA von Feindeinwirkung verschont, was zur Folge hatte, daß ab 1944 der Neubau von Transportschiffen die Verluste zu übersteigen begann und daß durch den beschleunigten Bau von U-Abwehrkräften die deutschen Pläne für den uneingeschränkten U-Bootkrieg schließlich scheiterten.

Durch alle diese Faktoren wurden die negativen Folgen der Fehlkalkulationen des Hitlerschen Oberkommandos vor dem Kriege noch verstärkt, was sich bald auf die Kampftätigkeit der deutschen Kriegsmarine insgesamt auszuwirken begann.

Auf die Anpassung der Struktur der Kriegsmarine des faschistischen Deutschland an die sich im Laufe des Krieges ergebenden Aufgaben wirkte sich auch der Einsatz der sowjetischen Nordmeer-, Ostsee- und Schwarzmeerflotte ständig negativ aus, da das faschistische Oberkommando gezwungen war, für den Kampf gegen diese Flotten nicht nur die Kräfte für den küstennahen Bereich einzusetzen, sondern auch einen erheblichen Teil der Kräfte von den Seeverbindungen abzuziehen. Das verstärkte die Disproportionen innerhalb der faschistischen deutschen Kriegsmarine und schränkte deren Möglichkeiten im Kampf gegen die Seestreitkräfte unserer Verbündeten noch mehr ein.

Ein Verdienst der sowjetischen Streitkräfte besteht darin, daß sie durch ihre unerschütterliche Standhaftigkeit in der Verteidigung und durch ihre Vorstöße beim Angriff dem faschistischen Oberkommando die Möglichkeit nahmen, die Disproportionen in der Entwicklung der deutschen Kriegsmarine zu beseitigen und im Laufe des Krieges strukturell ausgewogene Kräfte für die Erfüllung der wichtigsten Aufgaben auf See zu schaffen.

Unter Ausnutzung der Tatsache, daß die Sowjetunion auf sich allein gestellt einen blutigen Krieg gegen das faschistische Deutschland führte und dabei fast alle deutschen Kräfte auf sich zog, konnte das angloamerikanische Oberkommando, das der unmittelbaren Führung aktiver Kampfhandlungen auf dem Kontinent, dem entscheidenden Kriegsschauplatz, fast drei Jahre lang auswich, ungehindert gewaltige See- und Luftstreitkräfte für den Kampf gegen die deutschen U-Boote aufbauen und schließlich zum Einsatz bringen.

Nach sehr niedrig angesetzten Berechnungen waren an dieser Aufgabe

mehr als 1500 landgestützte Flugzeuge, über 30 Flugzeugträger und etwa 3500 Geleitschiffe verschiedener Klassen beteiligt. Allein die englische und die kanadische Luftwaffe flogen von Landflugplätzen aus 44 000 Geleitschutzeinsätze und 75 500 Patrouillenflüge auf der Suche nach feindlichen U-Booten. Dazu kommt noch, daß die deutschen Schiffbaubetriebe, besonders die Fabriken und Werften, die U-Boote und Ausrüstung für U-Boote bauten, ab 1943 häufig massierten Angriffen durch anglo-amerikanische Flugzeuge ausgesetzt waren.
Bereits zu dieser Zeit waren die deutschen Diesel-U-Boote, die praktisch auf dem technischen Stand des Jahres 1939 stehengeblieben waren, auf Grund des stark gesunkenen Ausbildungsstandes und der sinkenden Moral der Besatzungen nicht mehr in der Lage, den Widerstand der sorgfältig ausgebildeten und in technischer Hinsicht überlegenen U-Abwehrkräfte des Gegners zu überwinden. Die Verluste der deutschen U-Boote bei der Überwindung der U-Abwehrlinien und beim Angriff auf englische und amerikanische Konvois begannen erheblich zuzunehmen, und die Verluste der Handelsflotte Englands und seiner Verbündeten gingen merklich zurück. Das ist aus Tabelle 23 deutlich zu ersehen.

Tabelle 23: Handelsschiff-Verluste Englands und seiner Verbündeten und U-Boot-Verluste Deutschlands während des Zweiten Weltkriegs[19]

Jahr	Verluste an Handelsschiffen		Anzahl der versenkten deutschen U-Boote	Anzahl der versenkten Schiffe pro versenktes U-Boot	versenkter Schiffsraum pro versenktes U-Boot in RT
	Anzahl der Schiffe	Gesamttonnage in RT			
1939	114	421 156	9	12,6	46 795
1940	471	2 186 158	22	21,4	99 375
1941	432	2 171 754	35	12,3	62 050
1942	1 160	6 226 215	85	13,6	73 720
1943	463	2 586 905	237	1,5	10 915
1944	132	773 327	248	0,5	3 118
1945	56	281 716	145	0,4	1 949
Insgesamt	2 828	14 687 231	781	3,6	18 806

Von ausländischen Historikern werden diese statistischen Angaben nicht selten als Beweis für die irrige Ansicht angeführt, daß die U-Boote ähnlich wie die Schlachtschiffe im vergangenen Krieg besiegt worden seien. Die abnehmende Effizienz des U-Booteinsatzes auf den Seeverbindungswegen im Laufe des Krieges war jedoch nichts anderes als der Ausdruck des Prozesses der Auseinandersetzung zwischen Angriffsmit-

19 Vgl. Eremeev/Sergin, Die U-Boote ausländischer Kriegsmarinen.

teln und Abwehrmitteln, deren Entwicklung unter ungleichen Bedingungen verlief: Während die Verbesserung der Angriffsmittel nur langsam und ohne Änderung des technischen Niveaus vor sich ging, wurden die Abwehrmittel auf einer neuen technischen Grundlage entwickelt. Wenn die Engländer und Amerikaner auf Grund des massierten Einsatzes von U-Abwehrkräften und -mitteln auch gewisse Erfolge in der U-Bootbekämpfung erzielten, so besteht doch kein Zweifel, daß das Aufkommen prinzipiell neuartiger U-Boote mit einer besseren Bewaffnung die Lage unweigerlich zugunsten der U-Boote verändert hätte. Anders ausgedrückt: Wenn das Hitlersche Oberkommando nicht in der Lage war, in großem Maßstab neue U-Boote und neue Waffen zum Einsatz zu bringen, bevor Deutschland auf dem Festland von den sowjetischen Truppen besiegt wurde, so bedeutet das keineswegs, daß die U-Boote als Mittel des Kampfes auf den Seeverbindungswegen in irgendeiner Weise diskreditiert wären.

Der Erfolg der Verbündeten im bewaffneten Kampf auf See ist weitgehend auf die unausgewogene Struktur der deutschen Kriegsmarine, die nur zur Erfüllung einer einzigen Aufgabe eingesetzt wurde, zurückzuführen. Die abenteuerliche deutsche Seestrategie, die aus einer universalen Teilstreitkraft ein Mittel mit engspezialisierter Funktion machte und die den Einsatzbereich der Seestreitkräfte allein auf Aktionen gegen die Seeverbindungen des Gegners beschränkte, war eine der Hauptursachen für die Niederlage der deutschen Marine in der »Schlacht um den Atlantik«. Wegen der unausgewogenen Struktur der deutschen Seestreitkräfte konnte das Hitlersche Oberkommando sie weder wirksam gegen die Angriffskräfte noch gegen die Küste, noch für den Kampf gegen die Landungstruppen der Alliierten einsetzen, die auf See praktisch nicht auf entschlossenen Widerstand trafen.

Gleichzeitig wurde durch den Einsatz verschiedener Kräfte und Mittel der deutschen Seestreitkräfte in den Seegebieten, die an das Territorium der Sowjetunion grenzen, und durch die in regelmäßigen Abständen erfolgende Verstärkung dieser Kräfte durch U-Boote und U-Abwehrkräfte, die von den Weltmeeren abgezogen wurde, sowie durch die Tätigkeit der taktischen Luftwaffe der Kampf unserer Seestreitkräfte stark erschwert. Die Tätigkeit der sowjetischen Seekriegsflotte war jedoch in gewissem Maße dadurch begünstigt, daß die deutsche Kriegsmarine nicht über große amphibische und Spezialschiffe zur Unterstützung der in Küstennähe eingesetzten Landstreitkräfte von See her verfügte.

Die aktive Kampftätigkeit unserer Flotte erlaubte es den Faschisten nicht, die Unausgewogenheit ihrer Seestreitkräfte durch Improvisationen verschiedener Art auszugleichen. Aus diesem Grunde konnten die deutschen Seestreitkräfte im Verlauf des ganzen Krieges ihre in Küstennähe kämpfenden Truppen nicht unterstützen, selbst dann nicht, als diese schwere Niederlagen erlitten.

Man kann nicht behaupten, daß die Seestreitkräfte der USA mit einer ihren Zielen und Aufgaben angepaßten Struktur in den Krieg eintraten. Vor dem Zweiten Weltkrieg war diese ihrem Bestand nach stärkste Hochseeflotte ebenfalls auf die Kampfführung mit Großkampfschiffen auf hoher See ausgerichtet. Alle großen Schiffe, einschließlich der Flugzeugträger und Kreuzer, die zu den Geschwadern gehörten, hatten die Aufgabe, die Großkampfschiffe bei der Aufnahme des Gefechts zu unterstützen und zu sichern.

Die ziemlich große Zahl von U-Booten war in der Hauptsache für den Kampf gegen die Überwasserkampfschiffe des Gegners vorgesehen, obwohl auch die Möglichkeit ihres Einsatzes zur Vernichtung von Transportschiffen auf den Seeverbindungswegen nicht ausgeschlossen wurde. Eine darüber hinausgehende Aufgabenteilung unter den Flottenkräften war nicht vorgesehen, abgesehen davon, daß für den Kampf auf den Seeverbindungswegen ein Teil der Überwasserschiffe, die zu den Geschwadern gehörten, eingesetzt werden sollte. Daher sah sich das amerikanische Oberkommando gezwungen, das Problem der Strukturanpassung zu lösen, als der Krieg bereits im Gange war.

Nach dem Überfall der Japaner auf Pearl Harbor »entdeckten die Amerikaner wie Adam und Eva, daß sie nackt waren(. . .)«[20]. Ein großer Teil der »Basis« ihrer Seestreitkräfte lag als ein Haufen unbrauchbarer Schrott auf dem Meeresgrund. Der Verlust von 8 Schlachtschiffen, 3 Kreuzern, 3 Zerstörern und anderen Schiffen hatte die ganze Hierarchie der amerikanischen Flotte erschüttert. Es dauerte ein halbes Jahr, bis sich die Seestreitkräfte auf die Erfüllung der Hauptaufgaben im Kampf auf See mit Hilfe von Flugzeugträgern umgestellt hatten. Es bedurfte des Gefechts im Korallenmeer, um die Amerikaner davon zu überzeugen, daß die Schlachtschiffe endgültig ihre führende Rolle verloren und ein für allemal an die Träger der Kampfflugzeuge der See-Luft-Streitkräfte — die Flugzeugträger — abgegeben hatten.

Der dringende Bedarf an Flugzeugträgern veranlaßte das Oberkommando der US-Marine, deren Bau mit allen Mitteln zu forcieren. Gleichzeitig wurde auch der Bau von Schlachtschiffen, Kreuzern und Zerstörern beschleunigt vorangetrieben. Im Laufe des Krieges wurden insgesamt 9 Schlachtschiffe, 45 Kreuzer und 379 Zerstörer gebaut.

Der Zweite Weltkrieg bewirkte bei der amerikanischen Marine erhebliche Veränderungen im Verhältnis der Kräfte zueinander. Während zu Beginn

20 Fuller, J.F.C., Der Zweite Weltkrieg 1939—1945. Eine Darstellung seiner Strategie und Taktik, Wien u. Stuttgart 1950, S. 153.

des Krieges der Anteil der Schlachtschiffe an der Gesamttonnage der Flotte 45,6%, der Kreuzer 22%, der Zerstörer 19,1%, der Flugzeugträger 9,3% und der U-Boote 4% betrug, entfielen am Ende des Krieges auf die Schlachtschiffe nur noch 24%, auf die Flugzeugträger und Kreuzer je 23%, auf die Zerstörer 19% und auf die U-Boote 9%.
Diese Zahlen bestätigen, daß die Schlachtschiffe schon im Laufe des Zweiten Weltkrieges ihre frühere Bedeutung verloren und die Hauptrolle im bewaffneten Kampf auf See an die Flugzeugträger und U-Boote abtraten, die auch heute noch die Grundlage der Kampfkraft der US-Marine darstellen.
Die amerikanische Marine war bei Kriegseintritt in keiner Weise auf den Schutz der Handelsschiffe gegen U-Boot-Angriffe vorbereitet. Die ungeheuren Verluste der Handelsflotte und die zunehmende Aktivität der deutschen U-Boote im Atlantischen Ozean stellten die US-Marine in erster Linie vor die Aufgabe, Patrouillen- und Geleitschiffe zu bauen. Mit Hilfe besonderer Maßnahmen und mit großem finanziellen Aufwand gelang es den Amerikanern, in relativ kurzer Zeit die Großserienproduktion solcher Schiffe aufzunehmen. Während Ende Juli 1941 280 Patrouillen- und Geleitschiffe am Kampf gegen die U-Boote teilnahmen, waren es nach einem Jahr bereits 527 und nach zwei weiteren Jahren bereits 1260.
Während des Zweiten Weltkrieges wurden somit in den USA starke U-Abwehrkräfte praktisch völlig neu geschaffen. Im Laufe der Kampfhandlungen erlitten sie nur geringfügige Verluste und hatten bei Kriegsende eine Stärke von 73 Geleitflugzeugträgern, 358 Geleitschiffen, 77 Fregatten, 8 Korvetten und 659 U-Jagdschiffen.
Zu Beginn des Krieges mit Japan sahen sich die USA vor die Notwendigkeit gestellt, auch die Lücke in bezug auf Landungsschiffe zu schließen. Zu dieser Zeit besaß die US-Marine nur einige Versuchsfahrzeuge dieser Gattung. Die USA begannen — als der Krieg bereits im Gange war — mit dem beschleunigten serienmäßigen Bau von Landungsfahrzeugen verschiedenen Typs sowie von großen Schiffen für den Überseetransport von Truppen und die Beförderung von Landungstruppen in die Landungsgebiete. Bei Kriegsende verfügte die US-Marine über 17 Führungsschiffe für Landungsunternehmen, 1090 große Panzerlandungsschiffe, 554 Panzerlandungsschiffe, 454 Landungstruppentransporter und 23 amphibische Dockschiffe. Außerdem wurden Tausende kleinerer Landungsschiffe und -boote verschiedener Art gebaut.
Auch Schiffe für die Minenabwehr wurden in großen Mengen gebaut. Während zu Beginn des Krieges fast keine derartigen Schiffe vorhanden waren, besaß die US-Marine bei Kriegsende bereits 223 Geleiträumfahrzeuge, 74 Küstenminensuchboote und 450 Räumboote.

Die US-Marine erhielt somit erst im Laufe des Krieges eine Struktur, die nach Art und Anzahl der Kräfte ihren Aufgaben und Einsatzgebieten entsprach. Die operativen und strategischen Ziele des Einsatzes der Seestreitkräfte im Krieg wurden neu festgelegt, was die Entwicklung neuer Schiffsgattungen, darunter Schiffen für die U-Abwehr und für Landungszwecke, erforderlich machte.

Die US-Marine, die vorher auf die Bekämpfung der Überwasserschiffe des Gegners ausgerichtet war, verwandelte sich in eine vielseitig verwendbare Teilstreitkraft, der auch umfangreiche Aufgaben im Zusammenhang mit amphibischen Operationen großen Maßstabs, dem Schutz der Seeverbindungen der Verbündeten und der Störung der Seeverbindungen des Gegners übertragen wurden.

Zur erfolgreichen Lösung des Problems der Herstellung einer ausgewogenen Struktur der amerikanischen Seestreitkräfte im Laufe des Krieges trug der für die USA günstige Umstand bei, daß die strategischen Aufgaben des Krieges von den sowjetischen Streitkräften an der Hauptfront, der sowjetisch-deutschen Landfront, gelöst wurden und daß daher die Kriegsmarine des faschistischen Deutschland — besonders ab 1943 — nicht mehr in der Lage war, den Kampf gegen die Seeverbindungen und die Seestreitkräfte der USA im Atlantik zu führen; diesem Umstand war es zu verdanken, daß die Industrie der USA keiner Feindeinwirkung ausgesetzt war und unter den günstigsten Bedingungen arbeiten konnte.

Aber auch unter diesen Verhältnissen brauchte die amerikanische Industrie Jahre, um die erforderlichen Kräfte für den Kampf gegen die deutschen U-Boote im Atlantik und starke amphibische Kräfte für die Invasion der Alliierten in Europa bereitzustellen.

Die Unausgewogenheit der Struktur der japanischen Seestreitkräfte in bezug auf deren Ziele und Aufgaben zeigte sich gleich zu Beginn der Kampfhandlungen im Stillen Ozean und war eine der Ursachen für die Niederlage der japanischen Marine im Zweiten Weltkrieg. Für die Entwicklung der japanischen Seestreitkräfte in der Vorkriegszeit waren dieselben Grundsätze maßgebend, die den Militärdoktrinen der Westmächte zugrunde lagen. Ein Unterschied bestand nur insofern, als die Japaner Kriegs- und Hilfsschiffe für das Anlanden von Truppen vorgesehen hatten. Moderne Kräfte für den Schutz der Seeverbindungen gegen U-Boote waren dagegen nicht geschaffen worden, obwohl die Insellage und die Abhängigkeit Japans von der Einfuhr strategischer Rohstoffe aus Übersee schon immer seine verwundbare Stelle gewesen waren.

Der schnelle Vorstoß der Japaner nach Süden und die Eroberung ausgedehnter Inselgebiete im Südwestteil des Stillen Ozeans zu Beginn des Krieges bewirkten eine Zersplitterung der Seestreitkräfte, die zum

Schutz der Handelsschiffahrt herangezogen wurden, und eine außerordentliche Belastung der für die Verwendung im Küstenvorfeld vorgesehenen U-Abwehrkräfte, die nach ihrer Zusammensetzung und ihren Kampfeigenschaften nicht für den Einsatz in den großen Weiten des Pazifik in Frage kamen.

Die militärische Führung Japans ging bei der Vorbereitung auf den Krieg gegen die Sowjetunion von der Voraussetzung aus, den sowjetischen U-Booten brauche lediglich mit begrenzten U-Abwehrkräften der Ausgang aus dem Japanischen Meer versperrt zu werden, und dann seien alle Aufgaben zum Schutz der japanischen Seeverbindungen im Stillen Ozean gelöst. Für diesen Zweck wurde der massierte Einsatz von Minensperren und U-Abwehrnetzen, die von Schiffen und Küstenartillerie in den Meerengen überwacht wurden, für ausreichend angesehen.

Die Verluste, die die japanische Handelsflotte bereits im ersten Kriegsjahr erlitt, übertrafen alle Schätzungen des japanischen Oberkommandos bei weitem. Energischen Maßnahmen zur Sicherung und zum Schutz der Seetransporte standen jedoch die begrenzten Möglichkeiten der Produktions- und Rohstoffbasis des Landes im Wege, das nicht darauf vorbereitet war, innerhalb kurzer Zeit die erforderliche Anzahl U-Abwehrschiffe zu bauen. Der Gesamtbestand an Geleitfahrzeugen blieb weiter unzureichend. Im Jahre 1943 besaß die japanische Marine nur 50 Schiffe für die U-Abwehr (davon waren 14 speziell für diesen Zweck gebaut), einschließlich einiger aus den Jahren 1920—1925 stammender Zerstörer, aber auch sie wurden in der Hauptsache zur Sicherung der großen Überwasserschiffe eingesetzt.

Der Geleitschutz von Transportschiffen auf hoher See wurde vor allem von Küstenschutzschiffen durchgeführt, die nur unzureichend mit U-Abwehrwaffen ausgerüstet waren. Die zum Bestand der U-Abwehrkräfte gehörenden vier Geleitflugzeugträger konnten erst im Jahre 1944 für den Konvoischutz eingesetzt werden.

Bei dem Versuch, die Folgen der Fehler im strukturellen Aufbau der Seestreitkräfte zu beseitigen, setzte das Oberkommando der japanischen Marine zum Kampf gegen die amerikanischen U-Boote auch eine große Anzahl Fischereifahrzeuge — Motor- und Segelschiffe — ein. Diese besaßen keine Unterwasserortungs- und Radareinrichtungen und konnten keinerlei Erfolge bei der U-Bootbekämpfung erzielen.

Angesichts des Scheiterns ihrer strategischen Pläne beschloß die militärische Führung Japans, zusätzlich zu den 14 Spezial-U-Abwehrschiffen, die sich im Einsatz befanden, im Laufe der Jahre 1942—1945 noch 233 Geleitboote zu bauen. Diese Absicht konnte jedoch, da die Kapazität der Industrie dafür nicht ausreichte, nicht verwirklicht werden.

Die Schwäche der materiellen und technischen Basis und die mangelnde

Vorbereitung der japanischen Flotte auf die U-Abwehr schufen äußerst günstige Bedingungen für den Einsatz der amerikanischen U-Boote auf den japanischen Seeverbindungswegen. Ohne auf ernsthaften Widerstand zu stoßen, versenkten sie 1150 japanische Schiffe mit einer Gesamtonnage von rund 4 860 000 RT, was etwa 62% der Gesamtverluste der Handelsflotte Japans ausmachte.[21]

Durch die U-Boote verloren die Japaner über 80 Kampfschiffe, darunter ein Schlachtschiff, 8 Flugzeugträger, 12 Kreuzer, 37 Zerstörer und 24 U-Boote.[22]

Als unzureichend vorbereitet erwies sich die japanische Marine auch gegen Angriffe aus der Luft. Im Laufe des Krieges gingen durch Angriffe der amerikanischen Luftwaffe 750 Handelsschiffe mit einer Gesamttonnage von 2 467 000 RT (31,5% der Verluste an Handelsschiffsraum) und 112 große Kampfschiffe verloren, darunter 6 Schlachtschiffe, 13 Flugzeugträger, 20 Kreuzer, 51 Zerstörer und 22 U-Boote.[23]

Aus einer Analyse des Zustandes der Seestreitkräfte der kapitalistischen Staaten während des Zweiten Weltkrieges, der Dynamik ihrer Entwicklung und der durch unvorhergesehene Umstände im Laufe der Kriegshandlungen hervorgerufenen Veränderungen in ihrer Struktur und im Verhältnis der Kräfte zueinander läßt sich somit schließen, daß das Problem der Herstellung einer ausgewogenen Struktur der Seestreitkräfte vor dem Zweiten Weltkrieg von keiner der am Krieg beteiligten imperialistischen Seemächte gelöst worden war.

Was sind die Hauptursachen für die Unterschätzung dieses wichtigen Problems in der Vorkriegszeit?

Selbstverständlich konnte nicht davon die Rede sein, daß die Wirtschaft solcher imperialistischen Staaten wie der USA, Englands, Deutschlands und Japans nicht imstande gewesen wäre, in Friedenszeiten Seestreitkräfte mit den erforderlichen Kampfeigenschaften und in der erforderlichen Stärke zu schaffen. Es ist auch wohl kaum anzunehmen, daß die Militärtheorie dieser Länder nicht imstande war, die sich aus der Außenpolitik ergebenden Ziele und Aufgaben der Seestreitkräfte in einem zukünftigen Krieg festzulegen und ein wissenschaftlich begründetes Programm für den Aufbau der Flotte zu entwickeln.

Die wahren Gründe für diesen Sachverhalt waren vielmehr:

1. schwere, nicht wiedergutzumachende außenpolitische Fehleinschätzungen der regierenden Kreise und der militärischen Führung der

21 Belli, V.A. u.a., Blokada i kontrblokada (Blockade und Gegenblockade), a.a.O., S. 706.

22 Morskoj atlas (Seeatlas), Bd. III, Teil 2, Blatt 48.

23 ibid.

USA und Englands, die nicht in der Lage waren, in Hitlerdeutschland rechtzeitig den potentiellen Gegner zu erkennen und den Charakter des Zweiten Weltkrieges sowie Rolle und Platz ihrer Seestreitkräfte in diesem Krieg zu bestimmen;
2. die abenteuerliche Politik und Strategie des faschistischen Deutschland und des militaristischen Japan sowie der von vornherein zum Scheitern verurteilte Versuch dieser Länder, durch einen Krieg in kurzer Zeit die Weltherrschaft zu erringen;
3. die Tatsache, daß die im Ersten Weltkrieg gewonnenen umfangreireichen Erkenntnisse von der militärischen Führung der Länder beider Koalitionen nicht berücksichtigt wurden, die Überschätzung der Kampfmöglichkeiten der großen Artillerieschiffe sowie die Unterschätzung der Schlagkraft und der Entwicklungsperspektiven der Unterseeboote und der Flugzeuge, die praktisch die Hauptkräfte im bewaffneten Kampf auf See wurden.

Daß die Struktur der Seestreitkräfte ihren Aufgaben nicht entsprach, zeigte sich gleich zu Beginn des bewaffneten Kampfes auf See. Dadurch waren alle kriegführenden Parteien gezwungen, in höchster Eile, unter gewaltigen Anstrengungen und äußerster Anspannung der Wirtschaft die begangenen Fehler zu beseitigen. Erst bei Kriegsende besaßen die Seestreitkräfte der USA und Englands eine weitgehend ausgewogene Struktur, die den anfallenden Aufgaben entsprach.

Die im Vergleich zu den USA und England begrenzten wirtschaftlichen Möglichkeiten des faschistischen Deutschland und des militaristischen Japan wurden lediglich zum Ausbau derjenigen Flottenkräfte benutzt, die in den verschiedenen Phasen des Krieges die Hauptlast des bewaffneten Kampfes auf See zu tragen hatten. Dadurch wurde der Aufgabenkreis der Seestreitkräfte erheblich eingeengt, und diese büßten eine ihrer wichtigsten Eigenschaften, die Vielseitigkeit, ein. Faktisch ergaben sich so für den Gegner günstige Bedingungen, die es ihm erlaubten, seine Seestreitkräfte auf eine begrenzte Zahl von Abschnitten zu konzentrieren, sie in diesem engen Bereich zu sichern und zu unterstützen und mit relativ geringen Anstrengungen und geringem Aufwand Erfolge zu erzielen.

Die Deutschen, die für den Kampf auf See in der Hauptsache U-Boote einsetzten, bereiteten dem Gegner bei seinen Bemühungen, seine Seeverbindungen zu sichern, eine Reihe bitterer Enttäuschungen. Infolge ihrer einseitigen Entwicklung erwies sich die deutsche Kriegsmarine jedoch im Kampf gegen die anglo-amerikanischen Seestreitkräfte schließlich als hilflos.

Die Seestreitkräfte sind eine besonders schwer zu erneuernde Teilstreitkraft, bei der der Ausgleich der Verluste sowie der Einsatz der Schiffe und der Bewaffnung mit großem Zeit- und Materialaufwand verbunden ist. Auch Staaten, die wirtschaftlich stark waren, konnten diese Aufgabe während des Krieges nur unter ausgesprochen günstigen militärischen und politischen Voraussetzungen innerhalb kurzer Zeit bewältigen. Wo diese Voraussetzungen fehlten, war die Erneuerung der Seestreitkräfte und erst recht eine Veränderung ihrer Struktur während des Krieges ein praktisch unlösbares Problem. Sehr bezeichnend war in dieser Hinsicht die Situation Japans, das nicht über eine entsprechende Rohstoffbasis verfügte und dessen Industrieobjekte ständig Luftangriffen der Amerikaner ausgesetzt waren.

Die Industriebetriebe des faschistischen Deutschland wurden ebenfalls von den Alliierten bombardiert, in der Regel reichten diese Luftangriffe jedoch nicht aus, um Deutschland voll und ganz die Möglichkeit zu nehmen, Verluste seiner Kriegsmarine auszugleichen.

Die englische Industrie konnte zu Beginn des Zweiten Weltkrieges nur mit großer Mühe die Schiffsverluste ausgleichen, da ihre Betriebe heftigen Angriffen der deutschen Luftwaffe ausgesetzt waren. Erst nachdem die deutsche Luftwaffe ihre massierten Luftangriffe auf England eingestellt hatte, da sie alle ihre Kräfte auf die sowjetisch-deutsche Front konzentrierte, und erst durch die außerordentlich umfangreiche Hilfe von seiten der USA konnten in erheblich schnellerem Tempo U-Abwehr- und Landungsschiffe, Minenräumfahrzeuge und Transportschiffe gebaut werden.

Der Zweite Weltkrieg hat gezeigt, daß keines der am Krieg beteiligten kapitalistischen Länder, deren Industrie feindlichen Angriffen ausgesetzt war, ohne Hilfe von Verbündeten während des Krieges die Disproportionen in der Struktur der Seestreitkräfte beseitigen und die Erneuerung der Kräfte und Mittel der Marine organisieren und durchführen konnte.

Nur die Industrie der USA war in der Lage, diese Aufgabe selbständig zu bewältigen. Das wurde durch die großen Kapazitäten und das hohe Niveau der Wirtschaft und der Rüstungsindustrie der USA sowie durch die Tatsache begünstigt, daß der amerikanische Kontinent außerhalb der Reichweite der damals verfügbaren Kampfmittel lag.

Das Fehlen einer einheitlichen operativ-strategischen Konzeption verhinderte, daß die Entwicklungsrichtung für die einzelnen Waffengattungen und Teilstreitkräfte richtig festgelegt wurde; das zeigte sich z.B. in der Unterbewertung des Einsatzes der Flotte gegen die Küste. Erst die Praxis des Krieges hat hier in gewissem Umfang ein Umdenken bewirkt und das anglo-amerikanische Oberkommando in einigen Fällen veranlaßt, bei der Durchführung von Operationen gegen die Küste, zu denen es am häufigsten auf dem pazifischen Kriegsschauplatz kam, eine gemeinsame Führung der Land- und Seestreitkräfte zu schaffen.

Der Krieg mit Atomraketen wird — sollte er von den Imperialisten ausgelöst werden — für die Wirtschaft aller Länder neue Verhältnisse schaffen, unter denen es unmöglich sein wird, Fehler zu beseitigen, die beim Aufbau der Flotte in der Zeit vor dem Kriege gemacht worden sind.
Heute haben sich alle Apologeten des Imperialismus mit der unbestreitbaren Tatsache abzufinden, daß kein Ozean das Land eines Aggressors gegen Schläge der strategischen Atomstreitkräfte, die Raketen von beliebigen Räumen der Weltmeere oder von einem anderen Kontinent aus starten können, schützen wird.

Probleme der strukturellen Ausgewogenheit der sowjetischen Seekriegsflotte vor und während des Zweiten Weltkrieges (1921—1945). Das Anfangsstadium des Aufbaus der sowjetischen Seekriegsflotte als einer Teilstreitkraft fiel mit der Periode der völligen Zerrüttung der Volkswirtschaft zusammen, als das Land für den Aufbau seiner Streitkräfte nur äußerst begrenzte Mittel zur Verfügung stellen konnte. Für den Bau neuer Schiffe reichten diese Mittel natürlich nicht aus. Deshalb wurde auf dem X. Parteitag der Kommunistischen Partei Rußlands (der Bolschewiki) beschlossen, die noch vorhandenen Schiffe der alten russischen Flotte in Dienst zu stellen. Hierfür kamen vor allem solche Schiffe in Frage, die instand gesetzt und zum Schutz der Küste vor feindlichen Angriffen von See her eingesetzt werden konnten. Von einer ausgewogenen Struktur der Seestreitkräfte konnte zu dieser Zeit keine Rede sein. Gleichzeitig wurde mit der Ausarbeitung der theoretischen Grundlagen für eine sowjetische Seekriegskunst begonnen. Die Schwierigkeiten bestanden darin, daß es nicht möglich war, an das theoretische Erbe der alten russischen Flotte und an die bürgerlichen Marinetheorien anzuknüpfen, da diese von völlig anderen ideologischen und politischen Grundlagen und natürlich auch von ganz anderen wirtschaftlichen Möglichkeiten ausgingen.
Die sowjetische Marinetheorie schlug einen eigenen Weg ein. Als Grundlage dienten ihr die Theorien über den sogenannten kleinen Krieg, in dem die Verteidigung in den eigenen küstennahen Gewässern den Schwerpunkt des Einsatzes der Seestreitkräfte bildete.
In zahlreichen Diskussionen wurden die verschiedenen Standpunkte vorgetragen. Praktische Bedeutung hatten natürlich nur die Vorschläge, deren Realisierung nicht über den Rahmen der wirtschaftlichen Möglichkeiten des Landes hinausging. Als Richtlinie für die Entwicklung der Seestreitkräfte wurde festgelegt, mit geringstem materiellem Aufwand Kräfte zu schaffen, die imstande waren, einen feindlichen Angriff gegen unsere Küste von See her erfolgreich abzuwehren. Diese Konzeption leg-

te für viele Jahre die Hauptfunktion der Seestreitkräfte fest — das Zusammenwirken mit den Landstreitkräften bei der Lösung von Aufgaben auf den Landkriegsschauplätzen, das mit der Weiterentwicklung der Streitkräfte Formen verschiedener Art annahm, von der unmittelbaren Unterstützung der Landstreitkräfte von See her bis zur Durchführung selbständiger Operationen, die aber dem gleichen Ziel dienten.

Die Grundlage der Flotte bildeten damals für den Einsatz im Küstenvorfeld vorgesehene Kräfte: Schnellboote, landgestützte Flugzeuge, Küstenartillerie und die Minenwaffe. Durch den kombinierten Einsatz dieser Mittel, besonders von vorbereiteten Stellungen aus und mit Unterstützung von U-Booten, großen Artillerieschiffen und Küstenartilleriebatterien, die bei der Flotte in sehr geringer Zahl vorhanden waren, sollte die mehr oder minder wirksame Bekämpfung einer feindlichen Flotte möglich sein, die den Versuch machen würde, die Küste zu beschießen oder Truppen anzulanden.

Bei der Entwicklung der Seestreitkräfte wurde also in dieser Zeit von der Notwendigkeit ausgegangen, mit Hilfe dieser Kräfte die wichtigste Aufgabe zu lösen — die Verteidigung unserer Küste vor allem durch Feuerunterstützung des Heeres an seiner Flanke zu gewährleisten. Bei der Lösung dieser Aufgabe ging es jedoch nicht ohne Fehler ab. Wie die Marinen der kapitalistischen Länder hatte unsere Flotte keine speziellen Landungsfahrzeuge und baute sie auch nicht. In seltenen Fällen wurden in der Praxis der Gefechtsausbildung zu diesem Zweck sogenannte Behelfsmittel und nicht dafür ausgelegte Transporter verwendet. Diese irrigen Auffassungen über die Entwicklung unserer Flotte wurden bis zum Großen Vaterländischen Krieg nicht revidiert. Als sich im Verlauf des Krieges das Problem der Anlandung von Truppen stellte — einer sehr häufig vorkommenden Form der Kampftätigkeit, die aus gemeinsamen Aktionen mit den Landstreitkräften an den Seeflanken der sowjetisch-deutschen Landfront bestand —, mußten wir bitter dafür bezahlen, daß wir diese Art der Gefechtsausbildung der See- und Landstreitkräfte vernachlässigt hatten.

Mit dem zunehmenden Wiederaufbau der Industrie und den wachsenden wirtschaftlichen Möglichkeiten des Landes eröffneten sich auch neue Perspektiven für die Entwicklung der Seestreitkräfte. Im Jahre 1926 beschloß der Rat für Arbeit und Verteidigung* das erste Sechsjahresprogramm für den Flottenbau, das den Bau von Überwasserschiffen und Unterseebooten — hauptsächlich für den Einsatz in den eigenen küstennahen Gewässern — vorsah.

Wie bereits oben erwähnt wurde, stellte der Revolutionäre Kriegsrat der

* Ausschuß beim Rat der Volkskommissare der UdSSR (1923—1937) (Anm. d. Übers.).

Republik im Jahre 1928 fest, daß die Hauptfunktion der Seestreitkräfte das Zusammenwirken mit den Landstreitkräften war, das somit nach wie vor den Angelpunkt bildete, um den sich die Forderungen an den Aufbau der Flotte in der neuen Phase bewegten. Während der ersten beiden Fünfjahrpläne wurde die Flotte allmählich durch neue Kreuzer, Zerstörer, U-Boote, Küstenschutzschiffe und Schnellboote aufgefüllt.
Das Programm zum Aufbau einer großen Hochseekriegsflotte, das im Jahre 1938 aufgestellt wurde, sah den Bau großer Artillerieschiffe vor, die sich für den Kampf gegen einen starken Gegner auf hoher See eignen sollten.
Die Frage der Anpassung der Seestreitkräfte an die veränderten Bedingungen wurden weder in der Theorie noch in der Praxis des Aufbaus der Flotte gebührend berücksichtigt.
In den letzten Jahren vor dem Kriege war die sowjetische Militärtheorie auf die Schaffung und den Einsatz von Geschwadern großer Überwasserschiffe mit mächtigen Schlachtschiffen und Kreuzern an der Spitze ausgerichtet. Die großen Kampfmöglichkeiten der Flugzeuge als schlagkräftige Angriffswaffe im bewaffneten Kampf auf See wurden dabei nicht genügend berücksichtigt. Die sowjetische Militärtheorie, für die sich alles um die Überwasserschiffe drehte, war aber nicht imstande zu erkennen, daß die Hochseeflotte Flugzeugträger brauchte, die die Schiffe mit ihrer schwachen Fla-Artillerie in Gebieten außerhalb der Reichweite der landgestützten Jagdflugzeuge schützten. Infolgedessen war mit einem Erfolg des Einsatzes der Schiffe in relativ weit entfernten Seegebieten, insbesondere in Räumen, die von der feindlichen Luftwaffe kontrolliert wurden, nicht zu rechnen.
Die neue Hochseeflotte konnte somit praktisch nur in den eigenen küstennahen Gewässern operieren; ihre Aufgaben blieben nach wie vor auf das Zusammenwirken mit den Landstreitkräften und auf deren Unterstützung beschränkt. Es wurde zwar davon ausgegangen, daß die Flotte auch zur Störung der Seeverbindungen des Gegners eingesetzt werden konnte, aber Spezialkräfte wurden dafür nicht vorgesehen.
Auch die taktischen und technischen Forderungen, die an die neu zu bauenden Unterseeboote gestellt wurden, waren nicht wissenschaftlich begründet. Beim Bau dieser Boote wurde von überholten Erfordernissen ausgegangen, die noch aus dem Ersten Weltkrieg stammten, und möglicherweise in naher Zukunft eintretende Veränderungen in den Bedingungen des bewaffneten Kampfes wurden nicht berücksichtigt. Der größte Teil der damals gebauten U-Boote besaß nur einen geringen Fahrbereich und eine geringe Seeausdauer. U-Boote, die auf den Weltmeeren eingesetzt werden konnten, sollten nur in sehr begrenzter Anzahl gebaut werden.

Bekanntlich gelang es nicht, das im Jahre 1938 verabschiedete Flottenbauprogramm vor Ausbruch des Großen Vaterländischen Krieges zu verwirklichen. Daher entsprach die Struktur unserer Seestreitkräfte, obwohl sie in erheblichem Maße mit Überwasserschiffen, U-Booten und Flugzeugen aufgefüllt worden waren, praktisch nicht den zu erwartenden Aufgaben. Im Laufe des Krieges ergaben sich dann tatsächlich völlig neue Aufgaben, an die bei der Begründung der Flottenbaupläne nicht gedacht worden war. Statt bei großräumigen Angriffsoperationen der Landstreitkräfte mitzuwirken, war die Flotte gezwungen, die vom Feind belagerten Flottenstützpunkte von See und von Land her zu verteidigen, die Räumung dieser Stützpunkte und Küstenstädte durchzuführen und in aller Eile zahlreiche Flottillen für Abwehrkämpfe im Asowschen Meer und auf den Flüssen und Seen in der Tiefe unseres Landes aufzustellen. Für die Baltische und die Schwarzmeerflotte mußte in Räumen, die feindlichen Angriffen ausgesetzt waren, schnell ein neues Stationierungssystem aufgebaut werden.
In dieser Lage wirkte sich besonders ungünstig aus, daß keine speziellen Landungsschiffe und auch nicht genügend Minenräumfahrzeuge, U-Abwehrfahrzeuge sowie Transporter zur Verfügung standen. Auch die vorhandenen Mengen an Minen mit Abstandszündung sowie die Anzahl der Räumgeräte für diese Minen waren nicht ausreichend.
Der Mangel an Minenräumfahrzeugen führte dazu, daß im Großen Vaterländischen Krieg unsere Verluste an Kampfschiffen durch Minen im Schwarzen Meer 24%, in der Ostsee 49% und im Nordmeer 22% der Gesamtverluste betrugen. Durch Minen wurden 52% aller unserer während des Krieges verlorengegangenen Zerstörer vernichtet. Dabei muß erwähnt werden, daß die Verluste der kapitalistischen Staaten an Kampfschiffen durch Minen im Zweiten Weltkrieg nur 7,7% und bei den Zerstörern nur 10,7% der Gesamtverluste, d.h. nur ein Fünftel der Verluste unserer Flotte betrugen.
Die bei weitem nicht ausreichende Anzahl der Hilfs- und Transportschiffe hatte ernsthafte Schwierigkeiten bei der Durchführung der Militärtransporte zur Folge, so daß dafür Kampfschiffe und -boote eingesetzt werden mußten, die wiederum für die Erfüllung anderer Aufgaben fehlten. In den ersten Kriegsmonaten entfielen z.B. bei der Baltischen Flotte mehr als 70% der Einsätze der Schnellboote auf Transporte von Versorgungsgütern verschiedener Art.
Die Luftstreitkräfte unserer Flotte verfügten vor dem Großen Vaterländischen Krieg über eine große Anzahl von Flugzeugen. Spezielle Marineflugzeuge waren jedoch nur die Wasserflugzeuge der Seenahaufklärung. Wir besaßen auch keine U-Jagdflugzeuge. Für die U-Abwehr wurden zuerst das Wasserflugzeug MBR-2 und dann die Flugzeuge mit Radfahr-

werk D-3, Pe-2, Il-4 und »Douglas« hergerichtet. Mit irgendwelchem Spezialgerät für die U-Bootsuche waren diese Flugzeuge nicht ausgerüstet; sie waren praktisch bewaffnete Aufklärer. Für den Schutz der Kriegs- und Hilfsschiffe gegen die Luftangriffe auf See standen nur normale taktische Flugzeuge mit geringer Reichweite zur Verfügung, was den Einsatz der Überwasserschiffe erschwerte und in einigen Fällen zu großen Verlusten führte.

Für unsere Kriegs- und Hilfsschiffe bestand während des Großen Vaterländischen Krieges ständig ein akuter Mangel an Luftunterstützung. Aus diesem Grunde betrugen die Verluste durch die feindliche Luftwaffe bei der Schwarzmeerflotte 47%, bei der Baltischen Rotbannerflotte 26% und bei der Nordmeerflotte 48% aller verlorengegangenen Kriegs- und Hilfsschiffe.

Eine Änderung der Struktur unserer Seestreitkräfte wurde im Laufe des Großen Vaterländischen Krieges teilweise dadurch erreicht, daß der Flotte auf Grund der Mobilmachung Schiffe von den Volkskommissariaten für Innere Angelegenheiten, für Seeschiffahrt und für Binnenschiffahrt zuliefen, daß neue Schiffe und Flugzeuge in sowjetischen Werken gebaut wurden und daß wir auch eine gewisse Anzahl von Schiffen von den Verbündeten erhielten.

Von zivilen Organisationen wurden über 1600 verschiedene Schiffe und Boote bereitgestellt. Viele von ihnen wurden bewaffnet, manche wurden umgerüstet. Sie besaßen jedoch alle nur niedrige taktische und technische Kennwerte und konnten nur für zweitrangige Kampfaufträge oder als Hilfsschiffe eingesetzt werden. Daher wurde durch den Zulauf dieser Fahrzeuge keine wesentliche Strukturverbesserung bei den Seestreitkräften erzielt.

Die Schiffbauindustrie der UdSSR baute bis zum Ausbruch des Großen Vaterländischen Krieges Schiffe aller Gattungen. Der Schwerpunkt ihrer Arbeit lag jedoch beim Bau von Schiffen 1. und 2. Größenordnung sowie von U-Booten. Darauf waren die Produktionsorganisation, die Technologie und die Kooperation unter den Schiffbaubetrieben abgestellt.

Mit Ausbruch des Krieges änderte sich die Zielrichtung im Flottenbau schlagartig. Auf Beschluß des Staatlichen Verteidigungskomitees vom Juli 1941 wurde der Bau großer Schiffe, der einen hohen Arbeitsaufwand und lange Bauzeiten erforderte und für den nicht genügend Material, Ausrüstung und Waffen verfügbar waren, eingestellt. Vorrang erhielten die Fertigstellung leichter Überwasserschiffe und der Bau kleiner Kampfschiffe verschiedener Art.

Nach der Evakuierung der Betriebe im Süden (ungefähr 30% der Gesamtproduktion) und der Umstellung einiger großer Schiffswerften auf

den Bau von Panzern war der Bau von Kriegsschiffen praktisch stillgelegt. Die Produktionskapazität der Schiffbauindustrie und die Anzahl der in ihr beschäftigten Arbeitskräfte verringerte sich um 50%. Daher konnte die Schiffbauindustrie unter den damaligen, äußerst schwierigen Bedingungen den Bedarf der Seestreitkräfte an Schiffen nicht in vollem Umfang decken.
Bis zu einem gewissen Grade wurde diese Lücke durch die im Rahmen des Leih-Pacht-Systems gelieferten Schiffe (22 Minenräumfahrzeuge, 108 U-Jagdschiffe, 86 Schnellboote und einige Fregatten) geschlossen. Aber auch diese Maßnahmen hatten praktisch keinen Einfluß auf die strukturelle Ausgewogenheit unserer Seestreitkräfte, und bei Kriegsende war sie nur teilweise hergestellt.

Probleme der strukturellen Ausgewogenheit der sowjetischen Seekriegsflotte in der Nachkriegszeit. In den ersten zehn Jahren nach dem Krieg waren die Hauptaufgaben, die für den Aufbau und die Entwicklung der sowjetischen Seekriegsflotte bestimmend waren, nach wie vor die Unterstützung der Landstreitkräfte bei Operationen in Küstennähe und die Störung der nahegelegenen Seeverbindungen des Gegners. Zur Erfüllung dieser Aufgaben sollte die Flotte über eine beträchtliche Anzahl von Überwasserschiffen verschiedener Gattungen, über U-Boote, starke See-Luft-Streitkräfte, Marineinfanterie und Küstenartillerie verfügen. Die schweren Wunden, die unserem Land durch den Krieg geschlagen worden waren, erlaubten es jedoch nicht, gleich nach der Kapitulation des faschistischen Deutschland den Aufbau einer solchen Flotte in Angriff zu nehmen. Noch lange Zeit hindurch blieb die Struktur der Seestreitkräfte in bezug auf ihre Aufgaben unausgewogen.
Der Seekriegsflotte fehlte die erforderliche Anzahl von hochseefähigen U-Booten, U-Abwehr- und Minenabwehrschiffen. Die Flotte besaß keine Landungsschiffe. Die Flugzeuge der See-Luft-Streitkräfte besaßen nur eine geringe Reichweite, und U-Jagdflugzeuge fehlten ganz. Die Jagdflugzeuge konnten den Schiffen auf See nur in einem schmalen Streifen vor der Küste Schutz geben, und die Flugabwehr der Schiffe selbst war immer noch schwach. Die Hilfsflotte bestand in der Hauptsache aus nur beschränkt seefähigen Hafenfahrzeugen.
Somit blieb die sowjetische Seekriegsflotte weiterhin eine Flotte für das Küstenvorfeld und stellte folglich in operativer und strategischer Hinsicht für den Fall eines Krieges gegen eine starke Seemacht nur einen Verteidigungsfaktor dar.
Die Hauptforderungen hinsichtlich einer ausgewogenen Struktur der Flotte konnten erst im zweiten Jahrzehnt nach dem Kriege, d.h. nach dem Wiederaufbau der Industrie und mit Beginn der technischen Revo-

lution im Wehrwesen präzise formuliert werden.
Die technische Revolution im Wehrwesen, die größeren wirtschaftlichen Möglichkeiten, die hervorragenden Leistungen der sowjetischen Wissenschaft und Technik sowie die Einführung von Atomraketen, Atomantriebsanlagen und elektronischem Gerät bei den Seestreitkräften ermöglichten es dem Zentralkomitee der KPdSU und der sowjetischen Regierung, den Aufbau einer modernen Hochseekriegsflotte in Angriff zu nehmen, die den an sie gestellten Anforderungen bei der Verteidigung unseres Staates im Hinblick auf dessen wachsende Bedrohung von den Weltmeeren her voll und ganz gerecht wird. In kürzester Zeit wurde eine neuartige Flotte aufgebaut, die in der Lage ist, Aufgaben strategischer Art zu erfüllen und einen erfolgreichen Kampf auch gegen einen starken maritimen Gegner zu führen.
Auf Grund eingehender wissenschaftlicher Untersuchungen der Gefechtsmöglichkeiten der neuen Kräfte und Mittel der Seestreitkräfte sowie einer Analyse der Nachkriegsentwicklung der Kriegsmarine der führenden imperialistischen Staaten und der bei der Ausbildung unserer und der ausländischen Seestreitkräfte gewonnenen Erkenntnisse wurden alle Forschungseinrichtungen der Seekriegswissenschaft festgelegt, die operativen und taktischen Forderungen an die neuen Flottenkräfte ausgearbeitet und eine logisch aufgebaute Theorie der Seekriegskunst geschaffen, die die Wege zur Planung der Entwicklung dieser Kräfte und ihres Einsatzes im Krieg aufzeigt. Die operativen und taktischen Forderungen basierten auf dem Grundsatz, daß eine moderne Flotte in Anbetracht der Universalität der ihr gestellten Aufgaben aus verschiedenartigen Kräften mit Spezialfunktionen bestehen muß. Dabei muß ein optimales quantitatives Verhältnis der Unterseeboote, Überwasserschiffe, See-Luft-Streitkräfte, Marineinfanterie, Küsten-Raketenartillerie, Hilfsschiffe und sonstigen Mittel zur Unterstützung, Sicherung und Versorgung es den aufgestellten Verbänden und taktischen Gruppen erlauben, selbständig oder im Zusammenwirken mit Verbänden anderer Teilstreitkräfte den Widerstand eines Gegners zu überwinden und die den Seestreitkräften gestellten Aufgaben erfolgreich zu erfüllen.
Die wissenschaftlichen Untersuchungen haben bestätigt, daß nur strukturell ausgewogene Seestreitkräfte diese Forderungen erfüllen können; die Grundlagen für Seestreitkräfte dieser Art sind bei uns bereits vorhanden.
Eine moderne Marine ist, wie bereits oben erwähnt wurde, ein kompliziertes und vielschichtiges Gebilde. Zu einer modernen Marine gehören verschiedenartige Einsatzkräfte, die neben Unterseebooten — als wichtigste Angriffswaffe — Überwasserschiffe für verschiedene Verwendungszwecke, See-Luft-Streitkräfte, Küsten-Raketenartillerie, Marine-

infanterie und verschiedenartige Mittel zur Unterstützung, Sicherung und Versorgung umfassen. Die zahlenmäßige Stärke dieser Kräfte und ihre Kampfmöglichkeiten werden durch die Notwendigkeit bestimmt, Gruppierungen zur Lösung aller anfallenden Aufgaben zu schaffen, und zwar auch für den Fall der ungünstigsten Kombination dieser Aufgaben, d.h., wenn diese Aufgaben nicht nacheinander, sondern gleichzeitig gelöst werden müssen.

In der gegenwärtigen Phase haben sich die Bedingungen, unter denen die Seestreitkräfte tätig sind, geändert; auch die Tätigkeit der Kräfte für die Logistik, die Versorgung der Schiffe und die Schiffsinstandsetzung hat ein neues, qualitativ höheres Niveau erreicht. Für die Lösung dieser Aufgaben müssen Seestreitkräfte mit ausgewogener Struktur über eine schwimmende Versorgung verfügen, deren Grundlage see- und hochseefähige Versorgungsschiffe, Werkstattschiffe und Mutterschiffe bilden. Die zahlenmäßige Stärke dieser Mittel und ihre Ausrüstung müssen den Einsatz der Hochseekräfte unter stärkster Belastung, wie sie sich aus der Lage auf den Seekriegsschauplätzen ergeben kann, ermöglichen.

Nach dieser kurzen Untersuchung der Hauptprobleme des Einsatzes der Seemacht der Staaten und insbesonderer ihrer Seestreitkräfte in Krieg und Frieden können folgende **Schlußfolgerungen** gezogen werden:

1. Eine der wichtigsten Eigenschaften der modernen Seestreitkräfte ist ihre Universalität. Sie kommt in der Fähigkeit dieser Kräfte zum Ausdruck, verschiedensten Zielen dienende Aufgaben zu erfüllen.

Die Entwicklung der Mittel des bewaffneten Kampfes auf See hat nicht nur einfach die Wirksamkeit des Einsatzes der Seestreitkräfte erhöht und deren Verwendungsbereich erweitert, sondern auch ständig einen Einfluß auf die Aufgaben ausgeübt, die diesen Kräften übertragen wurden.

So überwogen in einer bestimmten Phase der Entwicklung der Flotten die Aktionen im Zusammenhang mit dem Kampf gegen die feindliche Flotte, in dessen Verlauf Aufgaben zur Erringung der Seeherrschaft gelöst wurden, die in der Epoche der Segelschiffe besonders notwendig war.

Gegenwärtig hat der Einsatz der Seestreitkräfte gegen die Küste eine dominierende Bedeutung erlangt. Während früher Kampfhandlungen der Seestreitkräfte gegen die Küste immer mit der Lösung von Aufgaben zur Bekämpfung der Flotte des Gegners in Verbindung standen, haben unter modernen Verhältnissen die unmittelbar gegen die Küste gerichteten Aktionen die Funktionen des Faktors übernommen, der die Entwicklung der Seestreitkräfte und der Seekriegskunst bestimmt.

Wenn man die Veränderung der Aufgaben, die die Seestreitkräfte im Laufe der Geschichte zu lösen hatten, untersucht, muß man feststellen, daß die »ältesten« Aufgaben, die auch unter modernen Verhältnissen ihre Bedeutung nicht verloren haben, der Kampf auf den Seeverbindungswegen und die Landungsoperationen sind.

2. Eine spezifische Art von Kriegshandlungen sind unter den gegenwärtigen Verhältnissen die lokalen Kriege, die von den imperialistischen Staaten seit dem Ende des Zweiten Weltkrieges praktisch ohne Unterbrechung geführt werden. Erfahrungsgemäß spielen die Seestreitkräfte in diesen Kriegen eine außerordentlich wichtige Rolle und können (im Rahmen des Einsatzes konventioneller Waffen) zur Lösung aller nur möglichen Aufgaben, die der modernen Seekriegskunst und den Militärdoktrinen bekannt sind, eingesetzt werden.

Der Schwerpunkt des Einsatzes der Seestreitkräfte in lokalen Kriegen liegt bei der Lösung von Aufgaben im Bereich »Flotte gegen Küste«. Die bisherigen Erfahrungen beim Einsatz von Seestreitkräften in lokalen Kriegen sind durch eine gewisse, durch den Charakter dieser Kriege bedingte Einseitigkeit gekennzeichnet, da diese Kriege in der Regel von großen imperialistischen Mächten gegen kleine Länder geführt werden, die sich vom Joch des Kolonialismus befreien wollen oder gerade befreit haben. Trotzdem ermöglicht es das Studium dieser Erfahrungen, die Veränderung der Mittel und Verfahren beim Einsatz der »großen« Flotten sowie die Evolution der einzelnen Kategorien der Seekriegskunst zu erkennen. Insgesamt haben die beim Einsatz von Seestreitkräften in lokalen Kriegen gewonnenen Erkenntnisse einen gewissen Einfluß auf die Entwicklung der Seestreitkräfte und auf die Seekriegskunst. Sie sind jedoch nicht in vollem Umfang auf die Führung des bewaffneten Kampfes auf See unter Einsatz von Atomwaffen oder auf den Kampf zwischen gleichwertigen Seestreitkräften anwendbar.

3. Die Seestreitkräfte als Teilstreitkraft und als bedeutendste, mit spezifischen Eigenschaften ausgestattete Komponente der Seemacht eines Staates haben unter den verschiedenen historischen Verhältnissen häufig als ein äußerst wichtiges Instrument der Politik der Staaten gedient. Diese besondere Eigenschaft der Seestreitkräfte nutzen die imperialistischen Staaten in ihren Beziehungen zu schwachen Staaten aktiv aus. Es hat Versuche gegeben, diese Form der Ausnutzung der Seemacht auch gegenüber der Sowjetunion anzuwenden, sie sind jedoch ergebnislos geblieben.

Die sowjetische Seekriegsflotte stellt in der Politik unserer Partei und unseres Staates einen Faktor zur Stabilisierung der Lage in den verschiedenen Gebieten der Welt dar, der zur Festigung des Friedens und der Freundschaft unter den Völkern sowie zur Eindämmung der aggressiven Bestrebungen der imperialistischen Staaten beiträgt.

4. Die vielfältige Tätigkeit der Seestreitkräfte in Krieg und Frieden so-

wie der umfangreiche Komplex der von ihnen zu lösenden Aufgaben, von denen jede die Beteiligung verschiedenartiger Kräfte und Mittel verlangt, machten es notwendig, den Seestreitkräften eine in bezug auf verschiedene Kriterien und Merkmale ausgewogene Struktur zu geben. Die Analyse der Kampferfahrungen der Flotten in vergangenen Kriegen zeigt, daß eine strukturelle Unausgewogenheit der Flottenkräfte nicht nur die Möglichkeiten zur Lösung der Aufgaben, für die die betreffenden Kräfte geschaffen worden waren, einschränkte, sondern sich auch als ein Hindernis bei der Erfüllung einiger sich im Kampf ergebender Aufgaben in angrenzenden Bereichen auswirkte. So hatte zum Beispiel das Fehlen von Minenräumfahrzeugen Auswirkungen nicht nur auf die Lokalisierung des Einsatzes der Minenwaffe des Gegners, sondern auch auf den Kampf der Überwasserschiffe und U-Boote auf hoher See und auf die Lösung aller Aufgaben der Seestreitkräfte in Küstennähe. In Zusammenhang damit kann die strukturelle Ausgewogenheit der Seestreitkräfte als eine bestimmte spezifische Form der realen materiellen Möglichkeiten betrachtet werden.

Bei dieser Lage der Dinge können (der Gesamttonnage und der Anzahl der Schiffe nach) stärkere, aber strukturell nicht ausgewogene Seestreitkräfte in bezug auf die sich insgesamt ergebenden Einsatzmöglichkeiten zahlenmäßig schwächeren, aber richtig ausgewogenen Seestreitkräften unterlegen sein, da sich auf den Einsatz der letzteren das Zusammenwirken der verschiedenenartigen Kräfte günstig auswirken wird. Dieser positive Einfluß ist nicht einfach durch die Addition der Möglichkeiten der Kräftegruppierungen bedingt, sondern durch das Entstehen einer neuen Eigenschaft, die eine höhere Stufe der Einheit der Angriffs- und Verteidigungsmöglichkeiten darstellt. Das Problem der Herstellung einer voll und ganz ausgewogenen Struktur der Seestreitkräfte hängt in entscheidendem Maße von einem komplizierten Prozeß ab — der wissenschaftlich fundierten Leitung des Aufbaus der Seestreitkräfte. Die Lösung dieses Problems erfordert einen großen materiellen Aufwand, da sie faktisch auf die Schaffung der Seestreitkräfte hinausläuft, die der betreffende Staat benötigt.

Insgesamt kann als unbestreitbar angesehen werden, daß Siege der Seestreitkräfte und die Kunst ihres Einsatzes in dem Krieg, für den diese Streitkräfte geschaffen werden, in erheblichem Maße von der richtigen Lösung des Problems ihrer strukturellen Ausgewogenheit abhängen.

Schlußbemerkung

Unter den vielen Faktoren, die die wirtschaftliche und militärische Macht unseres Landes charakterisieren, nimmt seine Seemacht einen immer wichtigeren Platz ein. In ihr kommt real die Fähigkeit unseres Staates zum Ausdruck, die Weltmeere wirksam für den Aufbau des Kommunismus zu nutzen. In dem Maße, wie die Leistungsfähigkeit der Wirtschaft unseres Landes zunimmt, werden auch die Weltmeere für uns eine immer größere Bedeutung erlangen — als unerschöpfliche Quelle von Energie, Rohstoffen und Nahrung und als Sphäre des weiteren Ausbaus der politischen, wirtschaftlichen und wissenschaftlich-technischen Beziehungen zu den Ländern und Völkern aller Kontinente der Erde.
Der wissenschaftlich-technische Fortschritt macht die Entwicklung aller Komponenten der Seemacht in ihrem gegenseitigen Zusammenhang notwendig und eröffnet neue Möglichkeiten zu ihrer Realisierung in den verschiedenen Zweigen der Volkswirtschaft. Vom Standpunkt der Wirtschaft und der internationalen Beziehungen aus treten die Transport- und die Fischereiflotte, die die Nutzung der Schätze der Weltmeere und den weiteren Ausbau der wirtschaftlichen, wissenschaftlichen und kulturellen Beziehungen zu den Völkern vieler Länder der Welt sicherstellen, an die erste Stelle.
Immer mehr Bedeutung erlangen gleichzeitig auch die Erforschung der Weltmeere als ein wichtiger Faktor, der das Niveau der Seemacht des Staates beeinflußt, sowie die Entdeckung neuer Möglichkeiten zur Nutzung der Hydrosphäre der Erde für die Befriedigung des schnell wachsenden Bedarfs unseres Landes an Energie, Brennstoffen, Bodenschätzen und Nahrung.
Eine ganz besondere Bedeutung kommt jedoch dem militärischen Aspekt der Seemacht unseres Landes zu, der die realen Möglichkeiten der sowjetischen Seekriegsflotte zur Verteidigung der Unantastbarkeit der Meeresgrenzen unseres Vaterlandes und zur Wahrung seiner Staatsinteressen auf See charakterisiert.
Der wichtige Platz, den die Seekriegsflotte unter den übrigen Komponenten der Seemacht unseres Staates unter den gegenwärtigen Verhält-

nissen einnimmt, ist durch das Bestreben der imperialistischen Staaten bedingt, mit Hilfe der Streitkräfte im allgemeinen und der Seestreitkräfte im besonderen den Lauf der Ereignisse in der Welt zu ihren Gunsten zu wenden. Die Sowjetunion führt keine Eroberungskriege. Seine sozialistischen Errungenschaften wird das sowjetische Volk jedoch entschlossen und unter Ausnutzung der gesamten Macht unseres Landes einschließlich der Seemacht, die durch die sowjetische Seekriegsflotte repräsentiert wird, verteidigen.

Die Schaffung einer hochseefähigen, mit Atomraketen ausgerüsteten Seekriegsflotte in unserem Lande hat grundlegende Änderungen in den Ansichten über ihre Rolle im System der Streitkräfte und über ihre Einsatzverfahren bewirkt. Im Zusammenhang damit wurde es dringend notwendig, die historischen Erfahrungen aus früheren Kampfhandlungen auf See zu analysieren, soweit sie für die gegenwärtigen Probleme des Aufbaus und des Einsatzes der Seestreitkräfte von Interesse sind. Eine solche Analyse zu geben war die Absicht des Verfassers, wobei er sich im übrigen bewußt war, daß die vorliegende Arbeit nur einen das Thema bei weitem nicht erschöpfenden Versuch darstellt.

Bei der Untersuchung der Entwicklung der Seestreitkräfte sowie der Formen und Verfahren ihres Einsatzes im Krieg und im Frieden wurde berücksichtigt, daß die Seestreitkräfte immer Bestandteil eines einheitlichen Ganzen, der Streitkräfte des betreffenden Staates, waren und daß die Wechselbeziehungen zwischen den Teilstreitkräften und die wechselseitige Überlagerung ihrer Aufgabenbereiche sich im Laufe der Zeit immer mehr verstärkt haben. Das spezifische Gewicht der einzelnen Teilstreitkräfte aber änderte sich je nach der Zusammensetzung der Koalitionen der Gegner, den politischen Zielen des Krieges sowie den eingesetzten Waffen und deren Kampfeigenschaften.

In vielen Kriegen, insbesondere in solchen, in denen die Hauptgegner durch große Meeresgebiete voneinander getrennt waren, fiel den Seestreitkräften die entscheidende Rolle bei der Erringung des Sieges zu. Das war in der Hauptsache für die Kriege der vorimperialistischen Phase der Entwicklung des Kapitalismus und für die ersten Kriege der Epoche des Imperialismus, einschließlich des Russisch-Japanischen Krieges, charakteristisch.

Im Laufe des Ersten Weltkrieges nahm trotz des größeren Ausmaßes der Kampfhandlungen auf See die Bedeutung der Seestreitkräfte relativ ab. Dasselbe läßt sich trotz der weiter zunehmenden Ausdehnung der Kampfhandlungen auf See auch vom Zweiten Weltkrieg sagen. Bekanntlich war für den Verlauf des Zweiten Weltkrieges der Kampf an der sowjetisch-deutschen Landfront entscheidend.

Der wissenschaftlich-technische Fortschritt im Wehrwesen hat neue Kri-

terien zur Bestimmung der realen Kampfkraft der einzelnen Teilstreitkräfte entstehen lassen. Das wichtigste dieser Kriterien ist die Fähigkeit, die Atomraketen, das entscheidende Mittel des bewaffneten Kampfes, möglichst rationell zum Einsatz zu bringen. Daher sind die Kräfte in den Vordergrund getreten, die über strategische Atomraketen interkontinentaler Reichweite verfügen.
Der wissenschaftlich-technische Fortschritt hat als optimales Einsatzmittel für die modernen Waffen die U-Boote, deren Startstellungen praktisch die gesamten Weltmeere sind, in den Vordergrund gerückt. Die Marine verfügt über zahlreiche mobile Einsatzmittel für strategische Waffen, von denen jedes in der Lage ist, eine sehr große Anzahl von Langstreckenraketen mitzuführen und beliebige Startpositionen auf einer Fläche einzunehmen, die um ein Vielfaches größer ist als die den Raketentruppen zu Lande zur Verfügung stehende. Die Einsatzmittel der Seestreitkräfte für strategische Waffen besitzen außerdem die Fähigkeit, Bewegungen unter Wasser durchzuführen, dadurch, daß sie sich unter Wasser verbergen und die Wassermassen nicht nur zu ihrem Schutz, sondern auch zur Tarnung benutzen, nimmt die Überlebensfähigkeit der strategischen Waffensysteme in hohem Maße zu. Durch die objektiven Bedingungen des bewaffneten Kampfes in einem Atomkrieg sind somit die mit Atomraketen ausgerüsteten Schiffe zu einem Atomangriffsverband geworden, da sie die neuesten Errungenschaften der Wissenschaft und Technik, eine ungeheure Feuerkraft und Beweglichkeit sowie eine hohe Überlebensfähigkeit und Einsatzbereitschaft der strategischen Waffen in rationeller Weise in sich vereinen.
Im Verlauf der wissenschaftlich-technischen Revolution haben sich die Seestreitkräfte zu einem der wichtigsten strategischen Faktoren entwickelt, die durch direkte Einwirkung auf feindliche Truppengruppierungen und auf lebenswichtige Objekte auf dem Territorium des Gegners einen sehr erheblichen und mitunter sogar entscheidenden Einfluß auf den Verlauf des Krieges ausüben können.
Der Einfluß des Kampfes zur See auf den Verlauf des Krieges insgesamt wird vor allem davon abhängen, inwieweit die Möglichkeiten der Seestreitkräfte zur Bekämpfung von Landzielen und zur Zerschlagung des strategischen atomaren Potentials des Gegners auf See genutzt werden. Die zunehmende Bedeutung der Seestreitkräfte im bewaffneten Kampf spiegelt sich in den Militärdoktrinen der imperialistischen Staaten wider, von denen sich die wichtigsten auf die ozeanische Strategie einstellen. Diese Strategie ist nicht Ausdruck nur der militärischen, sondern auch der wirtschaftlichen und politischen maritimen Grundinteressen der führenden Mächte der kapitalistischen Welt. Somit lassen das gegenwärtige Kräfteverhältnis in der Welt und die stürmische Entwicklung der

Seestreitkräfte in der Nachkriegszeit den Schluß zu, daß die Bedeutung des Kampfes auf See zugenommen hat und in Zukunft noch weiter zunehmen wird.

Die wichtigste Periode in der Geschichte der Entwicklung der Seestreitkräfte und der Seekriegskunst war die Zeit nach dem letzten Kriege. In dieser Zeit fanden die bedeutendsten und tiefgreifendsten qualitativen Veränderungen in der materiellen Basis des bewaffneten Kampfes auf See sowie in der operativen Kunst und der Taktik der Seekriegsflotte statt.

Ein charakteristisches Merkmal der Nachkriegszeit besteht darin, daß die steigende Bedeutung des bewaffneten Kampfes auf See und folglich auch die Bedeutung der Seeverbindungen und der Seekriegsschauplätze im modernen Krieg allgemein anerkannt wurden. Dies wird noch dadurch unterstrichen, daß uns heute im Unterschied zum Großen Vaterländischen Krieg eine Koalition von Seemächten gegenübersteht, die über schlagkräftige moderne, zur Erfüllung strategischer Aufgaben im Krieg geeignete Seestreitkräfte verfügen. Die Imperialisten machen die Weltmeere zu riesigen und ihrer Meinung nach (im Vergleich zum Festland) ihre Länder weniger gefährdenden Starträumen für die ballistischen Raketen ihrer U-Boote und trägergeschützten Flugzeuge, die auf Ziele in der Sowjetunion und in den Ländern der sozialistischen Gemeinschaft gerichtet sind. Unsere Seekriegsflotte muß in der Lage sein, diese reale Gefahr abzuwehren.

Es waren aber nicht allein die von uns untersuchten militärischen Aspekte, die sich auf die Rolle der Seestreitkräfte ausgewirkt haben. Die Seestreitkräfte werden neben ihrer Funktion als äußerst wirksames und unerläßliches Mittel des bewaffneten Kampfes fortwährend auch als Instrument der Politik der Staaten im Frieden benutzt. Das Meer ist Niemandsland, und daher sind die Seestreitkräfte in ihrer Tätigkeit nicht den vielen Beschränkungen unterworfen, die dem Einsatz anderer Teilstreitkräfte zu politischen Zwecken im Frieden im Wege stehen.

Besondere Bedeutung haben die Seestreitkräfte in dieser Hinsicht unter den gegenwärtigen Verhältnissen durch ihre erhöhte Schlagkraft erlangt. Die Beweglichkeit der Seestreitkräfte und ihre Flexibilität im Falle der akuten Gefahr begrenzter militärischer Konflikte ermöglichen es ihnen, auf Küstenstaaten Einfluß zu nehmen und in jeder Abstufung, angefangen von der bloßen Demonstration militärischer Stärke bis zur Anlandung von Truppen, mit der Anwendung von militärischer Gewalt zu drohen. Als Bestätigung hierfür kann die Tätigkeit der 6. US-Flotte im Mittelmeer dienen, die dort Druck auf die Durchführung der Wahlen in Italien und in Griechenland ausübte, im Jahre 1956 offen als Vorhut der Aggressoren auftrat, Marineinfanterie im Libanon anlandete und

wiederholt in verschiedener Form zur Demonstration militärischer Stärke benutzt wurde.
Aber auch damit sind die Gründe, die zu einem weiteren Anwachsen der Bedeutung der Seestreitkräfte führen, noch nicht erschöpft. Gegenwärtig bahnt sich eine neue Phase des Kampfes um die — wirtschaftlichen und militärischen Zwecken dienende — Aufteilung und Erschließung der Weltmeere selbst an. Die Weltmeere werden zum Objekt einer besonderen Form der Expansion der imperialistischen Staaten. Es ist klar, daß in diesem Kampf die Seestreitkräfte als Instrument der Politik einen wichtigen Platz einnehmen werden.
Das Interesse an der Erschließung der Weltmeere erklärt sich aus ihren wahrhaft unerschöpflichen Reichtümern. Sie alle können nur dann in vollem Umfang im Interesse der Menschheit genutzt werden, wenn die Meere und Ozeane und der Meeresgrund weiter eine Sphäre friedlicher Zusammenarbeit bleiben und nicht von den Imperialisten vereinnahmt und als Aufmarschgebiete für neue Arten von Waffen benutzt werden. Viele Tatsachen deuten aber darauf hin, daß bei den Extremisten der verschiedenen Schattierungen weitreichende Pläne zur Inbesitznahme und Einverleibung ganzer Gebiete der Weltmeere bestehen.
Es ist klar, daß unsere Seemacht den neuen maritimen, gegen die sozialistischen Länder gerichteten Expansionsbestrebungen der Imperialisten entgegentreten und auf sie eine ernüchternde Wirkung ausüben kann.
Unsere Seekriegsflotte ist ein nicht wegzudenkender Bestandteil unserer Streitkräfte, die über die Sicherheit unseres Landes wachen. Der Entwicklung unserer Seekriegsflotte widmen Partei, Regierung und das ganze sowjetische Volk große Aufmerksamkeit. Die eingeschlagene Richtung der Entwicklung unserer Seestreitkräfte wurde vom Zentralkomitee der KPdSU festgelegt. Bereits in der Mitte der fünfziger Jahre wurden in erster Linie die Schaffung starker U-Boot- und Marinefliegerkräfte, die Ausrüstung der Seestreitkräfte mit Atomraketen und die Verwendung des Atomantriebs im U-Bootbau vorgesehen. Eine gewisse Bedeutung wurde auch dem Bau von Überwasserschiffen beigemessen, ohne die eine Reihe von Aufgaben, die die Seestreitkräfte zu erfüllen haben, nicht gelöst werden können. Dabei wurde die Notwendigkeit einer ausgewogenen Struktur der Seestreitkräfte berücksichtigt.
Die Schaffung einer modernen Seekriegsflotte wurde möglich durch das starke rüstungswirtschaftliche Potential unseres Landes, durch die großen Errungenschaften der sowjetischen Wissenschaft und Technik sowie durch die Einführung wissenschaftlicher Methoden bei der Leitung des Aufbaus der Flotte. Die Schaffung unserer mit Atomraketen ausgerüsteten Hochseekriegsflotte, die in der Lage ist, strategische Aufgaben auf den Weltmeeren zu lösen, war ein Ereignis von herausragender Be-

deutung, das die illusorischen Hoffnungen der imperialistischen Aggressoren, sie würden im Bereich des bewaffneten Kampfes auf See keinen starken Gegner haben, zunichte gemacht hat. Die Schaffung der sowjetischen Hochseeflotte läßt sich mit äußerst wichtigen Ereignissen der jüngsten Vergangenheit in eine Reihe stellen, die die Weltpolitik entscheidend beeinflußt haben, wie die Schaffung der Atomwaffen, die das Ende des Monopols der amerikanischen Imperialisten auf die wichtigsten Mittel des bewaffneten Kampfes bedeutete, und die Schaffung der interkontinentalen ballistischen Flugkörper, die mit der Unerreichbarkeit des amerikanischen Kontinents Schluß gemacht hat.
Die sowjetischen Seestreitkräfte sind ein zuverlässiges Mittel zur Verteidigung unseres Vaterlandes und einer der Faktoren zur Abwehr einer Aggression. Sie dienen als ein wichtiges Instrument der Politik im Frieden, indem sie zum Schutz der Interessen unseres Landes und zur Unterstützung befreundeter Länder eingesetzt werden. Zu erwähnen ist, daß die Methoden zur Lösung vieler technischer Probleme beim Bau der Schiffe und Waffen unserer Seestreitkräfte einen sehr spezifischen Charakter haben. Beim Bau der Schiffe der sowjetischen Seekriegsflotte und ihrer Waffen wurden neue, eigenständige Wege in der Entwicklung der Seestreitkräfte eingeschlagen.
Bei der Suche nach Leitlinien für die Entwicklung unserer Seestreitkräfte haben wir nicht einfach die Seestreitkräfte der stärksten Seemacht der Welt kopiert. Stärke und Zusammensetzung der Seestreitkräfte und ihre Bewaffnung, die Konstruktion der Schiffe und die Kräftegliederung wurden vor allem auf Grund der Aufgaben, die den sowjetischen Streitkräften und damit auch der Seekriegsflotte von der politischen Führung des Landes gestellt werden, auf Grund der wirtschaftlichen Möglichkeiten des Landes und der Bedingungen, unter denen die Seestreitkräfte diese Aufgabe zu lösen haben, festgelegt.
Die Revolution im Wehrwesen hatte wesentliche Veränderungen auf allen Gebieten der Militärtheorie und der militärischen Praxis zur Folge. Sie hat auch in der Organisation der sowjetischen Seekriegsflotte Veränderungen hervorgerufen, ist in das Gebiet der Seekriegstheorie eingedrungen und hat die Seekriegskunst von der Taktik bis hin zum strategischen Einsatz der Flotte nicht unberührt gelassen. Das führte zur Entwicklung einer modernen Seekriegskunst, die durch neue Kategorien und eine »Umwälzung« der früheren Begriffe und Prinzipien gekennzeichnet ist.
Diese neue Seekriegskunst hat jedoch in einer bestimmten Übergangsphase neben den Elementen der »alten« Seekriegskunst existiert.
Als Beispiel hierfür können die operative Kunst und die Taktik der sowjetischen Seekriegsflotte dienen, die zu Beginn des Prozesses der Ein-

führung von Atomwaffen und Raketen bei der Seekriegsflotte gebräuchlich waren. Damals mußte die traditionelle, auf dem Gefechtseinsatz von Schiffsartillerie und konventionellen Torpedos basierende Taktik der Überwasserkampfschiffe der Verwendung von Einsatzmitteln für prinzipiell neue Waffen mit erheblich größeren Kampfmöglichkeiten angepaßt werden. Die operative Kunst mußte rationelle Methoden zur Planung und Durchführung von Operationen unter den Bedingungen des Einsatzes von Atomraketen neben konventionellen Waffen ausarbeiten. Das hatte gewisse Besonderheiten in den Kampfformationen und im operativen Aufbau der Kräfte zur Folge und gewährleistete eine maximale Wirksamkeit beim Einsatz »gemischter« Angriffsgruppen oder gestaffelter Kräfte.
Gegenwärtig verläuft die Generallinie beim Aufbau der Seestreitkräfte in Richtung auf die Schaffung vielseitig entwickelter, d.h. strukturell ausgewogener Seestreitkräfte. Unsere Seestreitkräfte verfügen über eine Theorie des Einsatzes der Kräfte unter modernen Verhältnissen und über ein System zur Ausbildung der Kader. Gestützt auf diese feste Basis und die bereits gewonnenen Erfahrungen wird unser Land auch in Zukunft die geschaffenen Bedingungen und Voraussetzungen für die weitere Stärkung seiner Seemacht nutzen.
Die Entwicklung der Mittel des bewaffneten Kampfes stellt immer höhere Anforderungen an die Kampfmoral des Personals. Den Sieg in einem modernen Krieg können nur solche Streitkräfte erringen, die aus disziplinierten, der Partei und dem sowjetischen Volk treu ergebenen, physisch belastbaren und ausdauernden Soldaten mit einer hervorragenden allgemeinen und Spezialausbildung bestehen. Noch höhere Anforderungen werden an das Personal der Seestreitkräfte, besonders an die Kommandanten, gestellt. Deshalb ist es objektiv notwendig, parallel zum Anwachsen der materiellen Basis der Seestreitkräfte und zu der Entwicklung der Seekriegskunst neue Methoden und Formen der Ausbildung und Erziehung auszuarbeiten, mit deren Hilfe die Soldaten zu echten Meistern auf ihrem Spezialgebiet, zu erfahrenen Seeleuten und Fachkräften herangebildet werden können.
Im Laufe seines Kampfes um den Aufbau einer kommunistischen Gesellschaft mußte unser Vaterland schon viele schwere Bewährungsproben durchstehen. Die Imperialisten haben vom Tag der Entstehung des Sowjetstaates an nicht aufgehört, Pläne zu seiner militärischen Niederwerfung zu verfolgen. Sie haben wiederholt versucht, ihn mit Waffengewalt zu vernichten.
Während des Bürgerkrieges waren die Hauptkraft, auf die der Imperialismus seine Hoffnungen setzte, die Landstreitkräfte der Interventen und der inneren Konterrevolution. Die Seestreitkräfte der imperialisti-

schen Staaten spielten in diesem Kampf nur eine Nebenrolle. Es gelang nicht, unsere Revolution abzuwürgen. Die im Feuer des Krieges geschaffene Rote Armee zerschlug mit Unterstützung der Flotte die Kräfte der Feinde, trieb sie hinter die Grenzen des Sowjetstaates zurück und verteidigte so die Errungenschaften der Oktoberrevolution. Aber der Imperialismus änderte seinen aggressiven Charakter nicht. Er brachte den Faschismus hervor, seine schrecklichste Ausgeburt, und richtete im Jahre 1941 diese Kraft gegen unser Vaterland. Es entbrannte eine in ihrem Ausmaß und in ihrer Härte beispiellose Schlacht zwischen den Stoßkräften des Imperialismus und der ersten sozialistischen Macht. Wieder setzten die Imperialisten als Hauptkraft in diesem Kampf die Landstreitkräfte ein — die des faschistischen Deutschland. Die Seestreitkräfte spielten auch diesmal eine zwar wichtige, aber zweitrangige Rolle. Die ruhmreichen Landstreitkräfte der Sowjetarmee, zerschlugen — nach Kräften unterstützt von den übrigen Teilstreitkräften — diese in der ganzen Geschichte der Menschheit stärkste bewaffnete Kraft der Reaktion. Die Sowjetarmee hat sich in diesem Kampf als eine unüberwindliche Kraft erwiesen.

Auch nach dem Sieg der Kräfte des Sozialismus und des Fortschritts im Zweiten Weltkrieg streckte der Imperialismus nicht die Waffen. Er schmiedet weiter Pläne zur militärischen Niederwerfung der Länder der sozialistischen Gemeinschaft. Die Imperialisten haben nicht nur ihre Hoffnung, die Ergebnisse der historischen Schlachten des 20. Jahrhunderts zu revidieren und die Weltherrschaft zu errichten, nicht aufgegeben, sondern sogar ihre Aggressivität auf allen Gebieten — auf wirtschaftlichem, politischem, ideologischem und militärischem Gebiet — noch mehr verstärkt. Der Charakter des modernen Imperialismus äußert sich vor allem in der Militarisierung der Wirtschaft, in der Schaffung eines Militär-Industrie-Komplexes und in einem wahnsinnigen Wettrüsten. Die Hauptfunktion der Streitkräfte des Imperialismus sind die Vorbereitung auf den Krieg gegen die Sowjetunion und die übrigen sozialistischen Länder und die Unterdrückung der nationalen Befreiungsbewegungen.

Im Unterschied zur Vergangenheit, in der die wichtigste Streitmacht des Imperialismus die Landstreitkräfte waren, sollen unter den gegenwärtigen Verhältnissen die Seestreitkräfte eine Hauptrolle im bewaffneten Kampf gegen die sozialistischen Länder übernehmen. Unter Berücksichtigung der geschichtlichen Erfahrungen, nach denen Militärdoktrinen, die vom Einsatz einer einzigen Teilstreitkraft oder Waffengattung ausgehen, völlig haltlos sind, sehen die Imperialisten in ihrer Planung jedoch auch die Entwicklung der Land- und der Luftstreitkräfte sowie von Raketentruppen vor, wobei sie aber den Seestreitkräften die größte

Bedeutung beimessen.
Eine der Ursachen, die zur Verlagerung des Schwerpunktes auf die Seestreitkräfte geführt haben, ist die Tatsache, daß die aggressiven Kräfte des Imperialismus heute als Block von Seemächten auftreten, die über starke, sich auf zahlreiche Marinebasen stützende und günstige strategische Positionen innehabende Seestreitkräfte verfügen. Außerdem hat die Anwendung der Errungenschaften der wissenschaftlich-technischen Revolution die Aufgaben der Seestreitkräfte grundlegend verändert. Ihre Hauptaufgabe sind jetzt Schläge von See her gegen Objekte auf dem Territorium des Gegners. Sie sind heute in der Lage, rasch und entscheidend unmittelbar auf den Verlauf des bewaffneten Kampfes auf praktisch allen Kriegsschauplätzen einzuwirken. Die Seestreitkräfte werden allmählich zum Haupteinsatzmittel für Atomwaffen, mit denen der Gegner auf allen Kontinenten und Meeren bekämpft werden kann. Daher geben die Imperialisten der ozeanischen Strategie, dem Krieg von See her gegen die Küste, immer mehr den Vorzug. Zur Verlagerung des Schwerpunktes auf die Seestreitkräfte haben in erheblichem Maße auch die historischen Erfahrungen beigetragen — nämlich die Tatsache, daß bisher alle Feldzüge der mächtigsten Landarmeen des Imperialismus gegen die UdSSR gescheitert sind.
Als Ergebnis der konsequenten Verwirklichung des Friedensprogramms, das auf dem XXIV. Parteitag beschlossen und auf dem XXV. Parteitag der KPdSU weiter ausgebaut wurde, setzt sich der Prozeß der internationalen Entspannung fort. Wichtige Etappen dieses Prozesses waren der erfolgreiche Abschluß der Konferenz über Sicherheit und Zusammenarbeit in Europa, die in Helsinki stattfand, und die jüngsten, sehr nützlichen Treffen zwischen führenden Vertretern der Sowjetunion und einiger wichtiger kapitalistischer Staaten.
Den gegenwärtigen Erfolgen auf dem Wege zum Frieden sind grundlegende Veränderungen im Verhältnis der wirtschaftlichen Kräfte zugunsten des Sozialismus vorangegangen. Diese Veränderungen wurden möglich durch die weise Führung von seiten der Kommunistischen Partei, durch die jahrzehntelange aufopferungsvolle Arbeit des sowjetischen Volkes, durch den Heroismus unzähliger sowjetischer Soldaten in den schweren Kriegsjahren und durch die ungeheure Schaffensfreude und politische Begeisterung, mit der das ganze Land weiter an der Verwirklichung der von der Partei entworfenen großartigen Pläne arbeitet.
In der Welt gibt es jedoch noch aktive Kräfte der imperialistischen Reaktion und Aggression, die ihre Versuche, den Prozeß der Festigung des Friedens und der Normalisierung der internationalen Lage zu stören, nicht aufgeben. Diese Kräfte sind noch nicht unschädlich gemacht, und die Kriegsgefahr ist noch nicht beseitigt. Solange der Imperialismus exi-

stiert, an dessen aggressiver Natur sich nichts geändert hat, besteht, wie die Partei lehrt, auch weiterhin die Gefahr der Entstehung eines neuen Weltkrieges. In den führenden kapitalistischen Staaten wird die Vorbereitung der materiellen und technischen Basis für den Krieg weiter vorangetrieben, wachsen die Verteidigungshaushalte und werden neue Waffensysteme gebaut, vor allem ein ganz modernes System U-Boot/Flugkörper mit Atomgefechtskopf.

Alles das bestätigt die Notwendigkeit und Folgerichtigkeit der Anstrengungen, die in unserem Lande zur Entwicklung der Seekriegsflotte unternommen werden, der Hauptkomponente der Seemacht unseres Staates, die imstande ist, sich gegen die ozeanische Strategie des Imperialismus zu behaupten. Die Seemacht unseres Staates dient der Schaffung günstiger Voraussetzungen für den Aufbau des Kommunismus, für ein intensives Wachstum des Wirtschaftspotentials und für eine unablässige Stärkung der Verteidigungsfähigkeit unseres Landes. Deshalb ist die Weiterentwicklung der Komponenten der Seemacht, die sich in immer stärkerem Maße auf die Errungenschaften des wissenschaftlich-technischen Fortschritts stützen, mit unverminderter Aufmerksamkeit dringend geboten.

Register

Personenregister

Schiffsnamen und Typenbezeichnungen von Waffensystemen

Sachregister

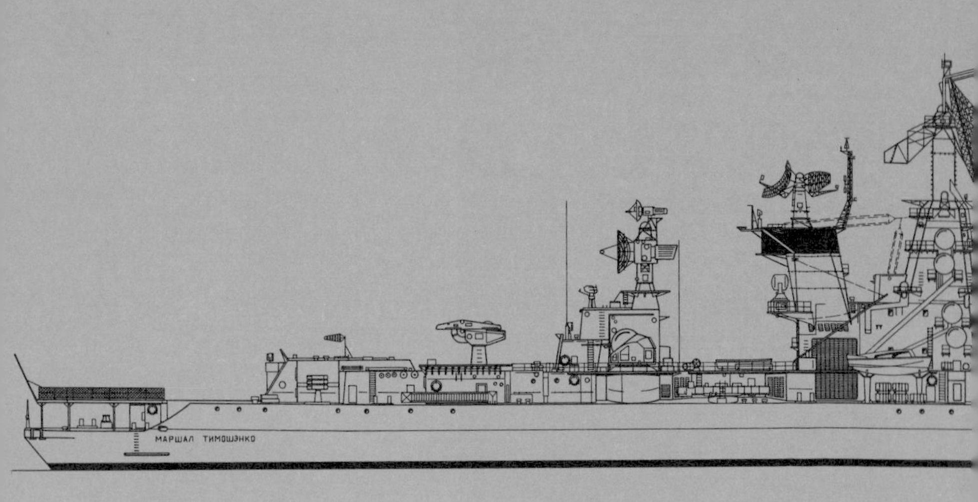

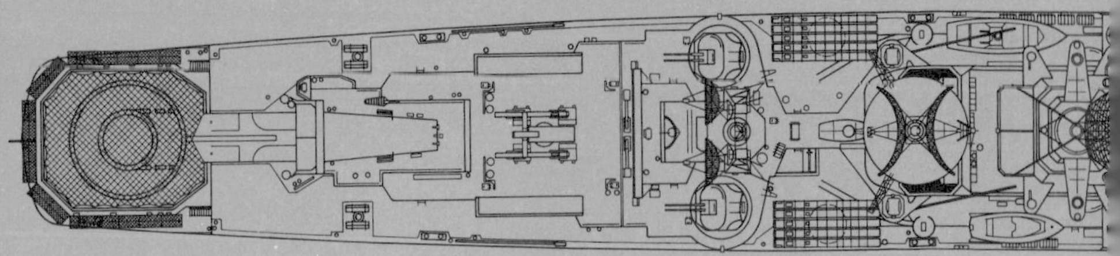

CLGM »Kresta II«, ***Marshal Timoshenko***